文成天縱

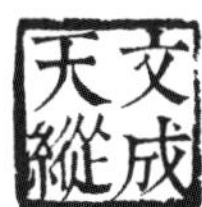

『国家重点档案保护与开发』项目

主编　朱璧　李蓉

呼和浩特市档案馆藏

民国时期教育档案汇编

1

教育总览卷

广西师范大学出版社
GUANGXI NORMAL UNIVERSITY PRESS
·桂林·

呼和浩特市档案馆藏民国时期教育档案汇编
HUHEHAOTE SHI DANG'ANGUAN CANG MINGUO SHIQI JIAOYU DANG'AN HUIBIAN

图书在版编目（CIP）数据

呼和浩特市档案馆藏民国时期教育档案汇编 ：影印，全 5 册 / 朱璧，李蓉主编. --桂林 ：广西师范大学出版社，2021.3

ISBN 978-7-5598-3590-1

Ⅰ. ①呼… Ⅱ. ①朱…②李… Ⅲ. ①地方教育－教育史－档案－汇编－呼和浩特－民国 Ⅳ. ①G527.613

中国版本图书馆 CIP 数据核字（2021）第 007499 号

广西师范大学出版社发行

（广西桂林市五里店路 9 号　邮政编码：541004
网址：http://www.bbtpress.com）

出版人：黄轩庄

全国新华书店经销

三河弘翰印务有限公司印刷

（河北省三河市黄土庄镇二百户村北　邮政编码：065200）

开本：787 mm ×1 092 mm　1/16

印张：142　　字数：1 200 千

2021 年 3 月第 1 版　　2021 年 3 月第 1 次印刷

定价：1500.00 元（全 5 册）

“国家重点档案保护与开发”项目

《呼和浩特市档案馆藏民国时期教育档案汇编》

编辑委员会

序　言

民国时期的教育是中国教育近代化的一个重要阶段，在中国近现代教育史上起着承前启后的作用。对于民国时期呼和浩特地区教育状况，学界以往研究成果较少。由于地方教育文献史料未能系统整理，造成国民政府边疆教育和日本帝国主义殖民教育在呼和浩特地区具体实施情况的研究缺乏相应的史料支撑。基于这样的状况，呼和浩特市档案馆对馆藏民国时期教育档案进行了系统整理，采用原件影印的方式公开出版《呼和浩特市档案馆藏民国时期教育档案汇编》（以下简称“《汇编》”），“让历史说话，用史实发言”，用翔实的档案资料系统地反映民国时期呼和浩特地区教育发展情况。《汇编》所遴选的档案珍品近两千页，均为首次刊印，史料翔实，内容丰富，是研究地方教育史、学校沿革史等方面的重要史料，是研究国民政府教育制度极为珍贵的文献汇集，是揭露内蒙古中西部沦陷时期日本帝国主义实行奴化教育的有力证据，不仅有利于民国时期呼和浩特地区教育史研究，也能助推边疆少数民族教育状况的深入研究，具有较高的学术价值和应用价值。

相较于国内其他地区的教育而言，民国时期呼和浩特地区的教育无论从时间上还是规模上都有较大差距，但也初具本地特色。1931 年 3 月，国民政府教育部实施蒙藏地区教育计划，蒙藏各地限期成立教育行政委员会，对倡办或捐资兴办蒙藏教育的私人和团体均给予特别奖励，明确规定了小学、中学、职业学校、师范学校在成立时间、设置地点、招生区域、经费预算、教材使用等方面的规章制度，边疆教育得到了发展。而呼和浩特地区也借助区位优势，积极开设小学、中学、职业、师范等各级各类学校，学生数量日趋增多，教育质量显著提升。内蒙古中西部沦陷时期，日本侵略者通过其扶植成立的伪蒙疆政权，在当时的内蒙古地区建立了一整套殖民化教育体系。从教育主管部门到教育团体、学校种类、学校学制、教师聘任、课程设置、教材编纂等方面，制定了一整套政策措施，实行奴化、分化教育。而这一时期的呼和浩特地区教育，成为日本在沦陷区内实行殖民教育体系的一个组成部分。抗战胜利后，国民政府实施教育复员计划，研究制定了各项方针政策、措施办法。1945 年，教育部公布《边疆初等教育设施办法令》《边疆教育督导员办法令》《收复区各县市国民学校教员登记甄审训练办法》。1946 年，又公布《国立各级边疆学校教员服务奖励办法令》。呼和浩特地区陆续恢复了抗战前各级学校和社教机关，接收和整顿日伪教育机关，甄审和培训教师、学生，中小学教育、师范教育、职业教育、社会教育在恢复的基础上均略有发展。但由于社会动荡、经费不足等条件限制，这一时期的教育发展受到了严重影响。

呼和浩特市档案馆藏中华人民共和国成立前档案共 19 个全宗，13549 卷件，为国家重点档案。这批档案于 1987 年 4 月由市公安局和市法院接收，大部分保存完整，经重新整理，全文扫描，已编制了机读目录，建立了档案数据库。其中，涉及教育方面的档案分散在各个全宗中，计 12000 余件，多为汉文档案，偶有日文或英文档案。形式有训令、指令、布告、呈文、批文、报告、函、通知、代电、通告等，内容包括政策法规、教育制度、组织机构、教育活动、调查统计等。具体涉及两个时期的档案：

一是国民政府时期档案。时间为 1934 年至 1937 年和 1945 年至 1949 年。这些档案内容丰富、资料翔实，涉及地方政府颁布的有关教育的政策、法规、训令、制度，涉及初等教育、中学教育、师范教育、学前教育、职业教育、社会教育等方面内容，对教育领域的行政工作（法规政策、制度、调查统计）、经费管理、总务工作（设施设备、衣食住行）、教务工作（课程、教材、招生）、教师管理（任免、履历）、学生管理（奖惩、花名册）、教育活动以及抗战胜利后教育复员、战时教育文化事业损失的调查统计等进行了详细记录，是系统研究民国教育的原始资料。

二是内蒙古中西部沦陷时期档案。时间为 1937 年至 1945 年。包括政策制度、学校行政、学制、教材等内容，涉及学校教育、社会教育和日本语教育等方方面面，对日本侵略者奴化教育活动的政策方针、目的手段、机构设置、表现形式等进行了详细记载，尤其对内蒙古中西部沦陷时期各级各类教育遭受严重破坏，校舍遭到日军占领，教学设备被损坏，学校被迫停止教学、迁移等情况进行了真实记录。此外，档案对日本侵略者的宣传、宣抚活动和学术掩盖下的侵略活动也做了详尽记载：一方面，日本侵略者查禁抗日书刊，建立文化侵略机构，利用报纸、杂志、书籍等出版物和广播电台、电影等媒体进行宣传，并通过举行集会、宣传周、展览会、宣抚班，张贴标语和散发传单等形式，开展宣传、宣抚活动，进行所谓的“日蒙亲善、民族协和、反共反苏”的奴化教育，积极煽动民族分裂；另一方面，日本侵略者以学术研究为名进行了大量调查活动，并且在学术研究的掩盖下进行思想侵略和奴化教育。这些档案都是日本帝国主义侵华罪行的真实记录。

近年来，通过深挖馆藏历史档案资料、出版档案专题汇编，呼和浩特市档案馆加大了档案信息开发利用力度，并收到了良好的社会效益。此部《汇编》是呼和浩特市档案馆承担“国家重点档案保护与开发”项目的成果，是档案工作服务文化建设的一项重要举措。让档案走出库房，让档案激活历史，让历史昭示未来。希望通过本书的编纂出版，能充分发挥馆藏档案的独特优势，展示呼和浩特的历史、人文底蕴，彰显档案工作的社会价值，发挥档案在“存史、资政、育人”方面的独特功能。

呼和浩特市档案馆概述

一、机构沿革

呼和浩特市档案馆（以下简称“档案馆”）成立于1959年4月29日，与呼和浩特市档案管理处为“一套机构，两个牌子”，人员编制5人。20世纪60—70年代，呼和浩特市档案馆同档案管理处一起，经历了几次撤并和恢复。1985年，档案管理处升格为政府直属准局级机关，由市委办公室领导改归市政府领导，档案局、档案馆合署办公。1992年，档案局升格为正局级行政管理机关。档案馆与档案局分设，隶属于市档案局领导，为准局级事业单位，定编18人，内设办公室、保管利用科、技术科、编研科。1995年，档案馆重新与档案局合并，改为事业单位，挂档案局牌子，由市委办公厅管理。1996年机构改革时，档案馆再次与档案局分设。档案馆被定为副处级单位，编制23人，使用事业编制，内设保管利用科、收集整理科、技术科、编研科4个科室。2008年6月，档案馆同市档案局一并列入《中华人民共和国公务员法》管理范围，档案局（馆）为市直属相当正处级事业单位，内设11个科室：办公室、宣传教育科、档案馆室业务监督指导科、经济档案业务监督指导科、法规科、保管利用科、收集整理科、老干部科、技术科、编研科、现行文件中心。经费实行全额拨款，核定事业编制50名。2018年行政单位机构改革，根据呼和浩特市机构编制委员会办公室《关于呼和浩特市档案局（馆）行政职能认定的函》（呼机编办函字〔2018〕60号），呼和浩特市档案局（馆）承担的11项行政职能回归市委办公厅，实行局、馆分设。市委办公厅加挂呼和浩特市档案局牌子，行使档案行政管理职能。市档案馆仍保留为市委直属的正处级公益一类事业单位。2019年3月，按照《呼和浩特市机构改革职责和人员转隶工作实施方案》（呼党办发电〔2019〕6号）要求，原市档案局（馆）人员编制保留在市档案馆。2021年2月，按照事业单位机构改革要求，根据《中共呼和浩特市委办公室关于印发〈呼和浩特市档案馆职能配置、内设机构和人员编制规定〉的通知》（呼党办通〔2021〕10号），呼和浩特市档案馆内设7个机构：办公室、法治宣教科、档案业务指导科、收集整理科、档案信息技术科、保管利用科、资源开发科；并设党支部和离退休人员工作科，事业编制41名。下设两个相当于正科级专业分馆：呼和浩特市城建档案馆由市住房和城乡建设局划入，核定事业编制32名；呼和浩特市艺术档案馆由市文化旅游广电局划入，核定事业编制7名。

二、馆藏档案概述

（一）馆藏档案来源、途径

呼和浩特市档案馆馆藏档案来源、途径主要有以下几个方面：

一是按规定定期接收现行机关的档案，包括市委、市人大、市政府、市政协机关和市总工会、团市委、市妇联等群众团体及各部委办局、直属临时单位移交的档案，这是馆藏的主要来源；二是接收撤并转机构的档案，即中华人民共和国成立以后，因各种原因，如机构改革中撤销、合并、转制的机关、团体、企业、事业单位形成的档案；三是收集历史档案，包括革命历史档案和旧政权档案；四是征集散失在社会组织和个人手中有保存价值的档案；五是档案馆之间互相交换的档案，就是馆与馆之间因行政区划的变动和档案馆结构的变化等，对档案馆馆藏和接收范围进行调整，相互移交档案。

（二）馆藏档案简介

截至2020年底，呼和浩特市档案馆馆藏档案87.6万卷（册），包括文书档案、科技档案、会计档案、专门档案、声像档案、实物档案等，起止年代为1486年至2019年。其中，形成于中华人民共和国成立前的档案计19个全宗，13549卷件。

明清档案汇集于一个全宗，计 17 件。其中明宪宗于成化二十二年（1486 年）册封锁南奔为通慧禅师的敕命，有珍贵的历史和文物价值，是全区综合档案馆现存形成时间最早的档案，为卷轴式缣帛载体。其余 16 件清代档案，为清道光至光绪年间（1821—1908 年）四朝皇帝封授官员及其亲属的诰命、敕命、功牌。

地契档案全宗内有清朝契约 139 件、民国契约 71 件。这些契约种类有官契和民契,内容涉及土地房产租赁契、典当契、买卖契,形式包括“买契”“契尾”“契式”“执照”“验契收证”“契纸”，有的契约上贴有印花税票，还有少量的清朝和民国连体地契。

民国档案于 1987 年 4 月由市公安局和市法院陆续接收，已经重新整理，共 9978 卷，形成时间为 1912 年至 1949 年，包括归绥市政府、归绥县政府、归绥市警察局、归绥地方法院、归绥市商业联合会、归绥市各区公所全宗汇集，归绥市师范学校及女子师范学校全宗汇集，归绥中学恒清中学恒昌店小学全宗汇集，绥远毛织厂归绥被服厂全宗汇集，绥远省救济院、绥远省电灯面粉股份有限公司、归绥市县联合银行等 12 个全宗,主要反映国民政府时期呼和浩特地区政治、经济、民政、司法、文化教育、社会团体等方面的历史情况。

内蒙古中西部沦陷时期的档案有伪厚和市公署、伪厚和市警察局、伪厚和市屠宰场、伪巴彦县公署等 4 个全宗，共 3297 卷。档案形成于 1937 年至 1945 年，文字有汉文、蒙古文、日文、英文等，包括军事占领、殖民统治、文化侵略、奴化教育等各方面，是研究日军侵占呼和浩特地区历史的重要史料。

革命历史档案是 1985 年从内蒙古自治区档案馆复制并汇集成的一个全宗，共 47 卷，形成时间为 1948 年至 1949 年，内容包括“厚和事件”经过，归绥市军事委员会组织规章、布告，接管归绥市计划及进入归绥城物资草案、工作方案、任务与政策，绥蒙区党委对进入归绥市工作计划、方案的意见及接管归绥市、包头市的决定，绥蒙区党委关于进入归绥后工作情况以及统计调查表等。这批档案数量虽然不多，但是反映了 1949 年归绥市接管工作的具体情况。

中华人民共和国成立后档案包括市级党政机关、人民团体、企事业单位、撤并转机关和临时机构、破产企业所形成的档案。这些档案基本上反映了呼和浩特市政治、经济、文化、科学、教育、体育、卫生、艺术等方面的发展变化情况。从形成时间上，大致可划分为以下几个阶段的档案：

第一，1949 年至 1966 年的档案。主要内容有 1950 年土地改革档案，1951 年至 1954 年形成的归绥市抗美援朝工作档案，1952 年形成的中共呼和浩特市委有关“三反”和“五反”的档案、贯彻党的民族宗教政策档案，1958 年“大跃进”档案、人民公社化运动档案、知识青年“上山下乡”运动档案等。其中，人民公社化运动档案数量比较多，主要有呼和浩特市人民公社化运动发展情况、东风区（今新城区）人民公社工作情况、公社生产事业组织建设情况和公社集体福利事业组织情况统计表等；知识青年“上山下乡”运动档案有市委关于呼和浩特市知识青年“上山下乡”工作办公室机构设置的批复、召开动员大会简报、市属各中学知识青年“上山下乡”统计表、宣传提纲等。

第二，1966 年至 1976 年的档案。主要内容有市革委会常委会、市革委会全委（扩大）会、市革委会主任办公会、市委常委会、市委全委（扩大）会议的记录、纪要、议定事项、录音等，市革委会关于各级机构（包括临时机构）成立、撤销、合并、更改名称、启用公章等的决定、通知、请示、报告、批复等，内蒙古自治区、呼和浩特市关于干部调动及干部任免的报告、批复、通知等，关于下达国民经济计划、搞好增产节支和严格审查财政工作、加强财政管理的报告、批复、通知等，关于战备、征兵、民兵工作的命令、意见、报告、通知等，关于贯彻落实全国“工业学大庆、农业学大寨”会议精神和工作安排等。还有 2003 年从个人手中征集到的 1966 年至 1976 年的日记、票证、邮票、书信、明信片、毛泽东主席像章、袖标、唱片、年画、样板戏海报、剪纸、大字报、传单等。

第三，中国共产党十一届三中全会后档案。这个阶段的馆藏以文书档案为主。随着档案事业的发展，科技档案、会计档案、诉讼档案、婚姻档案、声像档案、著名人物和名人字画档案门类更加全面、内容日益增多。文书档案内容主要有市党代会、人代会、政协会议等各种大型会议的文件，市委常委会议、市政府常务会议、办公会议等的记录、纪要、指示及录音磁带等，有关组织、宣传、人事、纪检、监察、政法、统战、民族、宗教、民政工作、机构编制和行政区划方面的规定、指示、报告、批复等，党群、工交、财贸、文教、卫生、农牧林水部门的请示、报告、计划、统计报表及组织发展和人员变动情况，破产企业档案，国有企业退休人员人事档案，呼和浩特市人力资源和社会保障局社保档案等。此外，重大活动档案包括昭君文化节、中国民族商品交易会、中国金鸡百花电影节、“两个文明”现场会、呼和浩特市抗击非典型性肺炎活动、“三讲”教育活动、保持共产党员先进性教育活动、贯彻落实科学发展观、“三严三实”教育实践活动以及呼和浩特市庆祝内蒙古自治区成立六十周年、七十周年活动等档案。此外，名人档案、名胜档案、名产档案，家谱、剪纸、字画等各种门类和载体的档案被征集进馆，极大地丰富了馆藏档案。

（三）馆藏资料简况

呼和浩特市档案馆馆藏资料包括公共图书、报纸杂志、特种载体资料三类，共39000余册。

公共图书19322册，含清朝乾隆以来编修刊刻的《二十四史》《古丰识略》《蒙古游牧记》《绥远旗志》《归绥县志》《公主府志》等史志类文献，还有内蒙古中西部沦陷时期翻译、编印的《绥乘》（日文）、《“厚和特别市”概况》（日文）、《“蒙疆”天主教大观》（日文）等。另有文件汇编1986册，包括各时期政策汇编，组织、宣传、统战等基本情况统计资料。报纸杂志16946份，包括中华人民共和国成立前老一辈革命家创刊的杂志合订本《新青年》《工人之路》《湘报》《向导》等，《人民日报》《解放军报》《中国农民报》《光明日报》《经济日报》《工人日报》等报纸合订本4568本，还有《红旗》《求是》《实践》《新华月报》《新华文摘》《历史知识》《民国档案》《世界博览》等杂志。特种载体资料89件，主要有归绥市国民党部长名戳和蓝底白字徽章、绥远省人民政府工作人员徽章、归绥市人民政府各单位工作人员徽章、归绥市各界代表会纪念章及部分音像资料等。

（四）利用情况概述

呼和浩特市档案馆设有专门的开放档案查阅室和政府政务信息公开公共查阅室，为利用者提供了极大的便利。

多年来，呼和浩特市档案馆通过提供档案原件、档案复制件和档案汇编材料等形式为读者提供服务，采取接待查阅、函电代查等方式，先后为编史修志、学术研究、落实政策、总结经验、工资调级、评定职称、确定工龄、解决各类纠纷以及领导决策提供参考依据。为更有效地开发档案信息资源，更好地满足读者需求，呼和浩特市档案馆编制了一系列检索工具，包括指南、目录、索引等。指南有《档案馆指南》和《全宗指南》；目录有书本式、卡片式和机读目录三种；索引有卡片式、簿册式人名索引，包括人事档案人名索引、评残档案人名索引、历史档案人名索引、诉讼档案人名索引（多按姓氏笔画或汉语拼音音序排列）。呼和浩特市档案馆通过档案专题汇编的形式挖掘馆藏、开发档案价值，为利用者提供了解相关档案的工具书，主要有《1945—1949年归绥市工商业同业公会档案简况》、日伪统治归绥地区史料专题汇编之《伪蒙疆政权时期的“巴彦塔拉盟”——

呼和浩特市档案局（馆）专题档案概况》《日伪统治时期的归绥——呼和浩特市档案局（馆）专题档案概况》等。近年来，馆内还编制机读目录，建立了档案数据库，录入案卷级、文件级目录60余万条供检索，拓宽了档案利用途径，为利用者查全、查准提供了技术保障。

编辑说明

本书采用分类遴选档案并影印的方式，对呼和浩特市档案馆藏民国时期教育档案资料进行专题介绍。编辑过程中，为能全面、准确地反映馆藏档案情况，最大限度地为使用者提供便利，编者进行了相关整理，现说明如下：

一、本书收录的档案图版全部来自呼和浩特市档案馆馆藏，均为首次出版，时间起自1934年，止于1949年9月30日。

二、本书依据呼和浩特市档案馆藏民国时期教育档案集中反映的内容，按专题分编为教育总览卷、初等教育卷、中学教育卷、师范教育卷、学前教育卷、职业教育卷、社会教育卷七卷。每一卷均包含本卷档案概述文字资料和相应的档案图版。

三、本书各卷依据档案图版内容分类编排，各类内部以时间为序。因各卷图版所涉内容不同，故分设的类别也有所不同。各类内部又根据内容及内在逻辑，尽可能分成更小的类别，小类别不在目录及标题部分专门标注，每个小类内部均尽可能按照时间顺序排列。

四、档案图版的选择原则为内容适合篇章主题，以清晰且有代表性为主。具体选择时，参照以下原则：

（一）注重内容及事件的连贯性。如报请类呈文，尽量与上级机关的批示同时选用。针对学校教育的相关特点、具体事件，依照发展过程，逐一选择，予以收录。

（二）为保证内容完整，大部分档案尽可能选用全部页面。篇幅较大者，页面择优选用。部分花名册、统计表等以能充分展现原档案内容为主，对原件图片进行节选。

（三）个别档案中涉及部分学校迁往他地并在他地形成的档案资料，也按呼和浩特地区档案进行选择。

五、各图版序号在全书中具有唯一性，主要由三部分构成：卷名、类名、在本类中的位置。现以“图 1–1–1”为例，将图序结构说明如下：

第一个“1”指卷名。如第二条所述，全书共包括七卷，编号依次为 1 至 7。其中，教育总览卷编号为“1”。

第二个“1”指类名。教育总览卷分设“一　政策法规”“二　教育制度”“三　组织机构”“四　教育现状”“五　教育动态”“六　教育活动”“七　调查统计”等七类，另有“附录　内蒙古中西部沦陷时期教育总览档案”，编号依次对应 1 至 7 及“附录”。其中，“一　政策法规”类编号为“1”。不同卷次类号分别从 1 起排。

第三个“1”指出现在“一　政策法规”类中的第一张图。此后序号依次递增，直至本类结束。不同类别内部图序分别从 1 起排。

六、为方便读者查阅，档案名称以呼和浩特市档案馆拟定档案标题为主，对其中存在的缺字现象，采用编者注的方式进行补充，补字部分用六角括号“〔 〕”。关于档案形成时间，无法准确判断年份的，以“□年”表示；根据同类档案推测出来的时间加“[ ]”以示区别。

总目录

第一册

第二册

第三册

第四册

第五册

分卷目录

教育总览卷

附录　内蒙古中西部沦陷时期教育总览档案

教育总览卷

呼和浩特市档案馆藏
民国时期教育总览档案概述

呼和浩特市档案馆藏民国时期教育档案是中华人民共和国成立以前特定历史阶段形成的原始记录，是馆藏档案资源的重要组成部分。这些档案既反映了国民政府主管部门及地方政府在不同时期所颁布的教育政策、法规、制度，也反映了边疆教育政策在呼和浩特地区的实施情况、各级各类学校的设置及发展情况，以及内蒙古中西部沦陷时期日本侵略者的殖民统治和文化侵略情况。民国时期教育档案共计 12000 余件，多为汉文档案，也有少量日文档案、英文档案，形式有训令、指令、布告、呈文、批文、报告、函、通知、代电、通告等。这些档案分散在 16 个历史档案全宗中，其中有两个教育档案全宗汇集，即“归绥市师范学校及女子师范学校全宗汇集”和“归绥中学恒清中学恒昌店小学全宗汇集”。档案内容主要包括政策法规、教育制度、组织机构、教育现状、教育动态、教育活动和与教育相关的调查统计等。档案起止时间为民国二十三年至民国三十八年，即公元 1934 年至 1949 年，历时 15 年。其中，1938 年以前的教育档案较少，更多史料集中在 1938 年至 1949 年，是呼和浩特市档案馆藏教育档案的主体。具体包括南京国民政府时期教育档案和内蒙古中西部沦陷时期教育档案。

一、南京国民政府时期呼和浩特地区教育档案概况

南京国民政府时期呼和浩特地区教育档案起止时间为 1934 年至 1937 年和 1945 年至 1949 年。档案形成机构有归绥市政府、归绥县政府、归绥市警察局、归绥市各区公所、归绥市各学校、绥远电灯面粉股份有限公司等。涉及具体各教育阶段和各教育类型的档案收入相应专题分卷中。本卷主要收录绥远省、归绥市两级政府对教育政策法规实施档案，教育制度执行档案，教育组织机构档案和各级各类学校现状、动态、活动档案，教育调查统计档案，等等。

（一）关于教育政策法规实施的档案

国民政府时期出台了大量相关教育政策，形成一个较为完整、规范的政策体系。教育部颁布行政法规，训令各地遵照执行，绥远省、归绥市两级政府拟具推广办法，制定施行细则，贯彻执行实施方案，确保教育目标的达成。

国民教育是国家教育的基本组成部分，绥远省政府、归绥市政府遵循教育部政策条文精神，进行政策实施工作。《国民学校法》（1944 年 3 月 15 日）规定国民学校应以每保设置一所为目标，一乡镇内国民学校应以一校为中心国民学校，国民学校和中心国民学校隶属于各县（市）政府。私人或团体办理国民教育，其程度由教育部规定。抗战胜利后，在教育收复的前提下，发展边疆教育，各级各类教育得以恢复和发展。相关档案有《归绥市政府为转发〈国民学校法〉暨〈国民学校及中心国民学校规则〉致市立暨区保立中心国民学校及国民学校代电》（1947 年 3 月 28 日）、《绥远省政府教育厅为转发〈收复区紧急措施办法〉关于教育部分致归绥市政府代电》（1945 年 11 月 25 日）等。1945 年 12 月，教育部公布《收复区各县市国民学校教员登记甄别训练办法》，规定对收复区各省市敌伪中等学校及小学教员甄审训练，除附逆有据者应停止其任用并依法究办，其余人员暂先准予照常服务，归绥市政府转发执行。档案有《绥远省政府为收复区中小学教师除附逆有据者外暂先准予照常服务致归绥市政府代电》（1946 年 1 月 16 日）、《归绥市政府为转发〈绥远省收复区教育工作人员登记甄审训练办法〉致恒昌店女子小学校代电》（1946 年 8 月 26 日）等。

国民政府鉴于抗战期间沦陷区小学校长教师多忠诚爱国，不忘民族大义，苦心教育维系人心，特发出训令对中小学校长教师加以保护，予以优待。档案有《归绥市警察局为对中小学校校长教师妥为保护致第一分局的通令》（1945 年 11 月）、

《归绥市政府为对于沦陷区之中小学校长教师应加以切实保护优待致市警察局、各区乡公所训令》（1945 年 11 月 23 日）、《绥远省政府为转发各学校各教育机关〈雇员给恤办法〉致省立第六中心国民学校代电》（1947 年 6 月 15 日）等。

此外，关于家庭教育的档案有《绥远省政府为转〈家庭教育实验区设施办法〉致省立回教小学代电》（1945 年 11 月），关于体育教育的档案有《绥远省政府为切实推行体育教育致归绥市政府代电》（1946 年 3 月 13 日）、《归绥市政府为切实推行体育教育致各公私学校代电》（1946 年 3 月 22 日），关于社会教育的档案有《归绥市政府为本年度民众教育应责成专人严行督促务使失学民众遵限入学致归绥市警察局第六分局代电》（1948 年 3 月 8 日），关于著作发明和美术教育的档案有《归绥市政府为抄发〈教育部著作发明及美术奖励规则〉致第四区公所代电》（1947 年 4 月 5 日），关于妇女教育的档案有《归绥市政府为回复办理发展妇女教育情形致市参议会代电》（1946 年 12 月 17 日），关于教科书、教师用书的档案有《绥远省政府为严密调查取缔各书局发行伪教科书及各校以伪教科书为教材致归绥市政府代电》（1946 年 3 月 9 日）、《绥远省政府为私自翻版国定教科书应予查禁并没收其所印课本致归绥市政府代电》（1946 年 10 月 28 日），关于儿童安全教育的档案有《归绥市政府为颁发〈儿童安全教育实施办法〉致第四区公所代电》（1947 年 12 月 12 日）等。

这些政策法规档案涵盖了教育的各领域、类型和层次，体现了国民政府对教育政策法规作用的重视。虽然这一时期教育政策有理想主义成分，教育目标设定太高，导致实施结果与原本的政策目标存在较大差距，但在教育政策法规的调控、保障与推动下，学校教育、社会教育方面均取得了不同成效。教育政策法规的实施推进了国民教育的发展，也促进了教育学科的发展。

（二）关于教育制度执行的档案

绥远省政府、归绥市政府在教育管理方面也进行了安排，制定了各项制度，内容涉及课程设置、教材编印、教师管理、毕业证式样、经费管理、收费标准、寒暑假期等问题。

1935 年 3 月，教育部、蒙藏委员会会订《推广边疆教育实施办法》。10 月 8 日，教育部特派员郭莲峰抵绥考察绥远省各蒙旗教育状况，“晋谒傅主席，商请速将义教计划决定”，要求“所有短期小学自即日起筹设，最迟不得过十一月底”，“如有办理不力者，将请省政府予以处分”。绥远省教育厅随即颁发训令落实义教经费，相关档案有《绥远省教育厅为颁发〈绥远省各县局义务教育委员会经管义教经费通则〉致归绥县政府训令》（1935 年 12 月 13 日）。1936 年 2 月 22 日，又颁发训令要求按《通则》之规定，“各该县局义教经费，不论党费专款，应一律移交各该县局义教委员会保管”，各县局义教经费亦按照《通则》之规定，“应按月具报”。档案《归绥县政府为报上年拔归本县办理义教经费移交保管情形并签送收支四柱清册致绥远省教育厅呈》（1936 年 3 月 27 日）中归绥县政府详细列出义教经费的收支情况。

1945 年 10 月 4 日，教育部公布《促进注音国字推行办法》，国民学校初级小学、中心国民学校高级小学国语课本生字均用注音国字。同日，公布《各省市县推行注音符号办法》，绥远省政府、归绥市政府转发执行。相关档案有《归绥市政府为转发〈促进注音国字推行办法〉及〈各省市县推行注音符号办法〉致市立女子小学校训令》（1946 年 1 月 23 日）、《归绥市政府为转发〈推行注音符号办法〉致各市立中心国民学校、各私立小学、各区保立国民学校代电》（1947 年 4 月 26 日）等。1946 年 5 月 14 日，为避免教师因忽略教学准备而词意混淆、字音错误等情况的发生，绥远省政府教育厅发文《绥远省政府教育厅为督促各校教员加强教学准备以免发生错误致归绥市政府代电》（1947 年 5 月 14 日），要求各校加强教育准备，确实注意改正。

教育部对于教材的编印、采用有具体的规定，绥远省教育厅亦就教科书的印刷机关、供应商选择制发相关文件，如《绥远省政府教育厅为国定教科书供应事宜致省立归绥师范学校代电》（1946 年 6 月 20 日）、《绥远省政府教育厅为订购〈中国之命运漫画集〉致省立归绥中学代电》（1946 年 8 月 23 日）、《绥远省教育厅为奉教育部令采用音乐教育协进会编印之〈中学音乐教材〉致省立归绥师范学校代电》（1946 年 12 月 18 日）、《归绥市政府为规定〈音乐教材呈报办法〉致市属公私区保各学校代电》（1947 年 9 月 7 日）、《归绥市政府为转发经教育部核准各印刷机关印行之国定本教科书各学校均可自由采用致恒昌店巷中心国民学校代电》（1948 年 3 月 4 日）等档案。

1947 年，绥远省政府对学校证章、毕业证书、转学证等式样和公教人员身份证及公教人员工役符号做了统一规定，如档案《归绥市政府为抄发〈学校毕业证书发给办法〉及证书式样致第四区立国民学校代电》（1947 年 6 月 18 日）、《私立奋斗中学校为本校学生证样本备案致归绥警察局公函》（1947 年 3 月 27 日）、《绥远省政府教育厅为颁发转学证书式样致归绥师范学校代电》（1947 年 10 月 6

日）等。

此外，部分档案涉及当时公教人员待遇，如《归绥市第四区公所为转发本市三十七年四月份公教人员待遇调整办法致第四区公所代电》（1948 年 5 月 21 日）；关于学生收费标准档案，如《绥远省政府为规定本省〈公私各中小学向学生收费标准〉致省立第一中心国民学校代电》（1949 年 8 月 6 日）；关于学校寒暑假期档案，如《绥远省政府为通知本省各学校寒暑假日期致省立归绥师范学校代电》（1947 年 6 月 13 日）；另有部分档案体现当时的特殊教育方法，如利用广播电台进行教育讲座，达到全民教育的效果，此类档案如《归绥市政府为奉教育部训令注意收听教育广播节目致恒昌店小学代电》（1946 年 8 月 24 日）等。

（三）关于教育组织机构的档案

涉及教育组织机构的档案有 1947 年《绥远省归绥市各学校分布图》，详细描述了市内 6 个区国民学校、中心国民学校、私立学校、中等学校、机关团体附设小学的具体位置，从中可以了解归绥市学校类型、数量、分布等情况；还有《蒙旗教育文化基金董事会章程》[1945 年]、《绥远省归绥市教育会组织简章》（1946 年 4 月）、《绥远省政府为转发〈修正中等学校行政组织补充办法〉第六条条文致归绥师范学校代电》（1947 年 2 月 24 日）、《归绥市第一区失学民众强迫入学委员会委员简历表》（1947 年 4 月 26 日）、《教育部第 24990 号部令修正公布〈私立学校规程〉》（1947 年 5 月 7 日）等。所收录档案尽管数量不多，不能反映教育组织机构全貌，但可为相关组织机构研究提供细节材料。

（四）关于教育现状、动态、活动的档案

涉及民国时期教育现状的档案有《归绥市政府为呈送〈归绥市三十五年度第二学期学校概况表〉致绥远省政府代电》（1947 年 4 月 1 日）、《绥远省政府为更正部颁之〈中等以上学校开办费及经常费最低数额表〉致归绥市政府代电》（1947 年 5 月 17 日）、《绥远省三十六年度教育工作讨论提纲》《归绥市第二区公所为呈送本区三十六年度地方教育经费查报表致归绥市政府代电》（1948 年 5 月 19 日）、《绥远省政府为转发高初级合办之私立中等学校经费标准致归绥市政府代电》（1948 年 6 月 10 日）、《归绥市政府为呈送三十六年度地方教育经费查报表致绥远省政府代电》（1948 年 6 月 19 日）、《关于教育问题的行政提纲》等。

部分档案记录 1936 年至 1949 年的教育动态、活动，涉及绥远省教育厅人员

任命、绥远省教育厅督学视察、绥远省教育会改选理监事、教育工作人员调训、全国教育展览会物品征集等。相关档案有《绥远省政府教育厅为国民政府任命苏珽为绥远省政府委员兼教育厅厅长致省立归绥市第六中心国民学校代电》(1947年5月3日)、《归绥市政府为教育厅派督学李雨化前往视察事致公私立各小学代电》(1946年5月26日)、《绥远省政府为指派代表来绥出席省教育会参加改选理监事致归绥市政府代电》(1947年3月13日)、《全国教育展览会征集物品目录》[1947年7月]、《办理全国教育展览会应征物品注意事项》[1947年7月]等。

民国时期，政府部门按照公历建立了一个新的节日体系，并在这些日子举行新式仪式。1938年8月8日，国民政府教育部颁发《教师节纪念暂行办法》，正式决定把孔子诞辰日8月27日定为教师节。另外，还颁发《先师孔子诞辰与教师节合并纪念秩序单》，将教师节庆祝活动仪式化。绥远省、归绥市每年举行孔子诞辰及教师节的纪念大会，各机关团体、学校师生均要参加；此外，还在旧城文庙举行祭孔典礼，发行纪念特刊。相关档案有《归绥市政府为转发〈孔子诞辰及教师节纪念大会规定办法〉及开会时间致市属各机关团体学校代电》(1947年8月20日)、《归绥市政府为选送孔子诞辰及教师节发行特刊文章七篇致省党部宣传组代电》(1947年8月25日)。11月12日是孙中山先生诞辰纪念日，一般举办展览、表演、演讲、比赛等各项活动，如《绥远省政府为本年国父诞辰照上年成例举行社教扩大运动致归绥市政府代电》(1947年11月3日)、《归绥市警察局督查处为通知国父诞辰庆祝大会规定给第一分局的函》(1946年11月11日)。1932年，由国民政府政务院正式颁布确立4月4日为儿童节。抗战胜利后，每年的儿童节，全国各地都会举办庆祝活动。1948年，儿童节主要开展推行科学运动，如《绥远省政府为遵照上年颁发各级学校及社教机关推行科学运动工作要项实施具报致归绥市政府代电》(1948年3月13日)、《归绥市政府为转发本年度儿童节各学校及社教机关推行科学运动工作要项致公私区保各学校代电》(1948年3月19日)等。

(五)关于教育调查统计的档案

抗战胜利后，国民政府开展了抗战损失调查活动。如《归绥市一区第三保公所〈市县人口伤亡调查表〉(抗日救国会人员：谢振业、谢振华)》《绥远省政府为检送战时损失照片及填送教育人员伤亡调查表致归绥市政府代电》(1946年12月18日)等，记录了内蒙古中西部沦陷时期的一大血案——“四三”惨案中教育界人士的伤亡情况。1940 年，日本特务机关破获绥蒙各界联合抗日救国会，于 1941 年和 1943 年进行了两次大搜捕，大肆逮捕、残杀教育界和其他各界抗日人士。这个事件从 1940 年 7 月起一直持续到 1945 年 5 月 5 日，前后被捕达 500 多人，其中百余人惨遭杀害。在这场骇人听闻的血案中，大批教育界人士和学生遭到迫害和牵连，伪巴彦塔拉盟师范学校校长阎继璈、伪厚和市农科实业中学校长章济人等教育界知名人士也遭到逮捕、审讯，各学校陷入一片恐慌之中。这个惨案再次证明，日本侵略者的教育活动是为侵略和殖民统治服务的，如果危及到殖民统治，宁可不要教育。在《绥远省归绥市破坏损失调查表》（1947 年）中显示，日军占领期间，绥远省立师范学校有 170 间房屋损坏严重；回民实业中学校有 120 间房屋遭到破坏，已成瓦片。这些原始记录是揭露日军侵华罪行的有力证据。

国民政府教育复员工作大致在 1947 年完成。《归绥市政府为报送国民教育及社会教育例报表致绥远省政府代电》（附归绥市国民教育统计报告表、归绥市社会教育统计报告表、县市公私立中等学校及小学办理社会教育统计报告表）（1947 年 12 月 18 日）记录了 1947 年 12 月归绥市国民教育和社会教育的统计情况，详细反映了教育复员的成果，内容包括学校数及教职员数、学级数及学生数、毕业学生数、教育经费数、教育机关数等。相关档案还有《绥远省立归绥民众教育馆为学龄儿童调查表致归绥市政府公函》（1946 年 6 月 12 日）、《归绥市第六分局人民教育程度统计表》《归绥市政府为呈送本府三十六年度教育科长及督学简历册致绥远省政府教育厅代电》（1947 年 4 月 10 日）、《归绥市警察局第六分局直辖派出所初等教育学校学级调查表》（1947 年 6 月）等。

二、内蒙古中西部沦陷时期教育档案概况

内蒙古中西部沦陷时期档案形成时间为 1937 年至 1945 年，内容包括政策制度、学校行政、学制及教材等，涉及学校教育、社会教育、日本语教育等各个方面。档案对日本侵略者奴化教育、殖民化教育活动的方针、目的、机构、手段、表现形式以及内蒙古中西部沦陷时期各级各类教育受到的严重破坏均有详细记载。从档案中我们可以看出，这一时期呼和浩特地区的教育成为日本殖民教育体系的一个组成部分。日本侵略者通过其扶植的伪蒙疆政权建立了一套殖民教育体系，制定殖民化的教育方针政策，实行奴化和分化教育。涉及具体各教育阶段和各教育

类型的内蒙古中西部沦陷时期档案作为附录被收入各专题分卷中。本卷主要收录了伪巴彦塔拉盟公署、伪厚和市公署和伪厚和市警察局关于学校教育、社会教育、日语教育的政策、法规、制度以及调查统计、教育活动等档案。

（一）伪巴彦塔拉盟公署、伪厚和市公署关于教育政策、法规、制度的训令、指令、公函

1. 关于协助办学、恢复学校的训令

日本的侵略对呼和浩特地区的教育造成了巨大破坏。原有中学全部停办，一直没有恢复,小学只有部分学校复学。如《“厚和特别市公署”为整顿学务派各“镇长”为“劝学员”协助办理学务的训令》（附委令一件）（1939 年 6 月 17 日）记载伪厚和市公署派白塔镇、毕克齐镇、察素齐镇、茂林太镇伪镇长到“市立”第八、九、十、十一小学校协助办理学务的情况；又如《“巴彦塔拉盟公署”为遵照限期呈报学校报告书并彻底恢复各学校致“厚和市公署”令》（1939 年 12 月 15 日）中记载,伪巴彦塔拉盟公署“各市县旗开学之学校不敷旧政时代之半数”,要求“未开学之学校即速恢复”。

2. 关于教育视察指导调查的训令

档案《“厚和市公署教育股”关于市立各学校教育情况、意见的呈》（1940 年 9 月）是 1940 年 9 月伪厚和市公署教育视察报告,详细记录了“市立”第四、五、六、七、八、九小学和“市立”回部小学校等 7 所小学设施、设备、训育、卫生情况以及校长能力、教员水平、学生概况等，有的学校情况尚好，有的学校存在诸多需要改进之处，如校舍不足、设备简单、校长能力不强、教员欠勤勉、学生数量少、卫生较差等，报告针对存在的问题提出改进意见。

1943 年 4 月 8 日，伪巴彦塔拉盟公署发布训令进行学校教育视察指导及实态调查。其教育指导调查实施要领包括“彻底战时教育”“昂扬师道”“昂扬邦民精神”“增设模范小学及中心乡小学校”“普及日本语教育”“加紧青少年训练”“强化民众教育设施”“私塾整理及统计”“强化蒙古教育会之组织”“改善教员待遇”等内容，档案揭示出日本侵略者的教育完全是为其殖民统治服务的。其宣扬“邦民精神”“勤劳俸仕”,“勤劳”即从事体力劳动,“俸仕”即无偿劳动,“勤劳俸仕”就是强制劳动的代名词。“普及日本语教育”是为了培养学生的亲日思想，“推行民众教育”是为奴化服务的。为了强化奴化教育，弱化民族意识，甚至还采取了取缔私塾教育的方式。

3. 关于地方临时教员训练所的训令

日本侵略者为充分实施奴化教育师资训练，除创办伪巴彦塔拉盟盟立师范学校外，举办临时教员训练所也是主要模式。伪巴彦塔拉盟盟立师范学校还设有专门的临教部。1943 年 1 月 30 日，《“巴彦塔拉盟公署”关于“地方临时教员训练所”入所受训训令》中规定了本期训练所招收学员约 40 名，修业时间约 10 个月，入所资格为现职教员中有两年以上之经验者，年龄在 20 岁以上 35 岁未满之男子，志操坚固、身体强健、品行端正者，各市县公署按分配人数推荐。

4. 关于“留学生”派遣的训令

日本侵略者推行的“留日学生制度”，是为了培养亲日分子和特务，为其侵略和殖民统治服务的，因此对“留学生”的人选、人数都有明确规定。1942 年 4 月 9 日，伪巴彦塔拉盟公署转发“内政部”关于留学生派遣的训令记载，留学生的派遣目的是“使其理解日本文化，体得日本精神，同时修得宣扬东洋道德，实践民族协和及民生向上等之实现本政权想必须之知识技能，以资养成东亚新秩序建设上有能之人材”，规定伪察南政厅、伪晋北政厅、伪巴彦塔拉盟长、伪察哈尔盟长各推荐“官费生”4 名，1942 年至 1943 年 3 月入东京善邻高等商业学校特设预科进修日本语，1943 年 4 月再入“部长”制定之学校学习。

5. 关于领用“国家指定教科书”的公函

日本侵略者为了达到奴化学生的目的，通过伪蒙疆政权对教科书实施了全方位的控制，禁止学校使用原来的教材，要求使用“国家指定教材”。如《“巴彦塔拉盟公署”为领取后期用“国家指定教科书”致“厚和市公署”函》（日文）（1940 年 8 月 29 日），其中列出 4 种国民学校“国家指定语文教科书”。

6. 关于日语教育的规定

日语教育是日本帝国主义推行文化侵略和殖民化教育的核心内容。1939 年，伪厚和市公署成立“检定小学教师事务处”，设置“主试官”“总务系长”“属官”“事务员”“考试系长”“考试官”等，对小学教师资格和能力进行审查。相关档案有《“厚和特别市检定小学教师事务处”办事规则》《“厚和特别市检定小学教师事务处”官员姓名表》《“厚和特别市公署”关于聘请“小学教师检定会厚和特别市办事处主试官、考试系长、考试官”的聘函》（1939 年 7 月 20 日）。其中，《“厚和特别市检定小学教师事务处”办事规则》中规定现任小学教员必须参加日语教育；小学教员经检定后分为正教师、助教师和准教师；不论正教师还是助教师，笔试科目都有日文。此外，日本侵略者还利用社会教育的形式推行日语教育，“临时地方教员训练所”“青年训练所”的主要内容之一就是日语教育。

7. 关于教育活动的开展

伪厚和市公署呈报的教育计划、教育提案、“教育功劳者”推荐及“教育会”讨论事项相关档案有《“厚和市”“七三五年度”教育计划》《“乡镇长会议”“民政科教育股”提案》《“厚和市公署”为推荐“教育功劳者”致“巴彦塔拉盟公署”呈文》(1943 年 11 月 15 日),《“厚和市公署”为呈报“教育功劳者”功绩书致“巴彦塔拉盟公署”呈文》(1943 年 12 月),《“教育会议”讨论事项》《“厚和特别市公署”为举办“日蒙汉关系学生春季书画展览”致“蒙古联盟自治政府”呈文》(1939 年 5 月 17 日)等。

(二)调查表

日本侵略者为制定殖民化的教育方针和政策,对教育情况做了详细调查。涉及调查统计的档案较多,仅举几例视之,如《“事变”前中等学校以上学校调查表》《“事变”前小学校教员俸给平均额》《“蒙古联盟自治政府”为教育行政学校教育调查表未填报齐全者迅速调查具报备查致“厚和市公署”指令》(1939 年 2 月 17 日),《“第三区忠良乡公所”为报送学龄儿童调查表致“厚和市公署”呈文》(1938 年 8 月 24 日),《“厚和市公署”为催报知识分子各种调查表致市区各乡镇公所训令》(1939 年 1 月 13 日),《“巴彦塔拉盟公署”为中等学校及初等学校现况调查致“厚和市公署”训令》(1942 年 8 月 13 日)等。从《“事变”前中等学校以上学校调查表》中可以看出,1937 年呼和浩特地区中等学校已有 7 所,分别是国立蒙旗师范学校、省立第一中学、省立第一师范学校、第一女子师范、工科职业学校、农科职业学校和私立正风中学。但由于日军的野蛮侵略,这些学校全部停课,学校设施亦遭到严重破坏。

档案中保存有大量的教职员履历表,详细记录了教职员的姓名、籍贯、年龄、性别、家庭成员、住所、推荐人、学历、履历、印鉴,有的还贴有照片,有的印有斗箕,是了解当时教职员情况的第一手资料,如《各“乡”“镇”中小学教职员履历表》(节选:陈耀庭、张为义)(1938 年 12 月)。

这些档案揭示了日本帝国主义在呼和浩特地区所进行的教育活动,都是服从和服务于殖民统治。这些活动以“亲日、反苏、反共、反人类”和去除中华传统文化、从事民族分裂等为主题,培养亲日分子,无论是学校教育,还是社会教育,都是充斥着奴化和殖民化教育的内容。

综上，民国时期教育档案不仅为地方教育发展提供了历史见证，还为民国教育史研究提供了原始材料，更为当今教育事业发展提供了历史借鉴。

一 政策法规

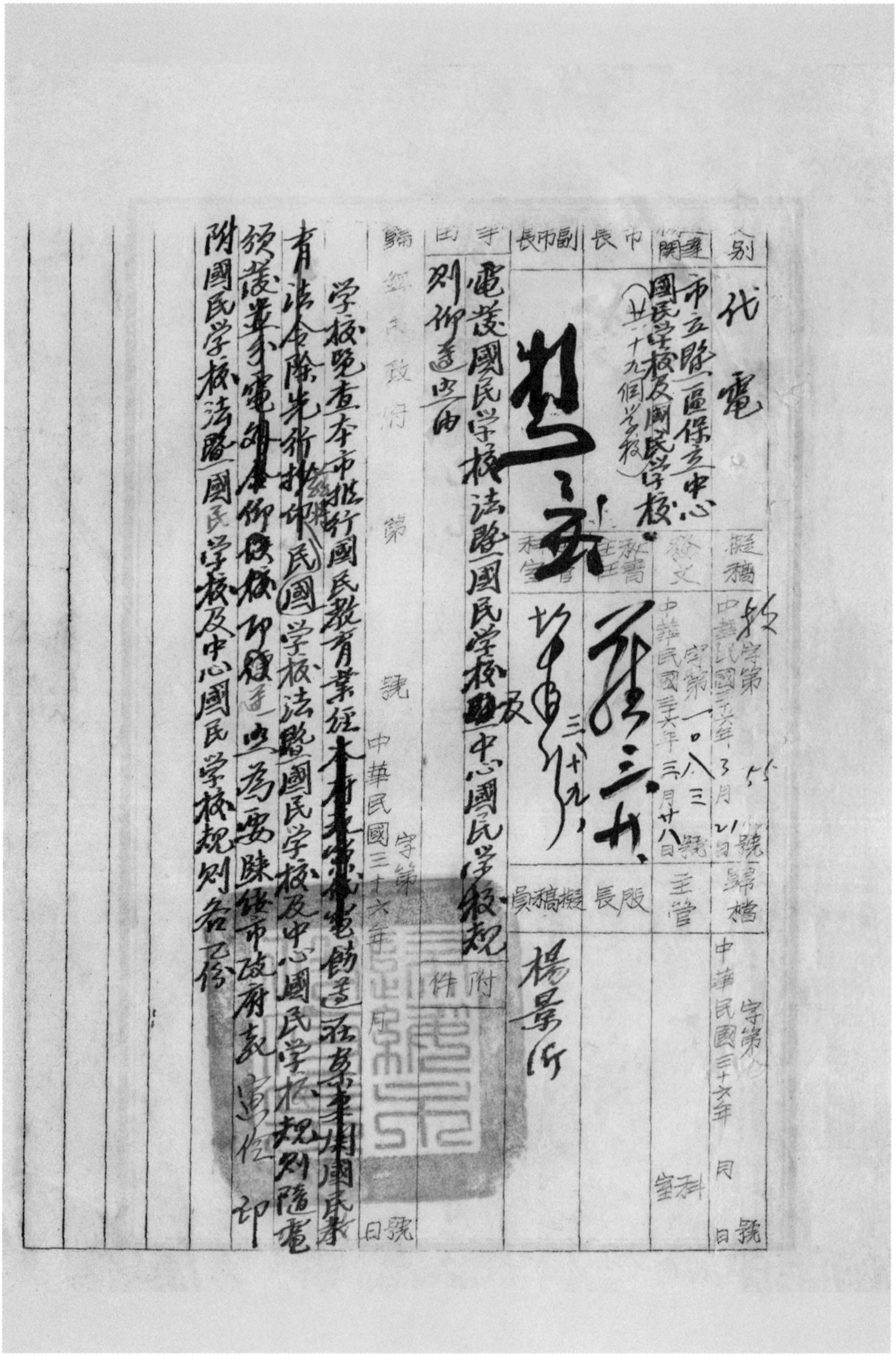

图 1-1-1　归绥市政府为转发《国民学校法》暨《国民学校及中心国民学校规则》致市立暨区保立中心国民学校及国民学校代电（1947 年 3 月 28 日）（一）

國民學校法

三十三年三月十五日
國民政府公布

第一條 國民學校實施國民教育應注重國民道德之培養及身心健康之訓練並授以生活必需之基本知識技能

第二條 前條國民教育為六歲至十二歲之學齡兒童應受之基本教育及已逾學齡未受基本教育之失學民眾應受之補習教育

第三條 國民學校應每保設置一所但地方有特殊情形者得增設之或聯合數保共設一所

第四條 一鄉(鎮)內之國民學校應以一校為中心國民學校設於鄉(鎮)適當地點兼負輔導各保國民學校之責

鄉鎮區域遼濶或國民學校校數較多者得增設中心國民學校

第五條 國民學校分設兒童教育及失學民眾補習教育兩部均分高初兩級兒童教育之修業年限初級四年高級二年失學民眾補習教育初級四個月至六個月高級六個月至一年

中心國民學校之兒童教育高初兩級合設各保國民學校設初級必要時並得設高級但並失學民眾補習教育均設高初兩級

第六條 私立或團體得設立小學辦理國民學校之兒童教育其規程由教育部定之

私立小學成績優良者得指定為代用國民學校其規程由教育部定之

第七條 師範學校附屬小學辦理國民學校之兒童教育及失學民眾補習教育附屬小學校長由主管學校校長聘請合格人員充任並呈請主管教育行政機關備案

第八條 國民學校及中心國民學校均得附設幼稚園

第九條 國民學校及中心國民學校學生修業期滿成績及格由學校分別予以畢業證書

第十條 國民學校及中心國民學校用單式編制但有特殊情形者得用複式及單級或二部編制

图 1-1-1　归绥市政府为转发《国民学校法》暨《国民学校及中心国民学校规则》致市立暨区保立中心国民学校及国民学校代电（1947 年 3 月 28 日）（二）

第十一條 國民學校及中心國民學校之教學科目及課程標準由教育部定之
第十二條 國民學校及中心國民學校採用教育部所編輯或審定之教科圖書
第十三條 國民學校及中心國民學校隸屬於縣(市)政府院轄市主管教育行政機關
但應與鄉(鎮)公所保办公處密切連繫
第十四條 國民學校及中心國民學校各置校長一人綜理校務中心國民學校校長兼
負輔導各保國民學校事宜
國民學校及中心國民學校校長由縣市政府或院轄市主管教育行政機關
遴選合格人員委任之
第十五條 中心國民學校置教導主任一人秉承校長主持本校教導事宜並協助校長
輔導各保國民學校之教導事宜中心國民學校教導主任由校長遴選合格
人員聘任之
第十六條 國民學校之學級數達六學級以上者亦得置教導主任一人秉承校長主持
本校教導事宜
第十七條 國民學校教導主任由校長遴選合格人員聘任之
國民學校及中心國民學校之教員由校長遴選合格人員聘任之並呈請主
管教育行政機関備案
前項合格人員不敷時得遴聘具有相當資格者為代用人員並應呈請主管
教育行政機関備案
第十八條 國民學校及中心國民學校教職員應協助鄉(鎮)公所及保办公處訓練民
衆推進地方自治
第十九條 國民學校及中心國民學校之經常費由主管教育行政機関統籌支給之
國民學校及中心國民學校之開辦設備等費除由主管教育行政機関籌給
外得由鄉(鎮)保籌給之
第二十條 國民學校及中心國民學校應會同鄉(鎮)公所或保办公處籌集基金以其

图 1-1-1 归绥市政府为转发《国民学校法》暨《国民学校及中心国民学校规则》致市立暨区保立中心国民学校及国民学校代电(1947 年 3 月 28 日)(三)

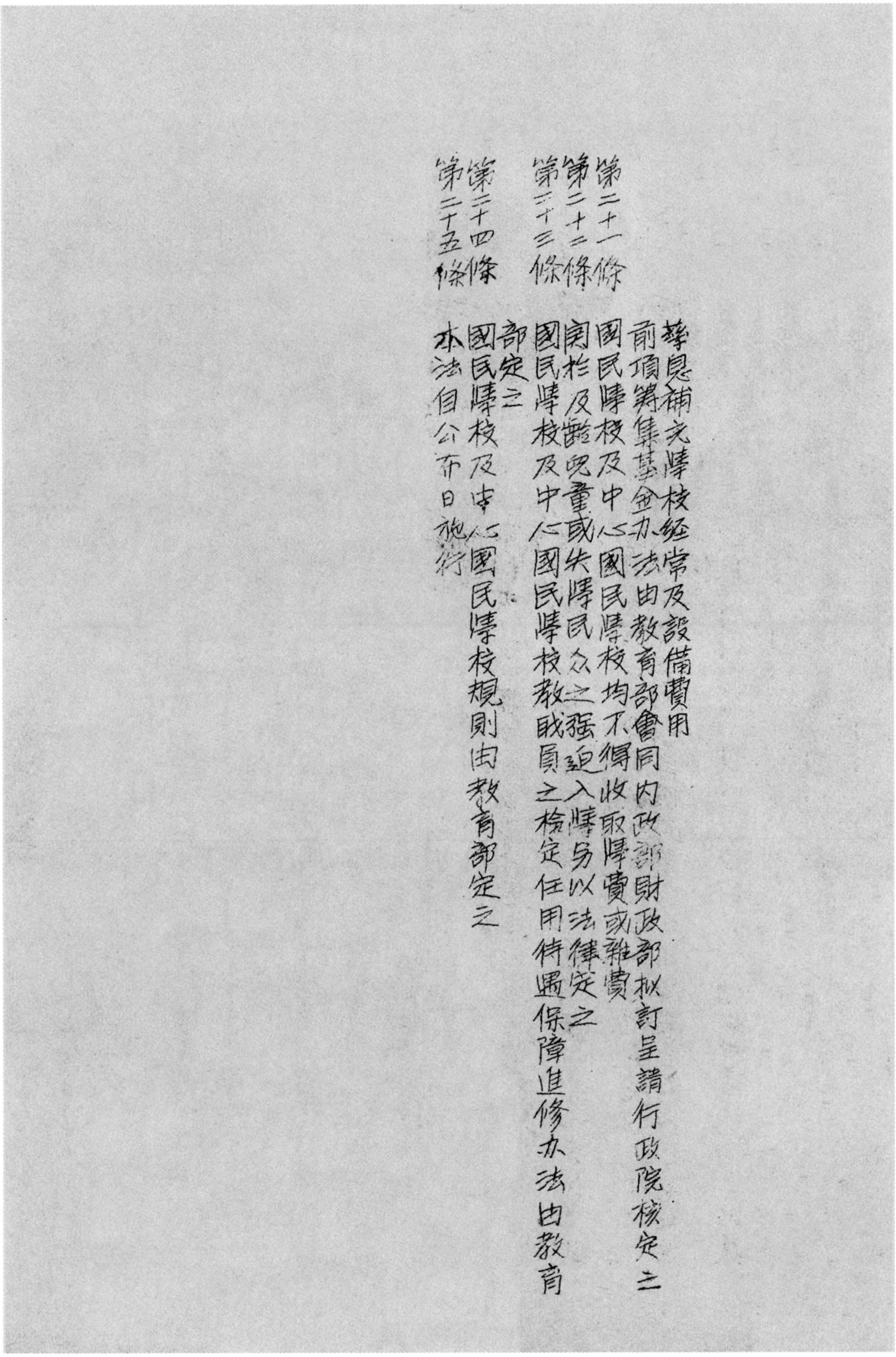

第二十一條 學息補充學校經常及設備費用
前項籌集基金办法由教育部會同内政部財政部拟訂呈請行政院核定之
第二十二條 國民學校及中心國民學校均不得收取學費或雜費
第二十三條 関於及齡兒童或失學民众之強迫入學另以法律定之
國民學校及中心國民學校教職員之檢定任用待遇保障進修办法由教育
部定之
第二十四條 國民學校及中心國民學校規則由教育部定之
第二十五條 本法自公布日施行

图 1-1-1　归绥市政府为转发《国民学校法》暨《国民学校及中心国民学校规则》致市立暨区保立中心国民学校及国民学校代电（1947 年 3 月 28 日）（四）

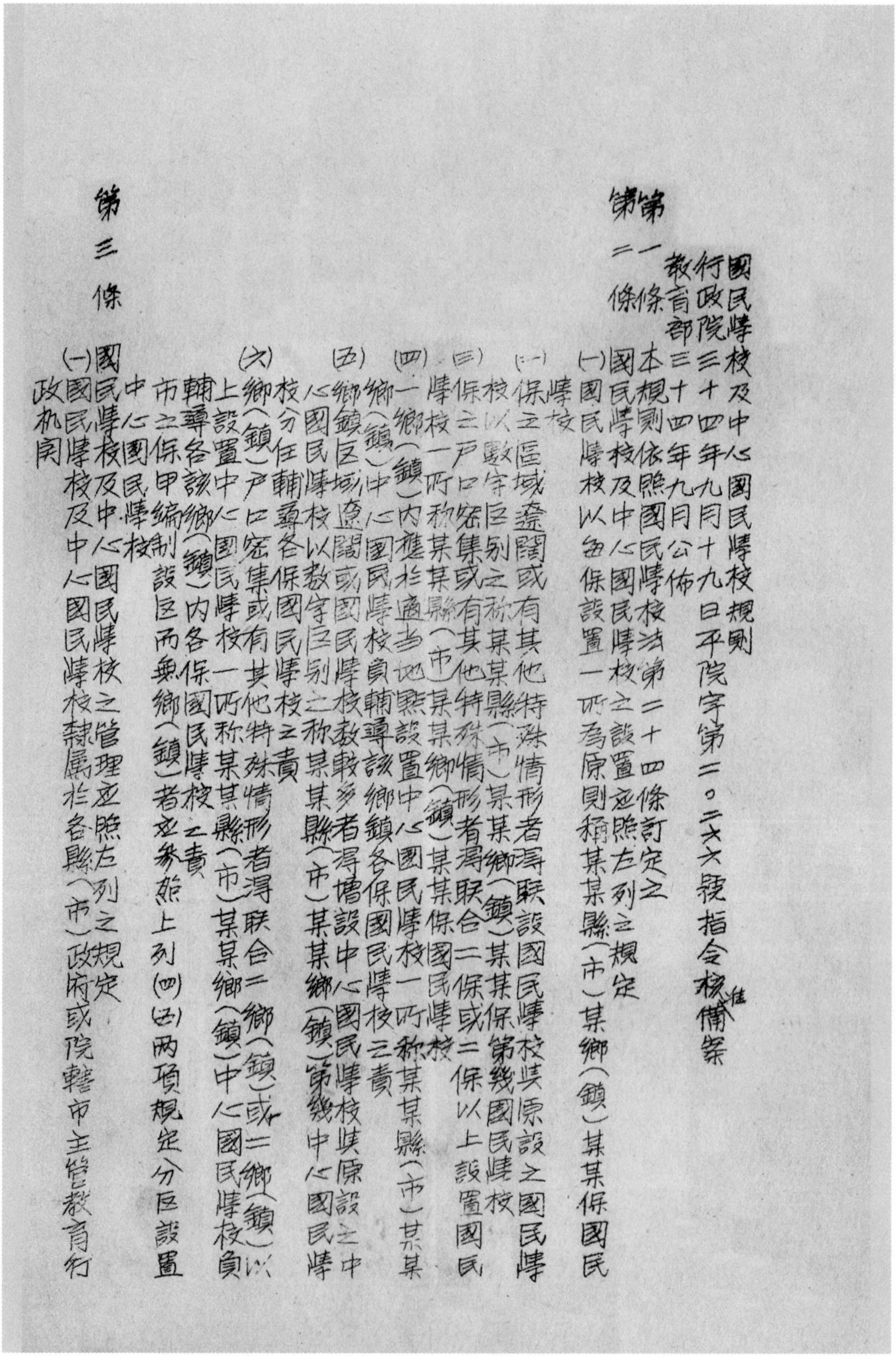

國民學校及中心國民學校規則
行政院三十四年九月十九日平院字第二〇二六六號指令核准備案
教育部三十四年九月公佈

第一條 本規則依照國民學校法第二十四條訂定之

第二條 國民學校及中心國民學校之設置應照左列之規定

(一)國民學校以每保設置一所為原則稱某某縣(市)某鄉(鎮)某某保國民學校

(二)保之區域遼闊或有其他特殊情形者得聯設國民學校其原設之國民學校以數字區別之稱某某縣(市)某某鄉(鎮)某某保第幾國民學校

(三)保之戶口密集或有其他特殊情形者得聯合二保或二保以上設置國民學校一所稱某某縣(市)某某鄉(鎮)某某保國民學校

(四)一鄉(鎮)內應於適當地點設置中心國民學校一所稱某某縣(市)某某鄉(鎮)中心國民學校負輔導該鄉鎮各保國民學校之責

(五)鄉鎮區域遼闊或國民學校較多者得增設中心國民學校其原設之中心國民學校以數字區別之稱某某縣(市)某某鄉(鎮)第幾中心國民學校分任輔導各保國民學校之責

(六)鄉(鎮)戶口密集或有其他特殊情形者得聯合二鄉(鎮)或二鄉(鎮)以上設置中心國民學校一所稱某某縣(市)某某鄉(鎮)中心國民學校負輔導各該鄉(鎮)內各保國民學校之責

市之保甲編制設區而無鄉(鎮)者應參照上列(四)(五)兩項規定分區設置中心國民學校

第三條 國民學校及中心國民學校之管理應照左列之規定

(一)國民學校及中心國民學校隸屬於各縣(市)政府或院轄市主管教育行政機關

图 1-1-1 归绥市政府为转发《国民学校法》暨《国民学校及中心国民学校规则》致市立暨区保立中心国民学校及国民学校代电（1947 年 3 月 28 日）（五）

第四條

(一)國民學校及中心國民學校應於每學期開始後一個月內將全校組織概況學校編制教職員名冊兒童名冊等呈報主管教育行政機關備案並將學級編制兒童名冊分送保辦公處鄉鎮公所備查

(二)國民學校與保辦公處中心國民學校與鄉(鎮)公所應取得密切連繫

(三)國民學校及中心國民學校之編制應照左列之規定

(一)國民學校及中心國民學校均分設兒童教育失學民眾補習教育兩部

(二)國民學校之兒童教育以僅設初級—自一年級起至四年級止四個學級為原則必要時得增設高級—自一年級起至六年級止—兩個學級分別收受保內六足歲至十二足歲之學齡兒童施以四年或六年之基本教育

(三)中心國民學校之兒童教育設高初兩級—自一年級起至六年級止設六個學級—除收受學校所在保及附近未設有國民學校各保之學齡兒童施以四年或六年之基本教育外並得收受本鄉(鎮)內各保國民學校初級畢業學生施以基本教育

(四)國民學校及中心國民學校之辦理失學民眾補習教育得分高初兩級各級均分為成人班及婦女班並在兒童班上課時間外按季節選擇適當時間(如晨間或下午晚間)上課初級班收受已逾學齡至四十五足歲之失學民眾施以四個月至六個月之補習教育 高級班收受已受初級補習教育之男女施以六個月至一年之補習教育

(五)國民學校及中心國民學校之學級編制以用單式為原則但有特殊情形者得用複式及單級或二部編制每學級學額以五十人為度至少二十五人

(六)國民學校及中心國民學校兒童入學時應依其年齡智力學歷等分別編級

國民學校及中心國民學校失學民眾入學時應依其性別學歷分別編級必要時並得依其職業分班教學

(七)國民學校及中心國民學校均得依照幼稚園設置辦法附設幼稚園

图 1-1-1　归绥市政府为转发《国民学校法》暨《国民学校及中心国民学校规则》致市立暨区保立中心国民学校及国民学校代电（1947 年 3 月 28 日）（六）

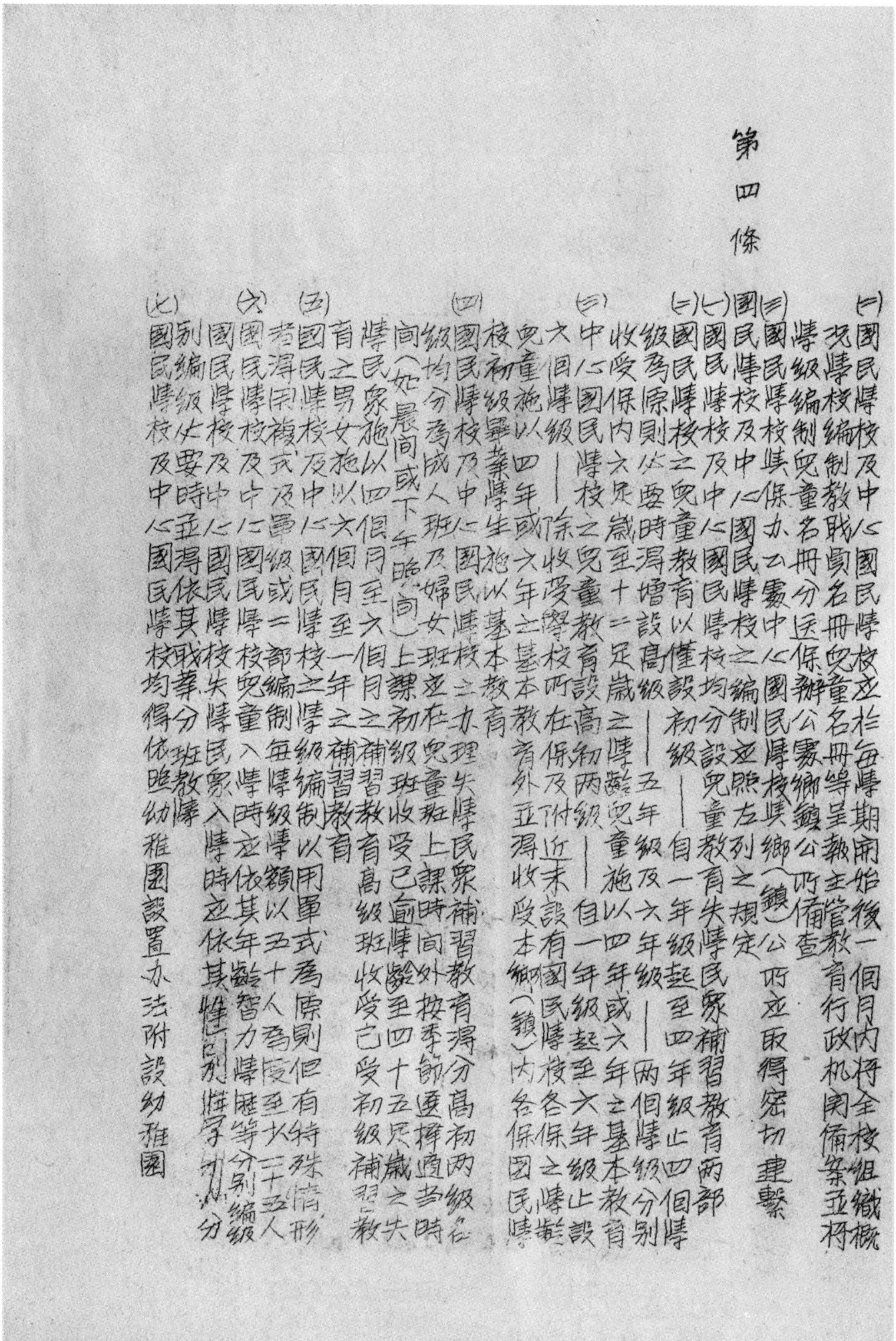

第五條

(一)國民學校及中心國民學校之課程應照左列之規定

(一)國民學校及中心國民學校之兒童班級應於日間上課其各科課程及教學實施方法應依照教育部頒布之小學課程標準辦理各年級教學科目列舉如左

年級	科目								
一二三四年級	团体訓練	音樂	体育	國語	算術	常識	圖畫	勞作	
五六年級	团体訓練	音樂	体育	算術	國語	社會（公民 歷史 地理）	自然	圖畫	勞作

(二)國民學校及中心國民學校之成人班及婦女班其各科課程及教學實施方法應依照教育部頒布之民教部課程標準辦理教學科目列舉如左

初級班	國語	公民	常識	算術	音樂		
高級班	國語	公民	常識	算術	音樂	職業	常識

(三)國民學校及中心國民學校附設之幼稚園其課程應依照教育部頒布之幼稚園課程標準辦理

第六條

(一)國民學校及中心國民學校之教材應照左列之規定

(一)國民學校及中心國民學校兒童班成人班婦女班之各科教材應用國定本教科書或教育部審定之課本

(二)各地方性教材及補充讀物應由省市主管教育行政機關或縣市教育行政機關編輯並請上級教育行政機關核定

图 1-1-1 归绥市政府为转发《国民学校法》暨《国民学校及中心国民学校规则》致市立暨区保立中心国民学校及国民学校代电（1947 年 3 月 28 日）（七）

（三）國民學校及中心國民學校幼稚園之教材得由學校或當地主管行政機關依照部頒幼稚園課程標準編選

第七條 國民學校及中心國民學校之訓育並照左列之規定

（一）國民學校及中心國民學校兒童部民教部之訓育並依照教育部頒布之小學訓育標準實施

（二）國民學校及中心國民學校為訓練學生（兒童及失學民眾）团体生活並作種種团体活動並得指導組織簡單易行之自治团体

（三）國民學校及中心國民學校為便利個別訓練起見得施行訓導团制小學教員均負直接訓育之責任

（四）國民學校及中心國民學校為增進訓育效能起見並隨時聯絡學生家長討論關於訓育等之實際問題

（五）國民學校及中心國民學校訓育實施不得施行体罰

第八條 國民學校及中心國民學校之設備並照教育部頒布之設備標準辦理對於左列各點尤並切實注意

（一）選擇校址對於地位環境務求適宜並便於擴充發展

（二）校舍建築務求質樸堅固適於教學管理及衛生

（三）運動場之具農場校園等之面積均須足敷並用

（四）兒童所用桌椅務須適合身長比例

（五）清潔衛生及醫藥等設備務須隨時注意改進置備

第九條 國民學校及中心國民學校之成績考查並照左列之規定

（一）國民學校及中心國民學校兒童部之學業成績考查除平時考查外並分別舉行臨時試驗學期試驗畢業試驗

（二）國民學校及中心國民學校民教部之學業成績考查除平時考查外並分別舉行

图 1-1-1　归绥市政府为转发《国民学校法》暨《国民学校及中心国民学校规则》致市立暨区保立中心国民学校及国民学校代电（1947 年 3 月 28 日）（八）

临时试验及毕业试验其为二年毕业者并应于第一学期终了时举行学期试验

臨時試驗及畢業試驗其為二年畢業者並應於第一學期終了時舉行學期試驗
(三)臨時試驗於每月月終舉行之每學期至少須舉行二次
(四)學期試驗於學期終舉行之但於届畢業之一學期免除學期試驗而以平時成績為學期成績
(五)畢業試驗於修業期滿時舉行之
(六)學業成績計算方法體育成績考查方法由省市教育行政机関訂定呈請教育部備案
(七)操行成績以團体訓練之成績為準

第十條 國民學校及中心國民學校學生入學及畢業並依照左列之規定
(一)國民學校及中心國民學校兒童入學年齡為六足歲失學民眾入學年齡為十二足歲
(二)國民學校之兒童因身体或家庭之特殊情形得請求休學一學期或一年期滿復學
(三)國民學校之兒童因身体或家庭之特殊情形經學校調查屬實者得准予轉學或退學
(四)國民學校及中心國民學校之兒童或失學民眾經初級或高級修業期滿成績及格由學校分別給予畢業証書

第十一條 國民學校及中心國民學校之休假並照左列之規定
(一)暑假年假寒假春假日數及起訖日期並依照教育部之規定办理但因各地氣候及特殊情形者得由省市教育廳局呈報教育部核准後酌量變更之
(二)関於紀念日放假及舉行紀念办法並依中央之規定办理

第十二條 國民學校及中心國民學校之開办設備等費除由主管教育行政机関籌給外得由鄉(鎮)保籌給之

图 1-1-1 归绥市政府为转发《国民学校法》暨《国民学校及中心国民学校规则》致市立暨区保立中心国民学校及国民学校代电(1947 年 3 月 28 日)(九)

第十三條　國民學校及中心國民學校之經常費由縣市主管教育機關統籌支給之除中心國民學校並另列輔導經費外其他各項用費之支配並以如左之百分比為原則

(一)教職員俸金約百分之六十

(二)圖書儀器運動器具等設備費及衛生費約百分之二十

(三)實驗研究文具水電薪炭等消耗費約百分之十

(四)參觀旅行保險及教師福利等特別費約百分之五

(五)預備費約百分之五

上項預備費非經主管教育行政機關核准不得動用

第十四條　國民學校及中心國民學校經費之給標準及學校經費開支公開審核辦法由各省市教育行政機關訂定呈請教育部備案施行

第十五條　國民學校及中心國民學校並會同保辦公處或鄉鎮公所依照教育部頒布之基金籌集辦法籌集學校基金並組織基金保管委員會保管運用

第十六條　國民學校及中心國民學校均不得收取學費或雜費其必需之學用品得由學校給或由學校或地方教育行政機關組織消費合作社照成本價格售諸兒童

第十七條　國民學校及中心國民學校設置教職員名額並照左列之規定

(一)國民學校及中心國民學校各設校長一人

(二)中心國民學校置教導主任一人國民學校之學級數達六學級以上者亦得置教導主任一人

(三)國民學校及中心國民學校之兒童班每學級置級任教員一人並得酌量情形設置專科教員但平均每兩學級之教員人數並以三人為度

(四)國民學校及中心國民學校之成人班及婦女班以每三班置教員一人為度如每班置教員一人並酌量兼兒童班專科教員

(五)國民學校及中心國民學校附設之幼稚園置主任一人其設置教員人數並照幼稚園

图 1-1-1　归绥市政府为转发《国民学校法》暨《国民学校及中心国民学校规则》致市立暨区保立中心国民学校及国民学校代电（1947 年 3 月 28 日）（十）

設置办法办理

(六)國民學校及中心國民學校得單獨或聯合設置校医或護士其有六學級以上者得酌設事務員但須呈請主管教育行政机関核准

第十八條

國民學校及中心國民學校教職員職掌並照左列之規定

(一)國民學校及中心國民學校校長之職掌如左

1、綜理全校校務並指導教職員分掌校務及訓教事宜

2、督率教職員協助鄉鎮公所及保办公處訓練民衆推進地方自治舉办社会服務事業

3、中心國民學校校長並負輔導各保國民學校事宜

4、中心國民學校校長兼負協助办理地方自治之責任

(二)國民學校及中心國民學校教導主任之職掌如左

1、秉承校長主持全校教導事宜並酌量担任教學

2、秉承校長協助鄉鎮公所及保办公處訓練民衆推進地方自治舉办社会服務事業

3、中心國民學校教導主任並應協助校長輔導各保國民學校之教導事宜

(三)國民學校及中心國民學校教員之職掌如左

1、依照聘約並接收教導会議之決議担任教學及訓育等事宜

2、接收校長之指導及校務会議之決議分掌校務

3、秉承校長協助鄉鎮公所及保办公處訓練民衆推進地方自治舉办社会服務事業

(四)國民學校及中心國民學校附設之幼稚園其教職員之職掌如左

1、幼稚園主任並秉承校長主持全園教務並担任教學保育等事宜

2、幼稚園教員並秉承主任担任教學保育並分担園務

(五)國民學校及中心國民學校教職員每日在校時間以八小時為度任課時間每日至

图 1-1-1 归绥市政府为转发《国民学校法》暨《国民学校及中心国民学校规则》致市立暨区保立中心国民学校及国民学校代电（1947 年 3 月 28 日）（十一）

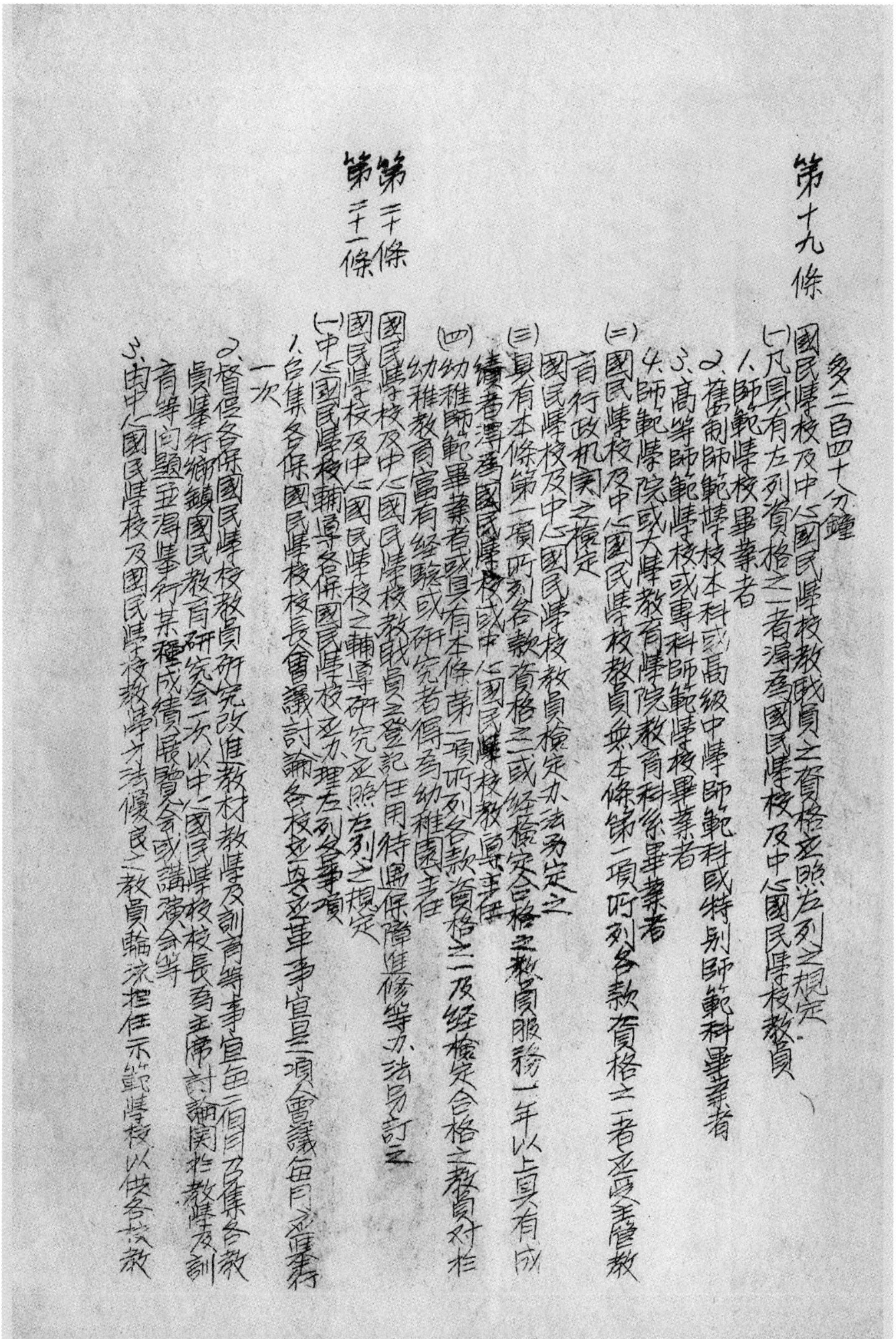

多二百四十八分鐘

第十九條 國民學校及中心國民學校教職員之資格並照左列之規定

(一)凡具有左列資格之一者得為國民學校及中心國民學校教員

1.師範學校畢業者

2.舊制師範學校本科或高級中學師範科或特別師範科畢業者

3.高等師範學校或專科師範學校畢業者

4.師範學院或大學教育學院教育科系畢業者

(二)國民學校及中心國民學校教員無本條第一項所列各款資格之一者並應受主管教育行政機關之檢定

國民學校及中心國民學校教員檢定辦法另定之

(三)具有本條第一項所列各款資格之一或經檢定合格之教員服務一年以上具有成績者得為國民學校或中心國民學校教導主任

(四)幼稚師範畢業者或具有本條第一項所列各款資格之一及經檢定合格之教員對於幼稚教育富有經驗或研究者得為幼稚園主任

第二十條 國民學校及中心國民學校教職員之登記任用待遇保障進修等辦法另訂之

第二十一條 國民學校及中心國民學校之輔導研究並照左列之規定

(一)中心國民學校輔導各保國民學校並辦理左列各事項

1.召集各保國民學校校長會議討論各校並興革事宜是項會議每月至少舉行一次

2.督促各保國民學校教員研究改進教材教學及訓育等事宜每二個月召集各教員舉行鄉鎮國民教育研究會一次以中心國民學校校長為主席討論關於教學及訓育等問題並得舉行某種成績展覽會或講演會等

3.由中心國民學校及國民學校教學方法優良之教員輪流擔任示範學校以供各校教

图 1-1-1　归绥市政府为转发《国民学校法》暨《国民学校及中心国民学校规则》致市立暨区保立中心国民学校及国民学校代电（1947 年 3 月 28 日）（十二）

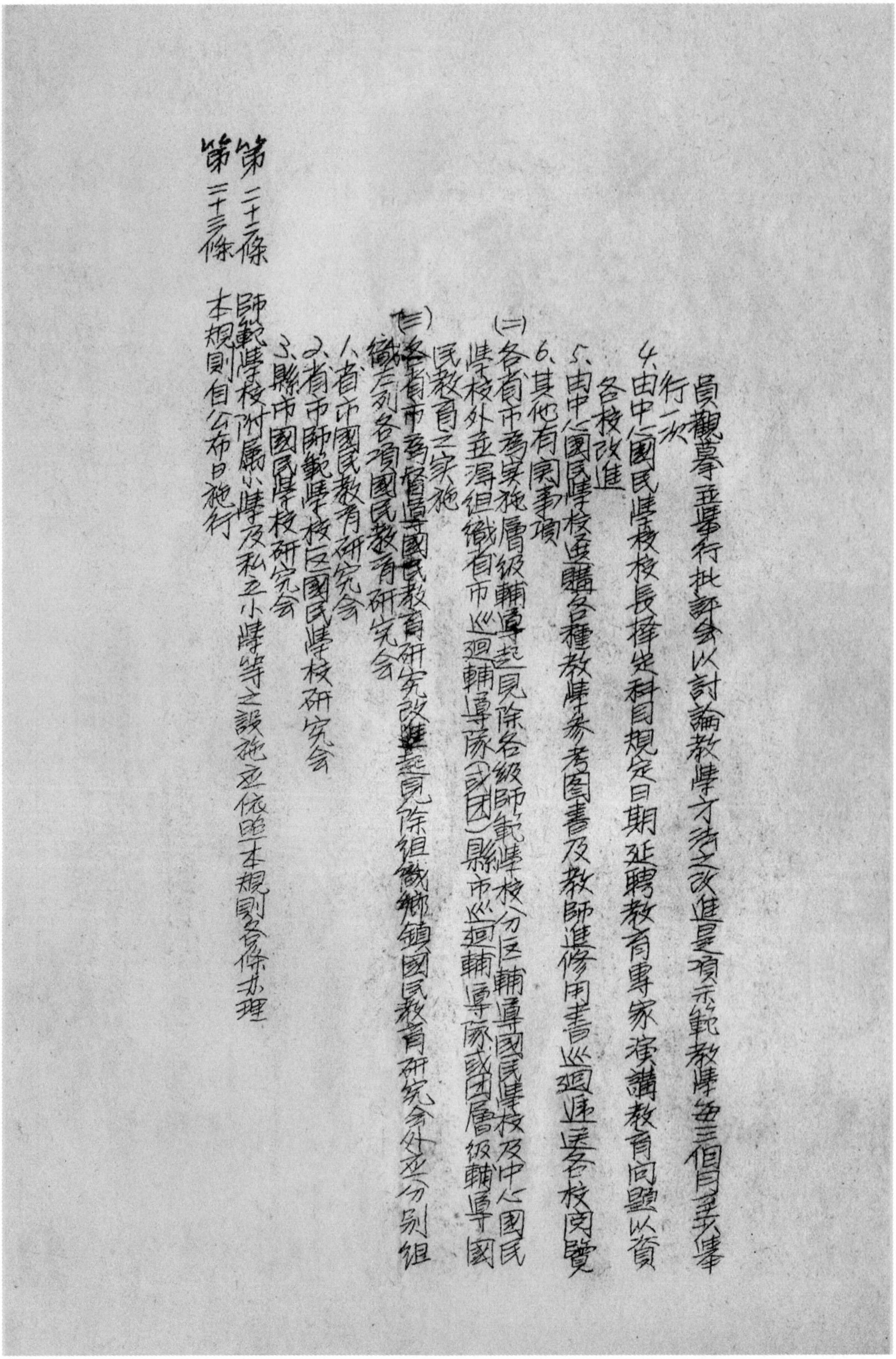

員觀摩並舉行批評会以討論教學方法之改進是項示範教學每三個月舉行一次

4.由中心國民學校校長擇定科目規定日期延聘教育專家演講教育問題以資各校改進

5.由中心國民學校置備各種教學參考圖書及教師進修用書巡迴递送各校閱覽

6.其他有関事項

(二)各省市為实施層級輔導起見除各級師範學校分区輔導國民學校及中心國民學校外並得组織省市巡迴輔導隊(或团)縣市巡迴輔導隊(或团)層級輔導國民教育之実施

(三)各省市為督導國民教育研究改進起見除組織鄉鎮國民教育研究会外並分别组織左列各項國民教育研究会

1.省市國民教育研究会

2.省市師範學校区國民學校研究会

3.縣市國民學校研究会

第二十二條 師範學校附屬小學及私立小學等之設施並依照本規則各條办理

第二十三條 本規則自公布日施行

图 1-1-1 归绥市政府为转发《国民学校法》暨《国民学校及中心国民学校规则》致市立暨区保立中心国民学校及国民学校代电（1947 年 3 月 28 日）（十三）

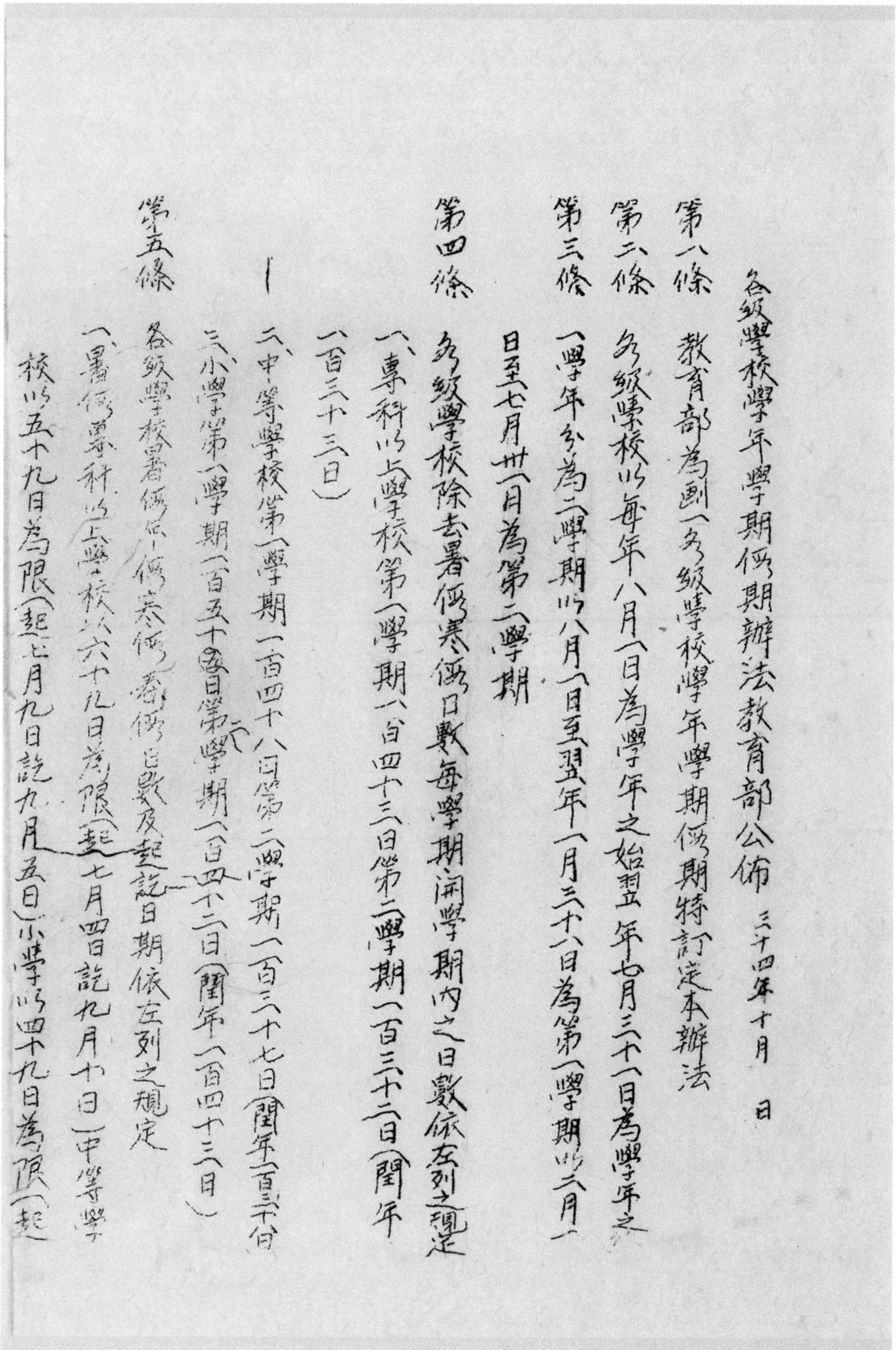
各級學校學年學期假期辦法教育部公佈 三十四年十月 日

第一條 教育部為劃一各級學校學年學期假期特訂定本辦法

第二條 各級學校以每年八月一日為學年之始翌年七月三十一日為學年之終

第三條 一學年分為二學期以八月一日至翌年一月二十八日為第一學期以二月一日至七月卅一日為第二學期

第四條 各級學校除去暑假寒假日數每學期開學期內之日數依左列之規定

一、專科以上學校第一學期一百四十三日第二學期一百三十二日（閏年一百三十三日）

二、中等學校第一學期一百四十八日第二學期一百三十七日（閏年一百三十八日）

三、小學第一學期一百五十五日第二學期一百四十二日（閏年一百四十三日）

第五條 各級學校暑假假期寒假假期日數及起訖日期依左列之規定

一、暑假專科以上學校六十九日為限（起七月四日訖九月十日）中等學校以五十九日為限（起七月九日訖九月五日）小學以四十九日為限（起

图 1-1-2 教育部公布《各级学校学年学期假期办法》（1945 年 10 月）（一）

七月十四日訖八月三十一日

二、年假各級學校一律定為二日（起一月一日訖一月二日）

三、寒假各級學校一律定為二十一日（起二月一日訖二月二十一日）

四、春假各級學校一律定為一日（四月四日）

第六條　各級學校關於國定紀念日之放假及舉行紀念办法另依中央之規定办理

第七條　各級學校本校紀念日休假每年不得過一日

第八條　各級學校於規定寒暑假期滿之次日應一律開學办理註冊等手續專科以上學校不得逾七日中等學校及小學不得逾三日但新生得酌予延長

第九條　各級學校假期起訖日期不得任意變更但因各地氣候及特殊情形者得經呈准後酌量移動之

第十條　本辦法自三十四學年度第一學期實施

图 1-1-2　教育部公布《各级学校学年学期假期办法》（1945 年 10 月）（二）

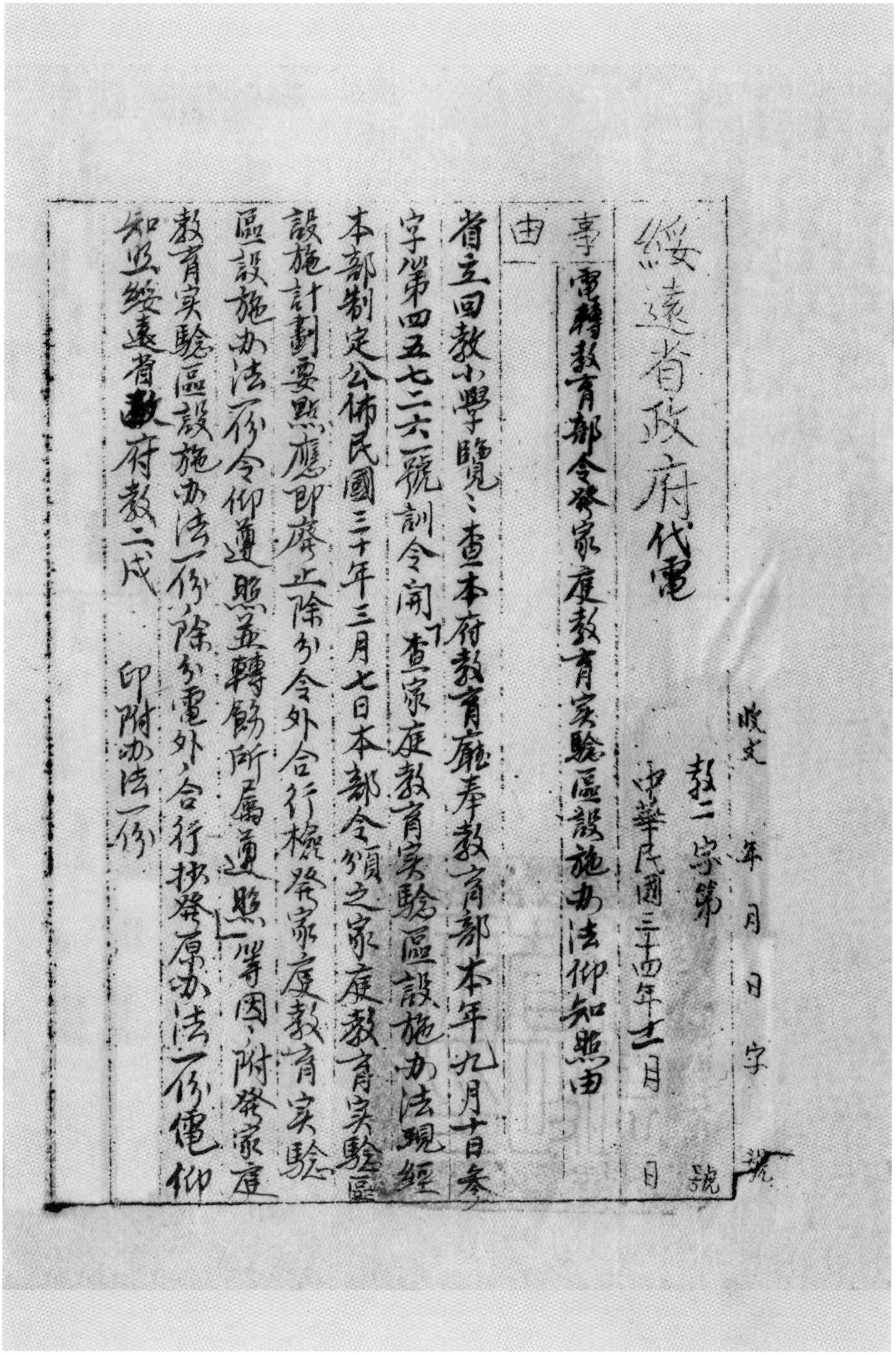

收文 年 月 日 字 號

教二 字第 號

中華民國三十四年十一月 日

綏遠省政府代電

事由 電轉教育部令發家庭教育實驗區設施辦法仰知照由

省立回教小學覽：查本府教育廳奉教育部本年九月十日參字第四五七二六號訓令開：「查家庭教育實驗區設施辦法現經本部制定公佈，民國三十年三月七日本部令頒之家庭教育實驗區設施計劃要點應即廢止，除分令外，合行檢發家庭教育實驗區設施辦法一份，令仰遵照並轉飭所屬遵照」等因，附發家庭教育實驗區設施辦法一份。除分電外，合行抄發原辦法一份，電仰知照。綏遠省政府教二戌

印 附辦法一份

图 1-1-3 绥远省政府为转《家庭教育实验区设施办法》致省立回教小学代电（1945 年 11 月）（一）

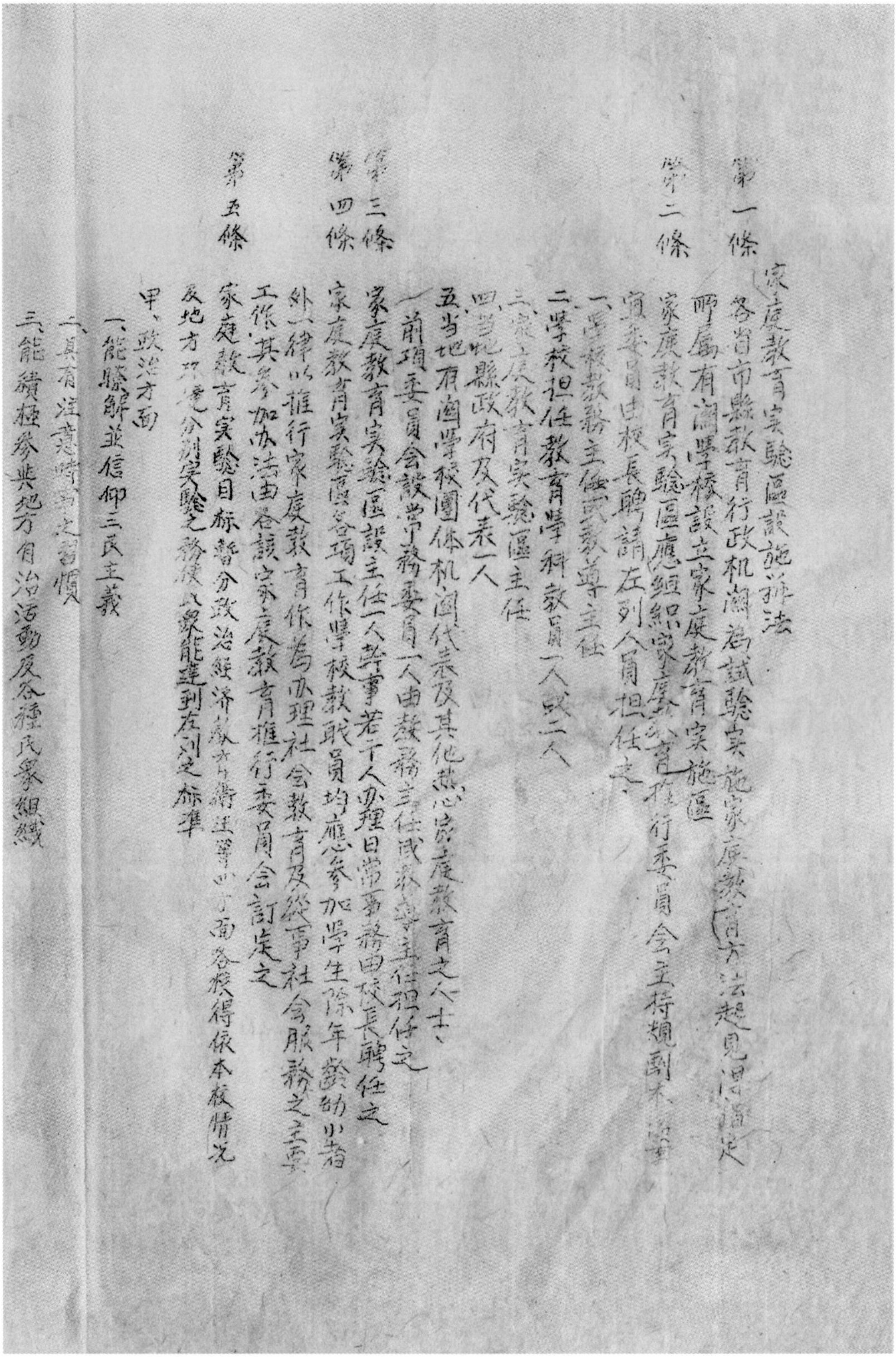

家庭教育実驗區設施辦法

第一條 各省市縣教育行政机關為試驗実施家庭教育方法起見得指定所屬有關學校設立家庭教育実施區

第二條 家庭教育実驗區應組織家庭教育推行委員会主持規劃本區事宜委員由校長聘請左列人員担任之
一、學校教務主任或教導主任
二、學校担任教育學科教員一人或二人
三、家庭教育実驗區主任
四、当地縣政府及代表一人
五、当地有關學校團体机關代表及其他熱心家庭教育之人士
前項委員会設常務委員一人由教務主任或教導主任担任之

第三條 家庭教育実驗區設主任一人幹事若干人办理日常事務由校長聘任之

第四條 家庭教育実驗區各項工作學校教職員均應參加學生除年齡幼小者外一律以推行家庭教育作為办理社会教育及從事社会服務之主要工作其參加办法由各該家庭教育推行委員会訂定之

第五條 家庭教育実驗目标暫分政治經濟教育衛生等四方面各校得依本校情況及地方環境分別実驗之務使民衆能達到左列之标準
甲、政治方面
一、能瞭解並信仰三民主義
二、具有注意時事之習慣
三、能積極參與地方自治活動及各種民衆組織

图 1-1-3　绥远省政府为转《家庭教育实验区设施办法》致省立回教小学代电（1945 年 11 月）（二）

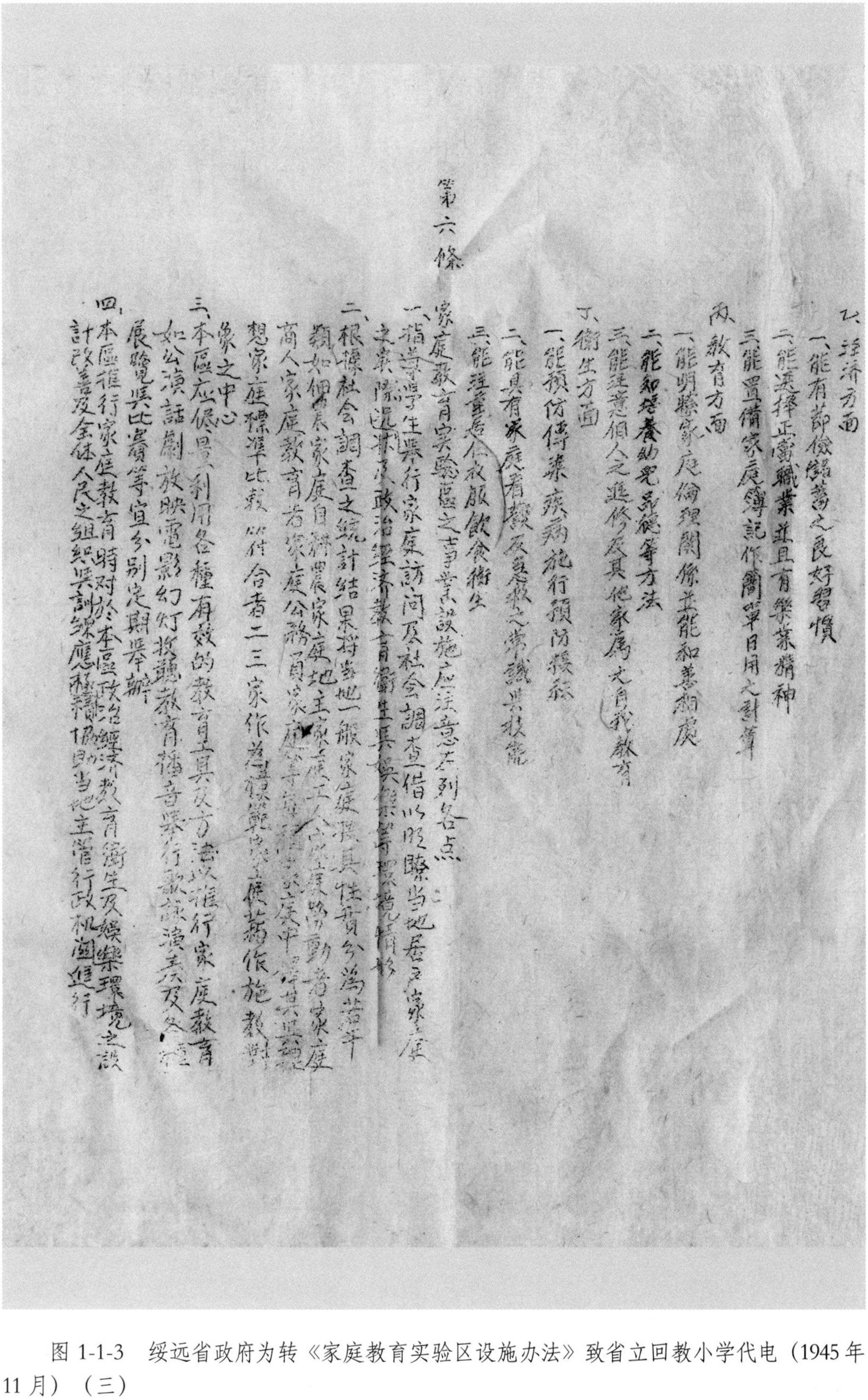
乙、經濟方面
一、能有節儉儲蓄之良好習慣
二、能選擇正當職業並且有樂業精神
三、能置備家庭簿記作簡單日用之計算
丙、教育方面
一、能明瞭家庭倫理關係並能和善相處
二、能知悉養幼兒哺飼等方法
三、能注意個人之進修及其他家屬之自我教育
丁、衛生方面
一、能預防傳染疾病施行預防接種
二、能具有家庭看護及急救之常識與技能
三、能注意居住衣服飲食衛生
第六條 家庭教育實驗區之事業設施應注意左列各点
一、指導學生舉行家庭訪問及社會調查，借以明瞭當地居戶家庭之眾隱選擇及政治經濟教育衛生與娛樂等環境情形
二、根據社會調查之統計結果將當地一般家庭按其性質分為若干類，如佃農家庭、自耕農家庭、地主家庭、工人家庭、[illegible]勞動者家庭、商人家庭、教育者家庭、公務員家庭等，每類[illegible]家庭中選擇其[illegible]思想家庭標準比較[illegible]合者二三家作為[illegible]模範家庭，藉作施教對象之中心
三、本區應儘量利用各種有效的教育工具及方法以推行家庭教育，如公演話劇、放映電影幻灯、收聽教育播音、舉行歌詠演奏及各[illegible]展覽比賽等宜分別定期舉辦
四、本區推行家庭教育時，對於本區政治經濟教育衛生及娛樂環境之設計改善及全体人民之組織與訓練，應積極協助當地主管行政機關進行

图 1-1-3　绥远省政府为转《家庭教育实验区设施办法》致省立回教小学代电（1945 年 11 月）（三）

五、參加工作之學生應各認定負責推行之家庭若干家並須定期比賽至每期結束時由家庭教育委員會逐項至各户考查以為評定各負責指導學生成績之依據

六、本區工作開始時應統盤籌劃將全部實驗工作訂定分期進度呈經主管教育行政机關核定後施行

七、本區於每年度開始前及結束後應依照分期工作進度及實際工作情形分別擬編詳細工作計劃及報告呈報主管教育行政机關備查

第七條 家庭教育實驗區所需經費由主管教育行政机關核撥經常費由各該校經常費内勻支不足時得呈由主管教育行政机關酌予補助

第八條 家庭教育實驗區之工作主管教育行政机關應隨時派員指導並作為各該校考成事項之一

第九條 承办家庭教育實驗區之學校其遵章應办之其他社會教育事項得酌予減免其一部或全部

第十條 本办法自公布日施行

图 1-1-3 绥远省政府为转《家庭教育实验区设施办法》致省立回教小学代电（1945 年 11 月）（四）

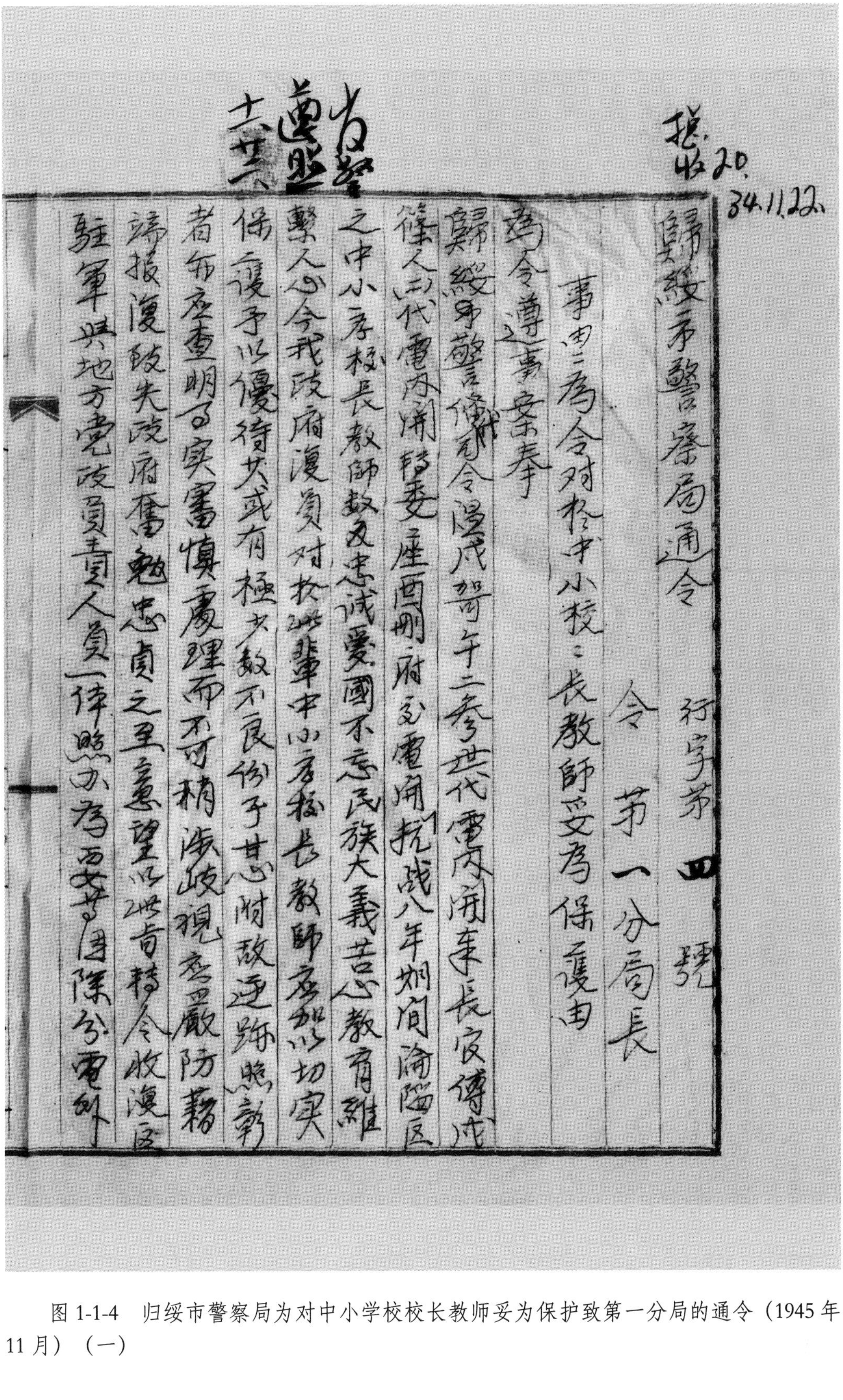
省警
通令
十一、廿二
振收20
34.11.22
歸綏市警察局通令 行字第四號
令 第一分局長
事由：為令对於中小校校長教師妥為保護由
為令遵之事案奉
歸綏市警察局令開：准戌晉午二參世代電內開：案奉長官傅戌
儉人(二)代電內開：特委座酉刪府支電開：抗戰八年淪陷區
之中小學校長教師数及忠誠愛國不忘民族大義苦心教育維
繫人心今我政府復員对於此輩中小學校長教師應加以切實
保護予以優待其或有極少數不良份子甘心附敵逆跡照彰
者亦應查明事實審慎處理而不可稍涉歧視並嚴防藉
端报復致失政府奮勉忠貞之至意望以此旨轉令收復区
駐軍與地方党政負責人員一律照辦為要等因除分電外

图 1-1-4　归绥市警察局为对中小学校校长教师妥为保护致第一分局的通令（1945 年 11 月）（一）

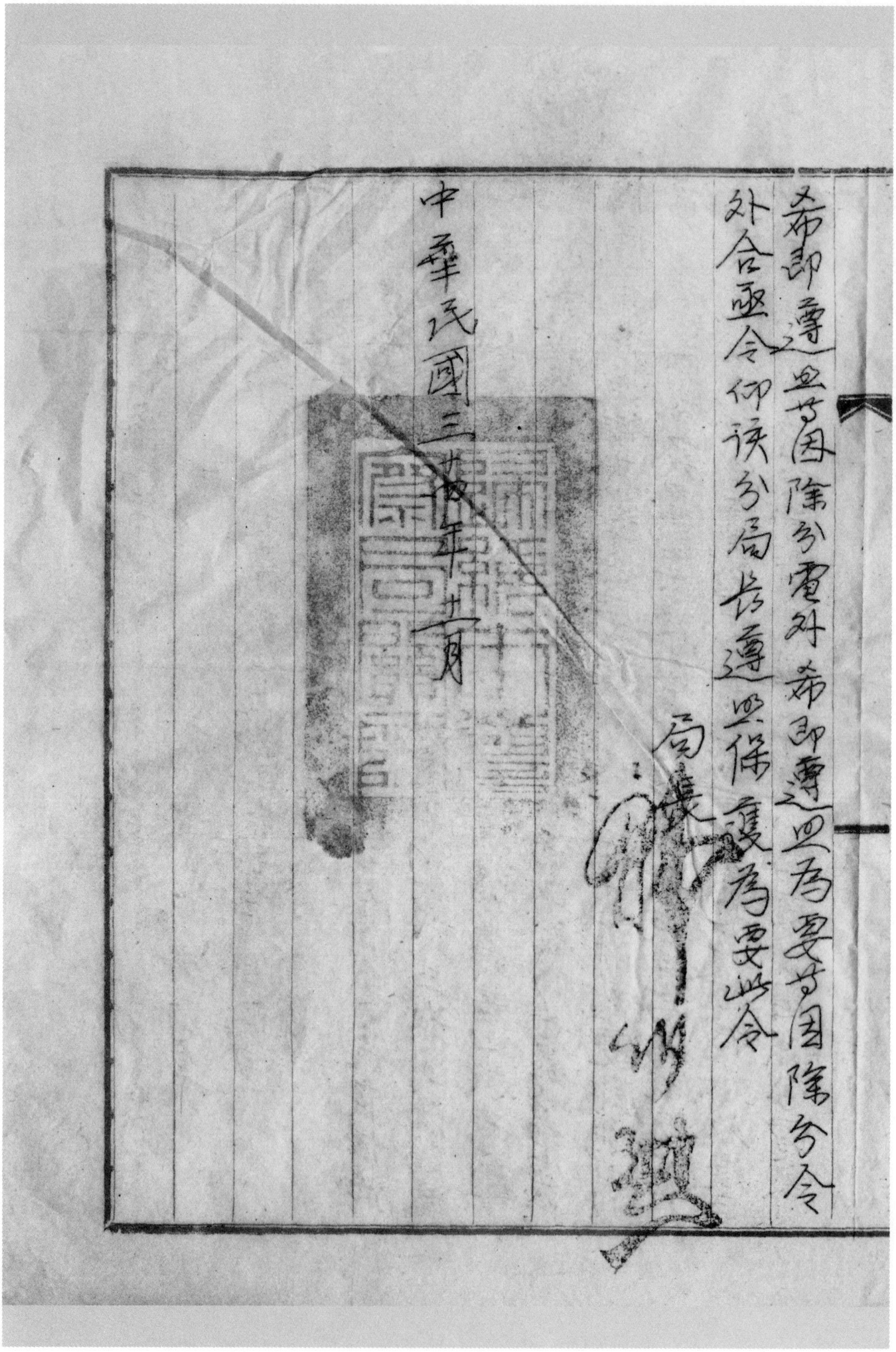

希即遵照等因除分電外希即遵照為要等因除分令

外合亟令仰該分局長遵照保護為要此令

局長

中華民國三十四年十一月

图 1-1-4　归绥市警察局为对中小学校校长教师妥为保护致第一分局的通令（1945 年 11 月）（二）

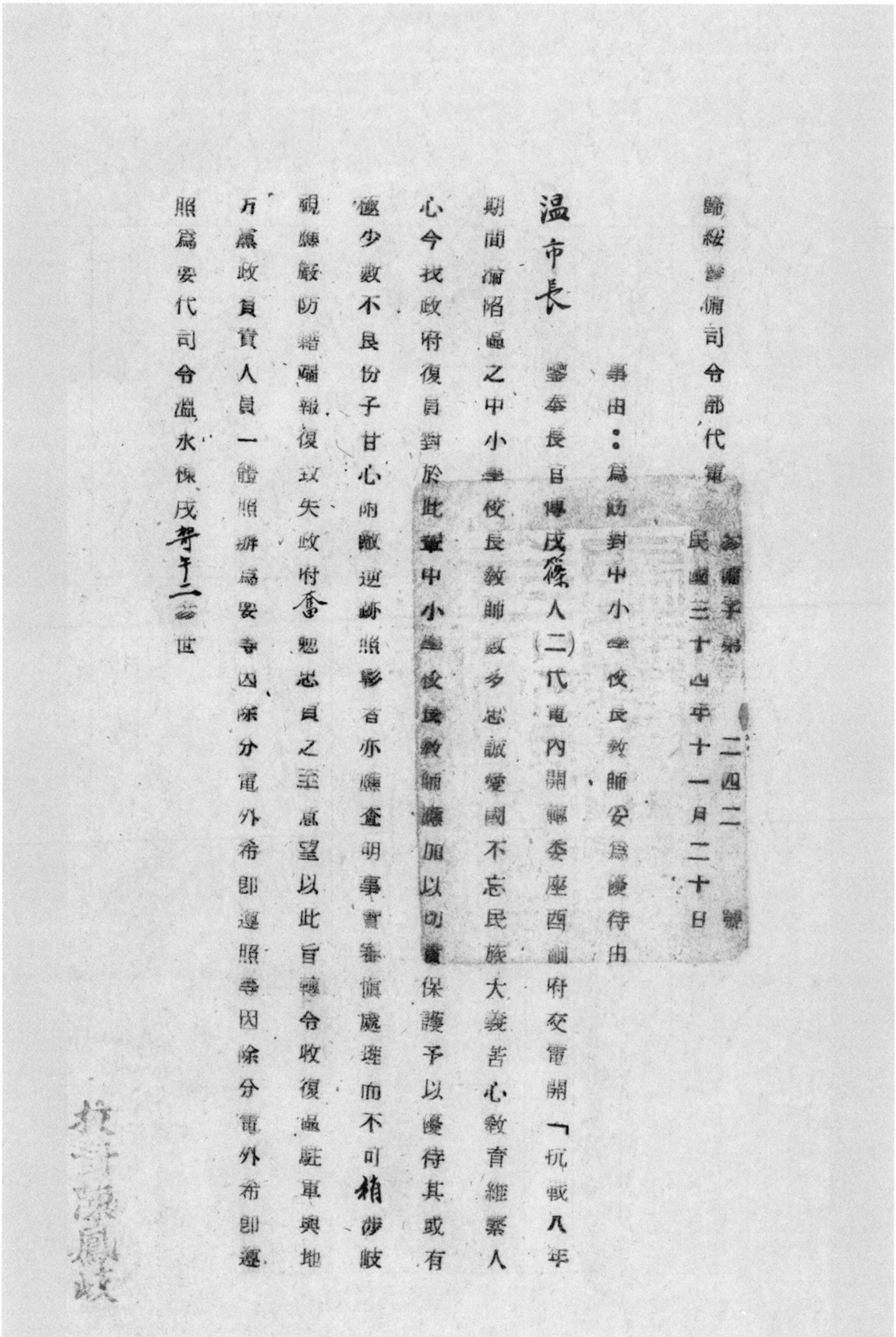

歸綏警備司令部代電　警備字第二四二號

民國三十四年十一月二十日

事由：爲對中小學校長教師妥爲優待由

温市長

鑒奉長官傅戌篠人(二)代電内開轉委座酉删府交電開「抗戰八年期間淪陷區之中小學校長教師頗多忠誠愛國不忘民族大義苦心教育維繫人心今我政府復員對於此輩中小學校長教師應加以切實保護予以優待其或有極少數不良份子甘心附敵逆跡昭彰者亦應查明事實審慎處理而不可稍涉歧視應嚴防藉端報復致失政府奮勉忠貞之至意望以此旨轉令收復區駐軍與地方黨政負責人員一體照辦爲要等因除分電外希即遵照等因除分電外希即遵照爲要代司令温永悰戌哿午二參世

校對　陳鳳岐

图 1-1-5　归绥警备司令部为对中小学校长教师妥为优待致归绥市政府代电（1945 年 11 月 20 日）

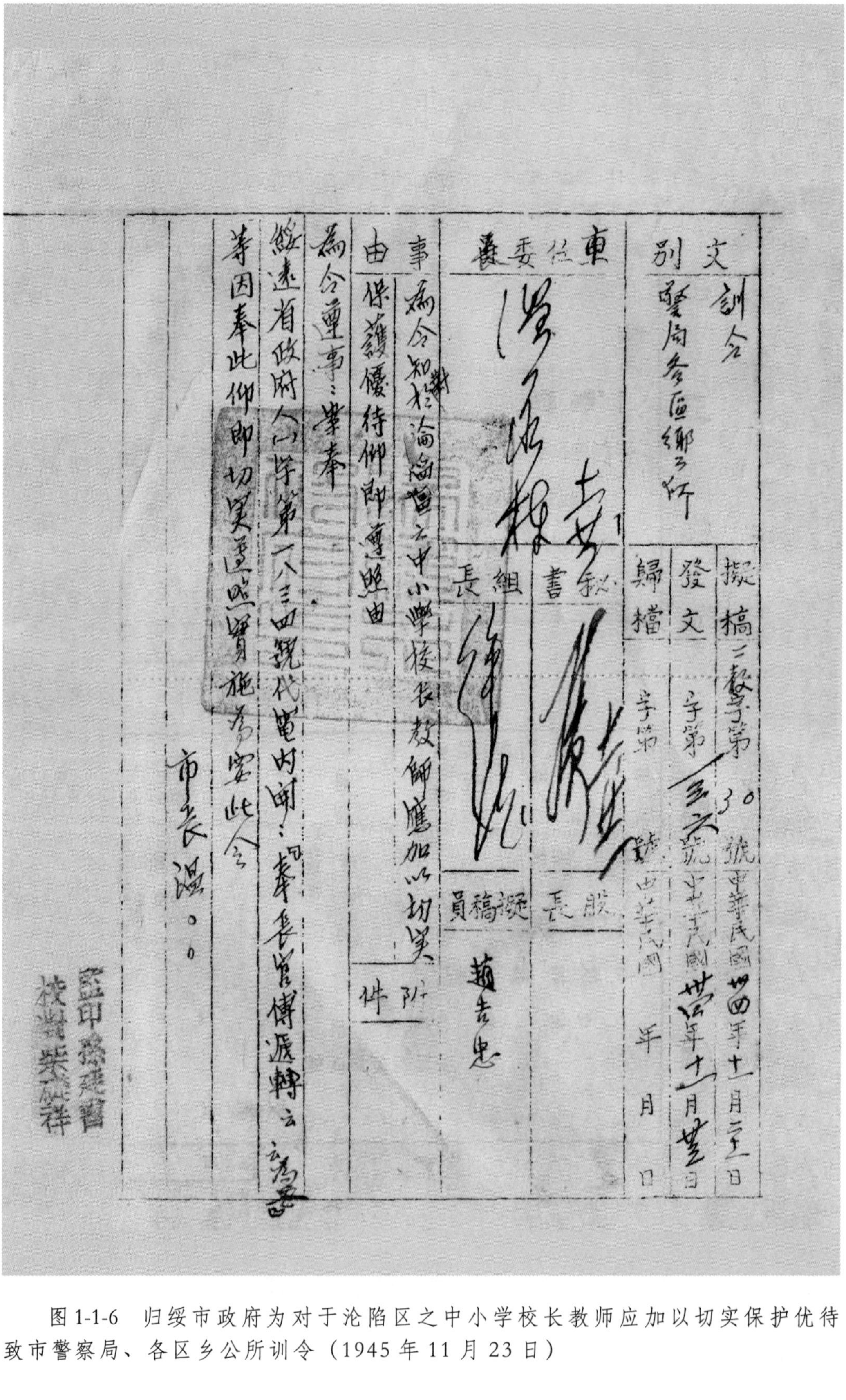

文別：訓令

受文者：警局、各區鄉公所

事由：為令知對於淪陷區之中小學校長教師應加以切實保護優待仰即遵照由

附件

擬稿：二教字第30號　中華民國卅四年十一月二十二日

發文：字第一三六一號　中華民國卅四年十一月廿三日

歸檔：字第　號　中華民國　年　月　日

秘書

組長

股長

擬稿員　趙吉忠

為令遵事：案奉綏遠省政府人(卅)字第一八三四號代電內開：「奉長官傅□轉」云云「為要」。等因奉此，仰即切實遵照實施為要。此令。

市長　溫○○

監印　孫建曾

校對　柴□祥

图 1-1-6　归绥市政府为对于沦陷区之中小学校长教师应加以切实保护优待致市警察局、各区乡公所训令（1945 年 11 月 23 日）

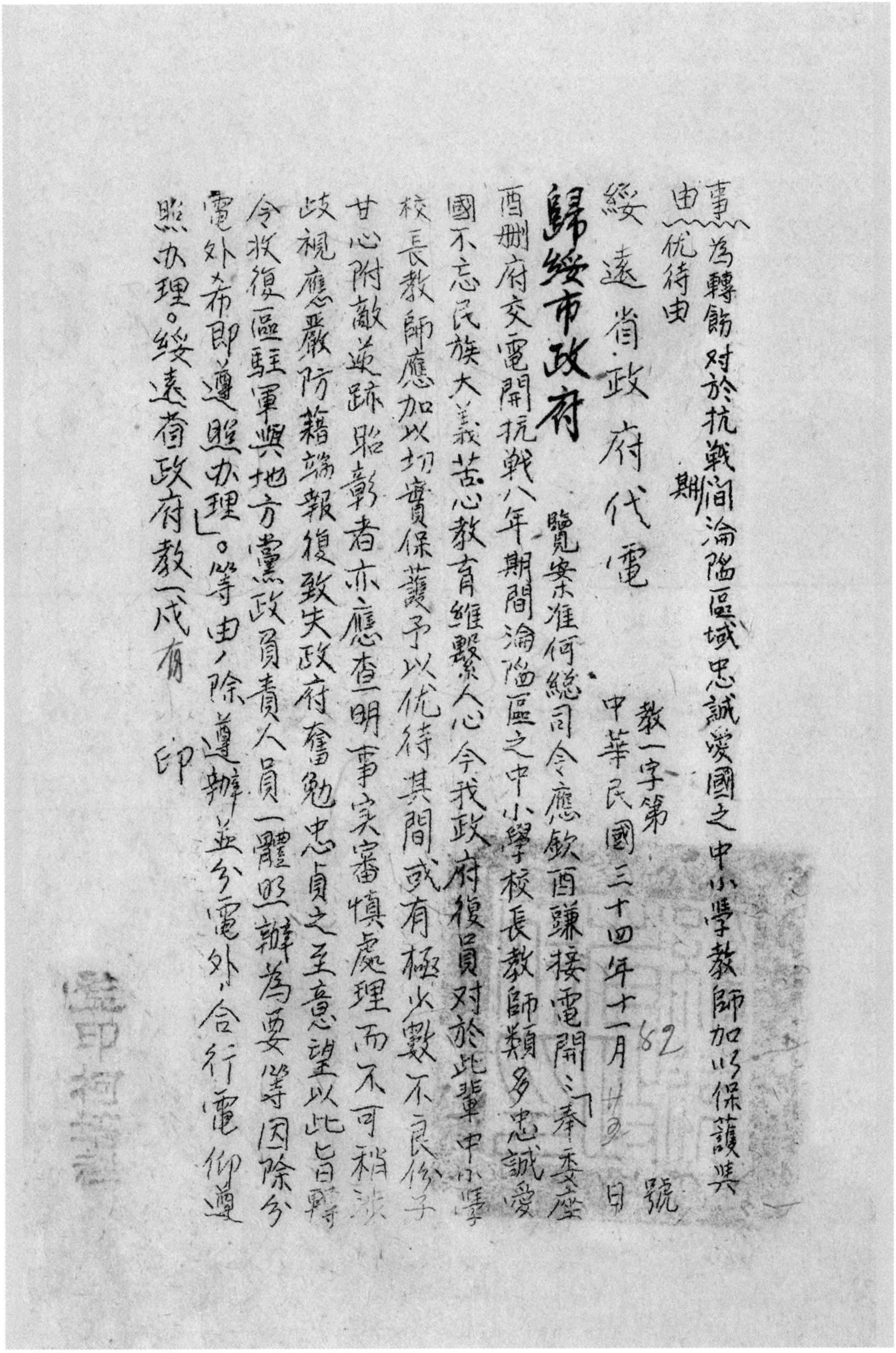

事由 為轉飭对於抗戰期間淪陷區域忠誠愛國之中小學教師加以保護與优待由

綏遠省政府代電 教一字第 82 號

中華民國三十四年十一月廿五日

歸綏市政府覽：案准何總司令應欽酉蒸接電開：「奉委座酉冊府交電開：抗戰八年期間淪陷區之中小學校長教師類多忠誠愛國，不忘民族大義，苦心教育，維繫人心。今我政府復員，对於此輩中小學校長教師應加以切實保護，予以优待。其間或有極少數不良份子甘心附敵，逆跡昭彰者，亦應查明事实，審慎處理，而不可稍涉歧視，應嚴防藉端報復，致失政府奮勉忠貞之至意。望以此旨轉令收復區駐軍與地方黨政負責人員一體照辦為要」等因。除分電外，希即遵照办理」。等由，除遵辦並分電外，合行電仰遵照办理。綏遠省政府教一戌有 印

图 1-1-7 绥远省政府为对于抗战期间沦陷区域忠诚爱国之中小学教师加以保护与优待致归绥市政府代电（1945 年 11 月 25 日）

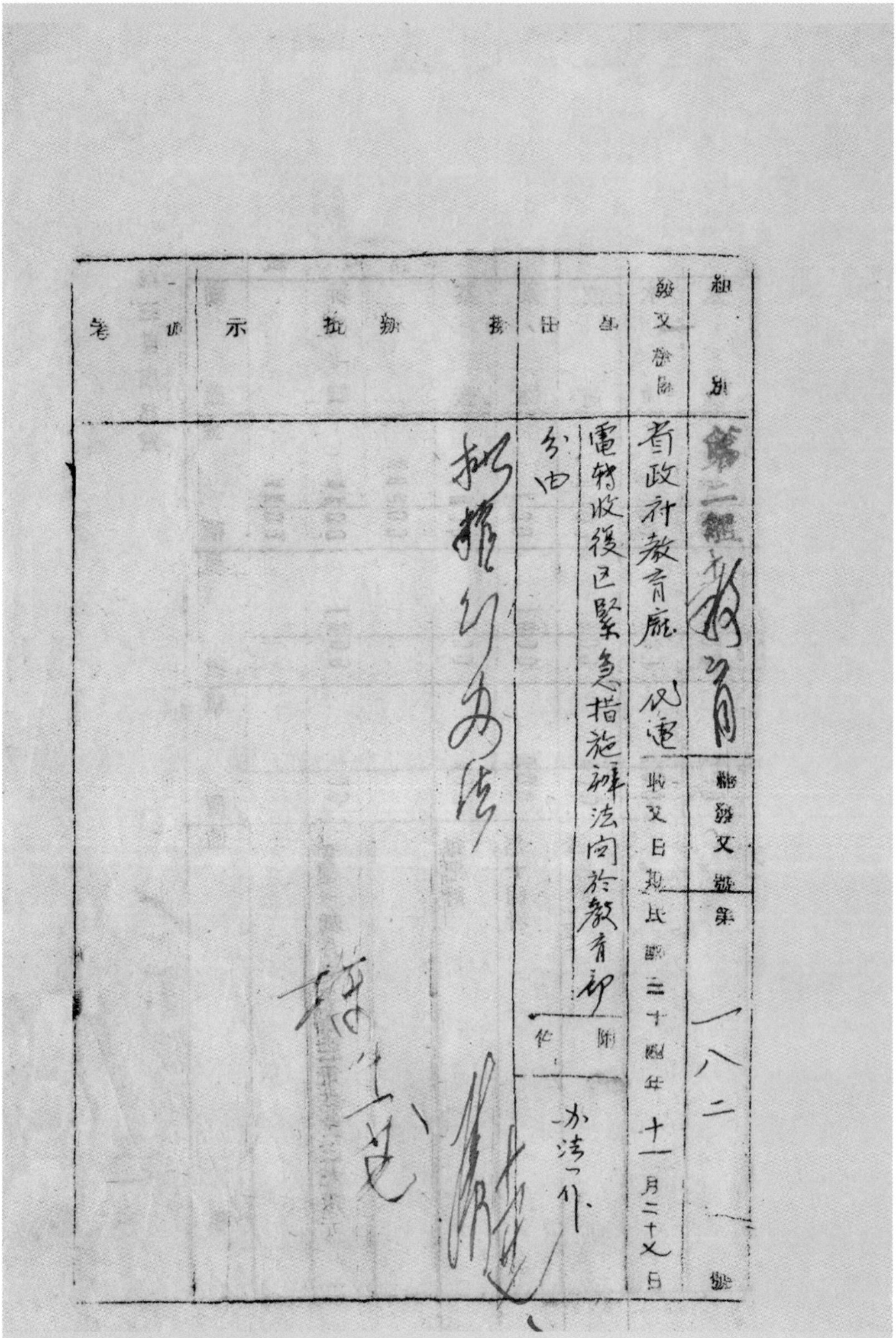
組別：第二組 教育
總收文號第 一八二 號
發文者：省政府教育廳 代電
收文日期：民國三十四年十一月二十七日
事由：電轉收復區緊急措施辦法函於教育部分由
附件：办法一件
擬辦：擬轉行各校
批示

1-1-8 绥远省政府教育厅为转发《收复区紧急措施办法》关于教育部分致归绥市政府代电（1945 年 11 月 25 日）（一）

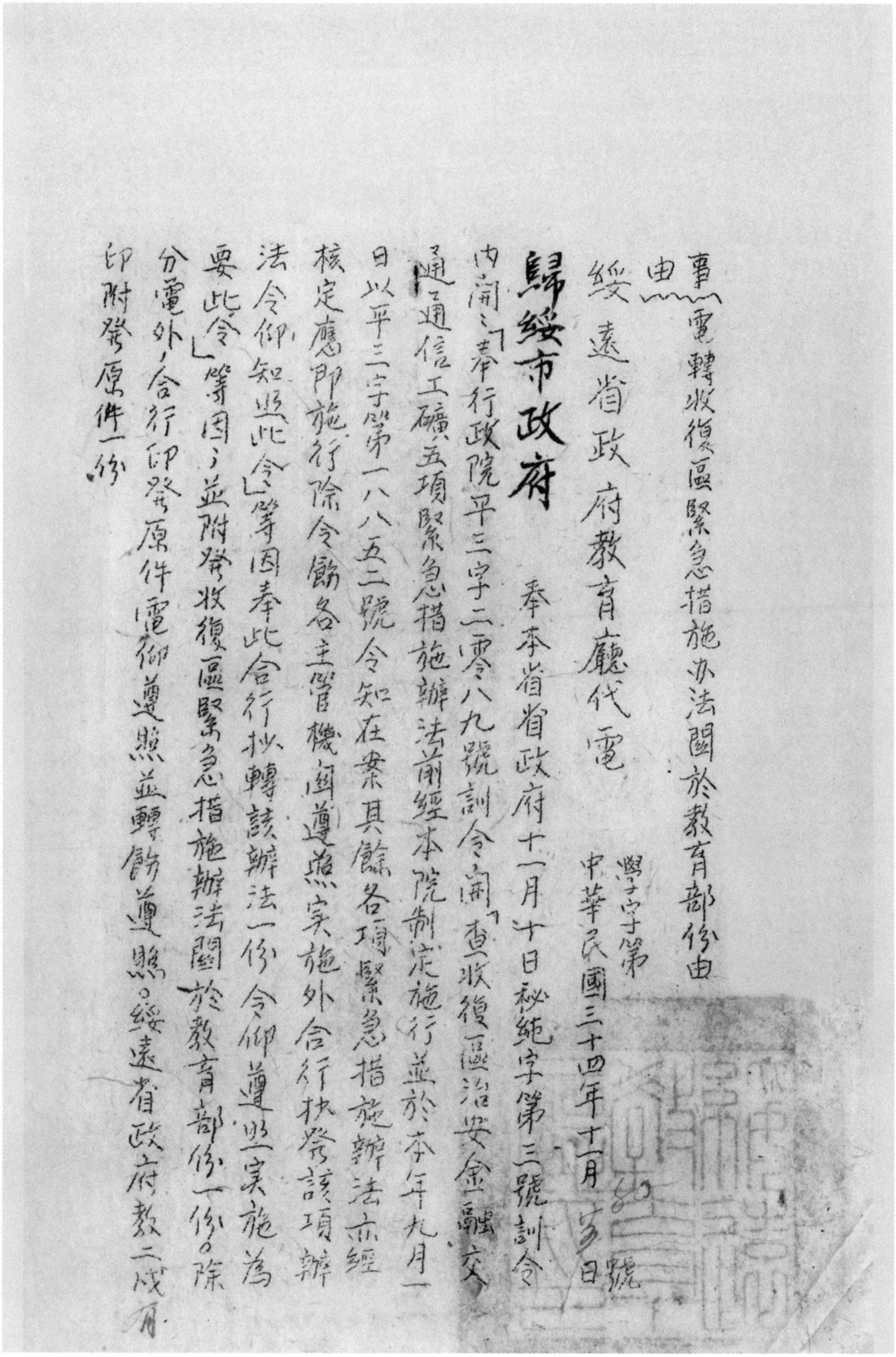
事由：電轉收復區緊急措施办法關於教育部份由

學字第680號
中華民國三十四年十一月有日

綏遠省政府教育廳代電

歸綏市政府

奉本省省政府十一月廿日秘絕字第三號訓令內開：「奉行政院平三字二零八九號訓令開「查收復區治安、金融、交通、通信、工礦五項緊急措施辦法前經本院制定施行，並於本年九月一日以平三字第一八八五二號令知在案。其餘各項緊急措施辦法亦經核定，應即施行。除令飭各主管機關遵照實施外，合行抄發該項辦法，令仰知照。此令」等因。奉此，合行抄轉該辦法一份，令仰遵照實施。為要。此令」等因。並附發收復區緊急措施辦法關於教育部份一份。除分電外，合行印發原件，電仰遵照並轉飭遵照。綏遠省政府教二戌有印

附發原件一份

1-1-8　绥远省政府教育厅为转发《收复区紧急措施办法》关于教育部分致归绥市政府代电（1945 年 11 月 25 日）（二）

教育

一、派員分赴各地區辦理接收各項教育文化机關督飭整理恢復工作

二、分令後方公私立專科以上學校國立中等學校各省市教育廳局所有各級學校仍應按照規定日期開學上課安心教學保持正常狀態

三、廣播通告收復區教育文化界人士政府將嚴懲敗類獎掖忠貞各級學校均應照常上課各教育文化机關均應繼續工作聽候處理

四、組織甄審委員會甄審教育行政人員學校教職員及社教人員並舉辦各級學校及社教机關所需人員

五、收復區各省市教育廳局應即日着手办理教育復員工作並限期恢復各縣市教育局科

六、收復區各級學校及社教机關房屋應酌量修葺應用或即利用公共場所並籌劃補充必要之設備

七、各級學校教科書應由教育廳局與各大書店印刷所接洽印行國定本

八、收復區學生應酌予甄別分別編入相当學校年級对於敵偽教科書及一切宣傳品除應保存為史料者外一律予以銷燬

1-1-8　绥远省政府教育厅为转发《收复区紧急措施办法》关于教育部分致归绥市政府代电（1945年11月25日）（三）

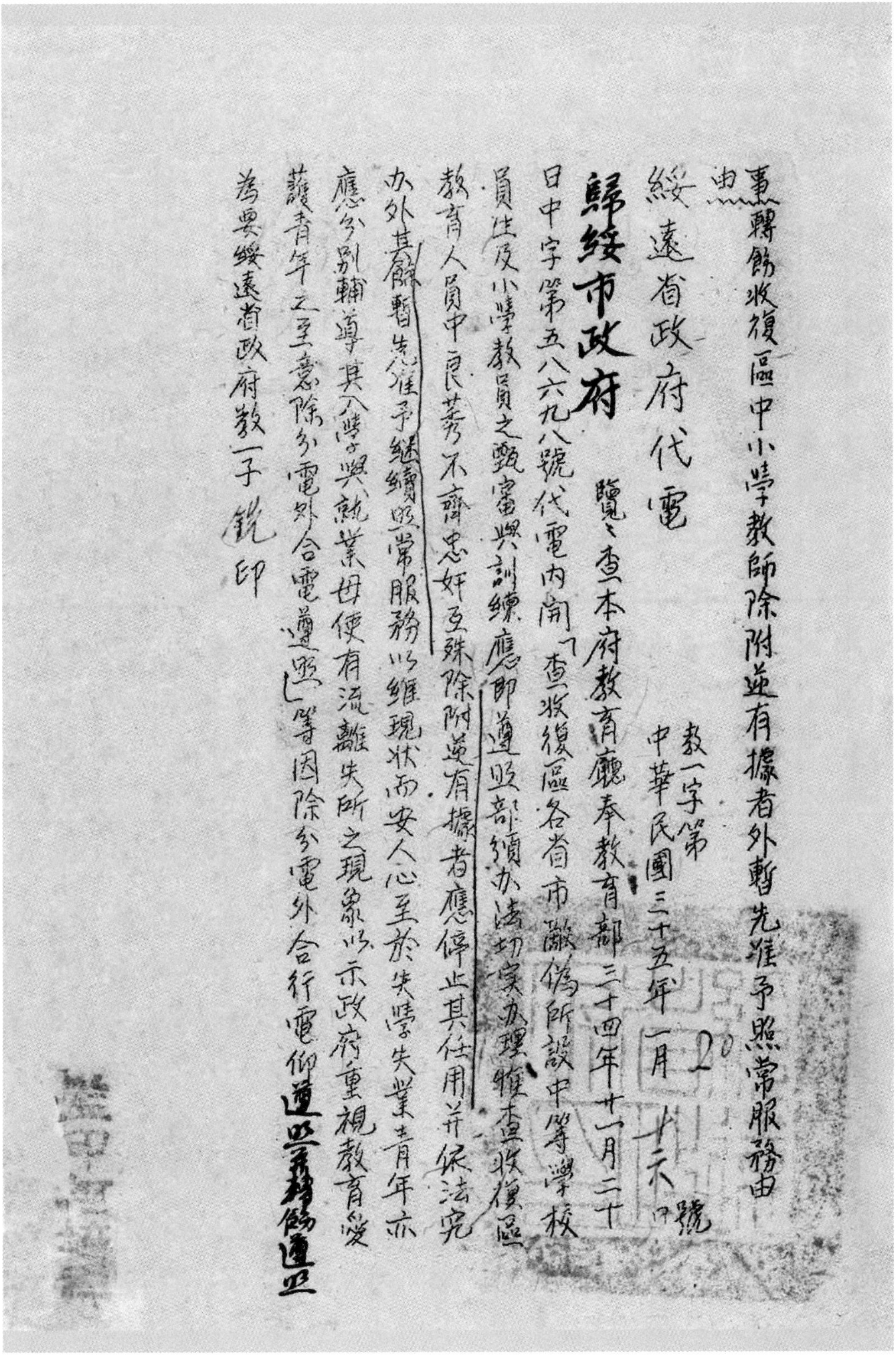

事由 轉飭收復區中小學教師除附逆有據者外暫先准予照常服務由

綏遠省政府代電 教一字第20號 中華民國三十五年一月十六日

歸綏市政府

覽：查本府教育廳奉教育部三十四年十一月二十日中字第五八六九八號代電內開「查收復區各省市敵偽所設中等學校員生及小學教員之甄審與訓練應即遵照部頒办法切實办理惟查收復區教育人員中良莠不齊忠奸互殊除附逆有據者應停止其任用并依法究办外其餘暫先准予繼續照常服務以維現狀而安人心至於失學失業青年亦應分別輔導其入學與就業毋使有流離失所之現象以示政府重視教育愛護青年之至意除分電外合電遵照」等因除分電外合行電仰遵照并轉飭遵照為要綏遠省政府教一子銑印

图 1-1-9　绥远省政府为收复区中小学教师除附逆有据者外暂先准予照常服务致归绥市政府代电（1946 年 1 月 16 日）

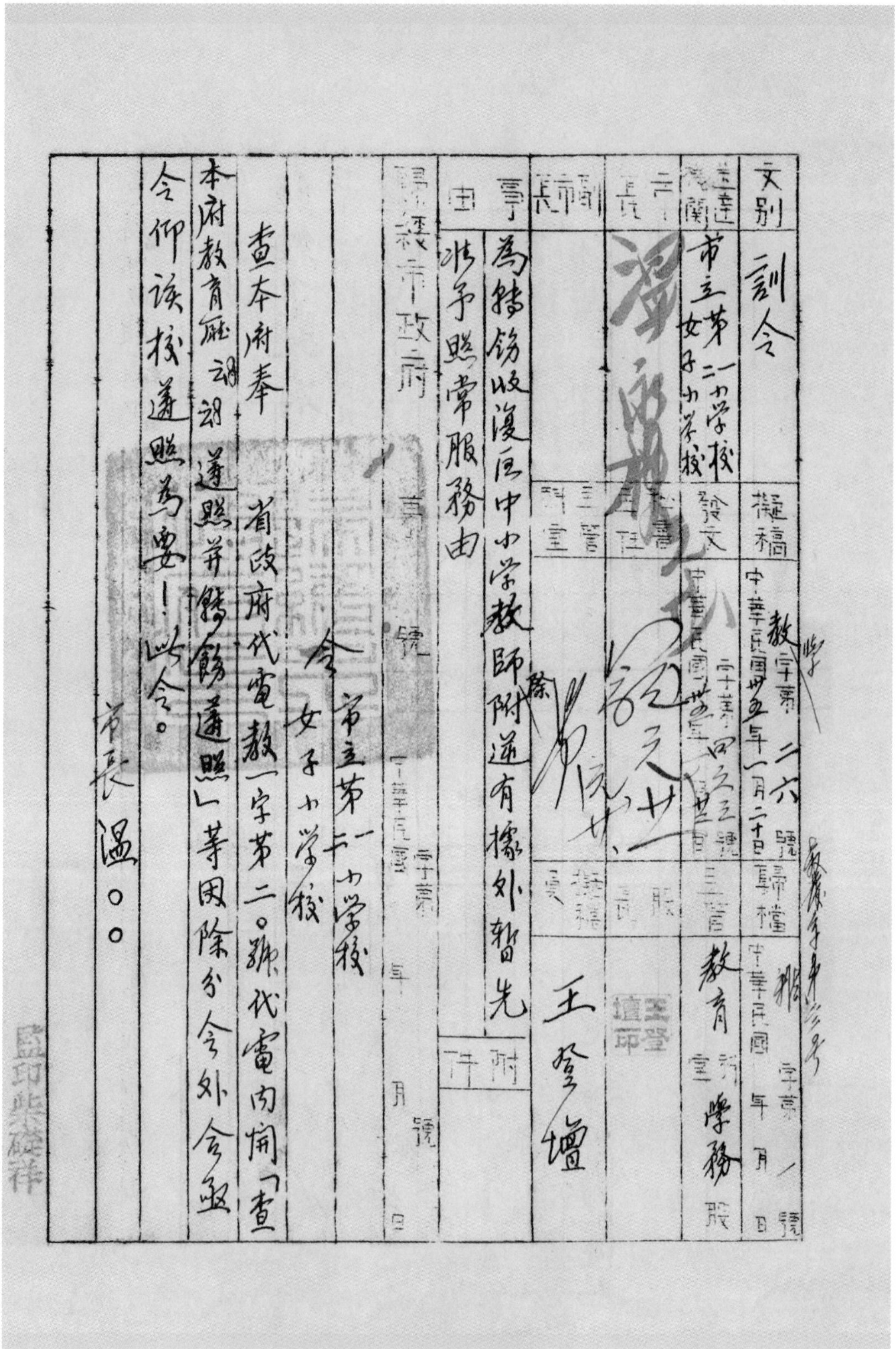
文别 訓令
送達機關 市立第一二小學校、女子小學校
事由 為轉飭收復區中小學教師除附逆有據外暫先准予照常服務由
擬稿 中華民國卅五年一月二十日 教字第二六號
歸綏市政府訓令 字第 號
令市立第一、二小學校、女子小學校
查本府奉省政府代電教一字第二〇號代電內開「查本府教育廳調……遵照並轉飭遵照」等因，除分令外，合亟令仰該校遵照為要！此令。
市長 溫〇〇
主管 教育室 學務股
擬稿 王登壇

图 1-1-10　归绥市政府为收复区中小学教师除附逆有据外暂先准予照常服务致市立第一小学校、第二小学校、女子小学校训令（1946 年 1 月 22 日）

科室：教育科
收文字号：一九三五号
文件来源：省政府代电
收文日期：民国三十五年三月十三日
事由：电仰切实推行体育教育由

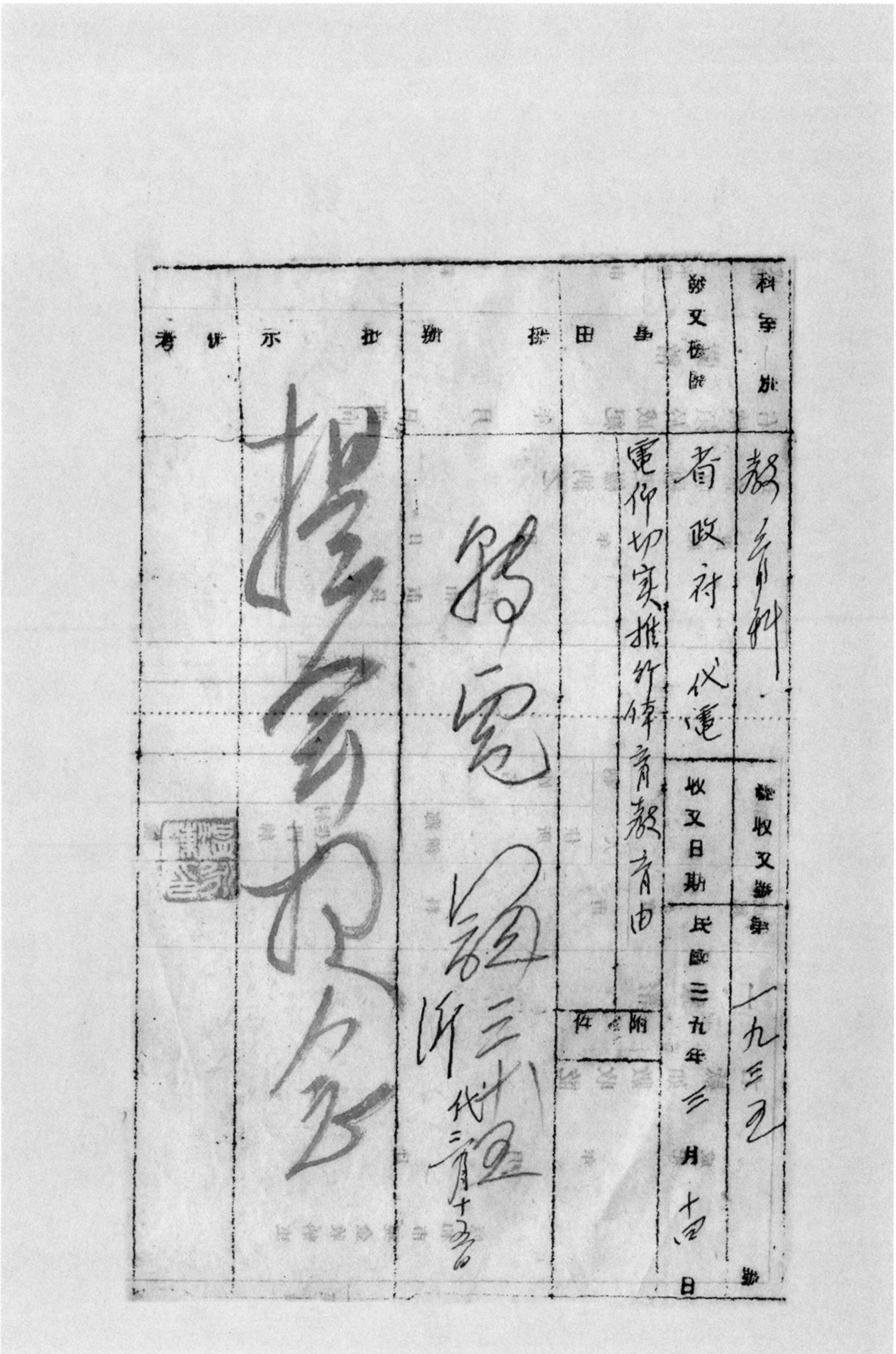

图 1-1-11　绥远省政府为切实推行体育教育致归绥市政府代电（1946 年 3 月 13 日）（一）

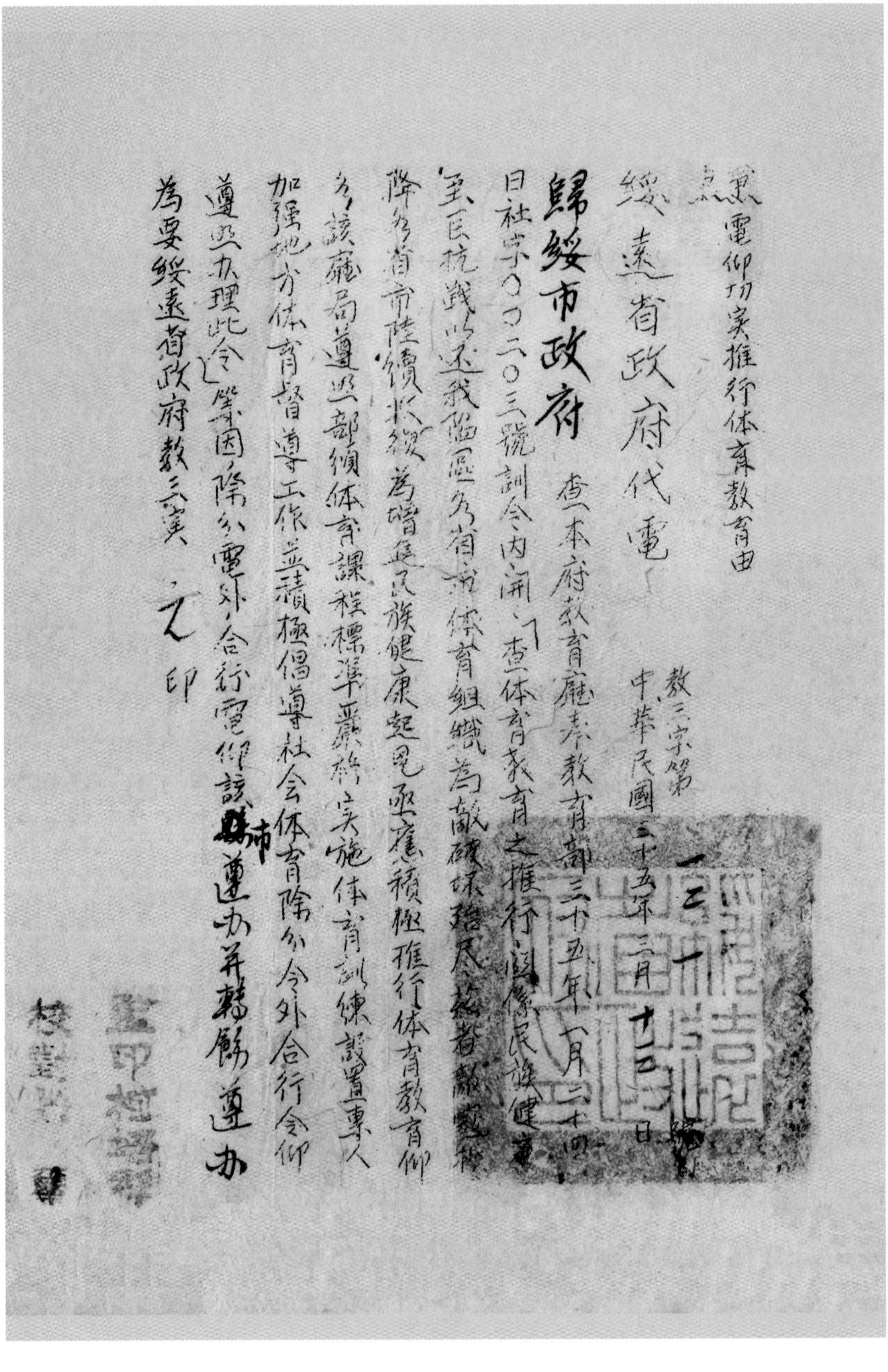
電仰切实推行体育教育由

綏遠省政府代電　教三字第一二一號　中華民國三十五年三月十三日

歸綏市政府

查本府教育廳奉教育部三十五年一月二十四日社字〇〇二〇三號訓令內開「查体育教育之推行關係民族健康至巨抗戰以還我陷區各省市體育組織為敵破壞殆盡茲者敵寇投降各省市陸續收復為增進民族健康亟應積極推行体育教育仰各該廳局遵照部頒体育課程標準嚴格实施体育訓練設置專人加强地方体育督導工作並積極倡導社会体育除分令外合行令仰遵照辦理此令」等因除分電外合行電仰該市遵照辦理並轉飭遵辦為要綏遠省政府教三寅元印

图 1-1-11　绥远省政府为切实推行体育教育致归绥市政府代电（1946 年 3 月 13 日）（二）

图 1-1-12　归绥市政府为切实推行体育教育致各公私学校代电（1946 年 3 月 22 日）

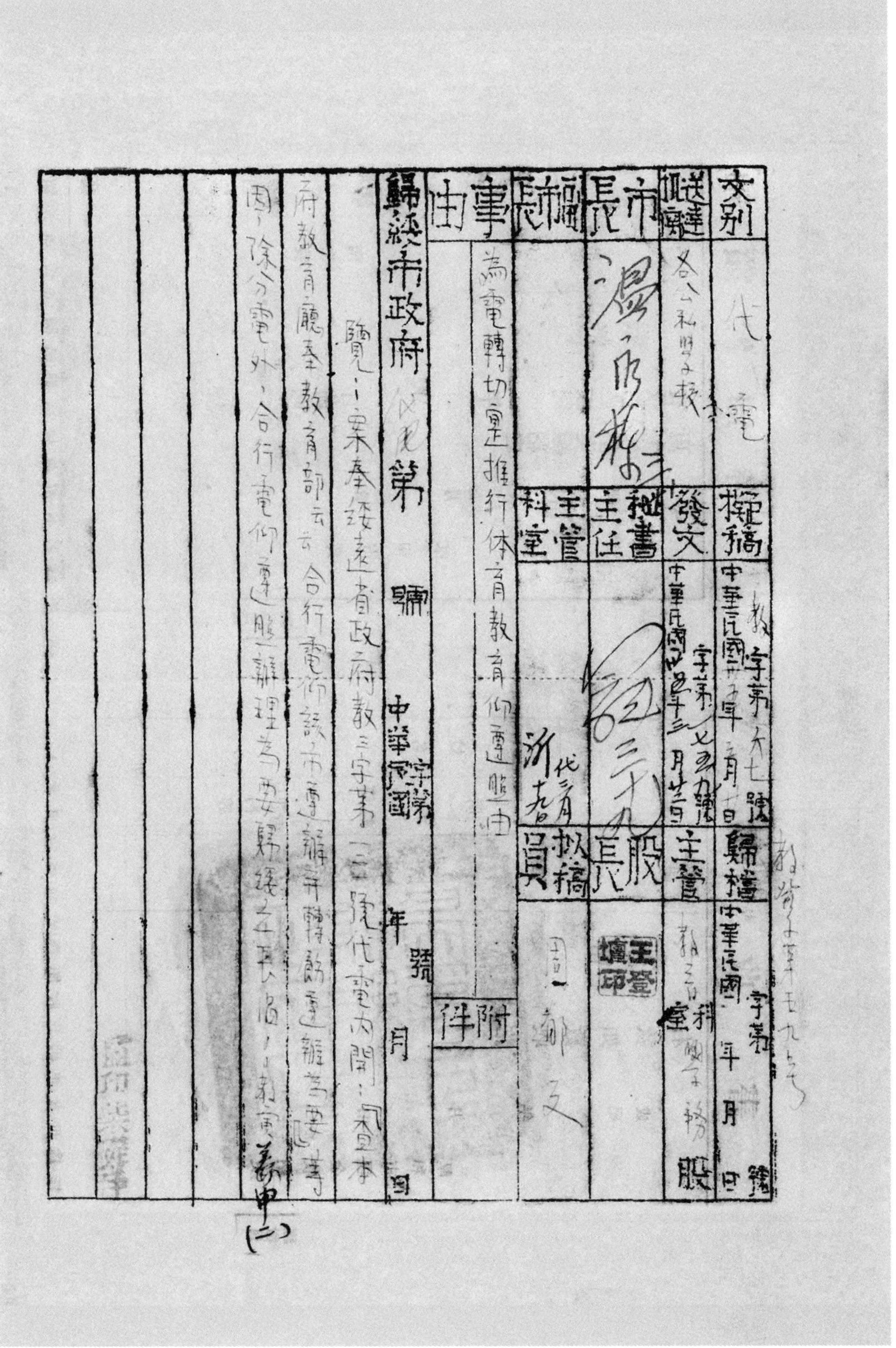

图 1-1-13　归绥市政府为转发《教育会法》致教育会代电（1946 年 6 月 20 日）（一）

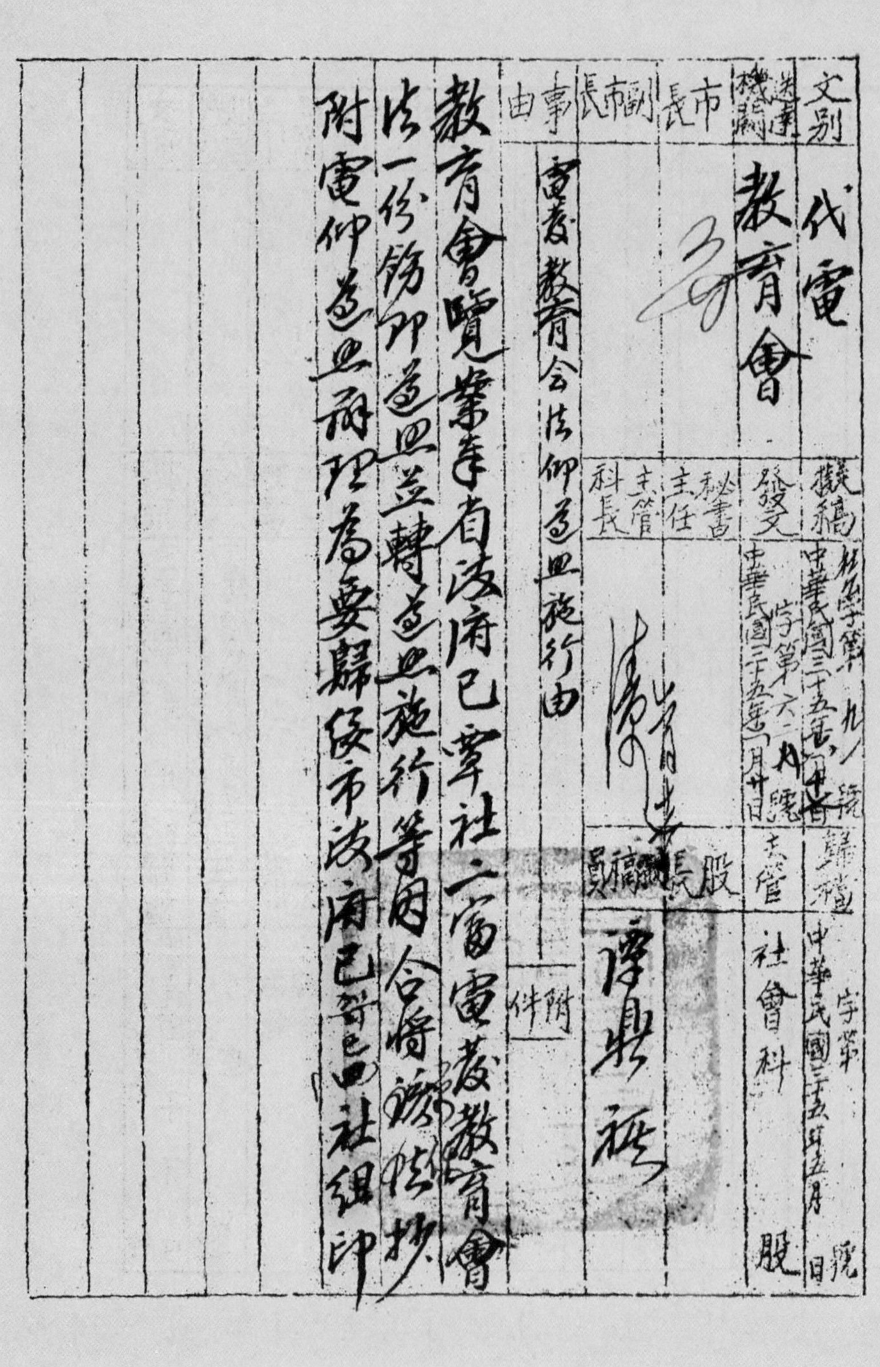

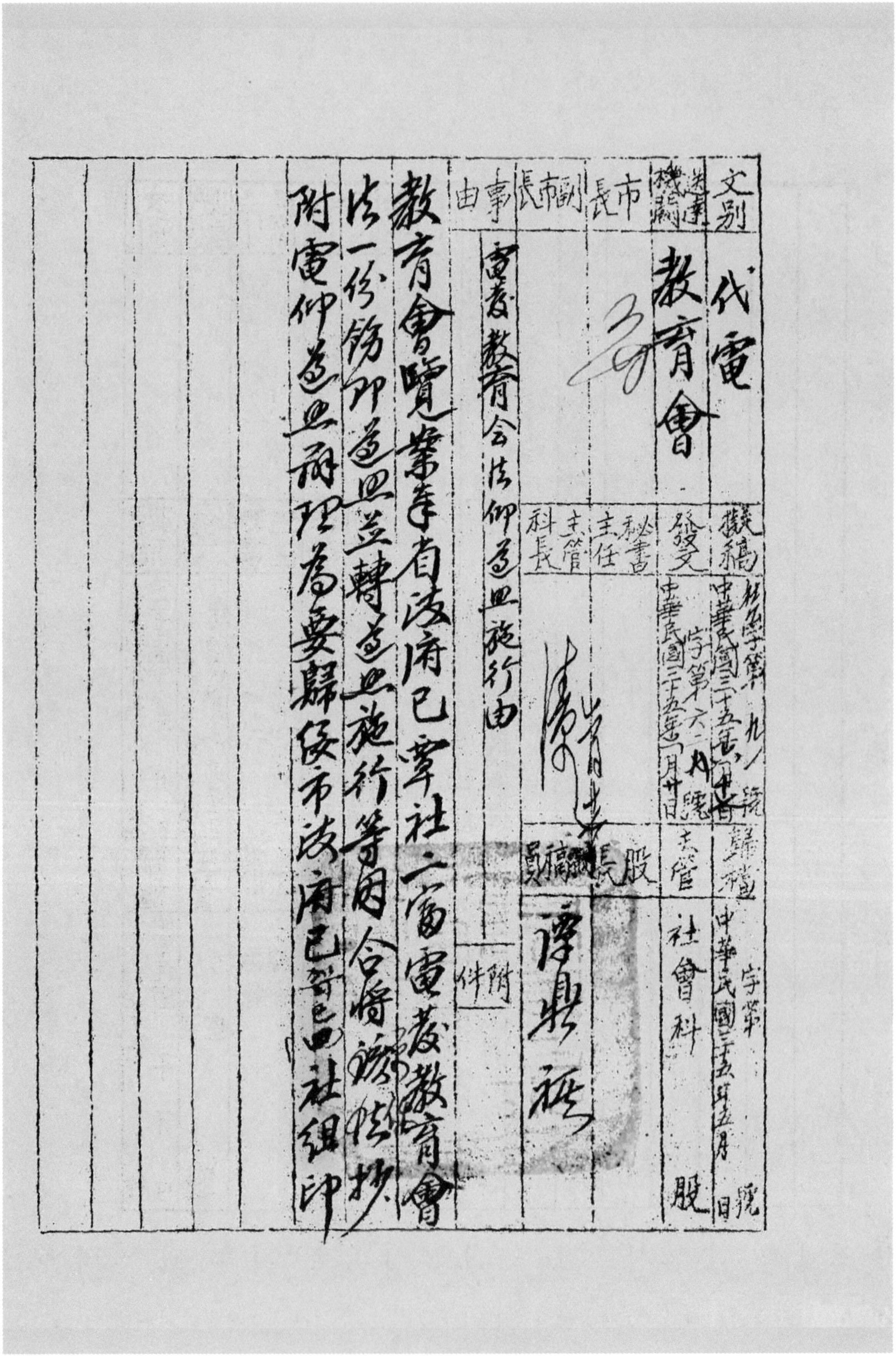

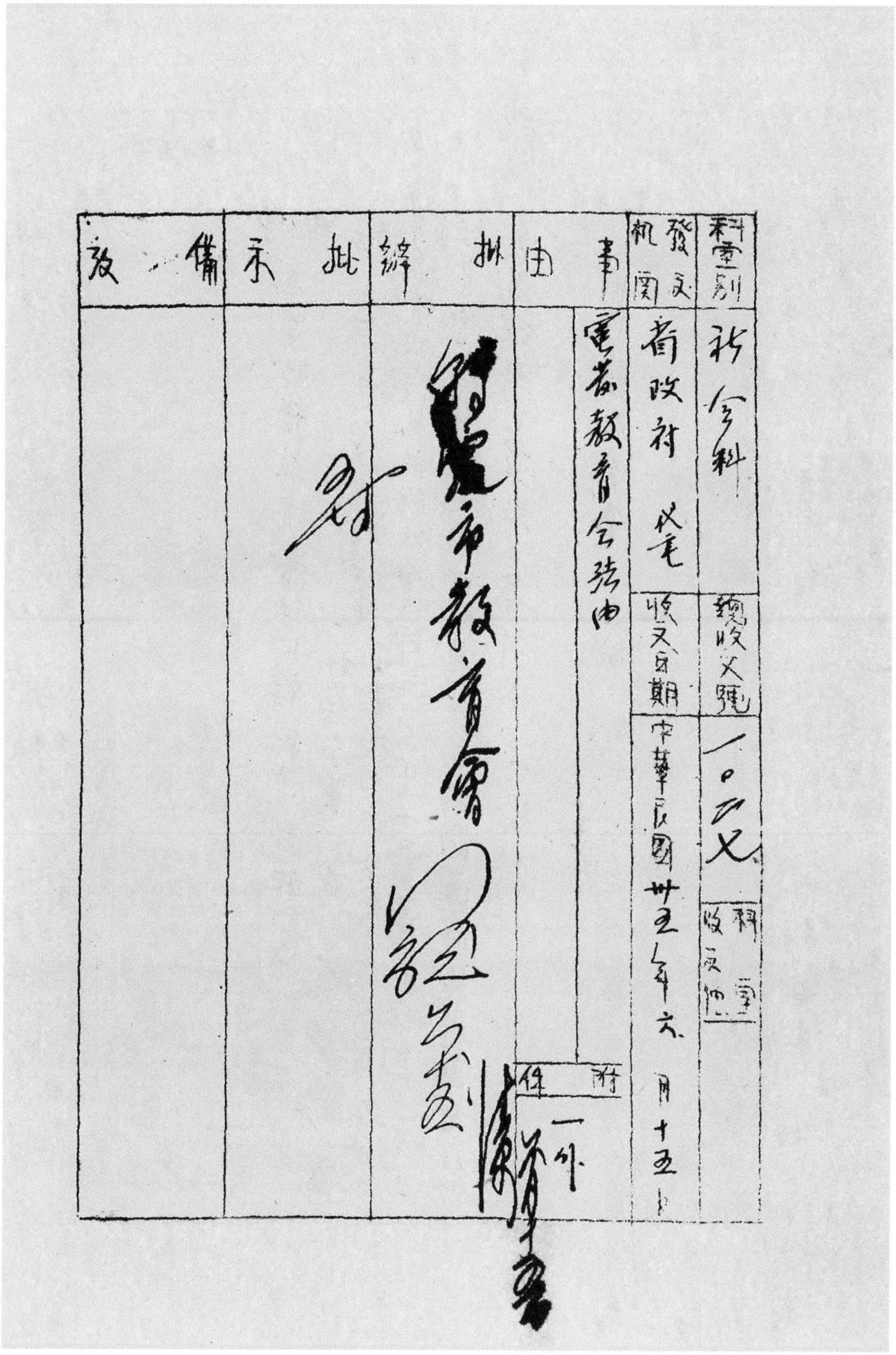

科室别：社会科
發文機關：省政府 代電
總收文號：一〇二七
收文日期：中華民國卅五年六月十五日
科收文號
事由：電發教育会法由
附件：一份
擬辦
批示
備考

图 1-1-13　归绥市政府为转发《教育会法》致教育会代电（1946 年 6 月 20 日）（二）

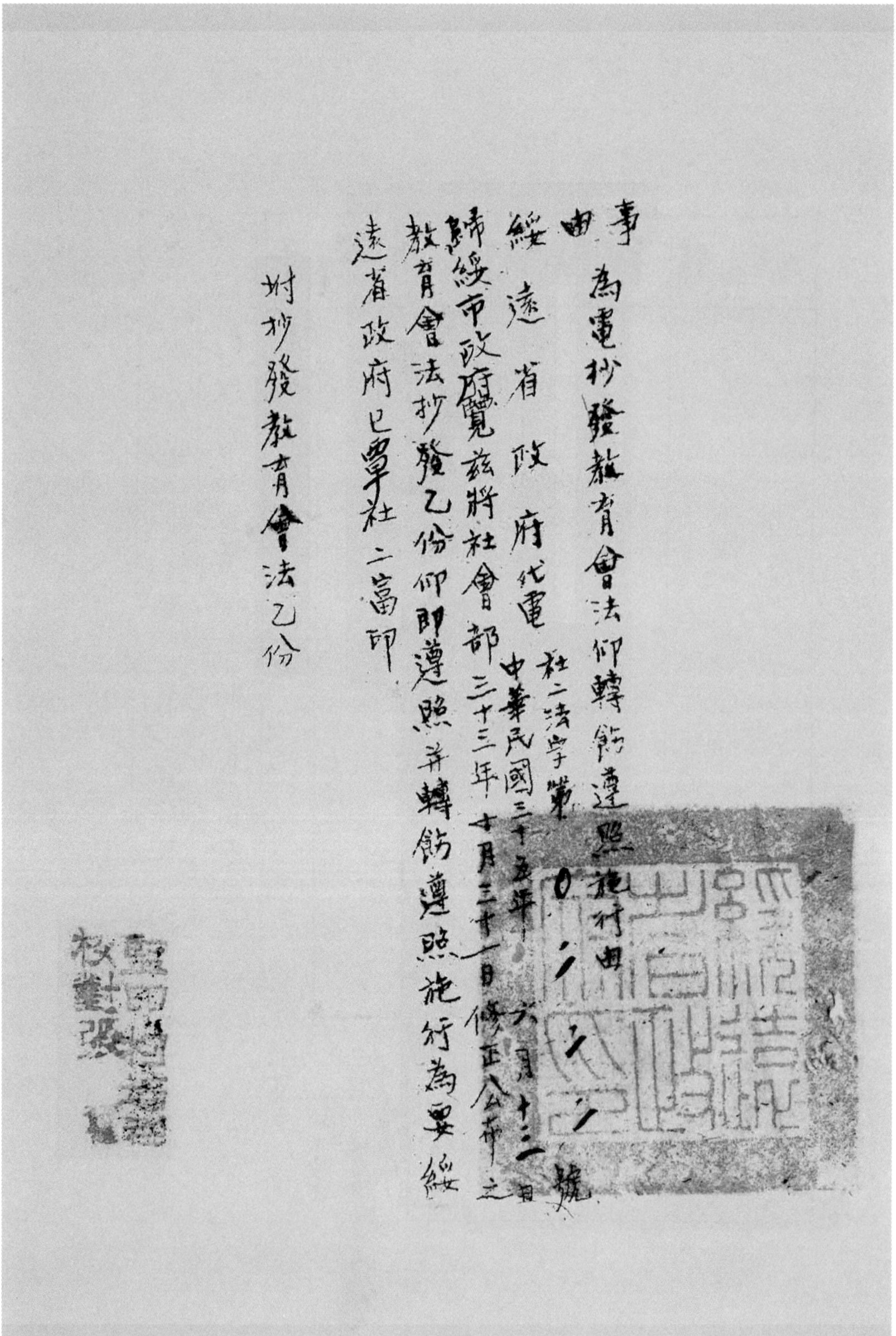

事由 為電抄發教育會法仰轉飭遵照施行由

綏遠省政府代電 社二法字第〇八三八號 中華民國三十五年六月十二日

歸綏市政府覽茲將社會部三十三年十月三十一日修正公布之

教育會法抄發乙份仰即遵照并轉飭遵照施行為要綏

遠省政府巳寒社二富印

附抄發教育會法乙份

图 1-1-13 归绥市政府为转发《教育会法》致教育会代电（1946 年 6 月 20 日）（三）

教育會法 卅三年十月廿七日社会部修正公布

第一 總則

第一條 教育會以研究教育事業發展地方教育並協助政府推行教育政令為宗旨

第二條 教育會為法人

第三條 教育會之主管官署在中央為社會部在地方為省市縣社會行政主管機關
教育部或各省市縣教育行政主管機關為其目的事業主管官署

第四條 教育之任務如左：
一、關於地方教育之研究設計及建議改進事項
二、關於增進人民生活上知識之指導事項
三、關於地方教育之調查統計及編纂事項
四、舉辦各種教育研究會及學術講演會
五、舉辦各種教育事項但須經主管教育行政機關之核准
六、關於一般教育事項得建議於教育行政機關
七、處理各主管官署委辦或諮詢事項
八、辦理其他合於教育會宗旨之事項

第五條 教育會不得為營利事業

第六條 教育會分鄉鎮教育會市區教育會縣教育會市教育會及省教育会

图 1-1-13 归绥市政府为转发《教育会法》致教育会代电（1946 年 6 月 20 日）（四）

第七條 下級教育會應受上級教育會之指導

有左列情形之一時教育部社會部得會同召集全國省市教育會聯合會議

一、教育部或社會部認為必要時

二、經七省市以上教育會之提議時

前項聯合會議之代表人數由教育社會兩部會同定之

第二章 設立

第八條 同區域內各級教育会以一個為限

第九條 各級教育會之區域依其現有之行政區域但鄉鎮教育會或市區教育會遇有特別事由時經當地主管官署會商目的事業主管官署核准得不依現有之行政區域設立之

教育會區域於其現有之行政區域者冠以該區域之名稱其不依現有之區域者得另冠名稱呈請當地主管官署核定之。

第十條 鄉鎮教育會或市區教育會之設立應有該區域內具有會員資格者二十人以上之發起縣市以上教育會之設立應有直接下級教育會過半數之成立

第十一條 教育會之組織應由發起人向當地主管官署申請許可經許可後該主管官署應即派員指導

第十二條 教育會經許可組織後應即推定籌備員組織籌備會呈報當地主管官署備案並分呈目的事業主管官署

图 1-1-13　归绥市政府为转发《教育会法》致教育会代电（1946 年 6 月 20 日）（五）

第十三條

一、名稱
二、宗旨
三、區域
四、會址
五、任務或事業
六、組織
七、會員入會出會及除名
八、會員之選任解任及其權利與義務
九、職員名額權限任期及其選任解任
十、會議
十一、會費之數額
十二、經費及會計
十三、章程之修改

第十四條　教育會於召開成立大會前應將籌備經過連同章程草案呈報主管官署并請派員監選。

第十五條　教育會組織完成時應於十日內造具會員名冊職員略歷冊連同章程各一份呈請當地主管官署立案并應分呈目的事業主管官

图 1-1-13　归绥市政府为转发《教育会法》致教育会代电（1946 年 6 月 20 日）（六）

署備案

第十六條　教育會經核准立案後應由當地主管官署頒發立案証書及圖記

第三章　會員

第十七條　凡中華民國人民住居該區域内年滿二十歲具有左列資格之一者得加入鄉鎮教育會或市區教育會為會員。

一、現任公立或已立案之學校教職員或社會教育機關職員但職員以中等以上學校畢業者為限

二、曾在公立或已立案之大學或獨立學院教育科系或師範學校畢業者

三、曾在師範專科學校或師範學校畢業者

四、曾在公立或已立案之專科以上學校畢業並從事教育事業一年以上者

五、曾在公立或已立案之學校或社會教育機關服務三年以上者

六、對於教育確有研究並有關於教育之著作者

第十八條　有左列情事之一者不得為教育會會員

一、背叛中華民國者

二、褫奪公權者

三、禁治產者

图 1-1-13　归绥市政府为转发《教育会法》致教育会代电（1946 年 6 月 20 日）（七）

第十九條　上級教育會以其下級教育會為會員。
下級教育會為上級教育會之會員時各得派代表出席
前項代表之名額鄉鎮教育會或市區教育會二人縣教育會或市教育會一人各由會員大會選出之任期二年期滿應即依法改選連選得連任

第四章　職員

第二十條　鄉鎮教育會或市區教育會設理事三人至五人候補理事一人或二人監事一人候補監事一人由會員大會就會員中選舉之理事得互選一人為常務理事

第二十一條　縣市教育會設理事五人至九人候補理事一人至三人監事一人由會員大會選舉之並得由監事互選一人至三人為常務理事

第二十二條　省教育會或院轄市教育會設理事九人至二十五人候補理事三人至七人監事三人至七人候補監事一人或二人由會員大會選舉之
前項理事互選三人至五人為常務理事必要時常務理事得互選一人為理事長監事得互選一人為常務理事

第二十三條　上級教育會職員之候選人不限於下級教育會出席之代表。

第二十四條　上下級教育會職員不得互相兼任

第二十五條　各級教育會職員之候選以其所屬鄉鎮教育會或市區教育會會

图 1-1-13　归绥市政府为转发《教育会法》致教育会代电（1946 年 6 月 20 日）（八）

員為限

第二十六條 教育會選舉之職員為無給職

第二十七條 教育會職員任期二年期滿應即依法改選連選得連任

第二十八條 教育會職員改選後應將其職員略歷連同會員增減名冊呈報當地各主管官署備案各該主管官署應將改選總報告表分別逐級轉報社會部及教育部備案其整理與改組時同

第二十九條 教育會選舉之職員固有不得已之事由得經會員大會議決准其辭職其因職務上違背法令營私舞弊或有其他重大之不正當行為得經會員大會議決令其退職或由主管官署將其解職

第五章 會議

第三十條 教育會會員大會分定期會議及臨時會議兩種由常務理事或理事長召集之。

前項定期會議每年一次

第三十一條 教育會會員大會之決議以會員過半數之出席出席會員過半數之同意行之

第三十二條 左列各款事項之決議以會員過半數之出席出席會員三分之二以上之同意行之

一、修改章程

图 1-1-13 归绥市政府为转发《教育会法》致教育会代电（1946 年 6 月 20 日）（九）

二、會員除名
三、職員退職

第三十三條　教育會理事會議縣市以下教育會每月一次省市教育會每兩月一次由常務理事或理事長召集之必要時得開臨時會議監事會議縣市教育會每兩月一次省市教育會每四月一次由常務監事召集之必要時得開臨時會議

第六章　經費

第三十四條　教育會經費分左列兩種
一、會員入會費及常年費
二、事業費
前項事業費經會員大會或代表大會議決得依法募集之必要時亦得由中央或地方政府補助之

第三十五條　各級教育會收支應於每年度終了時呈報當地主管官署核銷並通告各會員

第七章　解散及清算

第三十六條　教育會違反法令妨害公益怠忽任務時主管官署得分別施行左列之

图 1-1-13　归绥市政府为转发《教育会法》致教育会代电（1946 年 6 月 20 日）（十）

處分
一、警告
二、撤銷其決議
三、整理
四、解散
教育會經解散後應即重行組織
下級主管官署為第一項第三款或第四款之處分時應經上級主管官署之核准
第三十七條 教育會解散時其財產應由當地主管官署指派人員清算人有代表教育會執行清算一切事務之權
第八章 附則
第三十八條 本法自公佈日施行

图 1-1-13 归绥市政府为转发《教育会法》致教育会代电（1946 年 6 月 20 日）（十一）

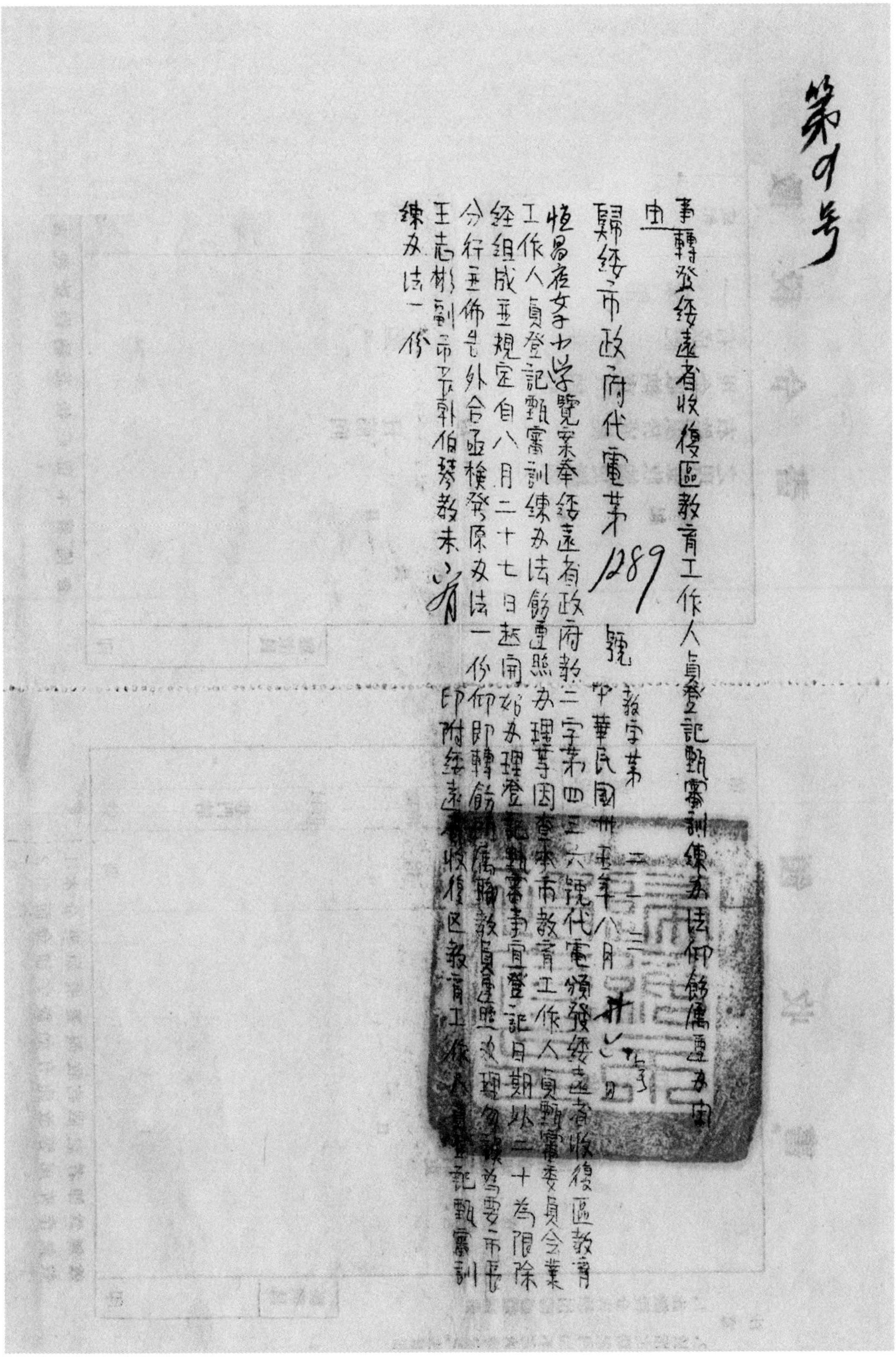
第4号

事由 轉發綏遠省收復區教育工作人員登記甄審訓練办法仰飭屬遵办由

歸綏市政府代電第1289號 教字第二一二三 中華民國卅五年八月廿六日

恒昌店女子小学覽案奉綏遠省政府教二字第四三六號代電頒發綏遠省收復區教育工作人員登記甄審訓練办法飭遵照办理等因查本市教育工作人員甄審委員会業經組成並規定自八月二十七日起開始办理登記甄審事宜登記日期以二十為限除分行並佈告外合亟檢發原办法一份仰即轉飭所屬聯教員遵照办理勿誤為要 市長王志彬 副市長郭伯琴 教未宥 印

附綏遠省收復區教育工作人員登記甄審訓練办法一份

图 1-1-14　归绥市政府为转发《绥远省收复区教育工作人员登记甄审训练办法》致恒昌店女子小学校代电（1946 年 8 月 26 日）（一）

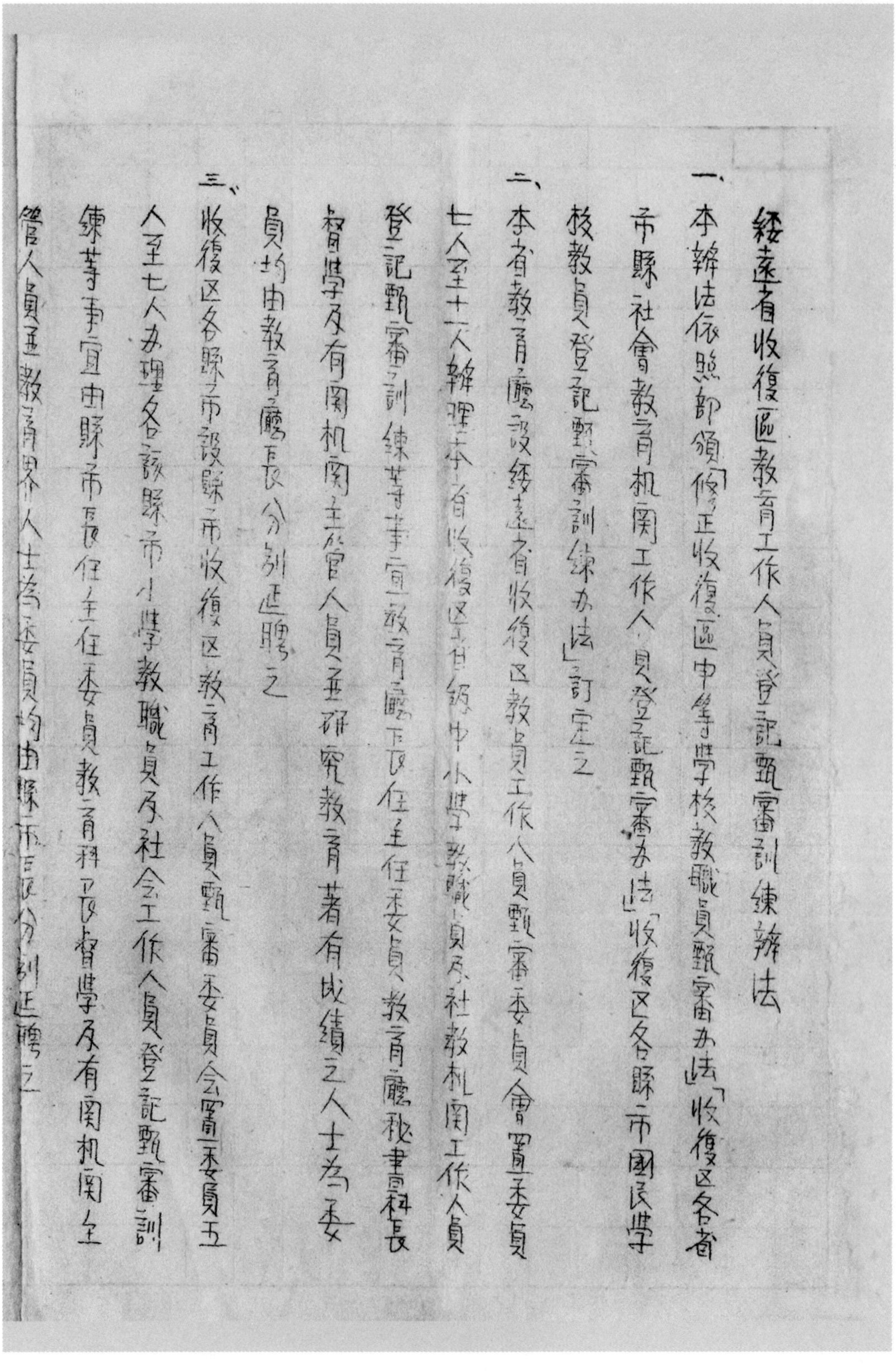
綏遠省收復區教育工作人員登記甄審訓練辦法

一、本辦法依照部頒「修正收復區中等學校教職員甄審辦法」「收復區各省市縣社會教育機關工作人員登記甄審辦法」「收復區各縣市國民學校教員登記甄審訓練辦法」訂定之

二、本省教育廳設綏遠省收復區教員工作人員甄審委員會置委員七人至十一人辦理本省收復區各級中小學教職員及社教機關工作人員登記甄審訓練等事宜教育廳廳長任主任委員教育廳秘書科長督學及有關機關主管人員並研究教育著有成績之人士為委員均由教育廳長分別延聘之

三、收復區各縣市設縣市收復區教育工作人員甄審委員會置委員五人至七人辦理各該縣市小學教職員及社会工作人員登記甄審訓練等事宜由縣市長任主任委員教育科長督學及有關機關主管人員並教育界人士為委員均由縣市長分別延聘之

图 1-1-14　归绥市政府为转发《绥远省收复区教育工作人员登记甄审训练办法》致恒昌店女子小学校代电（1946 年 8 月 26 日）（二）

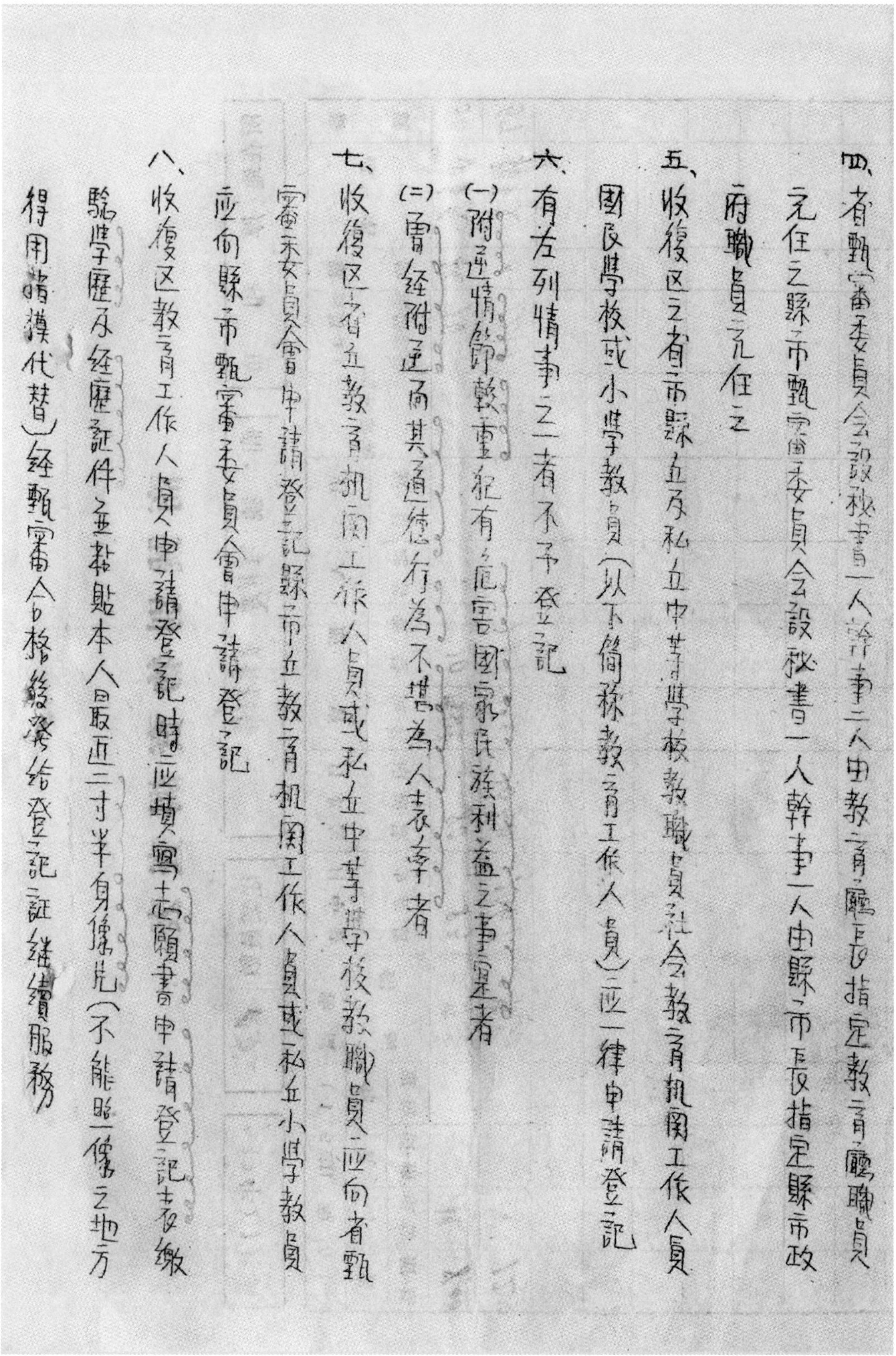

四、省甄審委員会設秘書一人幹事二人由教育廳長指定教育廳職員兼任之縣市甄審委員会設秘書一人幹事一人由縣市長指定縣市政府職員兼任之

五、收復区之省市縣立及私立中等學校教職員社会教育机関工作人員國民學校或小學教員（以下簡稱教育工作人員）应一律申請登記

六、有左列情事之一者不予登記

（一）附逆情節較重犯有危害國家民族利益之事實者

（二）曾经附逆而其道德行為不堪為人表率者

七、收復区之省立教育机関工作人員或私立中等學校教職員应向省甄審委員會申請登記縣市立教育机関工作人員或私立小學教員应向縣市甄審委員會申請登記

八、收復区教育工作人員申請登記時应填寫志願書申請登記表繳驗學歷及经歷証件並粘貼本人最近二寸半身像片（不能照像之地方得用指摸代替）经甄審合格後發給登記証繼續服務

图 1-1-14 归绥市政府为转发《绥远省收复区教育工作人员登记甄审训练办法》致恒昌店女子小学校代电（1946 年 8 月 26 日）（三）

九、收復区教育工作人員具有法定資格曾经驗定合格而於战時並未參加敌偽工作经申請登記甄審認可後發給登記証分發任用

十、凡敌偽設立各級各類師範學校畢業之學生或曾在敌偽所設中小學及社教机関工作人員均應予以甄審並经短期訓練考核認可後方得分發任用

十一、訓練方法除精神訓練講述 總理遺教 總裁言行中國國民党政綱政策與抗战事蹟外並應施以嚴格之軍事訓練

十二、收復区具有教育工作人員之相當資格而未參加工作而志願充任教育工作人員者亦得申請登記

十三、縣市甄審委員会於甄審完竣應造具合格人員名册檢同申請登記表登記証送請縣市政府呈報教育廳覆核於登記証上加蓋印

图 1-1-14 归绥市政府为转发《绥远省收复区教育工作人员登记甄审训练办法》致恒昌店女子小学校代电（1946 年 8 月 26 日）（四）

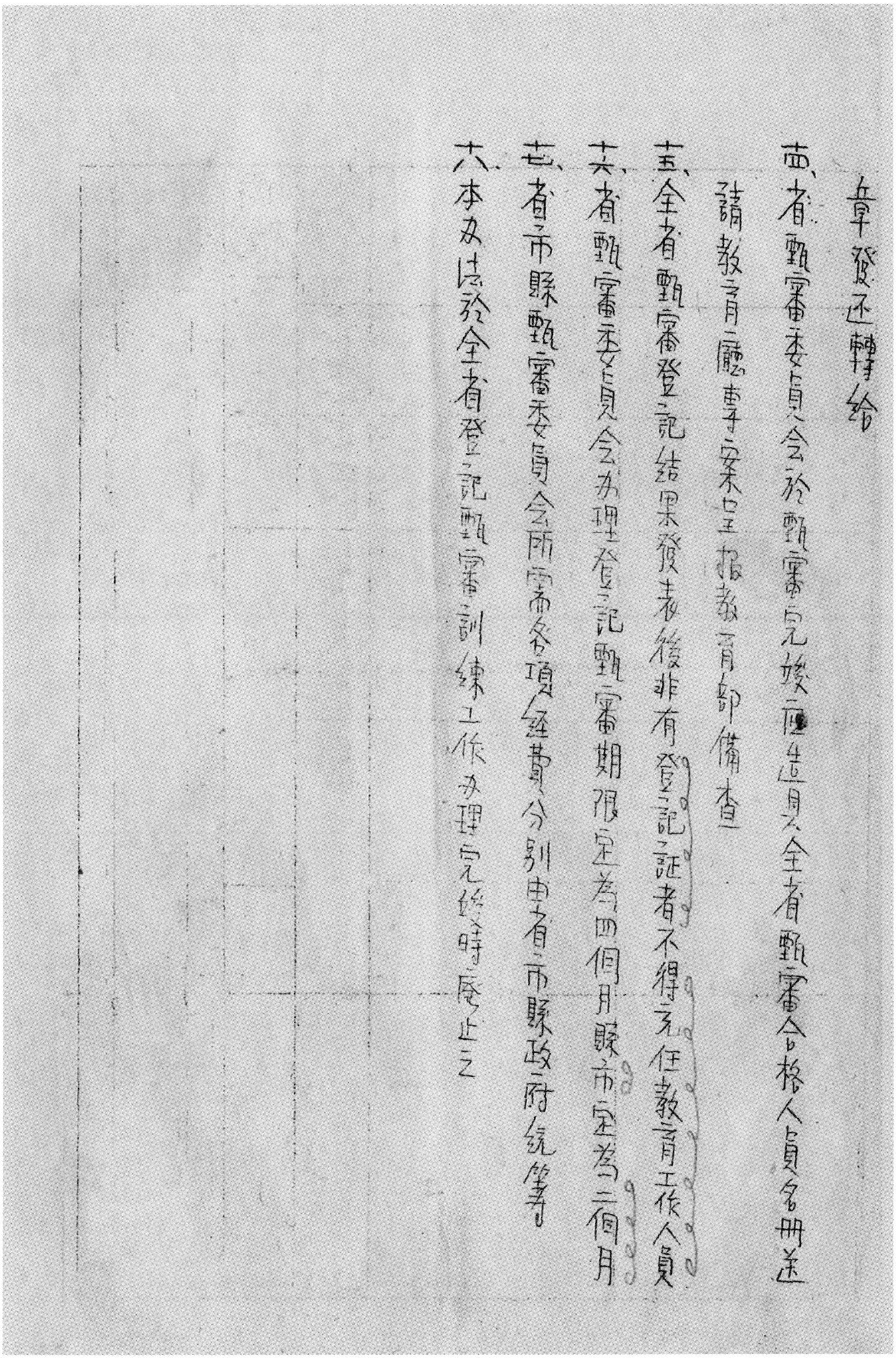

章發还轉給

十四、省甄審委員会於甄審完竣後應造具全省甄審合格人員名冊送請教育廳彙案呈報教育部備查

十五、全省甄審登記結果發表後非有登記証者不得充任教育工作人員

十六、省甄審委員会办理登記甄審期限定為四個月縣市定為二個月

十七、省市縣甄審委員会所需各項經費分別由省市縣政府統籌

十八、本办法於全省登記甄審訓練工作办理完竣時廢止之

图 1-1-14　归绥市政府为转发《绥远省收复区教育工作人员登记甄审训练办法》致恒昌店女子小学校代电（1946 年 8 月 26 日）（五）

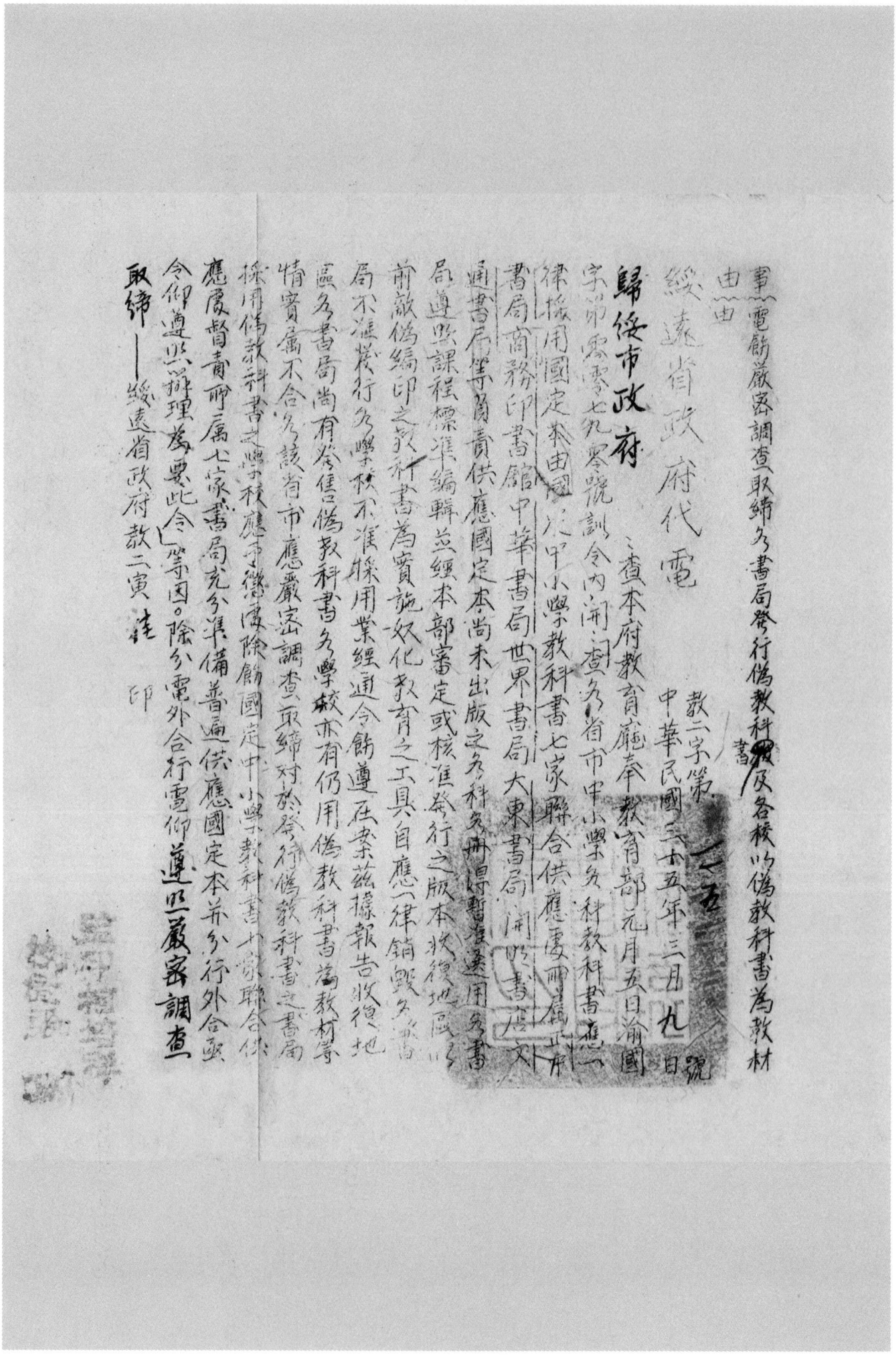

事由：電飭嚴密調查取締各書局發行偽教科書及各校以偽教科書為教材

綏遠省政府代電　教二字第一七五號　中華民國三十五年三月九日

歸綏市政府：查本府教育廳奉教育部元月五日渝國字第零零七九零號訓令內開：「查各省市中小學各科教科書應一律採用國定本，由國定中小學教科書七家聯合供應處所屬正中書局、商務印書館、中華書局、世界書局、大東書局、開明書店、文通書局等負責供應。國定本尚未出版之各科各冊，得暫准選用各書局遵照課程標準編輯並經本部審定或核准發行之版本。收復地區前敵偽編印之教科書為實施奴化教育之工具，自應一律銷毀。各書局不准發行，各學校不准採用，業經通令飭遵在案。茲據報告收復地區各書局尚有發售偽教科書，各學校亦有仍用偽教科書為教材等情，實屬不合。各該省市應嚴密調查取締，對於發行偽教科書之書局、採用偽教科書之學校，應予懲處。除飭國定中小學教科書七家聯合供應處督責所屬七家書局充分準備普遍供應國定本并分行外，合亟令仰遵照辦理為要。此令。」等因。除分電外，合行電仰遵照嚴密調查取締。——綏遠省政府教二寅佳　印

图 1-1-15　绥远省政府为严密调查取缔各书局发行伪教科书及各校以伪教科书为教材致归绥市政府代电（1946 年 3 月 9 日）

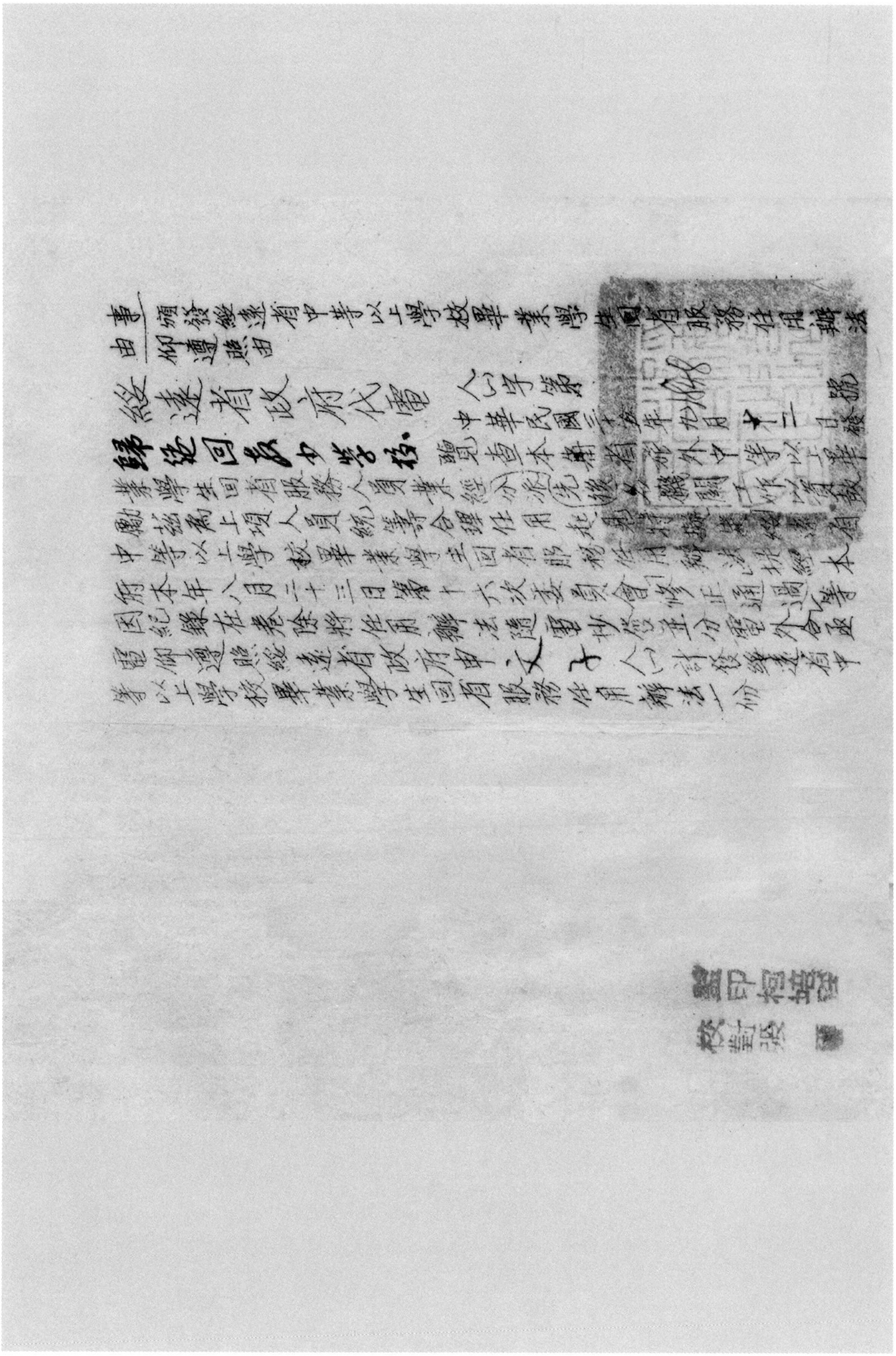

事由：頒發綏遠省中等以上學校畢業學生回省服務任用辦法仰遵照由

綏遠省政府代電　人以字第　號　中華民國三十五年九月十二日發

歸綏回教小學校：覽。查本省派赴外省中等以上學校升學學生業經畢業學生回省服務人員其經本省派赴……為上項人員統籌合理任用起見特制定綏遠省中等以上學校畢業學生回省服務任用辦法經本府本年八月二十三日第十六次委員會修正通過紀錄在卷除將任用辦法隨電抄發並分電外合行電仰遵照。綏遠省政府申文人以。計發綏遠省中等以上學校畢業學生回省服務任用辦法一份

图 1-1-16　绥远省政府为颁发《绥远省中等以上学校毕业学生回省服务任用办法》致归绥回教小学校代电（1946 年 9 月 12 日）（一）

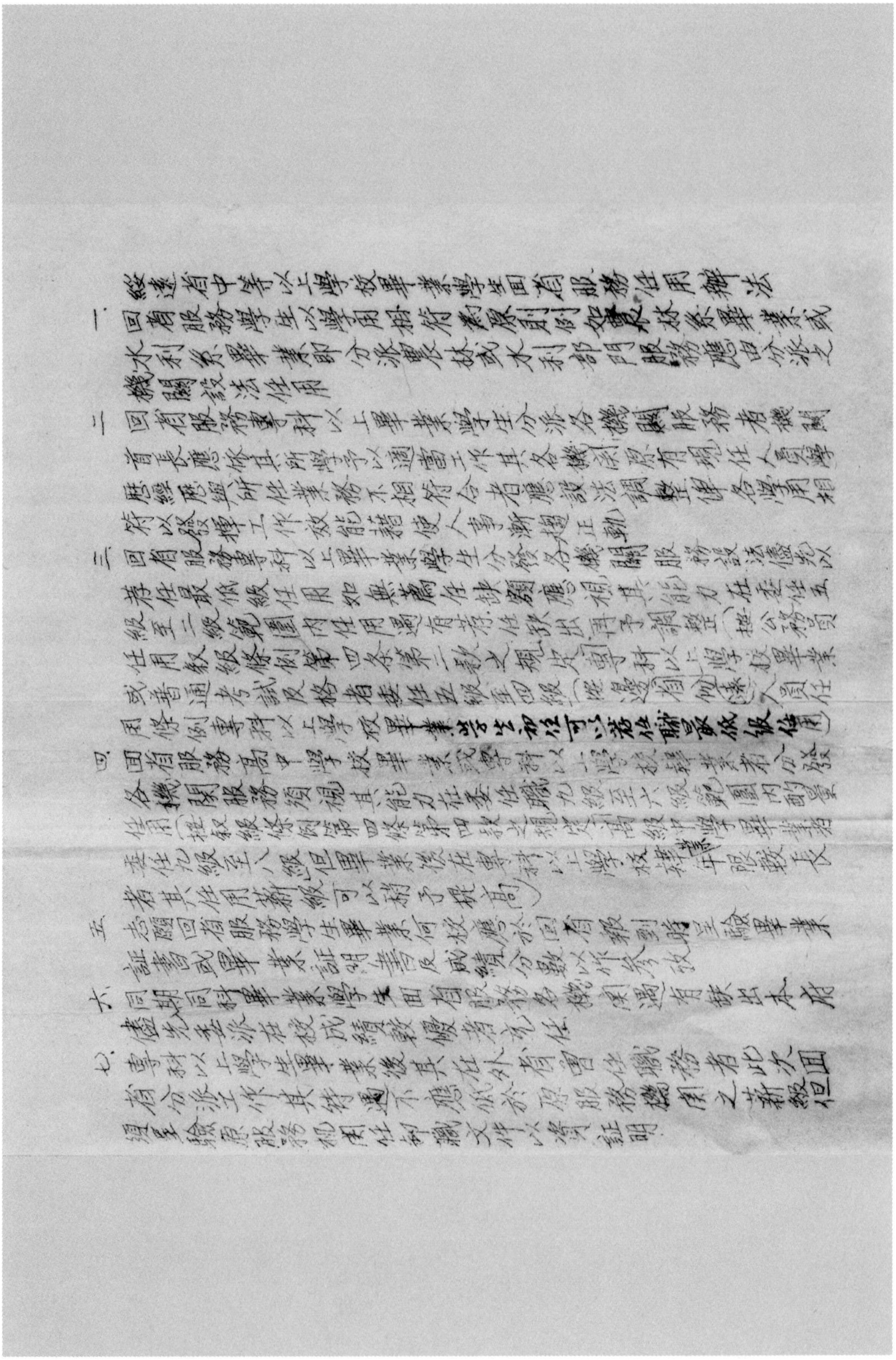
綏遠省中等以上學校畢業學生回省服務任用辦法
一、回省服務學生以學用相符為原則例如農林系畢業或水利系畢業即分派農林或水利部門服務應由分派之機關設法任用
二、回省服務專科以上畢業學生分派各機關服務者機關首長應依其所學予以適當工作其各機關原有現任人員學歷經歷與所任業務不相符合者應設法調整俾各學用相符以發揮工作效能藉使人事漸趨正軌
三、回省服務專科以上畢業學生分發各機關服務設法儘先以薦任最低級任用如無薦任缺額應視其能力在委任五級至二級範圍內任用遇有薦任缺出再予調整（按公務員任用敘級條例第四条第二款之規定專科以上學校畢業或普通考試及格者委任五級至四級（照邊省例遞）人員任用條例專科以上學校畢業學生初任可以薦任最低級任用）
四、回省服務高中學校畢業或學科以上學校肄業者分發各機關服務須視其能力在委任職九級至六級範圍內酌量任用（按敘級條例第四條第四款之規定高級中學畢業者委任九級至八級但畢業後在專科以上學校肄業年限較長者其任用薪級可以稍予提高）
五、志願回省服務學生畢業何校應於回省報到時呈驗畢業證書或畢業證明書及成績分數以作參考
六、同期同科畢業學生回省服務各機關遇有缺出本府儘先委派在校成績較優者充任
七、專科以上學生畢業後其在外省曾任職務者此次回省分派工作其待遇不應低於原服務機關之薪級但須呈驗原服務機關任卸職文件以資證明

图 1-1-16　绥远省政府为颁发《绥远省中等以上学校毕业学生回省服务任用办法》致归绥回教小学校代电（1946 年 9 月 12 日）（二）

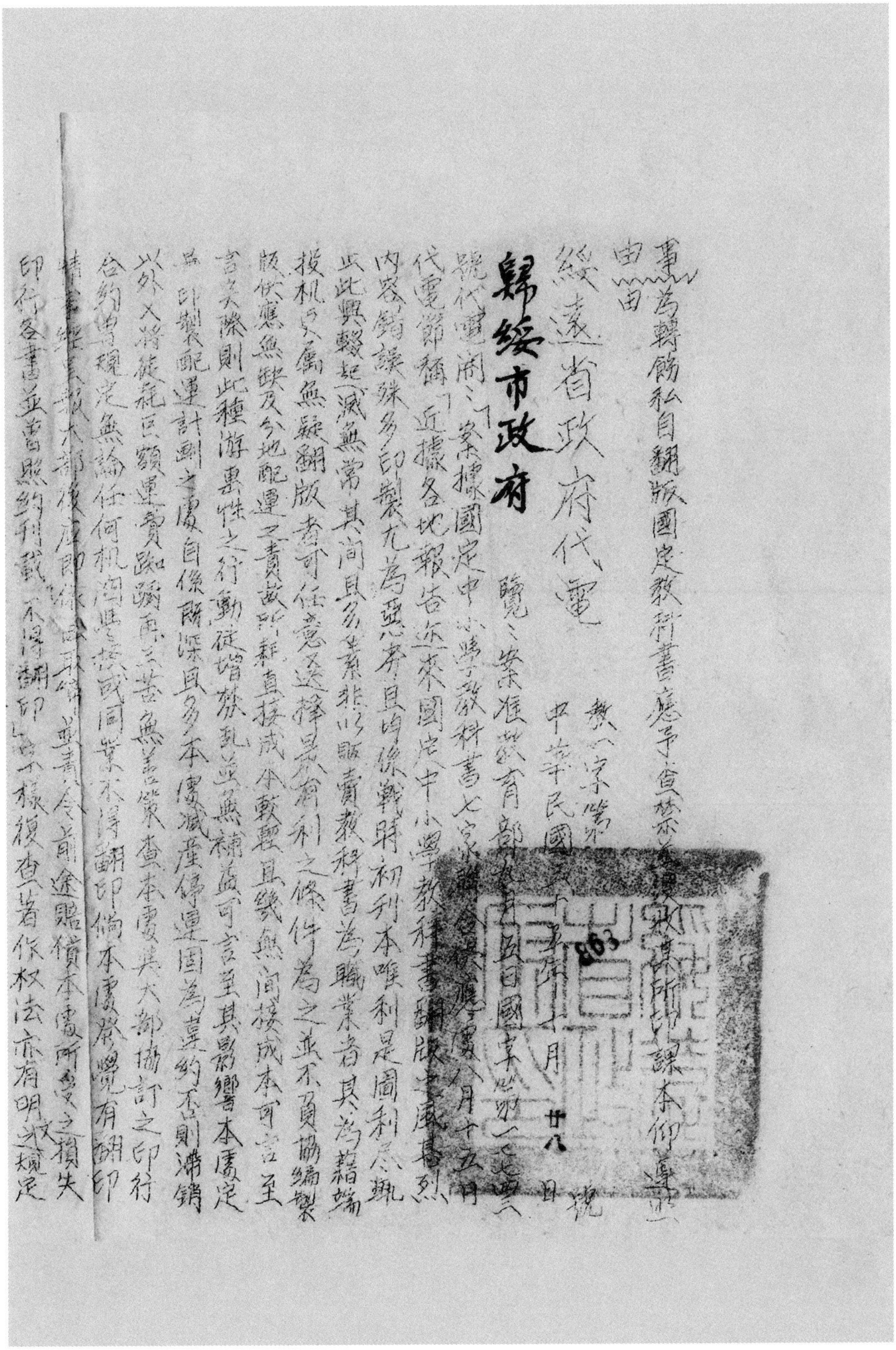

事由：為轉飭私自翻版國定教科書應予查禁並沒收其所印課本仰遵照由

綏遠省政府代電　教一字第　號　中華民國三十五年十月廿八日

歸綏市政府

覽：案准教育部本年五日國字第一七四〇八號代電開：「案據國定中小學教科書七家聯合供應處八月十五日代電節稱：『近據各地報告，近來國定中小學教科書翻版之風甚烈，內容錯誤殊多，印製尤為惡劣，且均係戰時初刊本，唯利是圖，尽執此此輿戰起，減無常，其間良多多業非以販賣教科書為職業者，其為藉端投機之屬無疑。翻版者可任意選擇最有利之條件為之，並不負協編製版供應無缺及分地配運之責，故所耗直接成本較輕，且幾無間接成本可言。至言實際，則此種游惠性之行動，徒增紊亂，並無裨益可言。至其影響本處定期印製配運計劃之處，自係隨深且多。本處減產停運固為其小，約不則滯銷以外，又將從後區額運費蹈溺再至若無善策。查本處與大部協訂之印行合約曾規定，無論任何機關與機或同業不得翻印。倘本處察覺有翻印情事，經報大部後，應即停止其發行，並責令賠償本處所受之損失。印行各書並曾照約刊載「不得翻印」字樣，復查著作權法亦有明文規定

图 1-1-17　绥远省政府为私自翻版国定教科书应予查禁并没收其所印课本致归绥市政府代电（1946 年 10 月 28 日）（一）

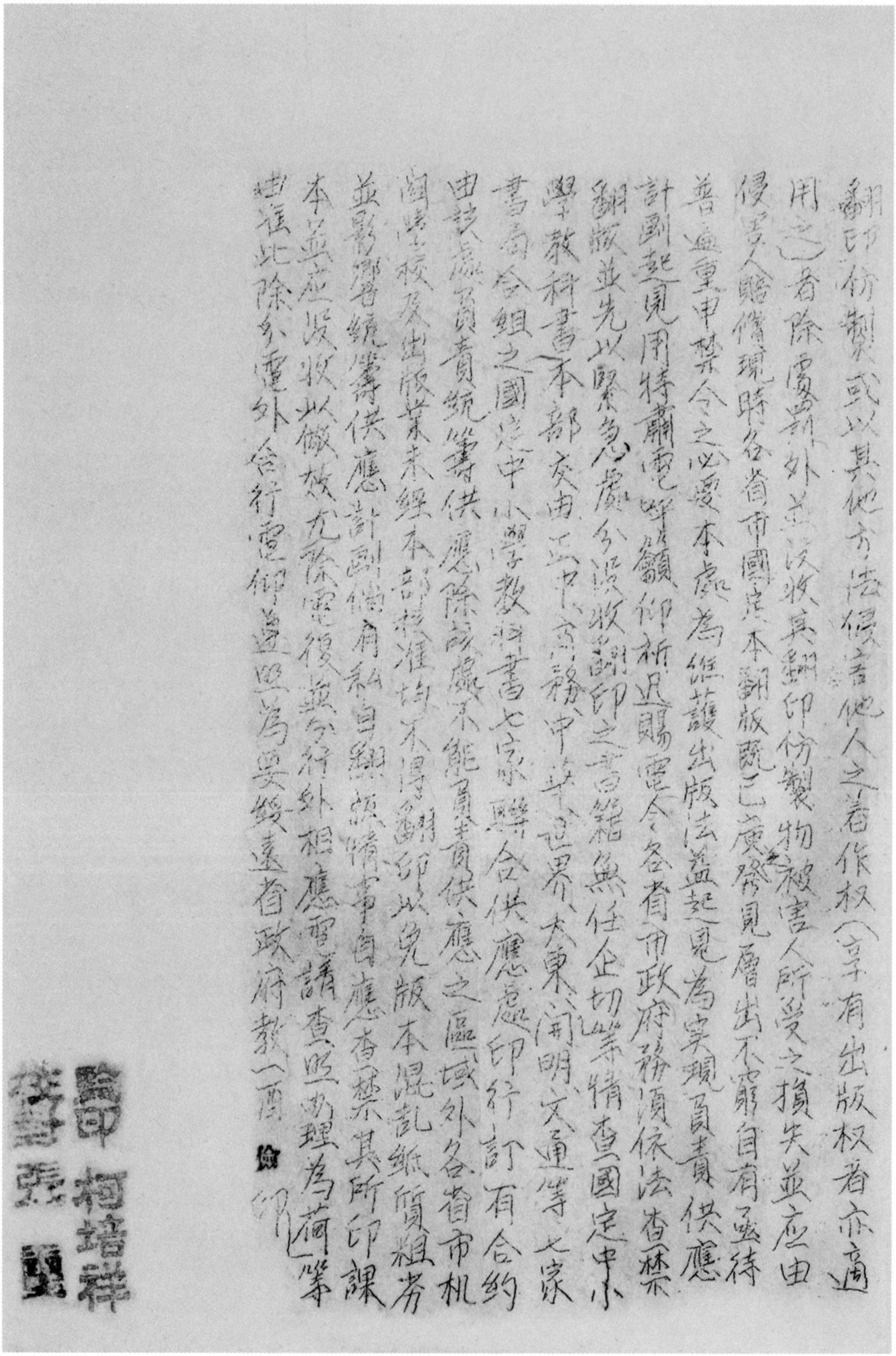
翻印仿製或以其他方法侵害他人之著作权（享有出版权者亦適
用之）者除處罰外并沒收其翻印仿製物被害人所受之損失并應由
侵害人賠償現時各省市國定本翻版既已广發見層出不窮自有亟待
普遍重申禁令之必要本處為維護出版法並起見為实現負責供應
計劃起見用特希電呼籲仰祈迅賜電令各省市政府務須依法查禁
翻版並先以緊急處分沒收翻印之書籍無任企切等情查國定中小
學教科書本部交由正中、商務、中華、世界、大東、開明、文通等七家
書商合組之國定中小學教科書七家聯合供應處印行訂有合約
由該處負責統籌供應除該處不能負責供應之區域外各省市机
關學校及出版業未經本部核准均不得翻印以免版本混亂紙質粗劣
並影響統籌供應計劃倘有私自翻版情事自應查禁其所印課
本並應沒收以儆效尤除電復並分行外相應電請查照办理為荷等
由准此除分電外合行電仰遵照為要綏遠省政府教一酉儉印

監印 楊培祥

图 1-1-17　绥远省政府为私自翻版国定教科书应予查禁并没收其所印课本致归绥市政府代电（1946 年 10 月 28 日）（二）

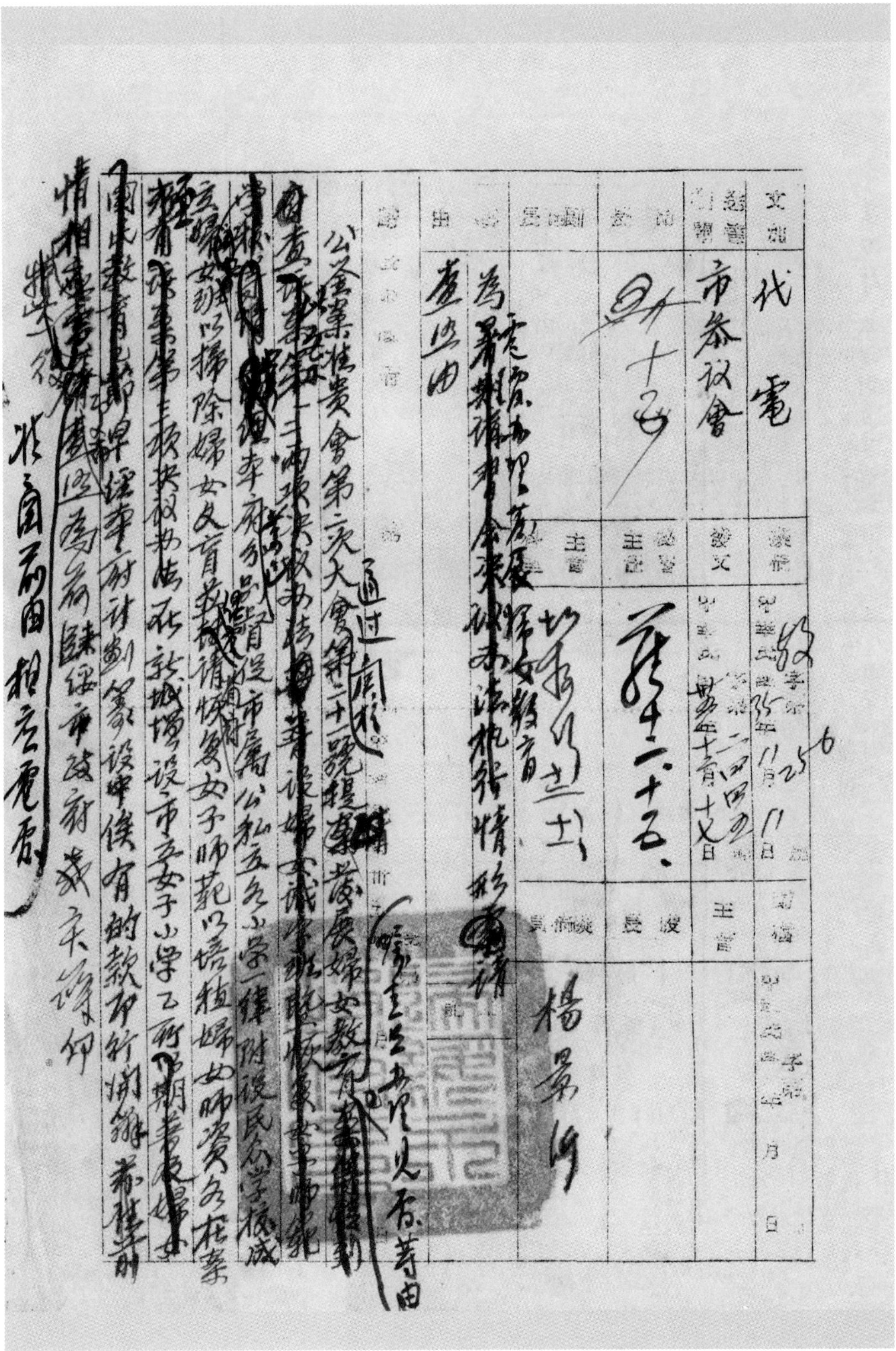

图 1-1-18　归绥市政府为回复办理发展妇女教育情形致市参议会代电（1946 年 12 月 17 日）

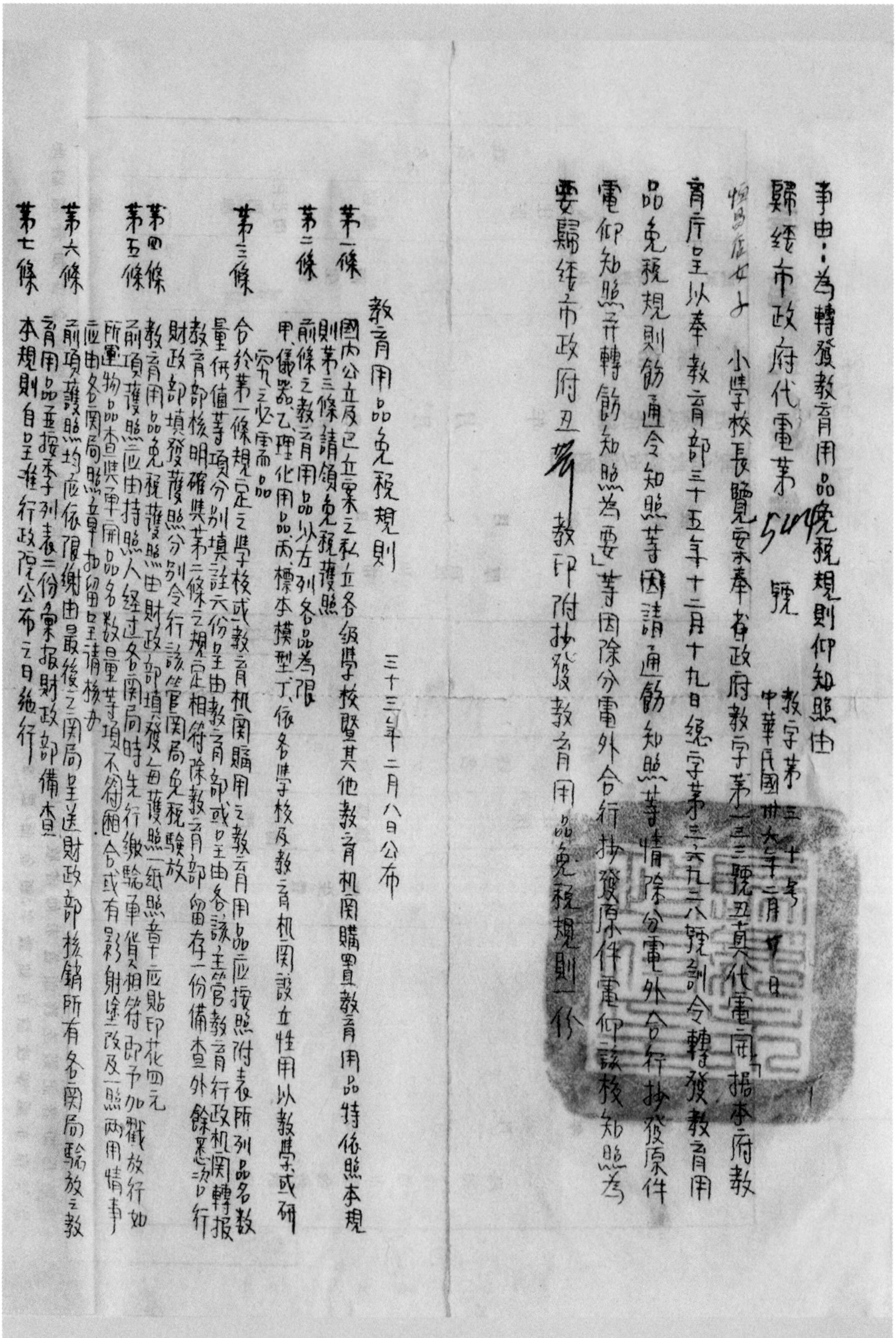

事由：為轉發教育用品免稅規則仰知照由

歸綏市政府代電第514號

教字第三十號

中華民國卅六年二月廿日

恒昌店女子小學校長覽：案奉省政府教字第一三三號丑真代電開：「據本府教育廳呈以奉教育部三十五年十二月十九日總字第三六九三八號訓令轉發教育用品免稅規則飭通令知照等因，請通飭知照等情，除分電外，合行抄發原件，電仰知照並轉飭知照為要」等因，除分電外，合行抄發原件，電仰該校知照為要。

歸綏市政府丑[簽] 教印

附抄發教育用品免稅規則一份

教育用品免稅規則

三十三年二月八日公布

第一條 國內公立及已立案之私立各級學校暨其他教育機關購置教育用品特依照本規則第三條請領免稅護照

第二條 前條之教育用品以左列各品為限
甲、儀器、乙、理化用品、丙、標本模型、丁、依各學校及教育機關設立性用以教學或研究之必需品

第三條 合於第一條規定之學校或教育機關購用之教育用品應按照附表所列品名數量價值等項分別填註六份呈由教育部或呈由各該主管教育行政機關轉報教育部核明確與第二條之規定相符除教育部留存一份備查外餘悉咨行財政部填發護照分別令行該管關局免稅驗放

第四條 教育用品免稅護照由財政部填發每護照一紙照章應貼印花四元

第五條 前項護照應由持照人經過各關局時先行繳驗單貨相符即予加戳放行如所運物品查與單開品名數量等項不符或有影射塗改及一照兩用情事應由各關局照章扣留呈請核辦

第六條 前項護照均應依限繳由最後之關局呈送財政部核銷所有各關局驗放之教育用品並按季列表二份彙報財政部備查

第七條 本規則自呈准行政院公布之日施行

图 1-1-19 归绥市政府为转发《教育用品免税规则》致恒昌店女子小学校代电（1947 年 2 月 20 日）（一）

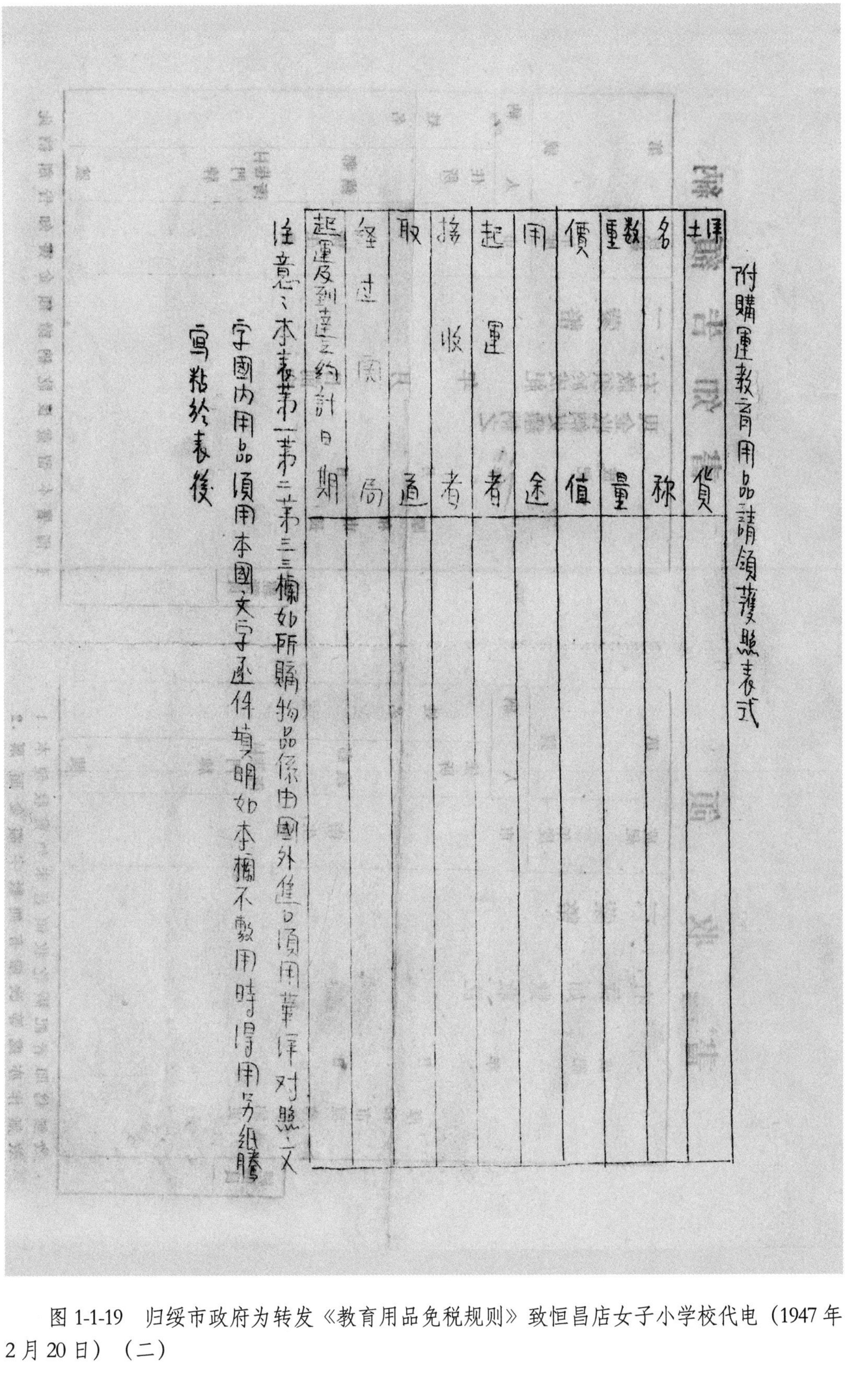

附購運教育用品請領護照表式

牌貨	名称	数量	價值	用途	起運者	接收者	取道	经过関局	起運及到達之約計日期

注意：本表第一第二第三欄如所購物品係由國外進口須用華洋对照之文字，國内用品須用本國文字逐件填明，如本欄不敷用時得用另紙謄寫粘於表後

图 1-1-19　归绥市政府为转发《教育用品免税规则》致恒昌店女子小学校代电（1947 年 2 月 20 日）（二）

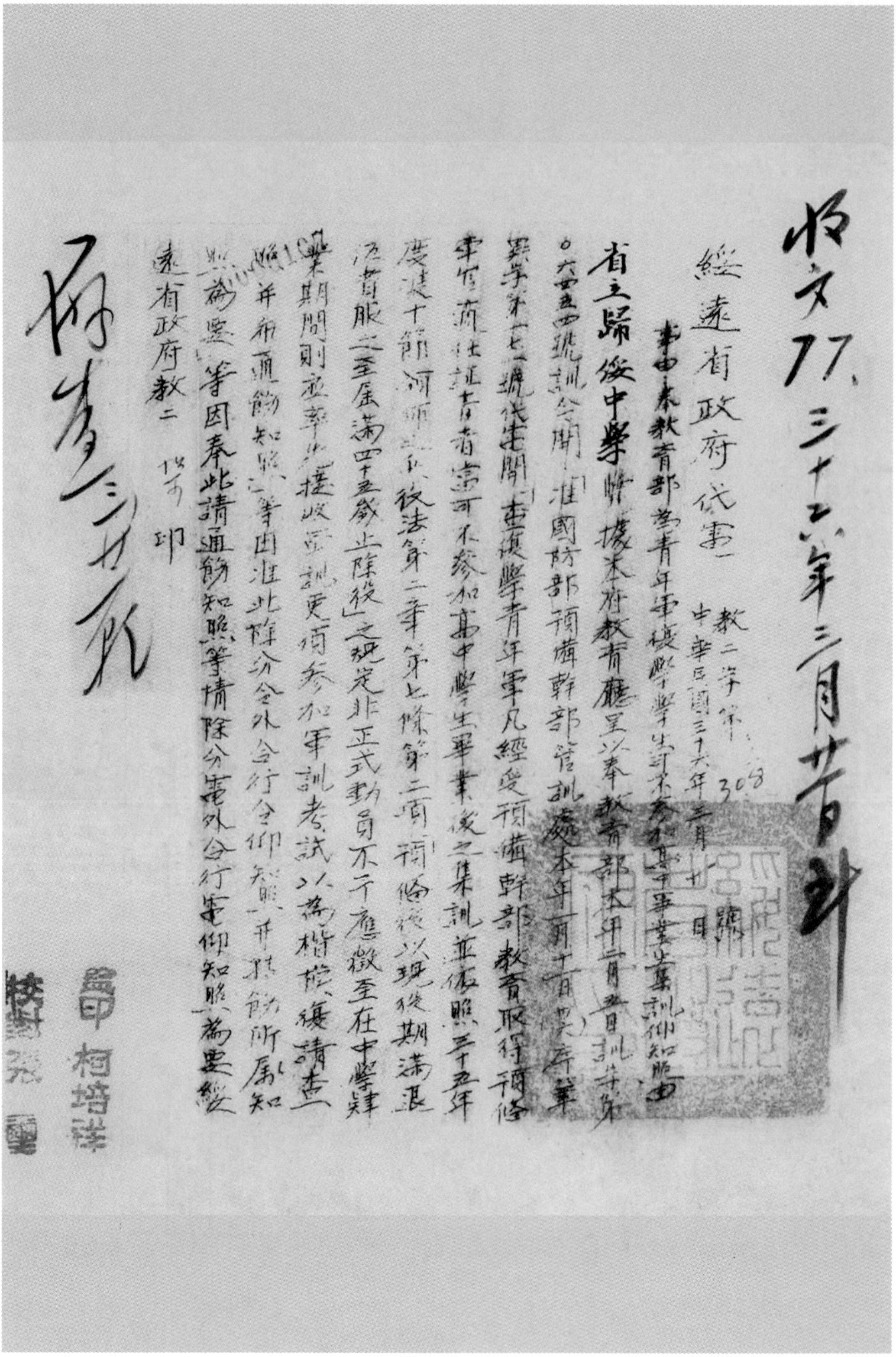

收文77、三十六年三月廿[illegible]

綏遠省政府代電　教二字第　號　中華民國三十六年三月廿日　308

事由：奉教育部為青年軍復學學生可不參加高中畢業生集訓仰知照由

省立歸綏中學覽：據本府教育廳呈以奉教育部本年二月廿四日訓字第○六四五四號訓令開：「准國防部預備幹部管訓處本年一月十日[illegible]字第一七一號代電開：『查復學青年軍凡經受預備幹部教育取得預備軍官資格者，當可不參加高中學生畢業後之集訓，並依照三十五年度[illegible]依法第二章第七條第二項「預備役以現役期滿退伍者服之，至屆滿四十五歲止除役」之規定，非正式動員不予應徵，至在中學肄業期間則應[illegible]受訓，更須參加軍訓考試，以為楷模，復請查照並希通飭知照』等由，准此，除分令外，合行令仰知照，並轉飭所屬知照為要」等因，奉此，請通飭知照等情，除分電外，合行電仰知照為要。綏遠省政府教二　卯印

監印　柯培祥

校對

图 1-1-20　绥远省政府为奉教育部令青年军复学学生可不参加高中毕业生集训致省立归绥中学代电（1947 年 3 月 20 日）

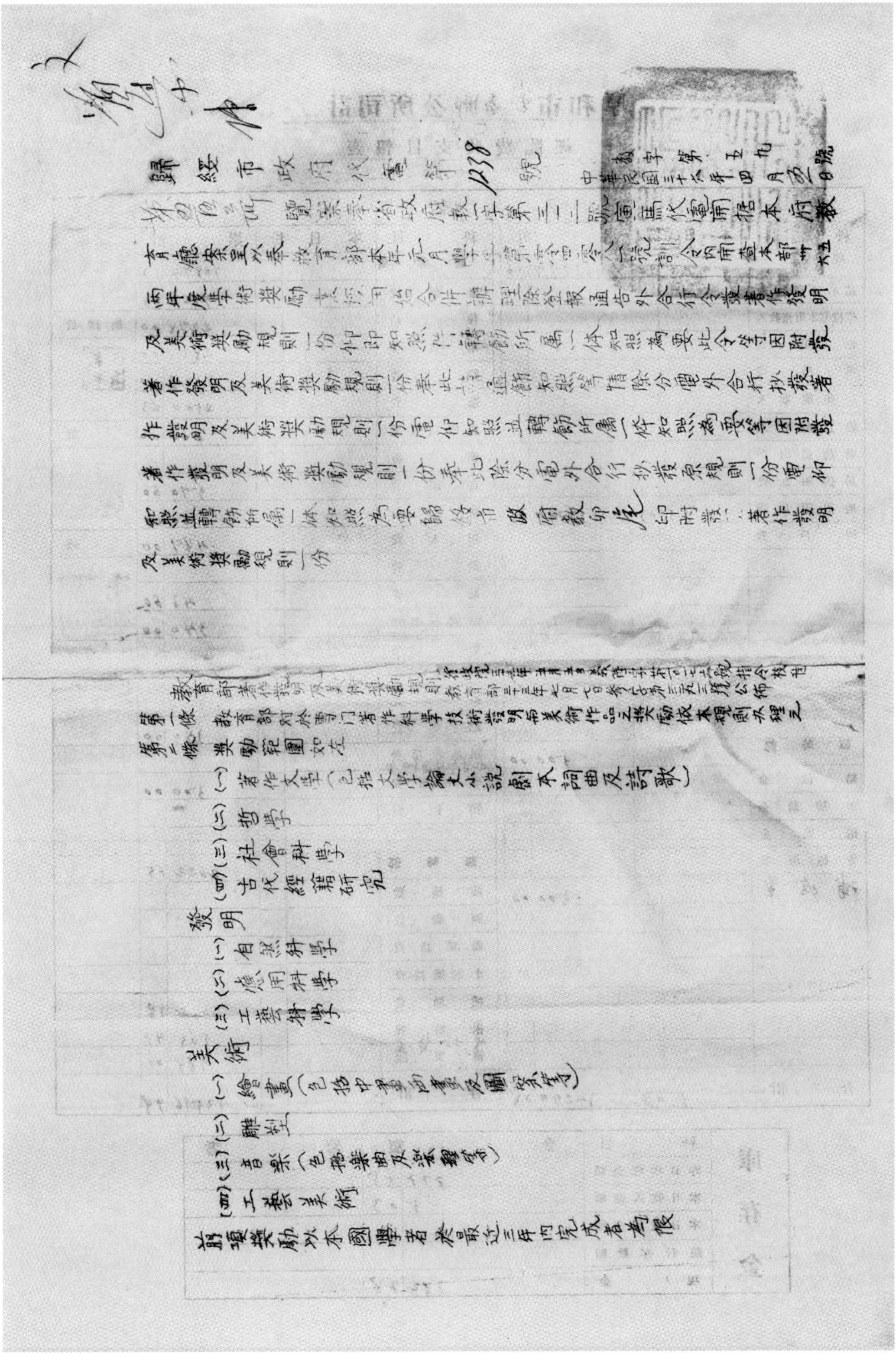

歸綏市政府代電 府教字第1238號

第四區公所覽案奉省政府教一字第三一二號寅馬代電開准

教育總案呈以奉教育部本年二月廿日京字第〇〇〇八一號訓令內開查本部卅五

兩年度著作獎勵業經遵令分別辦理除登報通告外合行令發著作發明

及美術獎勵規則一份仰即知照並轉飭所屬一體知照為要此令等因附發

著作發明及美術獎勵規則一份奉此除分電外合行抄發著

作發明及美術獎勵規則一份電仰知照並轉飭所屬一體知照為要等因附發

著作發明及美術獎勵規則一份奉此除分電外合行抄發原規則一份電仰

知照並轉飭所屬一體知照為要歸綏市政府教卯印 附發：著作發明

及美術獎勵規則一份

中華民國三十六年四月五日

教育部著作發明及美術獎勵規則

第一條 教育部對於專門著作科學技術發明與美術作品之獎勵依本規則辦理之

第二條 獎勵範圍如左

著作 (一)文學（包括文學論文小說劇本詞曲及詩歌）

(二)哲學

(三)社會科學

(四)古代經籍研究

發明 (一)自然科學

(二)應用科學

(三)工藝製造

美術 (一)繪畫（包括中畫西畫及圖案等）

(二)雕塑

(三)音樂（包括樂曲及演奏等）

(四)工藝美術

前項獎勵以本國學者於最近三年內完成者為限

图 1-1-21 归绥市政府为抄发《教育部著作发明及美术奖励规则》致第四区公所代电（1947 年 4 月 5 日）（一）

第三條：著作及發明有下列情形之一者不得請求獎勵

（一）中小學教科書

（二）通俗讀物

（三）紀錄表冊或報告說明

（四）三人以上合編之著作

（五）翻譯外國人之著作

（六）編輯各家之著作而無特殊之見解者

（七）字典及辭書

（八）演講集

（九）無正確學理根據及說明之發明

（十）發明之程序不明或證明有不完成者

（十一）他人已經發見之事項

（十二）無法試驗證實之發明事項

第四條：每年獎勵類額及名額由教育部於第二條所列範圍內酌定之

第五條：著作發明及美術作品參加獎勵之候選者由教育部學術審議委員會會員推薦之著作人發明者或美術製作者亦得自行申請

但每人於每屆中以參加一種作品為限

前項推薦及自行申請之作品均限於每年三月一日起至九月底止呈送教育部

第六條：申請獎勵之著作暨發明之論文以用中文敘述並已出版者為原則稿本須用外國文字撰述者須將全文譯成中文隨繳

其因印刷困難尚未出版之著作以經正式申請獎勵者字數須在五萬字以上但詩歌詞曲及科學發明之論文不在此限

第七條：申請獎勵之發明須詳細敘明發明或發現經過必要時並須呈繳圖樣及發明品

第八條：申請獎勵之工業發明品以獲得專利證書者為限

第九條：參加獎勵之候選者均須附具左列各件

（一）用中文敘述之說明書三份（樣式附后）

图 1-1-21　归绥市政府为抄发《教育部著作发明及美术奖励规则》致第四区公所代电（1947 年 4 月 5 日）（二）

图 1-1-21　归绥市政府为抄发《教育部著作发明及美术奖励规则》致第四区公所代电（1947 年 4 月 5 日）（三）

图 1-1-21　归绥市政府为抄发《教育部著作发明及美术奖励规则》致第四区公所代电（1947 年 4 月 5 日）（四）

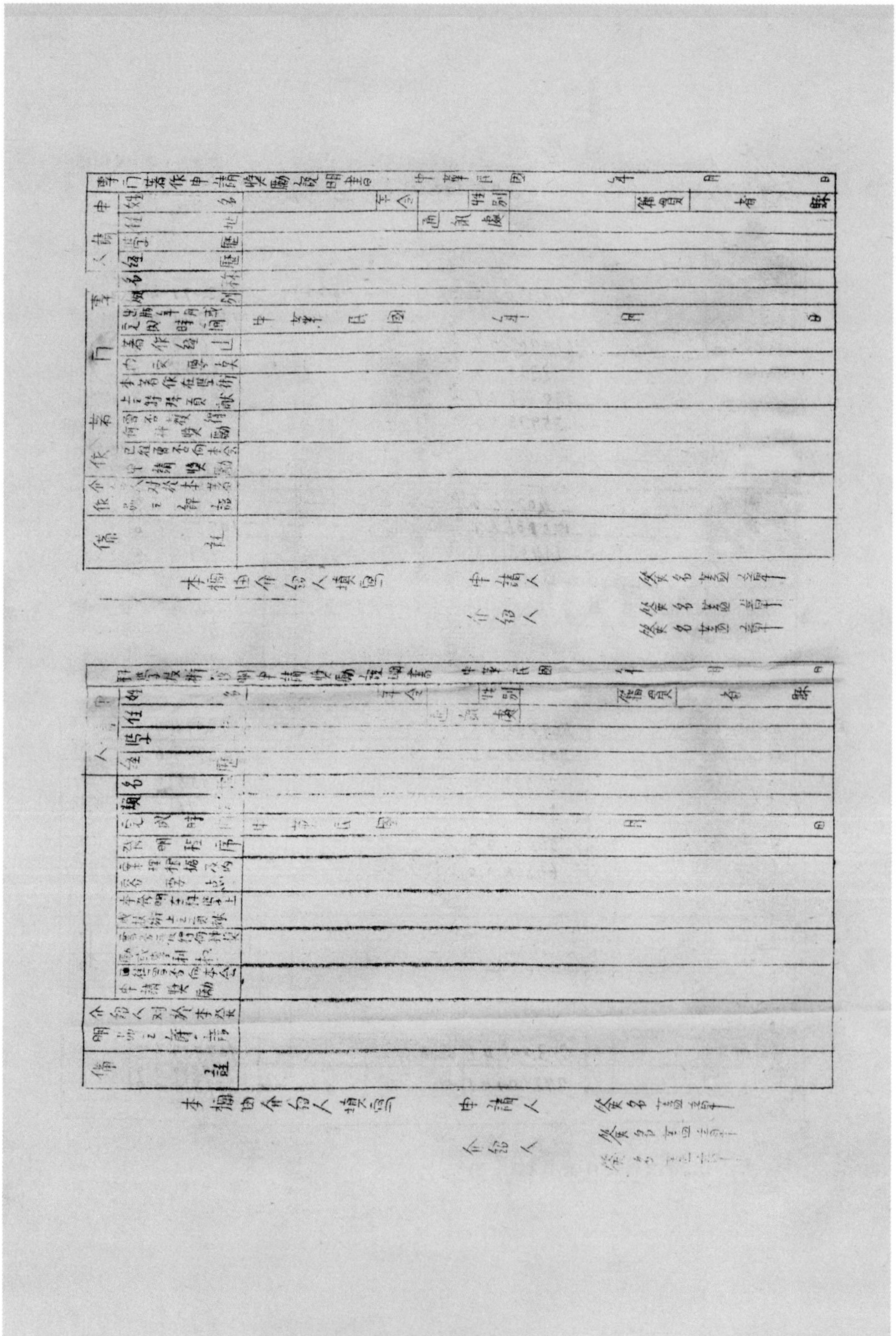

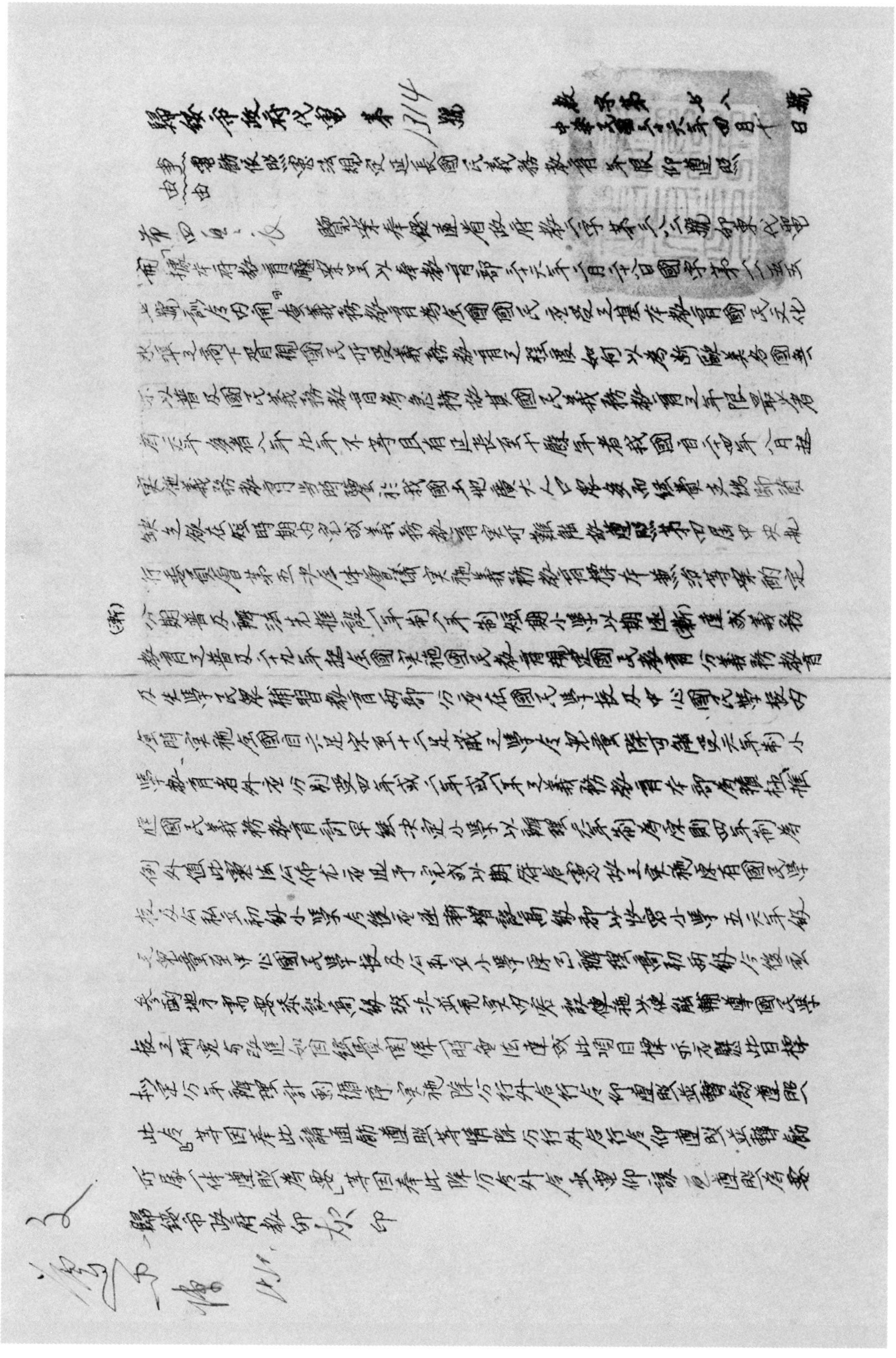

图 1-1-22　归绥市政府为依照宪法规定延长国民义务教育年限致第四区公所代电（1947 年 4 月 10 日）

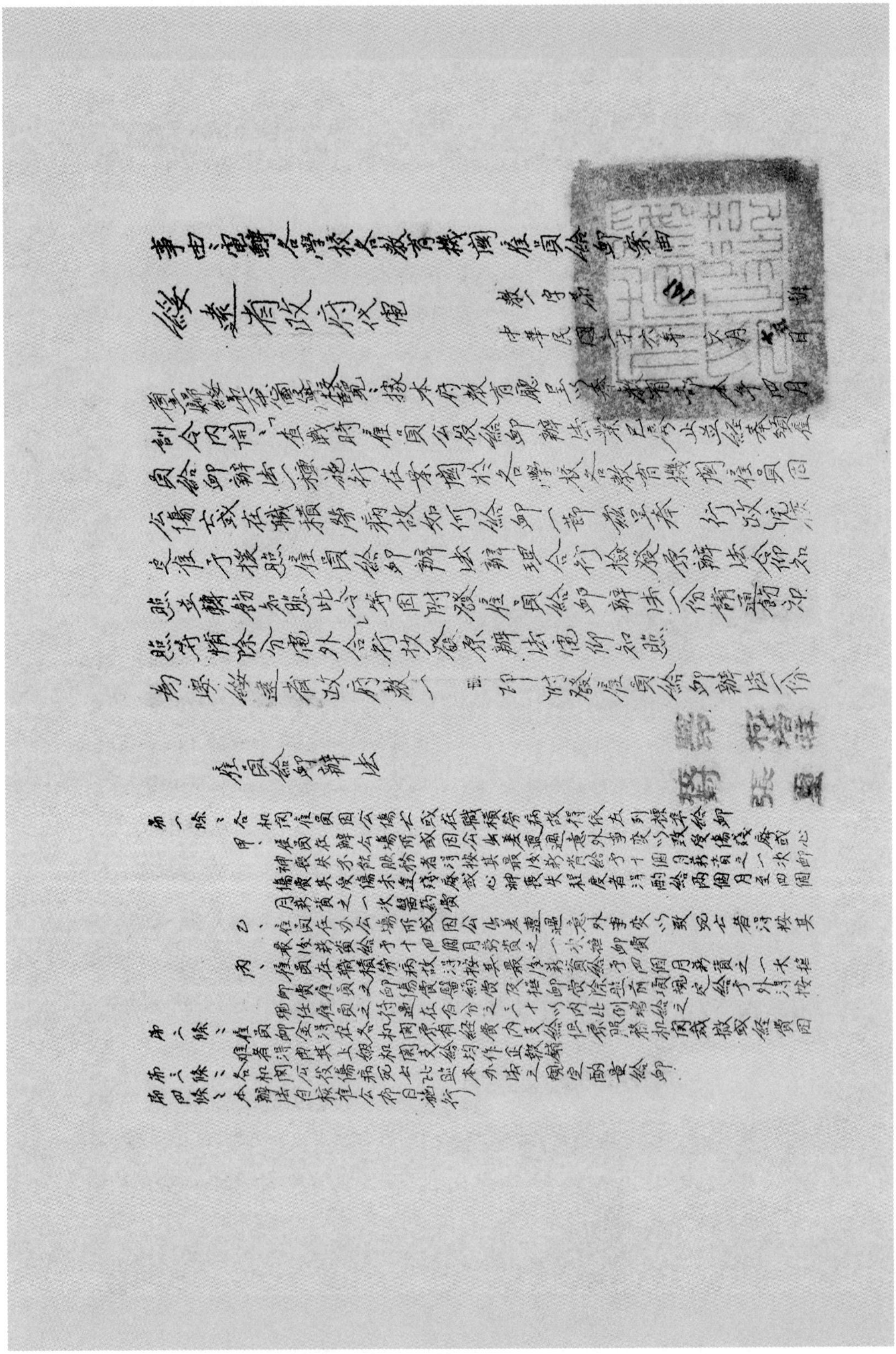

图 1-1-23　绥远省政府为转发各学校各教育机关《雇员给恤办法》致省立第六中心国民学校代电（1947 年 6 月 15 日）

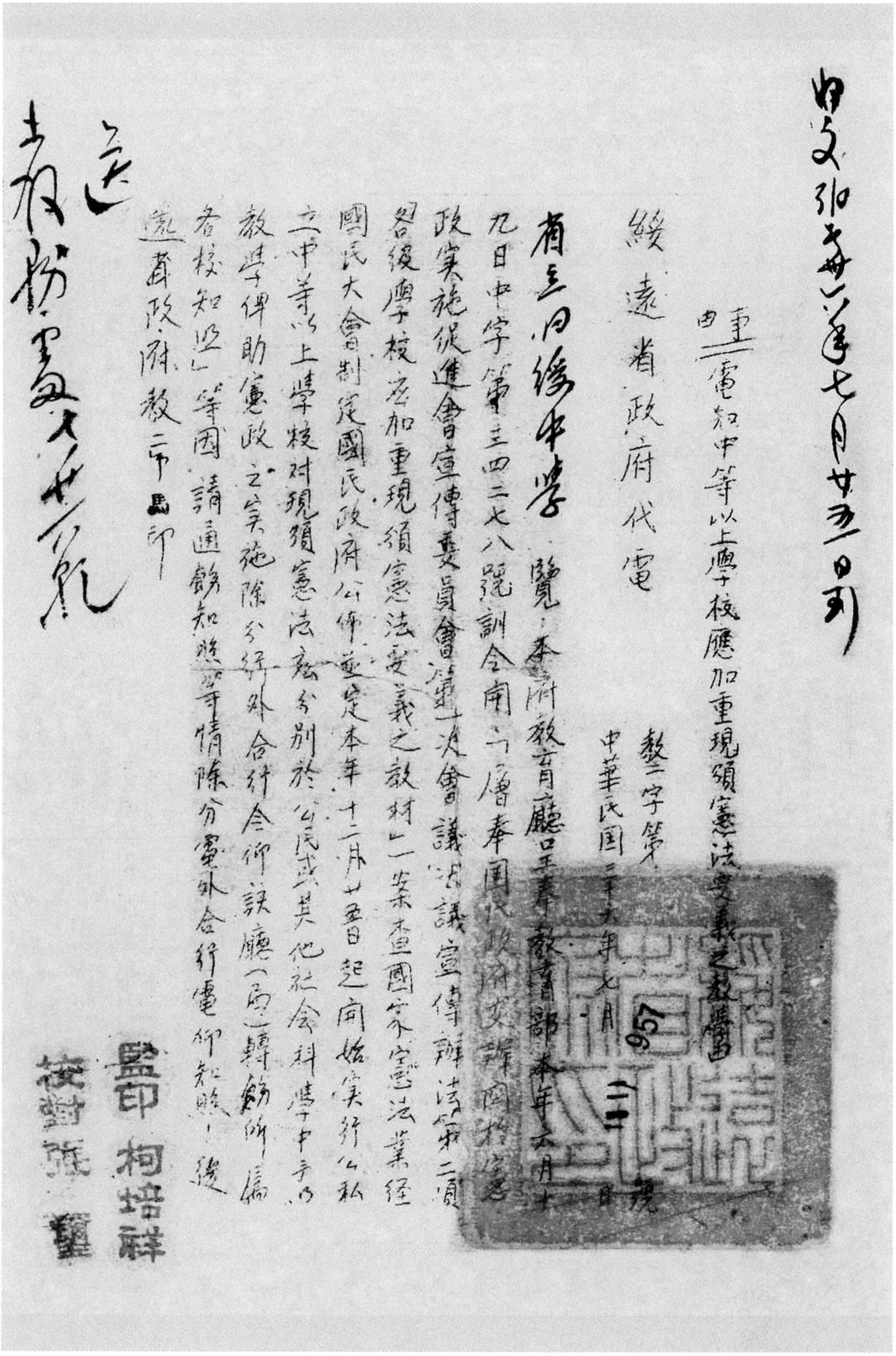

收文卅六年七月廿五日到

事由：電知中等以上學校應加重現頒憲法要義之教學由

教二字第　號

中華民國三十六年七月　日

綏遠省政府代電

省立归綏中學覽：本府教育廳案奉教育部本年六月十九日中字第三四二七八號訓令開：「案奉國民政府交辦國民憲政實施促進會宣傳委員會第十次會議決議宣傳辦法第二項『各級學校應加重現頒憲法要義之教材』一案查國家憲法業經國民大會制定國民政府公佈並定本年十二月廿五日起開始實行公私立中等以上學校對現頒憲法應分別於公民或其他社會科學中予以教學俾助憲政之實施除分行外合行令仰該廳（局）轉飭所屬各校知照」等因，請通飭知照等情除分電外合行電仰知照。

綏遠省政府教二午[illegible]印

監印 柯培祥

校對 張[illegible]

送教務處[illegible]

图 1-1-24　绥远省政府为中等以上学校应加重现颁宪法要义之教学致省立归绥中学代电（1947 年 7 月）

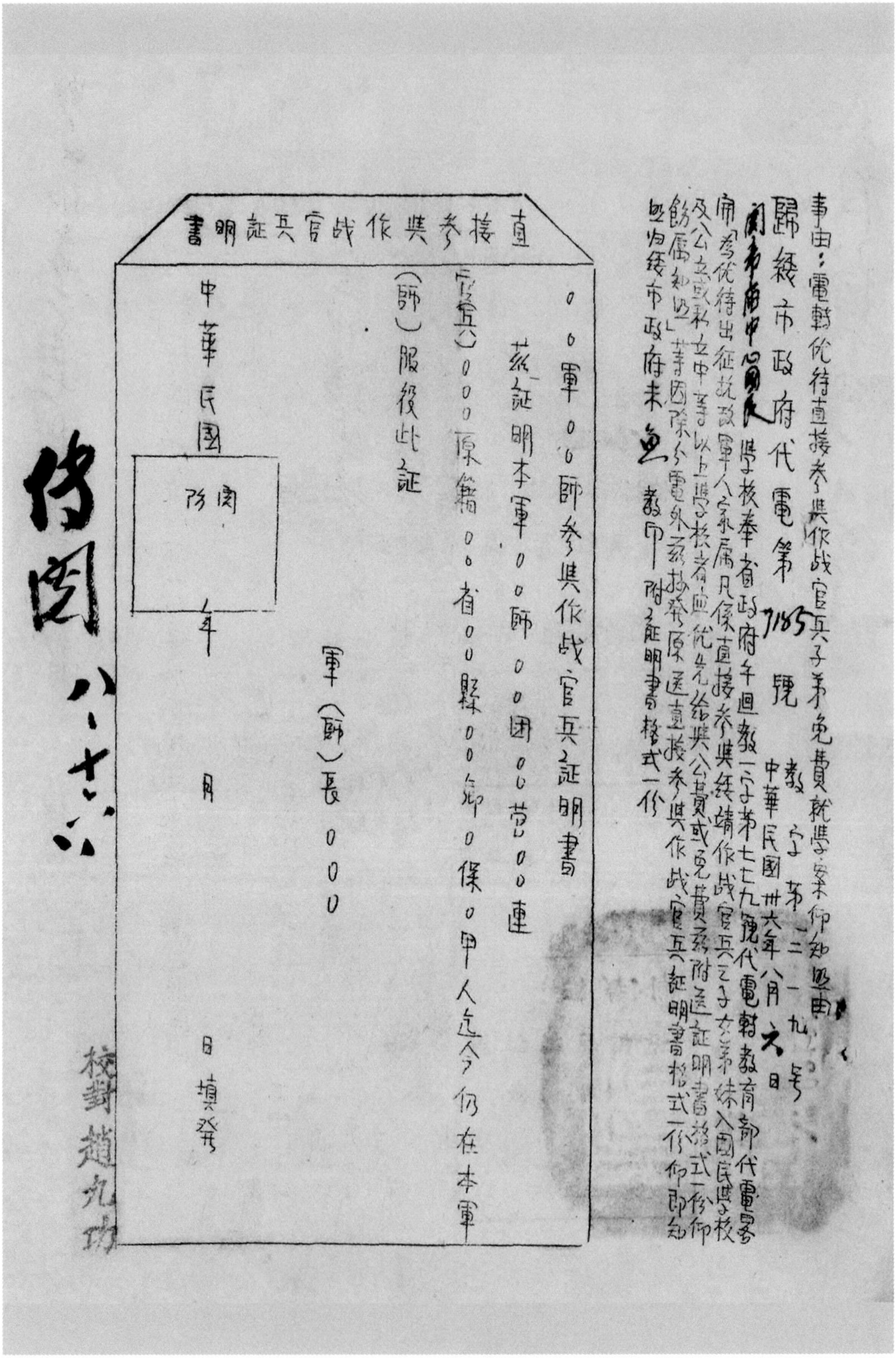

事由：電轉優待直接參與作战官兵子弟免費就學案仰知照由

歸綏市政府代電　第7185號　教字第二一九号

關帝廟中心國民學校奉省政府午迴教一字第七七九號代電轉教育部代電略開「為優待出征抗戰軍人家屬凡係直接參與作战官兵之子女弟妹入國民學校及公立或私立中等以上學校者應優先給與公費或免費並附送証明書格式一份仰飭屬知照」等因除分電外茲抄發原送直接參與作战官兵証明書格式一份仰即知照為要　歸綏市政府未魚　教印　附証明書格式一份

中華民國卅六年八月六日

直接參與作战官兵証明書

〇〇軍〇〇師參與作战官兵証明書

茲証明本軍〇〇師〇〇团〇〇营〇〇連(上等兵)〇〇〇原籍〇〇省〇〇縣〇〇鄉〇保〇甲人迄今仍在本軍(師)服役此証

軍(師)長〇〇〇

關防

中華民國　年　月　日填發

侍閱　八·十六

校對　趙九功

图 1-1-25　归绥市政府为优待直接参与作战官兵子弟免费就学给关帝庙中心国民学校代电（1947 年 8 月 6 日）

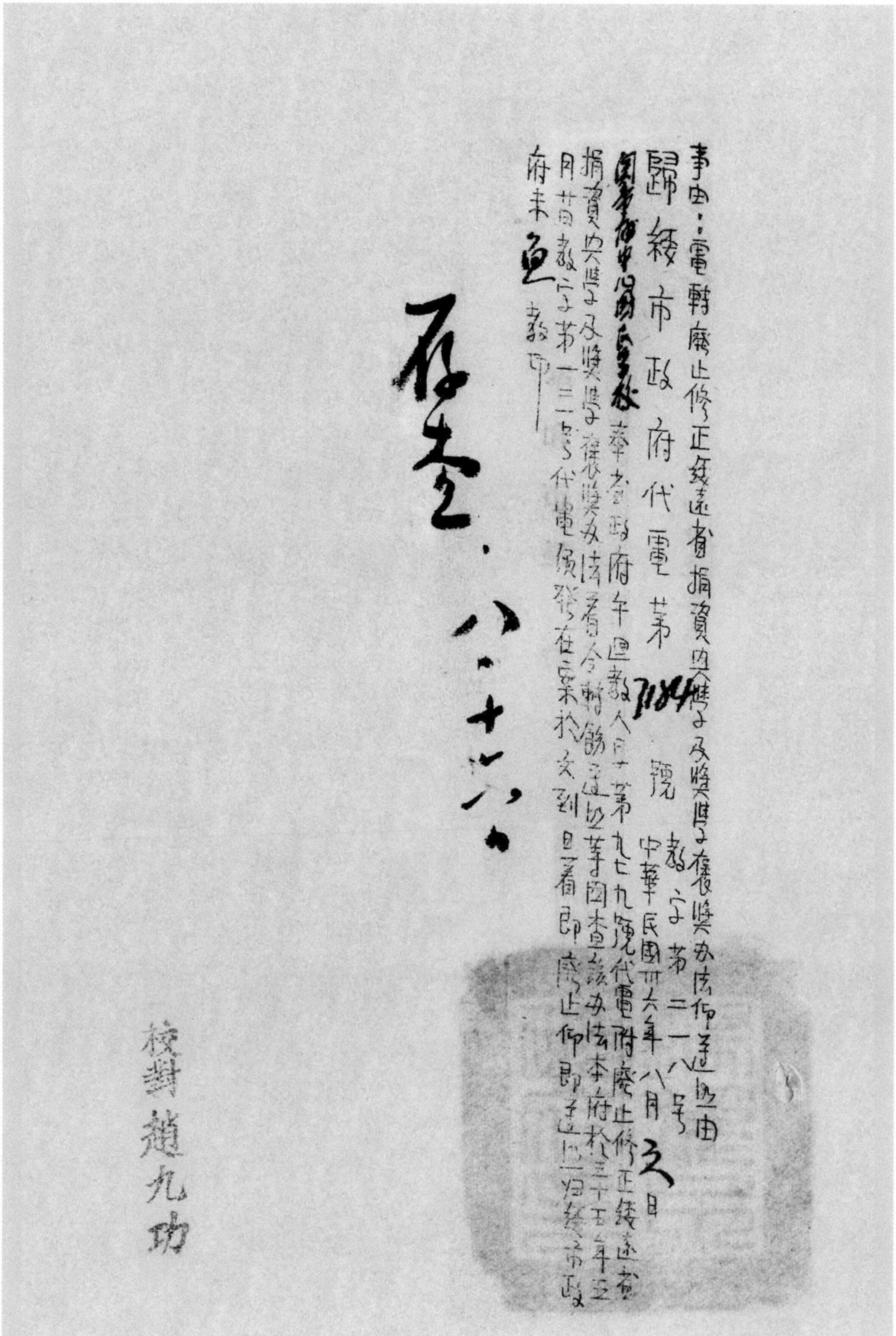

事由：電轉廢止修正綏遠省捐資興學及獎學褒獎辦法仰遵照由

歸綏市政府代電 第7184號 教字第二一八號

中華民國卅六年八月六日

關帝廟中心國民學校 奉查政府午迴教人甲字第九七九號代電附廢止修正綏遠省捐資興學及獎學褒獎辦法着令轉飭遵照等因查該辦法本府於三十五年五月卅日教字第一三一號代電頒發在案於文到日着即廢止仰即遵照 歸綏市政府未迴 教印

存查 八．十六

校對 趙九功

图 1-1-26 归绥市政府为转发《废止〈修正绥远省捐资兴学及奖学褒奖办法〉》致关帝庙中心国民学校代电（1947 年 8 月 6 日）

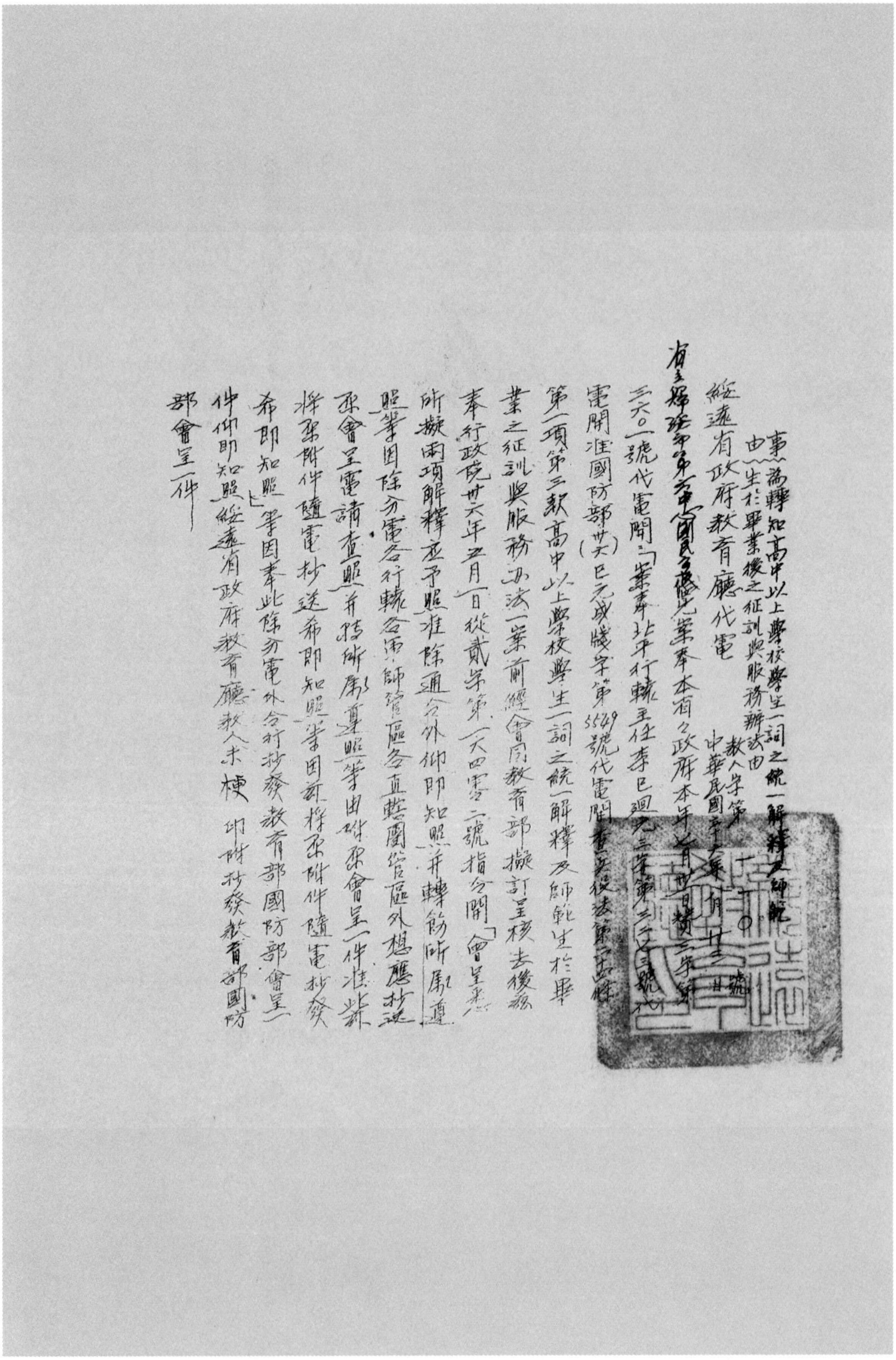
事由：為轉知高中以上學校學生一詞之統一解釋及師範生於畢業後之征訓與服務辦法由
教人字第 號
中華民國三十六年八月廿三日

綏遠省政府教育廳代電

省立歸綏市第六中心國民學校覽：案奉本省政府本年七月廿五日教字第
三六〇一號代電開：「案奉北平行轅主任李巳迴亥三案第三二七三號代
電開：准國防部（卅六）巳元成機字第5549號代電開：查兵役法第二十五條
第一項第三款高中以上學校學生一詞之統一解釋及師範生於畢
業之征訓與服務辦法一案，前經會同教育部擬訂呈核去後，茲
奉行政院卅六年五月一日從貳字第一六四〇二號指令開：「會呈悉。
所擬兩項解釋應予照准，除通令外，仰即知照，并轉飭所屬遵
照。」等因，除分電各行轅、各綏靖師管區、各直轄團管區外，相應抄送
原會呈，電請查照，并轉飭所屬遵照。」等由，附原會呈一件，准此。茲
將原附件隨電抄送，希即知照。」等因，茲將原附件隨電抄發，
希即知照。」等因；奉此，除分電外，合行抄發教育部國防部會呈一
件，仰即知照。綏遠省政府教育廳教人未梗 印 附抄發教育部國防
部會呈一件

图 1-1-27 绥远省政府为转发《高中以上学校“学生”一词之统一解释及师范生于毕业后之征训与服务办法》致省立归绥市第六中心国民学校代电（1947 年 8 月 23 日）

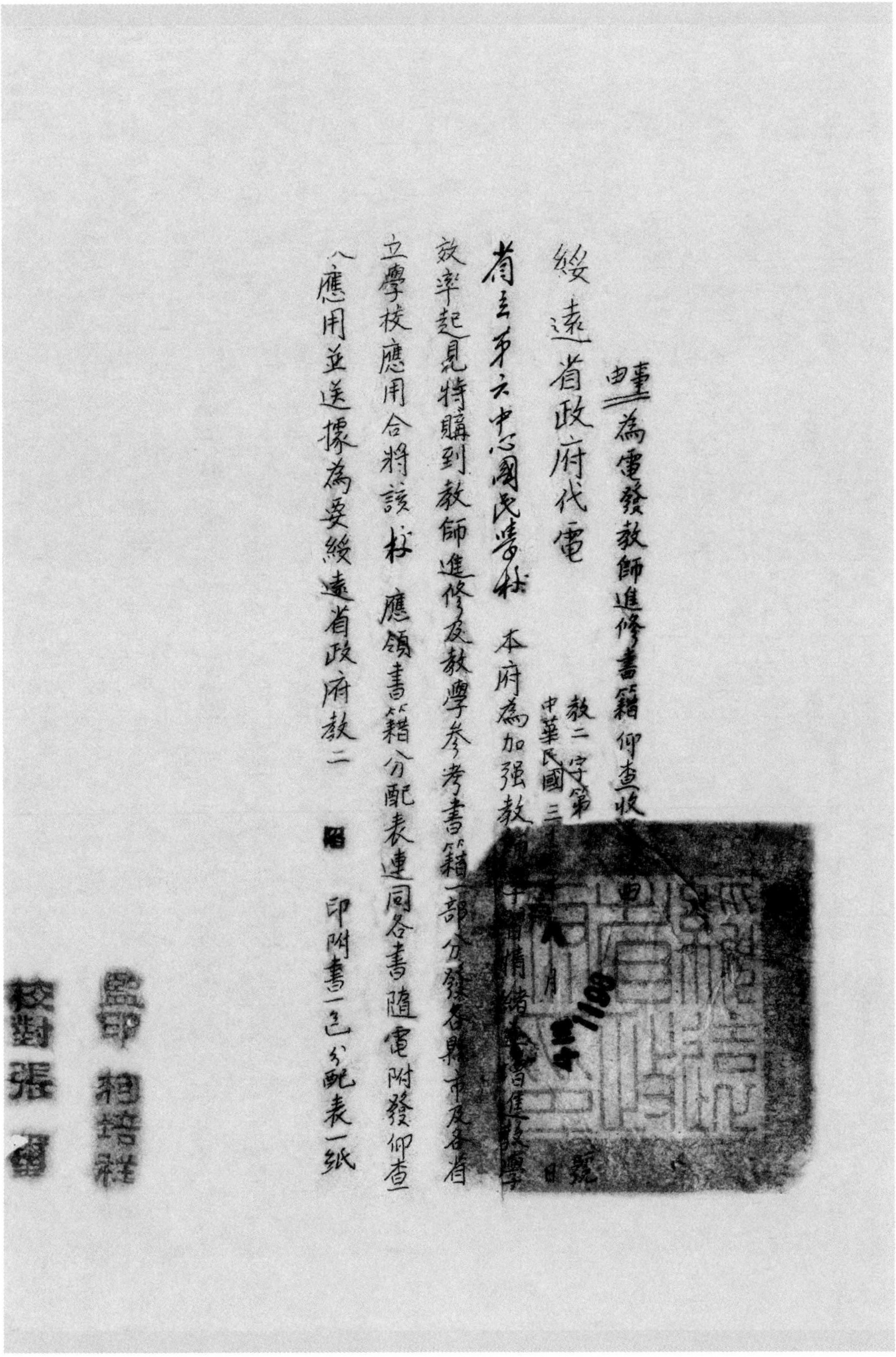

事由 為電發教師進修書籍仰查收由

教二字第　號

中華民國三十六年八月　日

綏遠省政府代電

省立第六中心國民學校　本府為加強教師進修情緒並增進教學效率起見特購到教師進修及教學參考書籍一部分發各縣市及各省立學校應用合將該校應領書籍分配表連同各書隨電附發仰查收應用並送據為要綏遠省政府教二　印附書一包分配表一紙

監印 賀培祥

校對 張

图 1-1-28　绥远省政府为分发教师进修书籍致省立第六中心国民学校代电（1947 年 8 月 30 日）（一）

邊疆教育新論 一本
經驗與教育 一本
教育學 一本
小學体育 一本
初等教育 一本
小學分組編制教學法 一本
初小國常第三冊指引 一本
初小國常第七冊指引 一本
高小地理第一冊指引 一本
高小公民第一冊指引 一本

訓育與心理 一本
兒童心理學 一本
德行競賽 一本
中國教育史 一本
各級學校体育实施方案 一本
初小國常第一冊指引 一本
初小國常第五冊指引 一本
初小算術第一冊指引 一本
高小歷史第一冊指引 一本

共計十九種

图 1-1-28 绥远省政府为分发教师进修书籍致省立第六中心国民学校代电（1947 年 8 月 30 日）（二）

中華民國三十六年九月一日到

事由：嚴禁機關或部隊佔用校舍電仰遵照並飭屬遵照由

教一字第　　號
中華民國三十六年九月　　日

綏遠省政府代電

省立綏師範學校：案奉行政院八月十二日罘八審字第二一八〇六號訓令內開：「查各地學校校舍，為實施教育場所，應嚴禁機關或部隊佔用，其現正佔用者，應即督飭遷讓，以利教育事業。除已飭國防部轉飭所屬遵照外，合行令仰遵照並轉飭所屬一體遵照。此令」等因，奉此，除分電外，合行電仰該校遵照並轉飭所屬遵照為要。綏遠省政府教一未東印

監印　柯培桂
校對　張

图 1-1-29　绥远省政府为严禁机关或部队占用校舍致省立师范学校代电（1947 年 9 月 1 日）

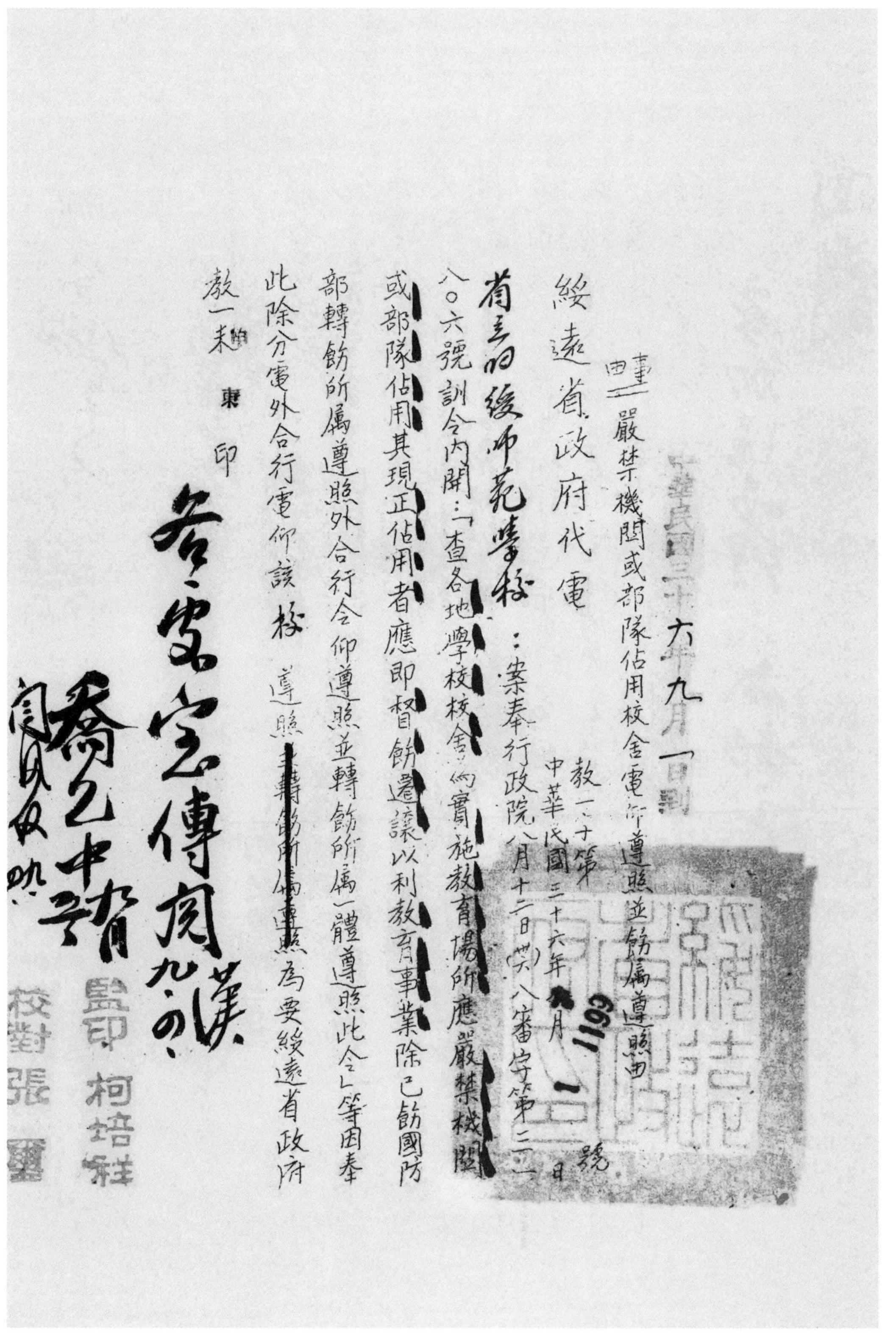

收字180号

事为电饬加强办理民教部以利国民教育由

归绥市政府　第781號　教字第　三〇號　中华民国三十六年九月七日

私立道德小学奉省政府未阳教之字第一一九五号代电开查本省各县市小学校民教部约有三分之一尚未设置其已设置者内容多不充实大部有名无实入学者几全为儿童极少成年民众甚有主管人员根本未能明瞭国民教育之意义认为过去与现在只係校名之变更而视民教部为例外之工作等情查国民教育関係国家前途至钜各校办理民教部与小学部同等重要自应切实遵照办理勿得稍有玩忽除分电外合行电仰该　切实遵照努力加强为要归绥市政府申虞教印

应加强办理民教部之教育

阅

图 1-1-30　归绥市政府为加强办理民教部以利国民教育致私立道德小学代电（1947 年 9 月 7 日）

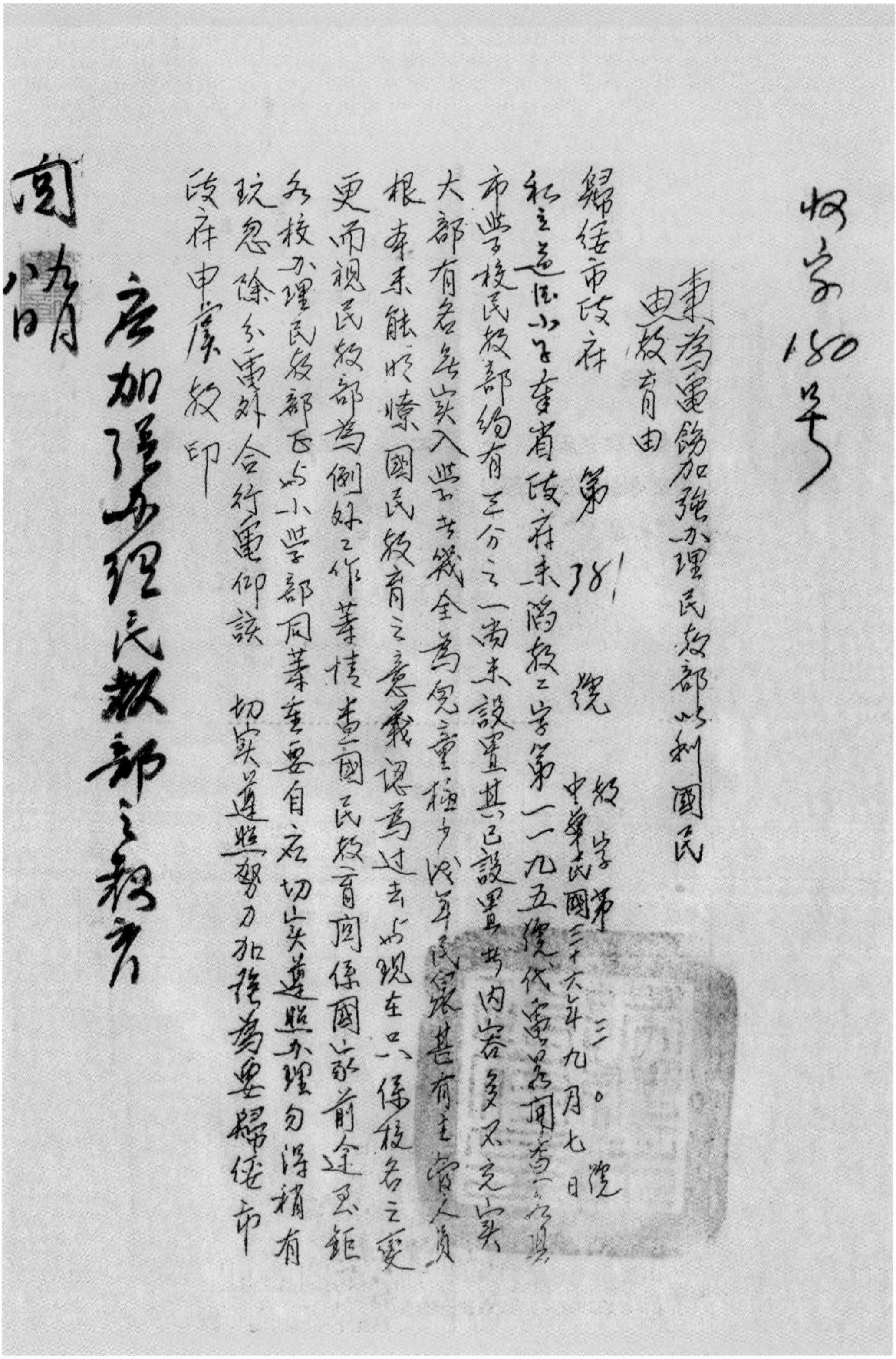

文化股

事由：頒發兒童安全教育實施辦法仰切實遵照實施並具報由

歸綏市政府代電 第1868號 教字第一二一三号

中華民國三十六年十二月十二日

第四區公所覽：查本府為使全市兒童避免危害獲得安全起見

特於本年十月二十六日召集所屬各小學教職員講述安全教育之意義及推

討安全實施辦法呈奉省政府亥魚教三字第一五五四號代電准予實施在案現為推

行此項教育凡各小學教職員及學生家長兒童安全長[illegible]須依照此辦法切實施行以

收安全效除分電本會查核同實施辦法隨電頒發仰即切實遵照並飭行並隨時具

報為要 歸綏市政府亥文 教印 附辦法一份

图 1-1-31　归绥市政府为颁发《儿童安全教育实施办法》致第四区公所代电（1947 年 12 月 12 日）（一）

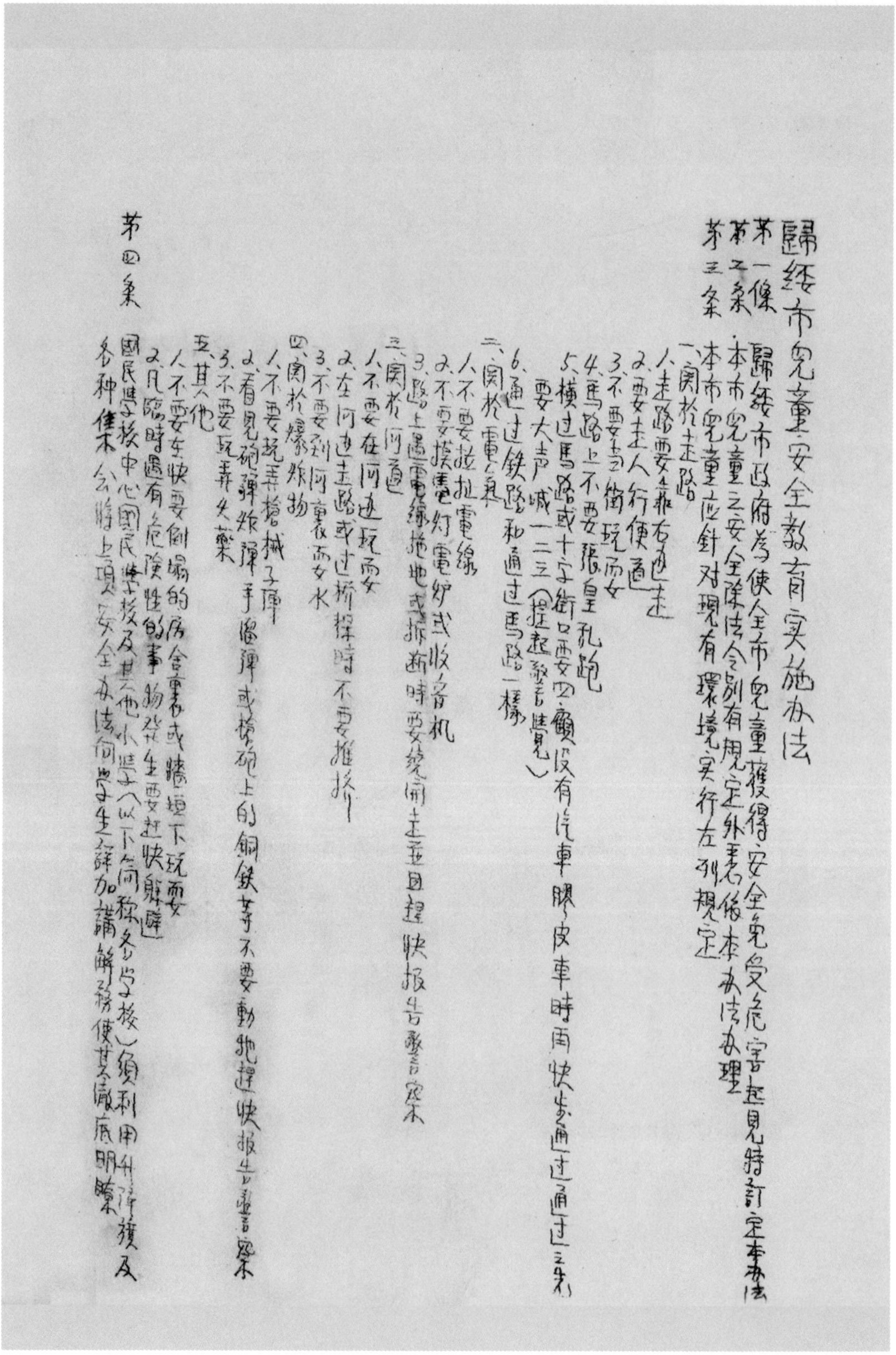

歸綏市兒童安全教育實施辦法

第一條 歸綏市政府為使全市兒童獲得安全免受危害起見特訂定本辦法

第二條 本市兒童之安全除法令别有規定外悉依本辦法辦理

第三條 本市兒童應針對現有環境實行左列規定

一、關於走路

1.走路要靠右邊走

2.要走人行便道

3.不要在街玩耍

4.馬路上不要張皇亂跑

5.横过馬路或十字街口要四顧，没有汽車膠皮車時再快步通过，通过之先要大声喊一二三（提起警覺）

6.通过鉄路和通过馬路一樣

二、關於電氣

1.不要拉扯電線

2.不要摸電灯電炉或收音机

3.路上遇電線掉地或折断時要繞開走並且趕快報告警察

三、關於河道

1.不要在河邊玩耍

2.在河邊走路或过橋時不要推擠

3.不要到河裏耍水

四、關於爆炸物

1.不要玩弄槍械子彈

2.看見砲彈炸彈手榴彈或槍砲上的銅鉄等不要動他趕快報告警察

3.不要玩弄火藥

五、其他

1.不要在快要倒塌的房舍或牆垣下玩耍

2.凡臨時遇有危險性的事物發生要趕快躲避

第四條 國民學校中心國民學校及其他小學（以下簡称各学校）須利用升降旗及各種集会時將上項安全辦法向學生詳加講解務使其徹底明瞭

图 1-1-31 归绥市政府为颁发《儿童安全教育实施办法》致第四区公所代电（1947 年 12 月 12 日）（二）

第五条 各学校应利用体育日或恳亲会将本办法对学生家长及一般市民详加解说使其对于子弟随时予以教导

第六条 各学校儿童对安全教育完全明了时应着其切实力行

第七条 各学校教职员除应监督儿童实行本办法第三条之规定外并应发动学生自治会协力推行

第八条 各学校教职员及各学生自治会职员与儿童家长如发现儿童仍有未能履行本办法第三条之规定者须随时随地予以指导或纠正

第九条 本办法自呈请省政府核准之日施行

图 1-1-31 归绥市政府为颁发《儿童安全教育实施办法》致第四区公所代电（1947 年 12 月 12 日）（三）

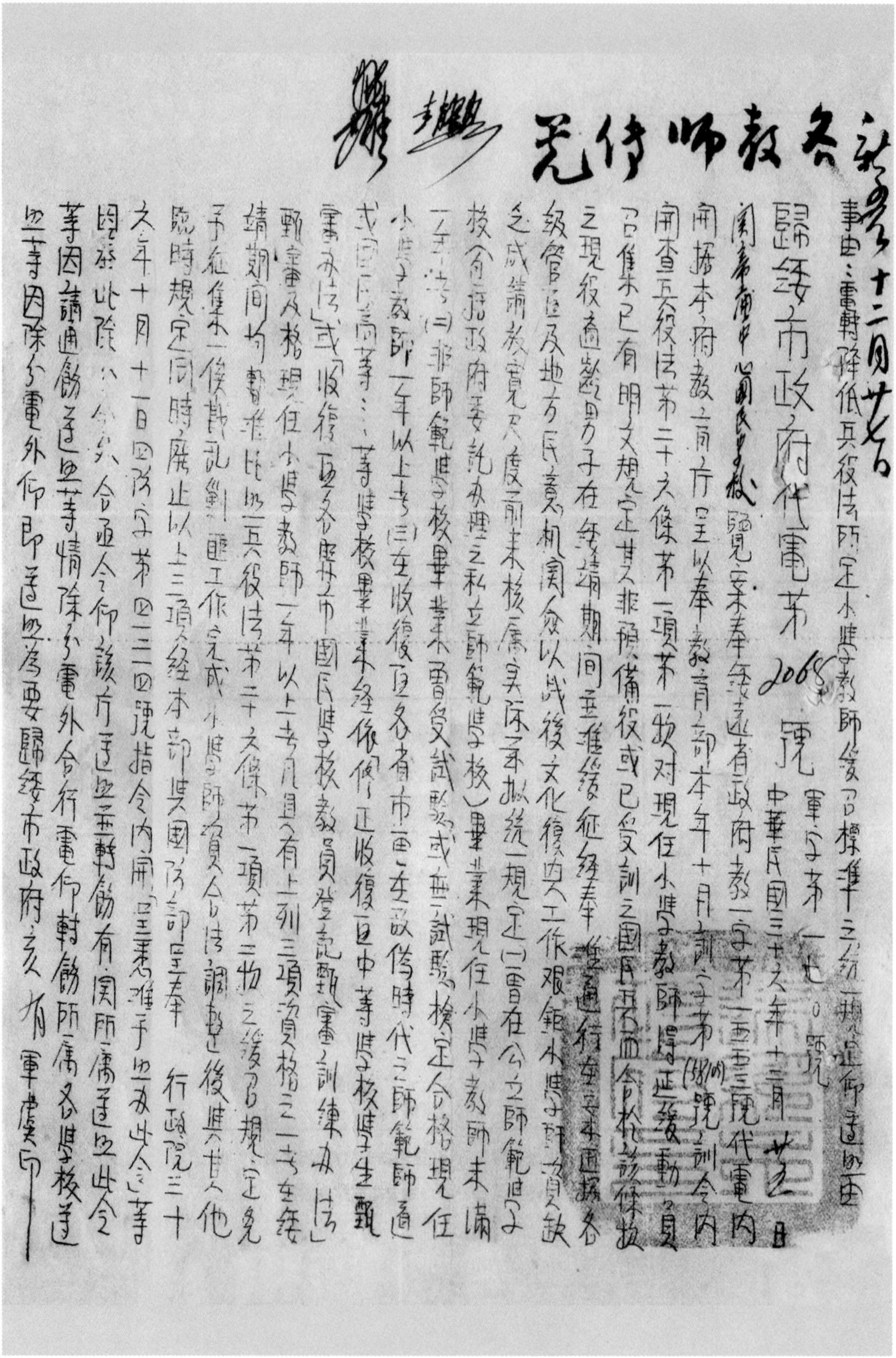

事由：電轉降低兵役法所定小學教師緩召標準之統一規定仰遵照由

歸綏市政府代電 第2068號 軍字第一七〇號

中華民國三十六年十二月廿五日

關帝廟中心國民學校覽：案奉綏遠省政府教一字第一五三號代電內開：「據本府教育廳呈以奉教育部本年十月訓三字第（58141）號訓令內開：查兵役法第二十六條第一項第一款對現任小學教師得延緩（動員）召集已有明文規定，其非預備役或已受訓之國民兵而合於該條款之現役適齡男子在緩召期間並准緩征，經奉准通行在案。茲據各級學校及地方民意機關，僉以戰後文化復興，工作艱鉅，小學師資缺乏，請放寬尺度前來。核屬實際，茲擬統一規定：（一）曾在公立師範學校（含經政府委託辦理之私立師範學校）畢業現任小學教師未滿二年者；（二）非師範學校畢業而曾受試驗或無試驗檢定合格現任小學教師一年以上者；（三）在收復區各省市曾在敵偽時代之師範或國民高等……等學校畢業，經依修正收復區中等學校學生甄審辦法或收復區各省市國民學校教員登記甄審訓練辦法甄審及格，現任小學教師一年以上者。凡具有上列三項資格之一者，在兵役法第二十六條第一項第二款之緩召規定，免予征集，俟戡亂動員工作完成，小學師資人數調劑適當後，其他臨時規定同時廢止以上三項。經本部與國防部呈奉行政院三十六年十一月十一日四院字第四三四號指令內開：「呈悉准予照辦」等因。除分令外，合亟令仰該廳遵照並轉飭有關所屬遵照。此令」等因；請通飭遵照等情。除分電外，合行電仰轉飭所屬各學校遵照。」等因；除分電外，仰即遵照為要。歸綏市政府亥有軍處印

图 1-1-32　归绥市政府为转发《降低兵役法所定小学教师缓召标准之统一规定》致关帝庙中心国民学校代电（1947 年 12 月 25 日）

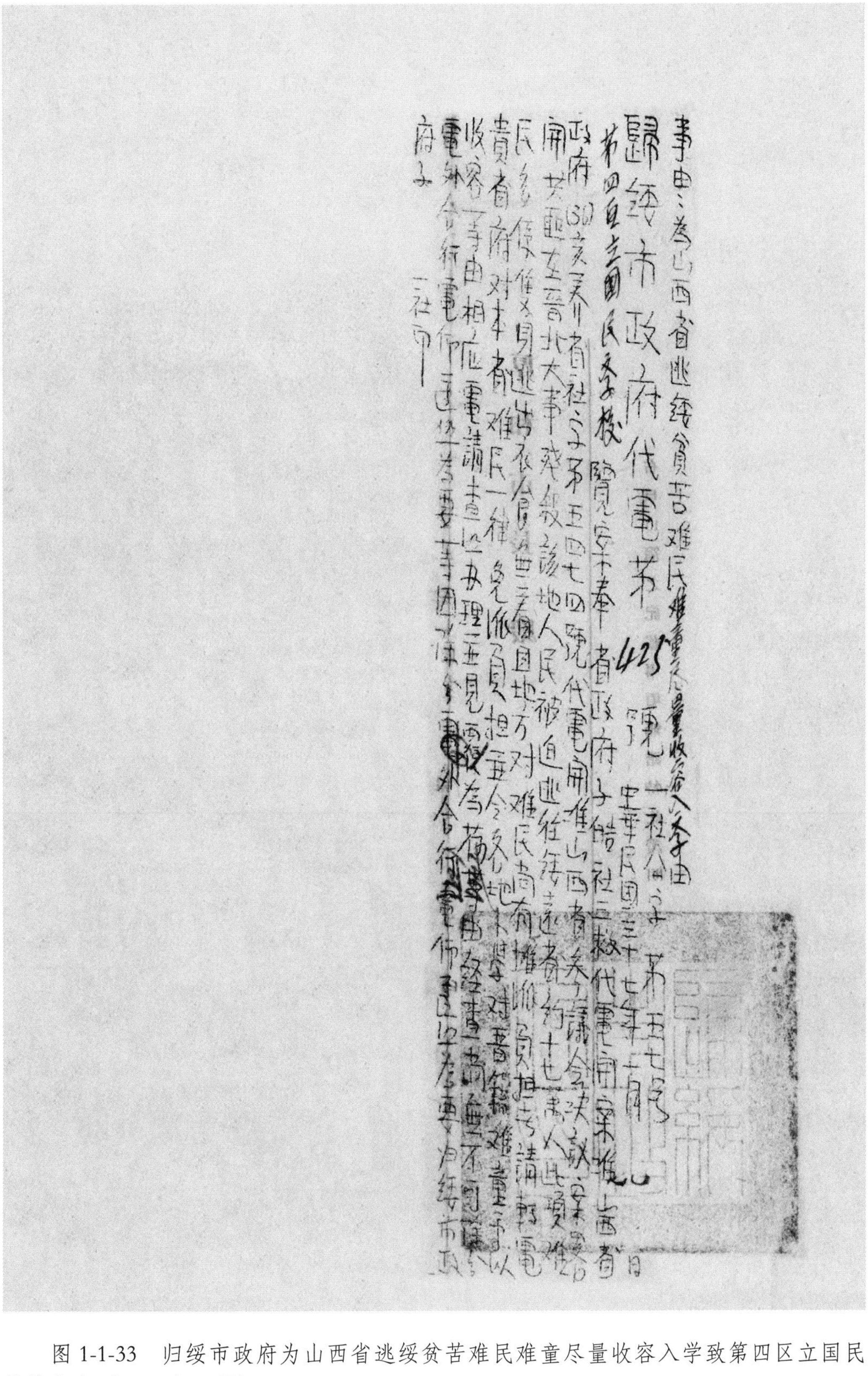
事由：為山西省逃綏貧苦難民難童盡量收容入學由

歸綏市政府代電 第425號 一社人字第五七號 中華民國三十七年一月 日

第四區立國民學校覽：案奉 省政府子皓社二教代電開：案准山西省政府卯文秘省社字第五四七四號代電開：准山西省參議會決議案開：共匪在晉北大事殘殺，該地人民被迫逃往綏遠者約十七萬人，此項難民多係隻身逃出，衣食無著，[illegible]地方對難民有攤派負担者，請轉電貴省府對本省難民一律免派負担，並令各地小學對晉籍難童予以收容等由，相應電請查照辦理，並見覆為荷等由，除分電並函覆外，合[illegible]電外合行電仰遵照為要等因，除分電外，合行電仰遵照為要。歸綏市政府子 一社印

图 1-1-33　归绥市政府为山西省逃绥贫苦难民难童尽量收容入学致第四区立国民学校代电（1948 年 1 月）

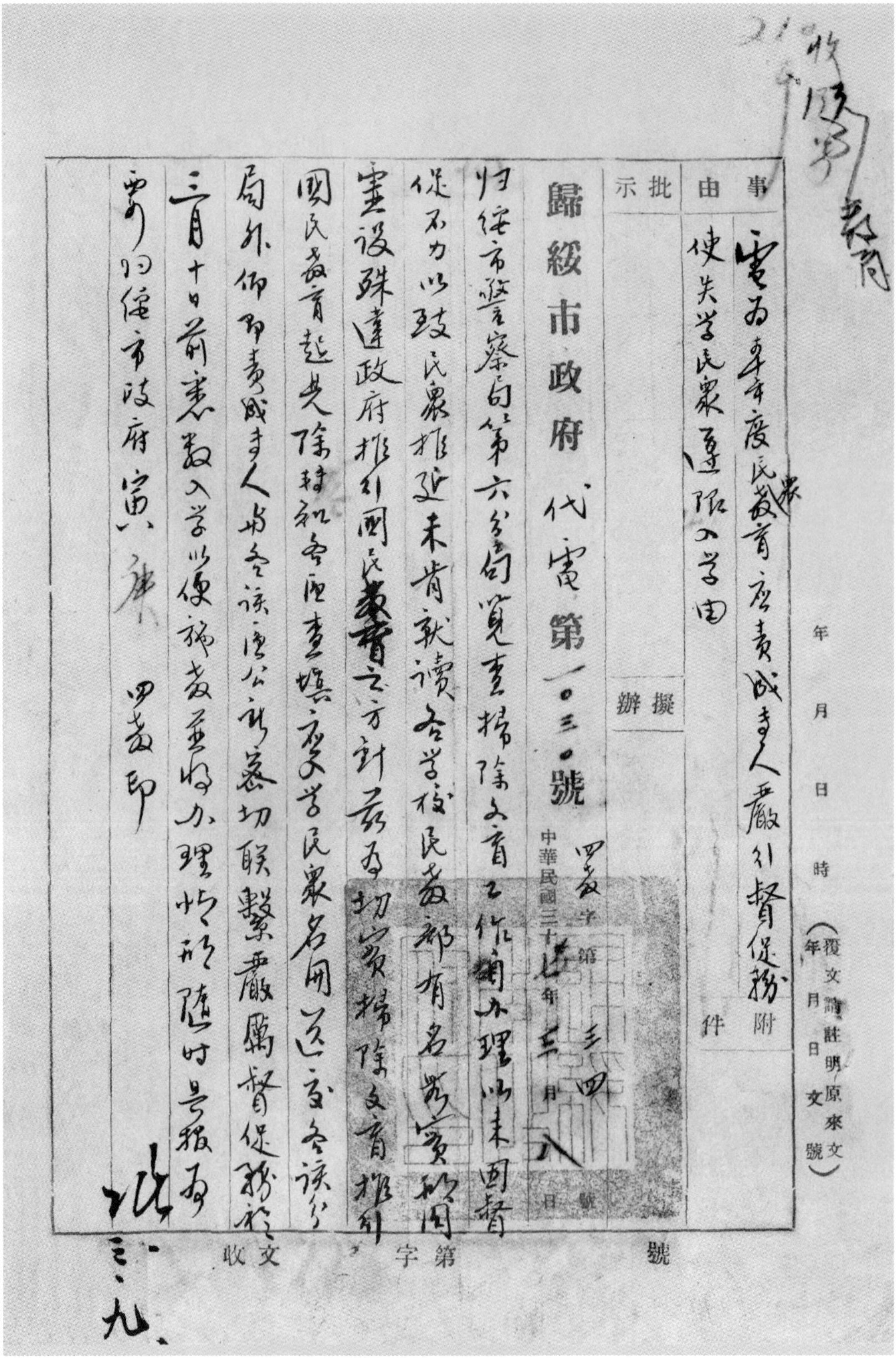
事由：电为本年度民众教育应责成专人严行督促务使失学民众遵限入学由

附件

批示

拟办

归绥市政府代电第一〇三〇号

中华民国三十七年三月八日 罗教字第三四号

归绥市警察局第六分局览：查扫除文盲工作自办理以来因督促不力，以致民众推延未肯就读，各学校民教部有名无实，殊违政府推行国民教育之方针。兹为切实扫除文盲推行国民教育起见，除转知社会区查填应学民众名册送交各该分局外，仰即责成专人与各该区公所密切联系，严厉督促，务于三月十日前悉数入学，以便补发，并将办理情形随时具报为要。归绥市政府寅庚 罗教印

收文　字第　号

图 1-1-34　归绥市政府为本年度民众教育应责成专人严行督促务使失学民众遵限入学致归绥市警察局第六分局代电（1948 年 3 月 8 日）

(一)归绥市教育工作实施办法

普及国民教育

甲、充实现有学校

1.各小学教师除暑期应在绥训团受训者外，其余须一律参加暑期讲习会

2.各学校教师薪水及经费尽可能按月发给，如款项不足时可酌量借给一部

3.各校小学部学生人数每班不足五十人者应设法补充，其超过七十人或八十人者应实施二部制教学

4.各校必须经常办理民教部之成人班及妇女班，已办完初级者继续办理高级班，初级修业时期定为四个月，高级修业时期定为六个月

5.公私立中等学校及私立之小学亦须附设民众学校兼办民众补习教育，其设班及修业期限[illegible]

6.本市及各区失学民众强迫入学委员会须切实依照强迫入学条例办理失学民众之调查登记事宜

7.各校应在所在地区保甲及警察分局取得密切联系并协同办理失学民众[illegible]

8.每区应[illegible]失学民众[illegible]境内各学校施以补习教育，各校应将[illegible]之失学民众详切[illegible]

9.统计校龄儿童年龄性别职业分期教育完毕

10.各区失学民众调查表及统计表应分送辖境内各学校警察分局及本府各一份

11.各区各保各学校办理民众教育情形列为年终考绩之一

12.各校儿童部须采用国定课本，由各校自行订购，民教部课本由本府统筹领发

13.各校整修与设备应按财力分别缓急逐渐办理之

14.为促进各校校务并提高教学效率[illegible]文化水准起见，本年特举办一、学生讲演竞赛，一、学生文艺竞赛，一、教员[illegible]竞赛，一、教职员考勤竞赛，一、学校清洁竞赛各一次或两次，其成绩优良者分别发给奖金，成绩不及格者（教职员）分别予以惩处

15.区保长及教育工作人员不能成任务及指导学校与教职员者分别予以严厉之处分

16.区保长及教育工作人员之能尽职或成绩优良者分别予以奖励

乙、增设学校

1.每区须设立中心国民学校一所

2.每保或每三保必须设立国民学校一所

3.区或保设立学校基金均以自筹为原则，其开办费得由本府酌予补助

4.[illegible]下列(1)选择[illegible]地点为校址(2)尽量利用[illegible]时庙宇或公共场所为校舍(3)[illegible]筹集之(4)[illegible]由区保长校长及热心教育人士组织基金保管委员会办理基金之保管及运用事宜，基金以一次筹足为原则，如有困难时可分两期或三期

图 1-1-35　归绥市教育工作实施办法（一）

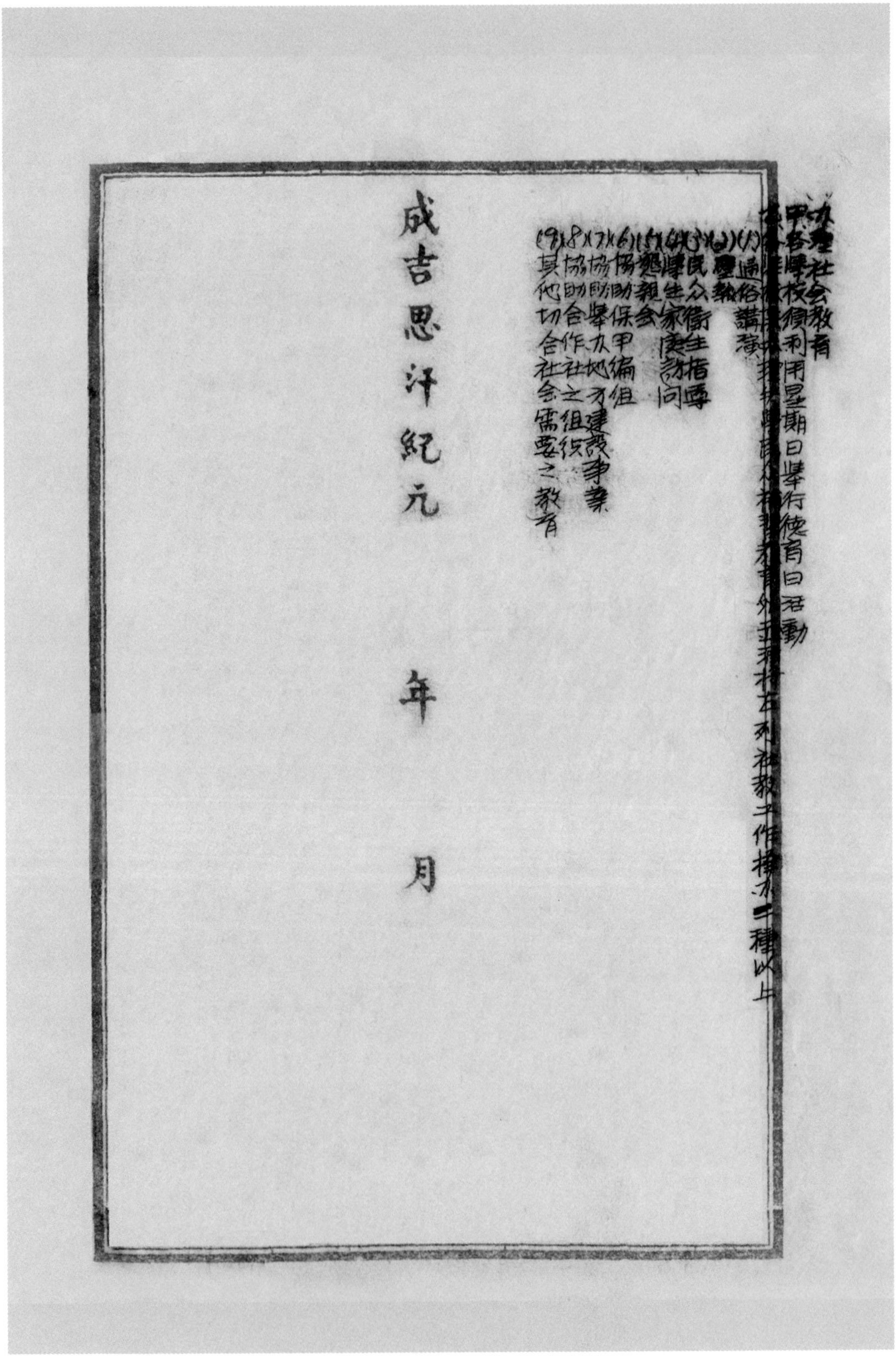

次、辦理社会教育

甲、各學校得利用星期日舉行德育日活動

乙、[illegible]教育外並須推行左列社教工作擇定二種以上

(1)通俗講演

(2)壁報

(3)民众衛生指導

(4)學生家庭訪问

(5)懇親会

(6)協助保甲编组

(7)協助舉办地方建設事業

(8)協助合作社之組織

(9)其他切合社会需要之教育

成吉思汗紀元　　年　　月

图 1-1-35　归绥市教育工作实施办法（二）

二 教育制度

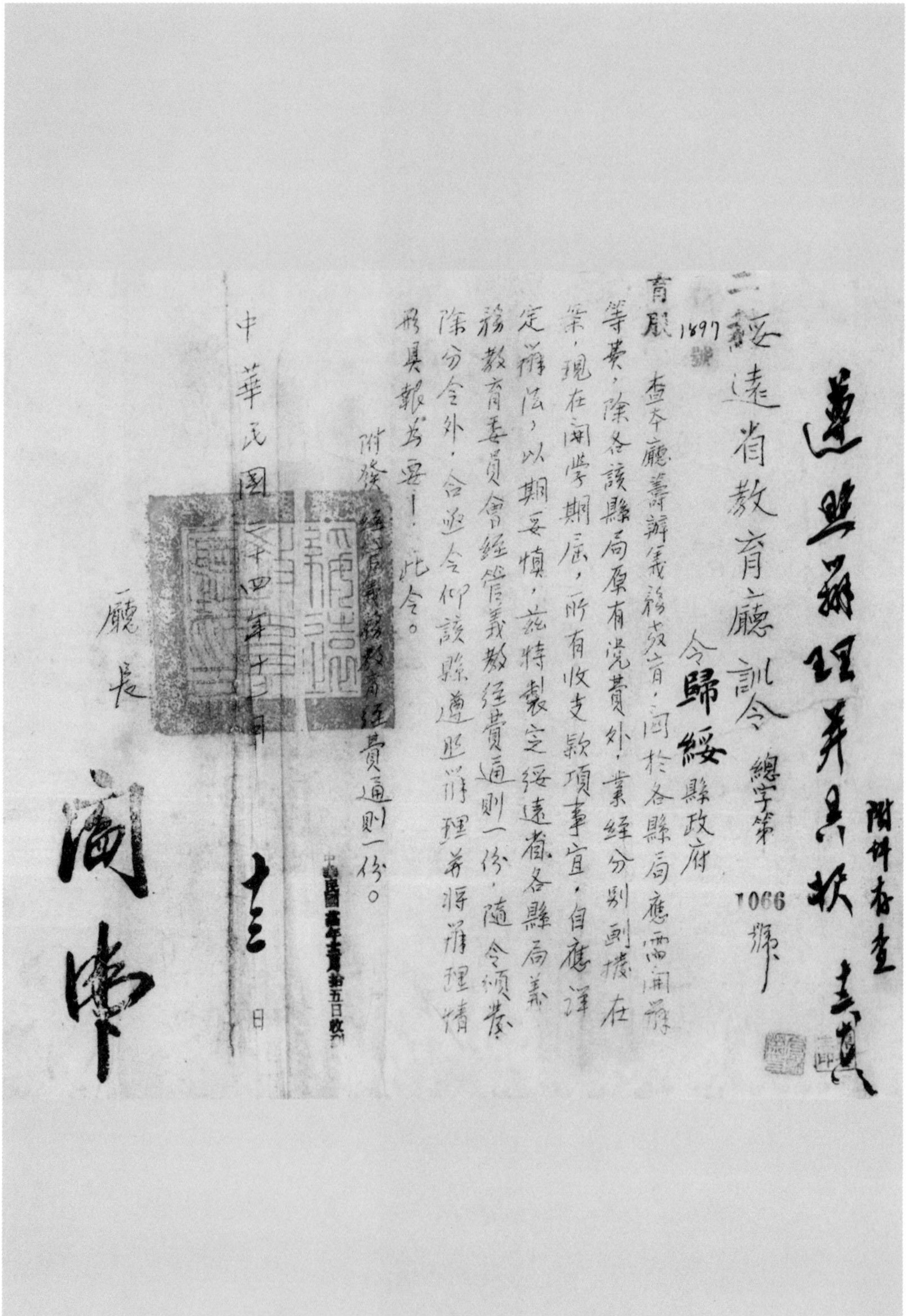
遵照辦理并具報 附件存查

綏遠省教育廳訓令 總字第1066號

令歸綏縣政府

育嚴1897

查本廳籌辦義務教育，關於各縣局應需開辦等費，除各該縣局原有常費外，業經分別劃撥在案。現在開學期屆，所有收支款項事宜，自應詳定辦法，以期妥慎。茲特製定綏遠省各縣局義務教育委員會經管義教經費通則一份，隨令頒發，除分令外，合亟令仰該縣遵照辦理，並將辦理情形具報為要！此令。

附發綏遠省義務教育經費通則一份。

廳長 閻偉

中華民國二十四年十二月 十三 日

民國廿四年十二月拾五日收

图 1-2-1　绥远省教育厅为颁发《绥远省各县局义务教育委员会经管义教经费通则》致归绥县政府训令（1935 年 12 月 13 日）（一）

綏遠省各縣局義務教育委員會經管義教經費通則

第一條　各縣局義教會辦理義教經費、或補助費收支事項、均依本通則辦理之。

第二條　各縣局義教經臨各費、不分縣款、或由省撥發之款、均由縣局政府解交縣局義教會保管之。

第三條　各縣局義教會保管之義教經臨各費、應專款存儲於當地平市官錢局總局或分局、其無平市分局之縣局、應由縣局義教會商同縣局政府指定殷實商號存儲之。

第四條　各縣局義教會辦理經費收支保管事宜、應備置現金出納簿、單據粘存簿。

第五條　縣局義教會收到款項時、除於印文上由委員長核批司庫簽收外、並須填具印收、由委員長司庫分別簽署之。

第六條　前條所收款項經司庫核收後、應即登入現金出納簿、并將原款

图 1-2-1　绥远省教育厅为颁发《绥远省各县局义务教育委员会经管义教经费通则》致归绥县政府训令（1935 年 12 月 13 日）（二）

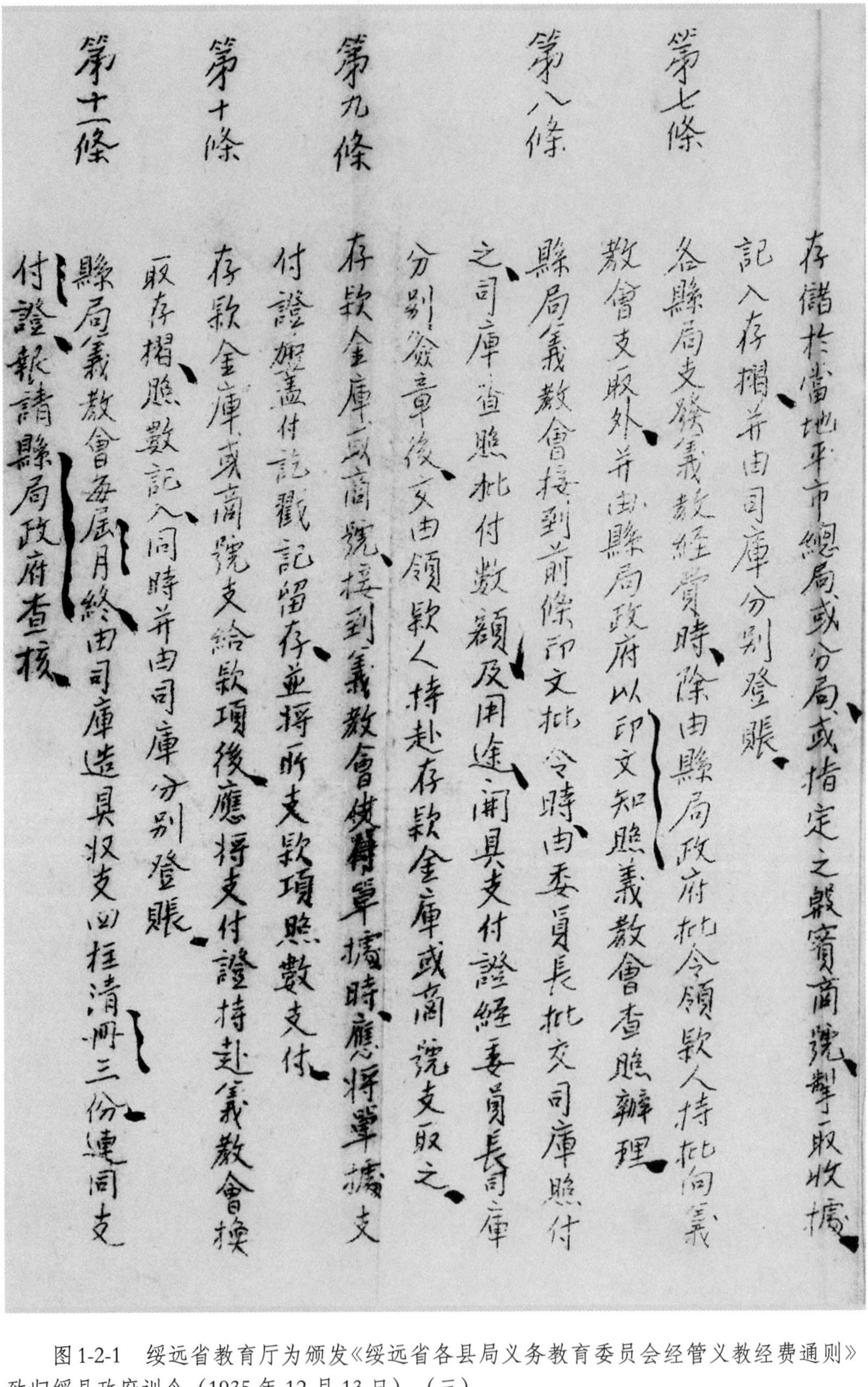
存儲於當地平市總局、或分局、或指定之殷實商號掣取收據、
記入存摺並由司庫分別登賬、
第七條 各縣局支發義教經費時、除由縣局政府批令領款人持批向義
教會支取外、並由縣局政府以印文知照義教會查照辦理、
第八條 縣局義教會接到前條印文批令時、由委員長批交司庫照付
之、司庫查照批付數額及用途、開具支付證經委員長司庫
分別簽章後、交由領款人持赴存款金庫或商號支取之、
第九條 存款金庫或商號接到義教會支付證單據時、應將單據支
付證、加蓋付訖戳記留存、並將所支款項照數支付、
第十條 存款金庫或商號支給款項後、應將支付證持赴義教會換
取存摺、照數記入、同時並由司庫分別登賬、
第十一條 縣局義教會每屆月終、由司庫造具收支四柱清冊三份、連同支
付證、報請縣局政府查核、

图 1-2-1　绥远省教育厅为颁发《绥远省各县局义务教育委员会经管义教经费通则》致归绥县政府训令（1935 年 12 月 13 日）（三）

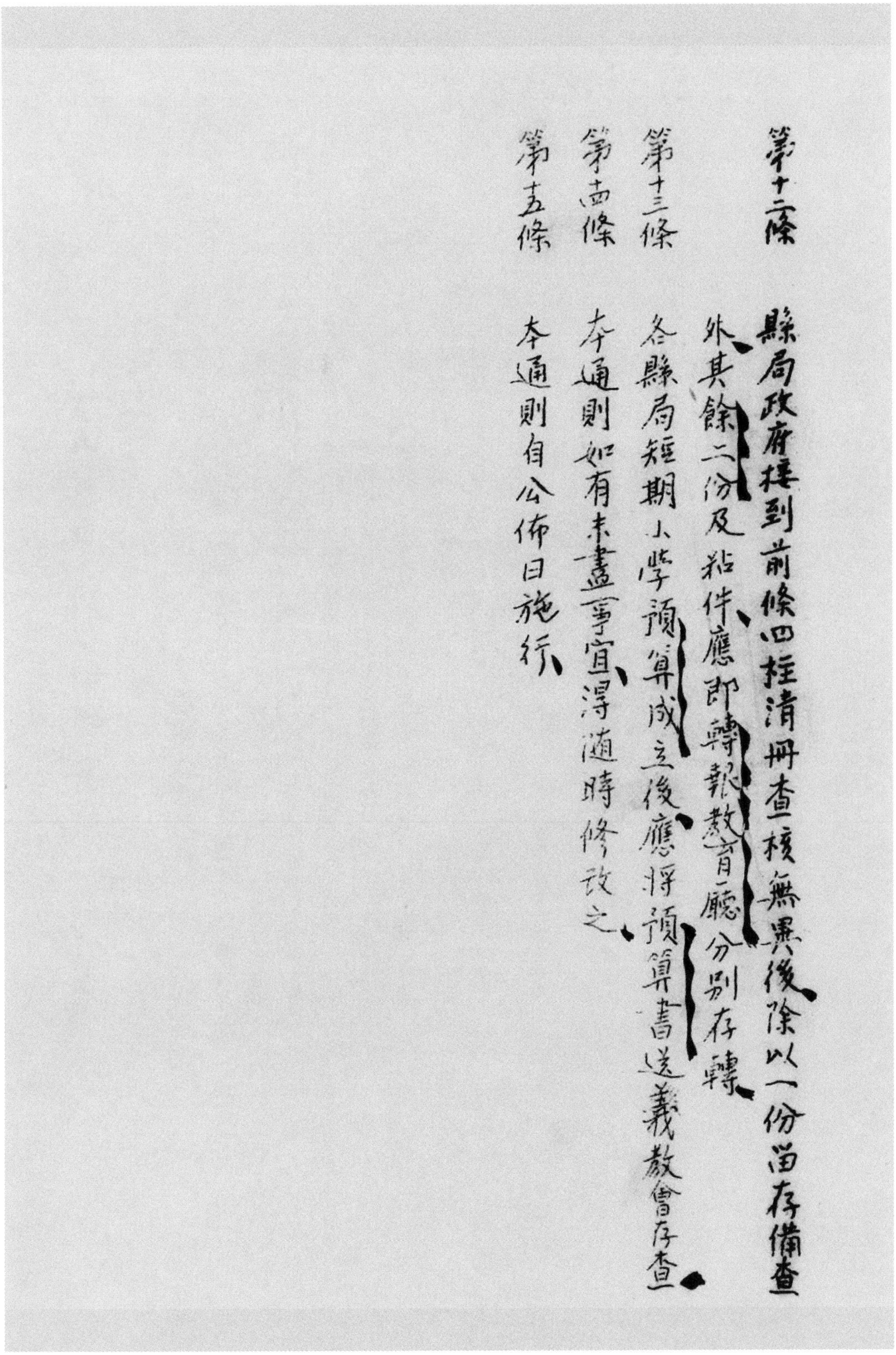

第十二條　縣局政府接到前條四柱清冊查核無異後除以一份留存備查外其餘二份及粘件應即轉報教育廳分別存轉

第十三條　各縣局短期小學預算成立後應將預算書送義教會存查

第十四條　本通則如有未盡事宜得隨時修改之

第十五條　本通則自公佈日施行

图 1-2-1　绥远省教育厅为颁发《绥远省各县局义务教育委员会经管义教经费通则》致归绥县政府训令（1935 年 12 月 13 日）（四）

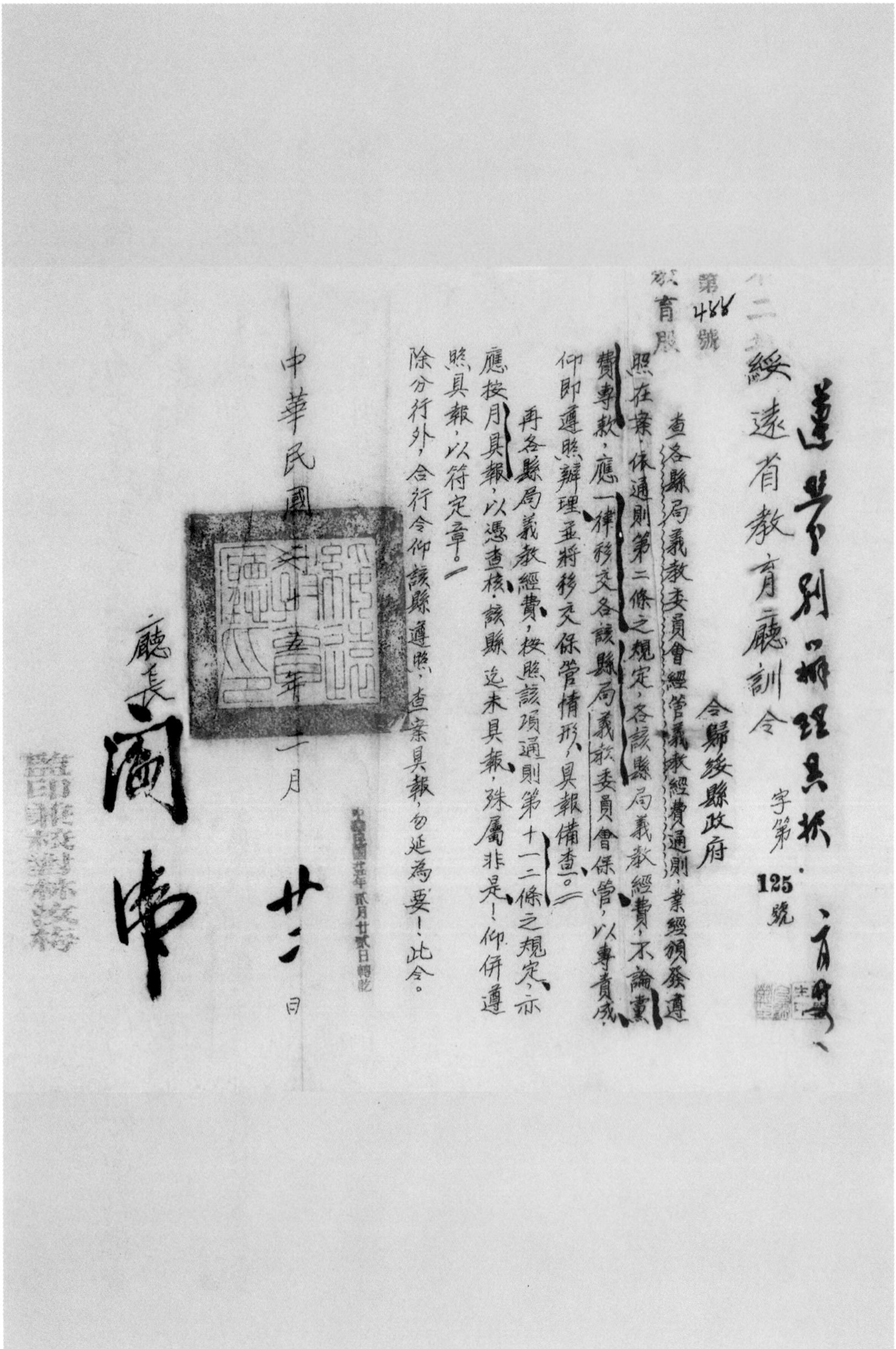

遵常別辦理具报、育股、

第484號

教育股

綏遠省教育廳訓令　字第125號

令歸綏縣政府

查各縣局義教委員會經管義教經費通則，業經頒發遵照在案。依通則第二條之規定，各該縣局義教經費，不論畫費專款，應一律移交各該縣局義教委員會保管，以專責成，仰即遵照辦理，並將移交保管情形，具報備查。

再各縣局義教經費，按照該項通則第十一二條之規定，亦應按月具報，以憑查核。該縣迄未具報，殊屬非是！仰併遵照具報，以符定章。

除分行外，合行令仰該縣遵照，查案具報，勿延為要！此令。

中華民國廿五年二月廿二日

廳長　閻偉

图 1-2-2　绥远省教育厅为义教经费应移交义教委员会保管并按月具报致归绥县政府训令（1936 年 2 月 22 日）

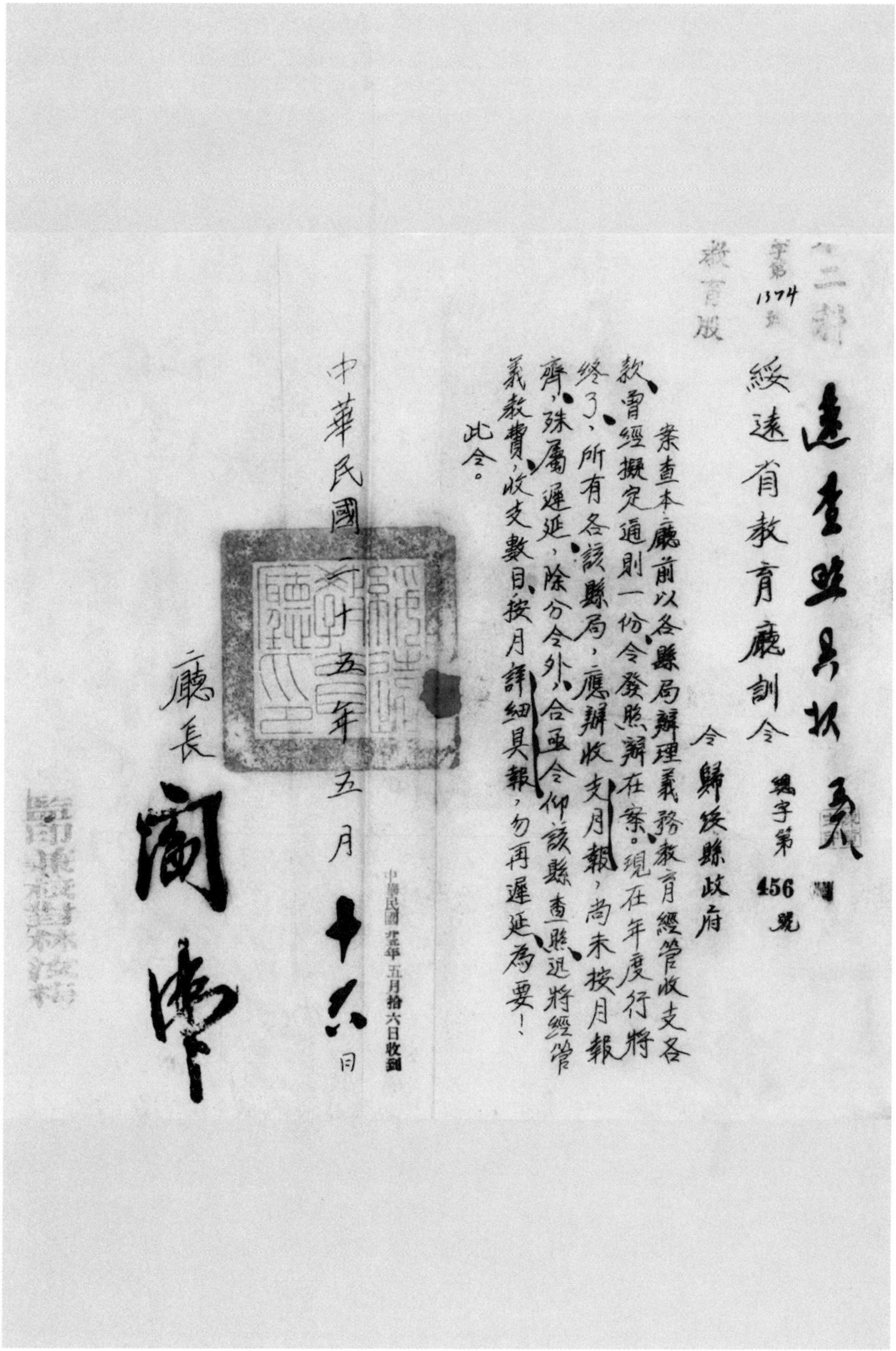

字第1374號
教育股

綏遠省教育廳訓令 總字第456號

令歸綏縣政府

案查本廳前以各縣局辦理義務教育經管收支各款，曾經擬定通則一份，令發照辦在案。現在年度行將終了，所有各該縣局，應辦收支月報，尚未按月報齊，殊屬遲延。除分令外，合亟令仰該縣查照，迅將經管義教費收支數目，按月詳細具報，勿再遲延為要！

此令。

中華民國二十五年五月十六日

廳長 閻偉

中華民國廿五年五月拾六日收到

图 1-2-3　绥远省教育厅为迅将经管义教经费收支数目按月详细具报致归绥县政府训令（1936 年 5 月 16 日）

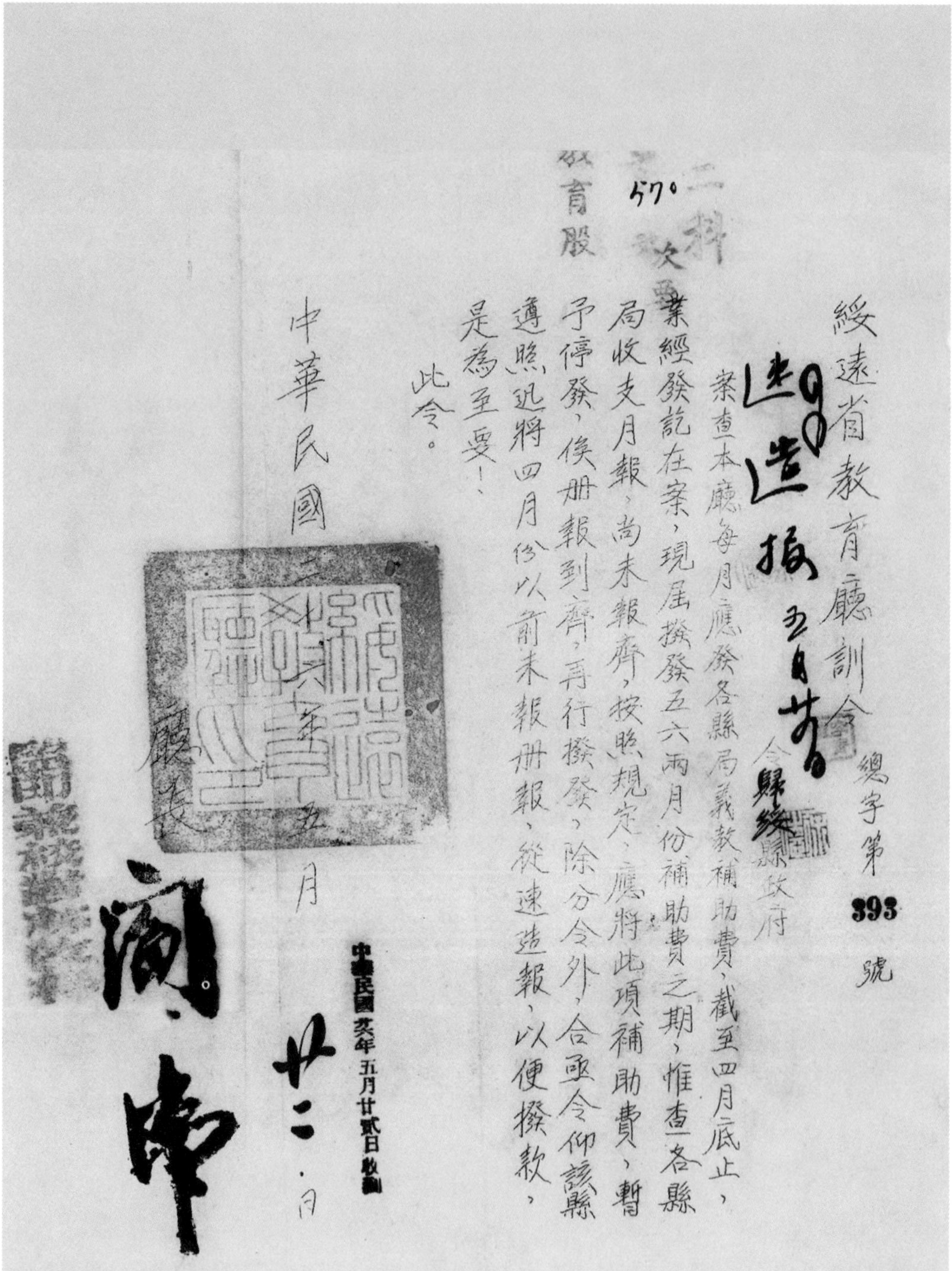
教育股 570

綏遠省教育廳訓令　總字第393號

令歸綏縣政府

速造報　五月廿三

案查本廳每月應發各縣局義教補助費，截至四月底止，業經發訖在案，現屆撥發五六兩月份補助費之期，惟查各縣局收支月報，尚未報齊，按照規定，應將此項補助費，暫予停發，俟册報到齊，再行撥發，除分令外，合亟令仰該縣遵照，迅將四月份以前未報册報，從速造報，以便撥款，是為至要！

此令。

中華民國二十六年五月廿二日

廳長　閻偉

中華民國廿六年五月廿貳日收

图 1-2-4　绥远省教育厅为速报义教补助费收支月报以便拨款致归绥县政府训令（1937 年 5 月 22 日）

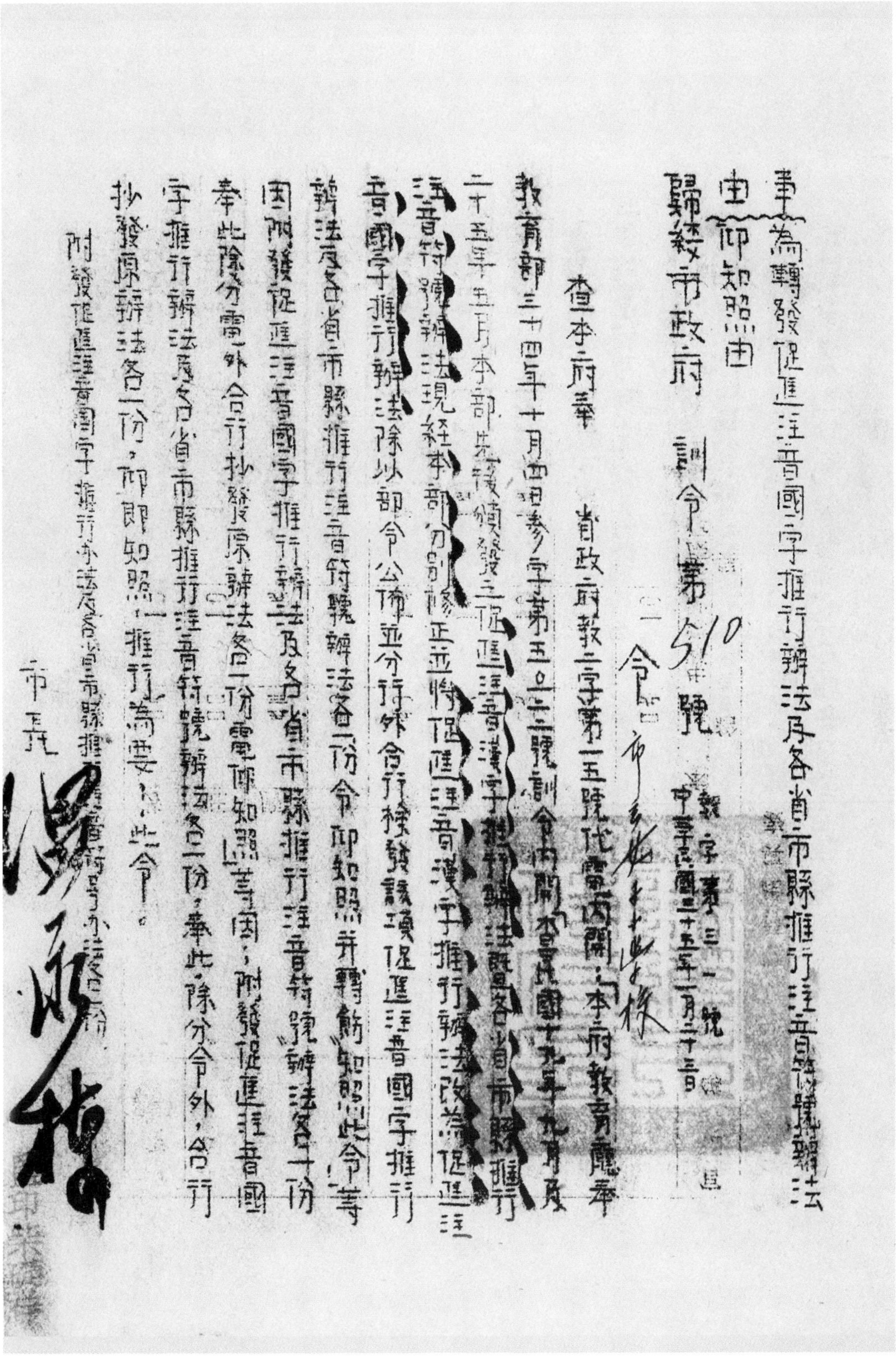
事為轉發促進注音國字推行辦法及各省市縣推行注音符號辦法

由仰知照由

歸綏市政府訓令 教 第510號

教字第三一號

中華民國三十五年一月二十三日

令市立女子小學校

查本府奉省政府教二字第一五□號代電內開："本府教育廳奉教育部三十四年十月四日參字第五〇三二號訓令內開：'本部民國二十九年九月及二十五年五月本部先後頒發之促進注音漢字推行辦法暨各省市縣推行注音符號辦法現經本部分別修正並將促進注音漢字推行辦法改為促進注音國字推行辦法除以部令公佈並分行外合行檢發該項促進注音國字推行辦法及各省市縣推行注音符號辦法各一份令仰知照并轉飭知照此令'等因附發促進注音國字推行辦法及各省市縣推行注音符號辦法各十份奉此除分電外合行抄發原辦法各一份電仰知照"等因，附發促進注音國字推行辦法及各省市縣推行注音符號辦法各二份，奉此，除分令外，合行抄發原辦法各一份，仰即知照，一推行為要！此令。

附發促進注音國字推行辦法及各省市縣推行注音符號辦法各一份

市長

图 1-2-5　归绥市政府为转发《促进注音国字推行办法》及《各省市县推行注音符号办法》致市立女子小学校训令（1946 年 1 月 23 日）（一）

促進注音國字推行辦法

一、國民學校成人班婦女班及初級補習學校之課本其文字均用注音國字、

二、國民學校初級小學中心國民學校高級小學國語科課本生字均用注音國字、

三、國民學校初級小學一年級上學期應以國語科全部教學時間一半以上先行或同時教學注音符號而與國字課文取得聯絡以期由注音而識文字提高文字教學之效率、

四、關於編輯國民學校初級小學國語教科書應另編首一冊專司注音符號編成其教學方法以先綜合後分析為原則

前項規定在教授注音符號之師資缺乏之地方得由當地教育行政機關變通辦理之、

五、自戰事結束後一年起凡新編或再版之國民學校小學及成人班教科圖書須一律遵照本辦法辦理否則不予審定或撤消其審定、

六、各省市各級師範學校應切實遵照國文課程標準之規定於第一學年閱讀時間內加強注音符號教學並於課外組織研究會經常練習使師範畢業生均有教學國語及注音符號之技能、

图 1-2-5 归绥市政府为转发《促进注音国字推行办法》及《各省市县推行注音符号办法》致市立女子小学校训令（1946 年 1 月 23 日）（二）

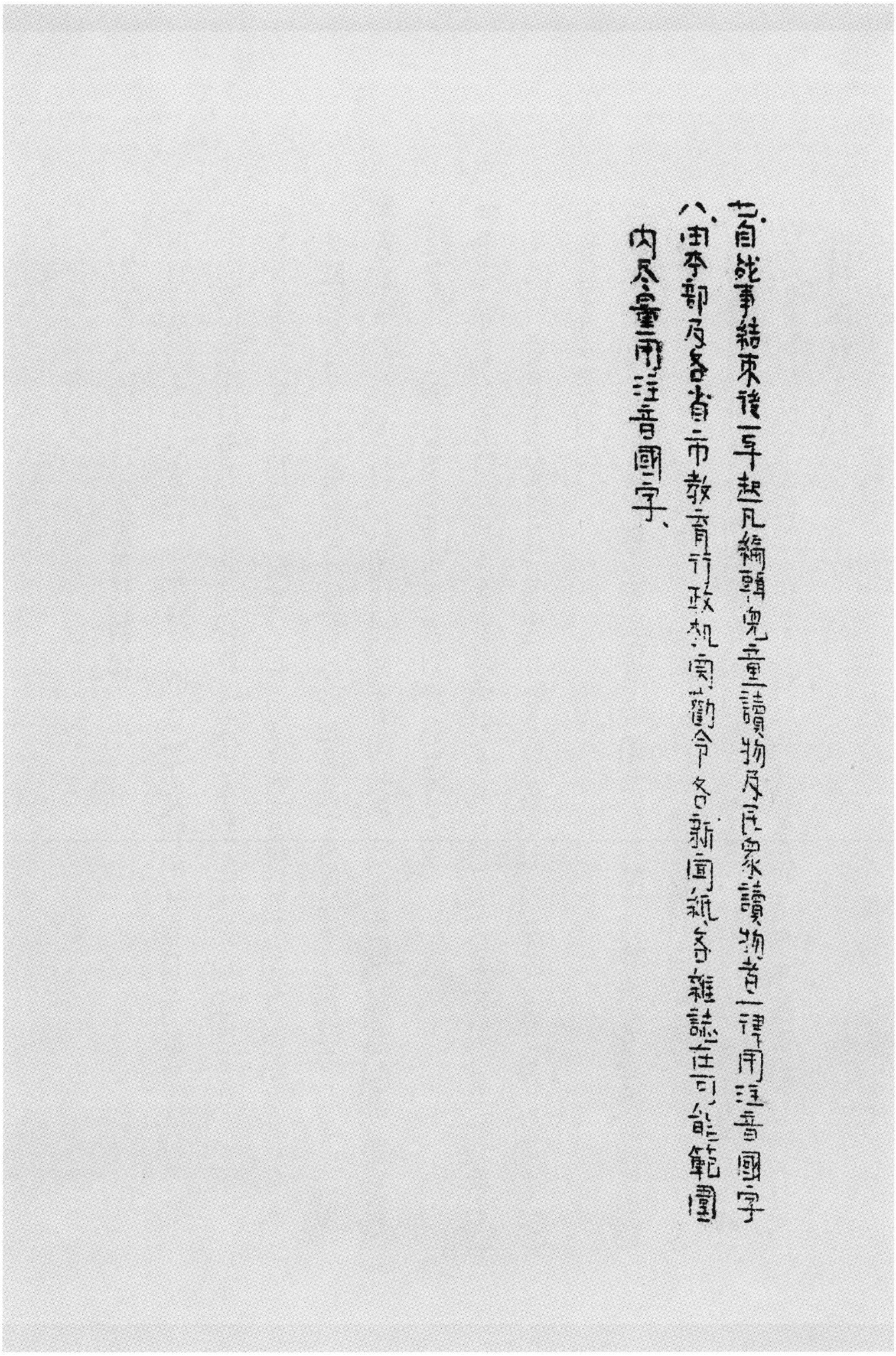

七、自戰事結束後一年起凡編輯兒童讀物及民衆讀物者一律用注音國字

八、由本部及各省市教育行政機關勸令各新聞紙各雜誌在可能範圍

內盡量用注音國字、

图 1-2-5　归绥市政府为转发《促进注音国字推行办法》及《各省市县推行注音符号办法》致市立女子小学校训令（1946 年 1 月 23 日）（三）

各省市縣推行注音符號辦法

一、推行注音符號應於最短期間使全國識字之人利用注音符號教導全國不識字之人並使用注音符號逐步認識文字以達到全国人人識字之目的。

二、各省市縣在推行注音符號之先應多方宣傳並於每年 国父誕辰之日起酌量舉行注音識字運動以期社會人士及民眾了解注音符號之功效。

三、各省市縣教育行政机関得聯合有関机関团体並聘請熱心專家組織国音符号推行委員會負設計與指導之責。

四、各省市縣教育行政机関各設注音符号指導員一人至三人其人選就注音符号推行委員及督學中指定分赴各縣區鄉鎮保甲 指導及協助国音注音符号之推行。

五、各省市得考選高中畢業生保送入国立師範學院或教育學院所設国語專修科肄業畢業後應回本省市担任訓練及推行国語工作。

六、各省市得依照本部所定舉辦国語教育人員訓練辦法要点舉辦国語教育人員訓練班令各縣區派員入班學習自結業後各回本縣區担任傳授與推行国語工作。

图 1-2-5 归绥市政府为转发《促进注音国字推行办法》及《各省市县推行注音符号办法》致市立女子小学校训令（1946 年 1 月 23 日）（四）

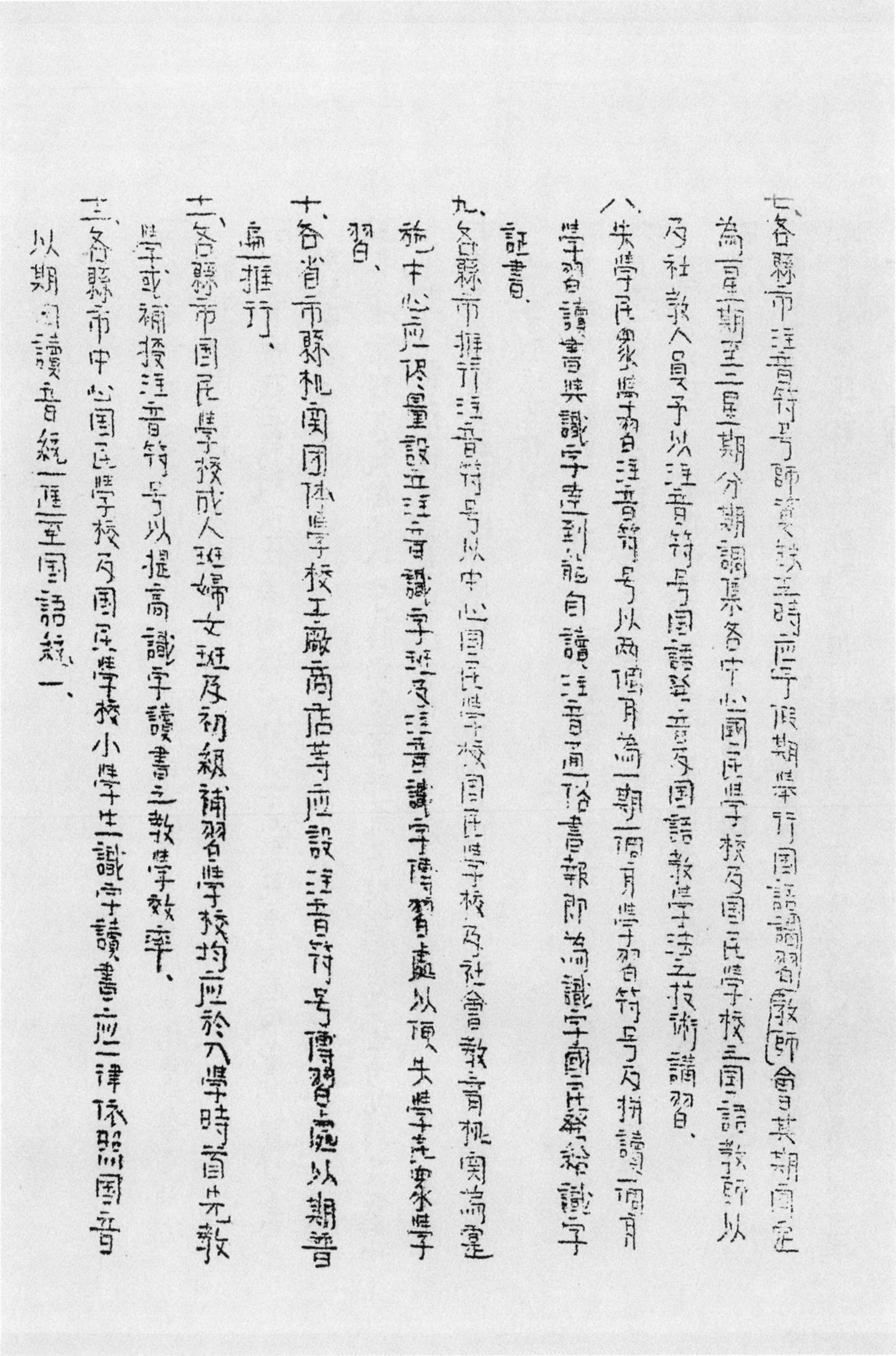

七、各縣市注音符号師資缺乏時應予假期舉行國語講習教師會，其期間定為一星期至三星期，分期調集各中心國民學校及國民學校之國語教師以及社教人員予以注音符号國語發音及國語教學法之技術講習。

八、失學民衆學習注音符号以兩個月為一期，兩個月學習符号及拼讀，兩個月學習讀書與識字，達到能自讀注音通俗書報即為識字國民，發給識字證書。

九、各縣市推行注音符号以中心國民學校、國民學校及社會教育機關為實施中心，應儘量設立注音識字班及注音識字傳習處，以便失學民衆學習。

十、各省市縣機關團体學校工廠商店等應設注音符号傳習處，以期普遍推行。

十一、各縣市國民學校成人班、婦女班及初級補習學校均應於入學時首先教學或補授注音符号，以提高識字讀書之教學效率。

十二、各縣市中心國民學校及國民學校小學生識字讀書應一律依照國音，以期閱讀音統一達至國語統一。

图 1-2-5　归绥市政府为转发《促进注音国字推行办法》及《各省市县推行注音符号办法》致市立女子小学校训令（1946 年 1 月 23 日）（五）

十三、各省市縣各机関团体學校等編印通俗書報民衆用叢書及補充讀物一律用語体文旁加注音符号、

十四、各省市縣之報紙供民衆閱讀之部分在可能範圍內应尽量用語体文旁加注音符号、

十五、各省市縣各机関团体學校街道車站等名称商店工廠等招牌其新製或重修者应一律於字旁加注音符号、

十六、各省市縣各机関团体學校等对於民衆佈告应用語体文在可能範圍內字旁加注音符号、

十七、各省市縣翻印　国父遺教長官訓示及通俗舊書应一律加注音符号、

十八、凡本地方音與国語相差甚远之省市縣除依照以上各條規定辦理在右旁注国音外在可能範圍內並得將與国音不同之方音注於左旁、

十九、有特殊方言之邊疆省分及地方以注音国字為正文而用邊文逐行对照則於左邊同樣用注音符号注出邊音以便对照學習互相溝通、

二十、各省市縣教育行政机関推行注音符号之考成办法由教育部另行規定之、

图 1-2-5　归绥市政府为转发《促进注音国字推行办法》及《各省市县推行注音符号办法》致市立女子小学校训令（1946 年 1 月 23 日）（六）

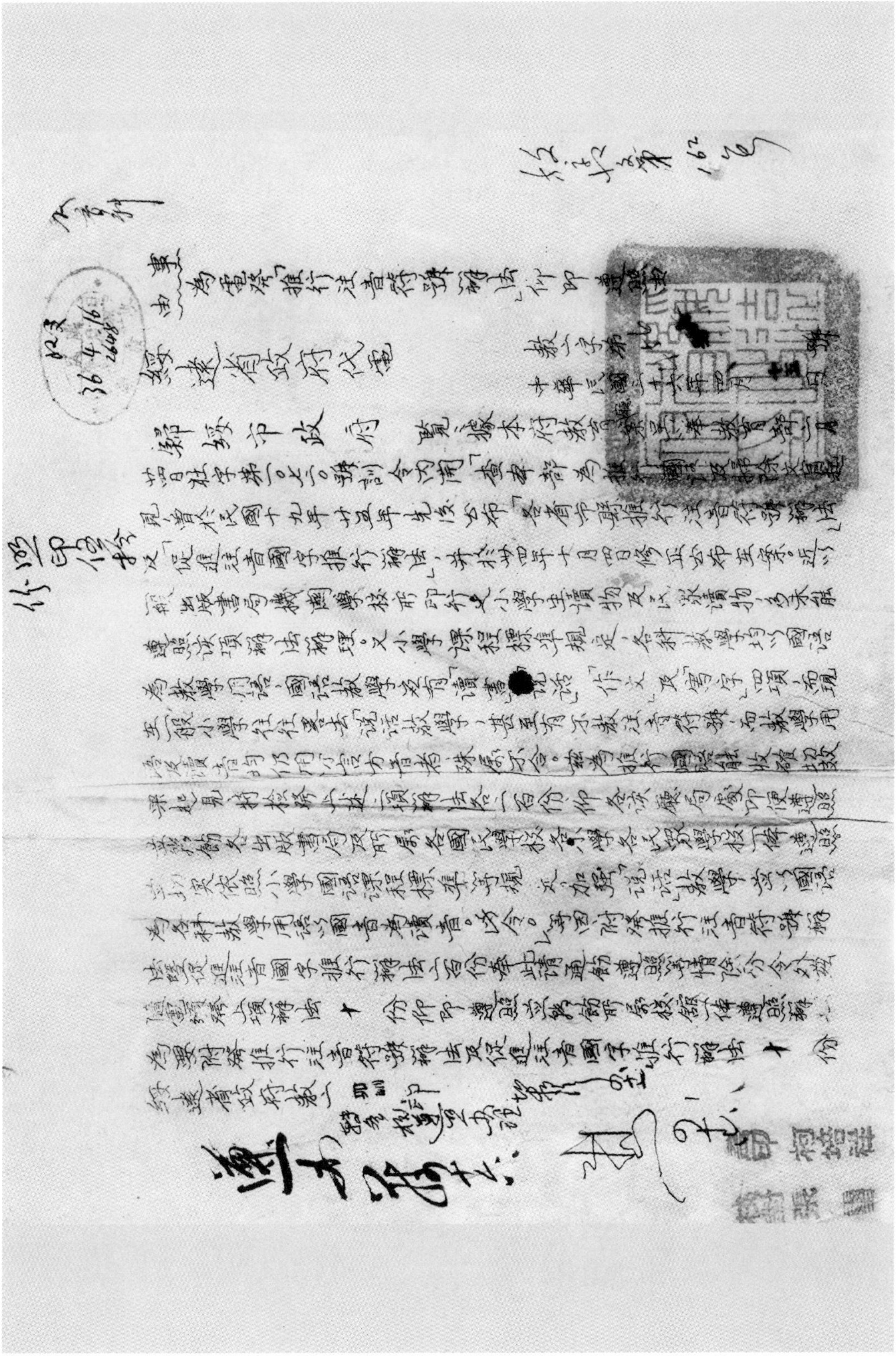

图 1-2-6　绥远省政府为转发《推行注音符号办法》致归绥市政府代电（1947 年 4 月 15 日）

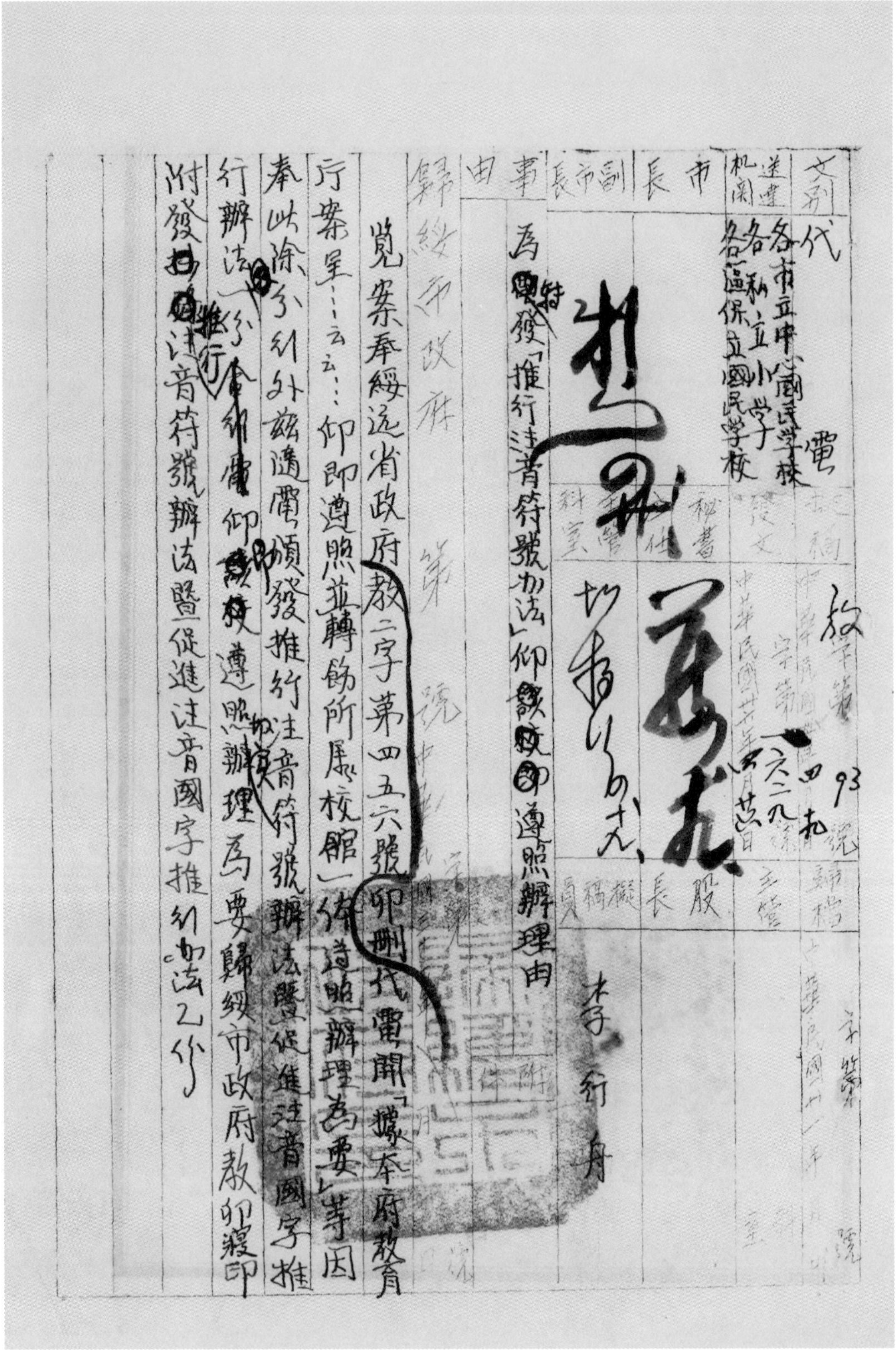
文別 代電
送達機關 各市立中心國民學校 各私立小學 各區保立國民學校
事由 為轉發「推行注音符號辦法」仰該校即遵照辦理由
歸綏市政府代電 教字第 號
覽案奉綏遠省政府教二字第四五六號卯刪代電開「據本府教育廳案呈……云云……仰即遵照並轉飭所屬校館一體遵照辦理為要」等因奉此除分行外茲隨電頒發推行注音符號辦法暨促進注音國字推行辦法各一份仰該校遵照辦理為要歸綏市政府教卯寢印
附發推行注音符號辦法暨促進注音國字推行辦法乙份

图 1-2-7　归绥市政府为转发《推行注音符号办法》致各市立中心国民学校、各私立小学、各区保立国民学校代电（1947 年 4 月 26 日）

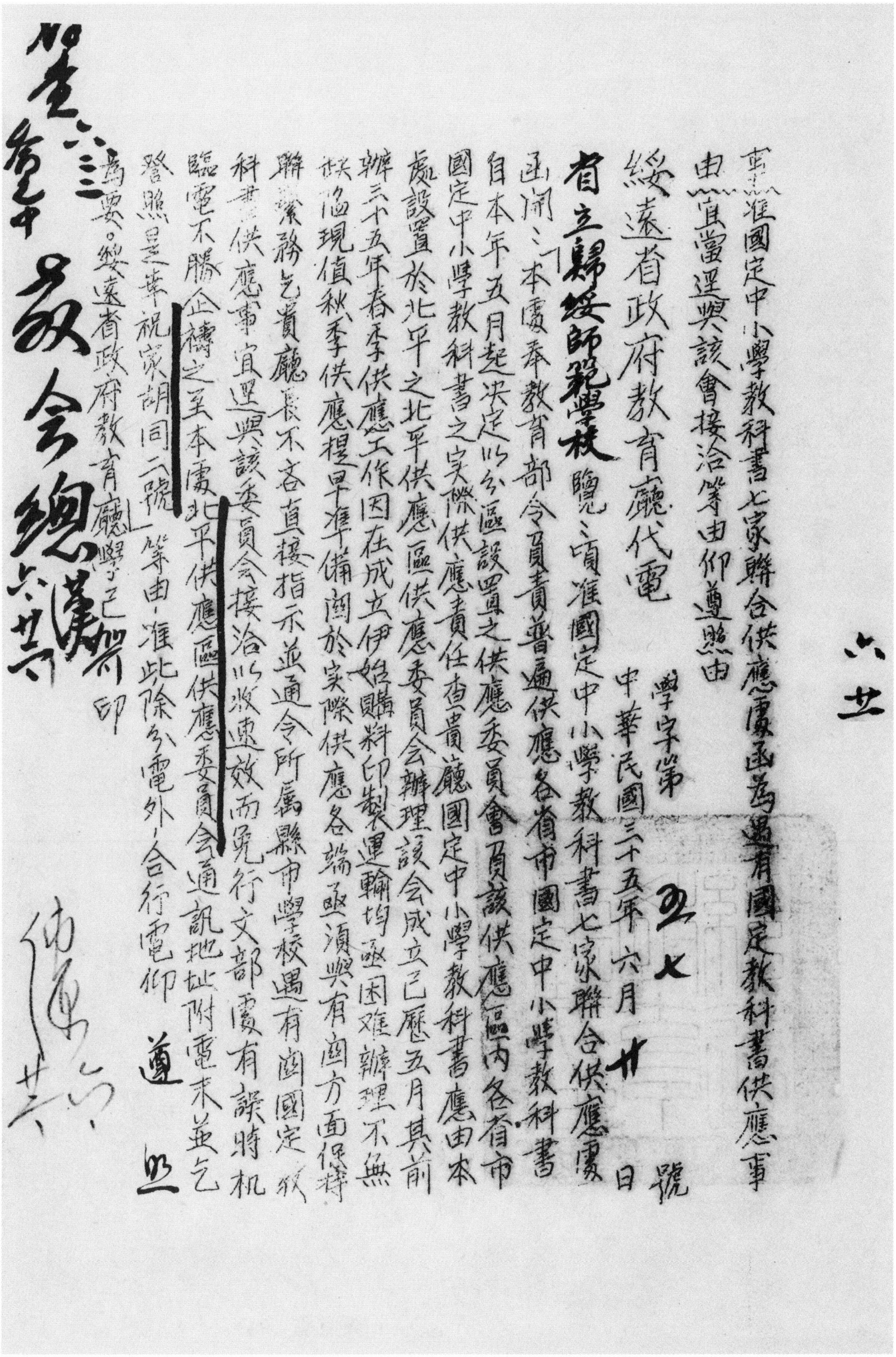
事由：准國定中小學教科書七家聯合供應處函為遇有國定教科書供應事宜當逕與該會接洽等由仰遵照由

六廿

綏遠省政府教育廳代電　學字第五七號

中華民國三十五年六月廿日

省立歸綏師範學校覽：頃准國定中小學教科書七家聯合供應處函開：「本處奉教育部令負責普遍供應各省市國定中小學教科書，自本年五月起決定以分區設置之供應委員會負該供應區內各省市國定中小學教科書之實際供應責任，查貴廳國定中小學教科書應由本處設置於北平之北平供應區供應委員會辦理，該會成立已歷五月，其前辦三十五年春季供應工作因在成立伊始，關於印製運輸均感困難，辦理不無缺陷，現值秋季供應提早準備，關於實際供應各端，亟須與有關方面保持聯繫，務乞貴廳長不吝直接指示，並通令所屬縣市學校遇有關國定教科書供應事宜逕與該委員會接洽，以收速效而免行文部處有誤時机。臨電不勝企禱之至。本處北平供應區供應委員會通訊地址附電末，並乞鑒照是荷。北平祝家胡同二號」等由。准此，除分電外，合行電仰遵照為要。綏遠省政府教育廳學巳印

NO 查 六三

卷 中

教会總 蕭 六廿六

仲 六 廿六

图 1-2-8　绥远省政府教育厅为国定教科书供应事宜致省立归绥师范学校代电（1946 年 6 月 20 日）

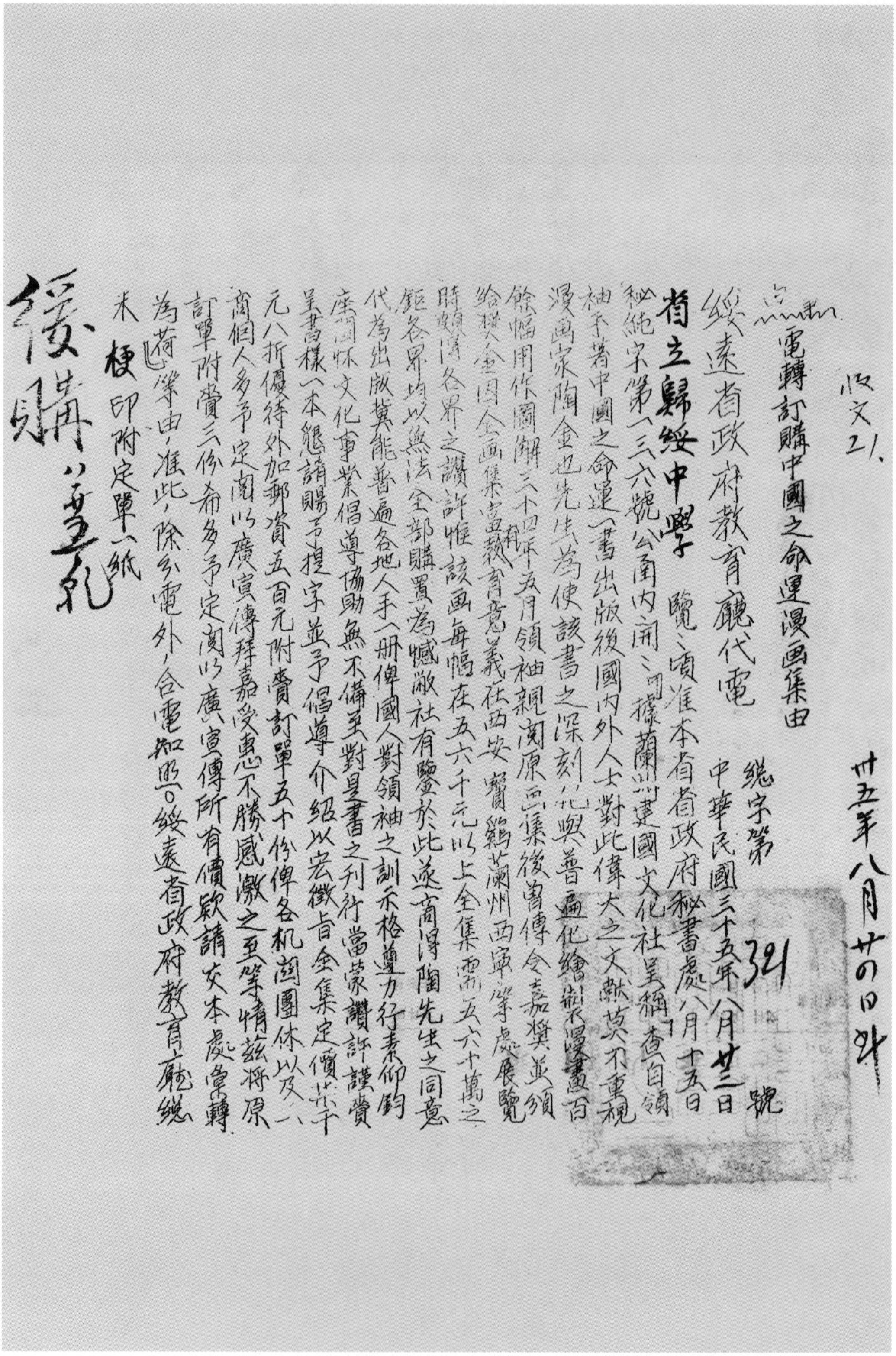

收文21、

卅五年八月廿四日到

電轉訂購中國之命運漫画集由

綏遠省政府教育廳代電　總字第321號

中華民國三十五年八月廿三日

省立歸綏中學覽：頃准本省省政府秘書處八月十五日秘總字第一三六號公函內開：「據蘭州建國文化社呈稱：『查自領袖手著中國之命運一書出版後國內外人士對此偉大之文獻莫不重視，漫画家陶金迅先生為使該書之深刻化與普遍化，繪製漫畫百餘幅用作圖解，三十四年五月領袖親閱原画集後嘗傳令嘉奬並須給獎金，因全画集富有教育意義，在西安、寶鷄、蘭州、西寧等處展覽時頗得各界之讚許，惟該画每幅在五六千元以上，全集需五六十萬之鉅，各界均以無法全部購置為憾。敝社有鑒於此，遂商得陶先生之同意代為出版，冀能普遍各地人手一冊，俾國人對領袖之訓示格遵力行，素仰鈞座關懷文化事業，倡導協助無不備至，對是書之刊行當蒙讚許護賚，呈書樣一本，懇請賜予提字，並予倡導介紹，以宏徽旨。全集定價共千元，八折優待，外加郵資五百元，附賫訂單五十份，俾各机關團体以及一商個人多予定閱，以廣宣傳，拜嘉愛惠不勝感激之至。』等情。茲將原訂單附賫三份，希多予定閱，以廣宣傳，所有價款請交本處彙轉為荷。」等由；准此，除分電外，合電知照。綏遠省政府教育廳總末梗印

附定單一紙

綏購　八廿五

图 1-2-9　绥远省政府教育厅为订购《中国之命运漫画集》致省立归绥中学代电（1946 年 8 月 23 日）（一）

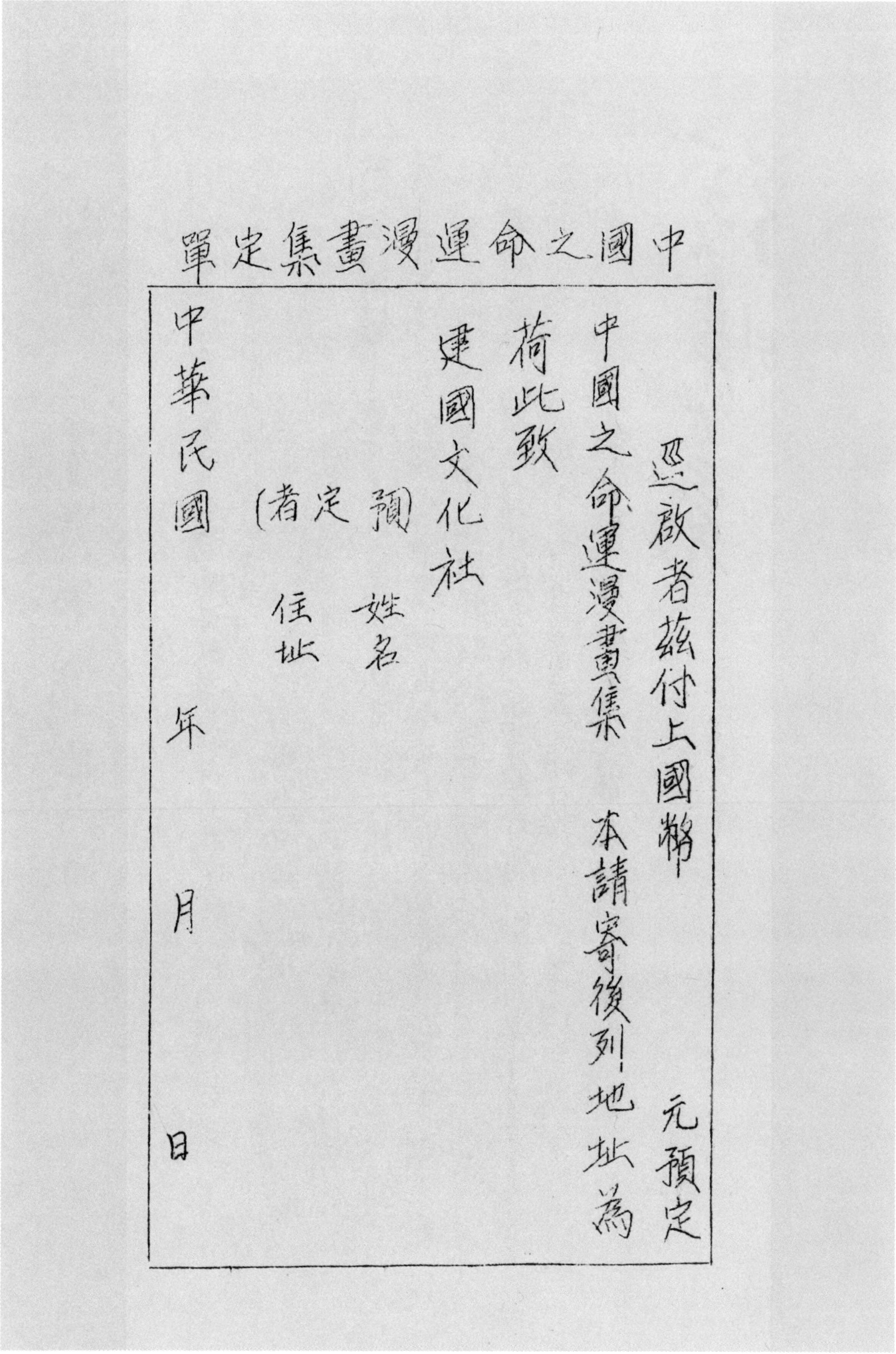

中國之命運漫畫集定單

逕啟者茲付上國幣　　元預定
中國之命運漫畫集　本請寄後列地址為
荷此致
建國文化社

（預定者）
姓名
住址

中華民國　　年　　月　　日

图 1-2-9　绥远省政府教育厅为订购《中国之命运漫画集》致省立归绥中学代电（1946 年 8 月 23 日）（二）

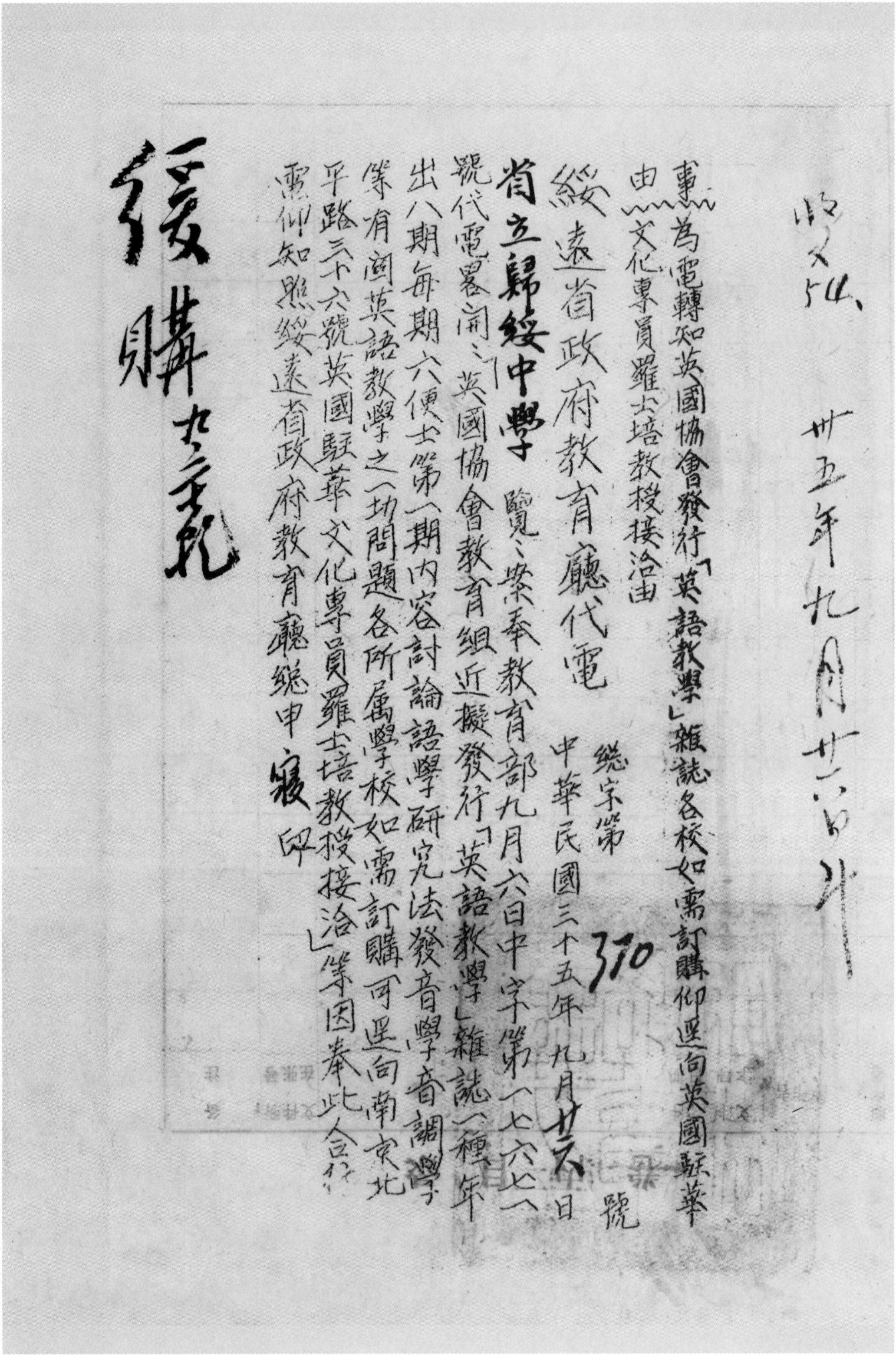
收文54、 卅五年九月廿六日收

事由：為電轉知英國協會發行「英語教學」雜誌各校如需訂購仰逕向英國駐華文化專員羅士培教授接洽由

綏遠省政府教育廳代電　綏宗第 310 號

中華民國三十五年九月廿六日

省立歸綏中學覽：案奉教育部九月六日中字第一七六七一號代電略開：「英國協會教育組近擬發行『英語教學』雜誌一種，年出八期，每期六便士，第一期內容討論語學研究法、發音學、音調學等有關英語教學之一切問題，各所屬學校如需訂購，可逕向南京北平路三十六號英國駐華文化專員羅士培教授接洽」等因，奉此，合行電仰知照。綏遠省政府教育廳綏中寢印

緩購

图 1-2-10　绥远省政府教育厅为订购《英语教学》杂志致省立归绥中学代电（1946 年 9 月 26 日）

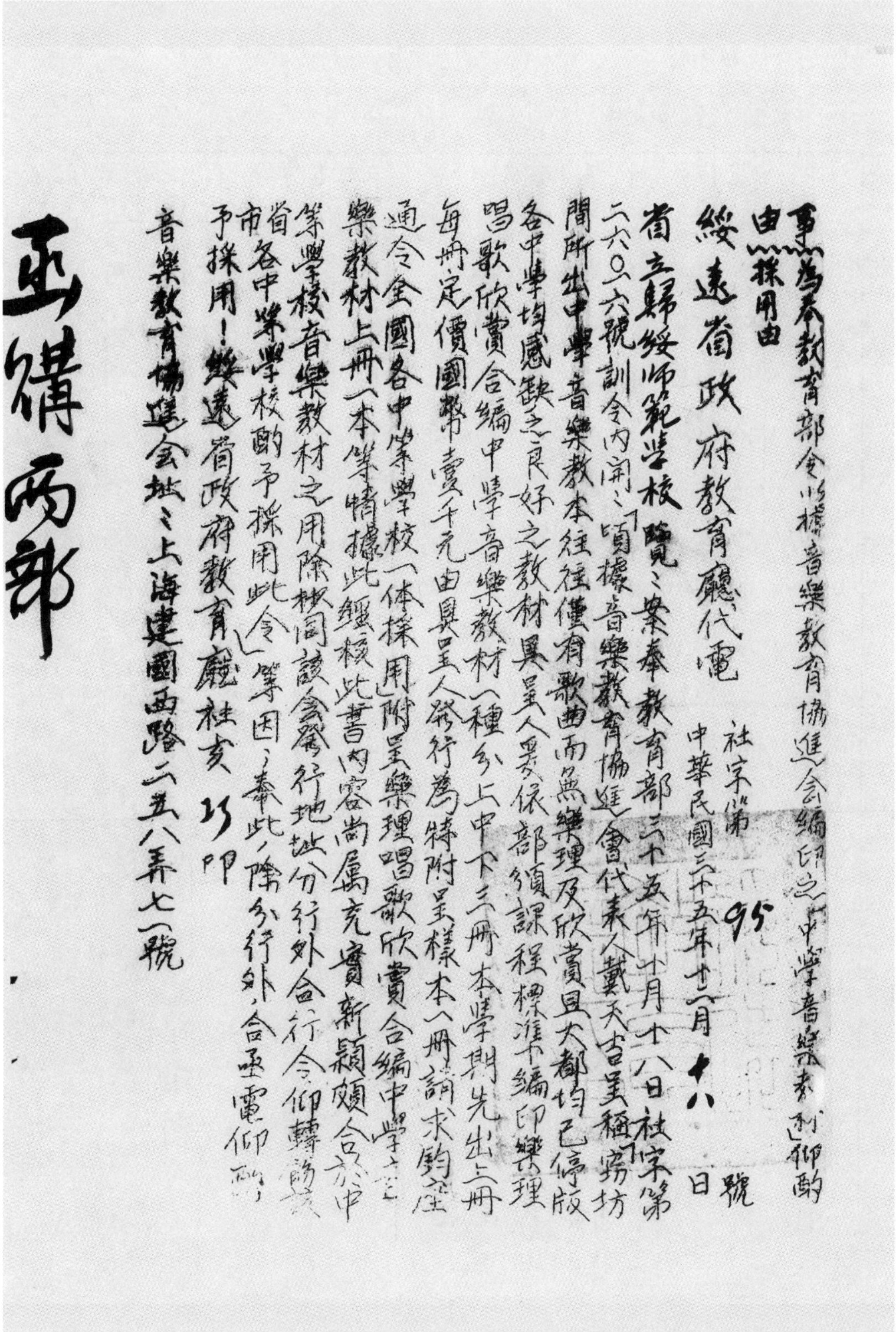
事由：為奉教育部令以據音樂教育協進會編印之《中學音樂教材》仰酌予採用由

綏遠省政府教育廳代電　社字第95號

中華民國三十五年十二月十八日

省立歸綏師範學校覽：案奉教育部三十五年十一月十八日社字第二六〇六六號訓令內開："頃據音樂教育協進會代表人戴天吉呈稱：'坊間所出中學音樂教本往往僅有歌曲而無樂理及欣賞，且大都均已停版，各中學均感缺乏良好之教材。具呈人爰依部頒課程標準，編印樂理、唱歌、欣賞合編中學音樂教材一種，分上中下三冊，本學期先出上冊，每冊定價國幣壹千元，由具呈人發行。為特附呈樣本一冊，請求鈞座通令全國各中等學校一體採用'，附呈《樂理唱歌欣賞合編中學音樂教材》上冊一本。等情，據此，經核此書內容尚屬充實新穎，頗合於中等學校音樂教材之用，除批飭該會發行地址分行外，合行令仰轉飭該省各中等學校酌予採用。此令。"等因，奉此，除分行外，合亟電仰酌予採用！綏遠省政府教育廳社亥巧印

音樂教育協進會地址：上海建國西路二五八弄七一號

函請兩部

图1-2-11　绥远省教育厅为奉教育部令采用音乐教育协进会编印之《中学音乐教材》致省立归绥师范学校代电（1946年12月18日）

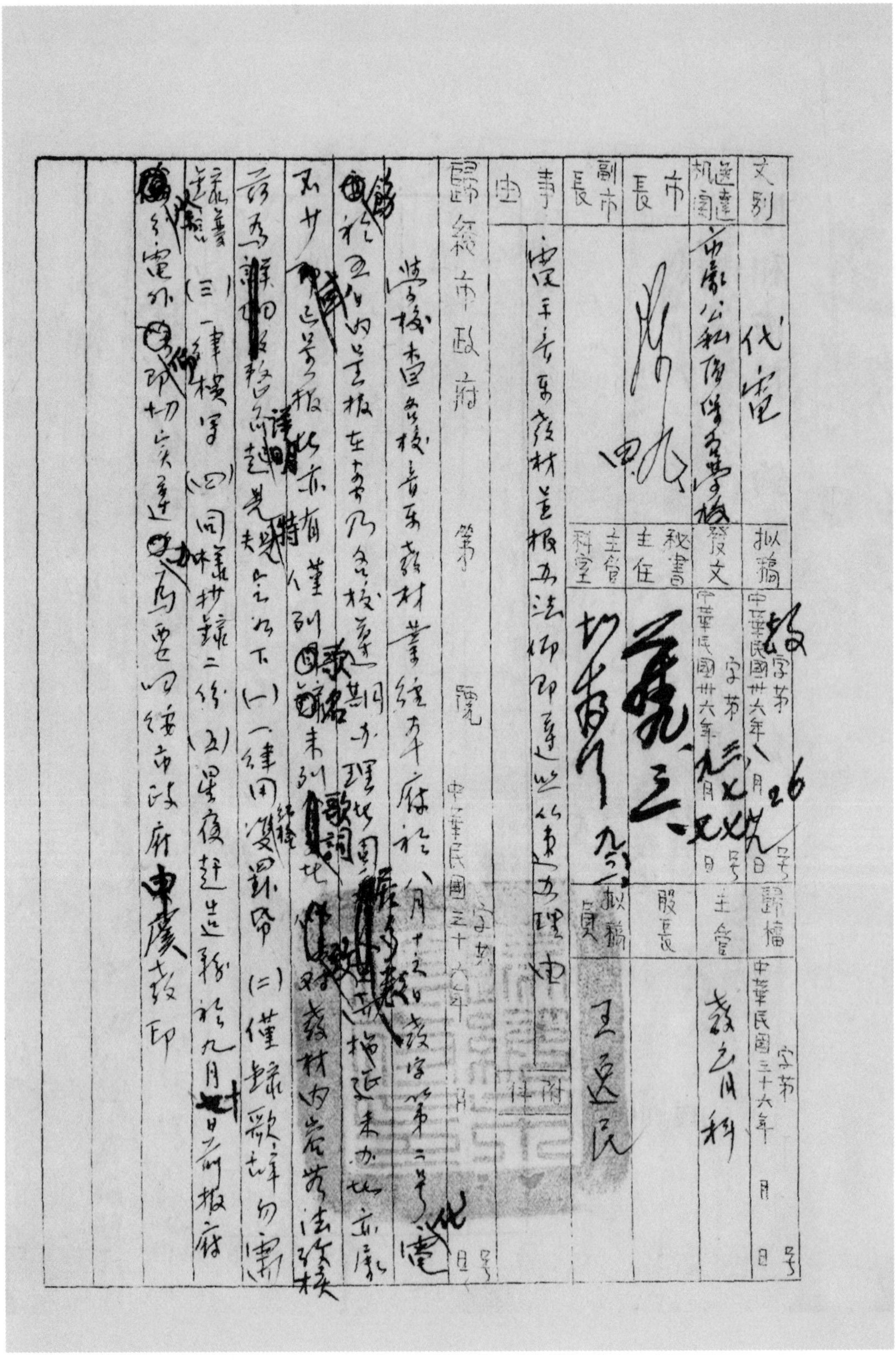

文别 代電
送達機關 市屬公私區保各學校
市長
副市長
事由
擬稿 中華民國卅六年八月26日 字第 號
發文 中華民國卅六年九月七日 字第 號
秘書
主任
主管
科室
歸檔 中華民國三十六年 月 日 字第 號
擬稿員 王
主管 教育科
附件
歸綏市政府 第 號
中華民國三十六年 月 日 字第 號

图 1-2-12 归绥市政府为规定《音乐教材呈报办法》致市属公私区保各学校代电（1947 年 9 月 7 日）

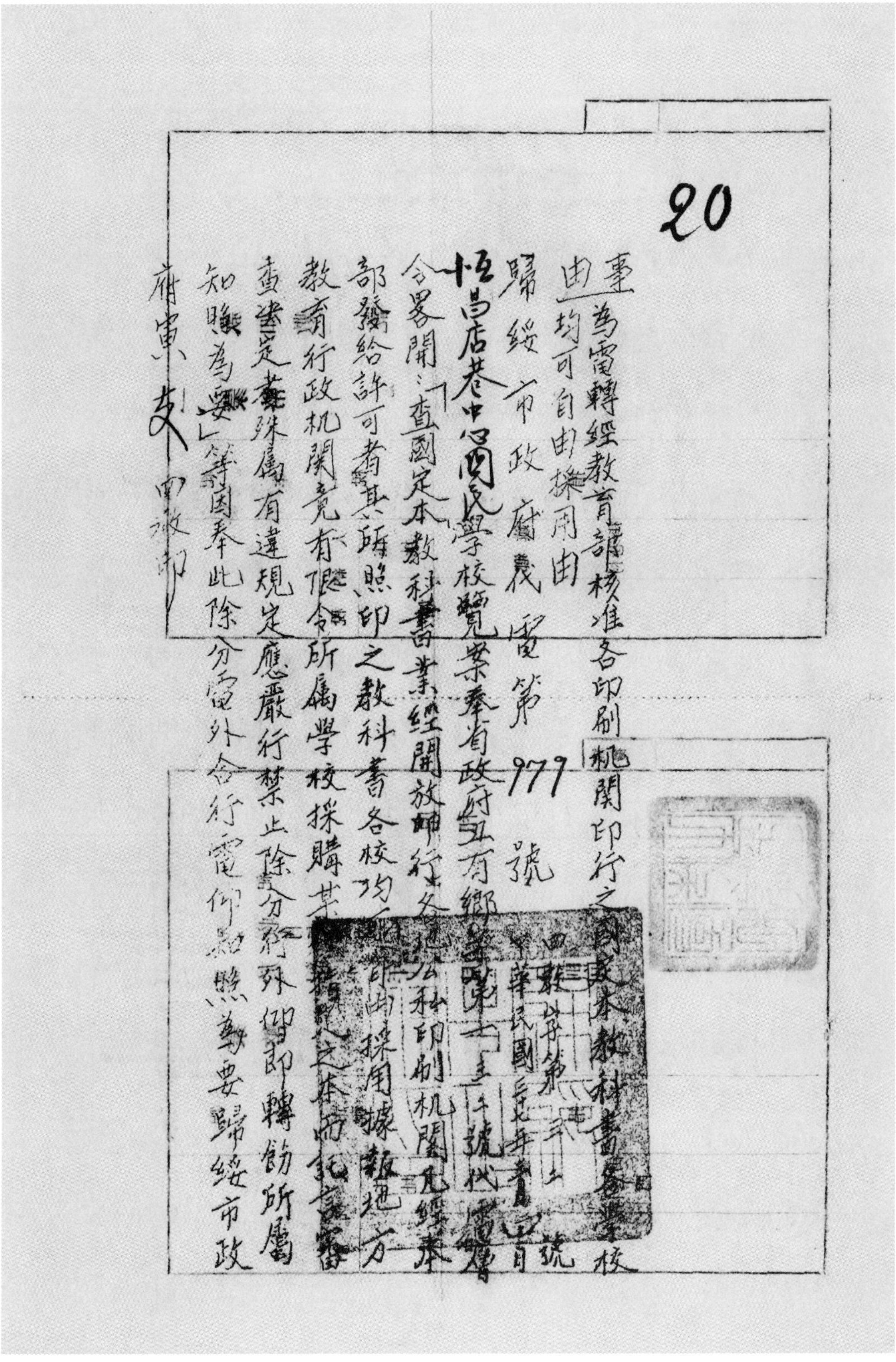

20

事由 為電轉經教育部核准各印刷機關印行之國定本教科書各學校均可自由採用由

歸綏市政府代電第977號

恒昌店巷中心國民學校覽案奉省政府[illegible]有鄉[illegible]電開案准教育部[illegible]令署開：「查國定本教科書業經開放[illegible]行各公私印刷機關[illegible]部發給許可者其所照印之教科書各校均可自由採用據報地方教育行政機關竟有限令所屬學校採購某[illegible]之本[illegible]查[illegible]定者殊屬有違規定應嚴行禁止除分行外仰即轉飭所屬知照為要」等因奉此除分電外合行電仰知照為要歸綏市政府寅支[illegible]

中華民國三十七年三月[illegible]日

图 1-2-13　归绥市政府为转发经教育部核准各印刷机关印行之国定本教科书各学校均可自由采用致恒昌店巷中心国民学校代电（1948 年 3 月 4 日）

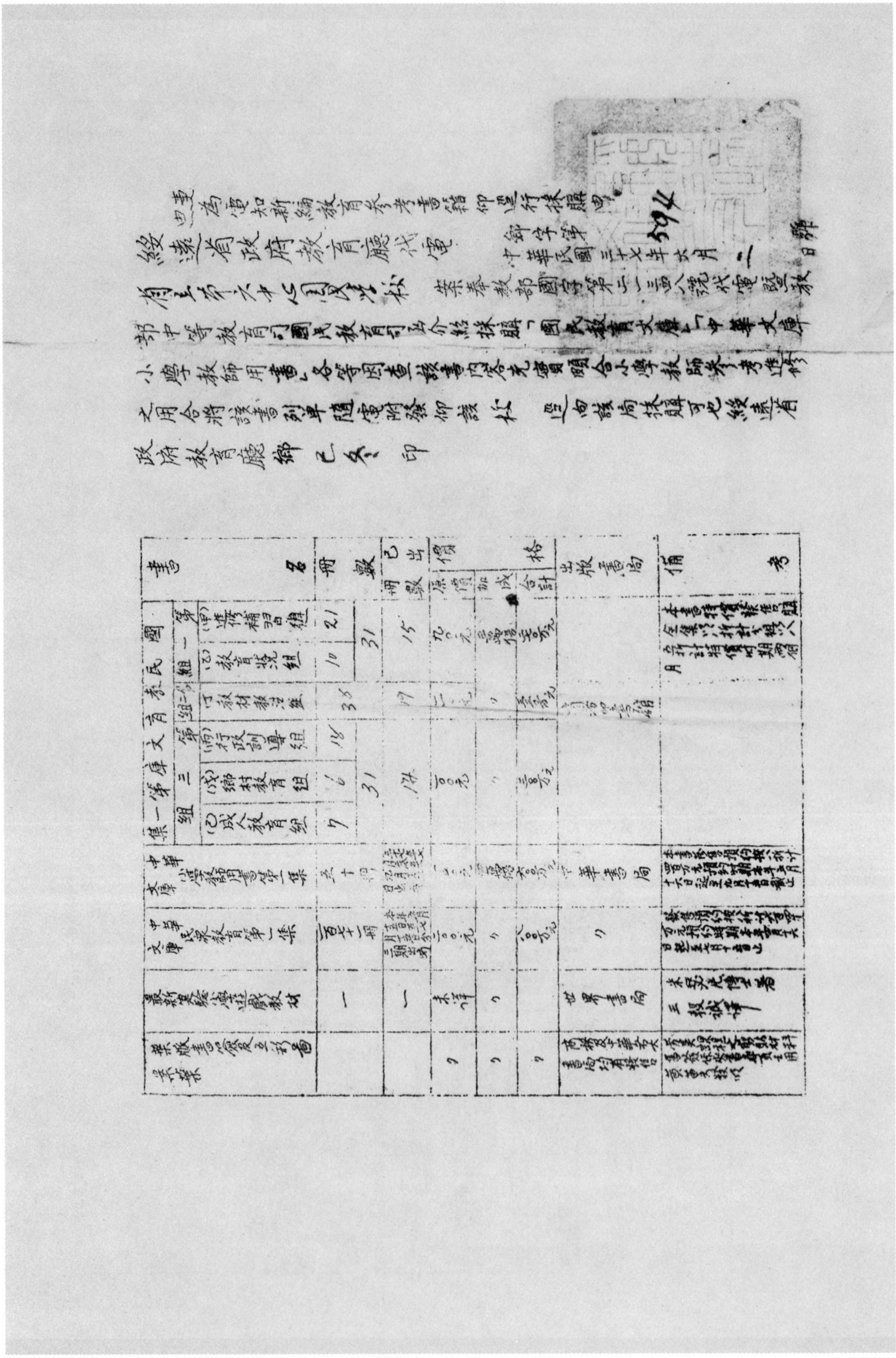

图 1-2-14 绥远省教育厅为新编教育参考书籍采购事致省立第六中心国民学校代电（1948 年 6 月 2 日）

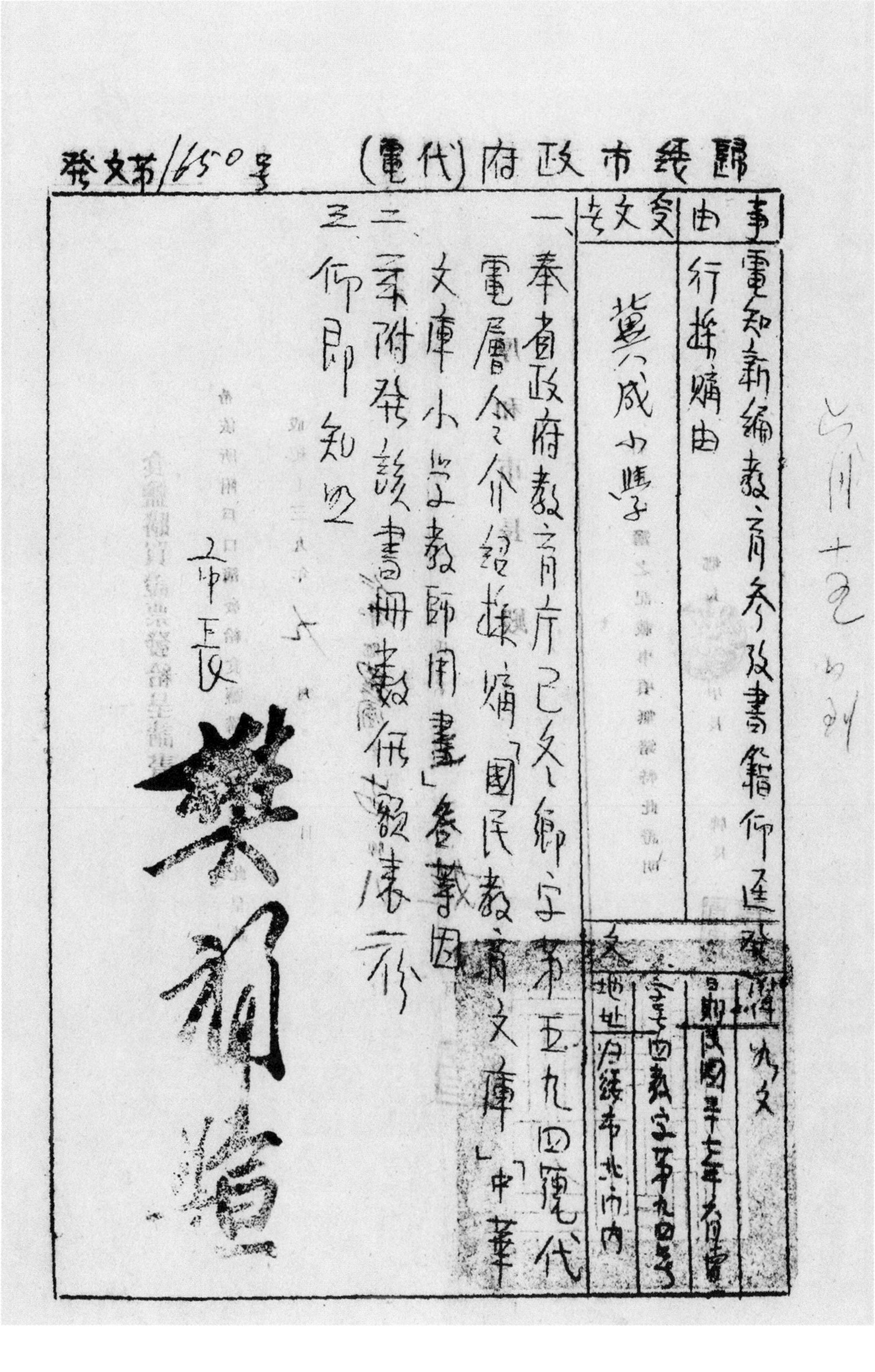

歸綏市政府（代電） 發文第1650号

事由：電知新編教育參考書籍仰遵行採購由

受文者：冀成小學

一、奉省政府教育廳已冬卿字第五九四號代電屬令介紹採購「國民教育文庫」「中華文庫小學教師用書」各一套等因

二、茲附發該書冊數價額表一份

三、仰即知照

市長 榮祥

日期：民國卅七年六月 日

文號：三字四教字第九四號

地址：歸綏市北門內

六月十七日收到

图 1-2-15 归绥市政府为新编教育参考书采购事致冀成小学代电（1948 年 6 月 14 日）

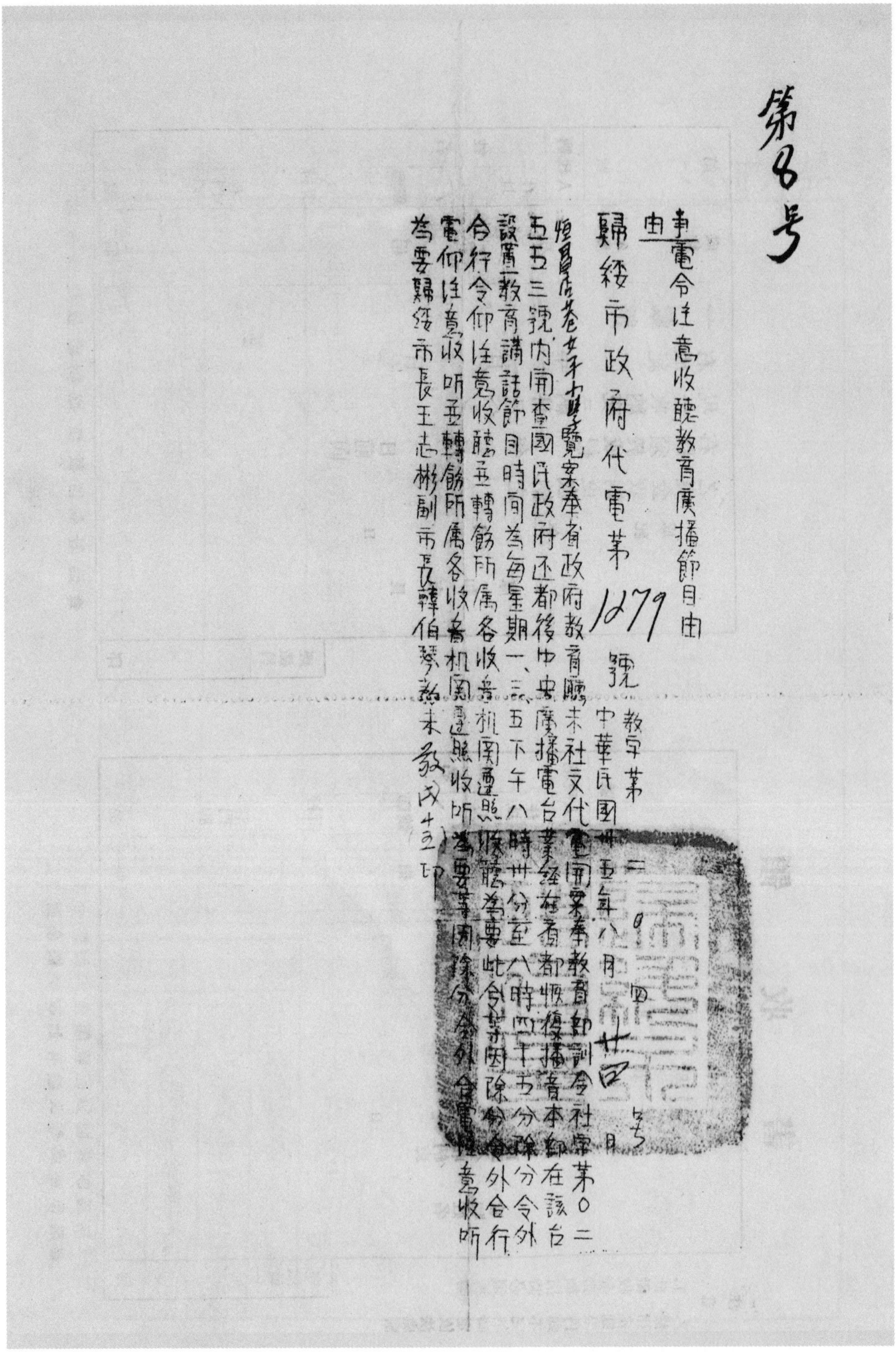
第8号

事由：電令注意收聽教育廣播節目由

歸綏市政府代電第1279號　教字第二〇号　中華民國卅五年八月廿四日

恒昌店巷女子小学覽案奉省政府教育廳未社文代電開案奉教育部訓令社字第〇二五五三號內開查國民政府還都後中央廣播電台業經恢復播音本部在該台設置教育講話節目時間為每星期一、三、五下午八時卅分至八時四十五分除分令外合行令仰注意收聽并轉飭所屬各收音機關遵照收聽為要此令等因除分令外合行令仰注意收聽并轉飭所屬各收音机關遵照收听為要等因除分令外合電仰注意收听為要歸綏市長王志彬副市長韓伯琴叩未敬（戌十五）印

图 1-2-16　归绥市政府为奉教育部训令注意收听教育广播节目致恒昌店小学代电（1946 年 8 月 24 日）

教育部平津區教育復員輔導委員會公函 輔字第三五〇一號

事由：密

案奉

教育部渝高字第〇五五五七號代電：

「黨政小組會議決議有關於天津青島學潮問題由

教育部切實調查注意防制等語，關於天津學潮仰

切實注意防制報核為要」！

等因；查 教育部三十五年一月十八日渝秘字第〇三五六四號訓令，對於

主席重視教育整飭學風之至意闡述極詳，業由市教育局轉飭各校一體遵照在案。現在教育界同仁之使命，在能使學生讀書於安定中求進步，各校教職員在渝陷期間均能循循誘導維繫人心，際茲光復，更當和衷一體

主席愛護青年之旨，樹立楷模，共負艱巨，凡諸困難及有待解決之問題，至希隨時秉承當局洽商辦法並領導教職員以身作則，深入學生群中，對學生之生活情形以及思想動向諸般問題時時顧及，諄諄善誘，導其步入適當建國之途，不但使上情能下宣，更當使下情能上達，一心一德，剛患于未然，克勤克慎，勿亡羊而補牢。如此始能使學校校風肅然，學生弦歌不輟，豈唯各校員生本身之幸，亦國家民族前途之福也。此致

學校校長

主任委員 沈兼士

中華民國三十五年二月十四日

图 1-2-17　教育部平津区教育复员辅导委员会关于学潮问题公函（1946 年 2 月 14 日）

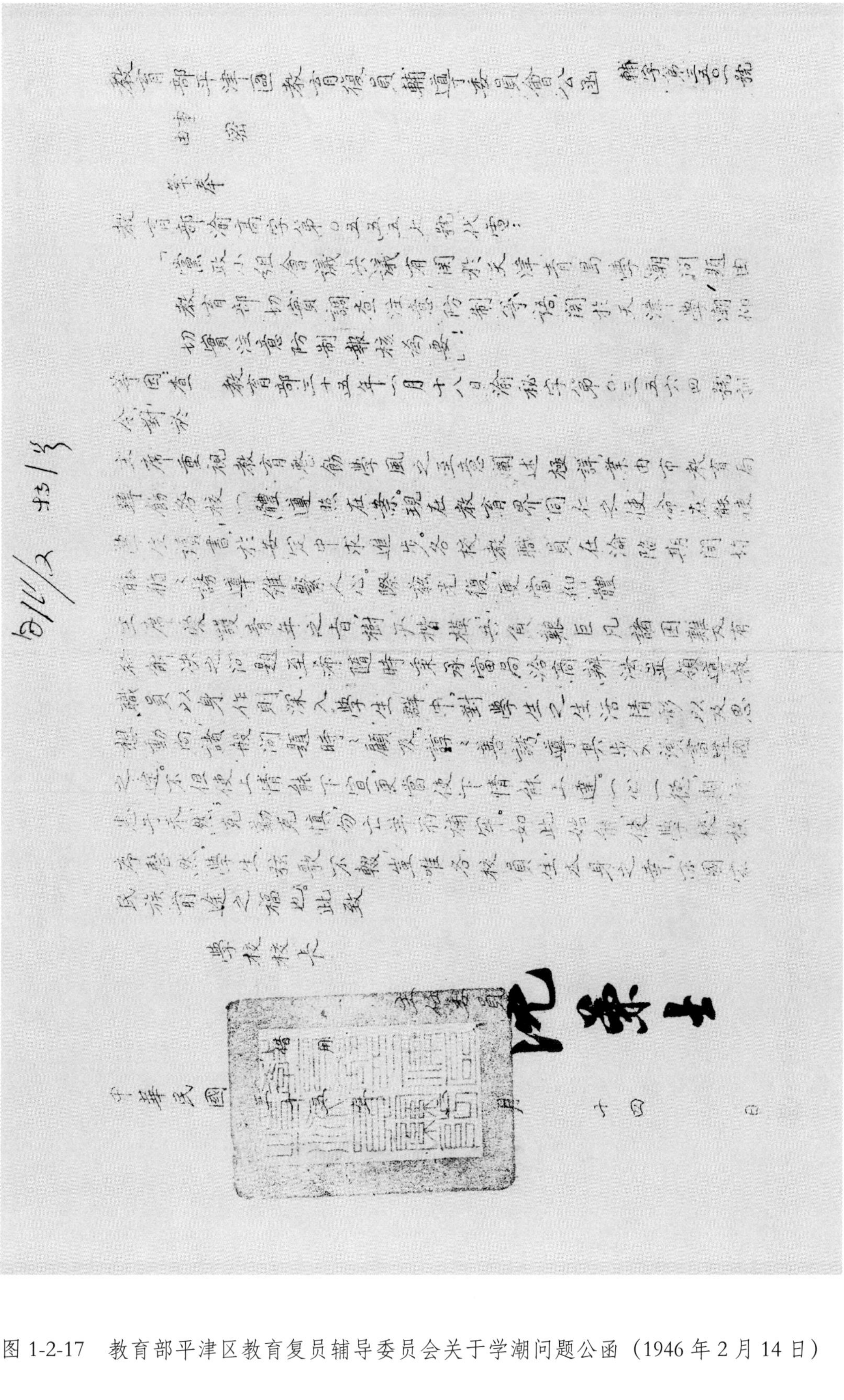

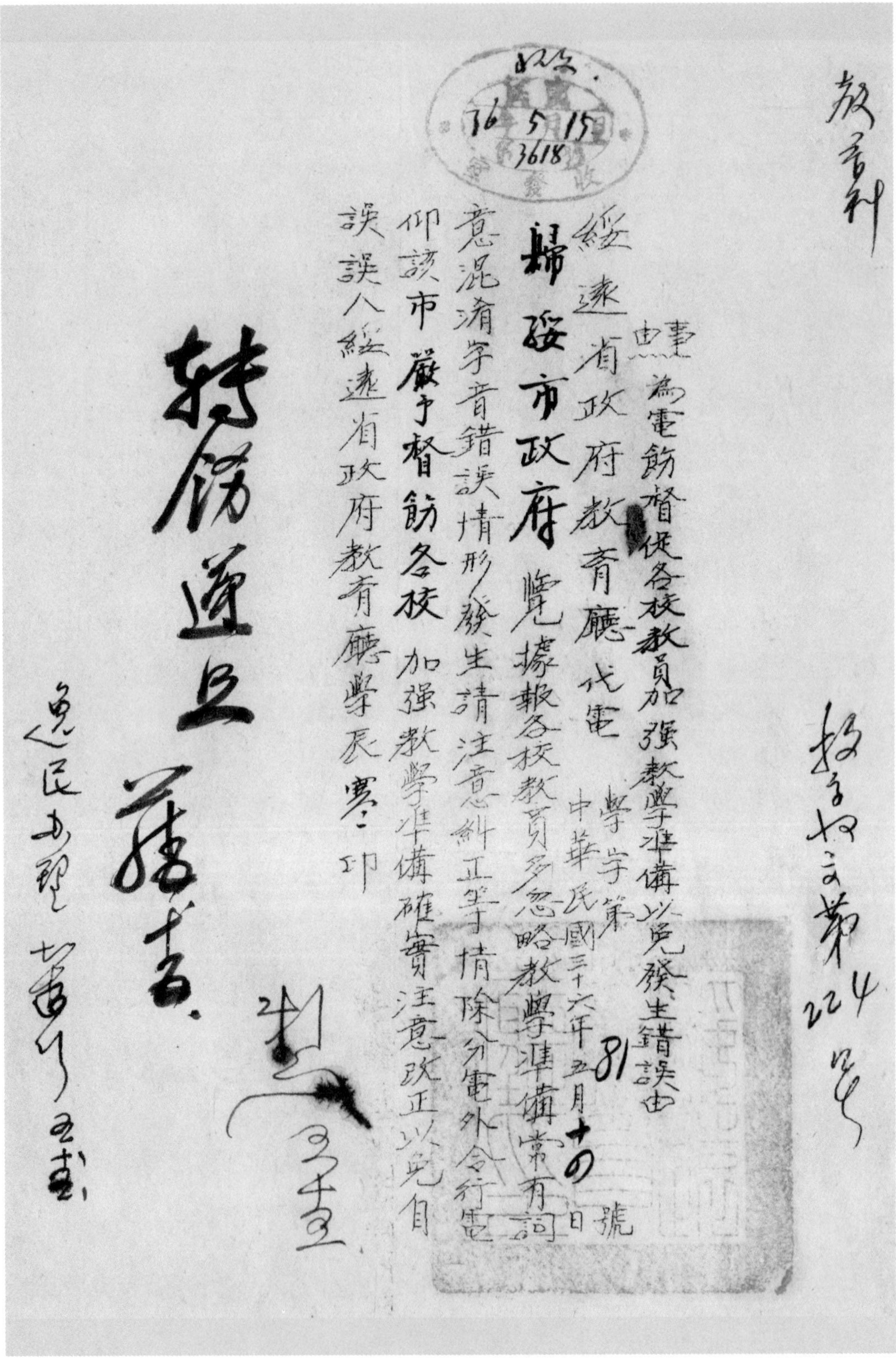
教育科

事由：為電飭督促各校教員加強教學準備以免發生錯誤由

學字第　號

中華民國三十六年五月十四日

綏遠省政府教育廳代電

歸綏市政府覽：據報各校教員多忽略教學準備，常有詞意混淆、字音錯誤情形發生，請注意糾正等情。除分電外，合行電仰該市嚴予督飭各校加強教學準備，確實注意改正，以免自誤誤人。綏遠省政府教育廳學辰寒印

轉飭遵照

图 1-2-18　绥远省政府教育厅为督促各校教员加强教学准备以免发生错误致归绥市政府代电（1947 年 5 月 14 日）

图 1-2-19　绥远省政府为抄发社会教育机关推行识字教育要点致绥远省毛织工厂代电（1946 年 9 月 20 日）

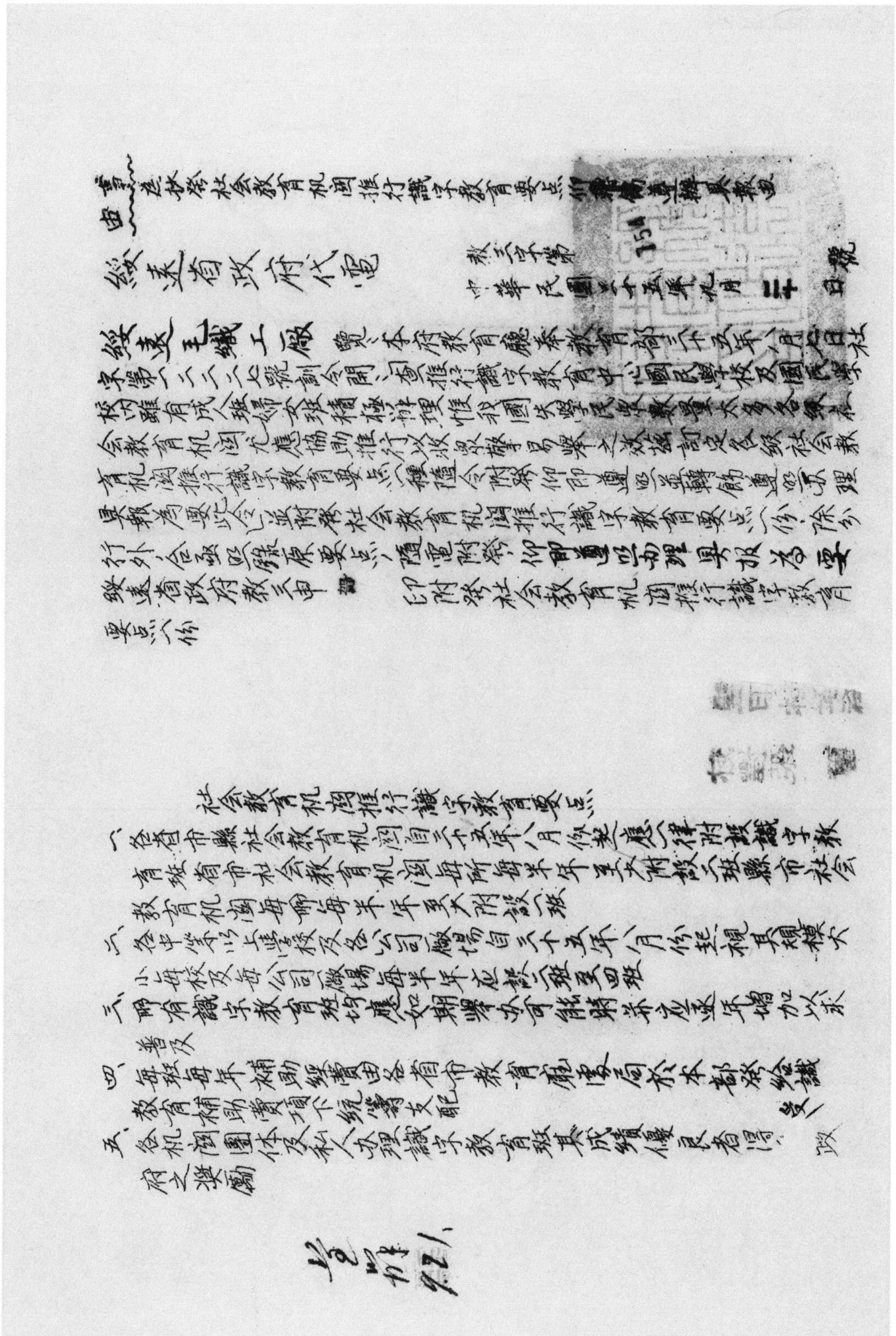

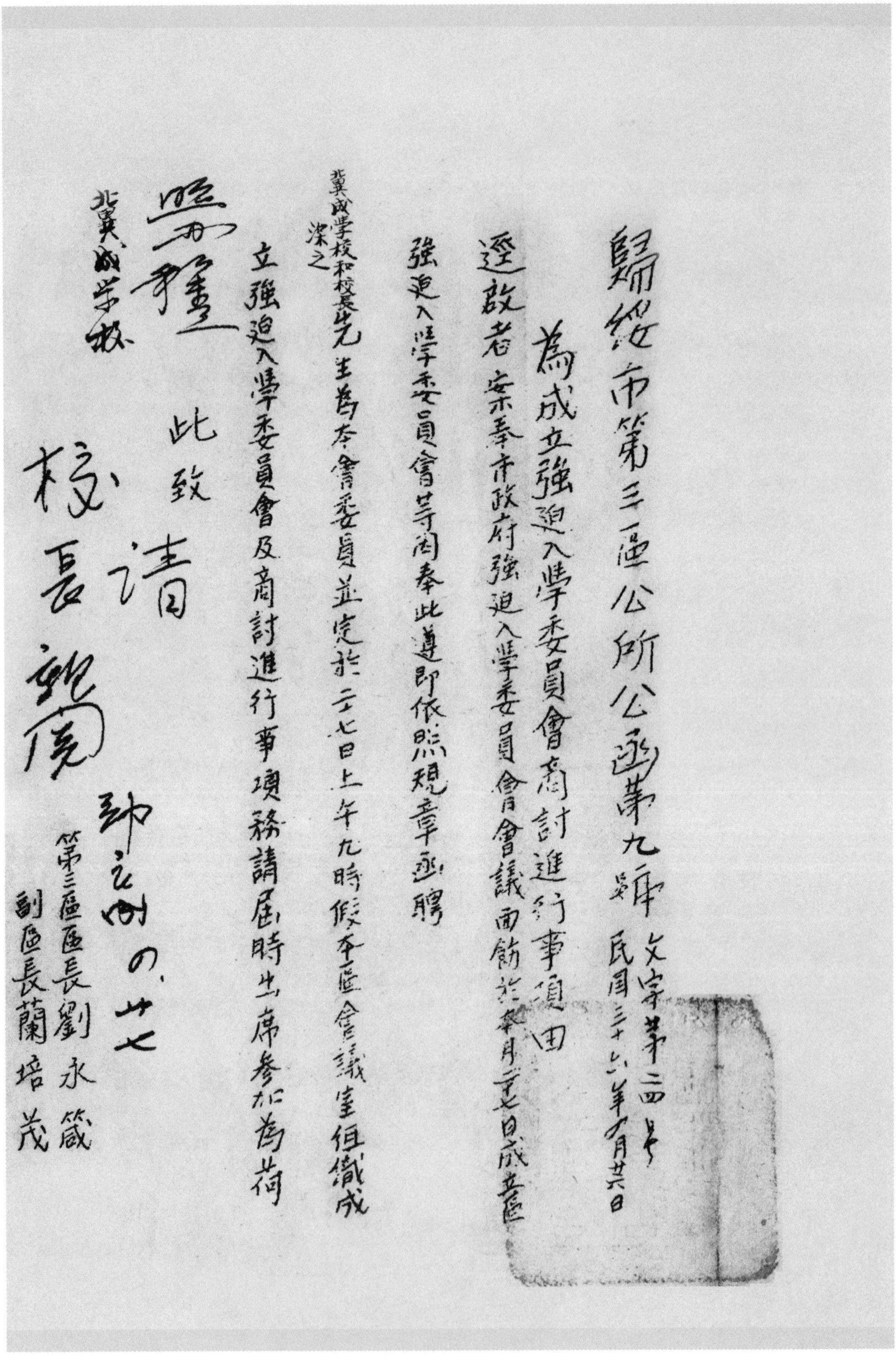
歸綏市第三區公所公函第九號 文字第二四號 民國三十六年四月廿六日

為成立強迫入學委員會商討進行事項由

逕啟者 案奉市政府強迫入學委員會會議函飭於本月二十七日成立區強迫入學委員會等因奉此遵即依照規章函聘

冀成學校和校長深之先生為本會委員並定於二十七日上午九時假本區會議室組織成立強迫入學委員會及商討進行事項務請屆時出席參加為荷

此致

冀成學校

校長

第三區區長劉永箴

副區長蘭培茂

照辦

图 1-2-20　归绥市第三区公所为成立强迫入学委员会及商讨进行事项致冀成学校函（1947 年 4 月 26 日）

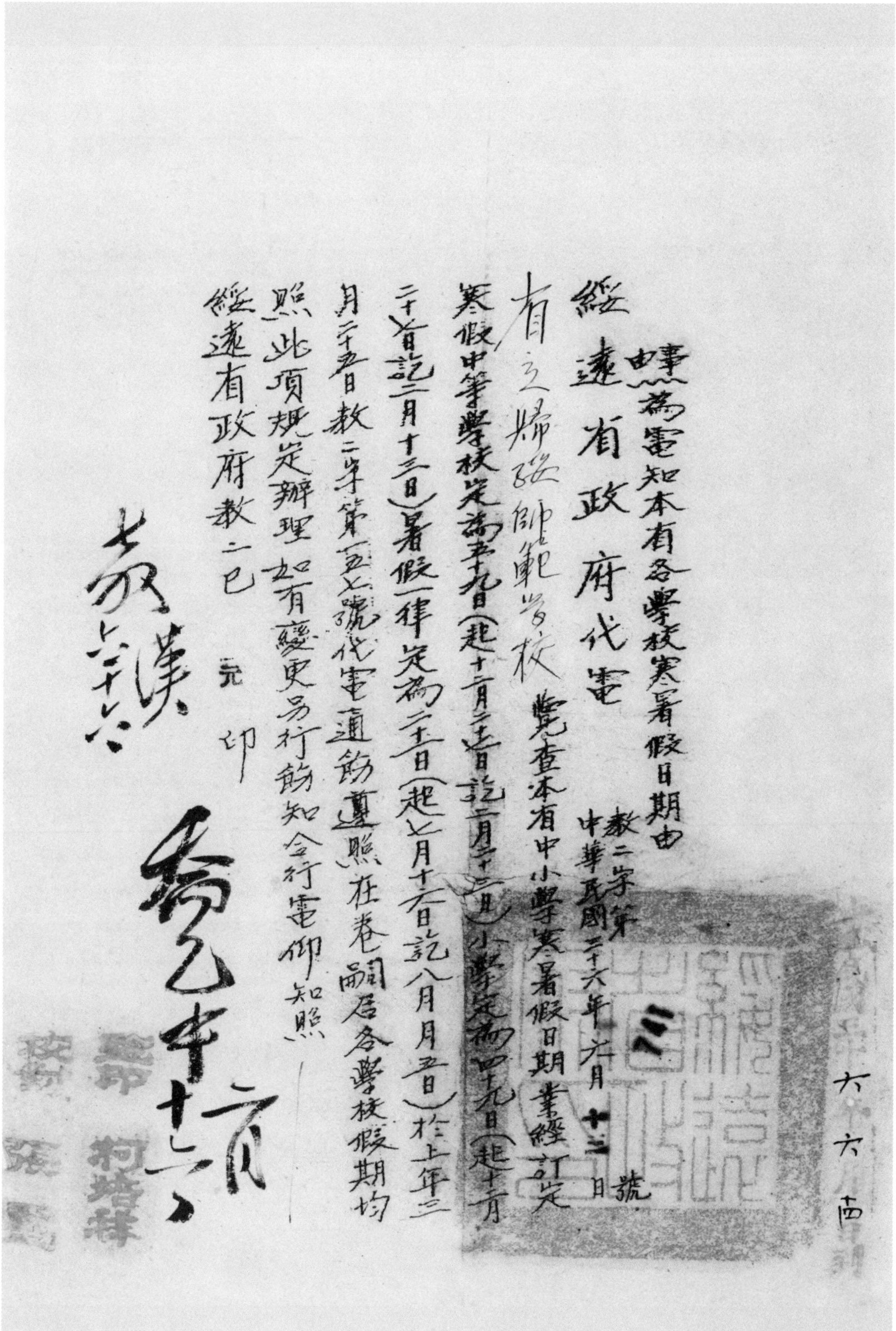

綏遠省政府代電

事由：為電知本省各學校寒暑假日期由

教二字第三號

中華民國三十六年六月十三日

省立歸綏師範學校覽：查本省中小學寒暑假日期業經訂定寒假中等學校定為五十九日（起十二月二十五日訖二月二十二日）小學定為四十九日（起十二月二十五日訖二月十二日）暑假一律定為三十五日（起七月十六日訖八月二十日）於上年三月二十五日教二字第一五七號代電通飭遵照在卷嗣后各學校假期均照此項規定辦理如有變更另行飭知合行電仰知照

綏遠省政府教二巳元 印

图 1-2-21　绥远省政府为通知本省各学校寒暑假日期致省立归绥师范学校代电（1947 年 6 月 13 日）

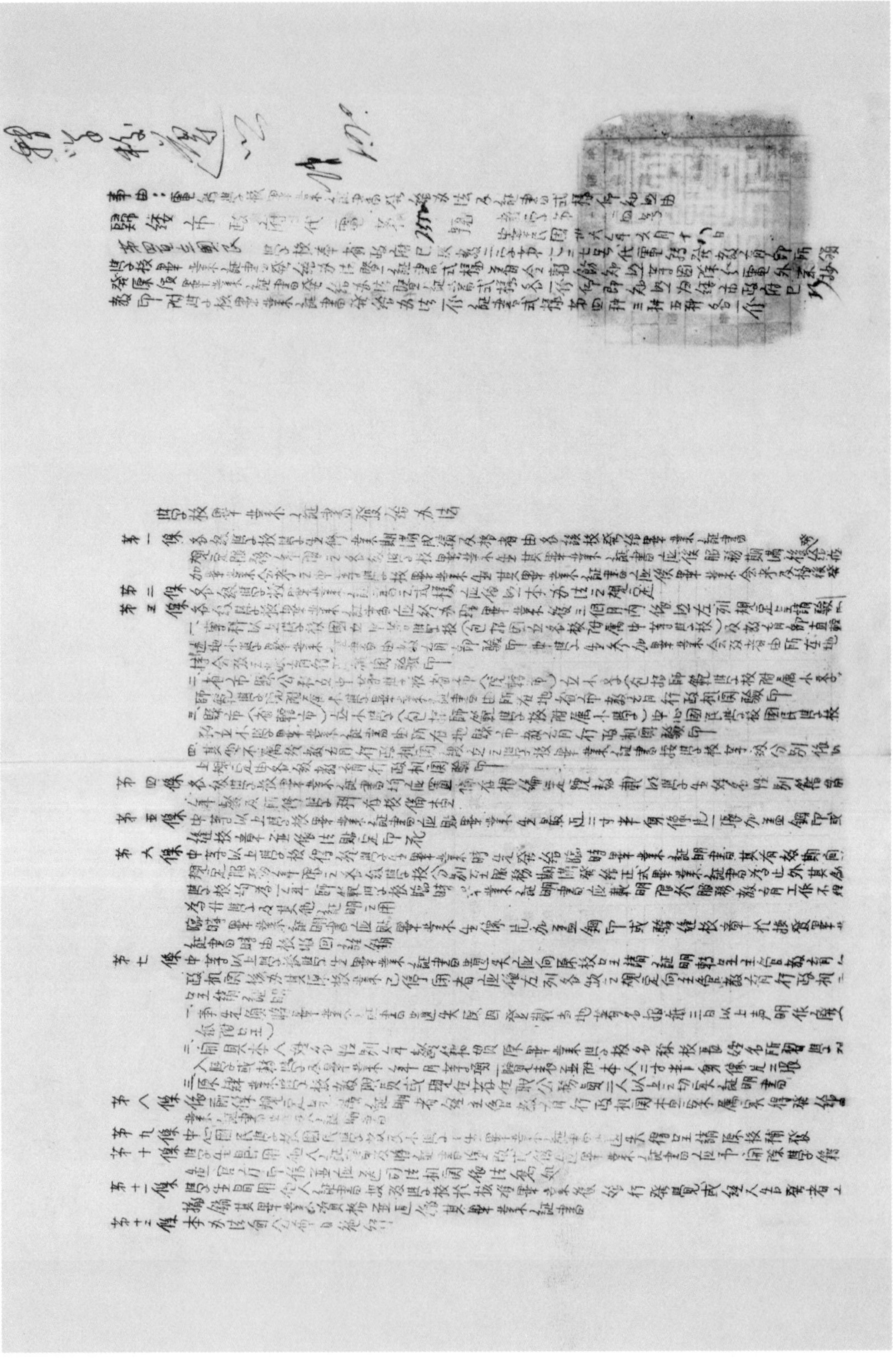

图 1-2-22 归绥市政府为抄发《学校毕业证书发给办法》及证书式样致第四区立国民学校代电（1947 年 6 月 18 日）（一）

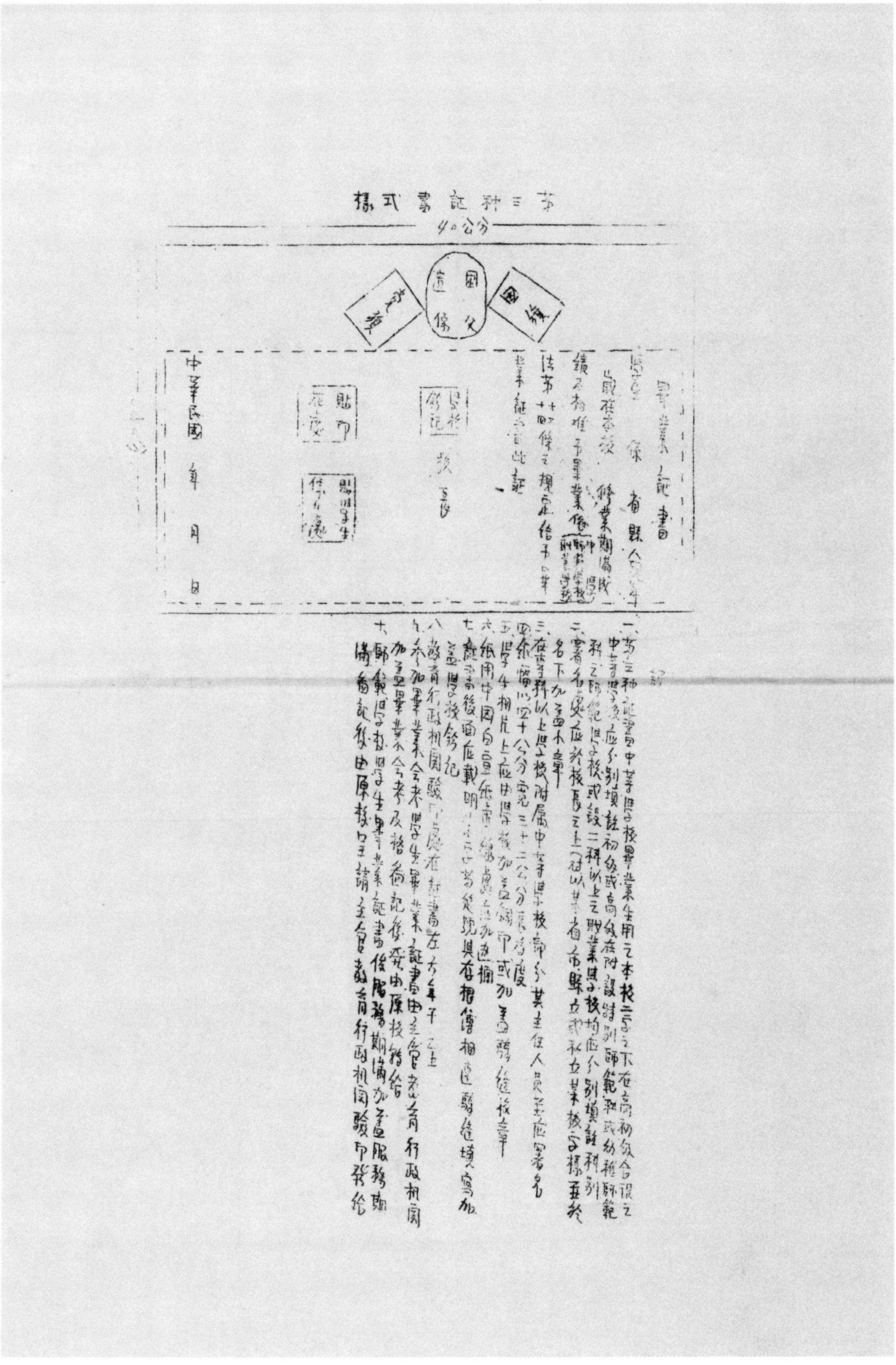

第三种证书式样

40公分

国父遗像　党旗　国旗

毕业证书

学生　係　省　县人现年　岁，在本校　修业期满，成绩及格，准予毕业，依（中学/师范学校/职业学校）法第十四条之规定给予毕业证书。此证

学校钤记　校长

贴印花处　贴用学生像片处

中华民国　年　月　日

记

一、第三种证书中等学校毕业生用之，本校二字之下，在高初级合设之中等学校应分别填注初级或高级；在附设特别师范科或幼稚师范科之师范学校或设二科以上之职业学校均应分别填注科别。

二、学生名处应于校长之上冠以某省市县立或私立某校字样，并于名下加盖私章。

三、在二科以上学校附属中等学校部分，其主任人员亦应署名。

四、纸幅以四十公分宽三十二公分长为度。

五、学生相片上应由学校加盖钢印或加盖骑缝校章。

六、纸用中国白宣纸，四周绿色花边框。

七、证书背面应载明[illegible]号及[illegible]具查核[illegible]骑缝填写，加盖学校钤记。

八、教育行政机关验印应在证书左方年月之上。

九、参加毕业会考学生毕业证书由主管教育行政机关加盖毕业会考及格戳记后发由原校转给。

十、师范学校学生毕业证书俟服务期满加盖服务期满戳记后由原校呈请主管教育行政机关验印发给。

图 1-2-22　归绥市政府为抄发《学校毕业证书发给办法》及证书式样致第四区立国民学校代电（1947 年 6 月 18 日）（二）

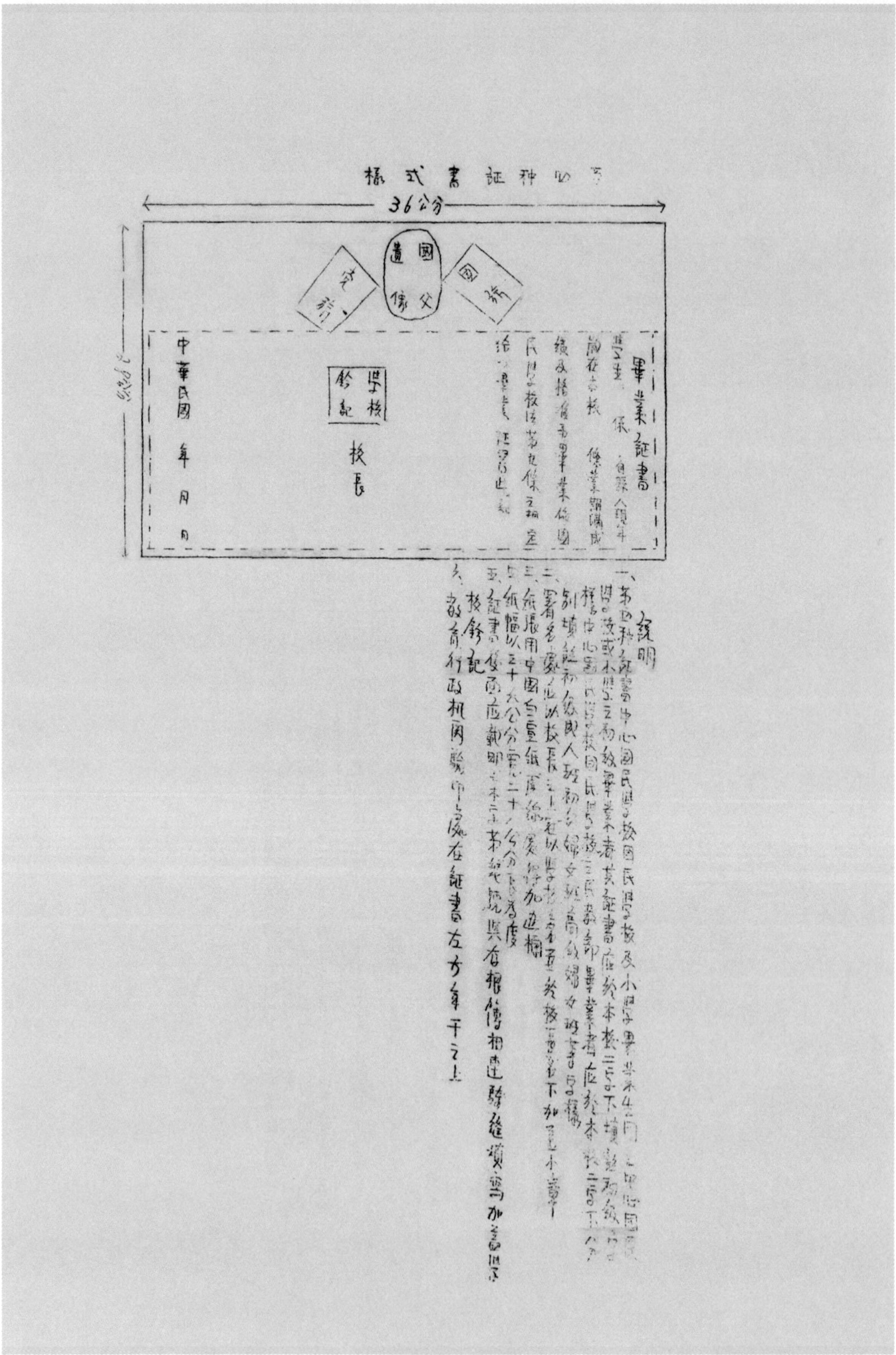

图 1-2-22　归绥市政府为抄发《学校毕业证书发给办法》及证书式样致第四区立国民学校代电（1947 年 6 月 18 日）（三）

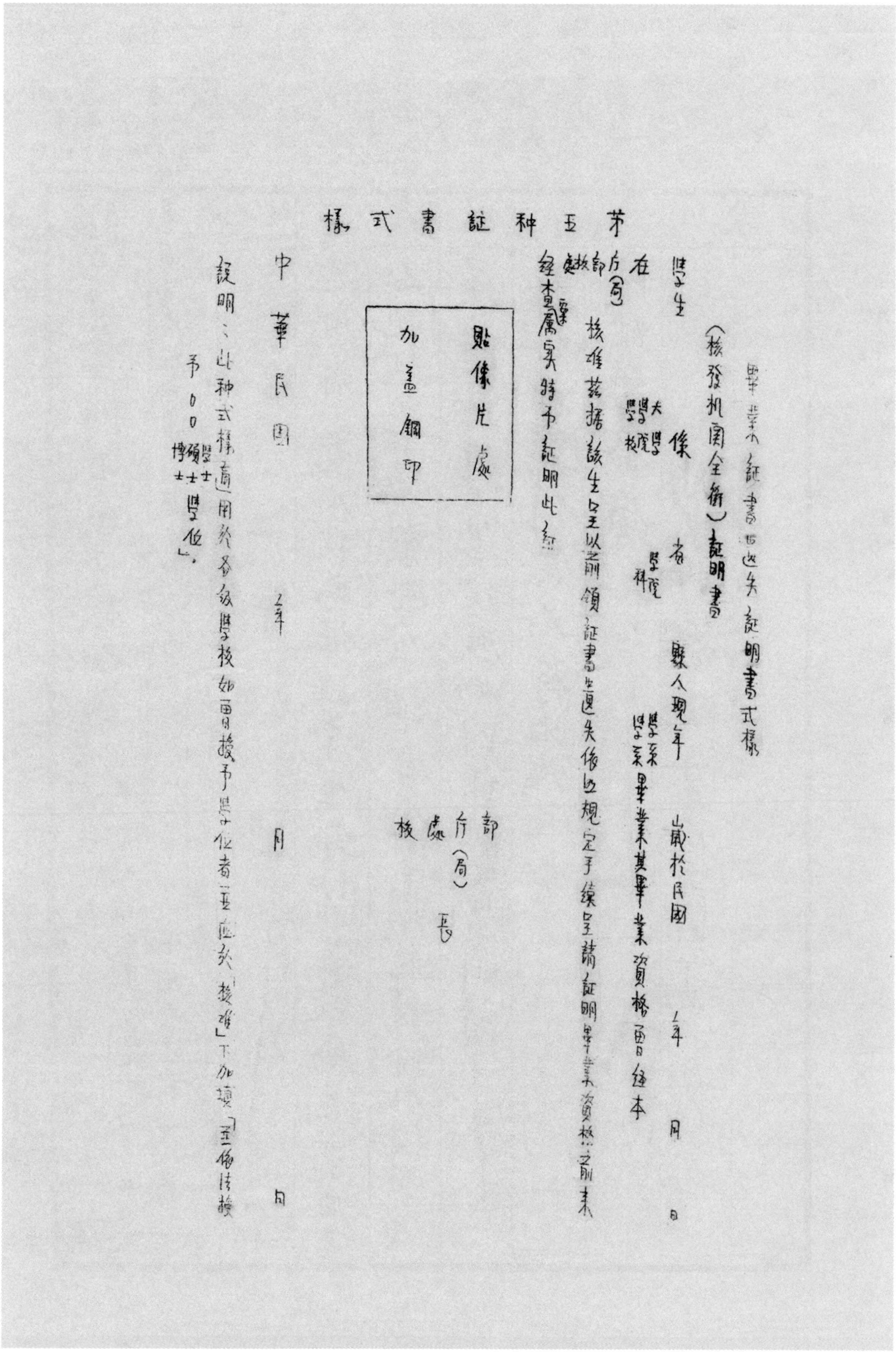
第五種證書式樣

畢業證書遺失證明書式樣

（核發機關全銜）證明書

學生　　係　　者　　縣人現年　　歲於民國　　年　　月　　日

在　　大學 獨立學院 專科學校　　學院 科　　學系 學系畢業其畢業資格曾經本

部 廳（局） 處核准茲據該生呈以前領證書遺失依照規定手續呈請證明畢業資格前來

經查屬實特予證明此證

貼像片處
加蓋鋼印

部 廳（局） 處 校　長

中華民國　　年　　月　　日

說明：此種式樣適用於各級學校如曾授予學位者應於「核准」下加填「並依法授予　學士 碩士 博士學位」。

图 1-2-22　归绥市政府为抄发《学校毕业证书发给办法》及证书式样致第四区立国民学校代电（1947 年 6 月 18 日）（四）

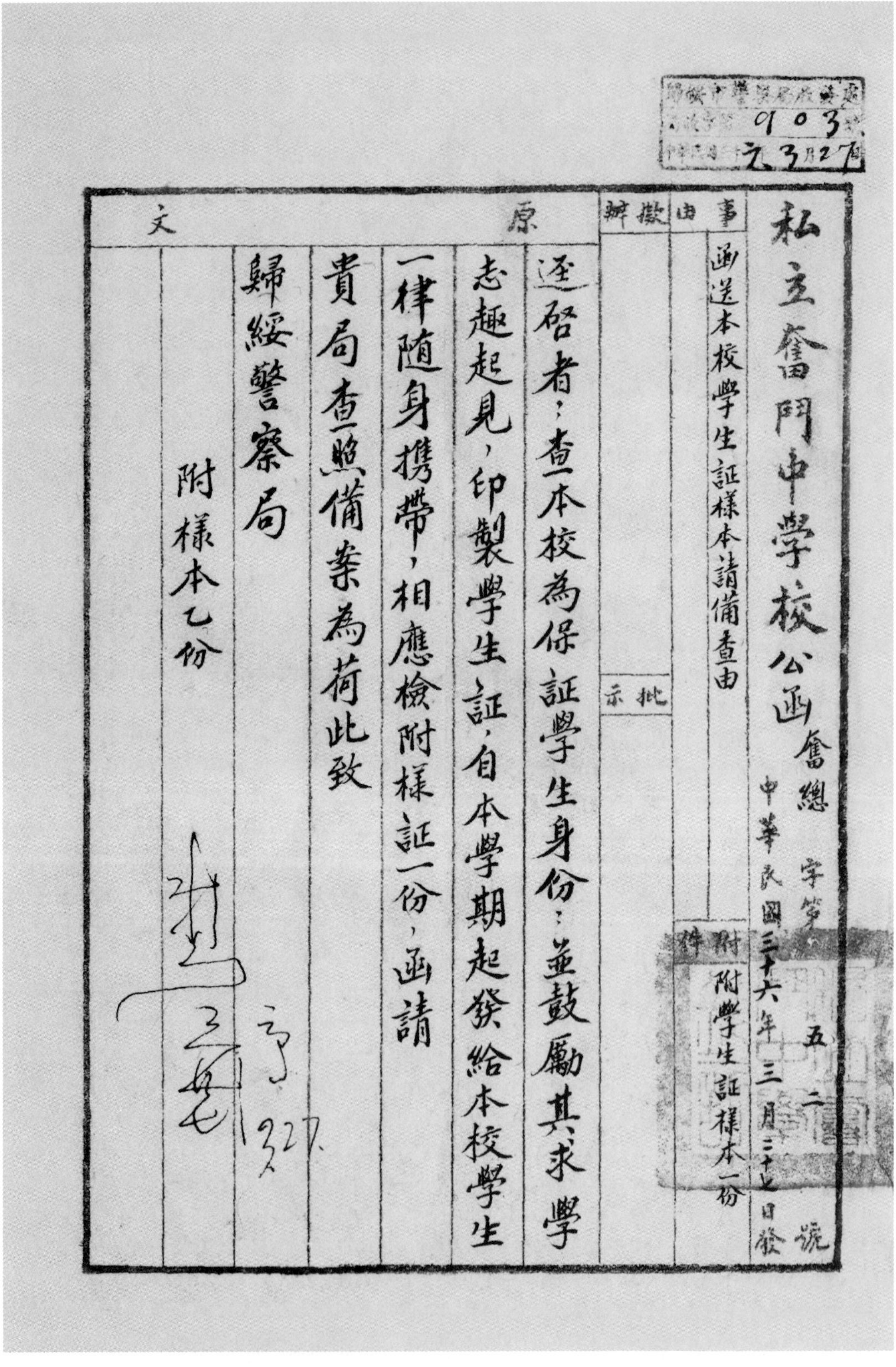

903
3月27日

私立奮鬥中學校公函　奮總字第五二號

中華民國三十六年三月二十七日發

事由：函送本校學生証樣本請備查由

附件：附學生証樣本一份

批示

擬辦

原文

逕啓者：查本校為保証學生身份，並鼓勵其求學志趣起見，印製學生証，自本學期起發給本校學生一律隨身携帶，相應檢附樣証一份，函請

貴局查照備案為荷此致

歸綏警察局

附樣本乙份

图 1-2-23　私立奋斗中学校为本校学生证样本备案致归绥警察局公函（1947 年 3 月 27 日）

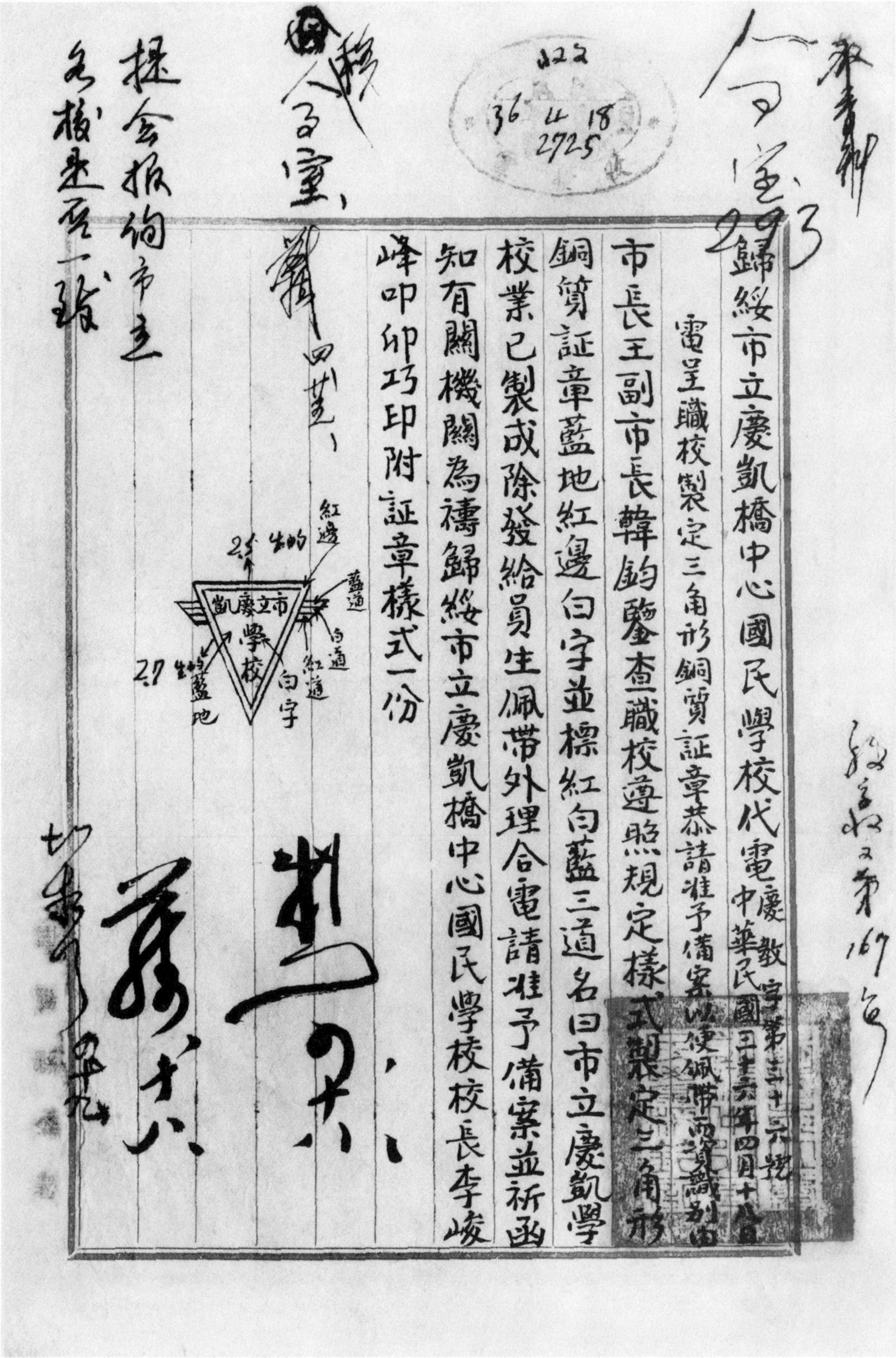

歸綏市立慶凱橋中心國民學校代電慶教字第三十六號 中華民國三十六年四月十八日

電呈職校製定三角形銅質証章恭請准予備案以便佩帶而資識別由

市長王副市長韓鈞鑒查職校遵照規定樣式製定三角形銅質証章藍地紅邊白字並標紅白藍三道名曰市立慶凱學校業已製成除發給員生佩帶外理合電請准予備案並祈函知有關機關為禱歸綏市立慶凱橋中心國民學校校長李崚峰叩卯巧印附証章樣式一份

图 1-2-24 归绥市立庆凯桥中心国民学校为学校证章备案致归绥市政府代电（1947 年 4 月 18 日）

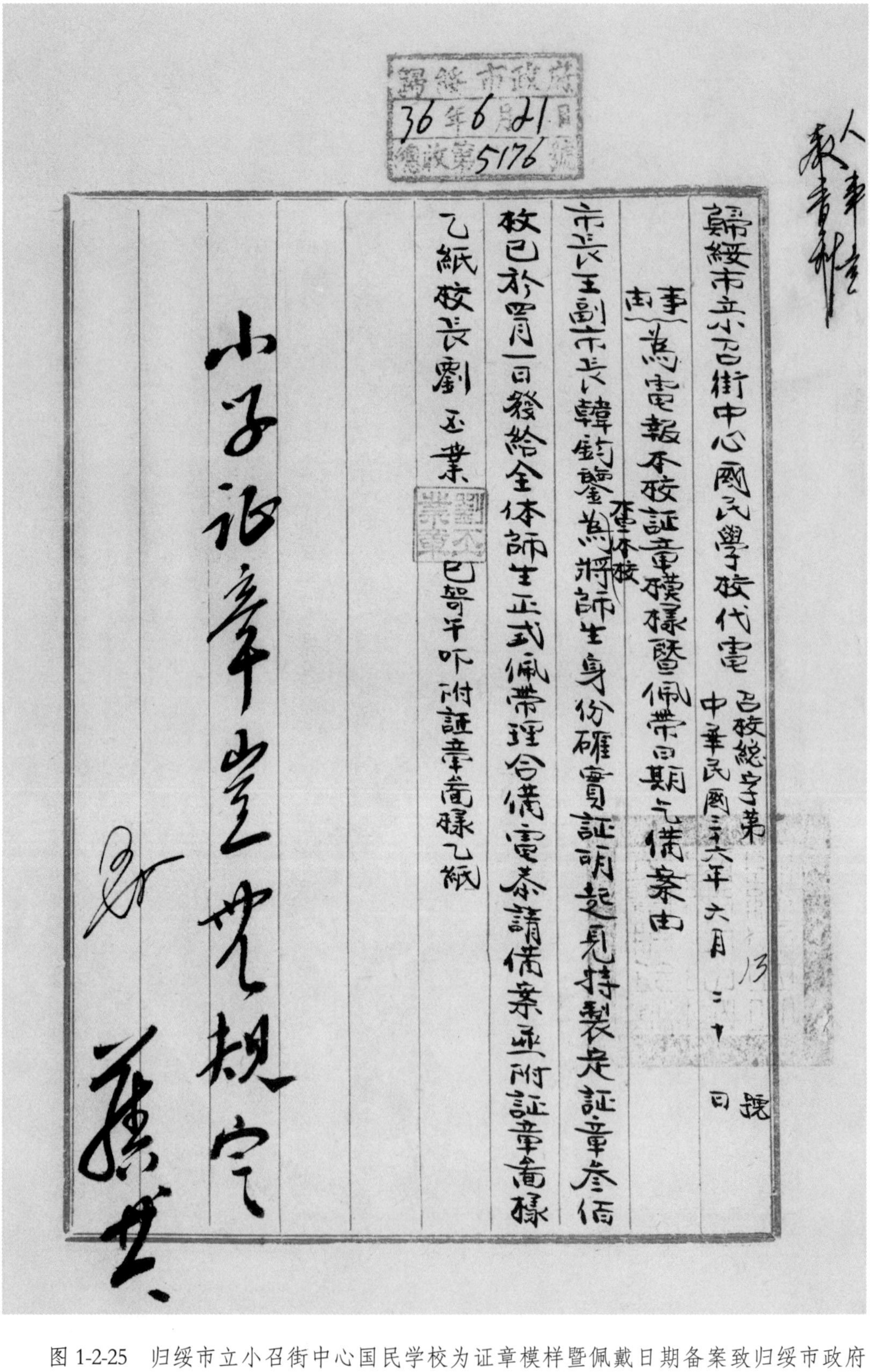

歸綏市政府收發
36年6月21日
總收第5176號

歸綏市立小召街中心國民學校代電　召校總字第13號　中華民國三十六年六月二十日

事由：為電報本校證章模樣暨佩帶日期乞備案由

市長王副市長韓鈞鑒：查本校為將師生身份確實證明起見，特製走證章叁佰枚，已於四月一日發給全體師生正式佩帶，理合備電恭請備案，並附證章式樣乙紙。

校長劉丕業（劉丕業章）

附證章式樣乙紙

小學證章[illegible]照規定

图 1-2-25　归绥市立小召街中心国民学校为证章模样暨佩戴日期备案致归绥市政府代电（1947 年 6 月 20 日）（一）

图 1-2-25　归绥市立小召街中心国民学校为证章模样暨佩戴日期备案致归绥市政府代电（1947 年 6 月 20 日）（二）

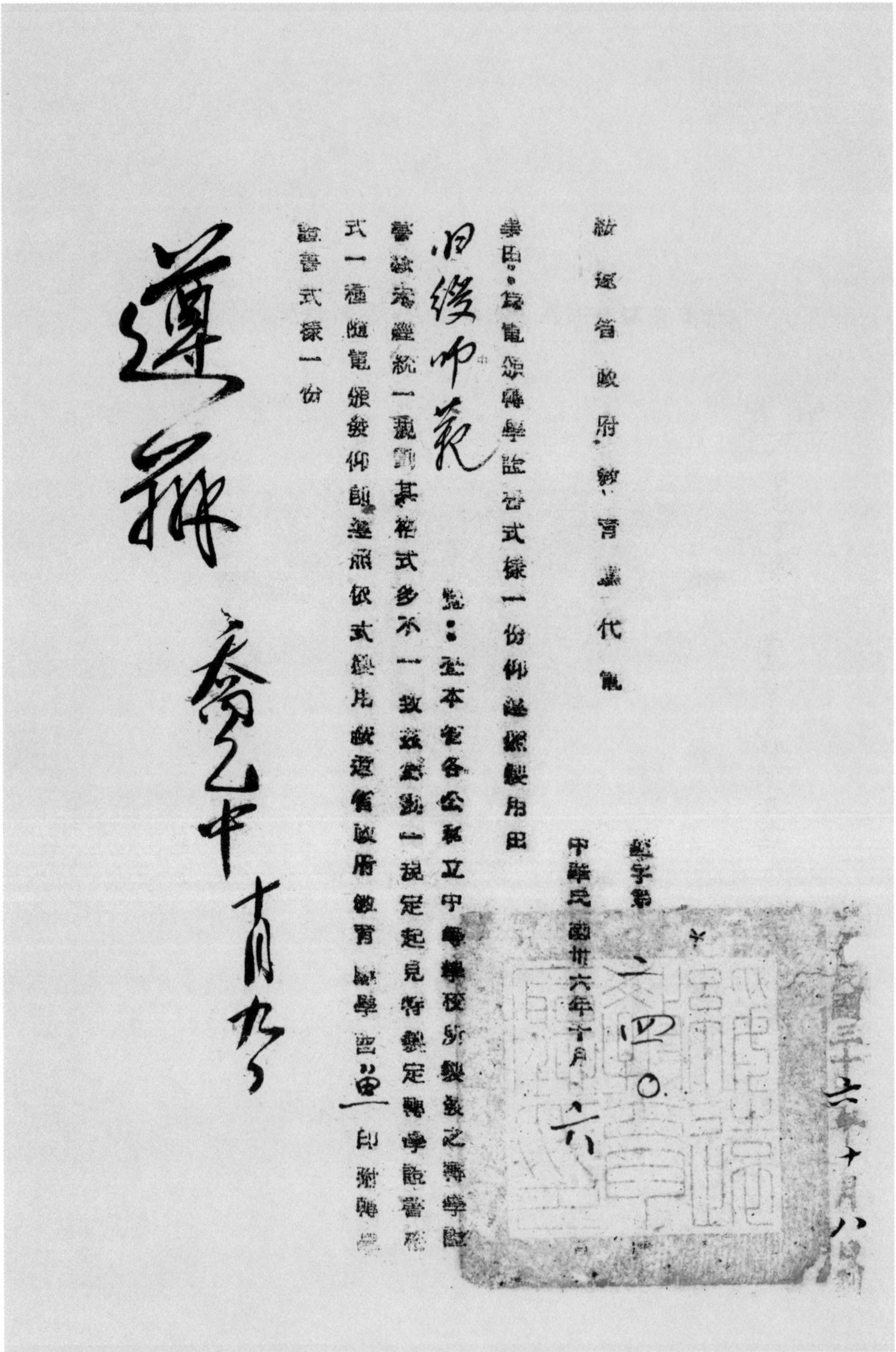

綏遠省政府教育廳代電

教字第二四〇號

中華民國卅六年十月六日

事由：為電頒轉學證書式樣一份仰遵照製用由

歸綏師範

覽：查本省各公私立中等學校所發之轉學證書殊未經統一規劃其格式多不一致茲為劃一規定起見特製定轉學證書格式一種隨電頒發仰即遵照依式製用 綏遠省政府教育廳學酉魚印 附轉學證書式樣一份

遵辦

十月九

圖 1-2-26　绥远省政府教育厅为颁发转学证书式样致归绥师范学校代电（1947 年 10 月 6 日）（一）

茲有本校學生　　　　　請求轉學核與法令規定相符特給轉學證書附載

成績於後此證

計開該生學歷及各項成績

姓名	
性別	
年歲	
籍貫	
入校年月	
高中或初中	
現在年級及學期	
原轉年級及學期	
前入學證件	
核准據令	
轉學證日	

項別 / 成績 / 學期	第一學期	第二學期	第三學期	第四學期	第五學期
歷年學業成績					
計均　合年歷 學業成績 操行成績 體育成績					
備考					

右給學生

照片

图 1-2-26　绥远省政府教育厅为颁发转学证书式样致归绥师范学校代电（1947 年 10 月 6 日）（二）

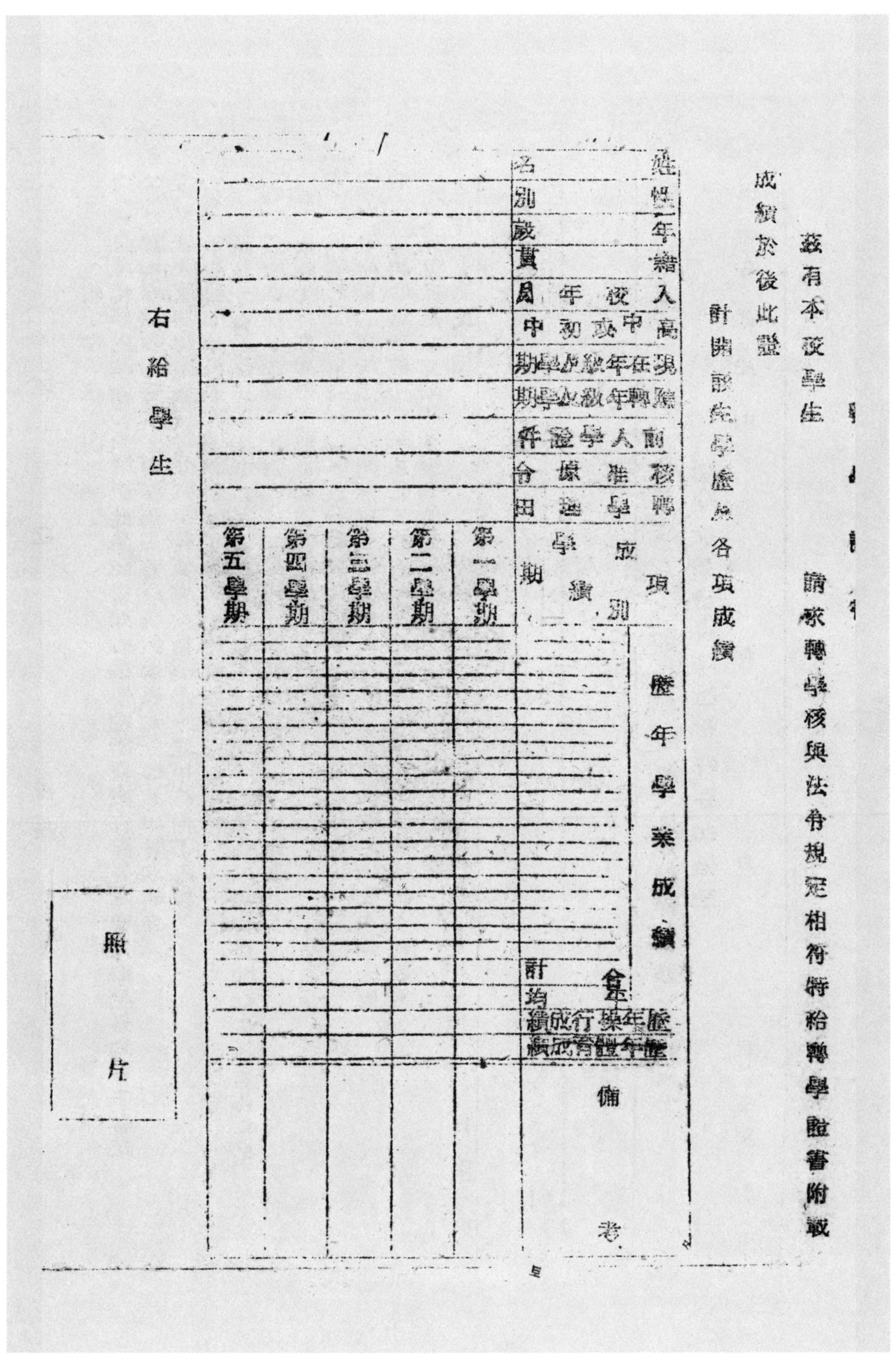

綏遠　　立　　　　校長

附用法說明

（1）呈報轉學生學籍必須附繳此項證書如附繳他種簡便證件除外省轉入學生外均不予審核

（2）應填各項須用毛筆正楷填寫加蓋學校鈐記校長並應親筆簽名蓋章

（3）學業成績均應填實際分數不得僅填及格不及格或甲乙丙丁等樣

（4）未經核准學籍或已開除學籍者絕對不得填發此項證書

（5）無從分辨學生理由或未經原校允許先行投考他校者不得填發此項證書即學生確有轉學必要學生經家長備函申請轉學者學校亦不得拒絕發給此項證書

（6）成績不及格應補考或留級者備註欄應予註明

（7）此項證書只能用於轉入性質相同之學校與年級銜接之學級

（8）轉學期成績均須填載齊全收受轉學生之學校並須將歷年成績登入學籍簿

（9）此項證書填註不全或格式不符規定除外省轉入學生外各校均不得收考

（10）未立案之私立學校不得填發此項證書

中華民國　　年　　月　　日給

存根

學生　　在本校　　科　　年級　　學期肄業終了茲因　　轉學除核給轉學證書外存此備查

中華民國　　年　　月　　日　　字第　　號

图 1-2-26　绥远省政府教育厅为颁发转学证书式样致归绥师范学校代电（1947 年 10 月 6 日）（三）

总收4317
36.6.21日

歸綏市警察局代電

民國三十六年六月二十一日 警治字第五一號

事由：為轉令調整公教人員生活補助費支給標準由

第一分局長覽 頃奉綏遠省政府巳馴會一代電內開奉行政院[illegible]字[illegible]號
第一九九四九號訓令內開奉國民政府卅六年五月廿三日處字五八二號
訓令開該從責丙字第一八二一八號呈查公教人員生活補助費自去年
十二月份改定以來迄今已五閱月武職人員自今年二月調整待遇後亦已
三閱月現各地物價相繼上漲以上海為例去年十二月生活指數為戰前之
八千二百倍本年四月已達一萬五千倍約增加百分之八十以上是以各級
人員生活極感艱苦亟應予以調整俾資維持茲擬由五月份起衡量國庫負
擔擬定調整公教人員生活補助費支給標準如附表依照該項標準中央及
省級人員生活補助費每月約增加一千二百五十億元按以往成例由財政
部先行按月撥年度終了由該部補辦追加手續又各機關如能在核定名額
以內再行緊縮人員得以所節省之薪津及生活補助費移充員工福利費之
用准予報銷至武職人員亦自五月份起由財政部每月增撥一千七百五十
億元其調整標準仍依照列由國防部統籌支配經提出三十六年五月十三
日院會通過理合繕同擬訂文職公教人員生活補助費支給標準呈請核定
施行等情經提出卅六年五月廿三日本府委員會第三次國務會議決議「
通過」除分行外合行檢發調整支給標準表令仰遵照並分別轉飭遵照等
因除分行外合行抄發調整支給標準表一份令仰遵照並轉飭遵照等因奉
此除分令並俟款撥到後再行核發飭仰即遵照並轉飭遵照為要等因奉此
除分電外仰即轉飭所屬一體知照局長韓伯琴巳馬會印附調整公教人員
生活補助費支給標準表一份

宣佈於各長警後存查、
申玉[illegible] 六、廿一、

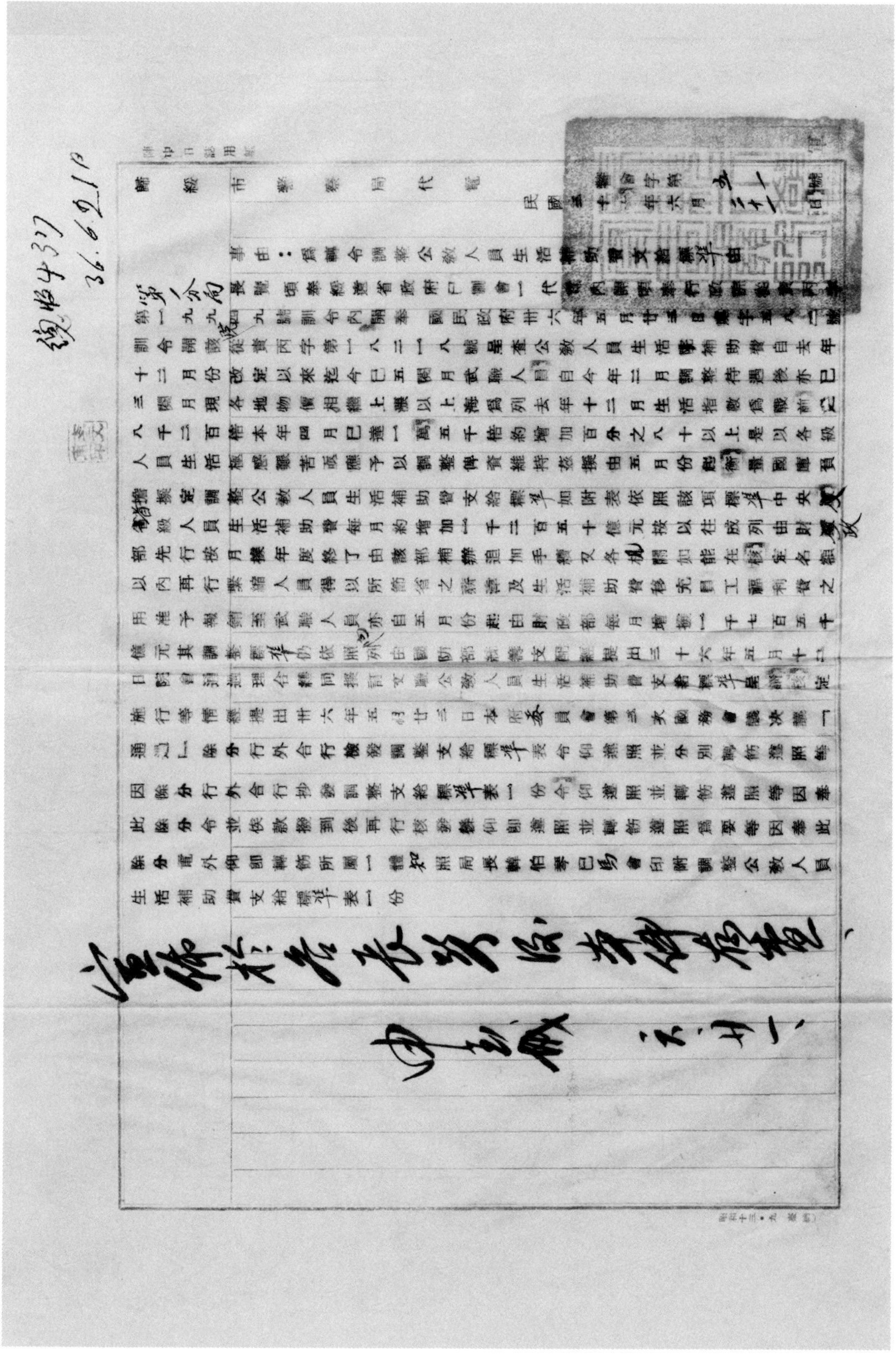

图 1-2-27 归绥市警察局为转发调整公教人员生活补助费支给标准致第一分局代电（1947 年 6 月 21 日）（一）

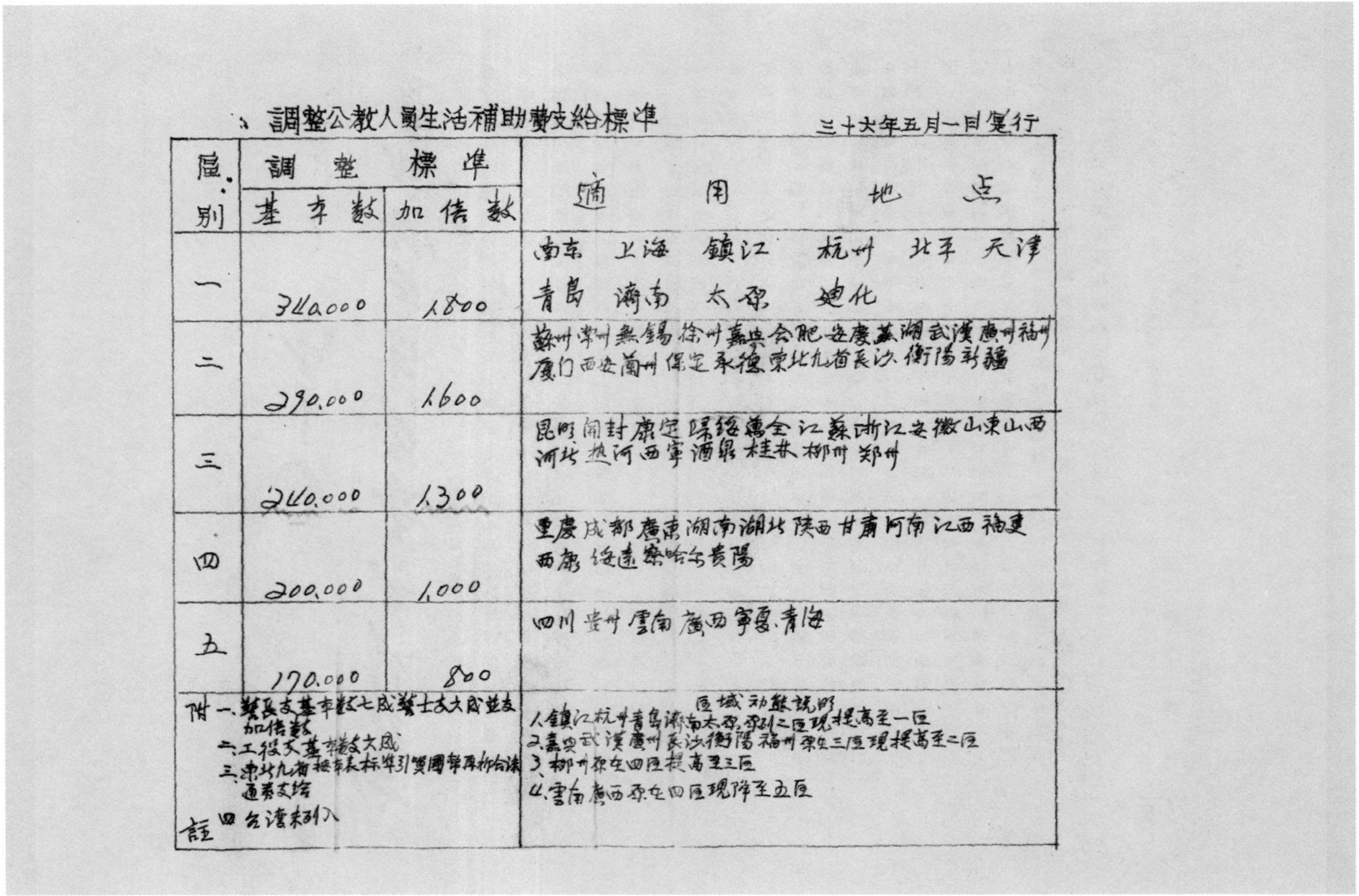

調整公教人員生活補助費支給標準　　三十六年五月一日實行

區別	調整標準 基本數	調整標準 加倍數	適用地点
一	340,000	1,800	南京 上海 鎮江 杭州 北平 天津 青島 濟南 太原 迪化
二	290,000	1,600	蘇州 常州 無錫 徐州 嘉興 合肥 安慶 蕪湖 武漢 廣州 福州 廈门 西安 蘭州 保定 承德 東北九省 長沙 衡陽 新疆
三	240,000	1,300	昆明 開封 康定 歸綏 邁全 江蘇 浙江 安徽 山東 山西 河北 热河 西寧 酒泉 桂林 柳州 郑州
四	200,000	1,000	重慶 成都 廣東 湖南 湖北 陝西 甘肅 河南 江西 福建 西康 綏遠 察哈尔 貴陽
五	170,000	800	四川 貴州 雲南 廣西 寧夏 青海
附註 一、警長支基本數七成警士支六成並支加倍數 二、工役支基本數六成 三、東北九省按本表標準引貿國幣再折合流通券支給 四、台灣未列入			區域變動說明 1.鎮江 杭州 青島 濟南 太原 原列二區現提高至一區 2.嘉興 武漢 廣州 長沙 衡陽 福州 原在三區現提高至二區 3.柳州原在四區提高至三區 4.雲南 廣西原在四區現降至五區

图 1-2-27　归绥市警察局为转发调整公教人员生活补助费支给标准致第一分局代电（1947 年 6 月 21 日）（二）

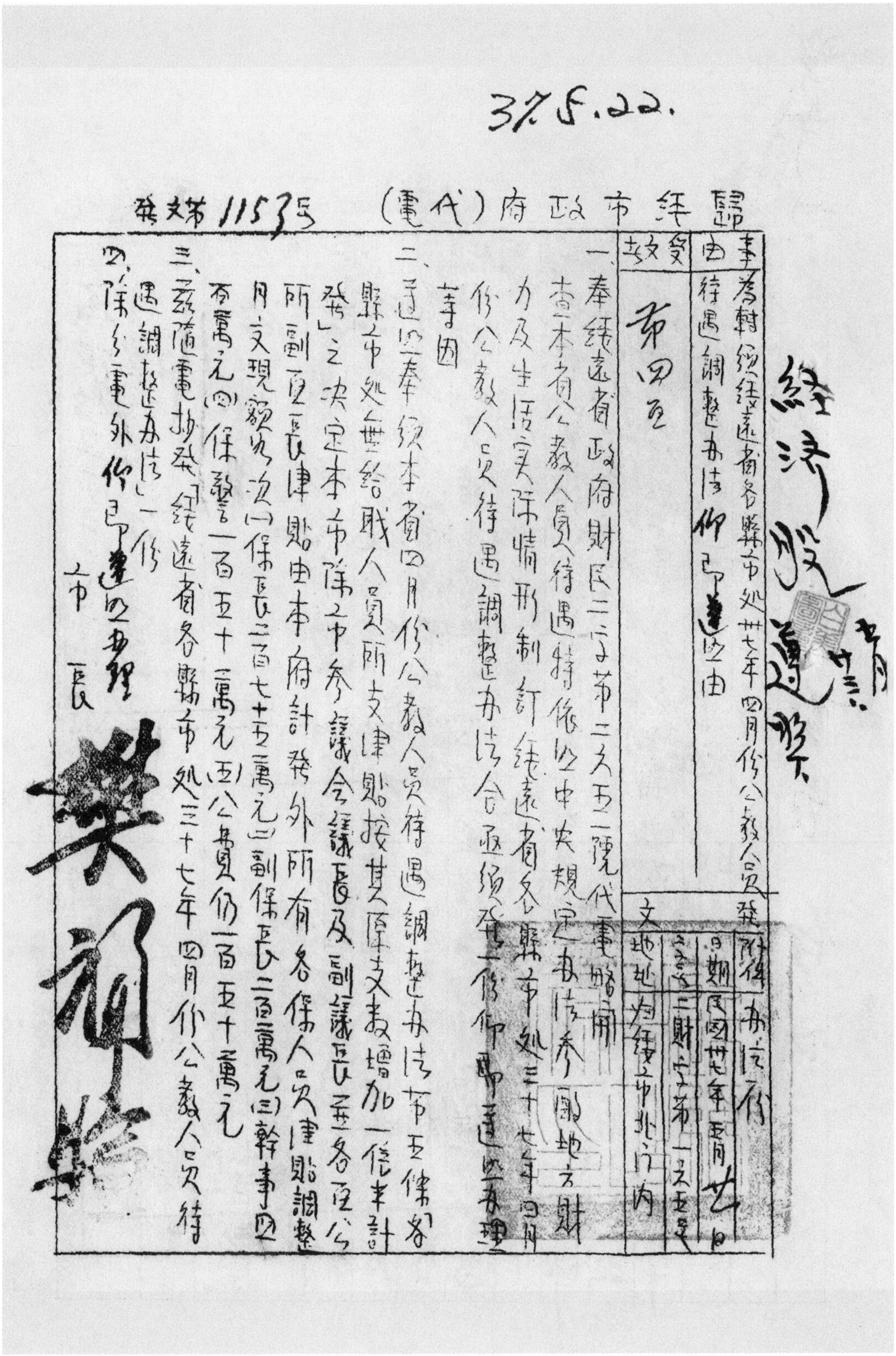
37.5.22.

發文第1153號　　歸綏市政府（代電）

事由：為轉頒綏遠省各縣市處卅七年四月份公教人員待遇調整辦法仰即遵照由

受文者：第四區

一、奉綏遠省政府財民二字第二之五一號代電略開：“查本省公教人員待遇遵照依照中央規定辦法參酌地方財力及生活實際情形制訂綏遠省各縣市處三十七年四月份公教人員待遇調整辦法合亟頒發一份仰即遵照辦理”等因。

二、遵照奉頒本省四月份公教人員待遇調整辦法第五條“各縣市處無給職人員所支津貼按其原支數增加一倍半計發”之決定本市保之市參議會議長及副議長並各區公所副區長津貼由本府計發外所有各保人員津貼調整月支現額如次：(一)保長二百七十五萬元(二)副保長二百萬元(三)幹事四百萬元(四)保警一百五十萬元(五)公費仍一百五十萬元

三、茲隨電抄發“綏遠省各縣市處三十七年四月份公教人員待遇調整辦法”一份

四、除分電外仰即遵照辦理

市長

附件：辦法一份

發文日期：民國卅七年五月廿一日

字號：財字第一之五號

文地址：在綏市北門內

經濟股遵辦

图 1-2-28　归绥市政府为转颁绥远省各县市三十七年四月份公教人员待遇调整办法致第四区公所代电（1948 年 5 月 21 日）

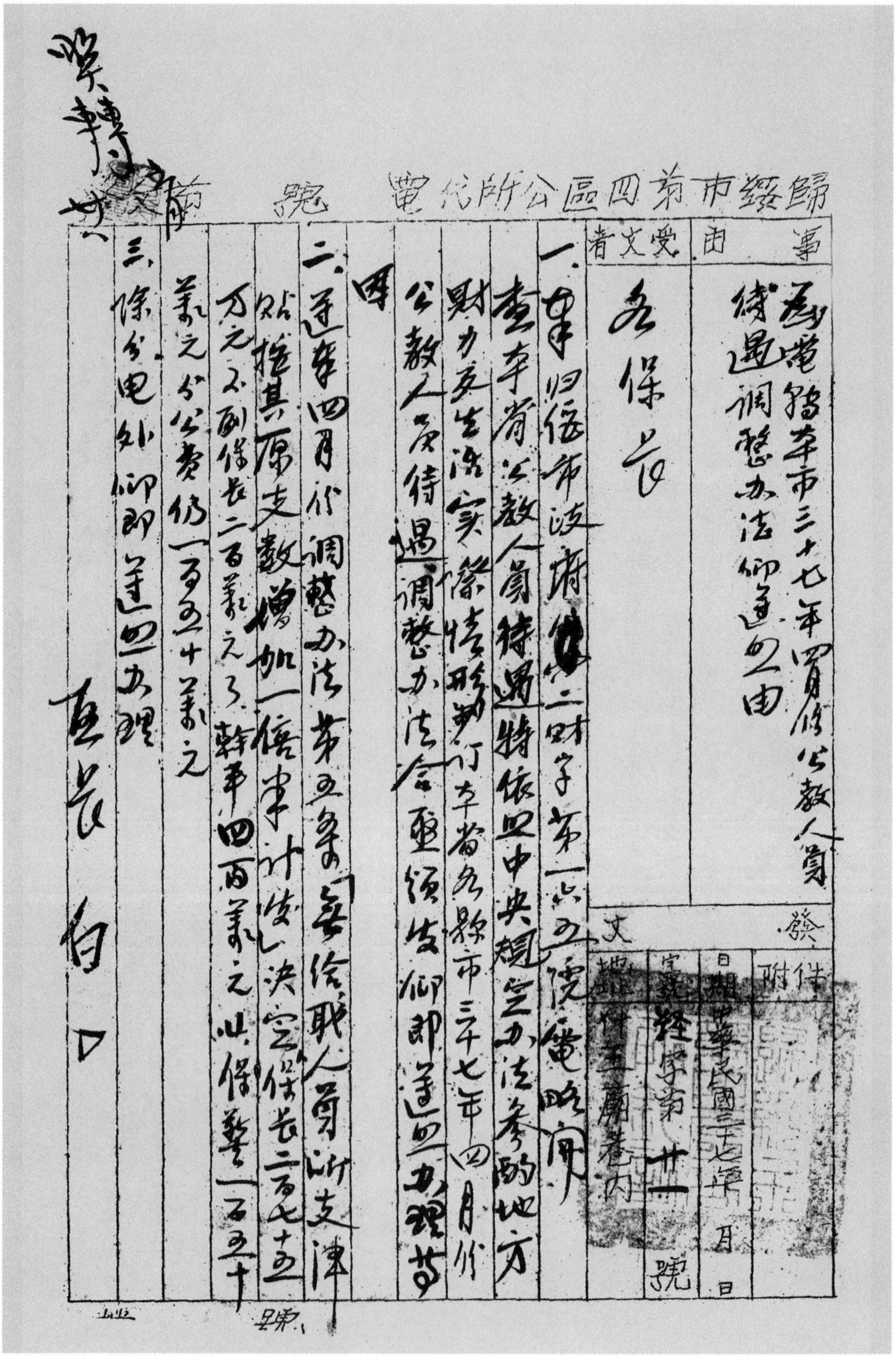

歸綏市第四區公所代電 字第 號

事由：為轉發本市三十七年四月份公教人員待遇調整辦法仰遵照由

受文者：各保長

一、案奉歸綏市政府[?]二財字第一〇五號代電略開："查本省公教人員待遇特依照中央規定辦法參酌地方財力及生活實際情形，訂本省各縣市三十七年四月份公教人員待遇調整辦法，合亟隨發，仰即遵照辦理"等因。

二、遵本四月份調整辦法第五條無給職人員所支津貼按其原支數增加一倍半計算，決定保長二百七十五萬元，副保長二百萬元，幹事四百[?]萬元，以保警一百五十萬元之[illegible]萬元之公費仍一百五十萬元之。

三、除分電外，仰即遵照辦理。

區長 何[?]

图 1-2-29　归绥市第四区公所为转发本市三十七年四月份公教人员待遇调整办法致各保长代电（1948 年 5 月 21 日）

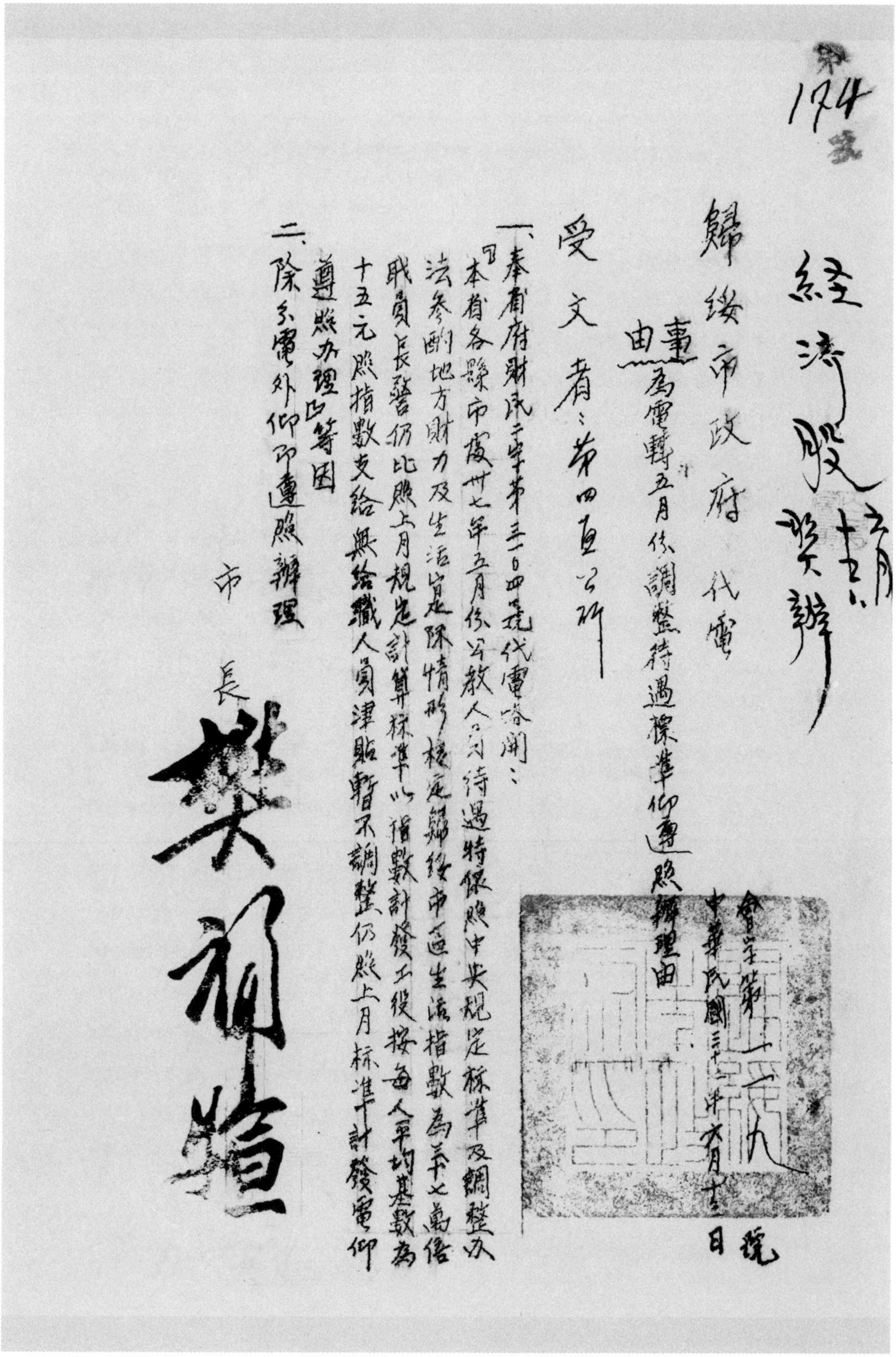

第174號

經濟股 樊辦 十六

歸綏市政府 代電

事由：為電轉五月份調整待遇標準仰遵照辦理由

會字第一一九九號 中華民國三十七年六月十三日

受文者：第四區公所

一、奉省府財民二字第三一〇四號代電略開：『本省各縣市度卅七年五月份公教人員待遇特依照中央規定標準及調整辦法參酌地方財力及生活實際情形核定歸綏市區生活指數為叁十七萬倍，職員長警仍比照上月規定計算標準以指數計發，工役按每人平均基數為十五元照指數支給，無給職人員津貼暫不調整，仍照上月標準計發，電仰遵照辦理』等因

二、除分電外，仰即遵照辦理

市長 樊祖[illegible]

图 1-2-30　归绥市政府为转发本市三十七年五月份公教人员待遇标准致第四区公所代电（1948 年 6 月 13 日）

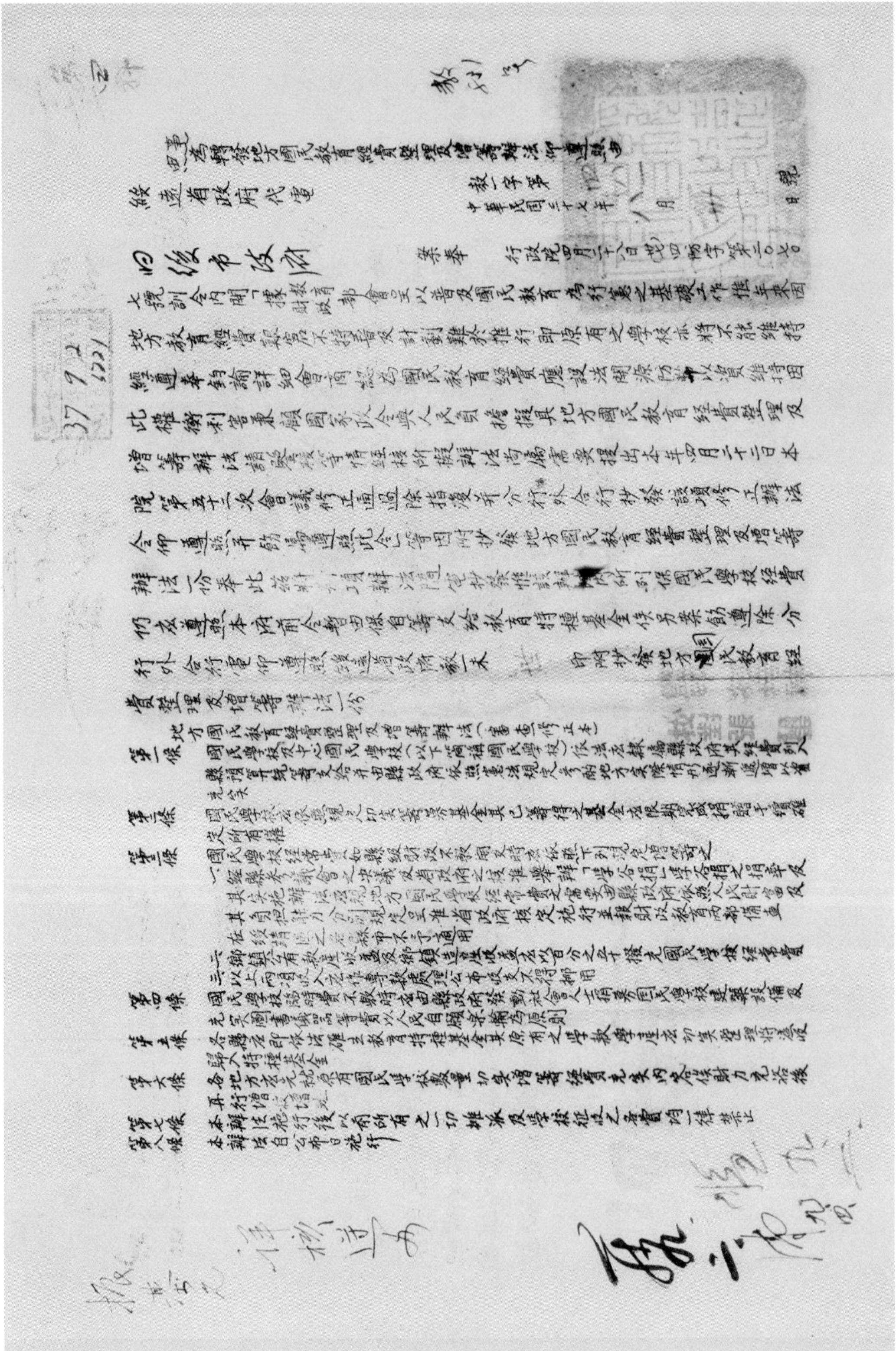

图 1-2-31　绥远省政府为转发《地方国民教育经费整理及增筹办法》致归绥市政府代电（1948 年 8 月 31 日）

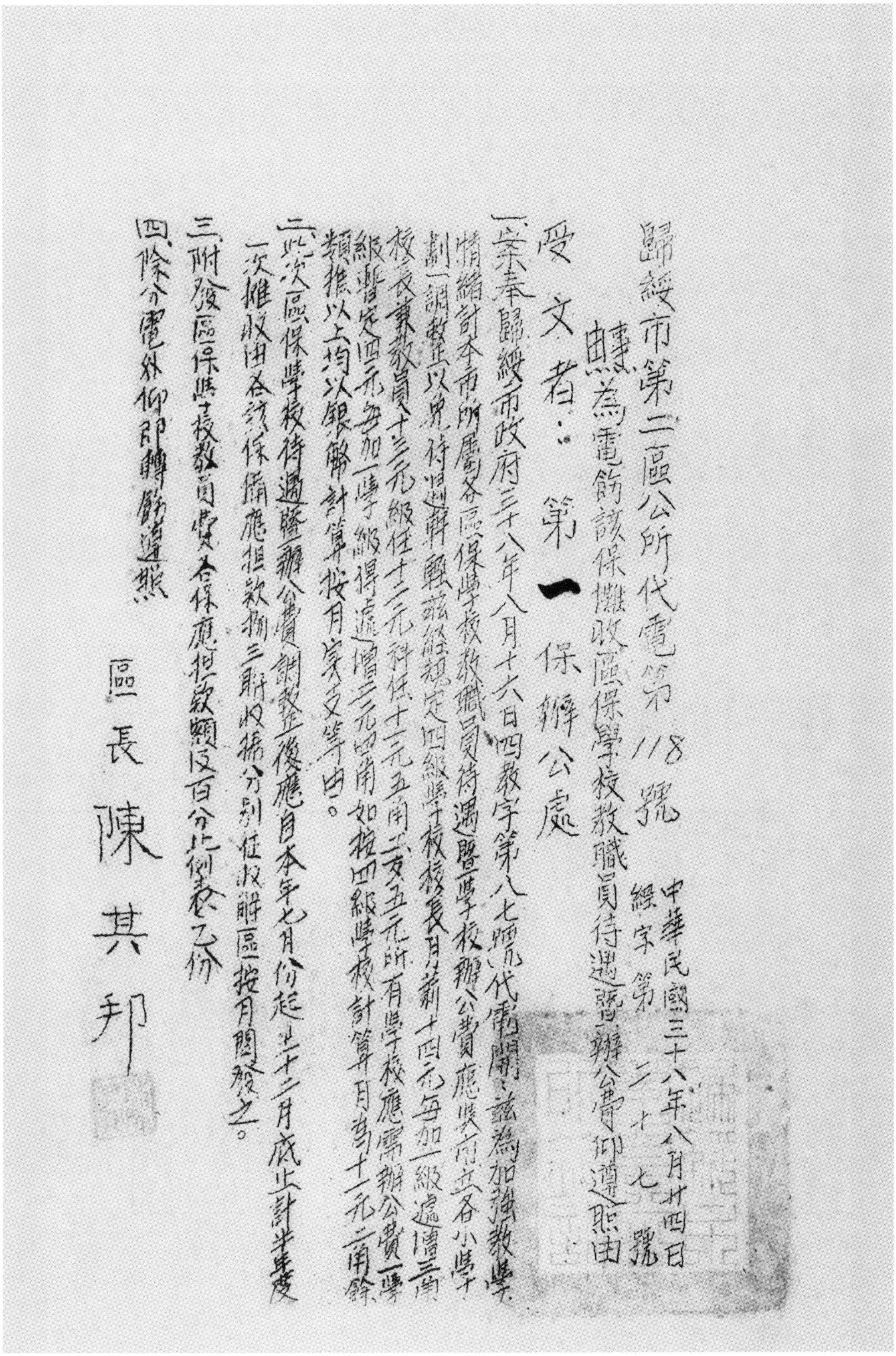

歸綏市第二區公所代電第118號

中華民國三十八年八月廿四日
綏字第二十七號

事由：為電飭該保攤收區保學校教職員待遇暨辦公費仰遵照由

受文者：第一保辦公處

一、案奉歸綏市政府三十八年八月十六日四教字第八七號代電開：茲為加強教學情緒，對本市所屬各區保學校教職員待遇暨學校辦公費應與市立各小學劃一調整，以免待遇懸殊。茲經規定四級學校校長月薪十四元，每加一級遞增三角；校長兼教員十三元，級任十二元，科任十一元五角，工友五元。所有學校應需辦公費，一學級暫定四元，每加一學級得遞增二元四角，如按四級學校計算，月需十一元二角餘。類推，以上均以銀幣計算，按月發支等由。

二、此次區保學校待遇暨辦公費調整後，應自本年七月份起至十二月底止，計半年度一次攤收，由各該保備應担款，按三期收繳，分別征收解區，按月閱發之。

三、附發區保學校教員費各保應担款額及百分比例表乙份。

四、除分電外，仰即轉飭遵照。

區長 陳其邦

图 1-2-32　归绥市第二区公所为摊收区保学校教职员待遇暨办公费致第一保办公处代电（1949 年 8 月 24 日）（一）

歸綏市第二區各保應擔區保學校教育費款額[illegible] 三八年八月廿四日

保別	應擔款額	百分比	備考
第一保	五七一〇	6.50/100	係七至十二月份
第二保	四八三〇	5.50/100	〃
第三保	四八三〇	5.50/100	〃
第四保	五二七〇	6.00/100	〃
第五保	一七五〇	2.00/100	〃
第六保	一七五〇	2.00/100	〃
第七保	四八三〇	5.50/100	〃
第八保	三六九〇	4.20/100	〃
合計	三二六六〇	37.20/100	〃
第九保	三五一〇	4.00/100	係七至十二月份
第十保	九八八〇	11.25/100	〃
第十一保	四八三〇	5.50/100	〃
第十二保	三三四〇	3.80/100	〃
第十三保	六五八〇	7.50/100	〃
第十四保	九八八〇	11.25/100	〃
第十五保	一〇一〇〇	11.50/100	〃
第十六保	七〇〇五	8.00/100	〃
合計	五五一二五	62.80/100	〃
總計	區立五學校七至十二月份銀洋六六五四五元，保立學校二二六四〇元，共計捌百柒拾柒圓[illegible]		

附記：查本區區立學校七月份教育經費計校長一名，級任教員四名，科任教員一名，工友一名，辦公費以四學級計算，共合銀幣捌拾玖圓柒角。八月份教育費因設五年級，應增級任教員一名，麻科半名，工友一名，但康務薪餉依照科任月薪折半，係按二分之一開發，計銀幣壹百壹拾伍圓[illegible]角伍分。九至十二月份亦按五學級計算，與八月份相同，辦公費在內，計四個月共合銀幣四百六拾[illegible]圓[illegible]，總計六個月各保應擔區立五學校教育費銀洋[illegible]六拾五元四角五分正。第十六保立學校七月份教育經費計級任教員二名，工友一名，以二學級計算，辦公費在內，合銀幣二十五元四角，八至十二月份與七月份相同，計五個月共合銀幣壹百[illegible]拾柒[illegible]，總計六個月各保應擔保立學校教育費銀洋[illegible]百[illegible]十六[illegible]，因區保兩校半年度教育經費應由各保負擔銀幣捌百柒拾柒圓捌角伍分，按照[illegible]，查區保學校七至十二月份教育費，應由八月份[illegible]一併[illegible]交處，以便按月開發為[illegible]

图 1-2-32　归绥市第二区公所为摊收区保学校教职员待遇暨办公费致第一保办公处代电（1949 年 8 月 24 日）（二）

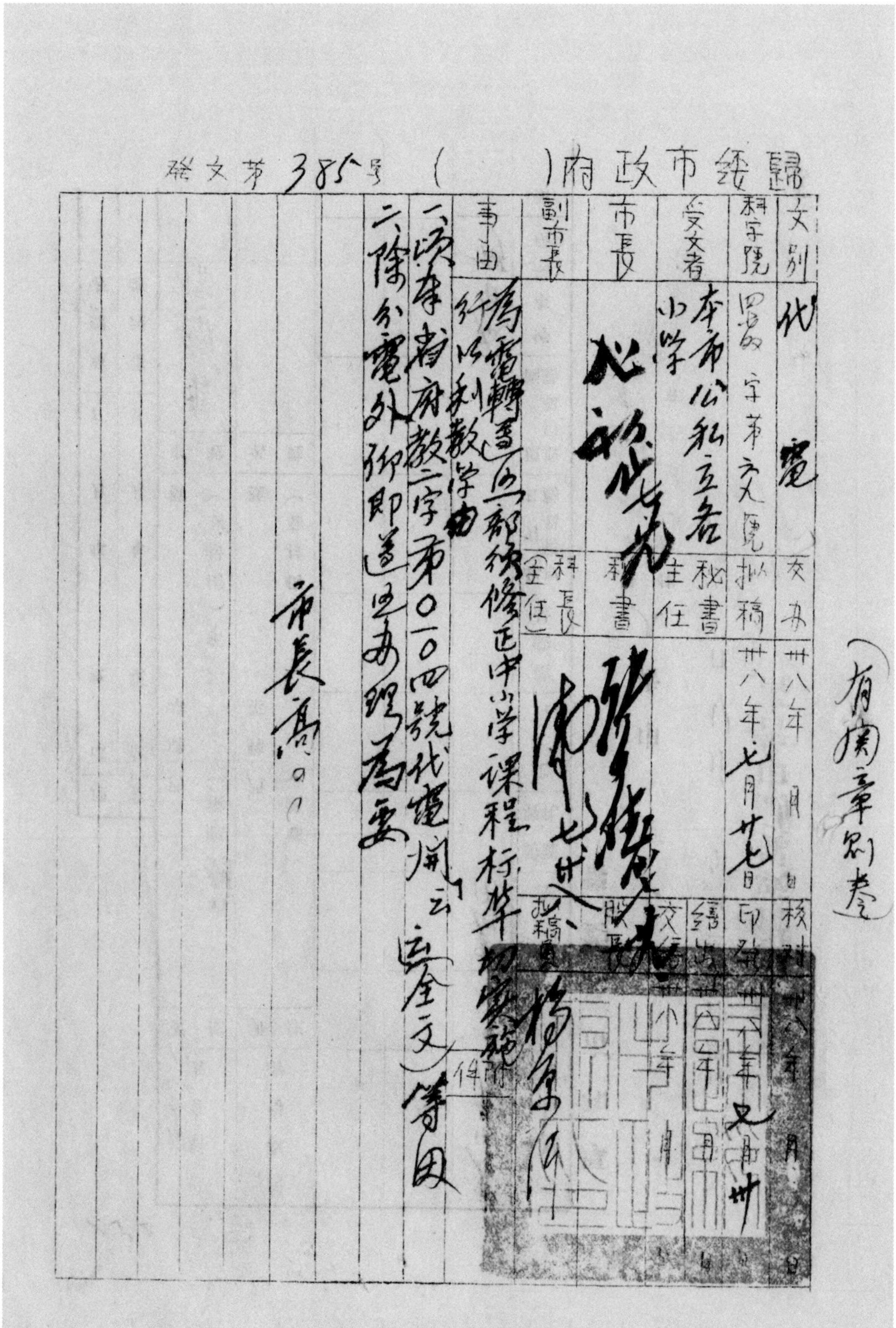

歸綏市政府（　　）稿　發文第385號

文別	代電
科字號	四級字第六九號
受文者	本市公私立各小學
市長	
副市長	
事由	為電轉遵照部頒修正中小學課程標準切實施行以利教學由
交办	卅八年　月　日
擬稿	卅八年七月廿七日
核判	卅八年　月　日
印發	卅八年七月卅日

一、案准省府教二字第〇一〇四號代電開：（照錄全文）等因

二、除分電外，仰即遵照辦理為要。

市長高〇〇

有關章則卷

图 1-2-33　归绥市政府为实施修正中小学课程标准暂行办法致公私立各小学代电（附绥远省政府教育厅代电）（1949 年 7 月 30 日）（一）

图 1-2-33　归绥市政府为实施修正中小学课程标准暂行办法致公私立各小学代电（附绥远省政府教育厅代电）（1949 年 7 月 30 日）（二）

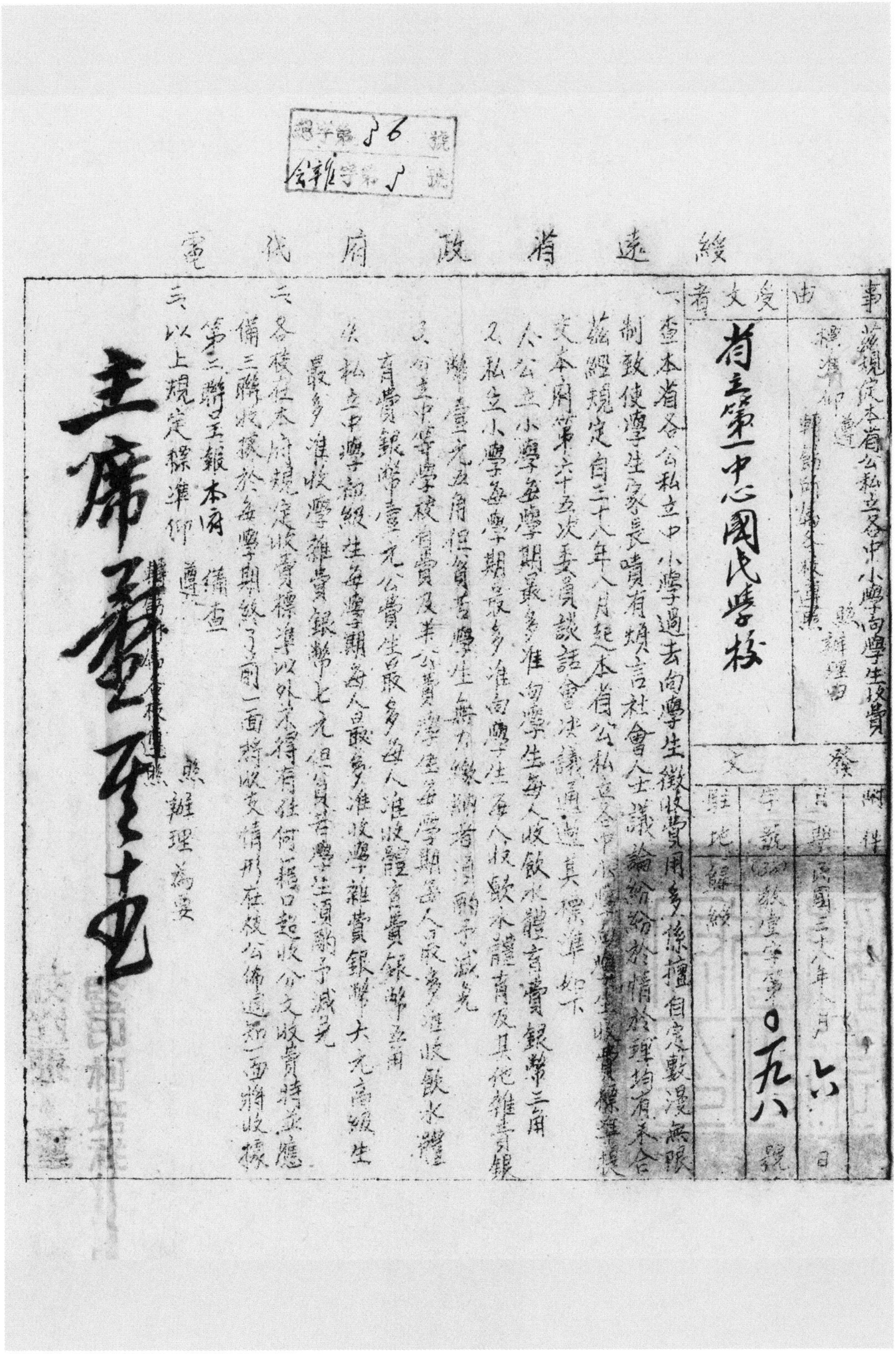
總字第36號
分類字第5號

綏遠省政府代電

事由	為規定本省公私立各中小學向學生收費標準仰遵照辦理由
受文者	省立第一中心國民學校
發文 附件	
日期	民國三十八年八月六日
字號	(38)教達字第〇五九八號
駐地	歸綏

一、查本省各公私立中小學過去向學生徵收費用多係擅自定數漫無限制致使學生家長嘖有煩言社會人士議論紛紛於情於理均有未合茲經規定自三十八年八月起本省公私立各中小學向學生收費標準提交本府第六十五次委員談話會決議通過其標準如下

1、公立小學每學期最多准向學生每人收飲水體育費銀幣三角

2、私立小學每學期最多准向學生每人收飲水體育及其他雜費銀幣壹元五角但貧苦學生無力繳納者須酌予減免

3、公立中等學校自費及半公費學生每學期每人最多准收飲水體育費銀幣壹元公費生最多每人准收體育費銀幣五角

4、私立中學初級生每學期每人最多准收學雜費銀幣六元高級生最多准收學雜費銀幣七元但貧苦學生須酌予減免

二、各校在本府規定收費標準以外不得有任何藉口超收分文收費時並應備三聯收據於每學期終了前一面將收支情形在校公佈週知一面將收據第三聯呈報本府 備查

三、以上規定標準仰 遵照辦理為要

主席董其武

图 1-2-34　绥远省政府为规定本省《公私各中小学向学生收费标准》致省立第一中心国民学校代电（1949 年 8 月 6 日）

三 组织机构

图 1-3-1　绥远省归绥市各学校分布图［1947 年 7 月］

一 二
三 四

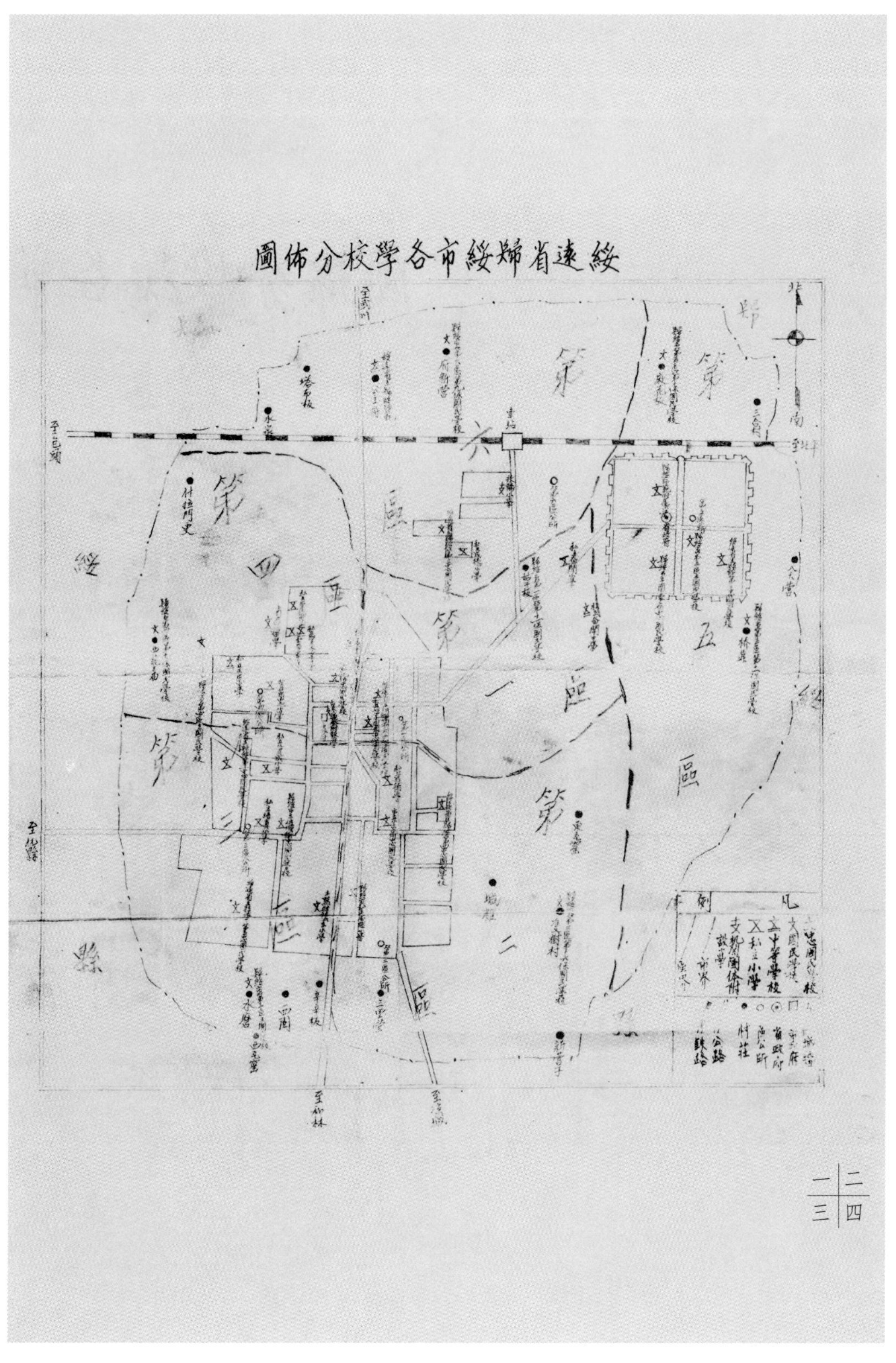

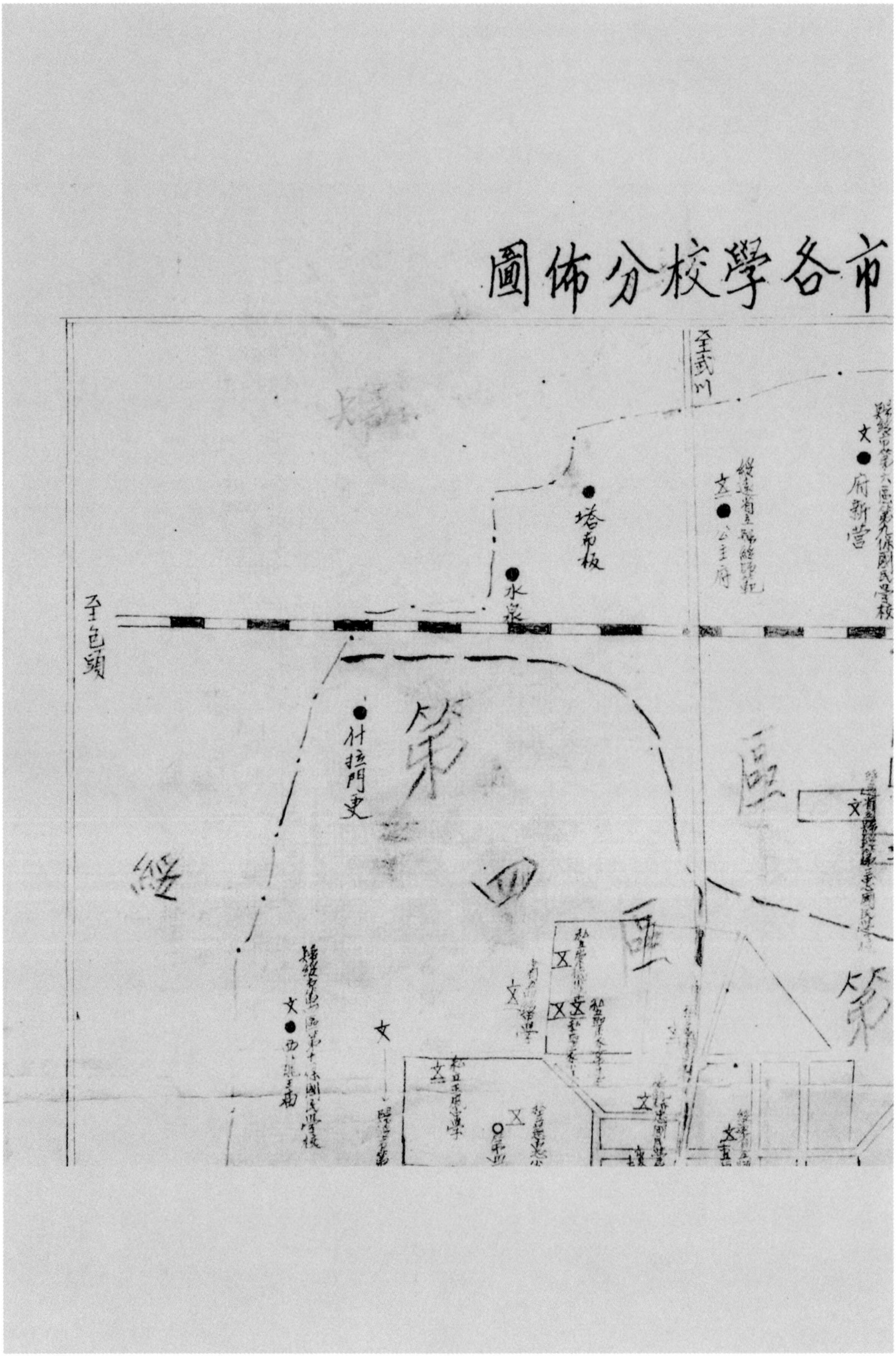

图 1-3-1　绥远省归绥市各学校分布图［1947 年 7 月］（局部图一）

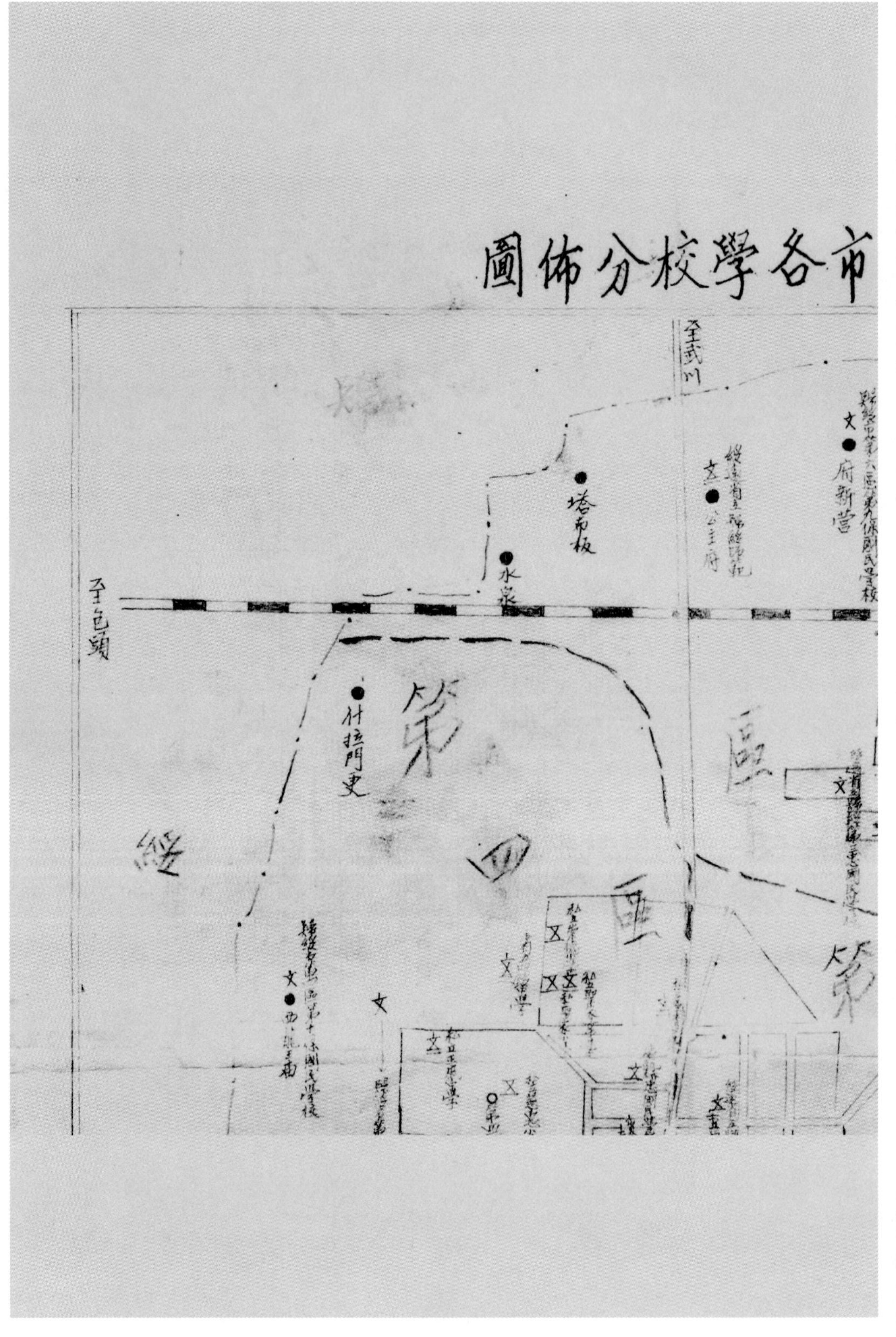

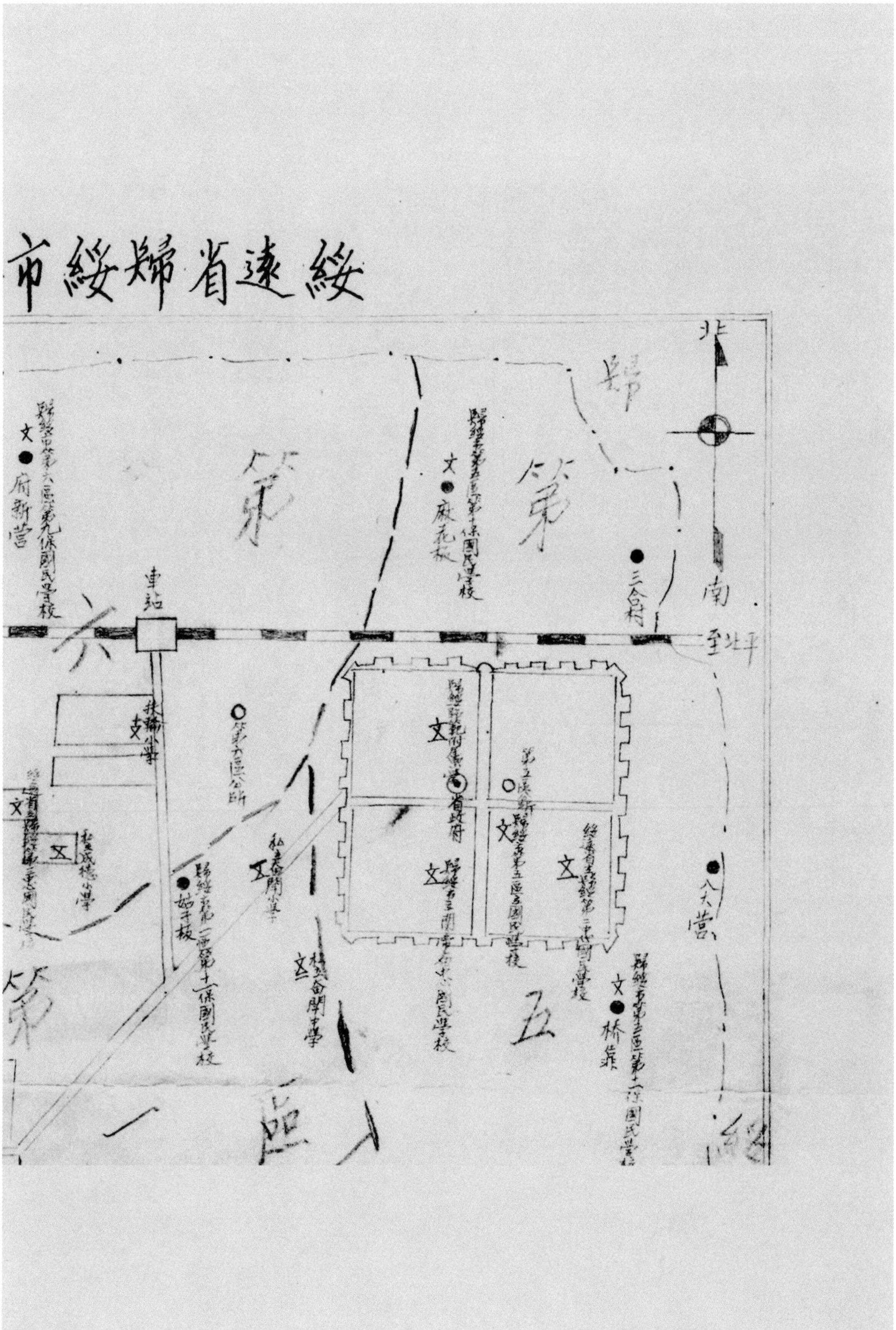

图 1-3-1　绥远省归绥市各学校分布图［1947 年 7 月］（局部图二）

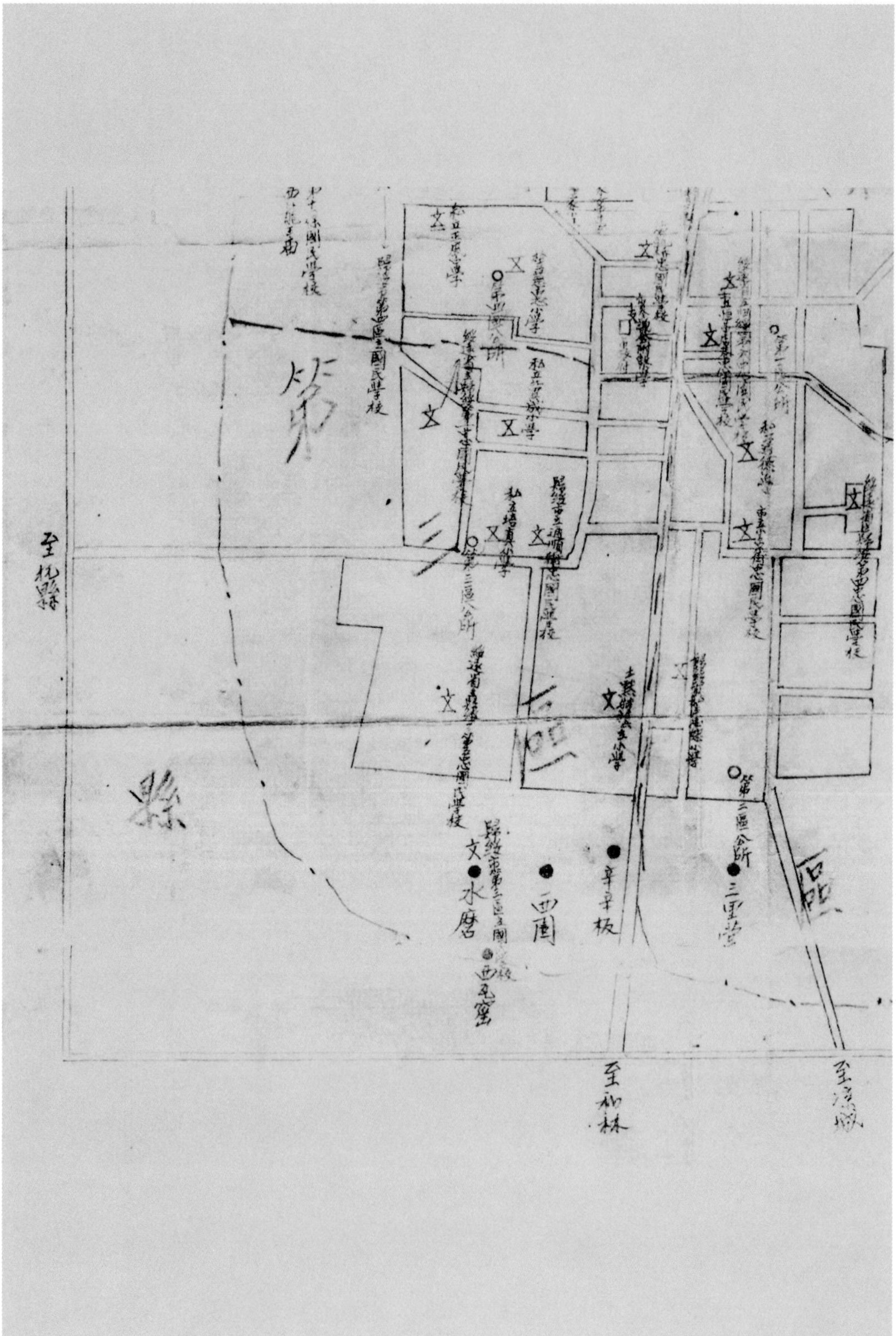

图 1-3-1　绥远省归绥市各学校分布图［1947 年 7 月］（局部图三）

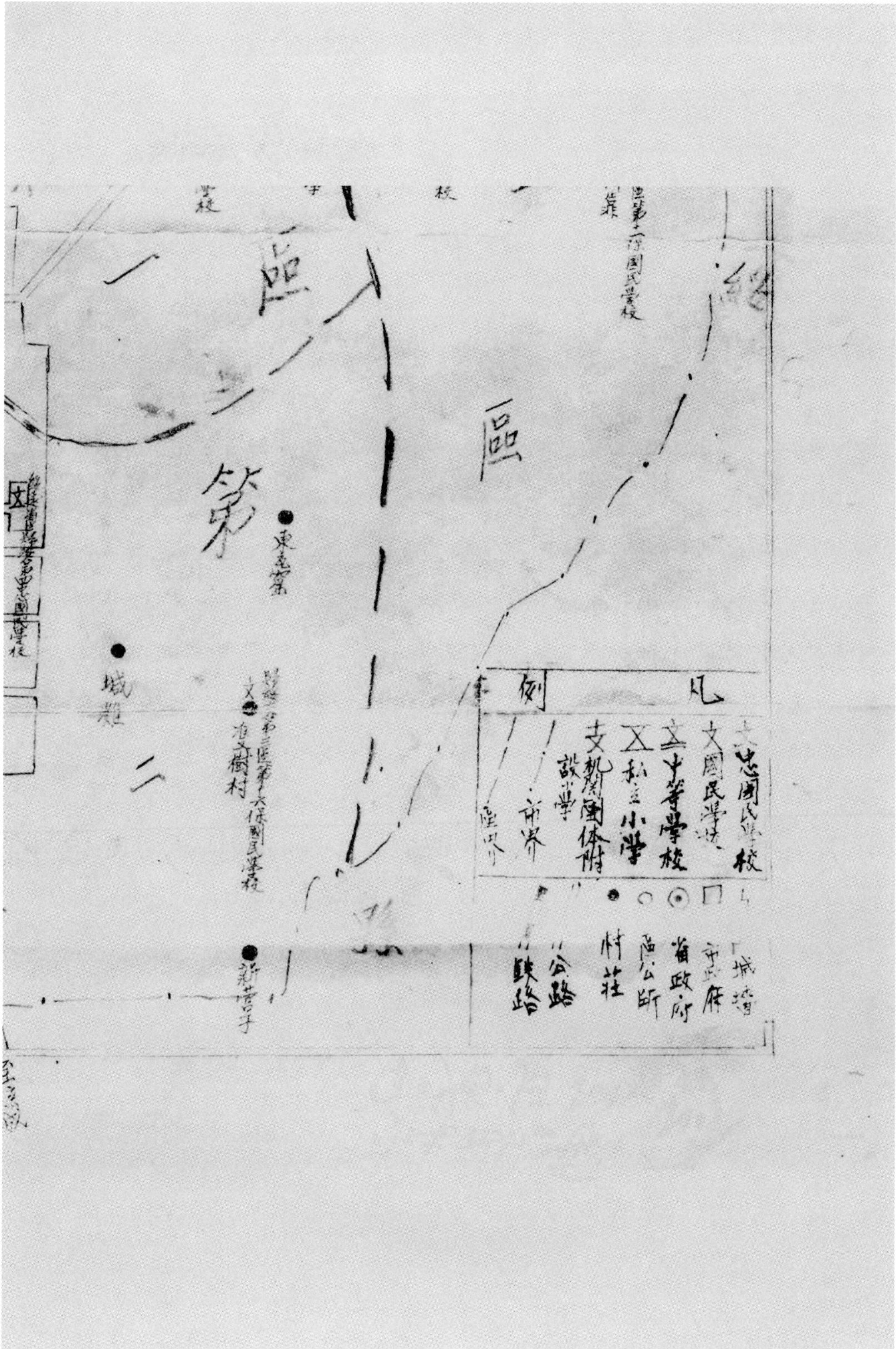

图 1-3-1　绥远省归绥市各学校分布图［1947 年 7 月］（局部图四）

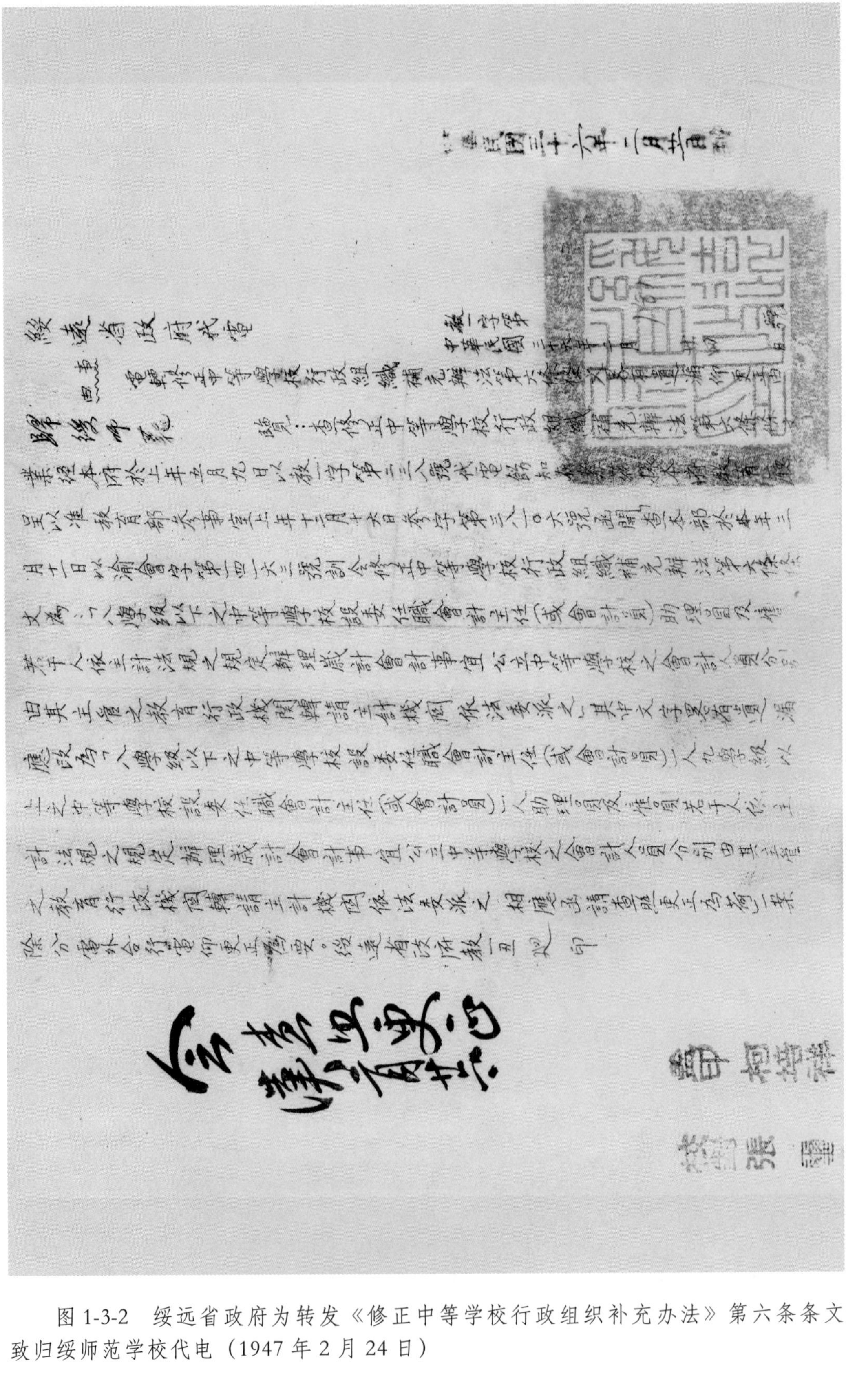

图 1-3-2　绥远省政府为转发《修正中等学校行政组织补充办法》第六条条文致归绥师范学校代电（1947 年 2 月 24 日）

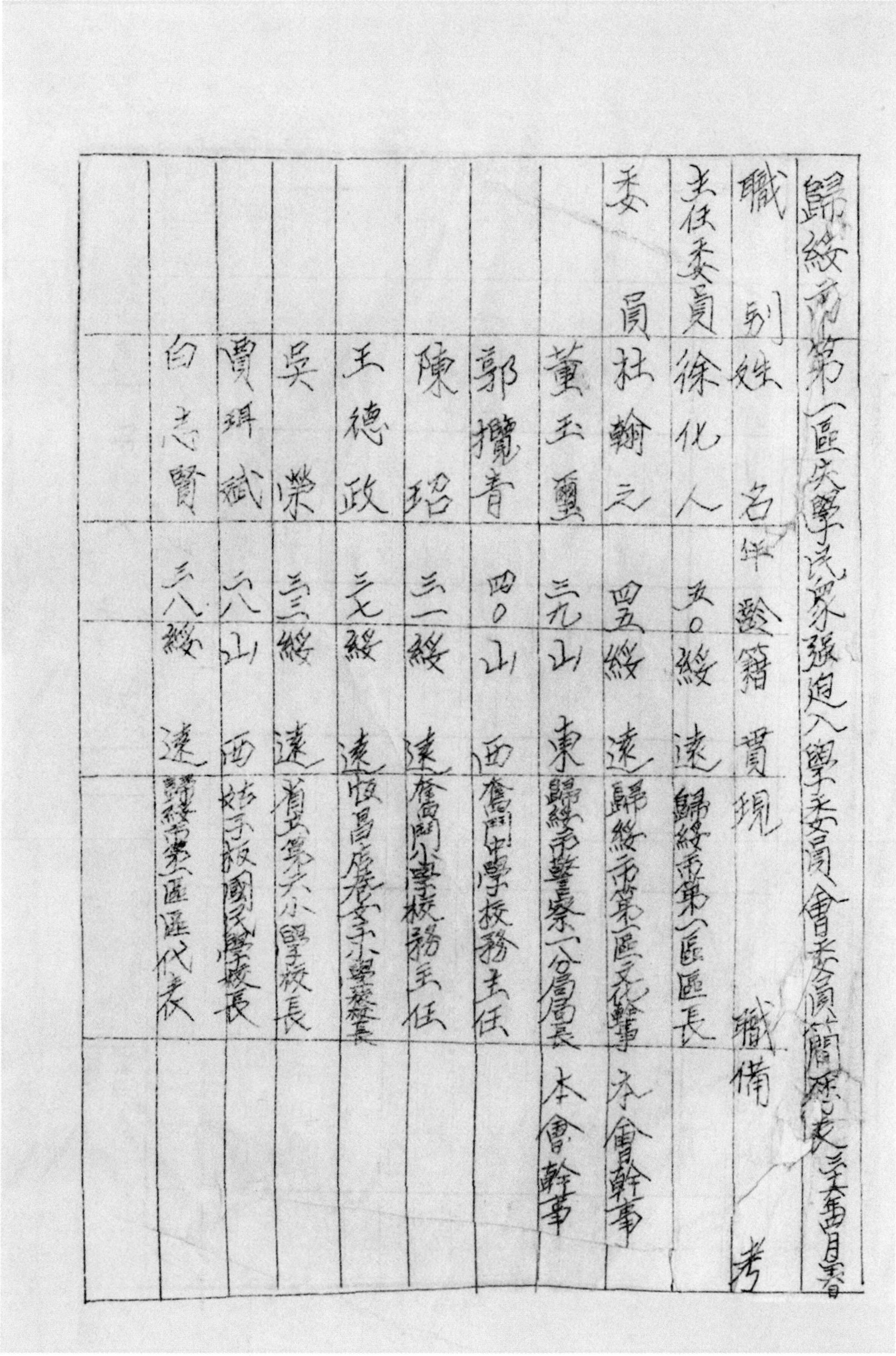

歸綏市第一區失學民眾强迫入學委員會委員簡歷表 三十六年四月廿六日

職別	姓名	年齡	籍貫	現職	備考
主任委員	徐化人	五〇	綏遠	歸綏市第一區區長	
委員	杜翰之	四五	綏遠	歸綏市第一區文化幹事	本會幹事
	董玉璽	三九	山東	歸綏市警察一分局局長	本會幹事
	郭攬青	四〇	山西	奮鬥中學校務主任	
	陳瑶	三一	綏遠	奮鬥小學校務主任	
	王德政	三七	綏遠	恆昌店巷第一小學校長	
	吳業	三三	綏遠	舊城第六小學校長	
	賈瑞斌	二八	山西	姑子板國民學校長	
	白志賢	三八	綏遠	歸綏市第一區區代表	

图 1-3-3　归绥市第一区失学民众强迫入学委员会委员简历表（1947 年 4 月 26 日）

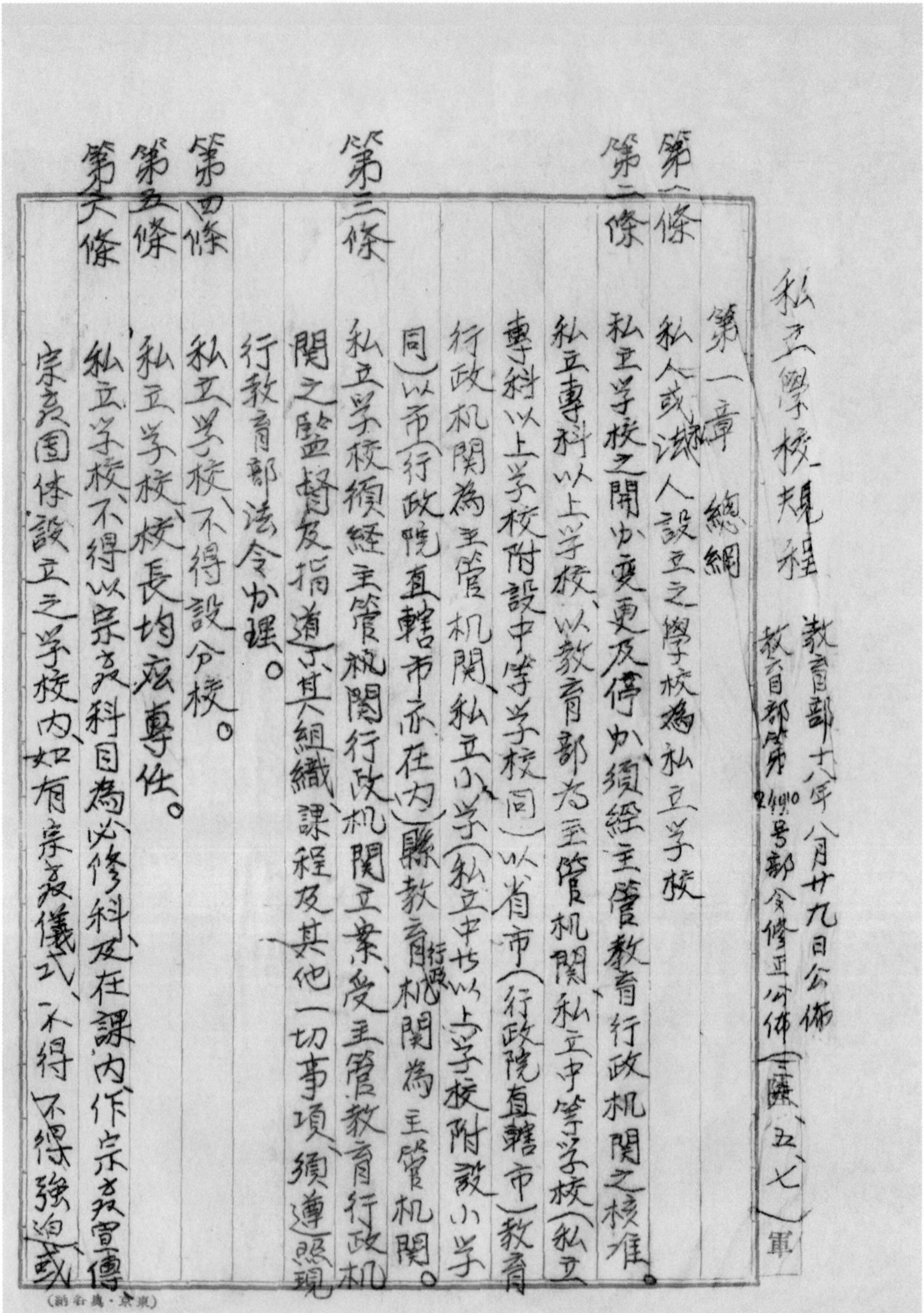
私立學校規程

教育部十八年八月廿九日公佈
教育部第24990号部令修正公佈（三六、五、七）

第一章 總綱

第一條 私人或法人設立之學校為私立学校

第二條 私立学校之開办變更及停办須經主管教育行政机関之核准。

私立專科以上学校以教育部為主管机関，私立中等学校（私立專科以上学校附設中等学校同）以省市（行政院直轄市）教育行政机関為主管机関，私立小学（私立中等以上学校附設小学同）以市（行政院直轄市亦在内）縣教育行政机関為主管机関。

第三條 私立学校須經主管教育行政机関立案、受主管教育行政机関之監督及指導，其組織、課程及其他一切事項須遵照現行教育部法令办理。

第四條 私立学校不得設分校。

第五條 私立学校校長均應專任。

第六條 私立学校不得以宗教科目為必修科，及在課内作宗教宣傳。宗教団体設立之学校内如有宗教儀式，不得強迫或

图 1-3-4　教育部第 24990 号部令修正公布《私立学校规程》（1947 年 5 月 7 日）（一）

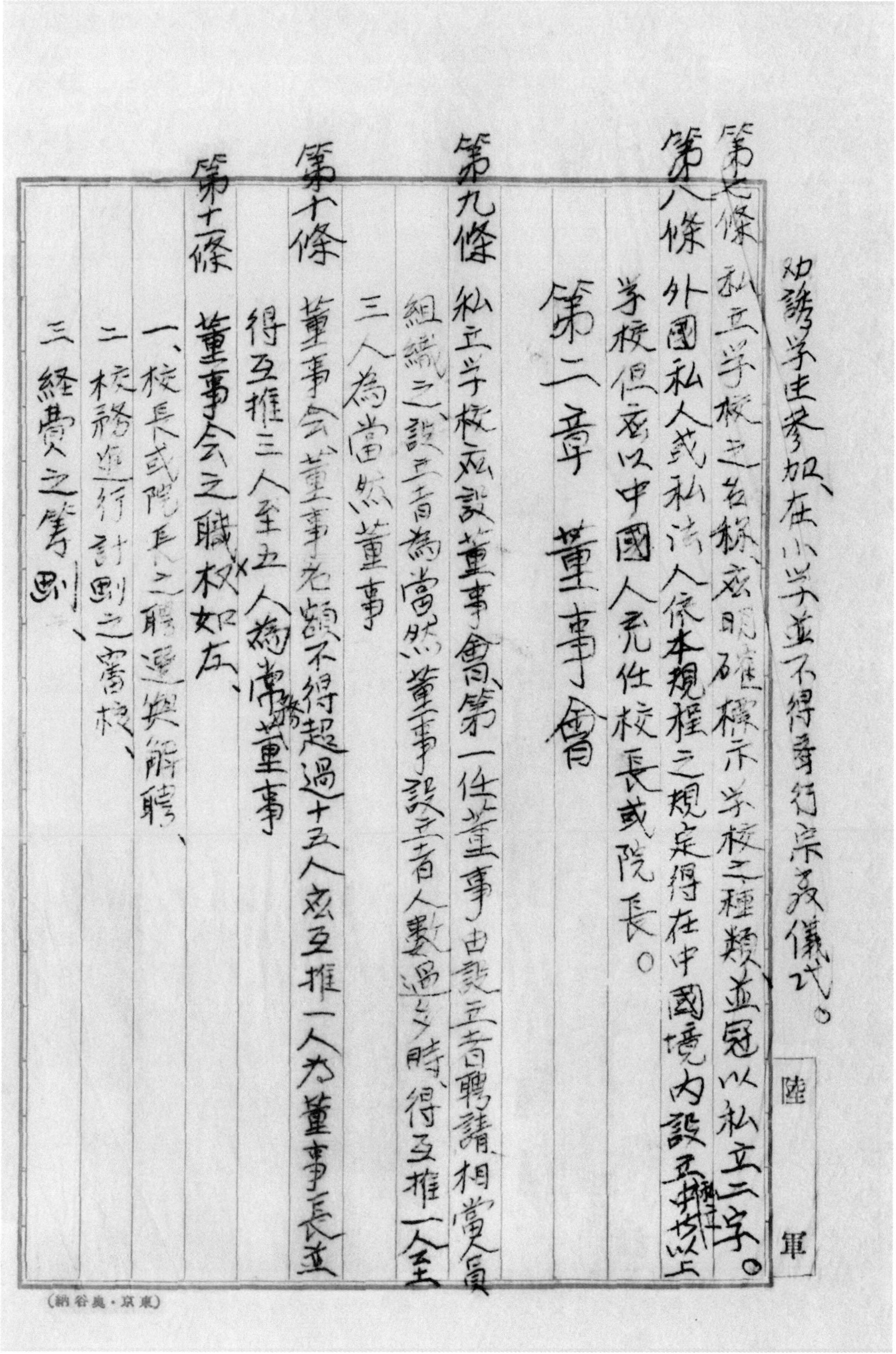

劝誘学生参加、在小学並不得举行宗教儀式。

第七條　私立学校之名稱、應明確標示学校之種類並冠以私立二字。

第八條　外國私人或私法人依本規程之規定得在中國境内設立中等以上学校、但應以中國人充任校長或院長。

第二章　董事會

第九條　私立学校應設董事會、第一任董事由設立者聘請相當人員組織之、設立者為當然董事、設立者人數過多時、得互推一人至三人為當然董事

第十條　董事会董事名額不得超過十五人、應互推一人為董事長、並得互推三人至五人為常務董事

第十一條　董事会之職權如左、

一、校長或院長之聘選與解聘、

二、校務進行計劃之審核、

三、經費之籌劃、

陸軍

（東京·奥谷納）

图 1-3-4　教育部第 24990 号部令修正公布《私立学校规程》（1947 年 5 月 7 日）（二）

四、預算及決算之審核
五、基金之保管
六、財務之監察

第十二條 董事会組織、董事之任期及改選办法應於董事会組織規程中規定之。

第十三條 董事会至少須有三分之一董事以曾經研究教育或办理教育者充任，現任主管教育行政机関人員不得兼任董事，外國人充任董事之名額至多不得超過三分之一，並不得充任董事長。

第十四條 董事会設立後須開具左列各事項呈請主管教育行政机関立案。
一、名称
二、目的
三、会址
四、董事会組織規程

陸軍

(東京·嘉谷納)

图 1-3-4 教育部第 24990 号部令修正公布《私立学校规程》（1947 年 5 月 7 日）（三）

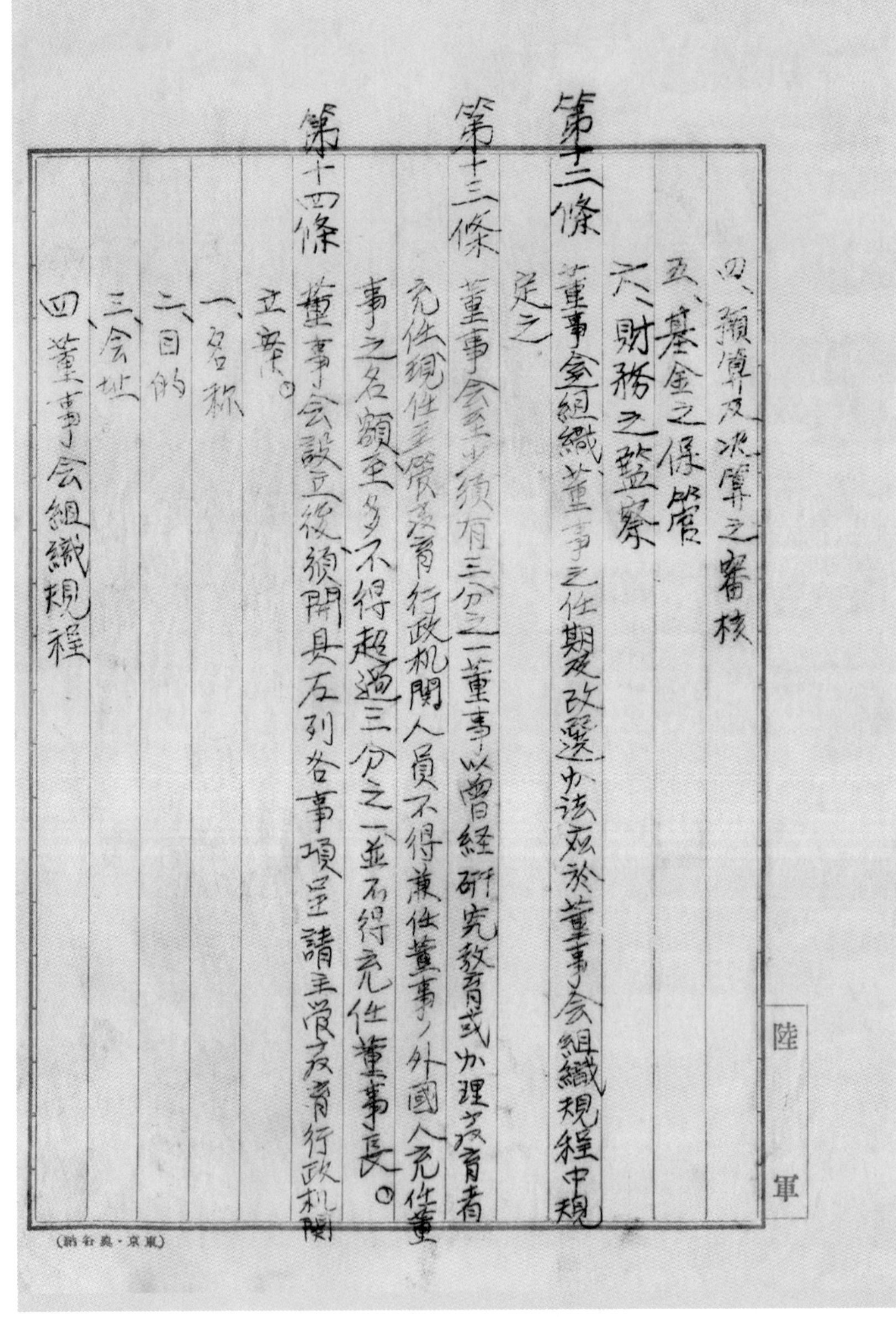

五、資產資金或其他收入詳細項目及其確實證明
六、董事姓名年齡籍貫資歷職業及住址
立案後如第三條第五第六各項有變更時須於一個月內分別
呈報主管教育行政機關備案
第十五條 董事會呈請立案時（一）私立專科以上學校應呈由該
管省市（行政院直轄市）教育行政機關轉呈教育部
核辦（二）私立中等學校應呈由主管縣市教育行政機關
轉呈教育廳或逕呈主管市（行政院直轄市）教育行
政機關核辦（三）私立小學應呈請主管市（行政院直轄市亦
在內）縣教育行政機關核辦轉呈時對於前條所列各事
項均須切實調查開具意見以備審核
第十六條 已核准立案之私立中等學校董事會應由主管省市（行政
院直轄市）教育行政機關轉呈教育部備案已核准立案之
私立小學董事會應由主管縣市教育行政機關轉呈上級

陸軍

(東京·奧谷納)

图 1-3-4　教育部第 24990 号部令修正公布《私立学校规程》（1947 年 5 月 7 日）（四）

教育行政機関備案但行政直轄市私立小學之立案手續免予
轉呈
第十七條私立專科已上學校附設中等學校及私立中等已上學校
附設小學應另設董事會其呈請立案備案手續與普通
私立中等學校及小學同
第十八條董事須於每年終結後一個月內將前年度所辦重要事項
收支金額及項目連同財產項目分別逕報或轉報主管教育
行政機関備案
第十九條主管教育行政機関每年須查核董事會之財務及事務狀况
一次必要時得隨時查核之
第二十條董事會選聘校長或院長應於一個月內詳開履歷呈報
主管教育行政機関審核備案如不合規定或不稱職時
主管教育行政機関得令董事會另聘之
第二十一條董事會不能行使其職權時得由主管教育行政機関

陸軍

（納谷典·京東）

图 1-3-4　教育部第 24990 号部令修正公布《私立学校规程》（1947 年 5 月 7 日）（五）

令其限期改組、必要時得由主管教育行政機関派員監督改組之。

第三章 開辦及停辦

第二十二條 私立学校應於董事会立案後呈請主管教育行政机関核准、始得招生開办、未呈准前不得擅行招生。

第二十三條 董事会呈報学校開办時、須開具左列各事項：

一、學校名稱（如有外國之名称者并应列入）及其種類、

二、學校所在地、

三、校址、校舍平面圖及說明書、

四、学校組織及課程編制。

五、経費來源及経常費預算表。

六、全部圖書、儀器標本分類統計表。

七、校長或院長履歷表。

第二十四條 私立学校应有確定之資產、経費之設備、其標准十

陸　軍

（納谷興・京東）

图 1-3-4　教育部第 24990 号部令修正公布《私立学校规程》（1947 年 5 月 7 日）（六）

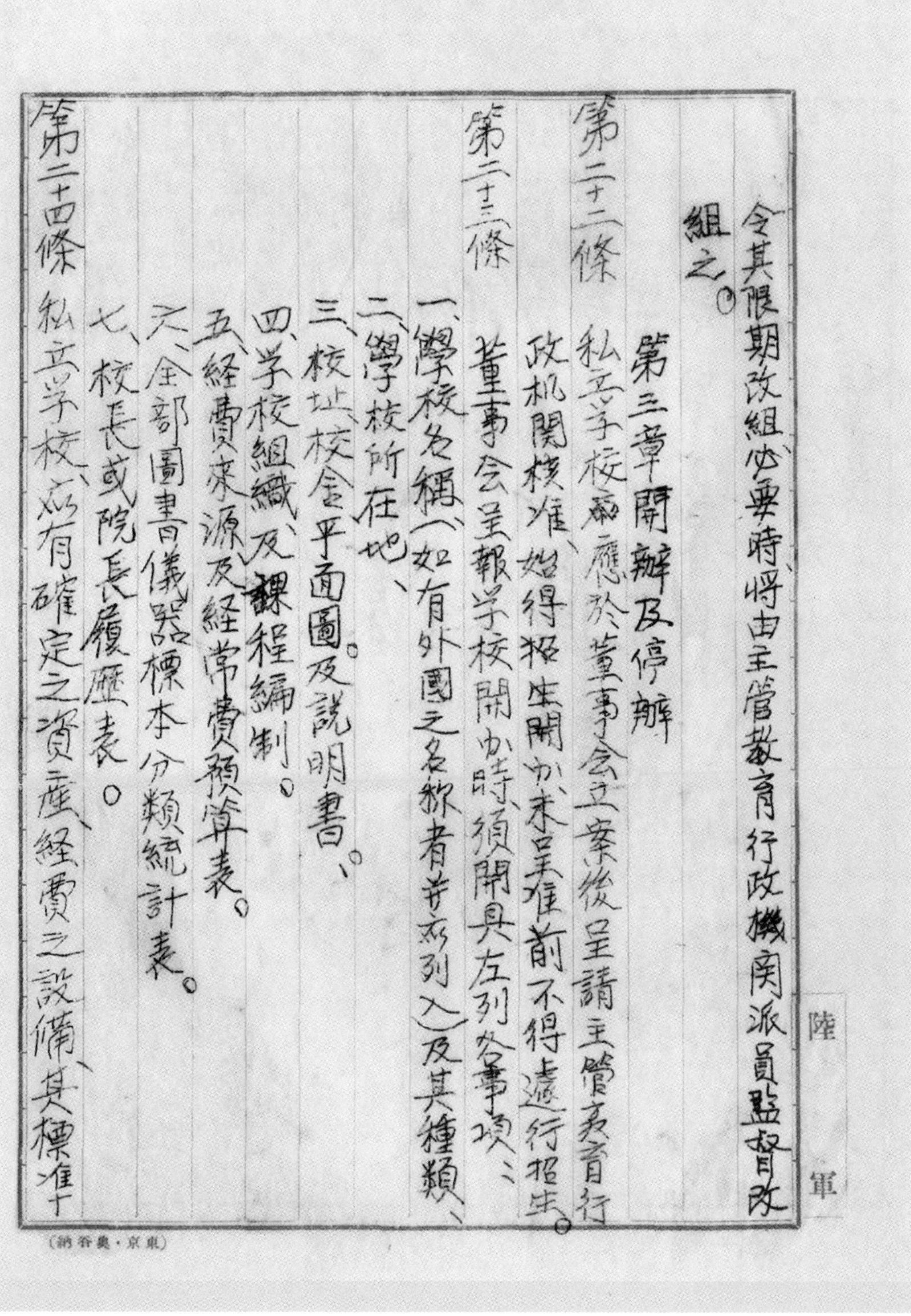

由主管教育行政机關核准之

第二十五條 私立校於開办後一年内呈請立案呈請須開左列事項、

一、開办後經过情形、

二、各項章程規則

三、教職員履歷表、

四、学生一覽表、

第二十六條 私立学校具有左列各項條件時准予立案

一、呈報事項查明確实、

二、对於現行教育法令切实遵從並嚴厲執行学校簡章

三、教職員之名額資格及任務均合法令規定、

四、学生資格合格、

五、設備足敷应用、

六、資產或資金之租息連其他確定收入足以維持其每年經常費、

陸軍

（納谷表·京東）

图 1-3-4 教育部第 24990 号部令修正公布《私立学校规程》（1947 年 5 月 7 日）（七）

第二十七條　私立專科以上學校及中等學校呈報開辦或呈請立案轉請呈主管教育行政機關核辦所轉呈之教育行政機關應分別呈經省市（行政院直轄市）或縣市教育行政機關對于第二十三及二十五條各款所列事項切實調查開具意見以備審核。

第二十八條　未依照本規程完成立案手續之私立學校其學生之學籍不予承認。

第四章　停辦

第二十九條　私立學校辦理不善或違反法令者主管教育行政機關得勒令其停辦

第卅條　私立學校不能達到其教育目的時董事會應即呈請停辦但須經主管教育行政機關核准後始得辦理結束

第卅一條　私立學校停辦後應由主管教育行政機關派員監督董事會清理財產並結束一切事務。

陸軍

（東京·奧谷納）

图 1-3-4　教育部第 24990 号部令修正公布《私立学校规程》（1947 年 5 月 7 日）（八）

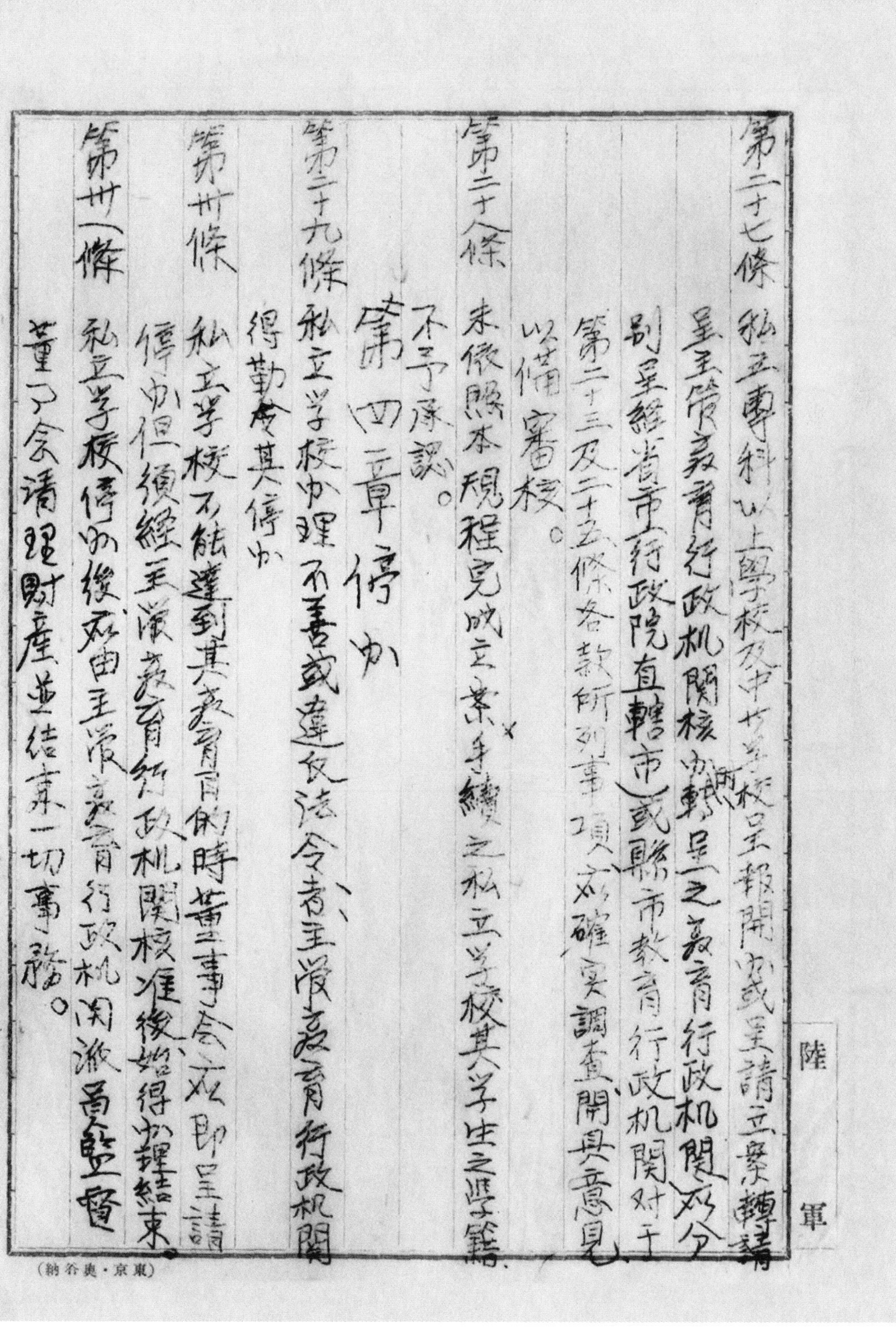

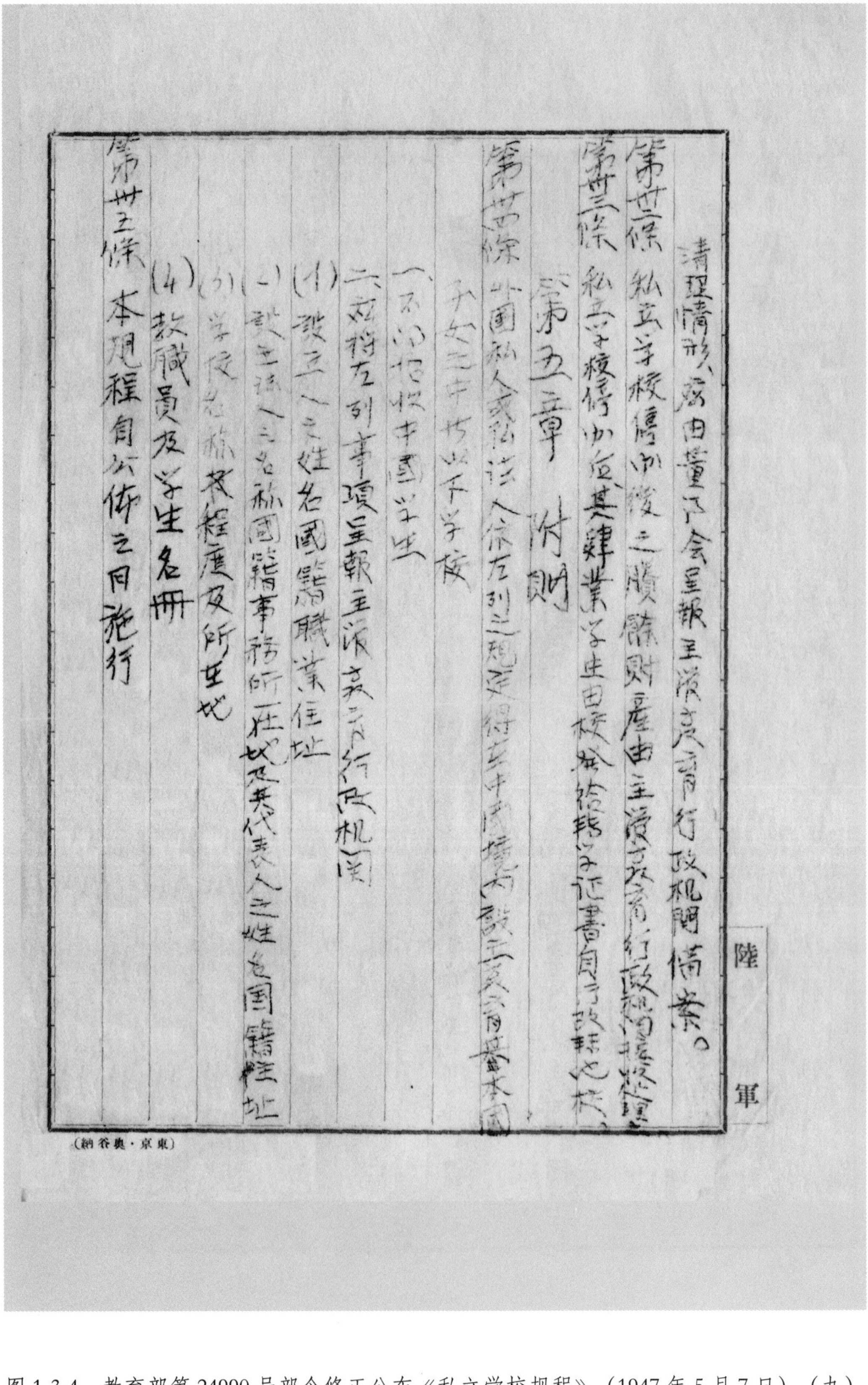

清理情形，應由董事会呈報主管教育行政机關備案。
第卅條 私立学校停办後之賸餘財產由主管教育行政機關接收保管
第卅一條 私立学校停办后其肄業学生由校發給轉学証書自行轉学他校
第五章 附則
第卅二條 外国私人或私法人依左列之規定得在中国境内設立教育其本國子女之中等以下学校
一、不得招收中國学生
二、应將左列事項呈報主管教育行政机関
(1) 設立人之姓名國籍職業住址
(2) 設立法人之名称國籍事務所所在地及其代表人之姓名国籍住址
(3) 学校名称章程座及所在地
(4) 教職員及学生名册
第卅三條 本規程自公佈之日施行

图 1-3-4 教育部第 24990 号部令修正公布《私立学校规程》（1947 年 5 月 7 日）（九）

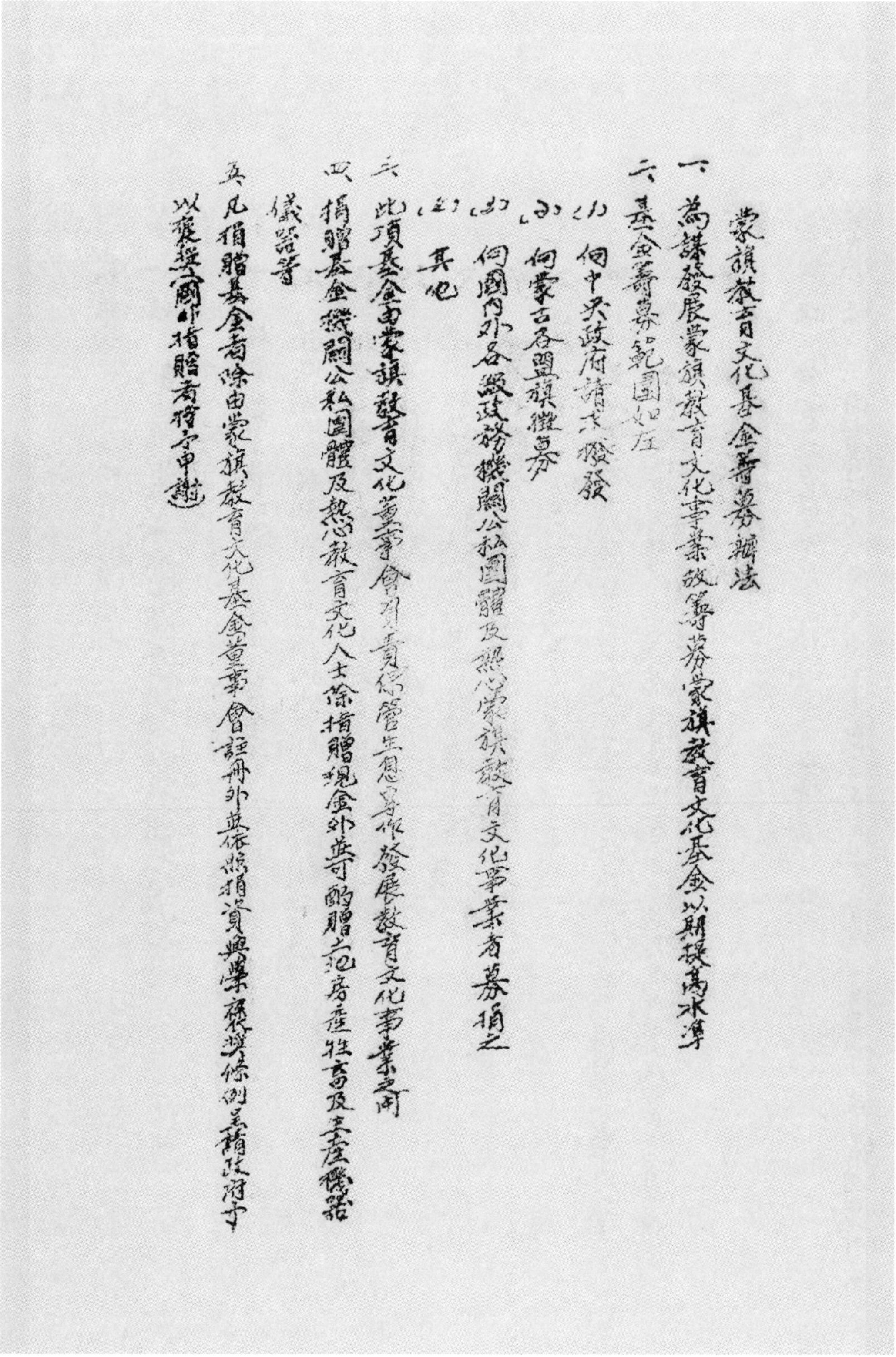
蒙旗教育文化基金籌募辦法

一、為謀發展蒙旗教育文化事業故籌募蒙旗教育文化基金以期提高水準

二、基金籌募範圍如左

(1) 向中央政府請求撥發

(2) 向蒙古各盟旗徵募

(3) 向國內外各級政務機關公私團體及熱心蒙旗教育文化事業者募捐之

(4) 其他

三、此項基金由蒙旗教育文化董事會負責保管生息專作發展教育文化事業之用

四、捐贈基金機關公私團體及熱心教育文化人士除捐贈現金外並可酌贈土地房產牲畜及生產機器儀器等

五、凡捐贈基金者除由蒙旗教育文化基金董事會註冊外並依照捐資興學褒獎條例呈請政府予以褒獎（國外捐贈者特予申謝）

图 1-3-5　蒙旗教育文化基金筹募办法［1945 年］

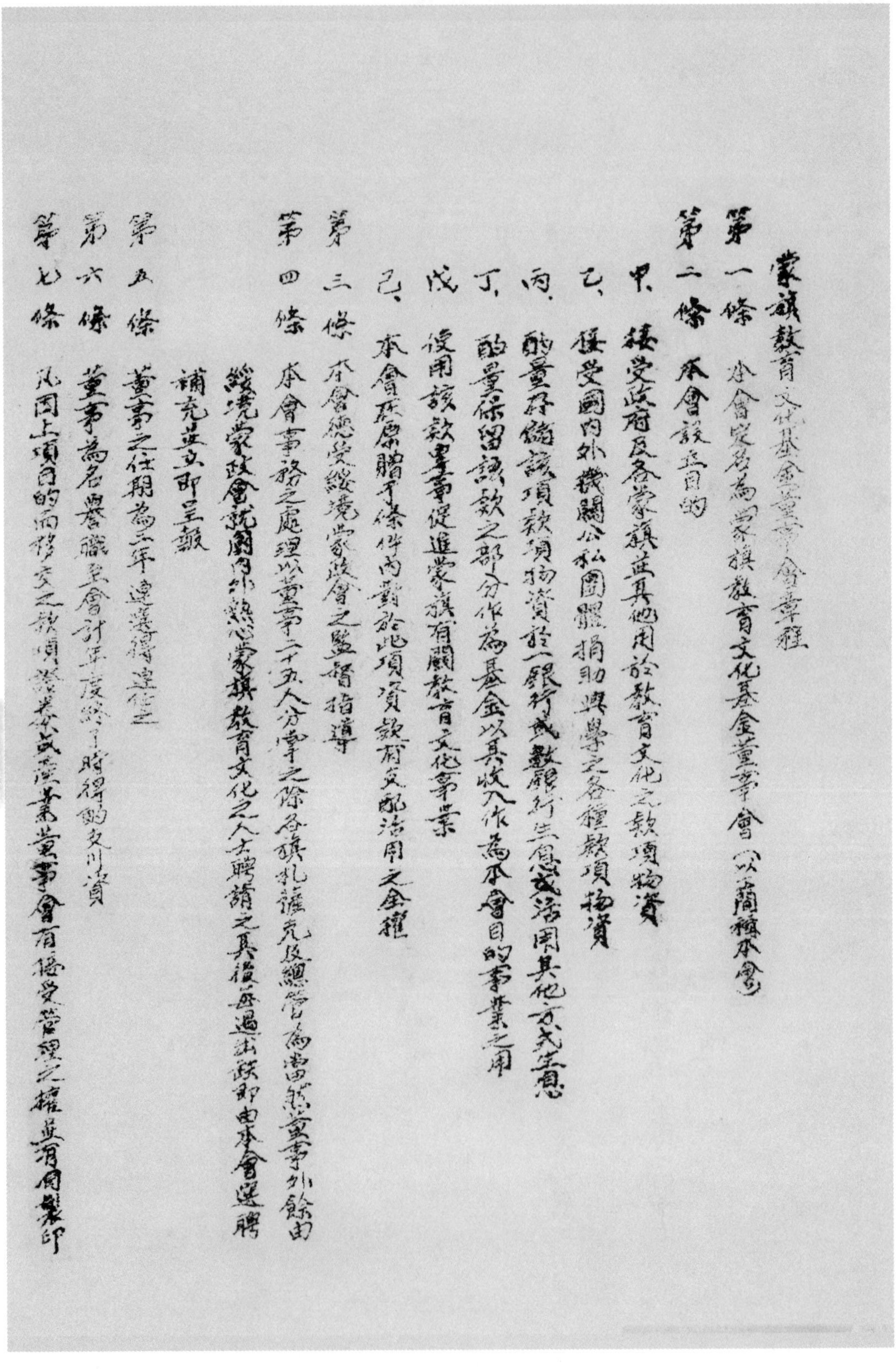
蒙旗教育文化基金董事會章程

第一條 本會定名為蒙旗教育文化基金董事會（以下簡稱本會）

第二條 本會設立目的

甲、接受政府及各蒙旗並其他用於教育文化之款項物資

乙、接受國內外機關公私團體捐助興學之各種款項物資

丙、酌量存儲該項款項物資於一銀行或數銀行生息或活用其他方式生息

丁、酌量保留該款之一部分作為基金以其收入作為本會目的事業之用

戊、使用該款事業促進蒙旗有關教育文化事業

己、本會在原贈予條件內對於此項資款有支配活用之全權

第三條 本會總受綏境蒙政會之監督指導

第四條 本會事務之處理以董事二十五人分掌之除各旗札薩克及總管為當然董事外餘由綏境蒙政會就國內外熱心蒙旗教育文化之人士聘請之其後每遇出缺即由本會選聘補充並立即呈報

第五條 董事之任期為三年連選得連任之

第六條 董事為名譽職每會計年度終了時得酌支川資

第七條 凡因上項目的而移交之款項證券或產業董事會有接受管理之權並有[illegible]

图 1-3-6 蒙旗教育文化基金董事会章程［1945 年］（一）

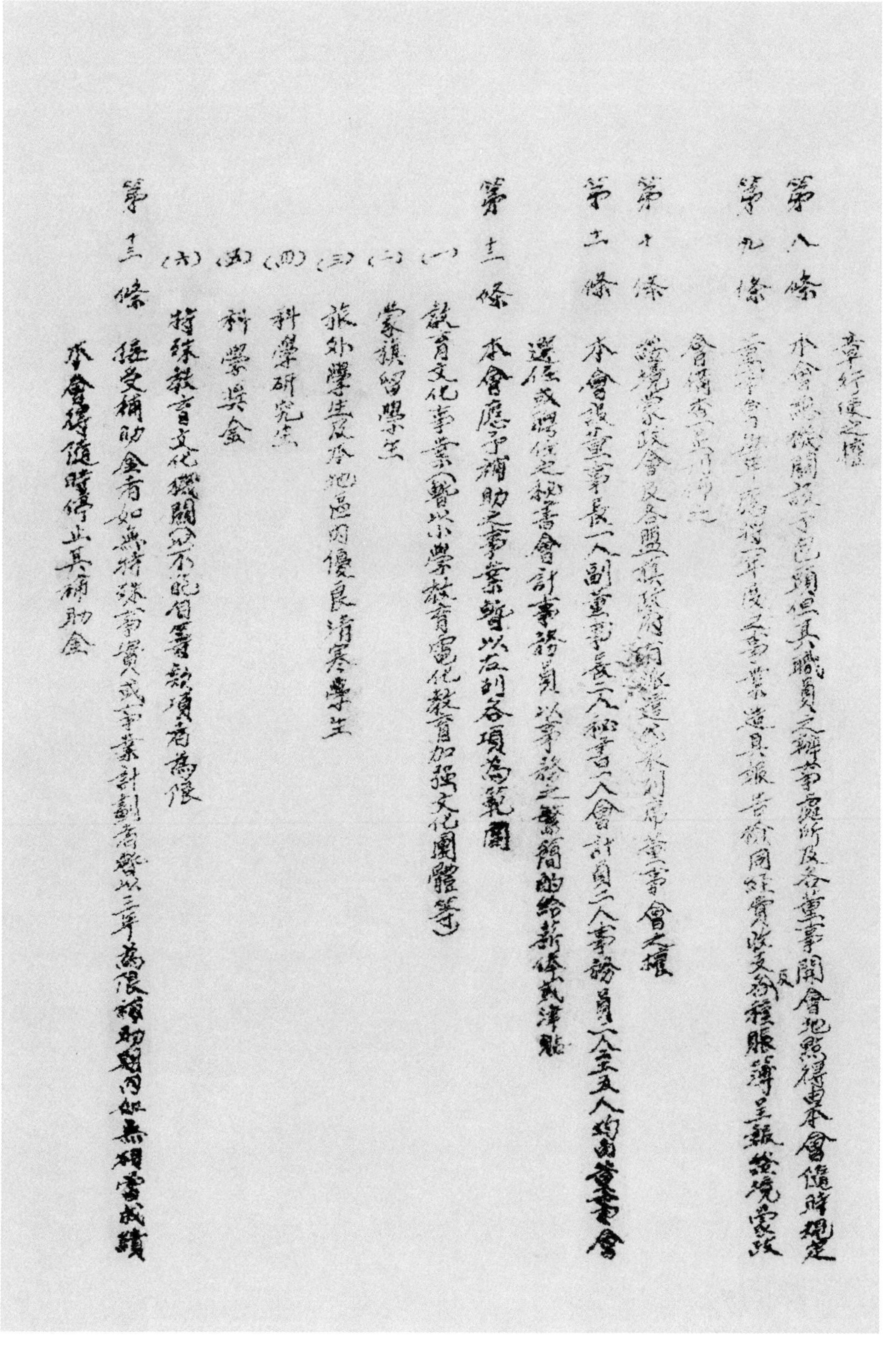

章行使之權

第八條　本會總機關設于包頭但其職員之辦事處所及各董事開會地點得由本會隨時規定

第九條　董事會每年應將年度之事業造具報告及經費收支各種賬簿呈報蒙疆蒙政會備案並公佈之

第十條　蒙疆蒙政會及各盟旗政府有派遣代表列席董事會之權

第十一條　本會設董事長一人副董事長二人秘書一人會計員二人事務員二人至五人均由董事會遴任或聘任之秘書會計事務員以事務之繁簡酌給薪俸或津貼

第十二條　本會應予補助之事業暫以左列各項為範圍

(一)教育文化事業(暫以小學教育電化教育加強文化團體等)

(二)蒙旗留學生

(三)旅外學生及本地區內優良清寒學生

(四)科學研究生

(五)科學獎金

(六)特殊教育文化機關以不能自籌款項者為限

第十三條　領受補助金者如無特殊事實或事業計劃者概以三年為限補助期內如無相當成績本會得隨時停止其補助金

图 1-3-6　蒙旗教育文化基金董事会章程［1945 年］（二）

第十四條　本章程經董事會通過呈經境蒙政會備案施行

第十五條　補助金使用辦法及其他辦法細則另定之

第十六條　本章程如有未盡事宜由董事會修正之

图 1-3-6　蒙旗教育文化基金董事会章程［1945 年］（三）

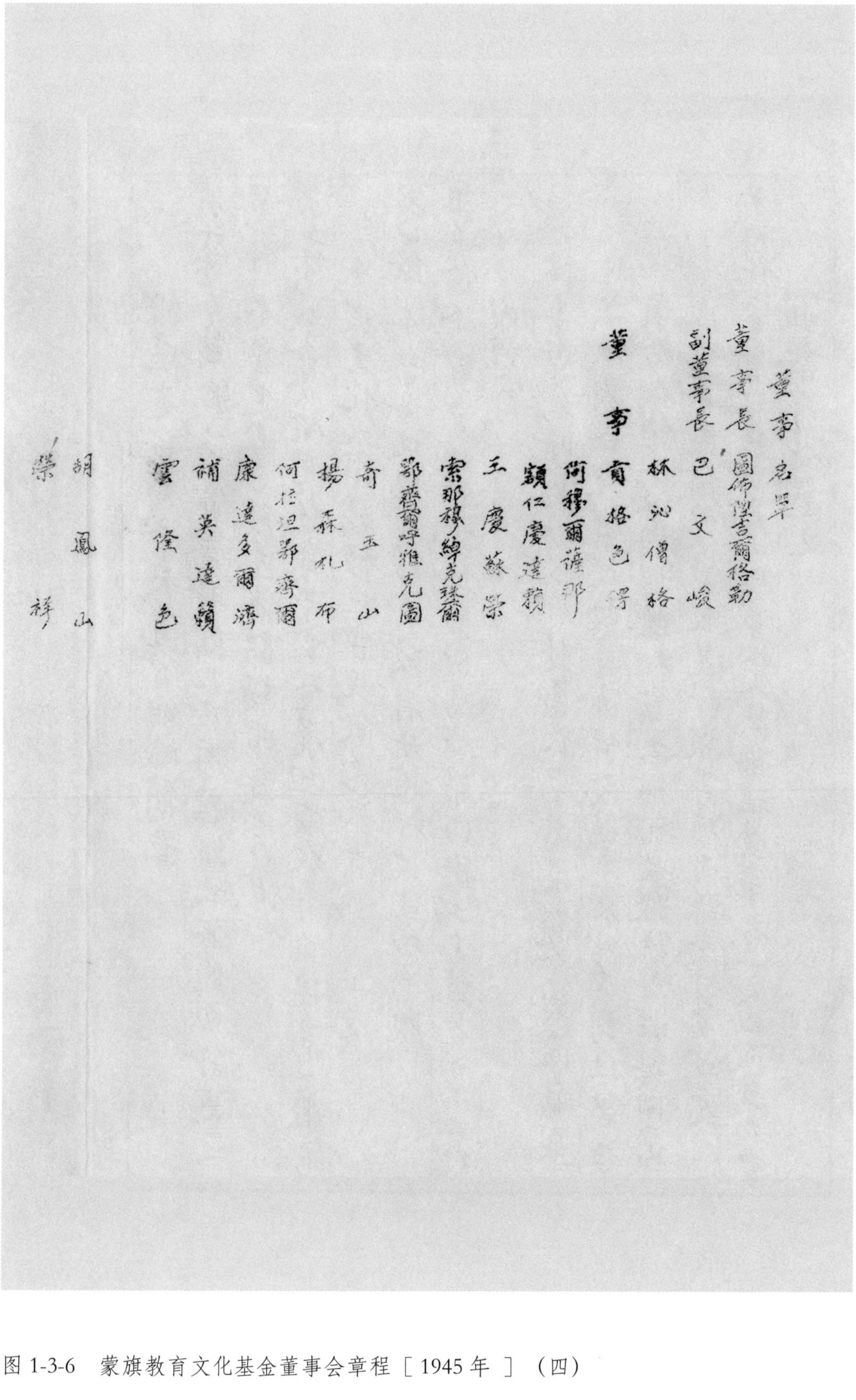

董事名單

董事長 圖佈陞吉爾格勒

副董事長 巴文峻

林沁僧格

董事 貢格色楞

何穆爾讓那

額仁慶達賴

王慶蘇榮

索那穆縛克珠爾

鄂齊爾呼雅克圖

奇玉山

楊森札布

何拉坦鄂齊爾

康達多爾濟

補英達賴

雲隆色

胡鳳山

榮祥

图 1-3-6 蒙旗教育文化基金董事会章程［1945 年］（四）

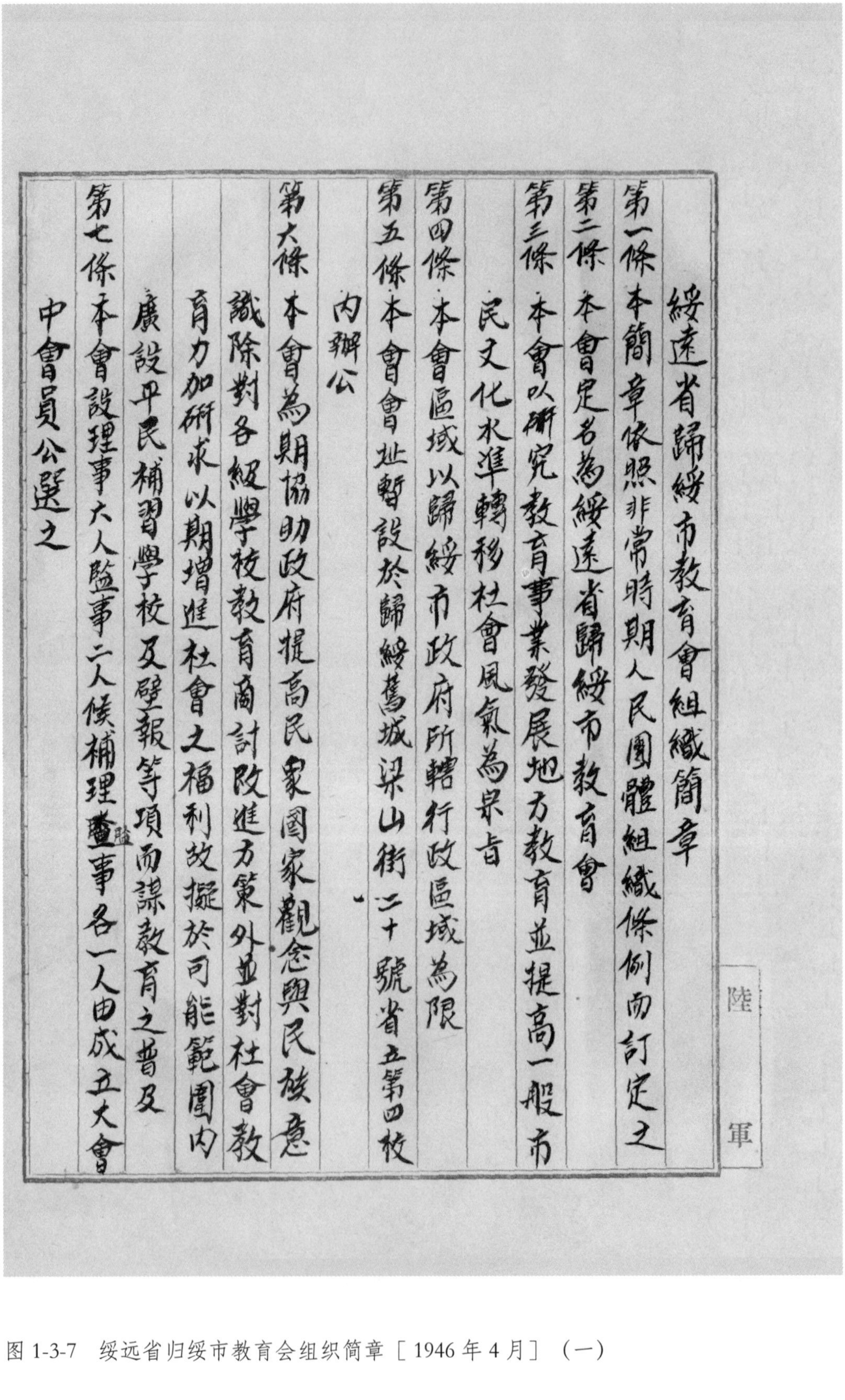

綏遠省歸綏市教育會組織簡章

第一條 本簡章依照非常時期人民團體組織條例而訂定之

第二條 本會定名為綏遠省歸綏市教育會

第三條 本會以研究教育事業發展地方教育並提高一般市民文化水準轉移社會風氣為宗旨

第四條 本會區域以歸綏市政府所轄行政區域為限

第五條 本會會址暫設於歸綏舊城梁山街二十號省立第四校內辦公

第六條 本會為期協助政府提高民衆國家觀念與民族意識除對各級學校教育商討改進方策外並對社會教育力加研求以期增進社會之福利故擬於可能範圍內廣設平民補習學校及壁報等項而謀教育之普及

第七條 本會設理事六人監事二人候補理監事各一人由成立大會中會員公選之

陸軍

图 1-3-7 绥远省归绥市教育会组织简章［1946 年 4 月］（一）

第八條 前條之理事名額中得互推理事長一人常務理事二人而綜理本會會務

第九條 凡本區域內服務於文化界之人員皆得入本會為會員但入會後因職業之變遷時可申請出會

第十條 凡本會會員如有行為不檢或不道德之行為發生致受法律之制裁時本會則行除名

第十一條 本會會員有選舉權及被選舉權以及由本會所產生之一切權利但本會之一切應盡義務事項會員得担負之

第十二條 本會職員得秉承大會之各項決議而執行之任期一年期滿後得經由大會改選候選得繼任人選後始得解任

第十三條 前條職員之任期如經連選得連任之

第十四條 本會會員大會定為每年召開一次由理事長於二月十日前召開

陸軍

图 1-3-7 绥远省归绥市教育会组织简章［1946 年 4 月］（二）

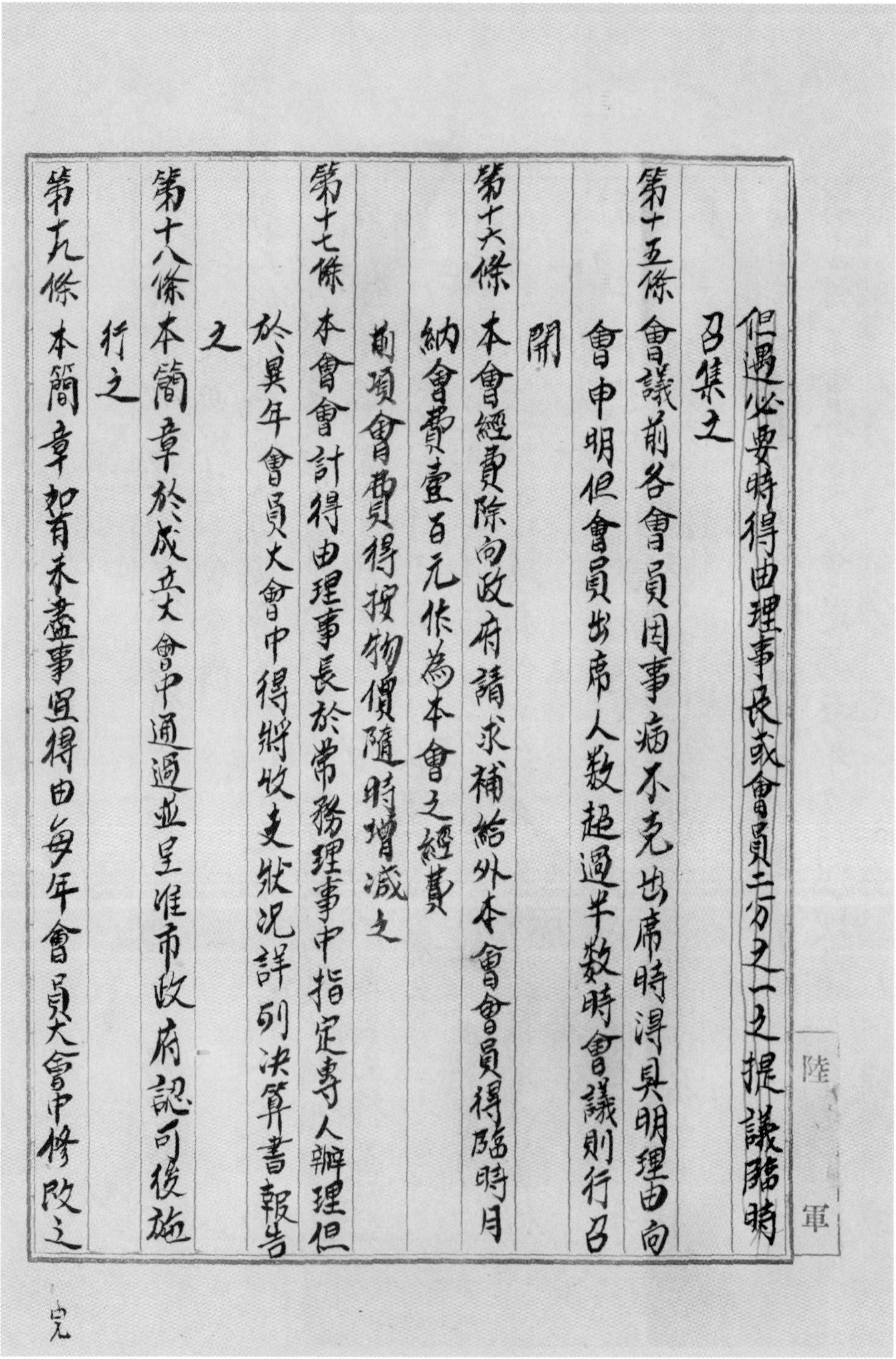
陸軍

但遇必要時得由理事長或會員三分之一之提議臨時召集之

第十五條 會議前各會員因事病不克出席時得具明理由向會申明但會員出席人數超過半數時會議則行召開

第十六條 本會經費除向政府請求補給外本會會員得臨時月納會費壹百元作為本會之經費

前項會費得按物價隨時增減之

第十七條 本會會計得由理事長於常務理事中指定專人辦理但於具年會員大會中得將收支狀況詳列決算書報告之

第十八條 本簡章於成立大會中通過並呈准市政府認可後施行之

第十九條 本簡章如有未盡事宜得由每年會員大會中修改之

完

图 1-3-7 绥远省归绥市教育会组织简章［1946 年 4 月］（三）

四　教育现状

綏遠省歸綏縣政府稿

文別	呈
送達機關	教育廳
類別	教育
附件	四柱清冊一份
事由	為呈送上年撥歸本縣辦理義教經費移交保管情形並簽送收支四柱清冊請鑒核存轉由

縣長郝

秘書 第二科科長 科員 辦事員 錄事

陳

中華民國 二十五年 三月廿七日

發文字第 1331 號

图 1-4-1　归绥县政府为报上年拨归本县办理义教经费移交保管情形并签送收支四柱清册致绥远省教育厅呈（1936 年 3 月 27 日）（一）

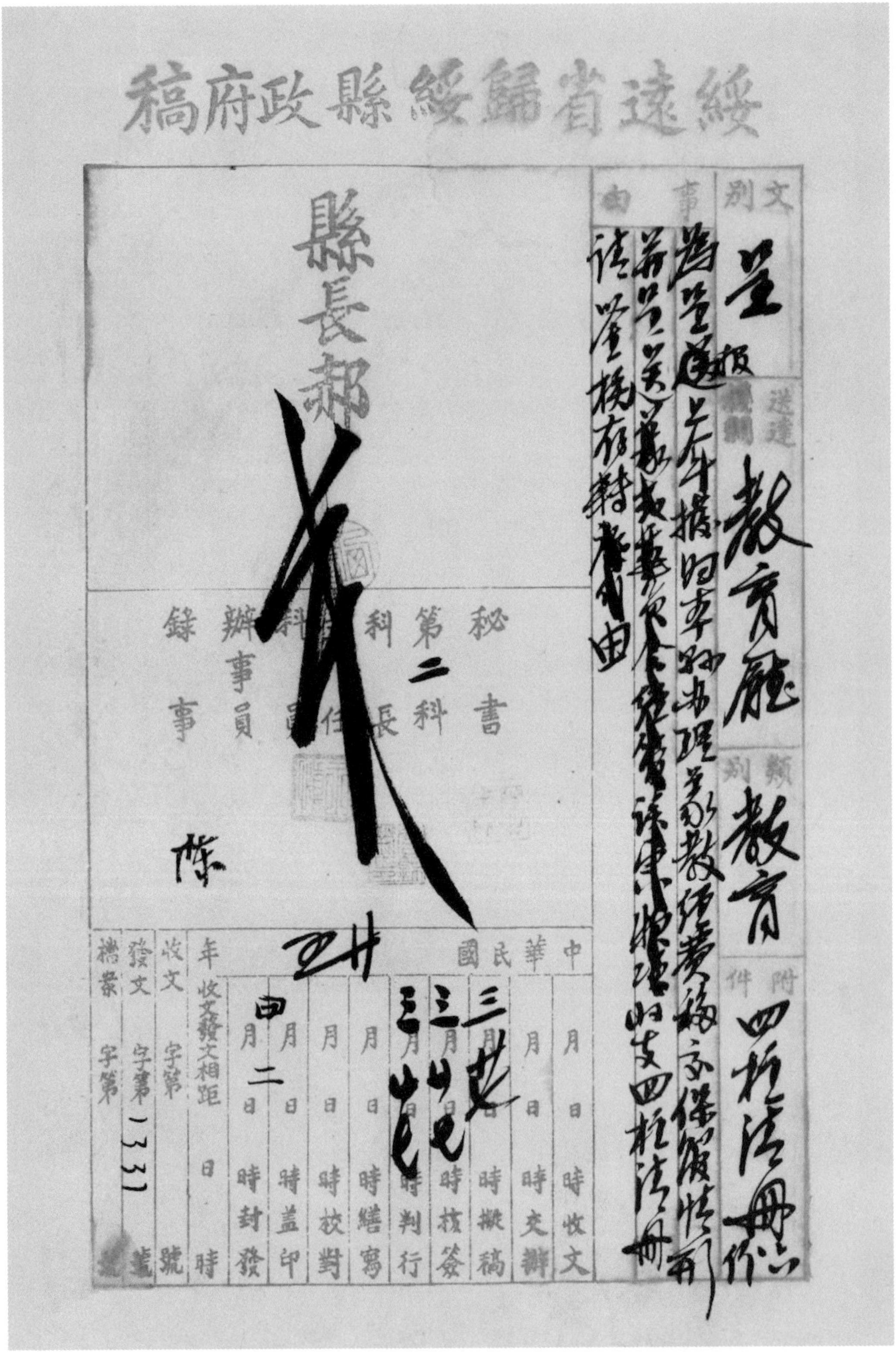

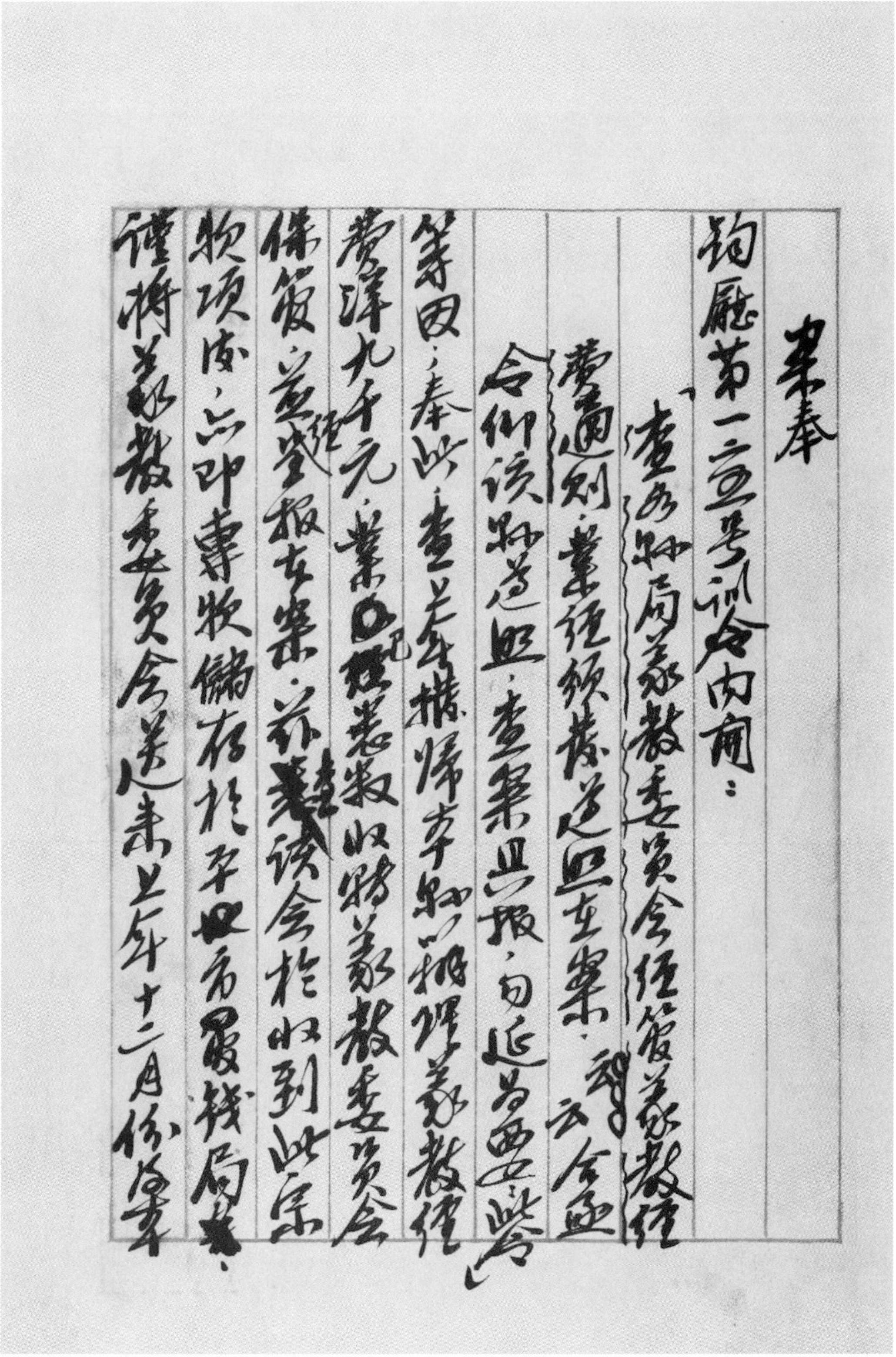

案奉
钧厅第一三五号训令内开：
"查各县义教委员会经管义教经
费通则，业经颁发并照在案，合亟
令仰该县遵照，查案呈报，勿延为要！此令。"
等因，奉此，查县义教拨归本县办理义教经
费洋九千元，业以照数收归义教委员会
保管，并经呈报在案，兹该会于收到此款
物项后，即行存储于本县平市官钱局，并
经将义教委员会送来上年十二月份

图 1-4-1　归绥县政府为报上年拨归本县办理义教经费移交保管情形并签送收支四柱清册致绥远省教育厅呈（1936 年 3 月 27 日）（二）

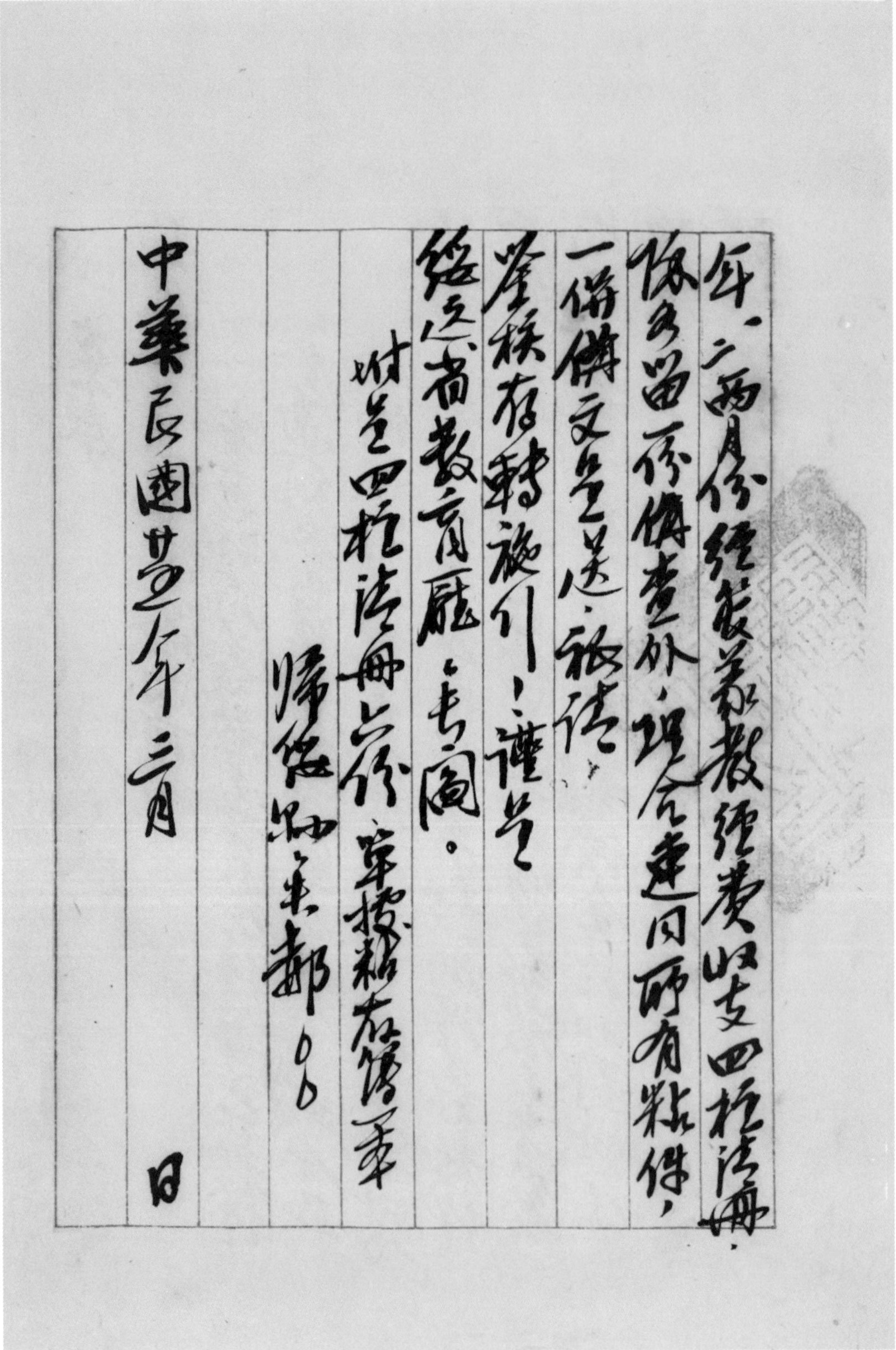
年一、二兩月份經發義教經費收支四柱清冊，
除分留存備查外，理合連同所有粘件，
一併備文呈送，祇請
鑒核存轉，施行！謹呈
綏遠省教育廳廳長閻。
附呈四柱清冊六份 草據粘存簿一本
歸綏縣縣長 鄒○○
中華民國廿五年三月 日

图 1-4-1 归绥县政府为报上年拨归本县办理义教经费移交保管情形并签送收支四柱清册致绥远省教育厅呈（1936 年 3 月 27 日）（三）

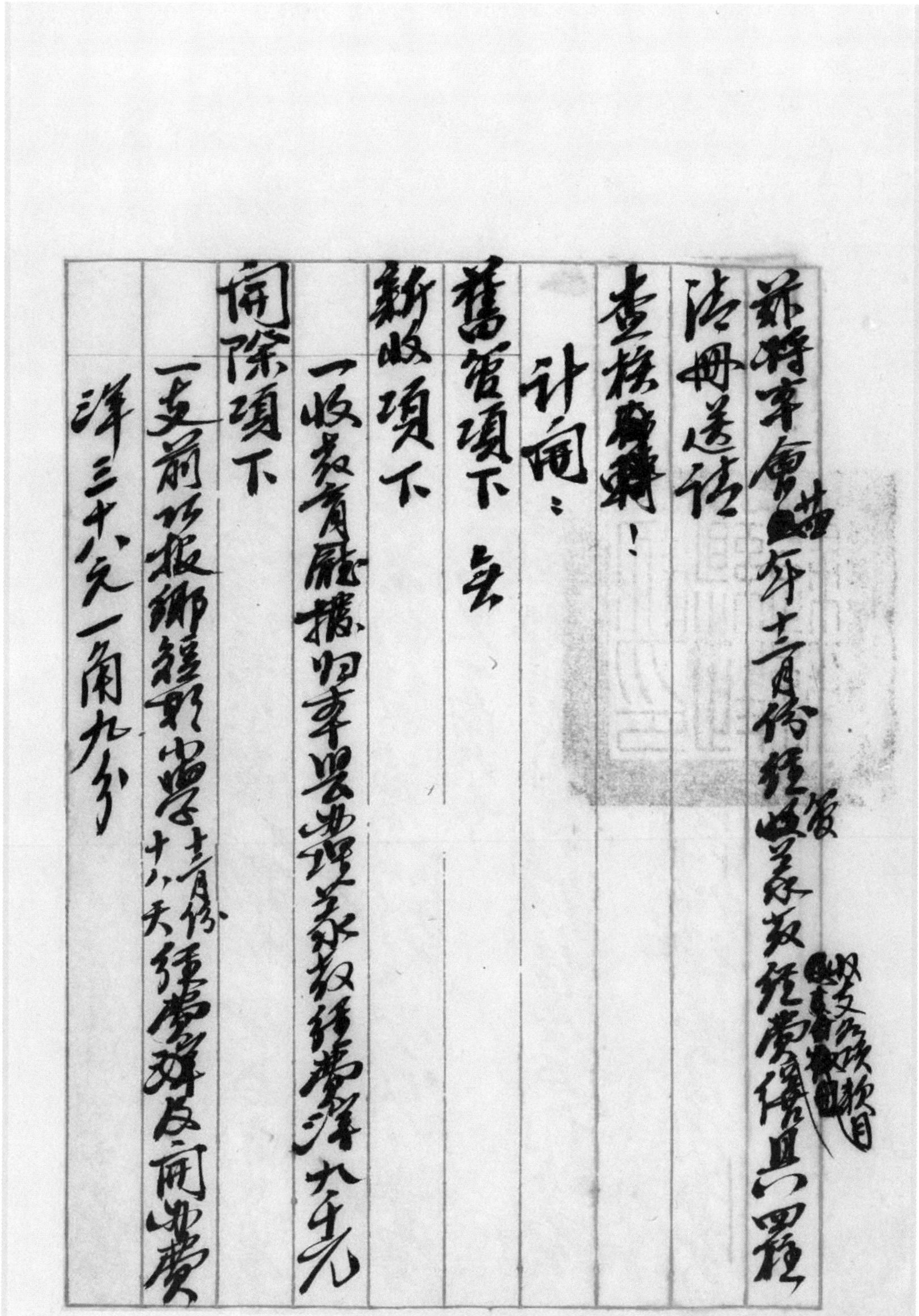

兹将本会由廿四年十二月份经收义教经费收支各项数目造具四柱

清册送请

查核为荷！

计开：

旧管项下 无

新收项下

一收教育厅拨归本县办理义教经费洋九千元

开除项下

一支前次报乡经费办学十二月份十八天经费及开办费

洋三千八元一角九分

图 1-4-1　归绥县政府为报上年拨归本县办理义教经费移交保管情形并签送收支四柱清册致绥远省教育厅呈（1936 年 3 月 27 日）（四）

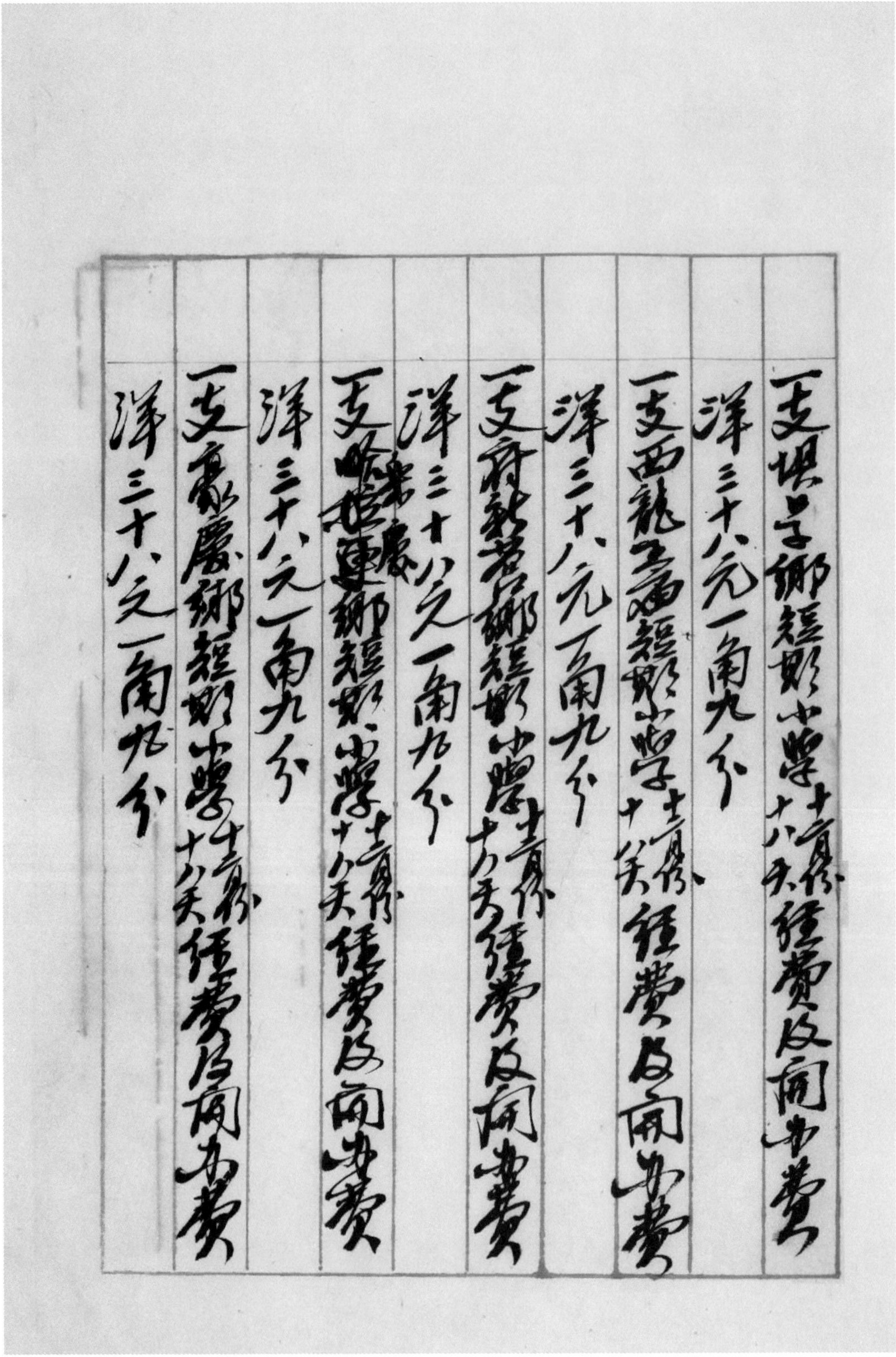

一支堡子乡短期小学十一月份十八天经费及开办费
洋三十八元一角九分
一支西龙王庙短期小学十一月份十八天经费及开办费
洋三十八元一角九分
一支府兴营乡短期小学十一月份十八天经费及开办费
洋三十八元一角九分
一支[illegible]乡短期小学十一月份十八天经费及开办费
洋三十八元一角九分
一支[illegible]庆乡短期小学十一月份十八天经费及开办费
洋三十八元一角九分

图 1-4-1　归绥县政府为报上年拨归本县办理义教经费移交保管情形并签送收支四柱清册致绥远省教育厅呈（1936 年 3 月 27 日）（五）

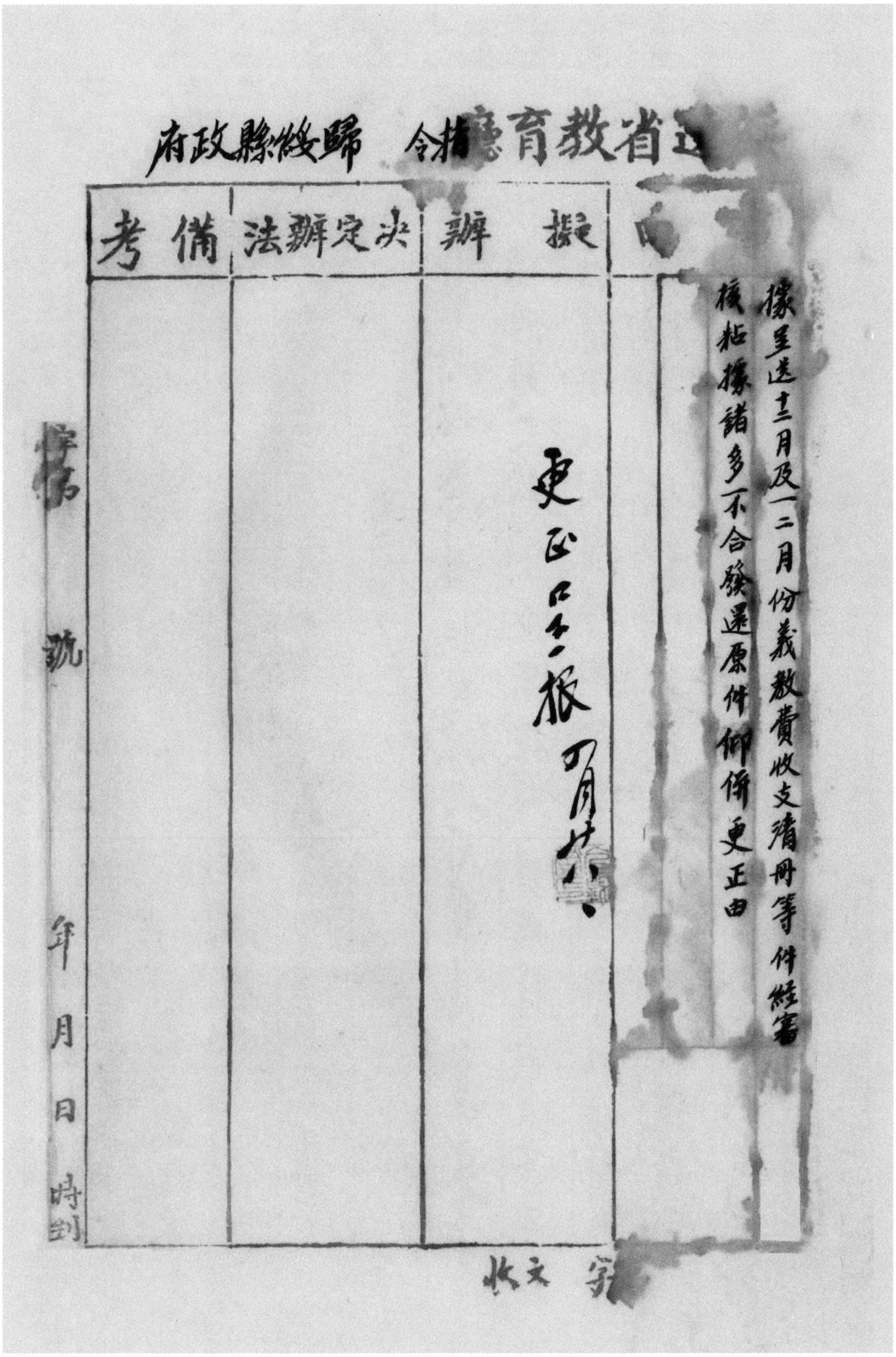

綏遠省教育廳指令　歸綏縣政府

由	擬辦	決定辦法	備考
據呈送十二月及一二月份義教費收支清冊等件經審核粘據諸多不合發還原件仰併更正由	更正		

字　號　年　月　日　時到

收文　字

图 1-4-2　绥远省教育厅为发还更正义教费收支清册等件致归绥县政府指令（1936 年 4 月 25 日）（一）

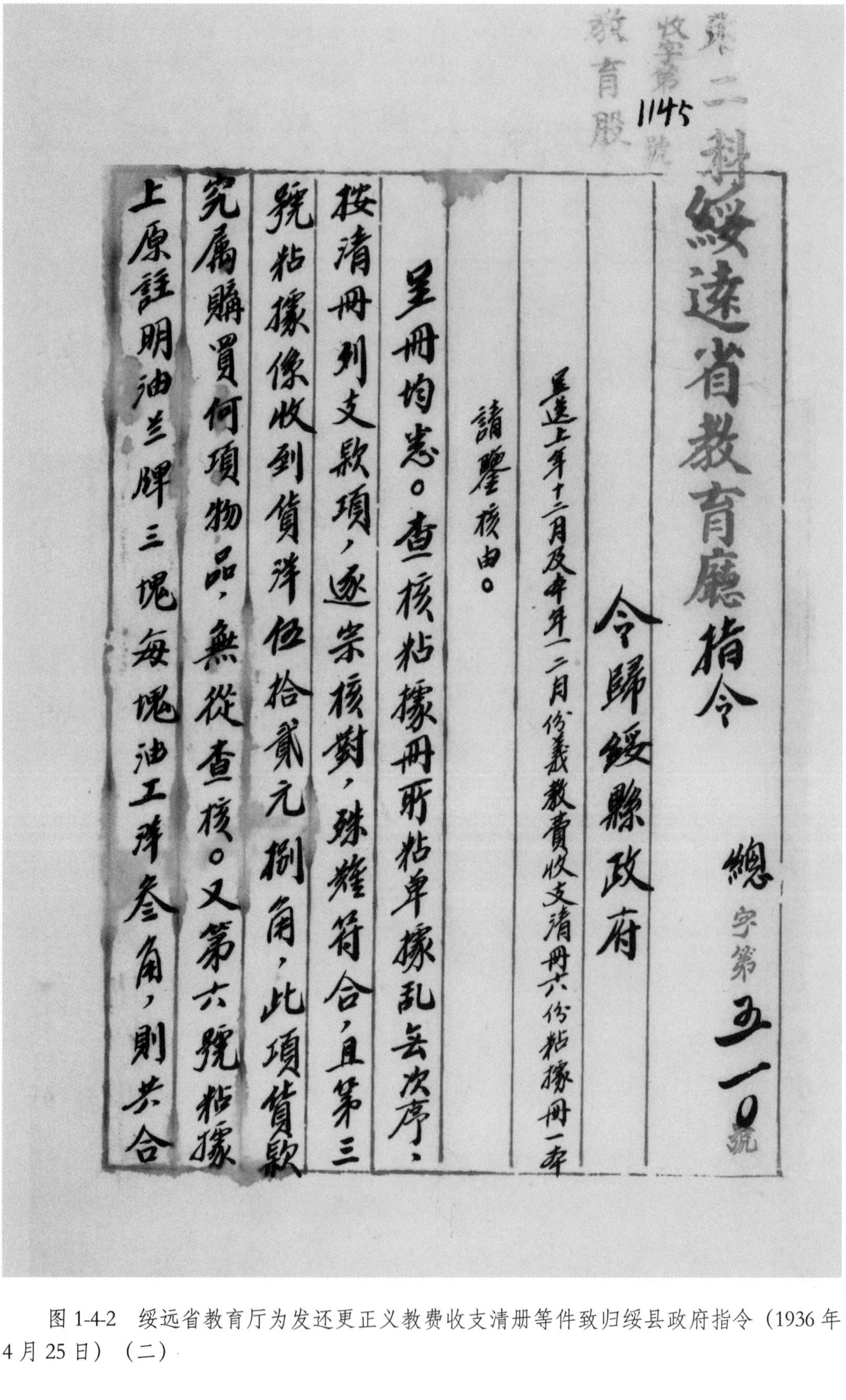
第二科
收字第1145號
教育股

綏遠省教育廳指令　總字第五一〇號

令歸綏縣政府

呈送上年十二月及本年一二月份義教費收支清冊六份粘據冊一本

請鑒核由。

呈冊均悉。查核粘據冊所粘單據亂無次序，按清冊列支款項，逐宗核對，殊難符合，且第三號粘據係收到貨洋伍拾貳元捌角，此項貨款究屬購買何項物品，無從查核。又第六號粘據上原註明油兰牌三塊每塊油工洋叁角，則共合

图 1-4-2　绥远省教育厅为发还更正义教费收支清册等件致归绥县政府指令（1936 年 4 月 25 日）（二）

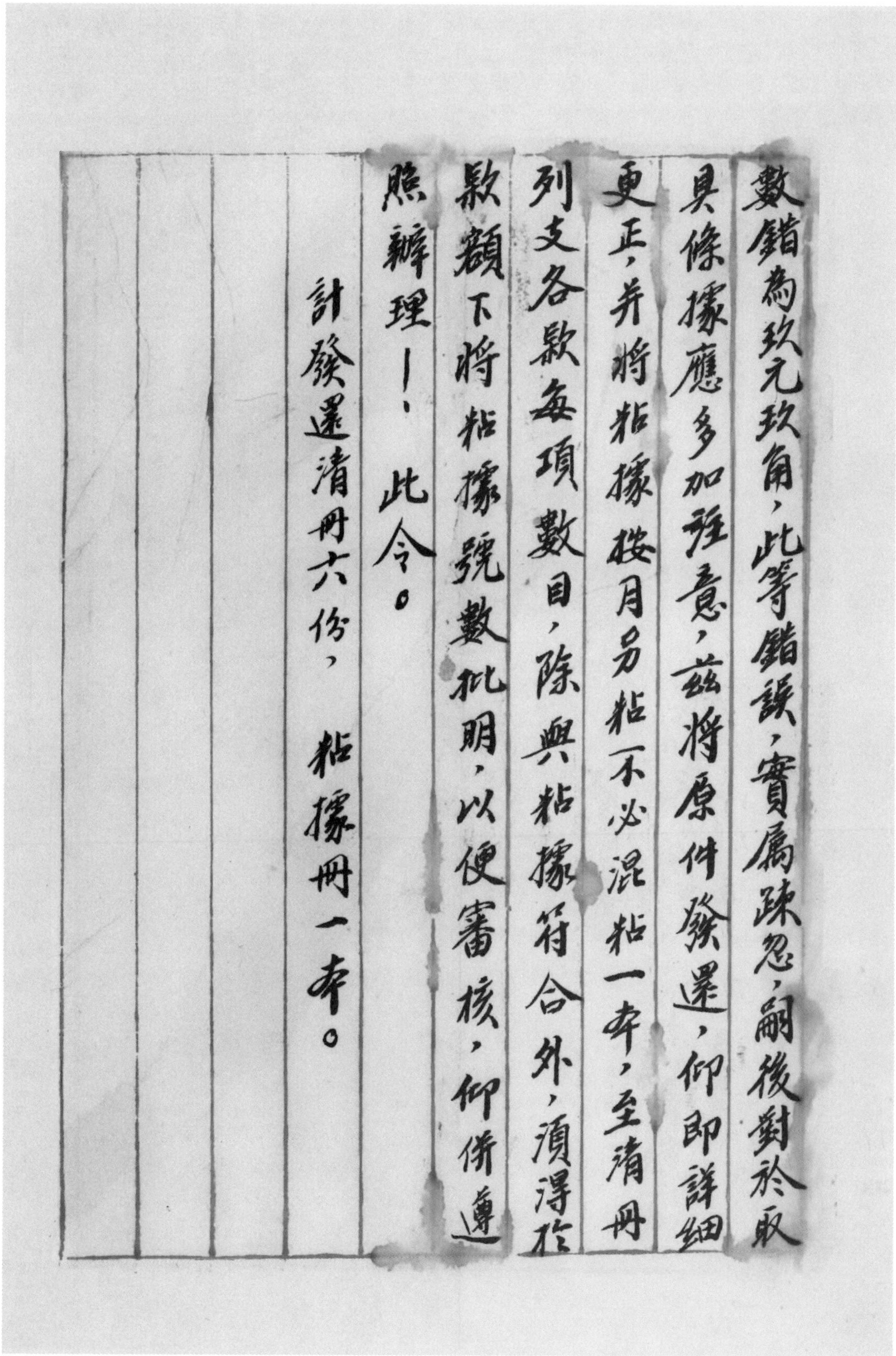

數錯爲玖元玖角，此等錯誤，實屬疏忽，嗣後對於取具條據應多加注意，茲將原件發還，仰即詳細更正，并將粘據按月分粘，不必混粘一本，至清冊列支各款每項數目，除與粘據符合外，須得於款額下將粘據號數批明，以便審核，仰併遵照辦理！此令。

計發還清冊六份，粘據冊一本。

图 1-4-2　绥远省教育厅为发还更正义教费收支清册等件致归绥县政府指令（1936 年 4 月 25 日）（三）

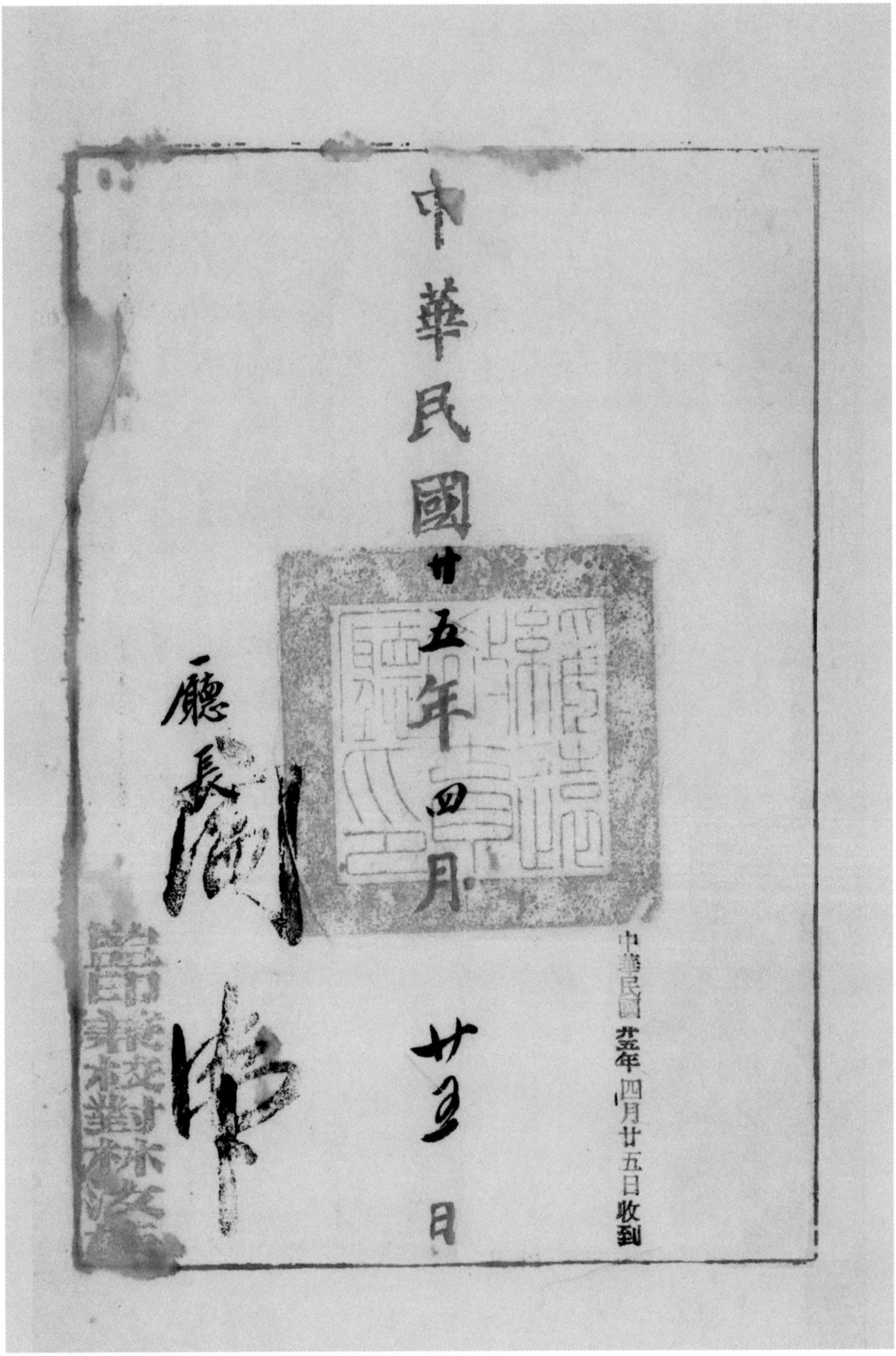

中華民國廿五年四月廿五日

廳長閻偉

中華民國廿五年四月廿五日收到

图 1-4-2　绥远省教育厅为发还更正义教费收支清册等件致归绥县政府指令（1936 年 4 月 25 日）（四）

图 1-4-3　归绥市政府为呈送《归绥市三十五年度第二学期学校概况表》致绥远省政府代电（1947 年 4 月 1 日）（一）

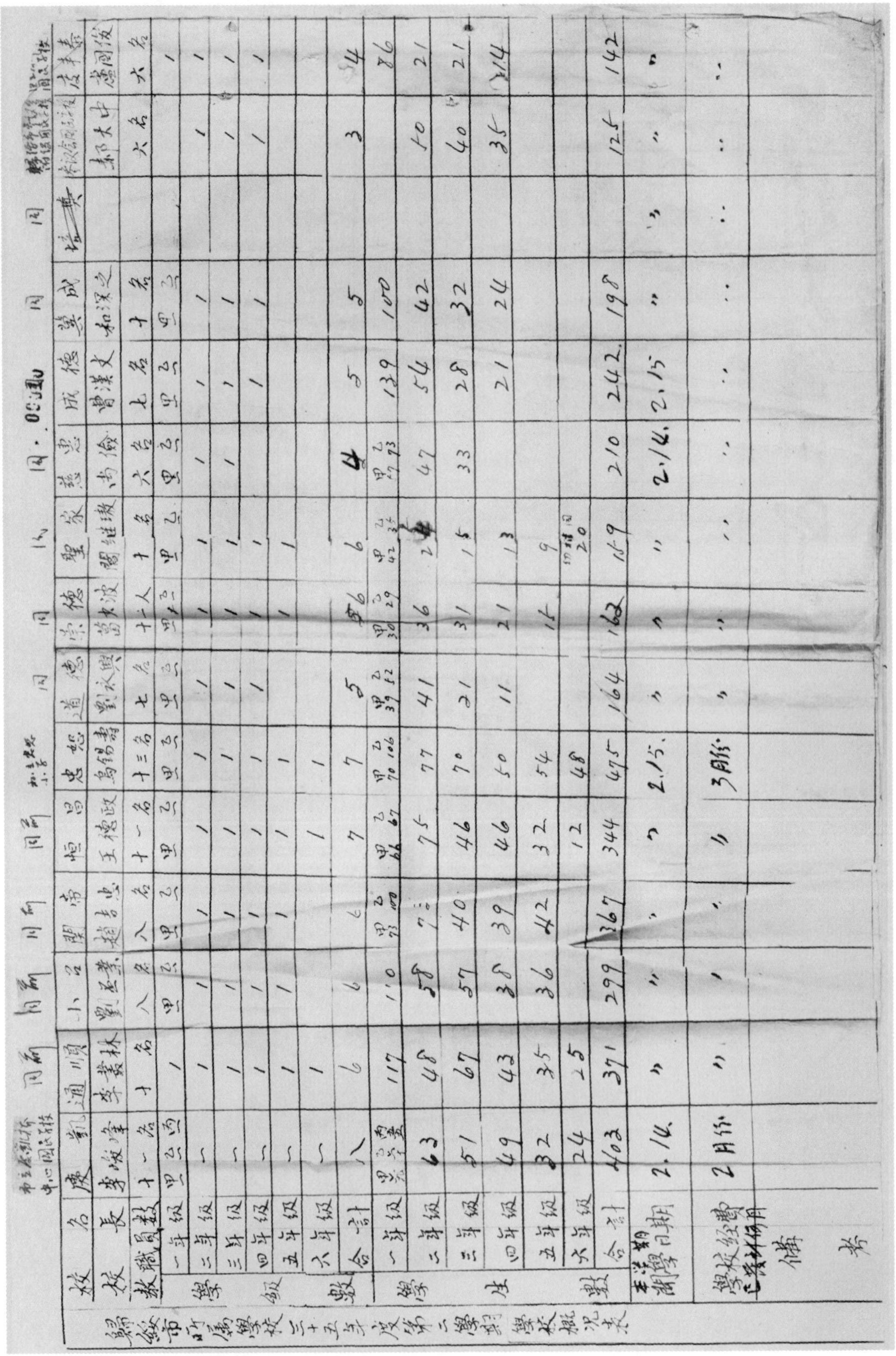

歸綏市所屬學校三十五年度第二學期學校概況表

校名	慶凱	通順	小召	関帝	恒昌	忠恕	道德	崇德	聖家	慈恵	成德	奠成	~~培英~~	[illegible]	[illegible]
校長	李峻峰	李叢林	劉丕業	趙吉忠	王德政	烏錫壽	劉永興	蕭大波	閻繼璣	尚儉	曹漢文	和深之		郝大中	盧同俊
教職員數	十一名	十名	八名	八名	十一名	十三名	七名	十一人	十名	六名	七名	十名		六名	六名
學級數 一年級	甲乙丙	1	甲乙	甲乙	甲乙	甲乙	甲乙	甲乙	甲乙	甲乙	甲乙	甲乙			1
二年級	一	1	1	1	1	1	1	1	1	1	1	1		1	1
三年級	一	1	1	1	1	1	1	1	1	1	1	1		1	1
四年級	一	1	1	1	1	1	1	1	1		1	1		1	1
五年級	一	1	1	1	1	1		1	1						
六年級	一	1			1	1									
合計	八	6	6	6	7	7	5	6	6	4	5	5		3	4
學生數 一年級	甲 乙 丙 [illegible]	117	110	甲73 乙100	甲66 乙67	甲70 乙106	甲39 乙52	甲30 乙29	甲42 乙35	甲47 乙73	139	100			86
二年級	63	48	58	73	75	77	41	36	24	47	54	42		40	21
三年級	51	67	57	40	46	70	21	31	15	33	28	32		40	21
四年級	49	43	38	39	46	50	11	21	13		21	24		35	14
五年級	32	35	36	42	32	54		15	9						
六年級	24	25			12	48			20						
合計	403	371	299	367	344	475	164	162	159	210	242	198		125	142
本學期開學日期	2.14.	〃	〃	〃	〃	2.15.	〃	〃	〃	2.14.	2.15	〃	〃	〃	〃
學校經費已領到何月	2月份	〃	〃	〃	〃	3月份	〃	〃	〃	〃	〃	〃	〃	〃	〃
備考															

图 1-4-3 归绥市政府为呈送《归绥市三十五年度第二学期学校概况表》致绥远省政府代电（1947 年 4 月 1 日）（二）

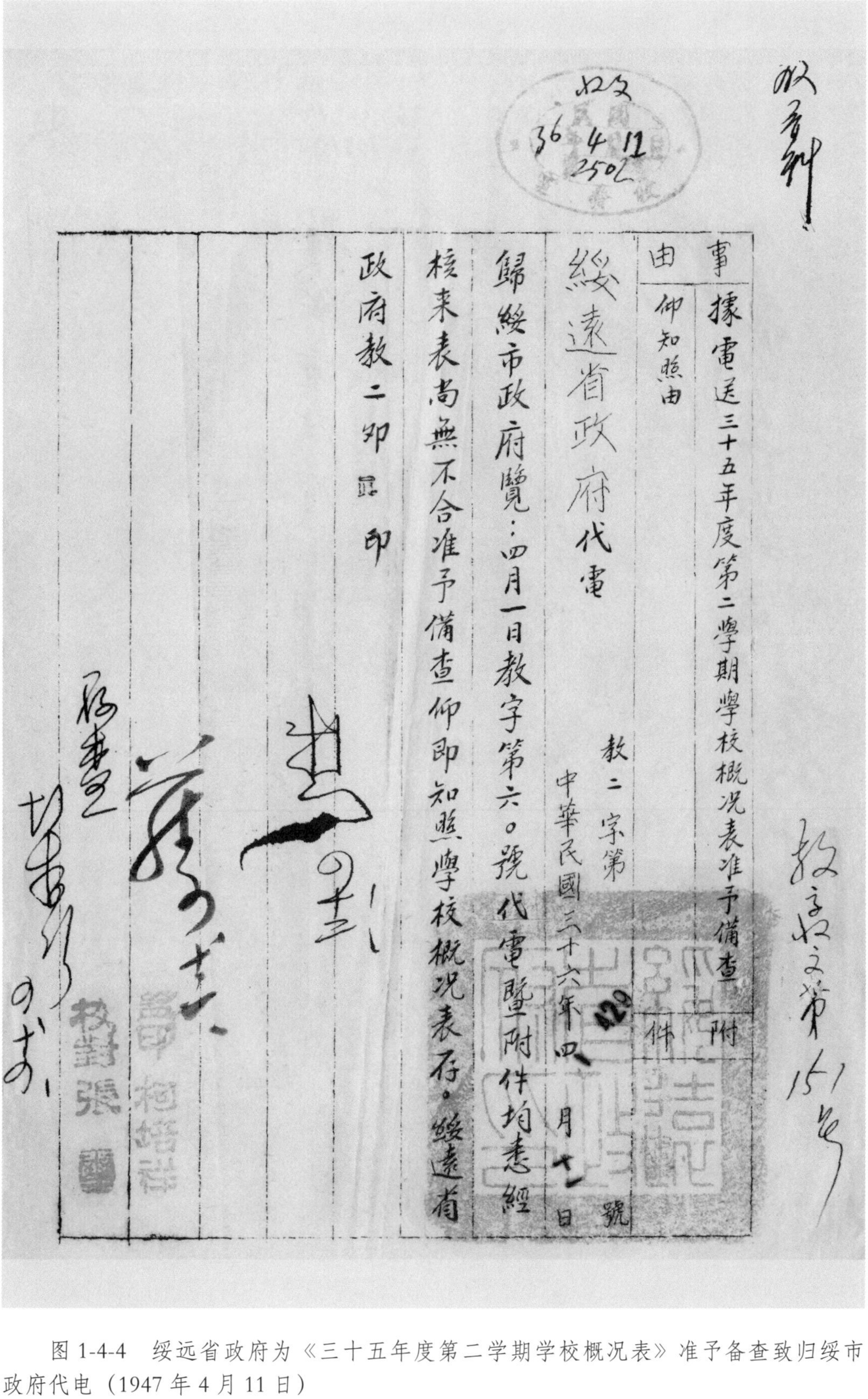

事由：據電送三十五年度第二學期學校概況表准予備查仰知照由

附件

綏遠省政府代電

教二字第　　號

中華民國三十六年四月十一日

歸綏市政府覽：四月一日教字第六〇號代電暨附件均悉。經核来表尚無不合准予備查仰即知照學校概況表存。綏遠省政府教二卯　印

图 1-4-4　绥远省政府为《三十五年度第二学期学校概况表》准予备查致归绥市政府代电（1947 年 4 月 11 日）

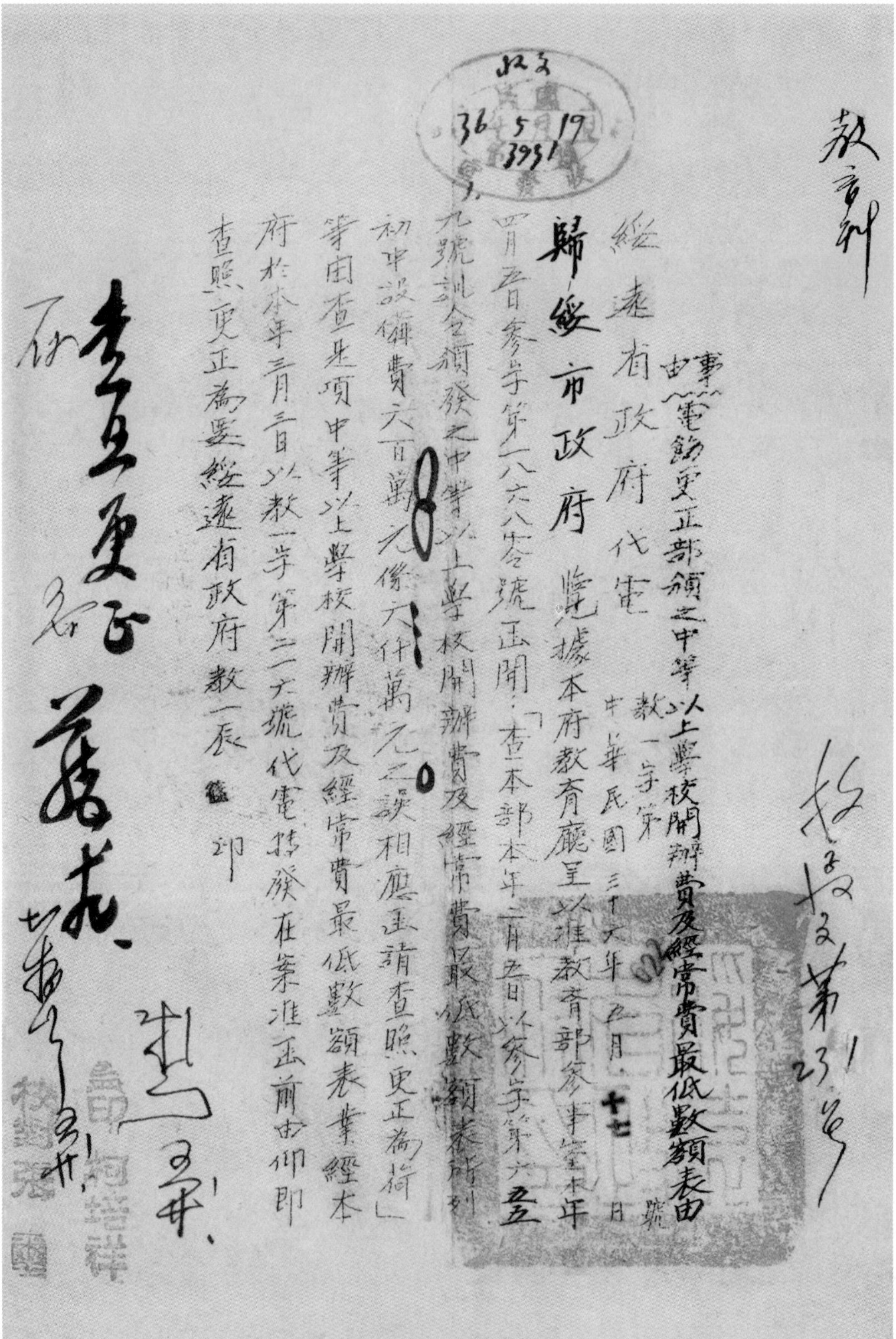

图 1-4-5　绥远省政府为更正部颁之《中等以上学校开办费及经常费最低数额表》致归绥市政府代电（1947 年 5 月 17 日）（一）

中等以上學校開辦費及每年經常費最低數額表

校別	開辦費	每年經常費
高級中學	建築費一三○、○○○、○○○元 設備費八○、○○○、○○○元	一二○、○○○、○○○元
初級中學	建築費八○、○○○、○○○元 設備費六○、○○○、○○○元	八○、○○○、○○○元
高級農業職業學校	建築費八○、○○○、○○○元 農場及設備四○、○○○、○○○元 設備費八○、○○○、○○○元	一二○、○○○、○○○元
高級工業職業學校	建築費一二○、○○○、○○○元 工場及設備三○、○○○、○○○元 其他設備費八○、○○○、○○○元	一六○、○○○、○○○元
高級商業職業學校	建築費一二○、○○○、○○○元 設備費八○○○○○○○元	八○、○○○、○○○元
家事學校	建築費一三○、○○○、○○○元 設備費六○、○○○、○○○元	八○、○○○、○○○元

附註：一、二項開辦費包含建築費設備費等

图 1-4-5 绥远省政府为更正部颁之《中等以上学校开办费及经常费最低数额表》致归绥市政府代电（1947 年 5 月 17 日）（二）

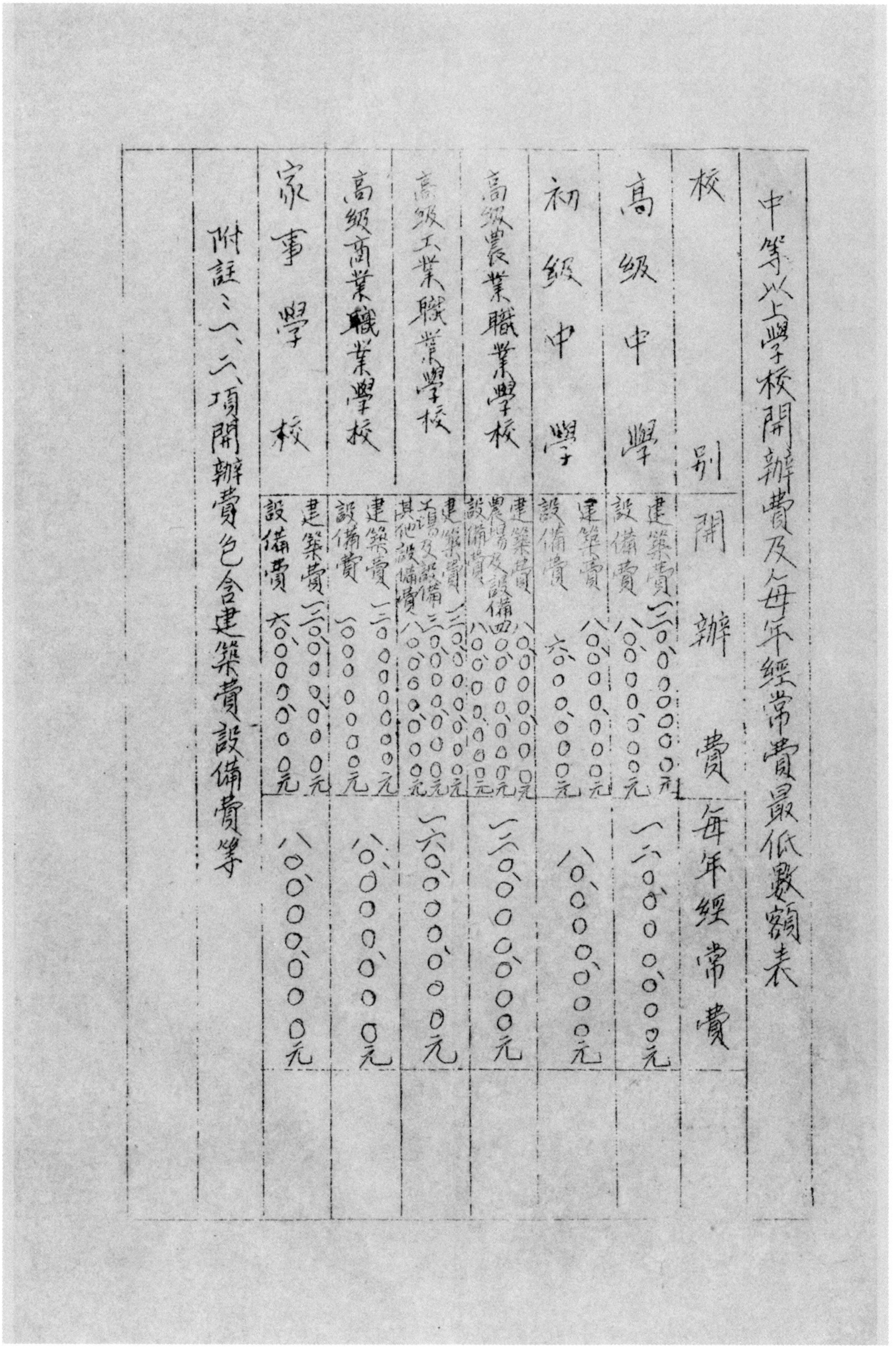

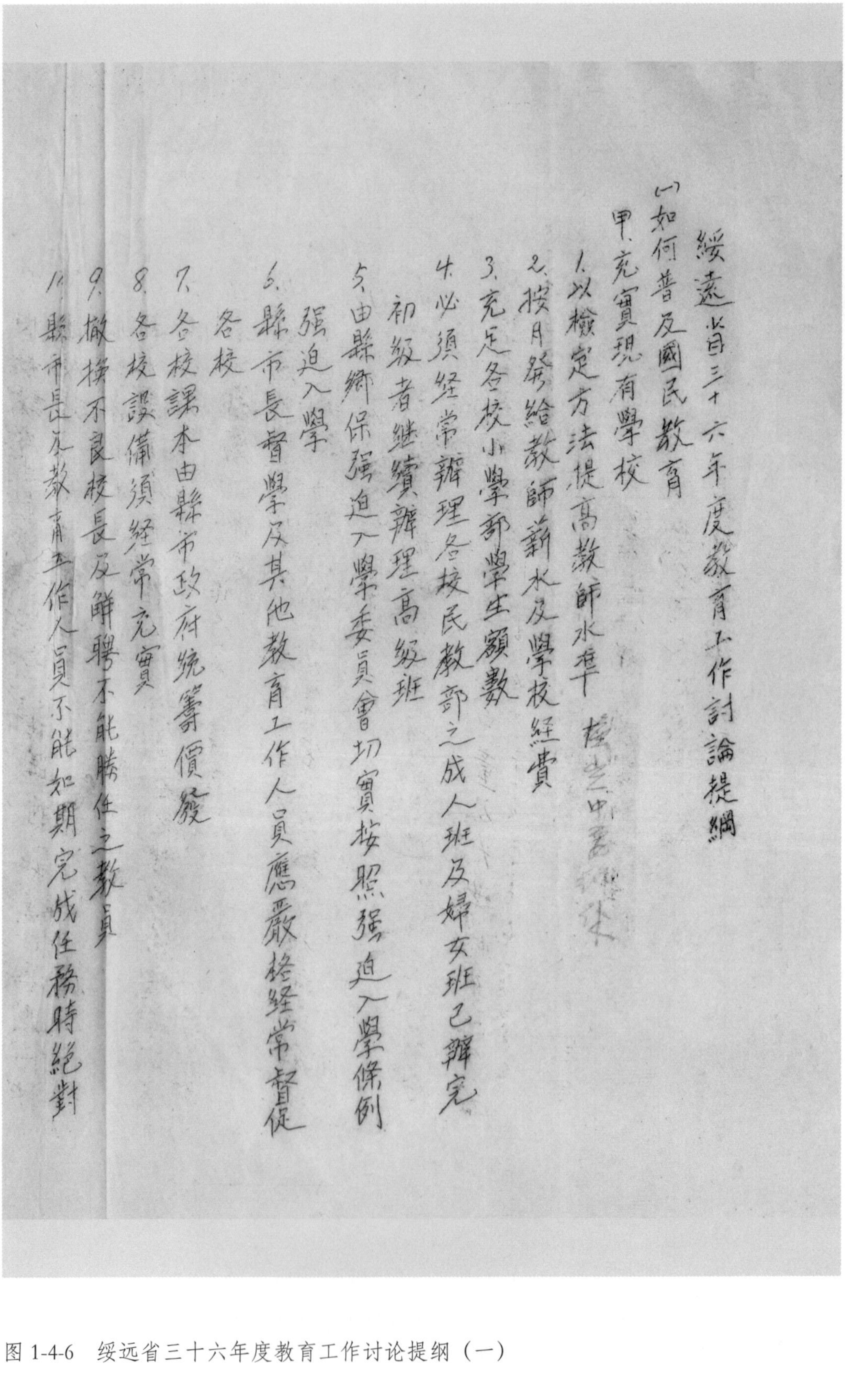
綏遠省三十六年度教育工作討論提綱
(一)如何普及國民教育
甲、充實現有學校
1、以檢定方法提高教師水準　檢定中等學校
2、按月發給教師薪水及學校經費
3、充足各校小學部學生額數
4、必須經常辦理各校民教部之成人班及婦女班已辦完
初級者繼續辦理高級班
5、由縣鄉保强迫入學委員會切實按照强迫入學條例
强迫入學
6、縣市長督學及其他教育工作人員應嚴格經常督促
各校
7、各校課本由縣市政府統籌價發
8、各校設備須經常充實
9、撤換不良校長及解聘不能勝任之教員
10、縣市長及教育工作人員不能如期完成任務時絕對

图 1-4-6　绥远省三十六年度教育工作讨论提纲（一）

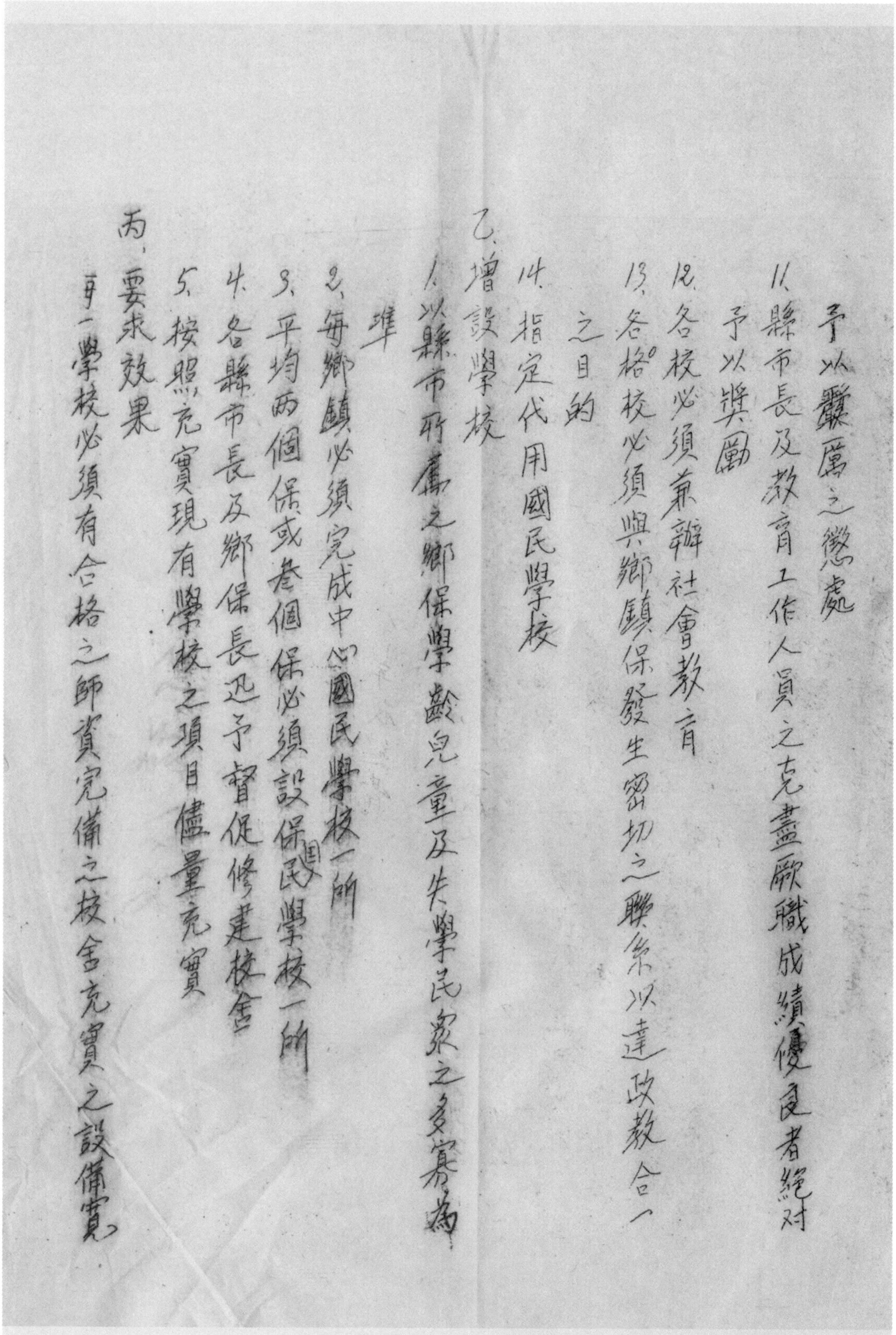

予以嚴厲之懲處
11、縣市長及教育工作人員之克盡厥職成績優良者絕对
予以獎勵
12、各校必須兼辦社會教育
13、各級校必須與鄉鎮保發生密切之聯系以達政教合一
之目的
14、指定代用國民學校
乙、增設學校
1、以縣市所屬之鄉保學齡兒童及失學民衆之多寡為
準
2、每鄉鎮必須完成中心國民學校一所
3、平均兩個保或叁個保必須設保國民學校一所
4、各縣市長及鄉保長迅予督促修建校舍
5、按照充實現有學校之項目儘量充實
丙、要求效果
1、每一學校必須有合格之師資完備之校舍充實之設備寬

图 1-4-6　绥远省三十六年度教育工作讨论提纲（二）

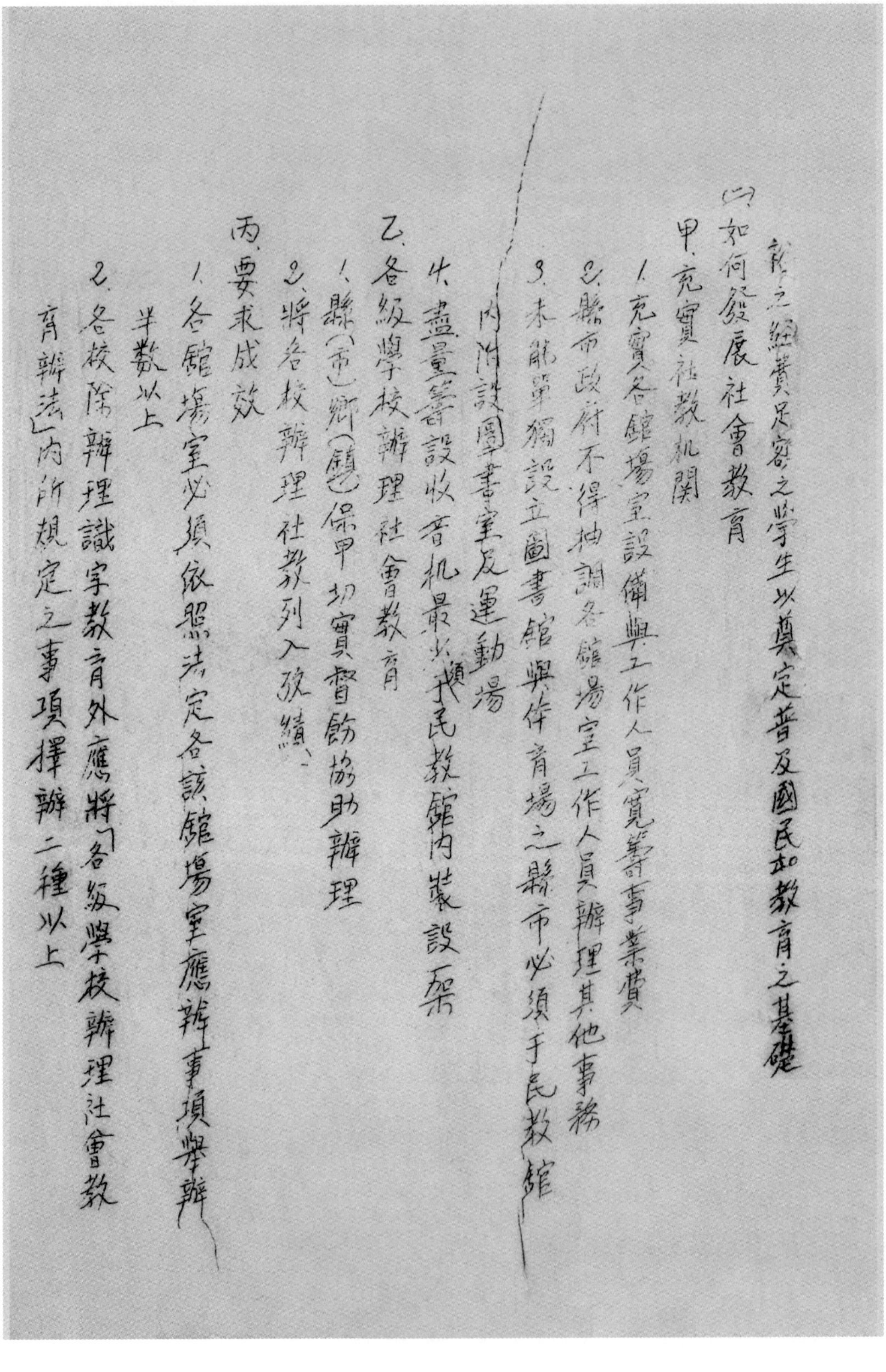
籌之經費足容之學生以奠定普及國民教育之基礎
(二)如何發展社會教育
甲、充實社教機關
1、充實各館場室設備與工作人員寬籌事業費
2、縣市政府不得抽調各館場室工作人員辦理其他事務
3、未能單獨設立圖書館與體育場之縣市必須于民教館
內附設圖書室及運動場
4、盡量籌設收音機最少須于民教館內裝設架
乙、各級學校辦理社會教育
1、縣(市)鄉(鎮)保甲切實督飭協助辦理
2、將各校辦理社教列入成績
丙、要求成效
1、各館場室必須依照法定各該館場室應辦事項舉辦
半數以上
2、各校除辦理識字教育外應將「各級學校辦理社會教
育辦法」內所規定之事項擇辦二種以上

图 1-4-6 绥远省三十六年度教育工作讨论提纲(三)

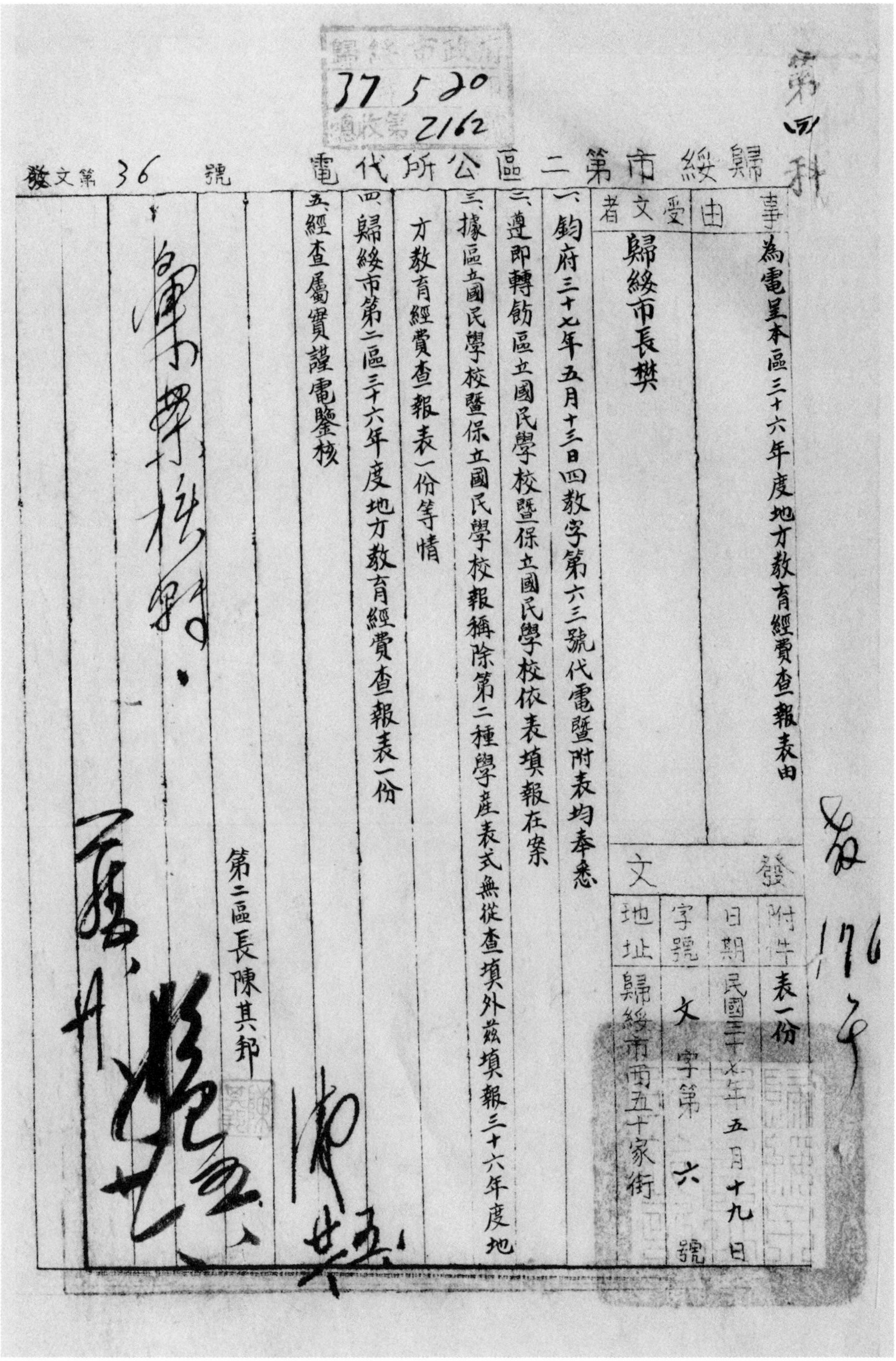
歸綏市第二區公所代電　發文第36號

事由：為電呈本區三十六年度地方教育經費查報表由

受文者：歸綏市長樊

一、鈞府三十七年五月十三日四教字第六三號代電暨附表均奉悉

二、遵即轉飭區立國民學校暨保立國民學校依表填報在案

三、據區立國民學校暨保立國民學校報稱除第二種學產表式無從查填外茲填報三十六年度地方教育經費查報表一份等情

四、歸綏市第二區三十六年度地方教育經費查報表一份

五、經查屬實謹電鑒核

第二區長陳其郛

發文

附件：表一份

日期：民國三十七年五月十九日

字號：文字第六號

地址：歸綏市西五十家街

图 1-4-7　归绥市第二区公所为呈送本区三十六年度地方教育经费查报表致归绥市政府代电（1948 年 5 月 19 日）（一）

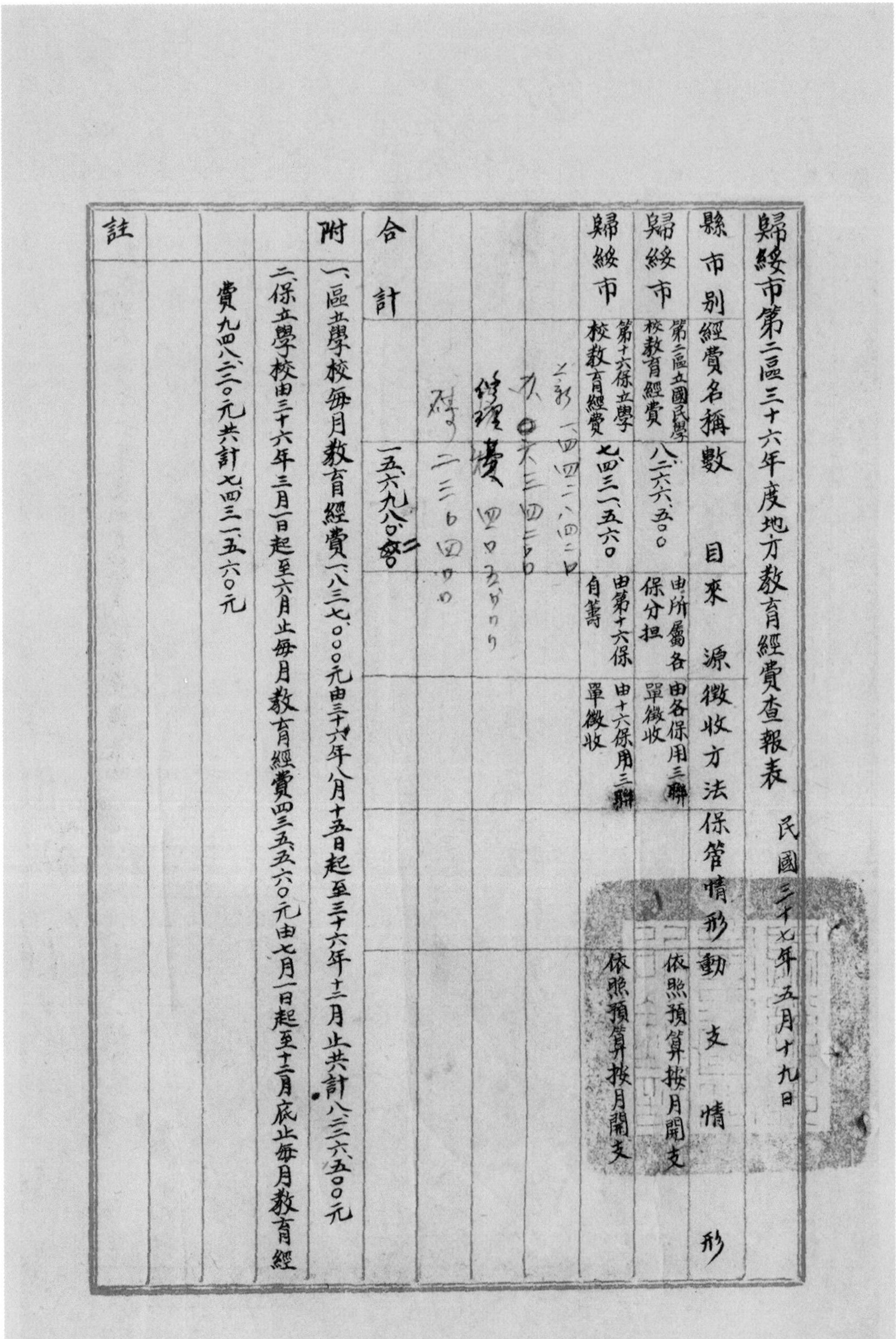

歸綏市第二區三十六年度地方教育經費查報表

民國三十七年五月十九日

縣市別	經費名稱	數目	來源	徵收方法	保管情形	動支情形
歸綏市	第二區立國民學校教育經費	八二六六五〇〇	由所屬各保分担	由各保用三聯單徵收		依照預算按月開支
歸綏市	第十六保立學校教育經費	七四三一五六〇	由第十六保自籌	由十六保用三聯單徵收		依照預算按月開支
	之薪	一四四二八四二〇				
	旅	◎六三四二〇〇				
	修理費	四〇五〇〇〇〇				
	碎	二三〇四〇〇〇				
合計		一五六九八〇六〇				

附

一、區立學校每月教育經費一八三七〇〇〇元由三十六年八月十五日起至三十六年十二月止共計八二六六五〇〇元

二、保立學校由三十六年三月一日起至六月止每月教育經費四三五五六〇元由七月一日起至十二月底止每月教育經費九四八三二〇元共計七四三一五六〇元

註

图 1-4-7 归绥市第二区公所为呈送本区三十六年度地方教育经费查报表致归绥市政府代电（1948 年 5 月 19 日）（二）

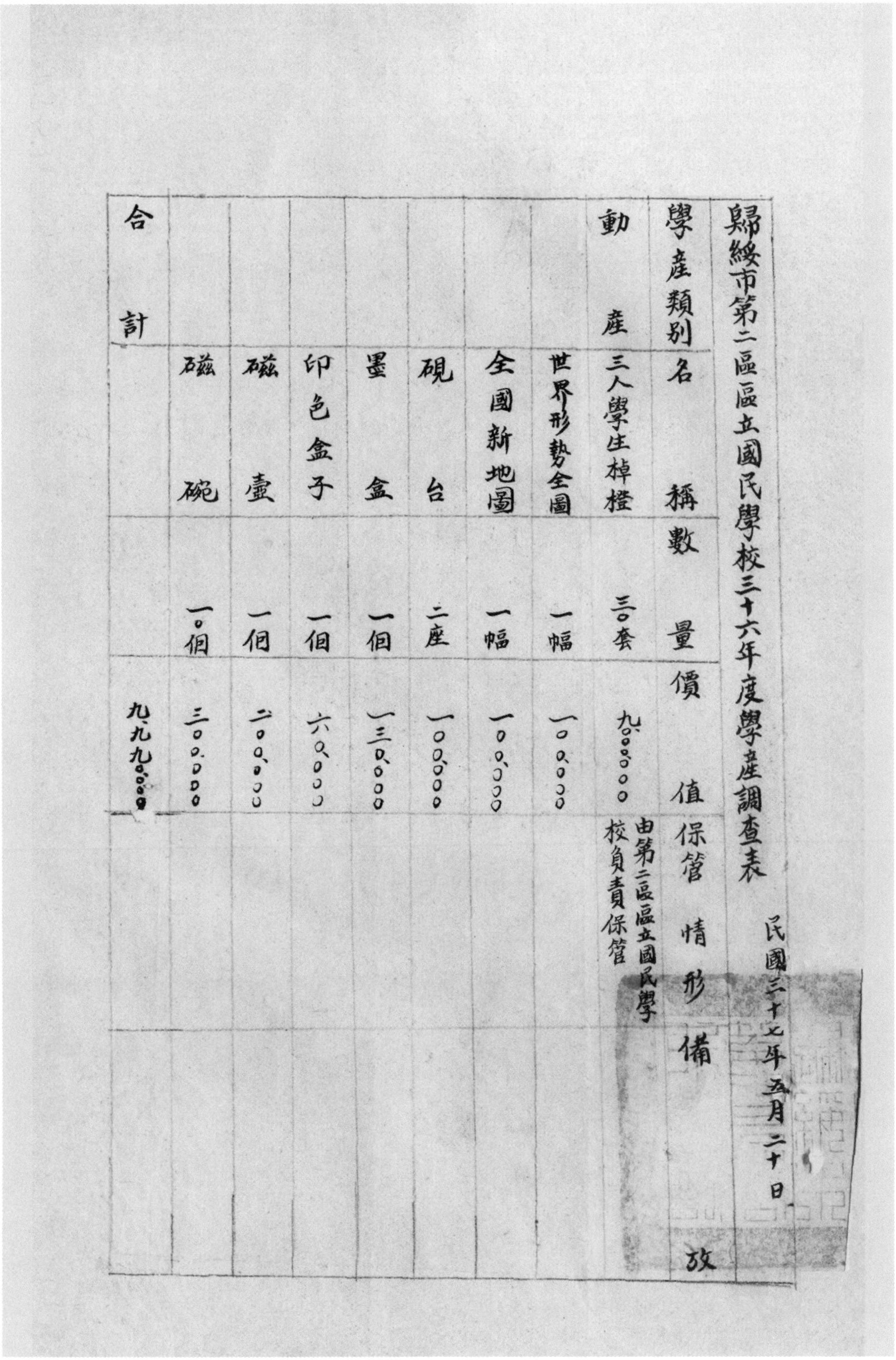

歸綏市第二區區立國民學校三十六年度學產調查表

民國三十七年五月二十日

學產類別	名稱	數量	價值	保管情形	備攷
動產	三人學生棹櫈	三〇套	九、〇〇〇、〇〇〇	由第二區區立國民學校負責保管	
	世界形勢全圖	一幅	一〇〇、〇〇〇		
	全國新地圖	一幅	一〇〇、〇〇〇		
	硯台	二座	一〇〇、〇〇〇		
	墨盒	一個	一三〇、〇〇〇		
	印色盒子	一個	六〇、〇〇〇		
	磁壺	一個	二〇〇、〇〇〇		
	磁碗	一〇個	三〇〇、〇〇〇		
合計			九、九九〇、〇〇〇		

图 1-4-7　归绥市第二区公所为呈送本区三十六年度地方教育经费查报表致归绥市政府代电（1948 年 5 月 19 日）（三）

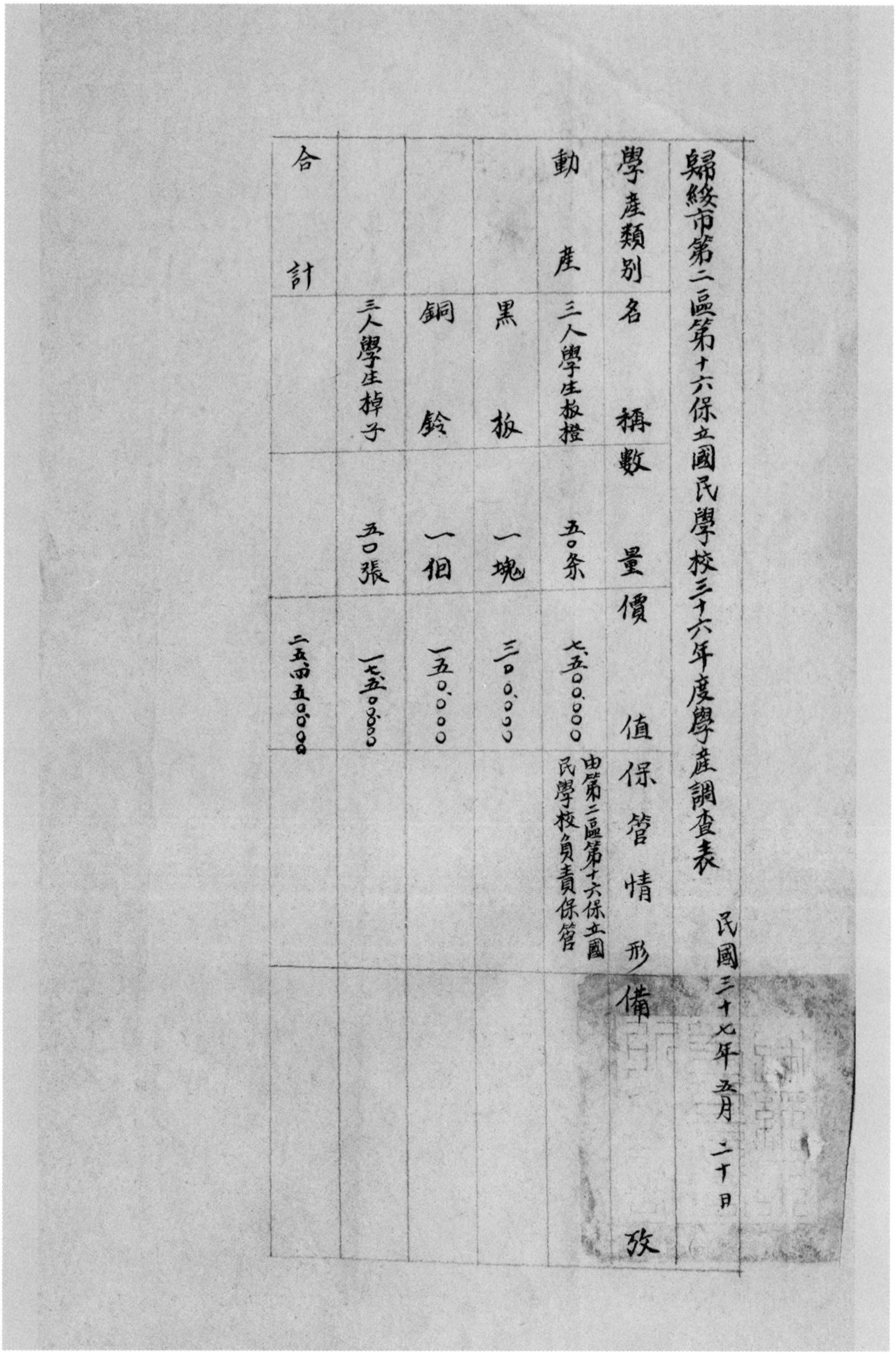

歸綏市第二區第十六保立國民學校三十六年度學產調查表

民國三十七年五月二十日

學產類別	名稱	數量	價值	保管情形	備攷
動產	三人學生板櫈	五〇条	七、五〇〇、〇〇〇	由第二區第十六保立國民學校負責保管	
	黑板	一塊	三〇〇、〇〇〇		
	銅鈴	一個	一五〇、〇〇〇		
	三人學生桌子	五〇張	一七、五〇〇、〇〇〇		
合計			二五、四五〇、〇〇〇		

图 1-4-7 归绥市第二区公所为呈送本区三十六年度地方教育经费查报表致归绥市政府代电（1948 年 5 月 19 日）（四）

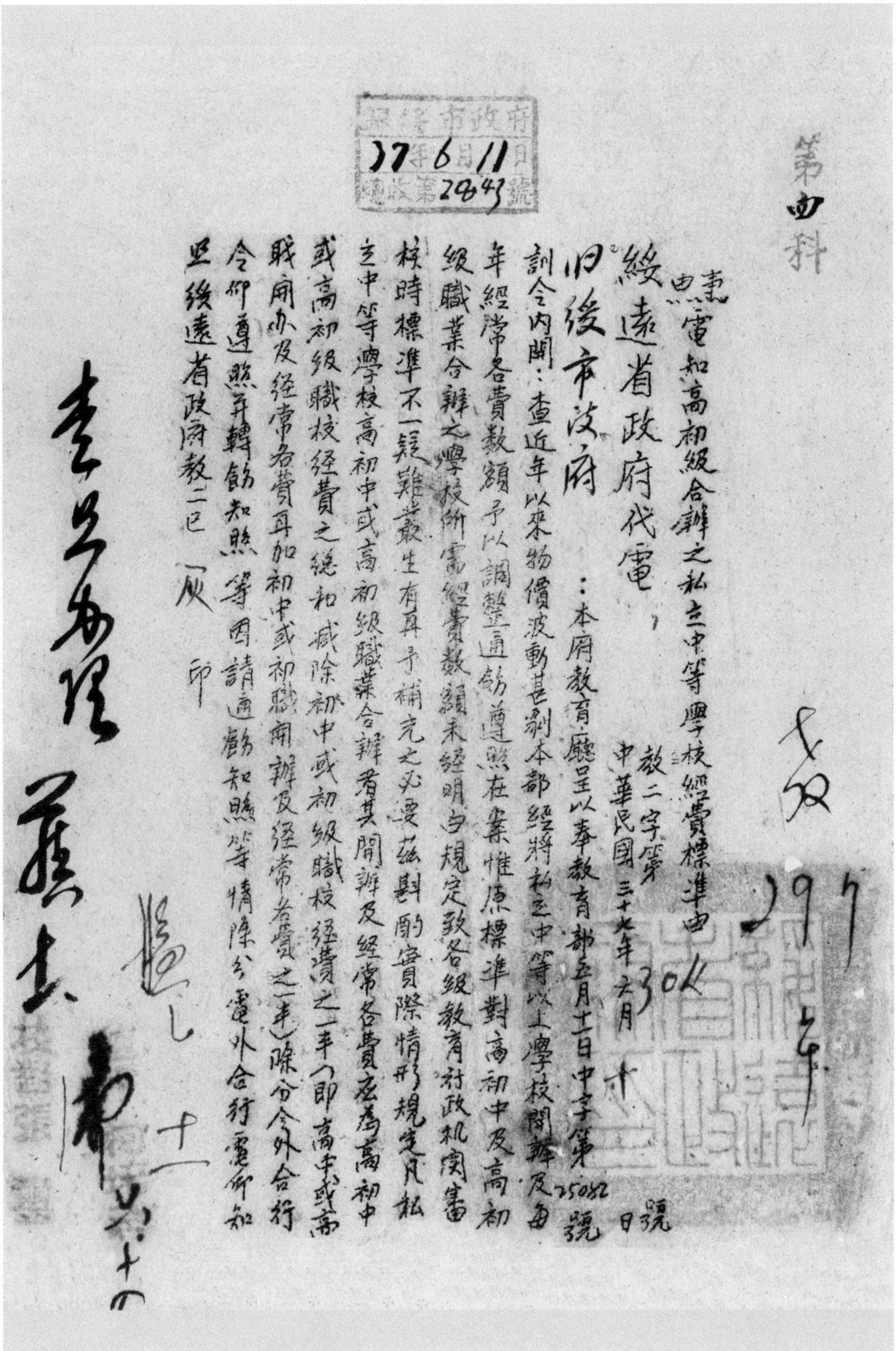
第四科

急

電知高初級合辦之私立中等學校經費標準由

綏遠省政府代電　教二字第　號

歸綏市政府　中華民國三十七年六月　日

：本府教育廳呈以奉教育部五月十一日中字第25082號訓令內開：查近年以來物價波動甚劇本部經將私立中等以上學校開辦及每年經常各費數額予以調整通飭遵照在案惟原標準對高初中及高初級職業合辦之學校所需經費數額未經明白規定致各級教育行政機關當核時標準不一疑難叢生有再予補充之必要茲斟酌實際情形規定凡私立中等學校高初中或高初級職業合辦者其開辦及經常各費應為高初中或高初級職校經費之總和減除初中或初級職校經費之一半（即高中或高職開辦及經常各費再加初中或初職開辦及經常各費之一半）除分令外合行令仰遵照并轉飭知照等因請通飭知照等情除分電外合行電仰知照

綏遠省政府教二巳　灰　印

图 1-4-8　绥远省政府为转发高初级合办之私立中等学校经费标准致归绥市政府代电（1948 年 6 月 10 日）

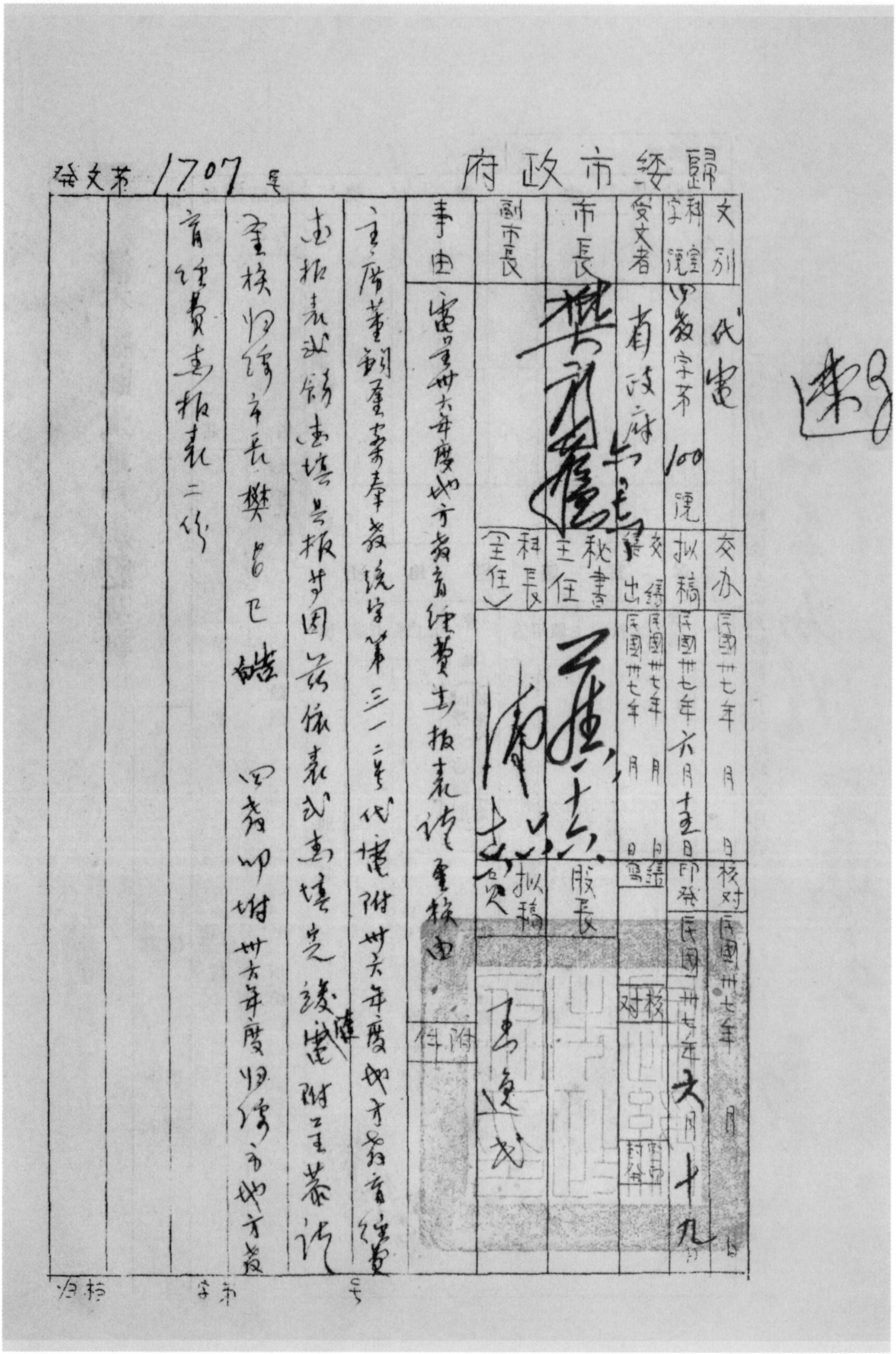
歸綏市政府
發文第1707號

文別：代電
科室字號：教字第100號
受文者：省政府
市長：樊
副市長
事由：呈送卅六年度地方教育經費查報表請查核由
交办：民國卅七年 月 日
拟稿：民國卅七年六月十五日
缮写：民國卅七年 月 日
校对：民國卅七年 月 日
印發：民國卅七年六月十九日

主席董鈞鑒：案奉發綏字第三一二號代電附卅六年度地方教育經費查報表飭查填具報等因，茲依表式查填完竣，謹代電附呈，恭請鑒核。歸綏市市長樊○○叩。皓。

附卅六年度歸綏市地方教育經費查報表二份

附件

歸檔 字第 號

图 1-4-9　归绥市政府为呈送三十六年度地方教育经费查报表致绥远省政府代电（1948 年 6 月 19 日）（一）

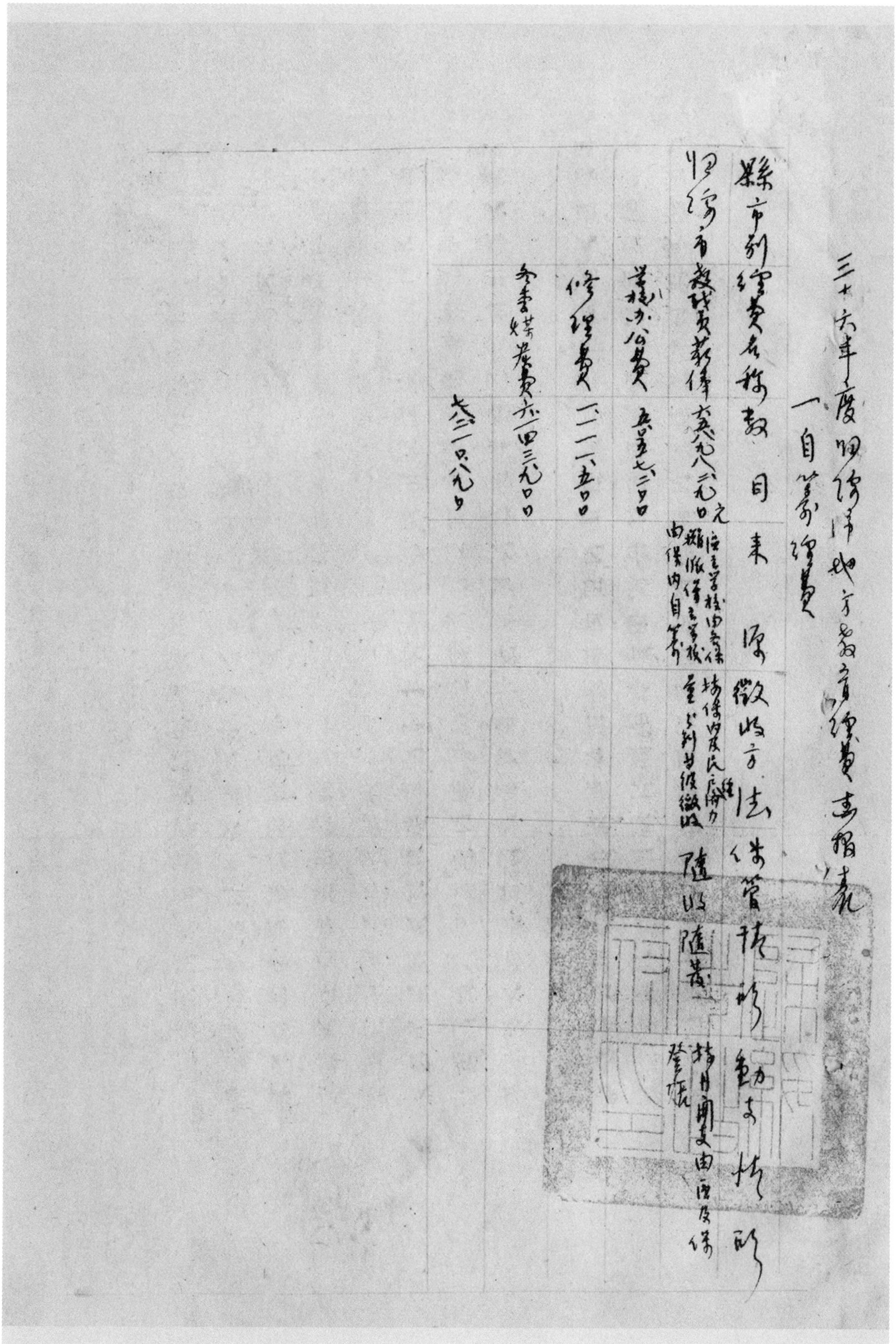

三十六年度归绥市地方教育经费查报表

一、自筹经费

县市别	经费名称	数目	来源	征收方法	保管机构	动支情形
归绥市	教职员薪俸	六五九八六九〇	市立学校由各保摊派，保立学校由保内自筹	按保内居民负担力量分别等级征收	随收随发	按月开支由市及保登账
	业务办公费	五五七六〇〇				
	修缮费	一二一一五〇〇				
	参考书报费	六〇四三九〇〇				
		七三一〇八七九〇				

图 1-4-9　归绥市政府为呈送三十六年度地方教育经费查报表致绥远省政府代电（1948 年 6 月 19 日）（二）

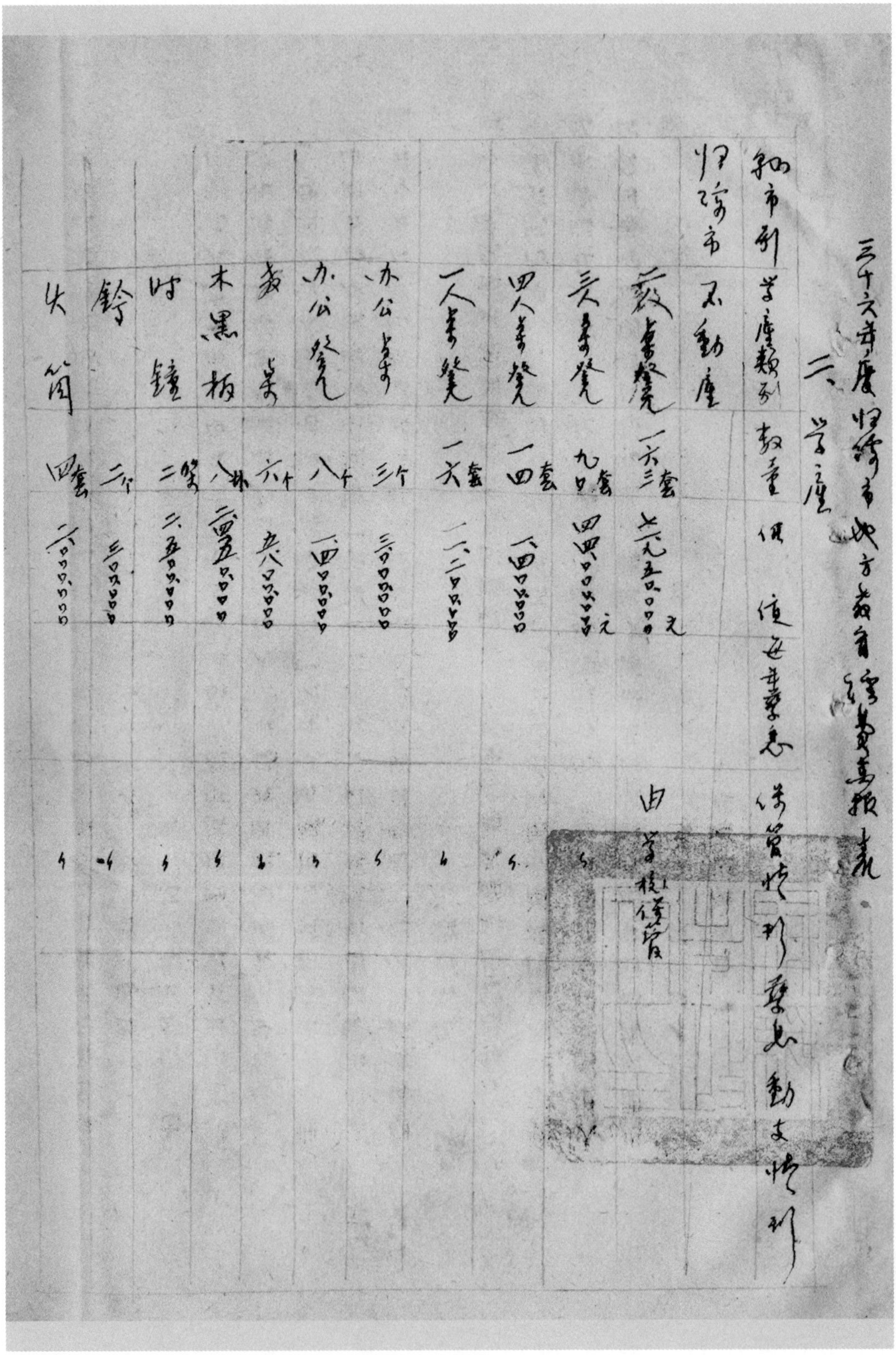

三十六年度归绥市地方教育经费查报表

二、学产

学产类别	数量	价值	使用情形	备考
归绥市不动产			由学校保管	
教桌凳	一六三套	七六九五〇〇〇元	〃	
三人桌凳	九〇套	四四〇〇〇〇〇元	〃	
四人桌凳	一四〇套	一四〇〇〇〇〇	〃	
一人桌凳	一六套	一一二〇〇〇〇	〃	
办公桌	三个	三〇〇〇〇〇〇	〃	
办公凳	八个	一四〇〇〇〇〇	〃	
书桌	六个	六八〇〇〇〇〇	〃	
木黑板	八块	二四五〇〇〇〇	〃	
时钟	二架	二五〇〇〇〇〇	〃	
铃	二个	三〇〇〇〇〇	〃	
火筒	四套	二〇〇〇〇〇〇〇	〃	

图 1-4-9　归绥市政府为呈送三十六年度地方教育经费查报表致绥远省政府代电（1948 年 6 月 19 日）（三）

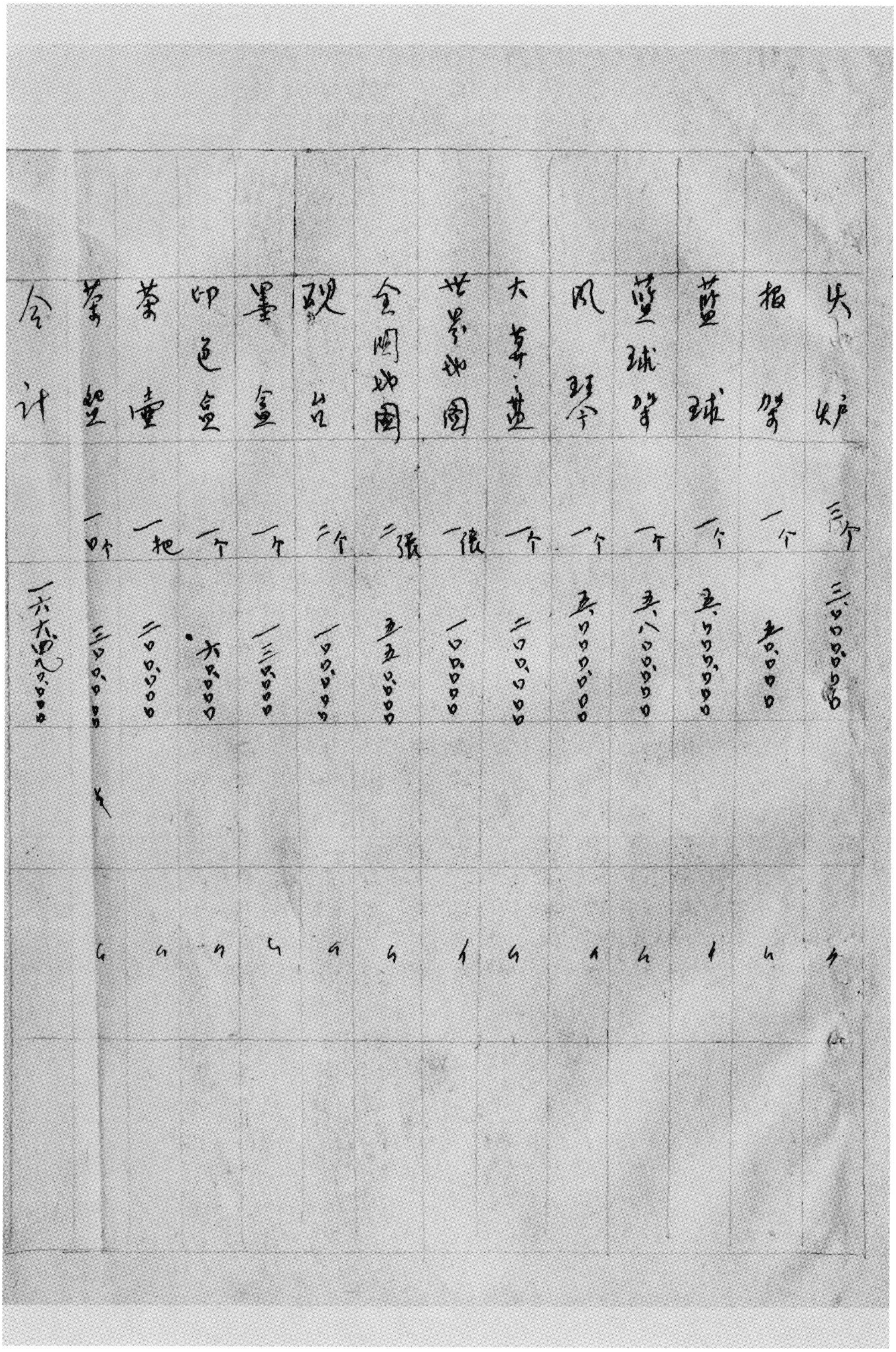

火炉	三个	三〇〇〇〇〇〇		〃
报架	一个	五〇〇〇〇		〃
蓝球	一个	五〇〇〇〇〇〇		〃
蓝球架	一个	五八〇〇〇〇〇〇		〃
风琴	一个	五〇〇〇〇〇〇		〃
大华盖	一个	二〇〇〇〇〇		〃
世界地图	一張	一〇〇〇〇〇		〃
全国地图	二張	五五〇〇〇〇		〃
砚台	二个	一〇〇〇〇〇		〃
墨盒	一个	一三〇〇〇〇		〃
印色盒	一个	六〇〇〇〇		〃
茶壶	一把	二〇〇〇〇〇		〃
茶碗	一〇个	三〇〇〇〇〇〇	〃	〃
合计		一六六四九〇〇〇〇		

图 1-4-9　归绥市政府为呈送三十六年度地方教育经费查报表致绥远省政府代电（1948 年 6 月 19 日）（四）

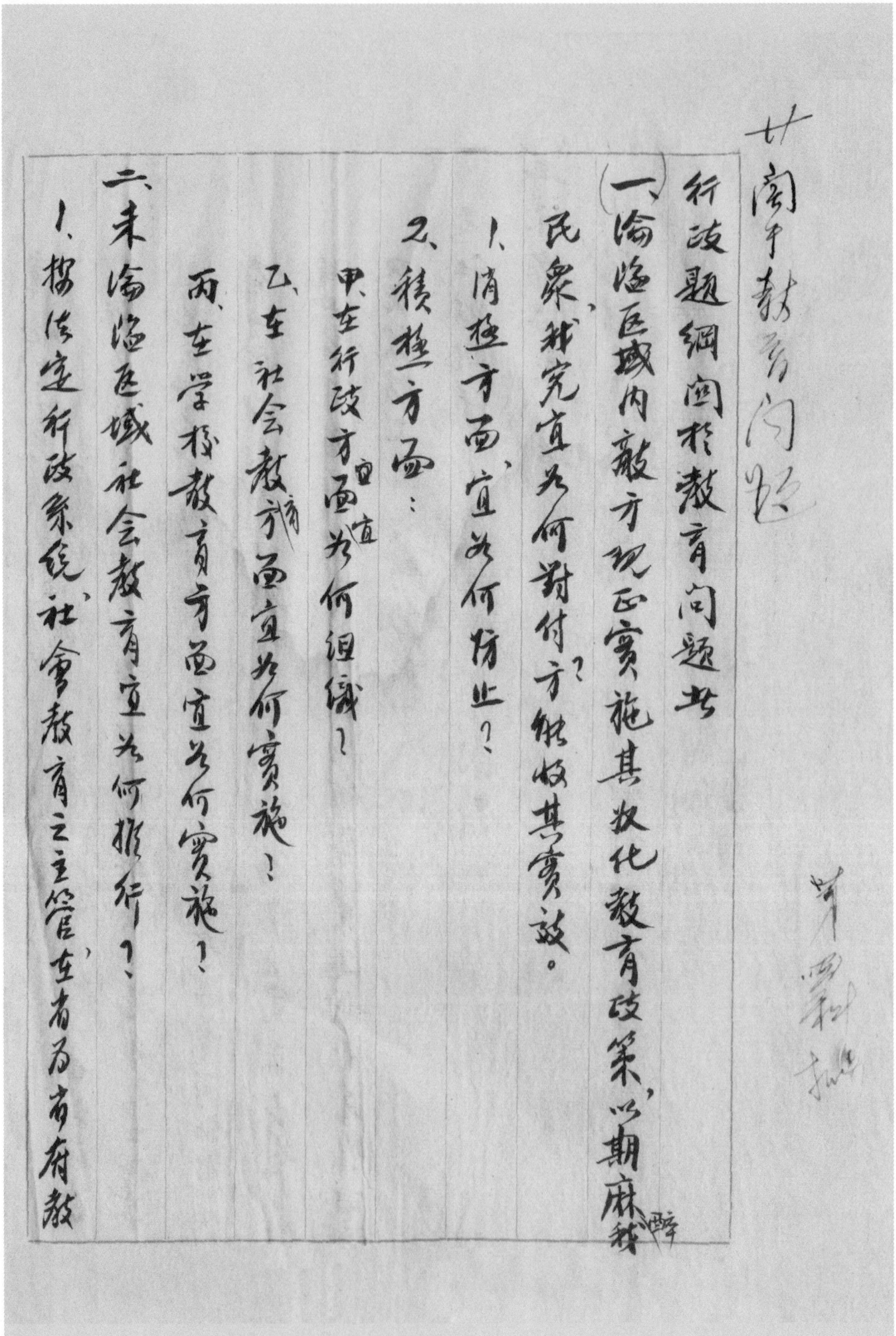
廿周年教育问题
行政题纲关于教育问题者
一、沦陷区域内敌方现正实施其奴化教育政策，以期麻醉
民众，我究宜如何对付，方能收其实效。
1、消极方面，宜如何防止？
2、积极方面：
甲、在行政方面宜如何组织？
乙、在社会教育方面宜如何实施？
丙、在学校教育方面宜如何实施？
二、未沦陷区域社会教育宜如何推行？
1、按法定行政系统，社会教育之主管者为市府教

图 1-4-10　关于教育问题的行政提纲（一）

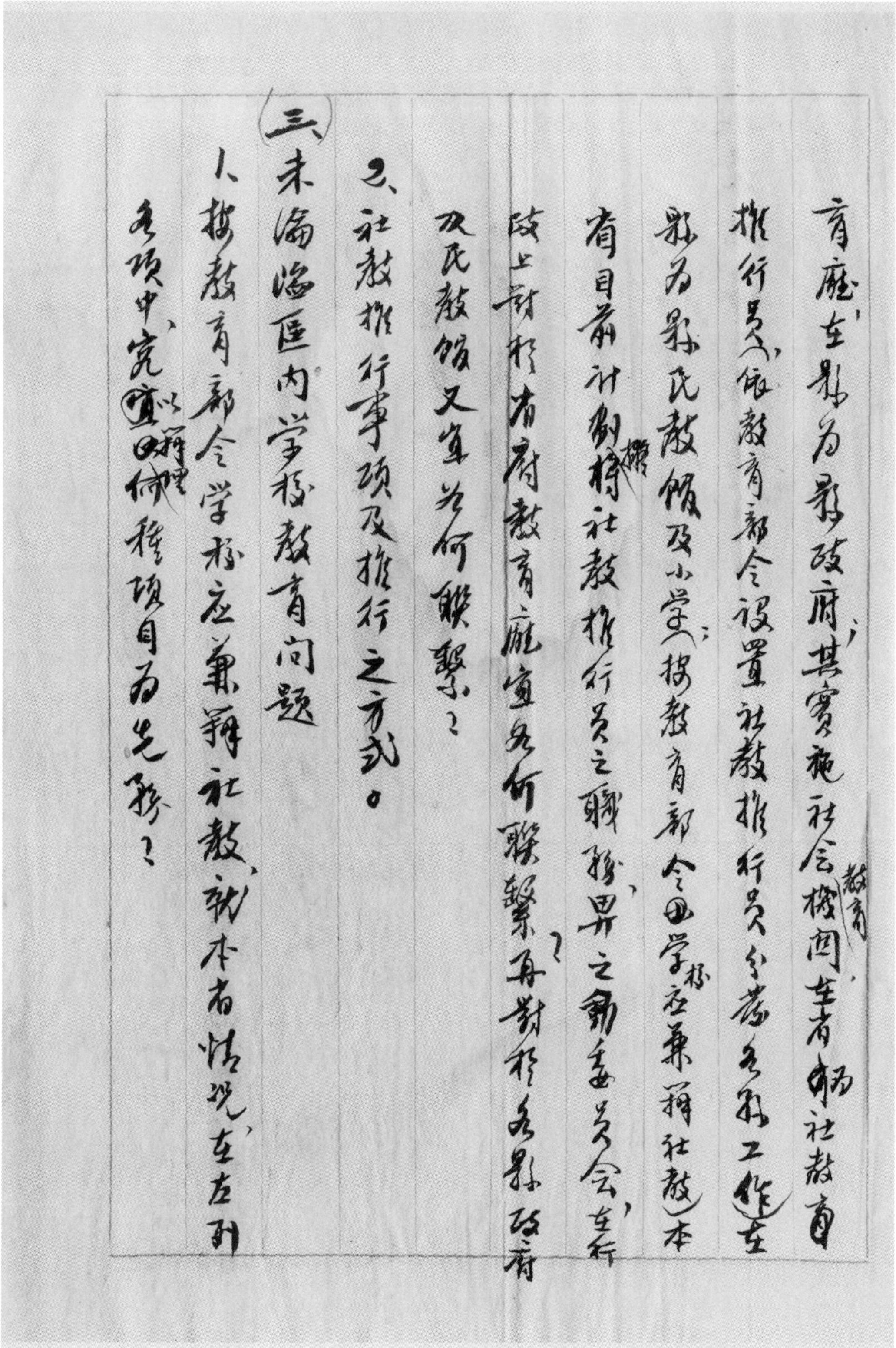
育廳，在县为县政府，其實施社会教育機関，在省為社教育推行员，係教育部令設置社教推行员分發各县工作，在县为县民教館及小学，按教育部令由學校應兼辦社教，本省目前計劃將社教推行員之職務畀之動員委員会，在行政上對於省府教育廳宜如何聯繫，再對於各县政府及民教館又宜如何聯繫？

2、社教推行事項及推行之方式。

三、未淪陷區內學校教育問題

1、按教育部令學校應兼辦社教，就本省情況，在左列各項中，究宜以何種項目為先務？

图 1-4-10　关于教育问题的行政提纲（二）

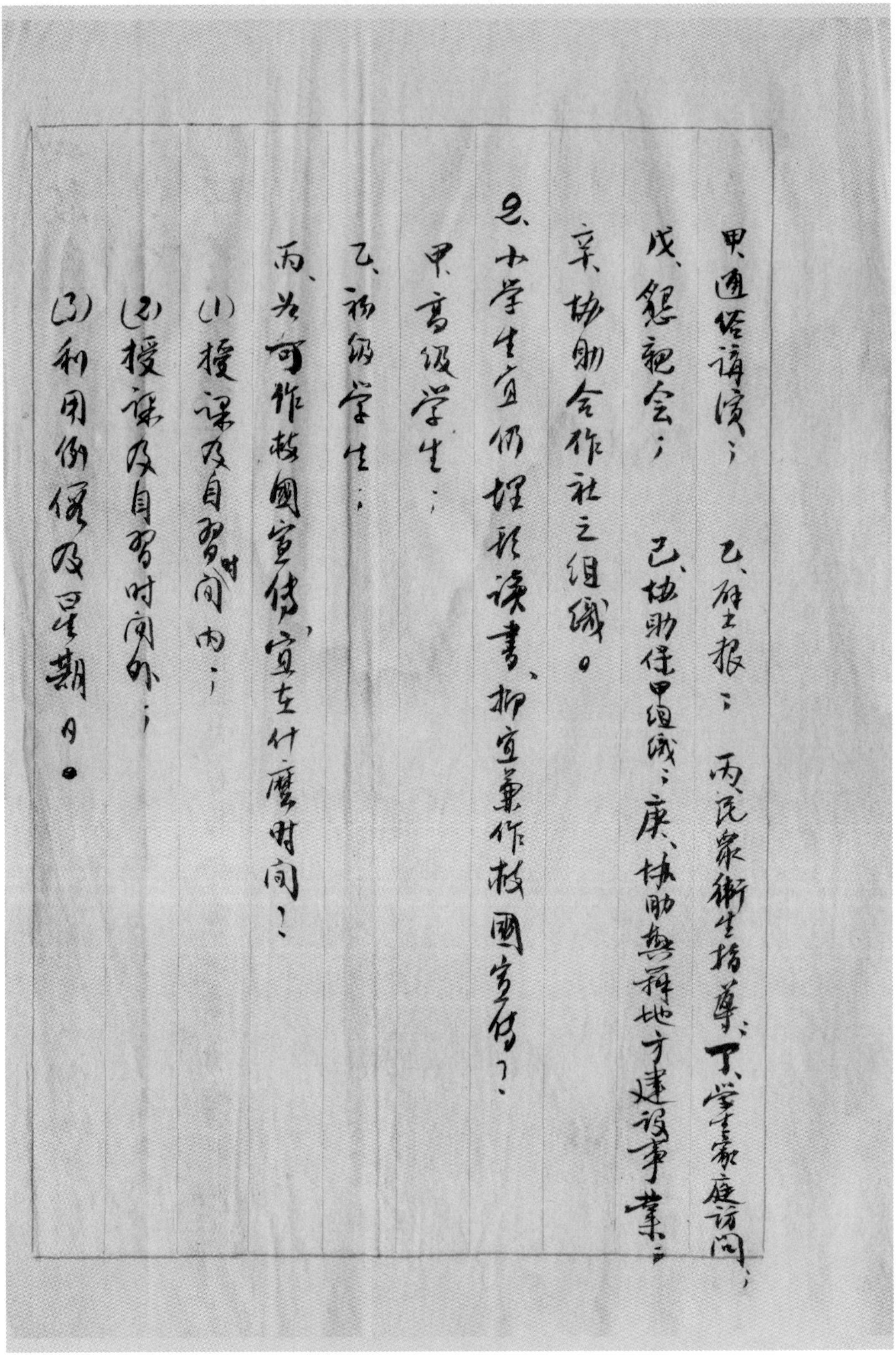

图 1-4-10　关于教育问题的行政提纲（三）

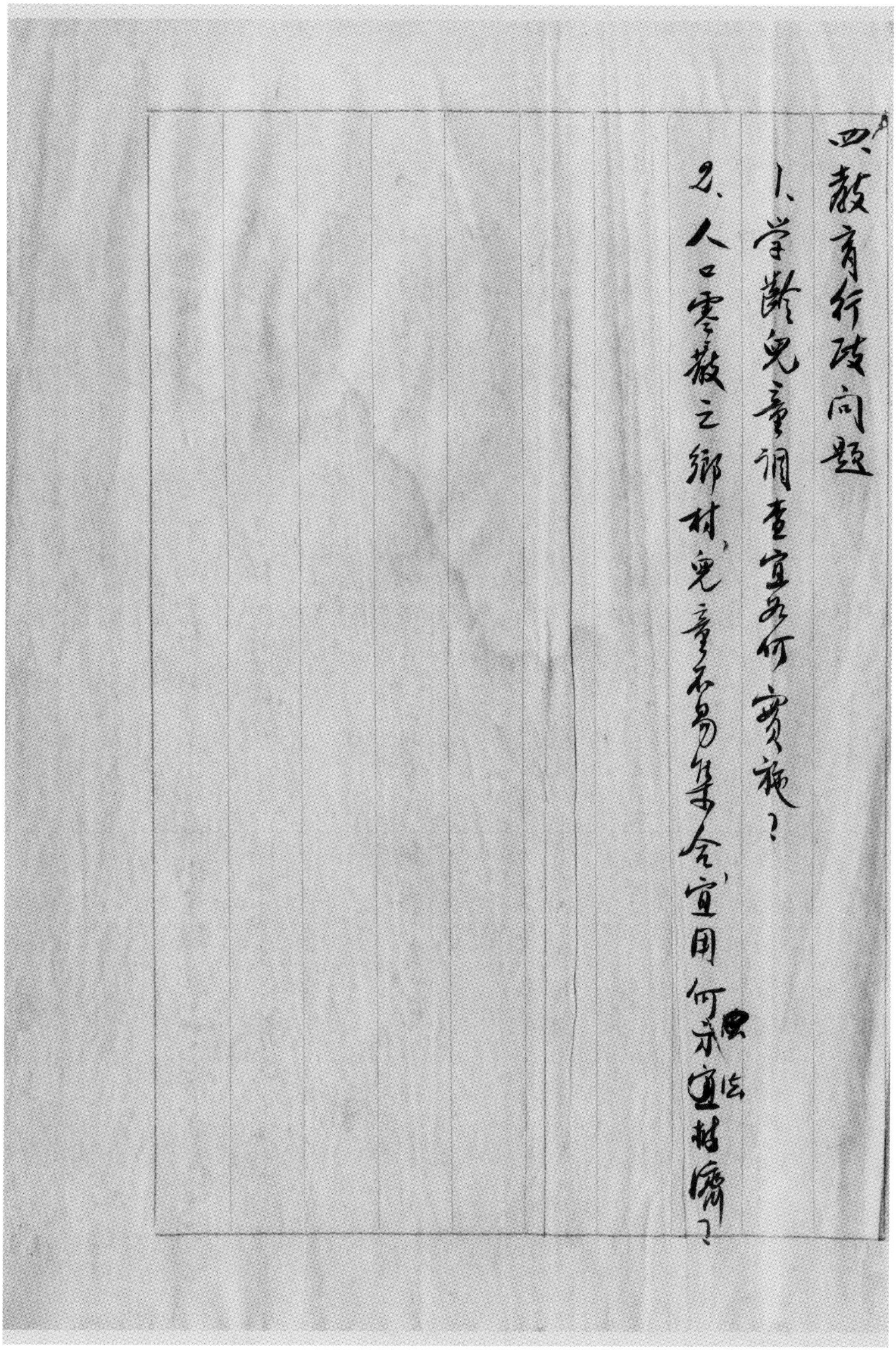

四、教育行政问题

1、学龄儿童调查宜如何实施？

2、人口零散之乡村，儿童不易集合，宜用何法求适当救济？

图 1-4-10 关于教育问题的行政提纲（四）

五　教育动态

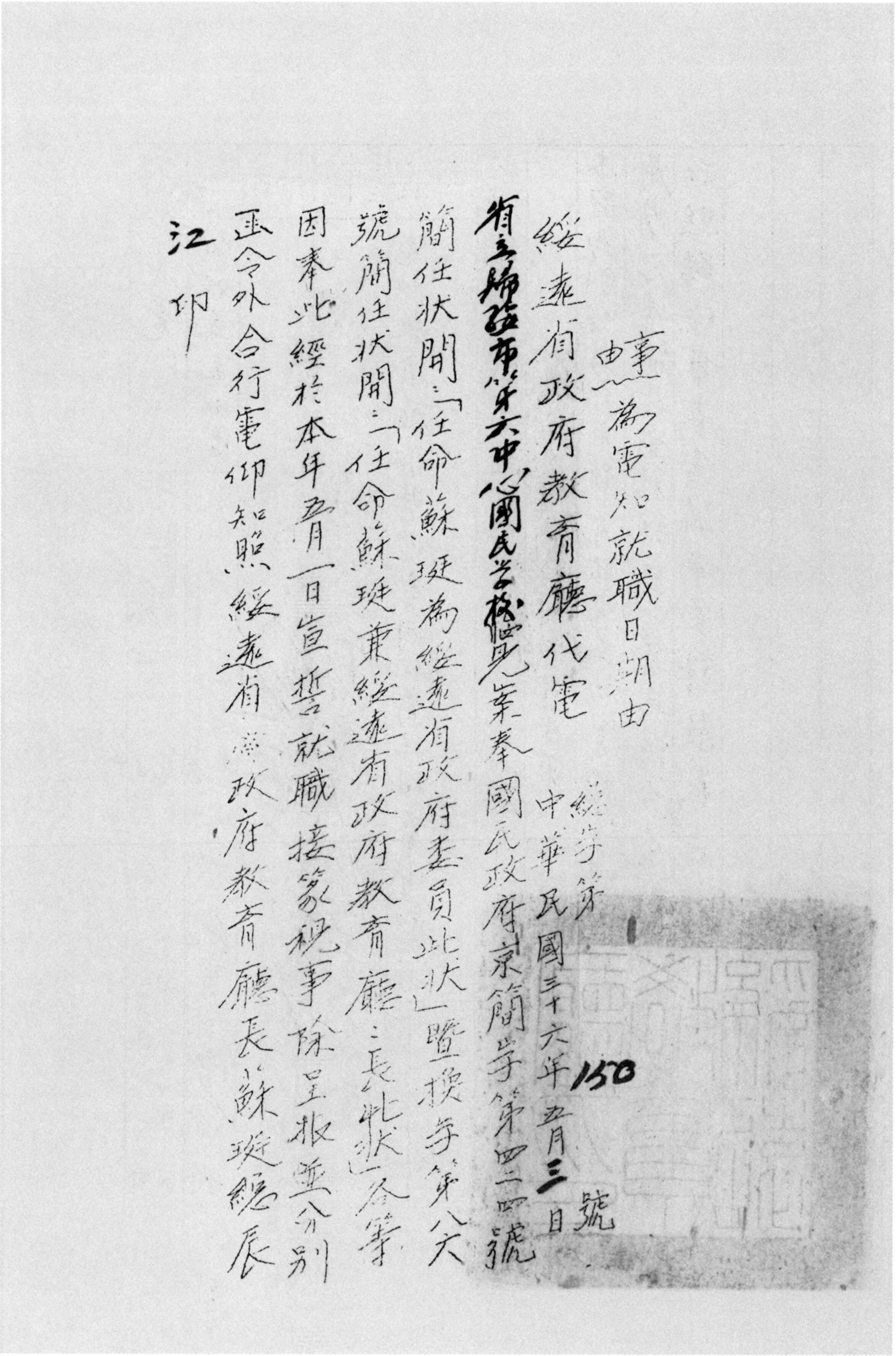

綏遠省政府教育廳代電

事由：為電知就職日期由

綏字第150號

中華民國三十六年五月三日

省立歸綏市第六中心國民學校覽：案奉國民政府京簡字第四二四號簡任狀開「任命蘇珽為綏遠省政府委員此狀」暨換字第八六號簡任狀開「任命蘇珽兼綏遠省政府教育廳廳長此狀」各等因奉此，經於本年五月一日宣誓就職接篆視事，除呈報並分別函令外，合行電仰知照。綏遠省政府教育廳廳長蘇珽總辰江印

图 1-5-1　绥远省政府教育厅为国民政府任命苏珽为绥远省政府委员兼教育厅厅长致省立归绥市第六中心国民学校代电（1947 年 5 月 3 日）

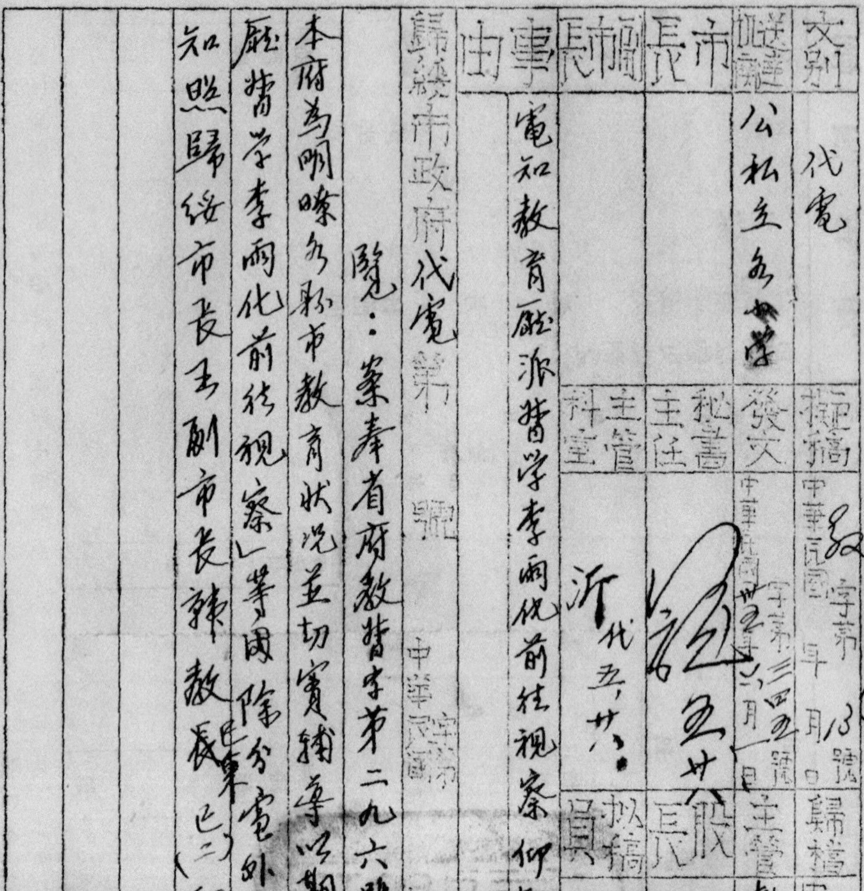
文別	代電
受文者	公私立各小學
市長	
副市長	
事由	電知教育廳派督學李雨化前往視察仰知照由
附件	
擬稿	中華民國 年 月 日 字第 號
發文	中華民國卅五年六月 日 字第三四五號
主管	教育室 學務股
擬稿員	王琴壇

歸綏市政府代電 第 號 中華民國 年 月 日

覽：案奉省府教督字第二九六號有代電開：「查本府為明瞭各縣市教育狀況並切實輔導以期改進計派教育廳督學李雨化前往視察」等因，除分電外，合行電仰該校知照。歸綏市長王 副市長韓 教育室主任 印

图 1-5-2 归绥市政府为教育厅派督学李雨化前往视察事致公私立各小学代电（1946 年 6 月 1 日）（一）

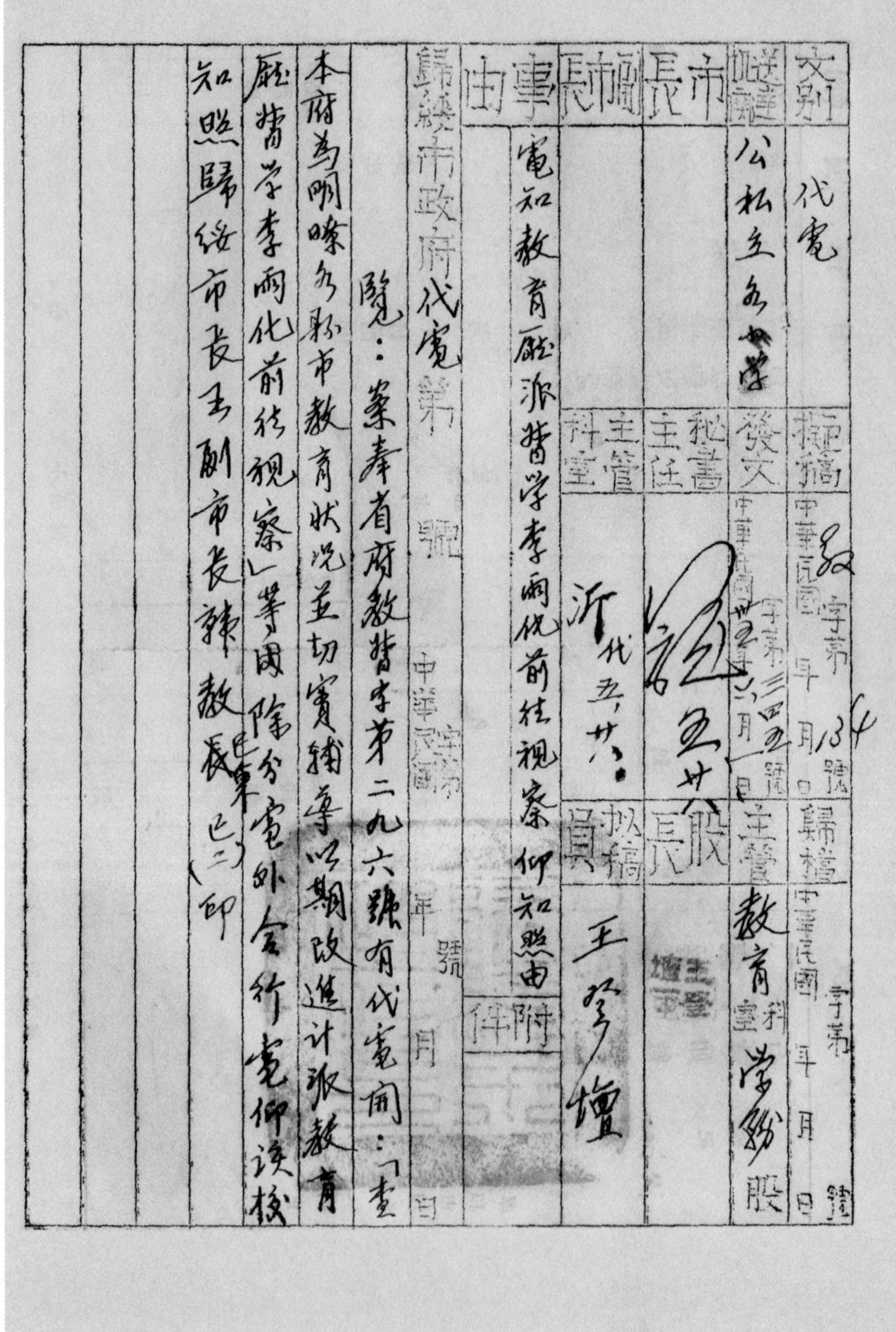

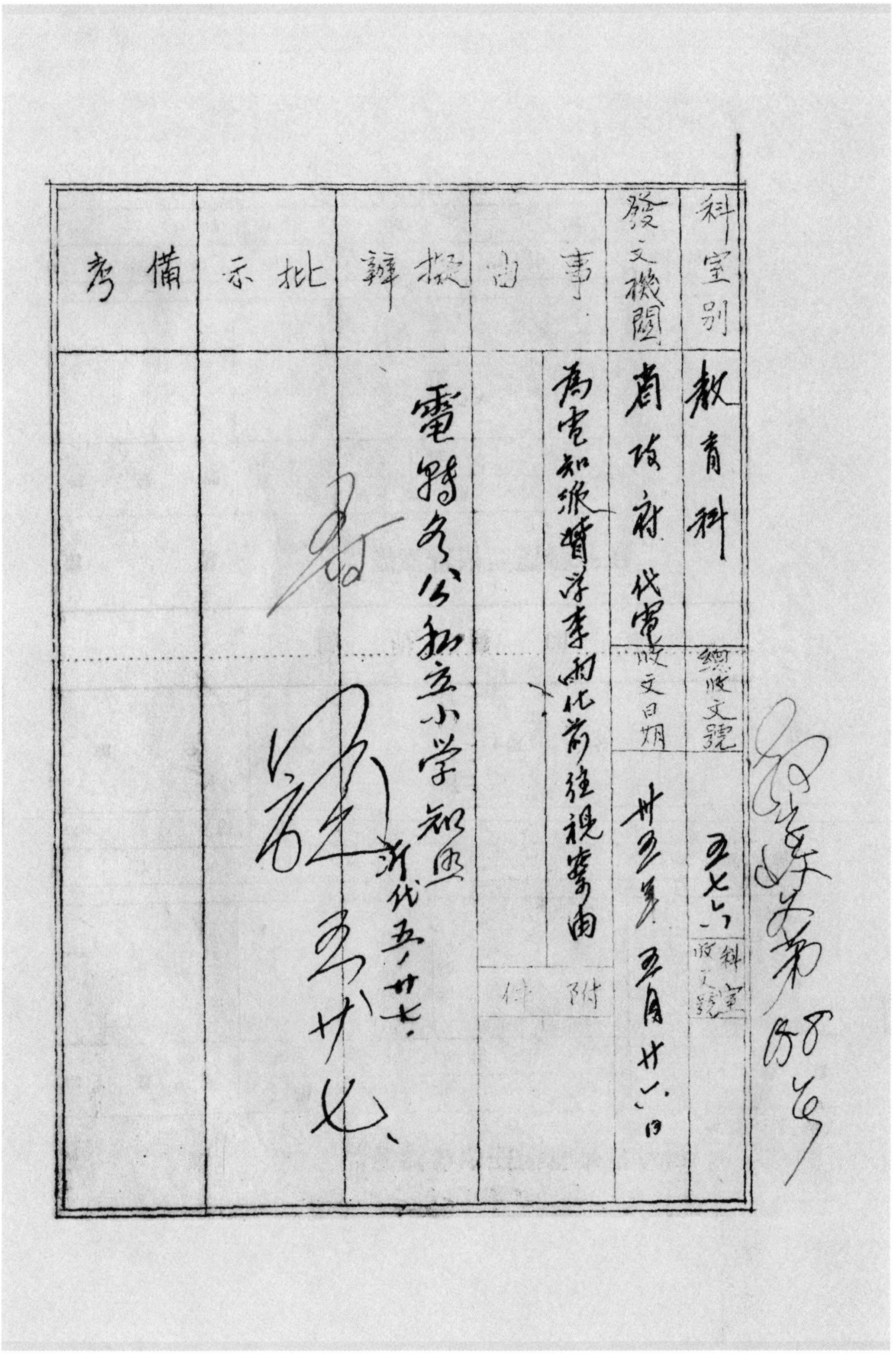

图 1-5-2　归绥市政府为教育厅派督学李雨化前往视察事致公私立各小学代电（1946 年 6 月 1 日）（二）

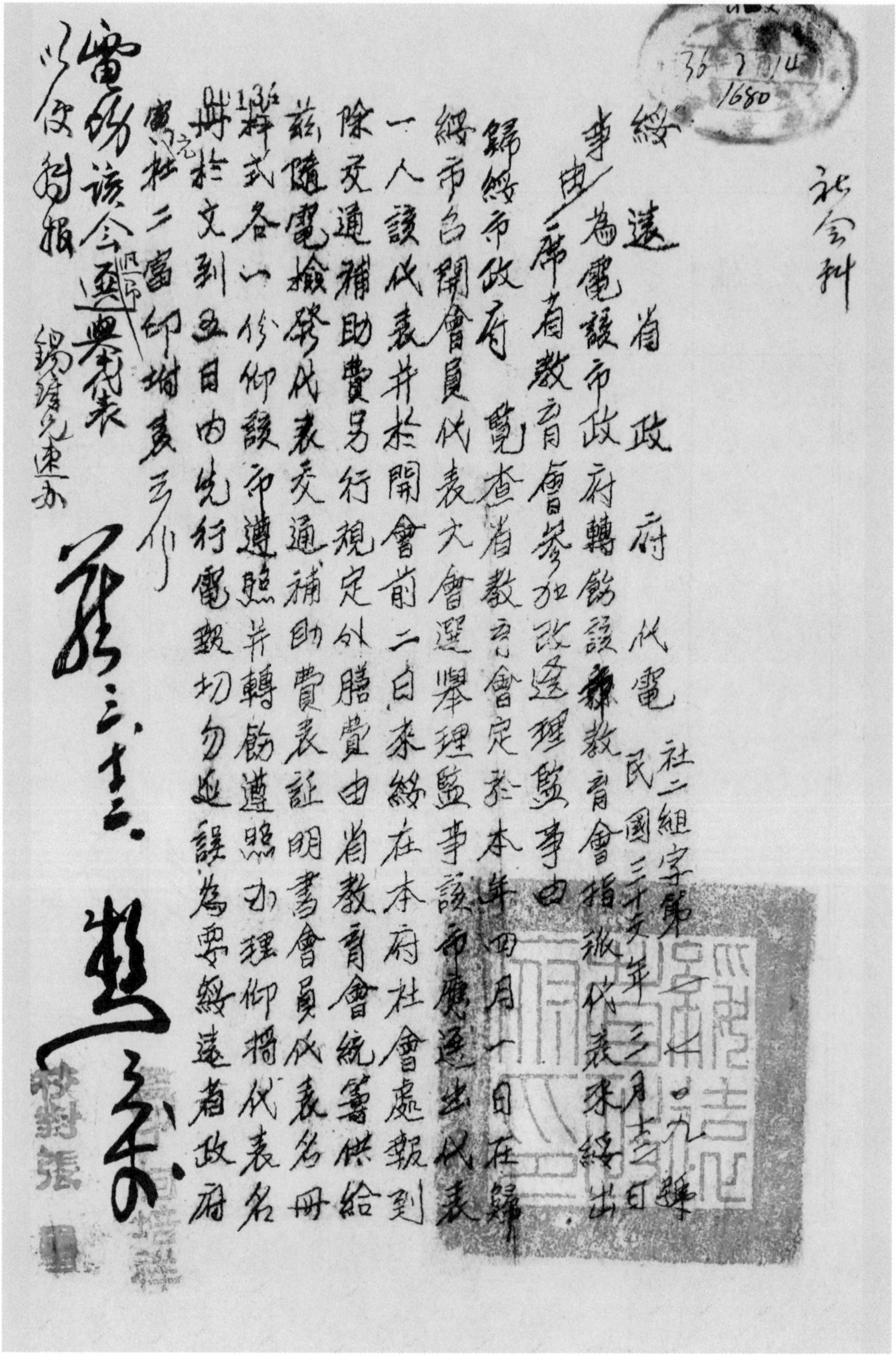
社会科
綏遠省政府代電
社二組字第　號
民國三十六年三月十三日
事由：為電請市政府轉飭該縣教育會指派代表來綏出席省教育會參加改選理監事由
歸綏市政府覽：查省教育會定於本年四月一日在歸綏市召開會員代表大會選舉理監事，該市應選出代表一人，該代表并於開會前二日來綏在本府社會處報到。除交通補助費另行規定外，膳費由省教育會統籌供給。茲隨電檢發代表交通補助費表、證明書、會員代表名冊、辦式各一份，仰該市遵照并轉飭遵照辦理，仰將代表名冊於文到五日內先行電報，切勿延誤為要。綏遠省政府寅元社二
董其武
當飭該會選出代表以便彙報

图 1-5-3　绥远省政府为指派代表来绥出席省教育会参加改选理监事致归绥市政府代电（附绥远省处县市教育会会员代表名册、处县市教育会证明书、各县市代表交通补助费表）（1947 年 3 月 13 日）（一）

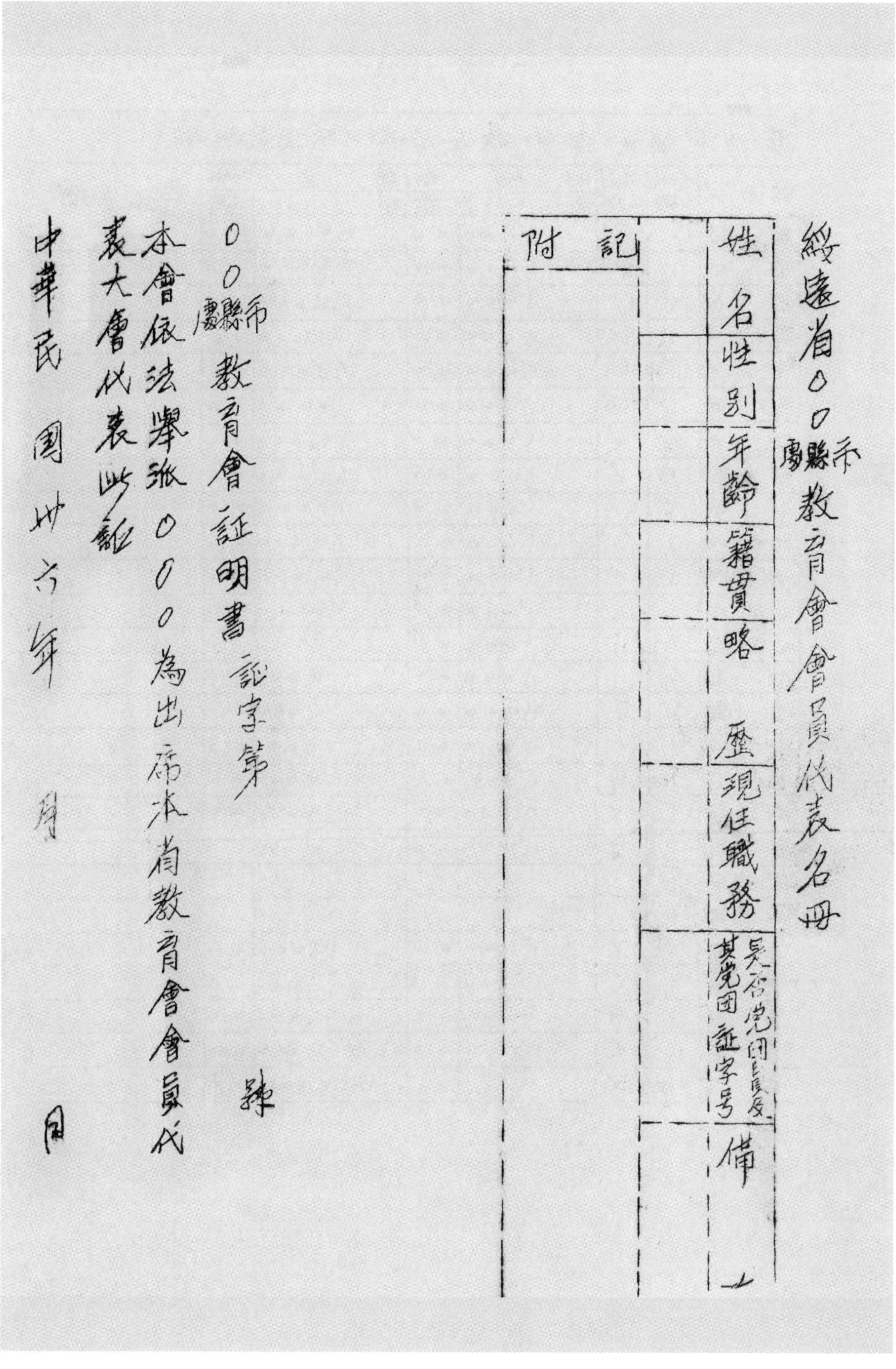

綏遠省〇〇縣市處教育會會員代表名冊

姓名	性別	年齡	籍貫	略歷現任職務	是否黨團員及其黨團證字號	備考

附記

〇〇縣市處教育會證明書　証字第　號

本會依法舉派〇〇〇為出席本省教育會會員代表大會代表此証

中華民國卅六年　月　日

图 1-5-3　绥远省政府为指派代表来绥出席省教育会参加改选理监事致归绥市政府代电（附绥远省处县市教育会会员代表名册、处县市教育会证明书、各县市代表交通补助费表）（1947 年 3 月 13 日）（二）

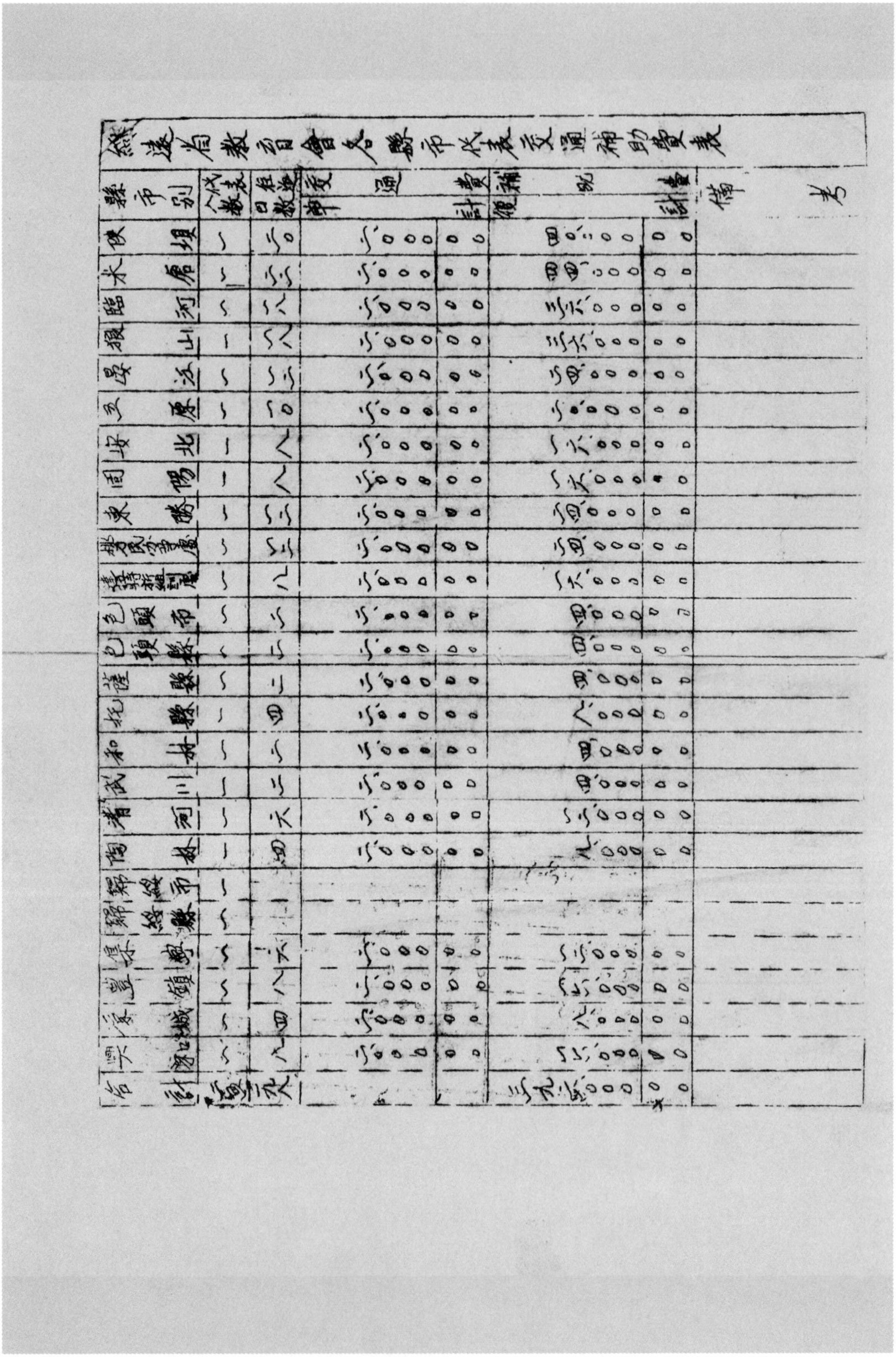

图 1-5-3　绥远省政府为指派代表来绥出席省教育会参加改选理监事致归绥市政府代电（附绥远省处县市教育会会员代表名册、处县市教育会证明书、各县市代表交通补助费表）（1947 年 3 月 13 日）（三）

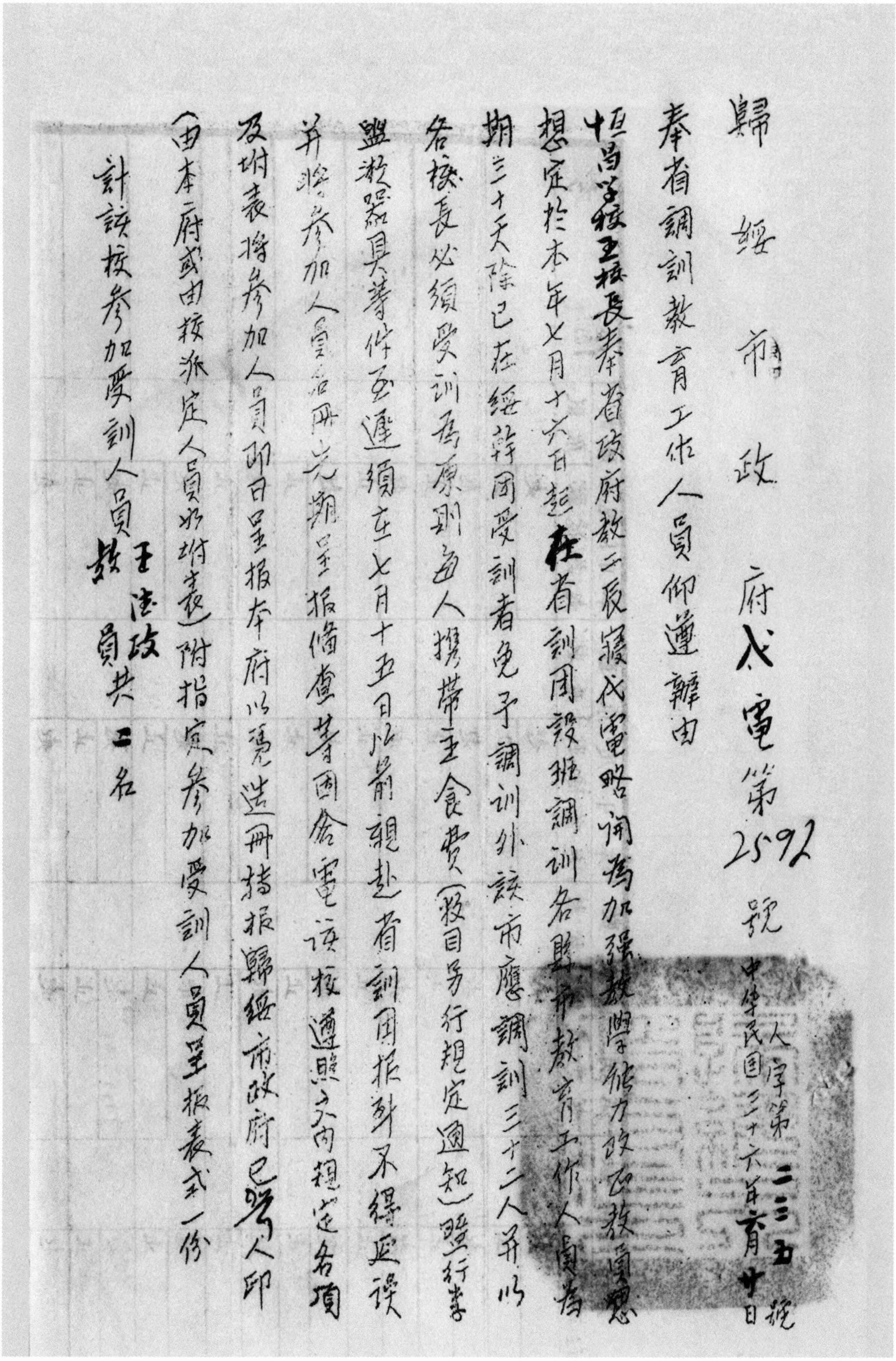

歸綏市政府代電第2592號

奉省調訓教育工作人員仰遵辦由

恒昌學校王校長奉省政府教二辰寢代電略開為加強教學能力改正教員思想定於本年七月十六日起在省訓團設班調訓各縣市教育工作人員為期三十天除已在綏幹團受訓者免予調訓外該市應調訓三十二人并以各校長必須受訓為原則每人携帶主食費（發目另行規定通知）暨行李盥漱器具等件至遲須在七月十五日以前親赴省訓團報到不得延誤并將參加人員名冊先期呈報備查等因合電該校遵照文內規定各項及附表將參加人員即日呈報本府以憑造冊轉報歸綏市政府已呈人印

（由本府或由校派定人員於附表）附指定參加受訓人員呈報表式一份

計該校參加受訓人員王法政等共二名

中華民國三十六年六月廿日

人字第二三五號

图 1-5-4　归绥市政府为省调训教育工作人员事致恒昌学校王校长代电（附本年参加暑期调训教育工作人员姓名表）（1947 年 6 月 20 日）（一）

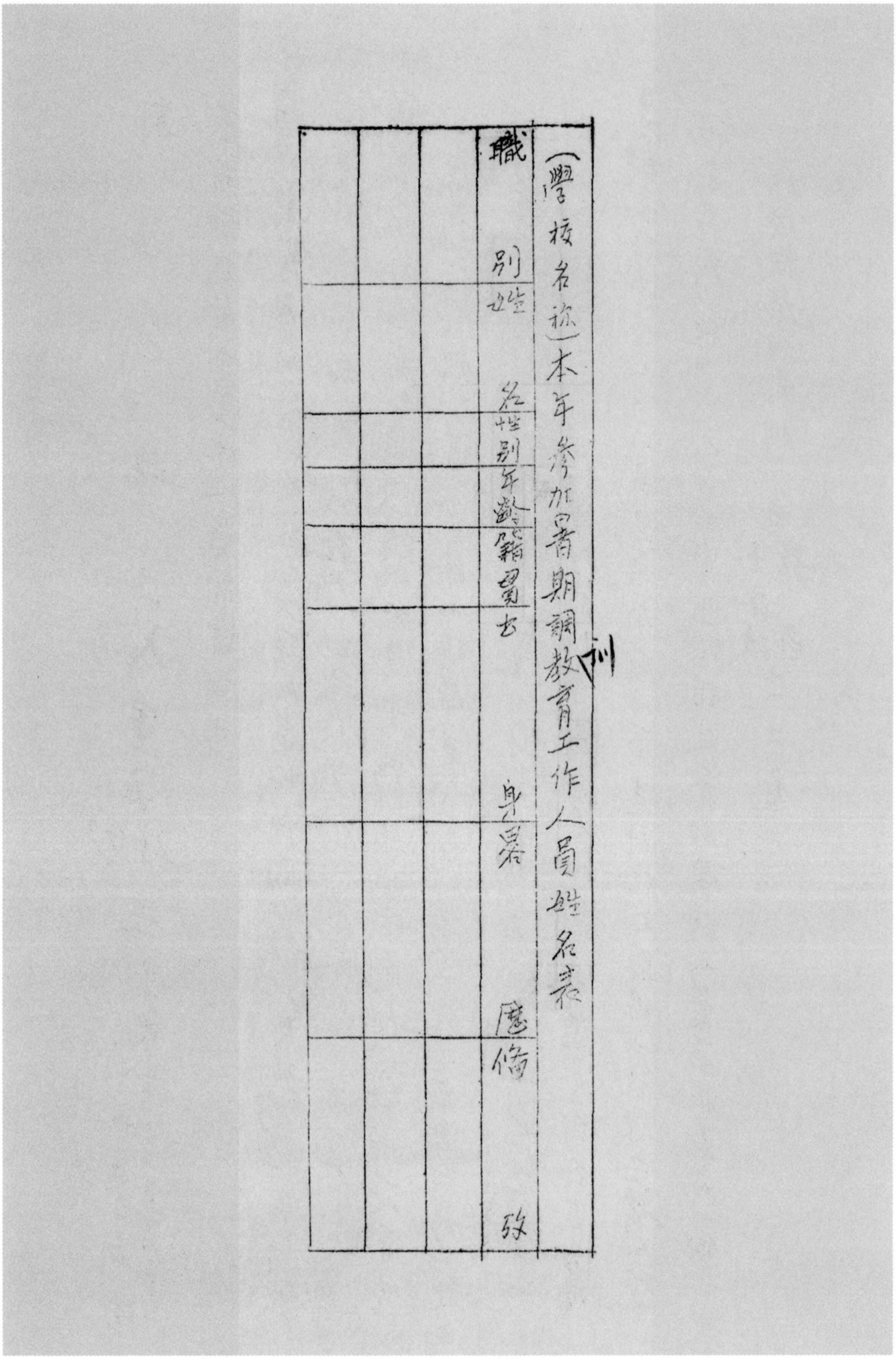

（學校名稱）本年參加暑期調訓教育工作人員姓名表

職別	姓名	性別	年齡	籍貫	出身	學歷	致

图 1-5-4　归绥市政府为省调训教育工作人员事致恒昌学校王校长代电（附本年参加暑期调训教育工作人员姓名表）（1947 年 6 月 20 日）（二）

教育科

事由：為電飭遵照办理綏靖區政務督察團教育部份建議事項由

綏遠省政府代電　教一字第　號　中華民國三十六年八月二六日

歸綏市政府覽：據本府教育廳呈奉教育部三十六年七月廿六日國字第四一八七八號代電開：「准行政院秘書處通知核辦綏靖區政務督察團建議事項一案，查原建議第一組第八項關於『成年男女補習教育與兒童教育須同時並進，單就成年男女教育應側重綏靖區之法令宣傳解釋，以糾正其意識之錯誤，俾於法令之推行』一節，應由各該廳注意办理。又原建議第二組己項：『在綏靖區內中小學試行免費教育』一節，核屬可行，除國民學校已規定不收學雜費外，關於中學免費學額應視各省財力儘力增加，除電復外，合行電仰遵照」等因，請核飭遵照等情。據此，合行電仰轉飭遵照為要。綏遠省政府教一未寢印

監印　柯培祥

校對　張

图 1-5-5　绥远省政府为办理绥靖区政务督察团教育部分建议事项致归绥市政府代电（1947 年 8 月 26 日）

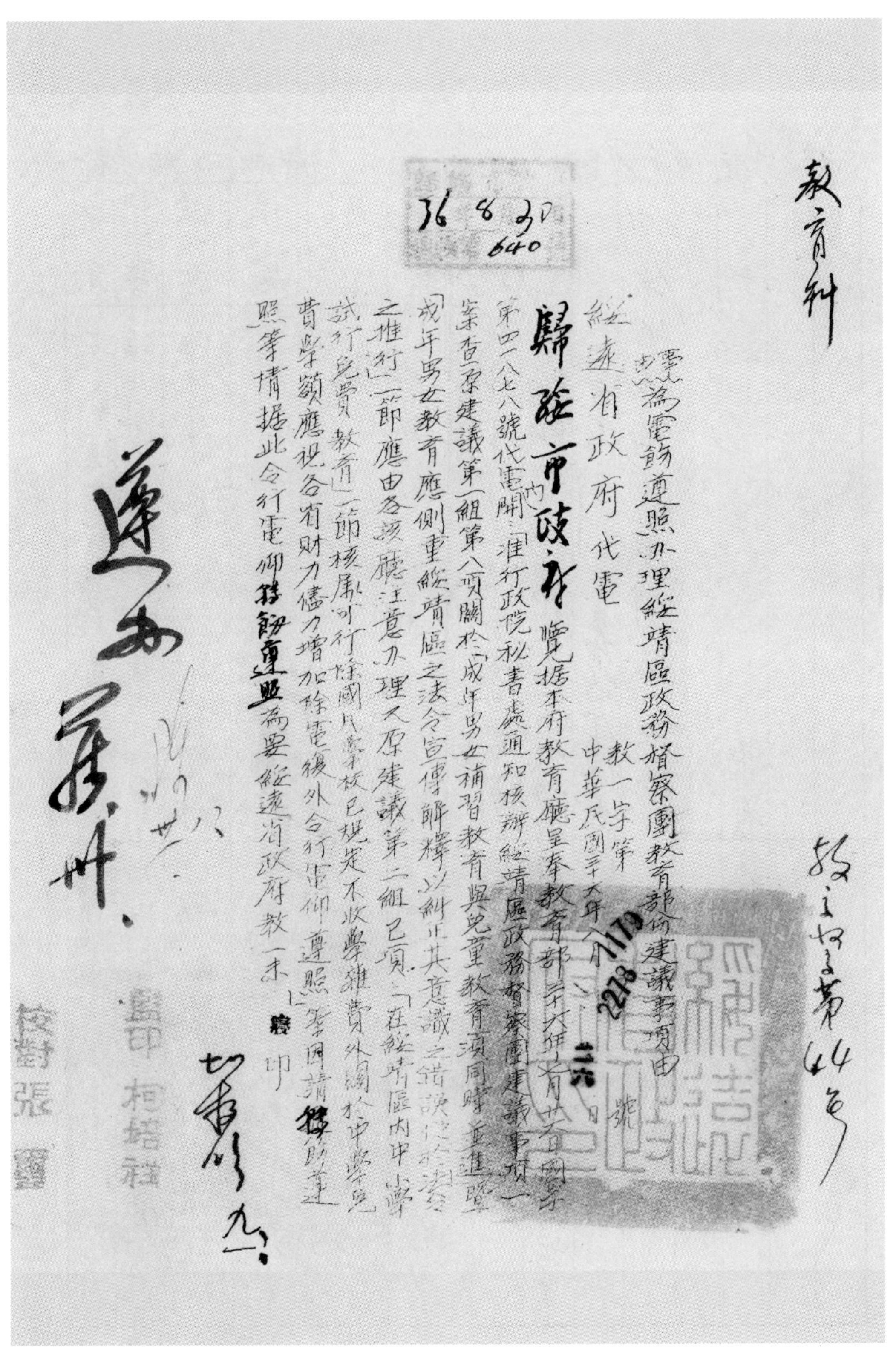

图 1-5-6　归绥市政府为“匪”近来吸收多名学生训练企图派绥市工作希注意防缉致警察局、各区密电（附华北“剿匪”司令部驻归绥指挥所密电）（1949 年 4 月 12 日）（一）

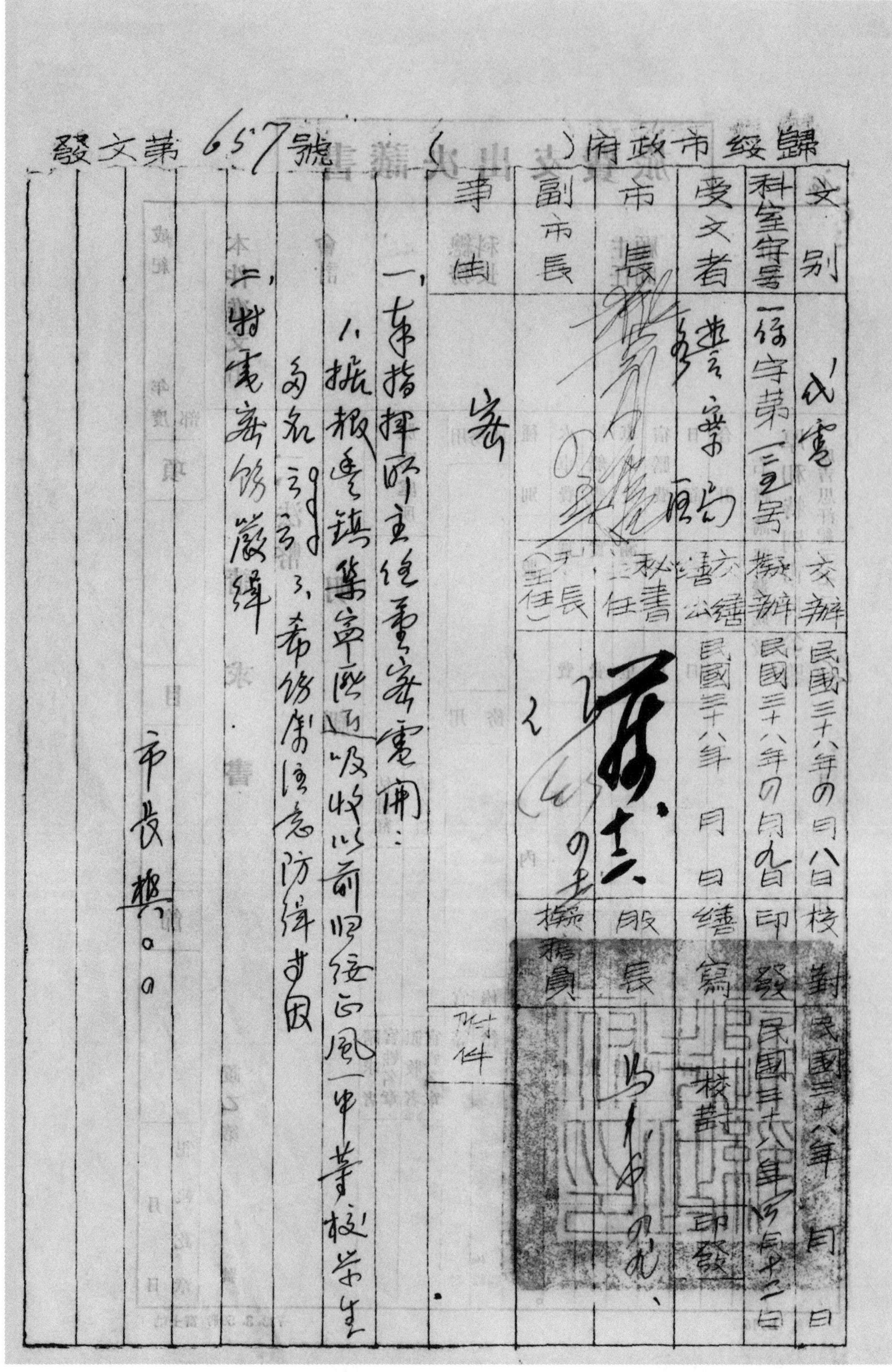

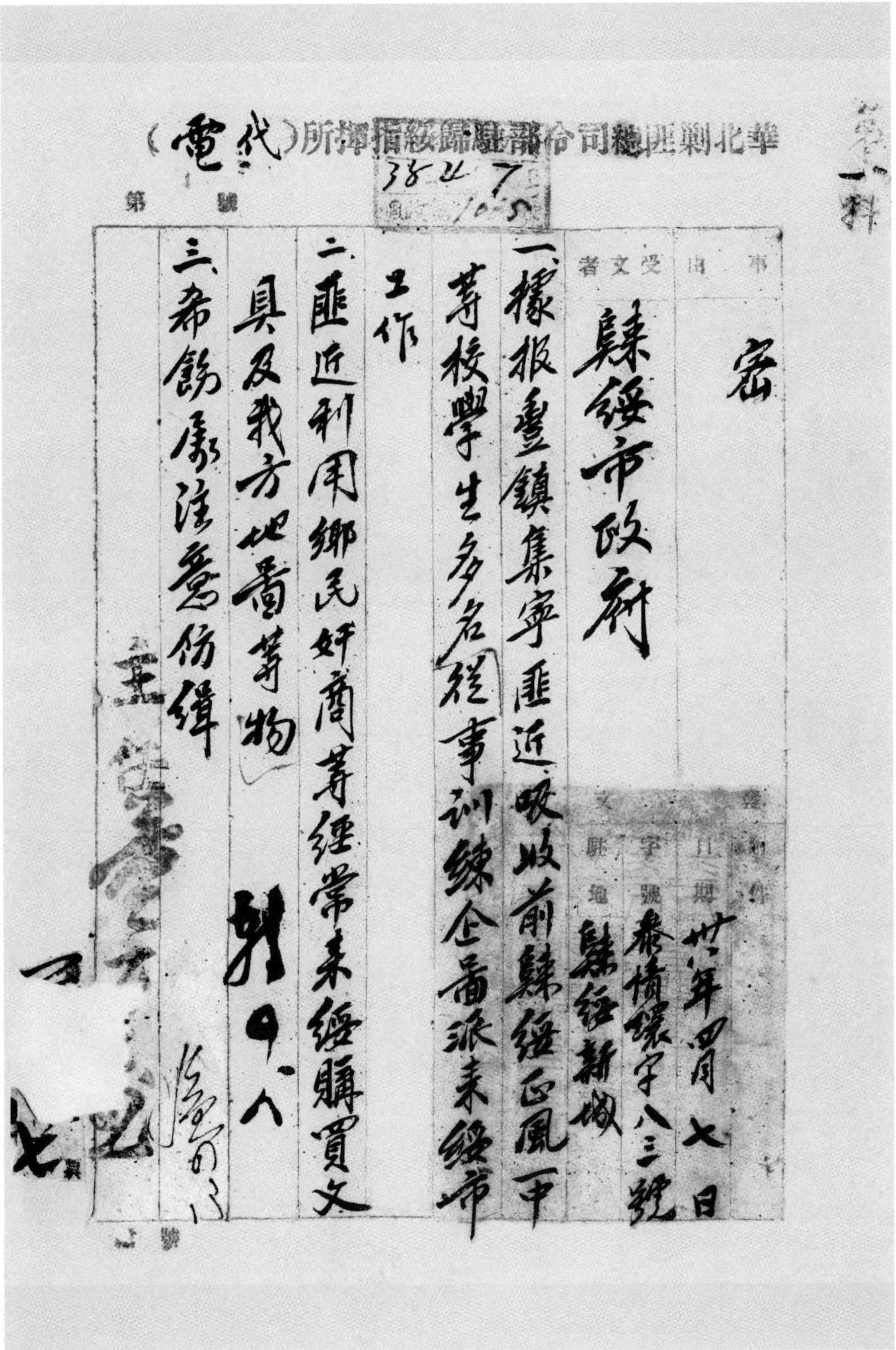

華北剿匪總司令部駐歸綏指揮所（代電）

第　號

事由：密

受文者：歸綏市政府

一、據報豐鎮集寧匪近吸收前歸綏正風中等校學生多名經事訓練企圖派來綏市工作

二、匪近利用鄉民奸商等經常來綏購買文具及我方地圖等物

三、希飭屬注意防緝

發文日期：卅八年四月七日

字號：參情綏字八三號

駐地：歸綏新城

图 1-5-6　归绥市政府为“匪”近来吸收多名学生训练企图派绥市工作希注意防缉致警察局、各区密电（附华北“剿匪”司令部驻归绥指挥所密电）（1949 年 4 月 12 日）（二）

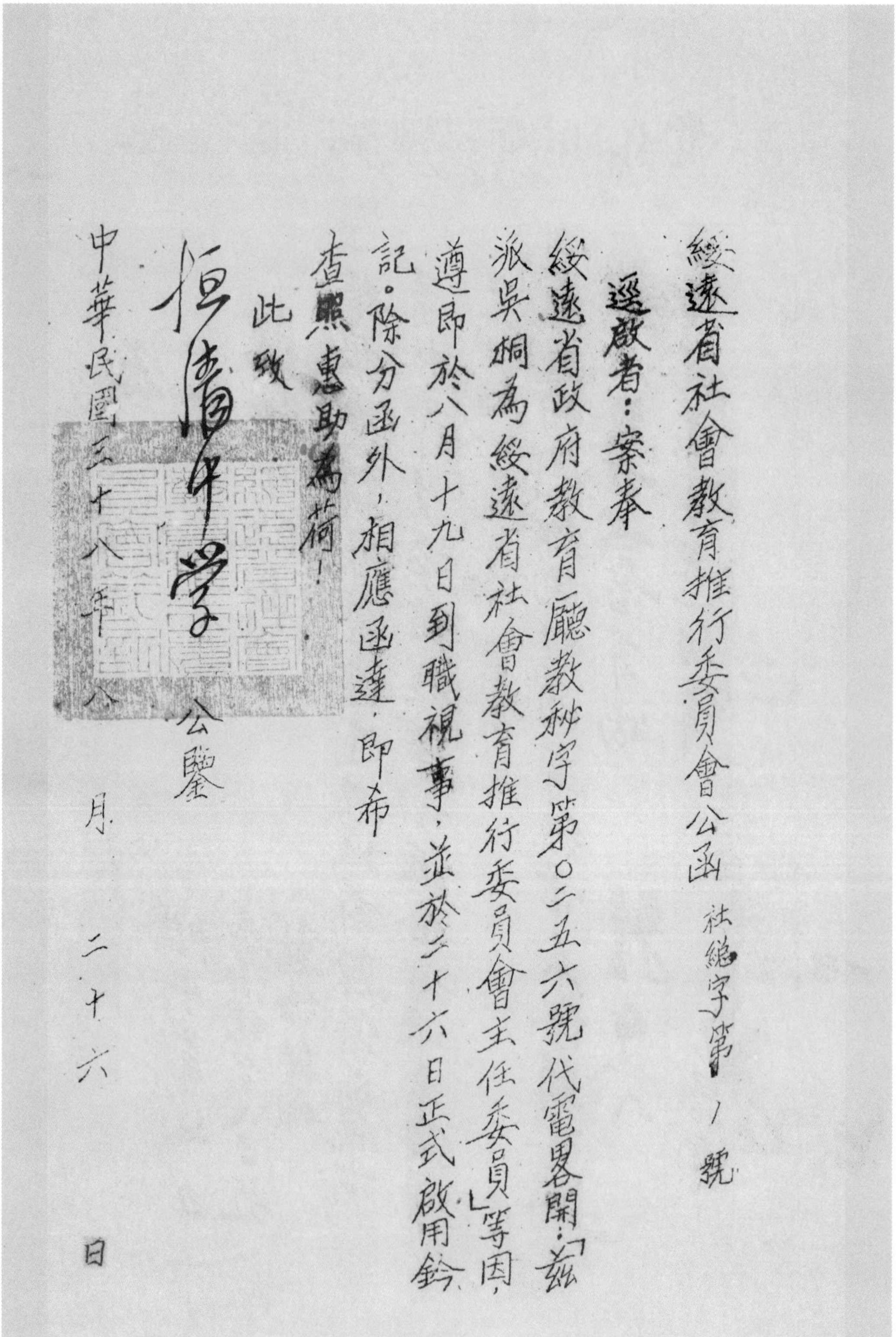

綏遠省社會教育推行委員會公函 社總字第1號

逕啟者：案奉

綏遠省政府教育廳教秘字第○二五六號代電略開：「茲派吳桐為綏遠省社會教育推行委員會主任委員」等因，遵即於八月十九日到職視事，並於二十六日正式啟用鈐記。除分函外，相應函達，即希

查照惠助為荷！

此致

恒清中學 公鑒

中華民國三十八年八月二十六日

图 1-5-7 绥远省社会教育推行委员会为派吴桐为绥远省社会教育推行委员会主任委员致恒清中学公函（1949 年 8 月 26 日）

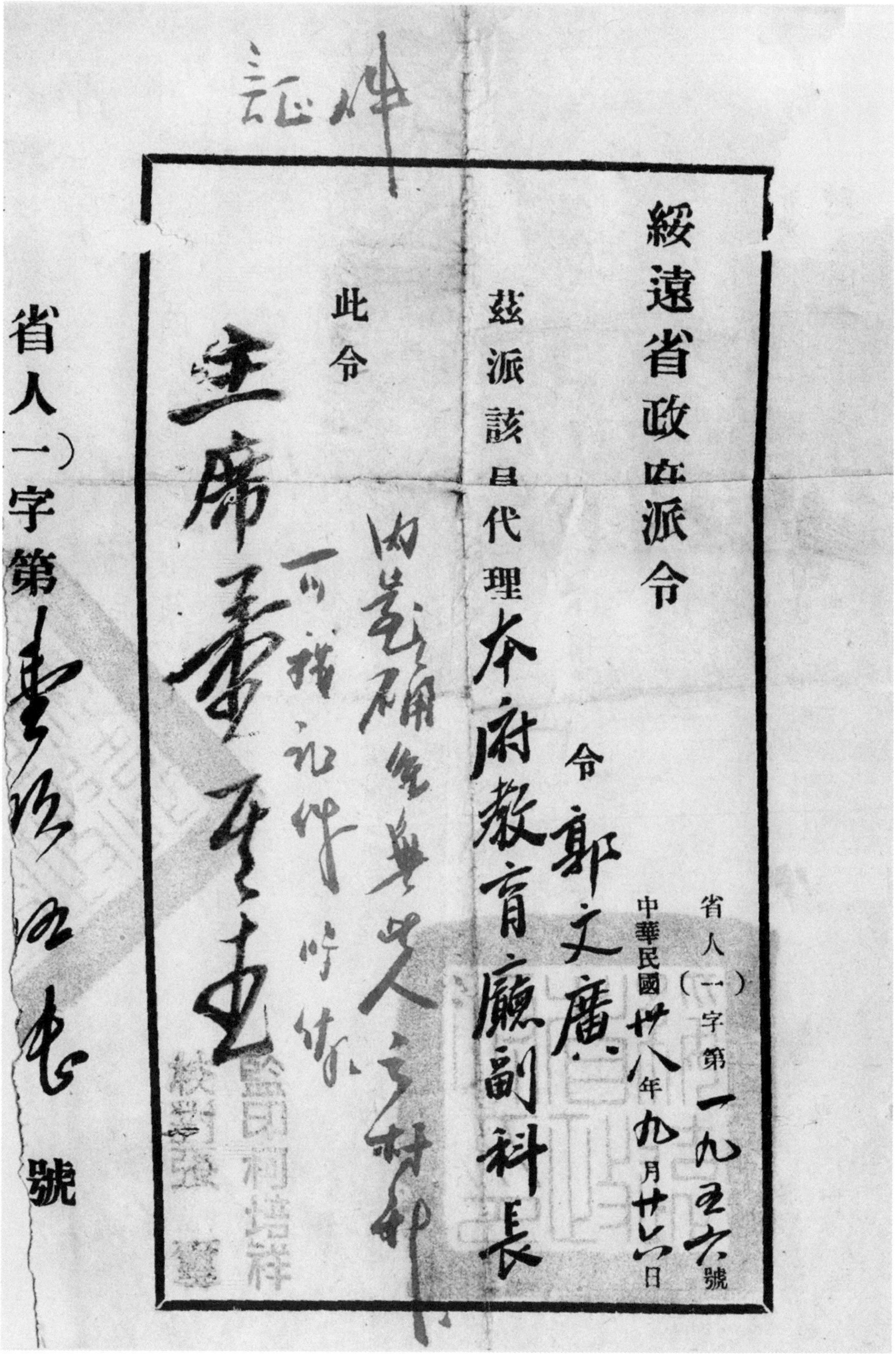

綏遠省政府派令

省人（一）字第一九五六號

令 郭文廣

茲派該員代理本府教育廳副科長

此令

主席 董其武

中華民國卅八年九月廿六日

省人（一）字第 號

图 1-5-8　绥远省政府关于郭文广代理教育厅副科长的派令（1949 年 9 月 26 日）

全國教育展覽會徵集物品目錄

應徵機關學校　各省市教育廳局

徵集物品名稱	備註
省立科學儀器製造所建築設備及成績	
省立科學館概況及其工作并儀器標本模型圖表製品	
學校軍事教育實施圖表及各種活動之照片	
省市縣立及私立民衆教育館概況及優良館舍照片	每省市選送一館至三館之照片
推行民教各種活動照片	
省縣區教育會之組織及實際情況	表式另寄
各種教育會議照片	
各種社教工作人員訓練班之作業照片	
省市縣立及私立圖書館概況及優良館舍照片	
著名私立圖書館概況及館舍照片	
縣立圖書館總說	

图 1-5-9　全国教育展览会征集物品目录［1947 年 7 月］（一）

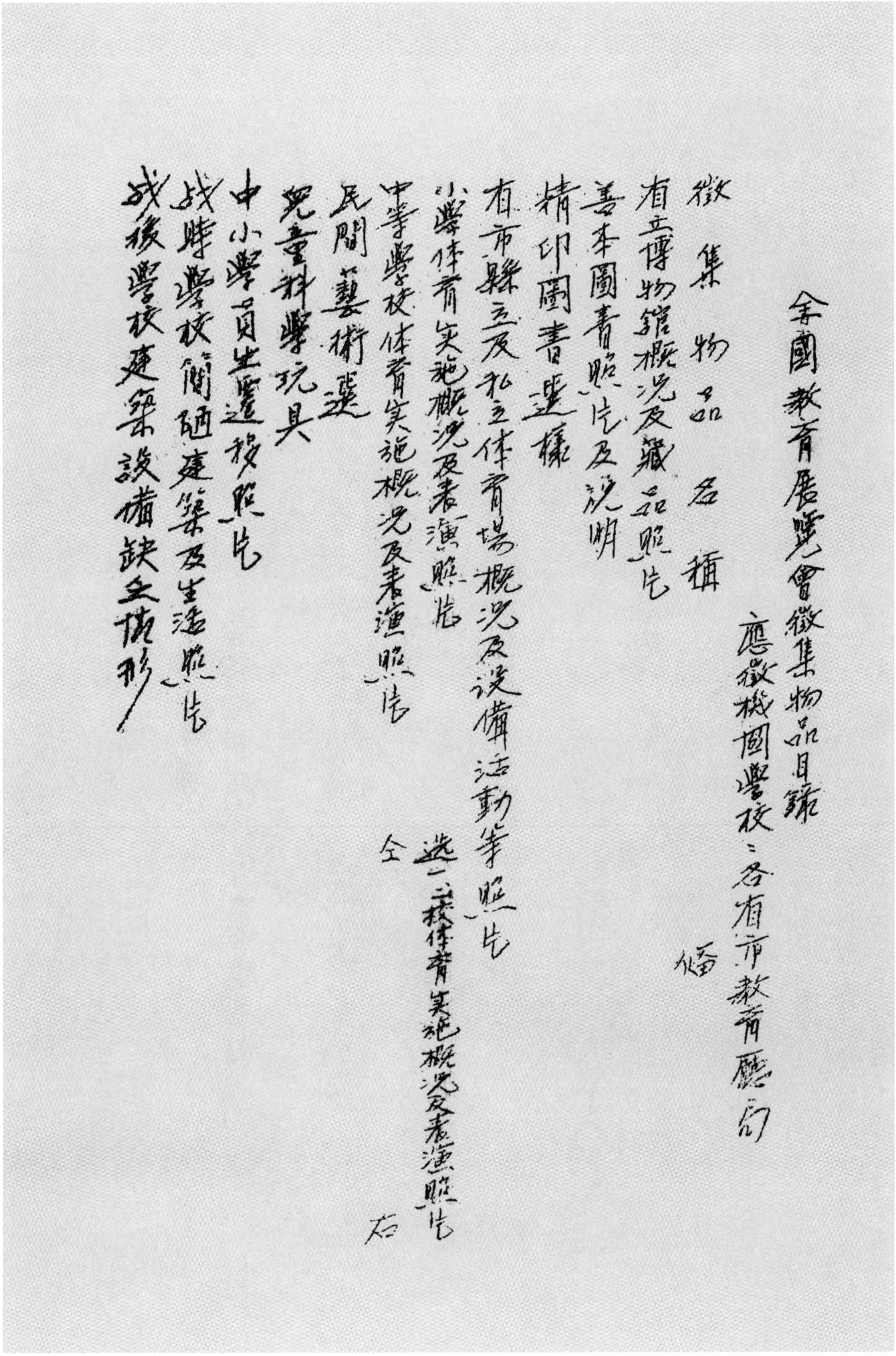

全國教育展覽會徵集物品目錄

應徵機關學校：各省市教育廳局

徵集物品名稱

省立博物館概況及藏品照片

善本圖書照片及說明

精印圖書選樣

省市縣立及私立體育場概況及設備活動等照片

小學體育實施概況及表演照片　選一、二校體育實施概況及表演照片

中學學校體育實施概況及表演照片　仝右

民間藝術選

兒童科學玩具

中小學員生遷校照片

戰時學校簡陋建築及生活照片

戰後學校建築設備缺乏情形

图 1-5-9　全国教育展览会征集物品目录［1947 年 7 月］（二）

全國教育展覽會徵集物品目錄

應徵機關學校：各省市教育廳局

徵集物品名稱	備註
優良幼稚園托兒所建築設備及生活照片	每省市選送一所至三所照片
優良國民學校建築設備及生活照片	仝右
幼稚園所用之教具（偏重自製而有特色者）	
小學所用之教具（偏重自製而有獨創性者）	
具有獨創性的小學教學法	
小學生各科成績選	每省市選送各科成績共二百份
中學師範學校及職業學校三種分區計劃及已	
設擬設中學分佈圖	
中學畢業生與升學人數比較圖	
中等學校教師資格圖	表式另寄
中等學校教師待遇圖	表式另寄

图 1-5-9　全国教育展览会征集物品目录［1947 年 7 月］（三）

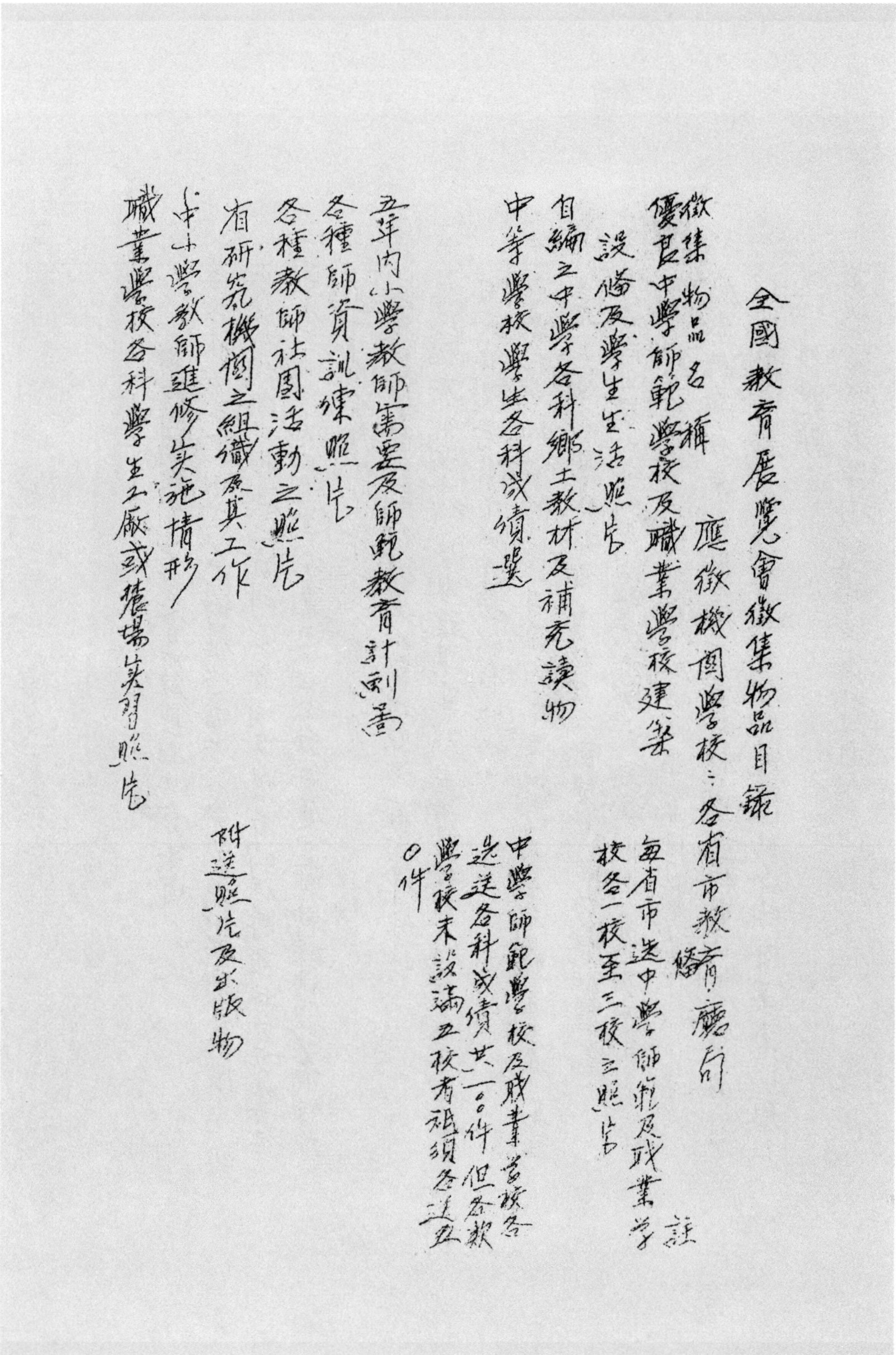

全國教育展覽會徵集物品目錄

應徵機關學校：各省市教育廳局

徵集物品名稱

優良中學師範學校及職業學校建築設備及學生生活照片

自編之中學各科鄉土教材及補充讀物

中等學校學生各科成績選

五年內小學教師需要及師範教育計劃書

各種師資訓練照片

各種教師社團活動之照片

有研究機關之組織及其工作

中小學教師進修實施情形

職業學校各科學生工廠或農場實習照片

附送照片及出版物

註

每省市選中學師範及職業學校各一校至三校之照片

中學師範學校及職業學校各選送各科成績共一〇〇件但各縣學校未設滿五校者祇須各送五〇件

图 1-5-9　全国教育展览会征集物品目录［1947 年 7 月］（四）

辦理全國教育展覽會應徵出品注意事項

一、書本報告無論中式西式均應以長二十八公分寬十九公分為限。學生成績及各種原始資料等無須另製者均保存原狀力求整潔。

二、圖表大小以長五十公分寬六十五公分為度其有特殊情形者得為長一百公分寬一百二十公分。

三、圖表內容叙述部分應與以前報部者一致不得紛歧

四、照片就原有者擇優檢送其需新照者以較有特殊意義之事項或部門為限不必太濫以省物力。

五、應徵物品数量除已在目錄內備考欄注明必須照送者外其餘各項悉由各應徵機關學校自行酌定選送力避粗濫。

六、在本部目錄內所列各項如為各學校或機關所無者應即免送但目錄以外如有特殊價值之物品亦得檢送。

七、應徵物品在京展覽後由本部擇優送往國外展覽其餘均留存本部概不發還其有特殊情形必須發還者均應於送部時說明。

八、其他應注意事項隨時由本部通知。

图 1-5-10　办理全国教育展览会应征物品注意事项［1947 年 7 月］

六 教育活动

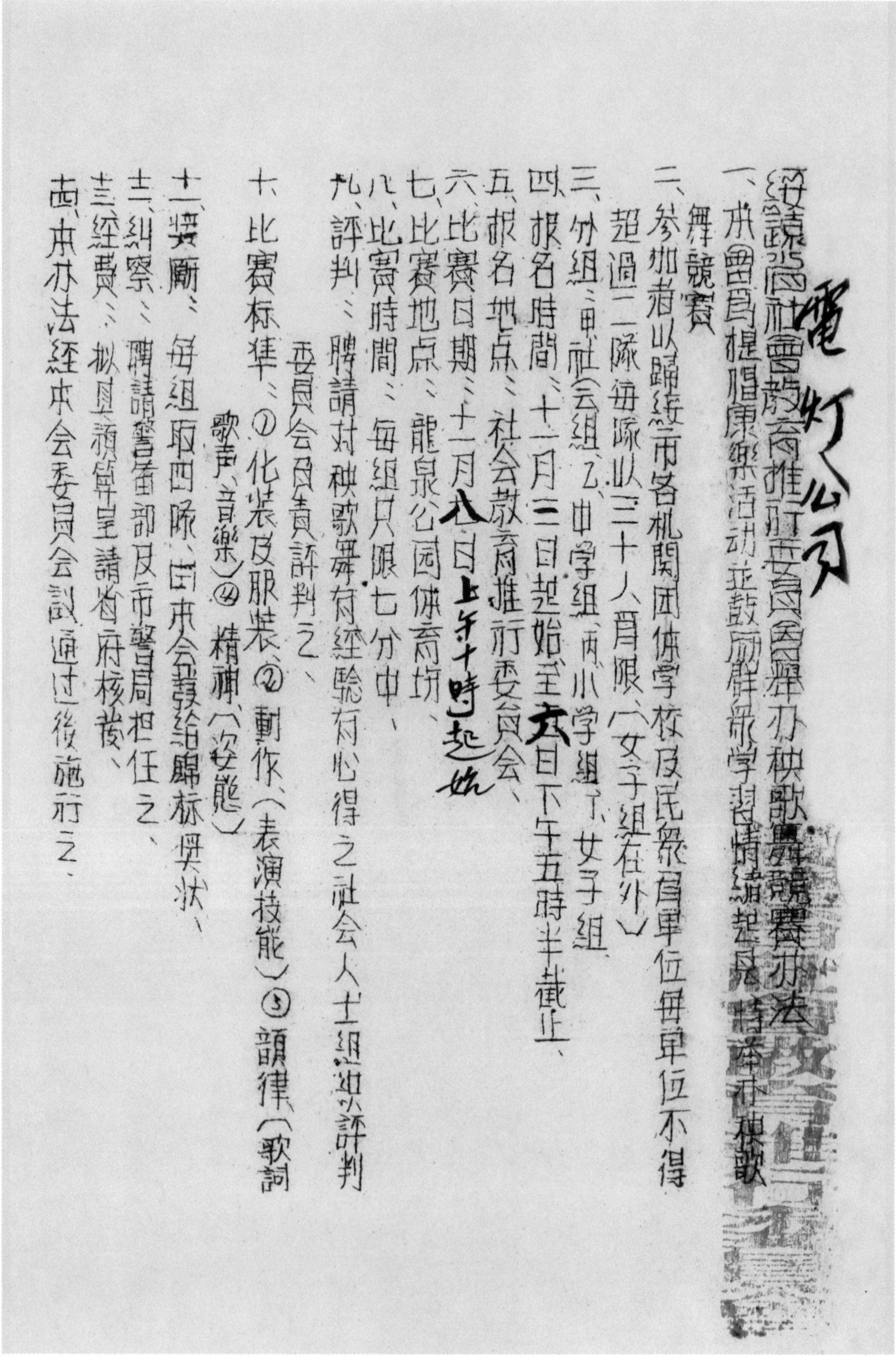

電灯公司

綏遠省社會教育推行委員會舉办秧歌舞競賽办法

一、本會為提倡康樂活動並鼓勵群眾学習情緒起見特舉行秧歌舞競賽

二、參加者以歸綏市各机関团体学校及民衆為單位每單位不得超過二隊每隊以三十人為限（女子組在外）

三、分組：甲、社会組，乙、中学组，丙、小学组，丁、女子组、

四、报名時間：十二月二日起始至六日下午五時半截止、

五、报名地点：社会教育推行委員会、

六、比賽日期：十二月八日上午十時起始

七、比賽地点：龍泉公园体育场、

八、比賽時間：每組只限七分中、

九、評判：聘請对秧歌舞有经驗有心得之社会人士组织評判委員会負責評判之、

十、比賽标準：(1)化装及服装(2)動作（表演技能）(3)韻律（歌詞歌声、音樂）(4)精神（姿態）

十一、奖勵：每組取四隊，由本会發給錦标奖状、

十二、纠察：聘請警备部及市警局担任之、

十三、经费：拟具預算呈請省府核發、

十四、本办法经本会委員会議通过後施行之、

图 1-6-1　绥远省社会教育推行委员会举办秧歌舞竞赛办法

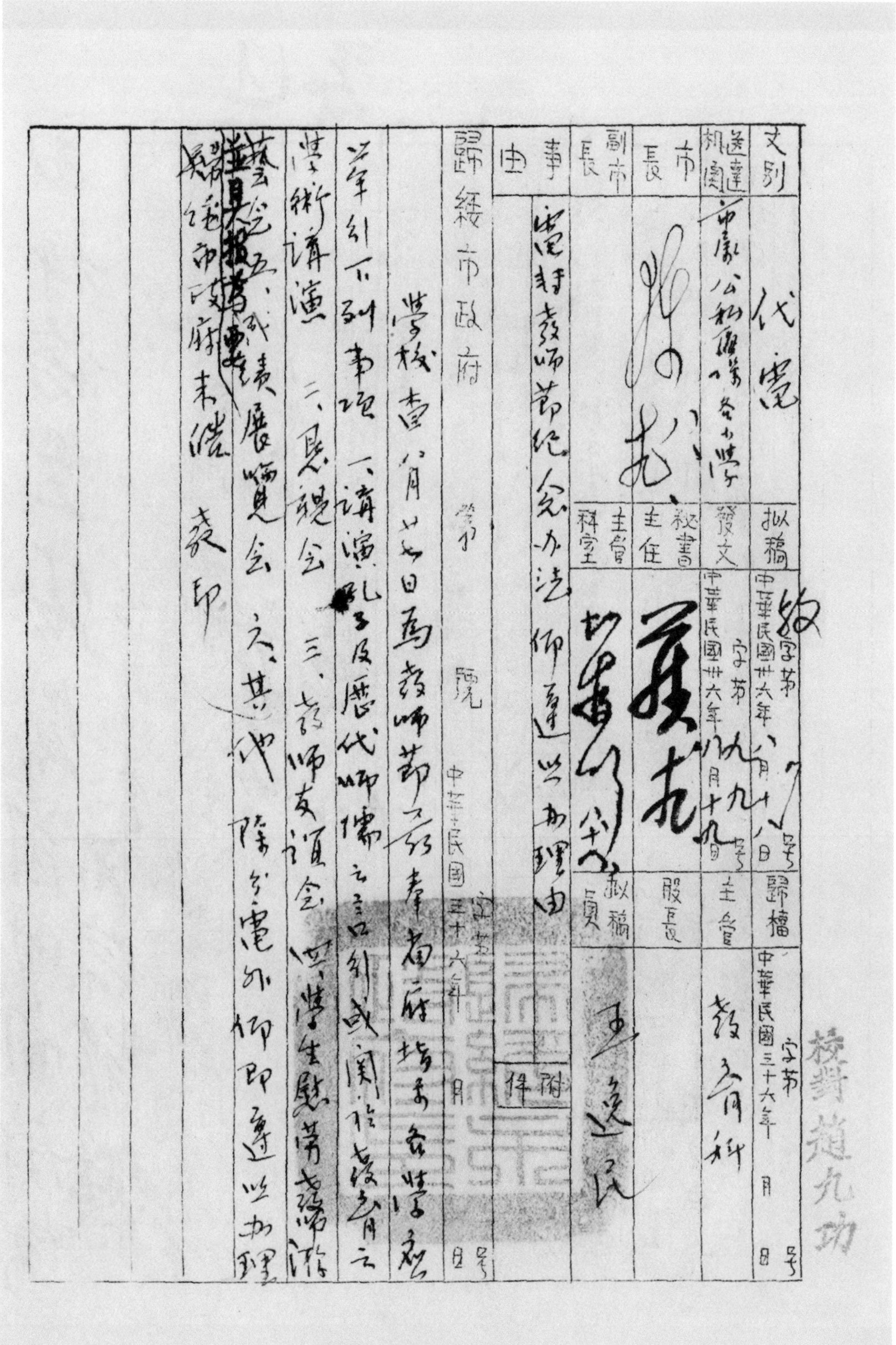

图 1-6-2　归绥市政府为转发《教师节纪念办法》致市属公私区保各学校代电（1947 年 8 月 19 日）

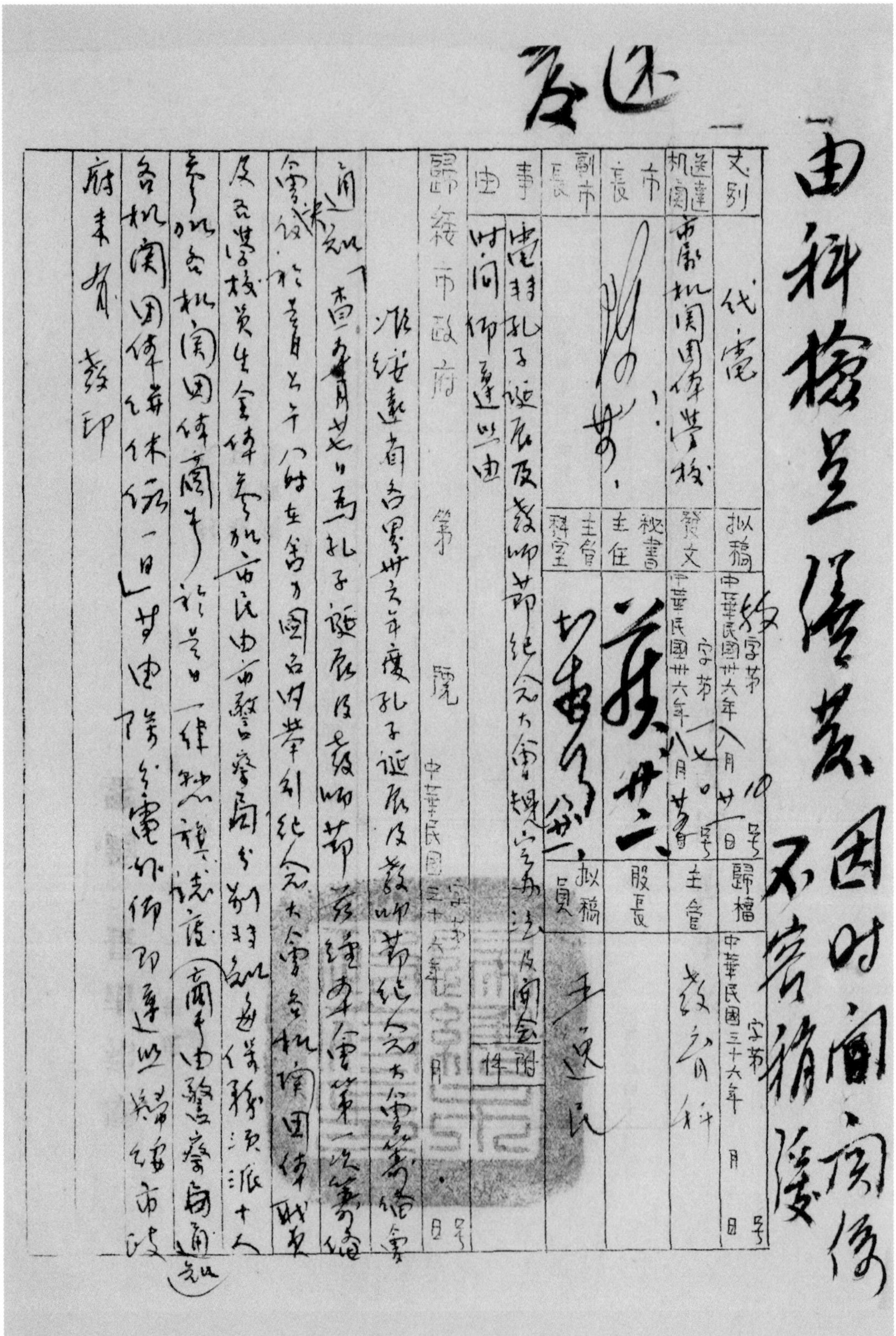
文别 代電
送達機關 市屬機關團體學校
市長
副市長
事由 電轉孔子誕辰及教師節紀念大會規定辦法及開會時間仰遵照由
歸綏市政府 第 號
中華民國三十六年 月 日
擬稿 字第 號 中華民國卅六年八月廿日
發文 字第 號 中華民國卅六年八月 日
歸檔 字第 號 中華民國三十六年 月 日
秘書 主任 主管 科室
主管 股長 擬稿員
附件

圖 1-6-3　归绥市政府为转发《孔子诞辰及教师节纪念大会规定办法》及开会时间致市属各机关团体学校代电（1947 年 8 月 20 日）（一）

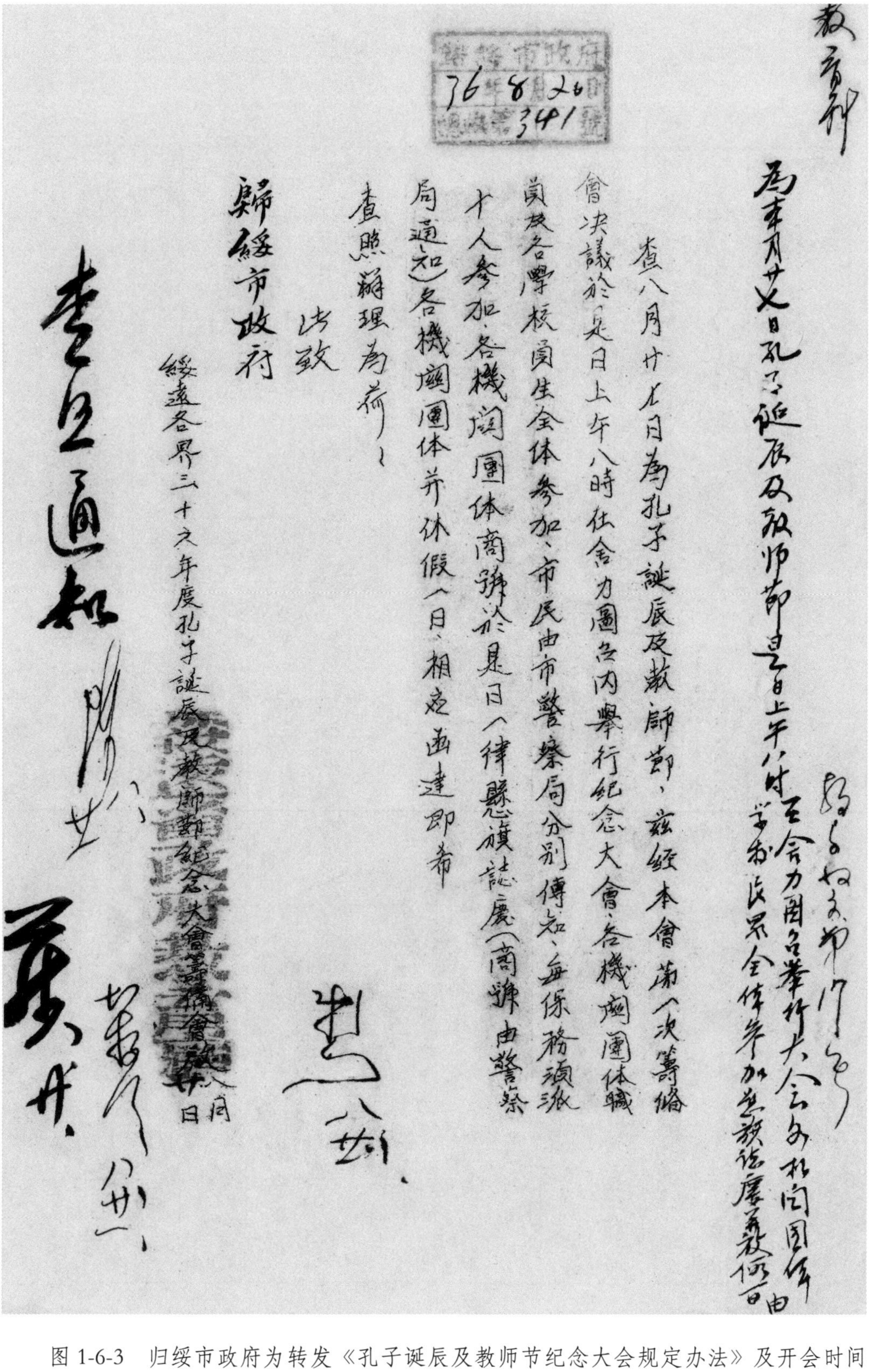

教育科

府政市綏歸 收文 36 8 26 字第341號

查八月廿七日為孔子誕辰及教師節，茲經本會第一次籌備會決議於是日上午八時在合力圖內舉行紀念大會，各機關團体職員及各學校員生全体參加，市民由市警察局分別傳知，每保務須派十人參加，各機關團体商號於是日一律懸旗誌慶（商號由警察局通知），各機關團体并休假一日，相應函達，即希查照辦理為荷。此致

歸綏市政府

綏遠各界三十六年度孔子誕辰及教師節紀念大會籌備會啟 八月 日

查照通知

图 1-6-3　归绥市政府为转发《孔子诞辰及教师节纪念大会规定办法》及开会时间致市属各机关团体学校代电（1947 年 8 月 20 日）（二）

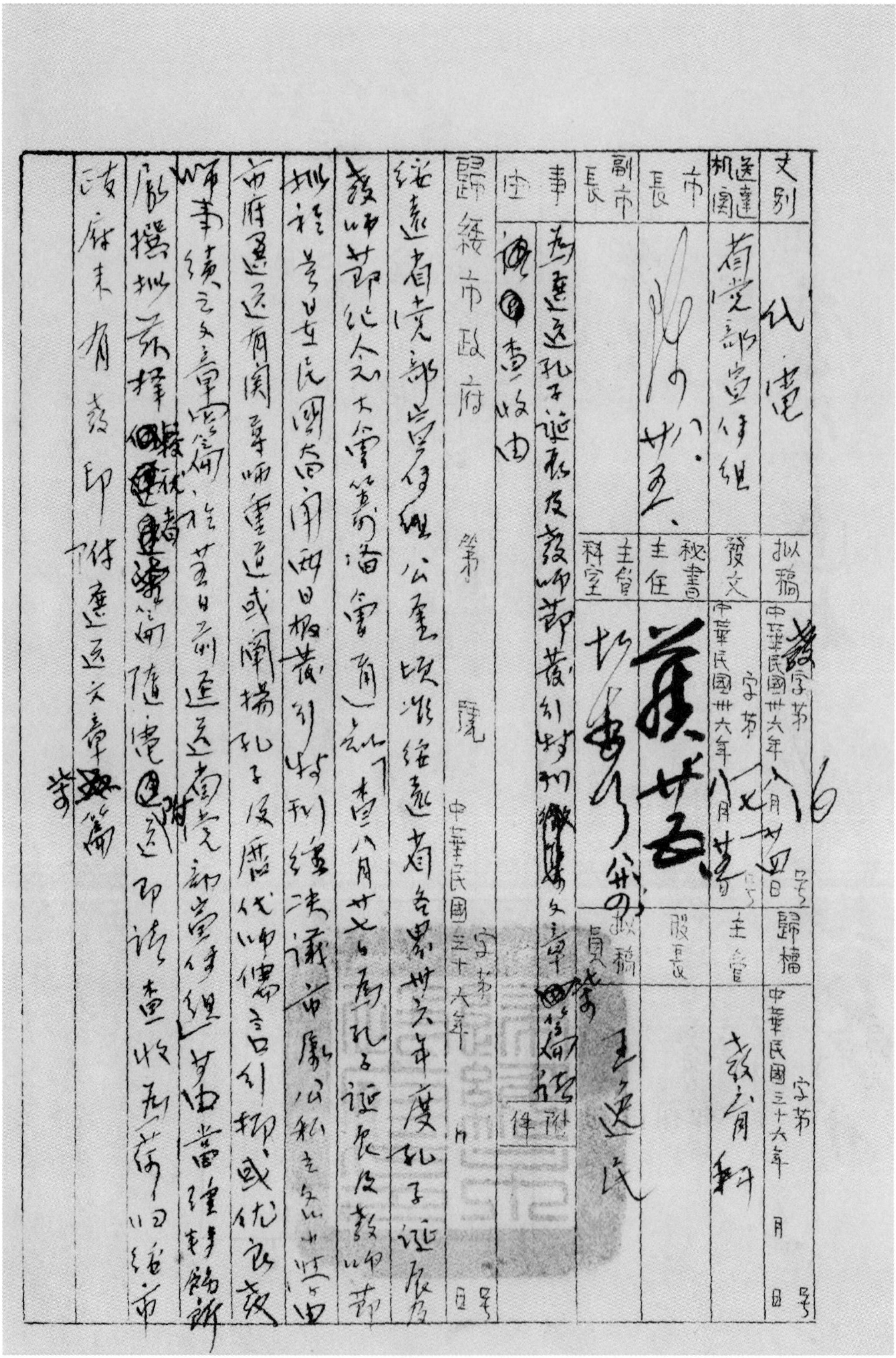

图 1-6-4　归绥市政府为选送孔子诞辰及教师节发行特刊文章七篇致省党部宣传组代电（1947 年 8 月 25 日）

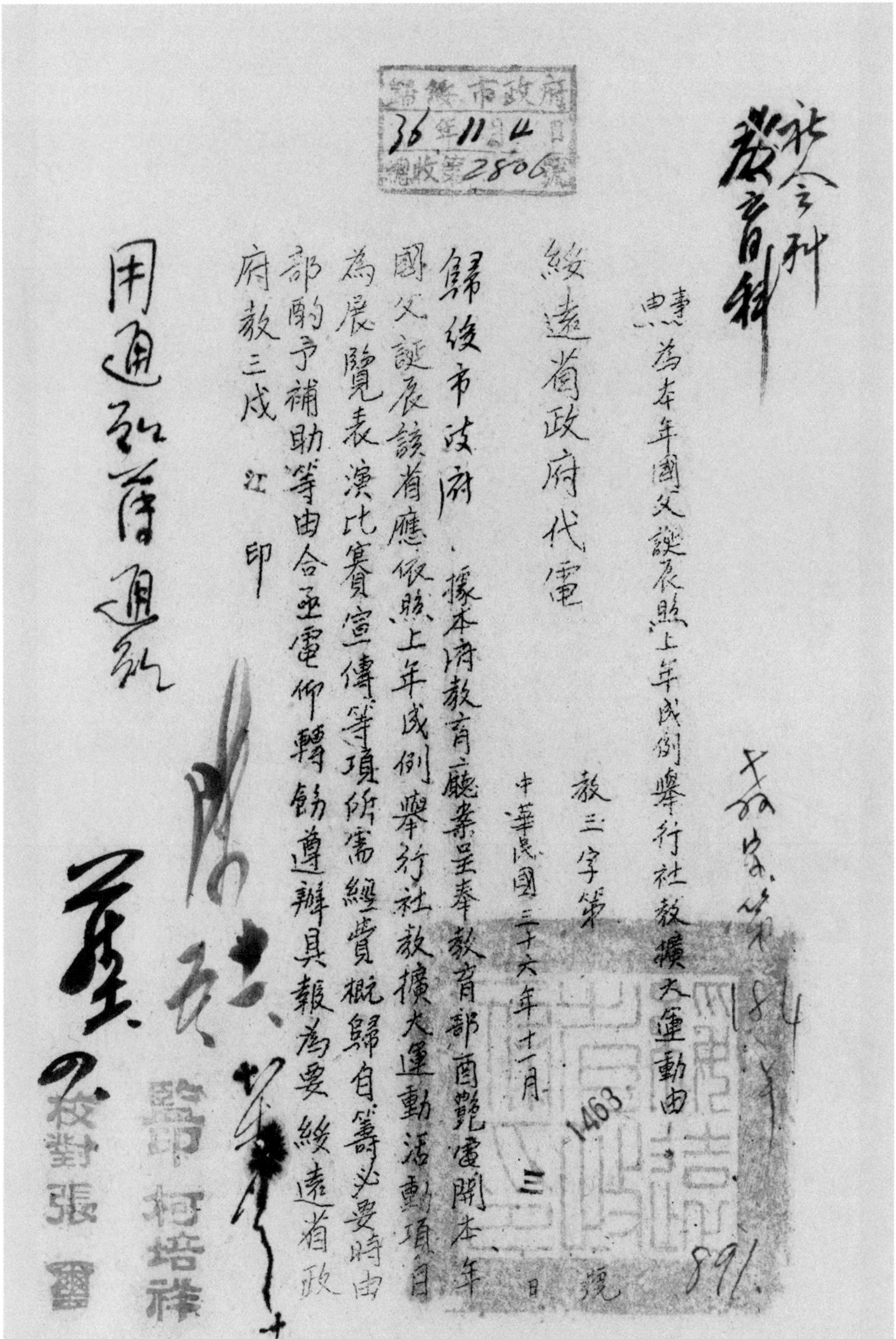

綏遠省政府代電

歸綏市政府、據本府教育廳案呈奉教育部酉艷電開本年國父誕辰該省應依照上年成例舉行社教擴大運動活動項目為展覽表演比賽宣傳等項所需經費概歸自籌必要時由部酌予補助等由合亟電仰轉飭遵辦具報為要綏遠省政府教三戌江印

事由：為本年國父誕辰照上年成例舉行社教擴大運動由

教三字第　　號

中華民國三十六年十一月三日

圖 1-6-5　绥远省政府为本年国父诞辰照上年成例举行社教扩大运动致归绥市政府代电（1947 年 11 月 3 日）

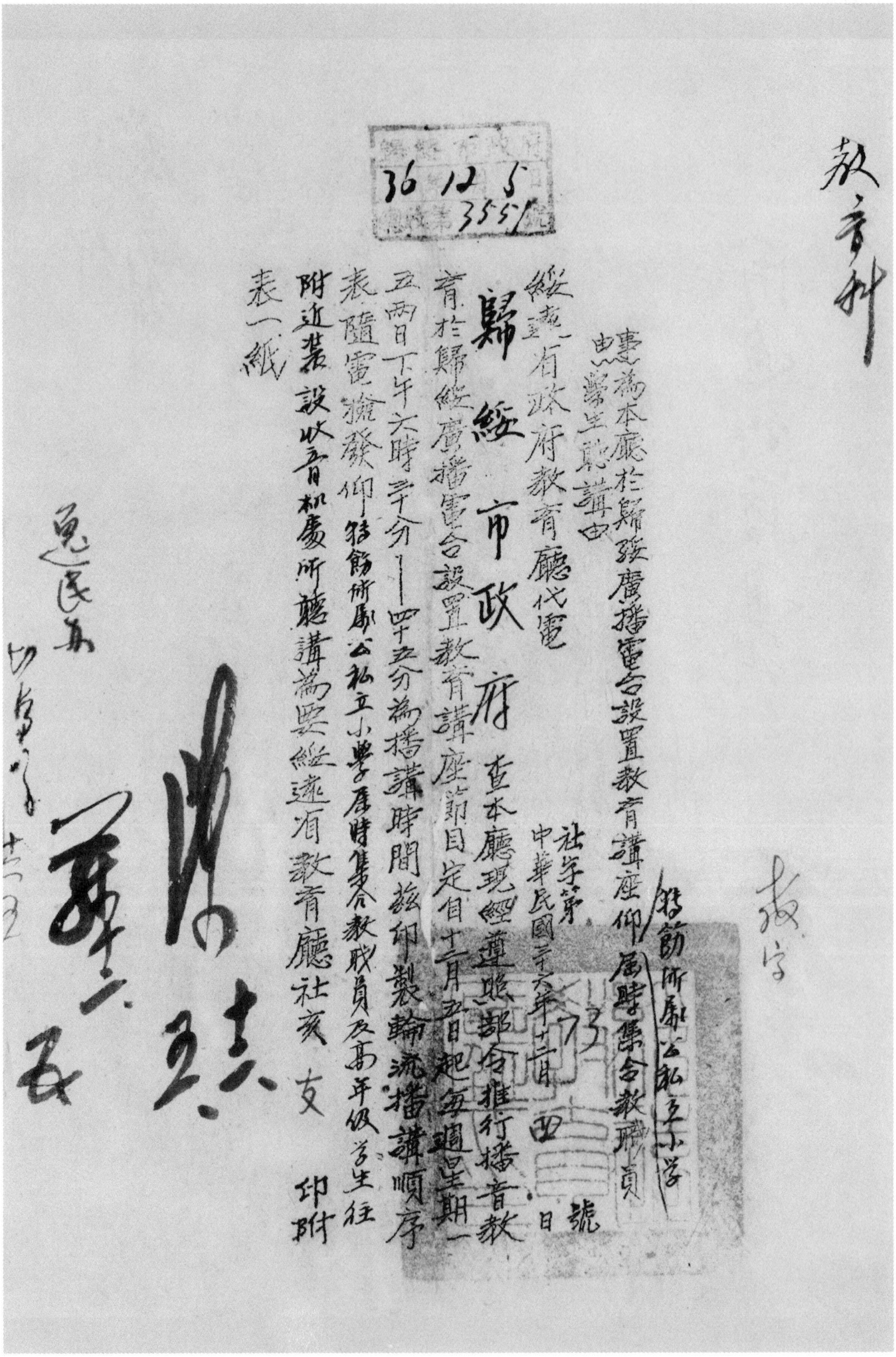

教育科

36 12 5
3551

事由：為本廳於歸綏廣播電台設置教育講座仰特飭所屬公私立小学屆時集合教職員及學生聽講由

綏遠省政府教育廳代電　社字第　號　中華民國三十六年十二月四日

歸綏市政府：查本廳現經遵照部令推行播音教育，於歸綏廣播電台設置教育講座，節目定自十二月五日起每週星期一、五兩日下午六時三十分——四十五分為播講時間，茲印製輪流播講順序表，隨電檢發，仰特飭所屬公私立小學屆時集合教職員及高年級学生往附近裝設收音機處所聽講為要。綏遠省教育廳社亥支印

附表一紙

图 1-6-6　绥远省政府教育厅为集合公私立小学教职员及学生听归绥广播电台教育讲座致归绥市政府代电（附播音教育讲座各单位轮流播讲次序表）（1947 年 12 月 4 日）（一）

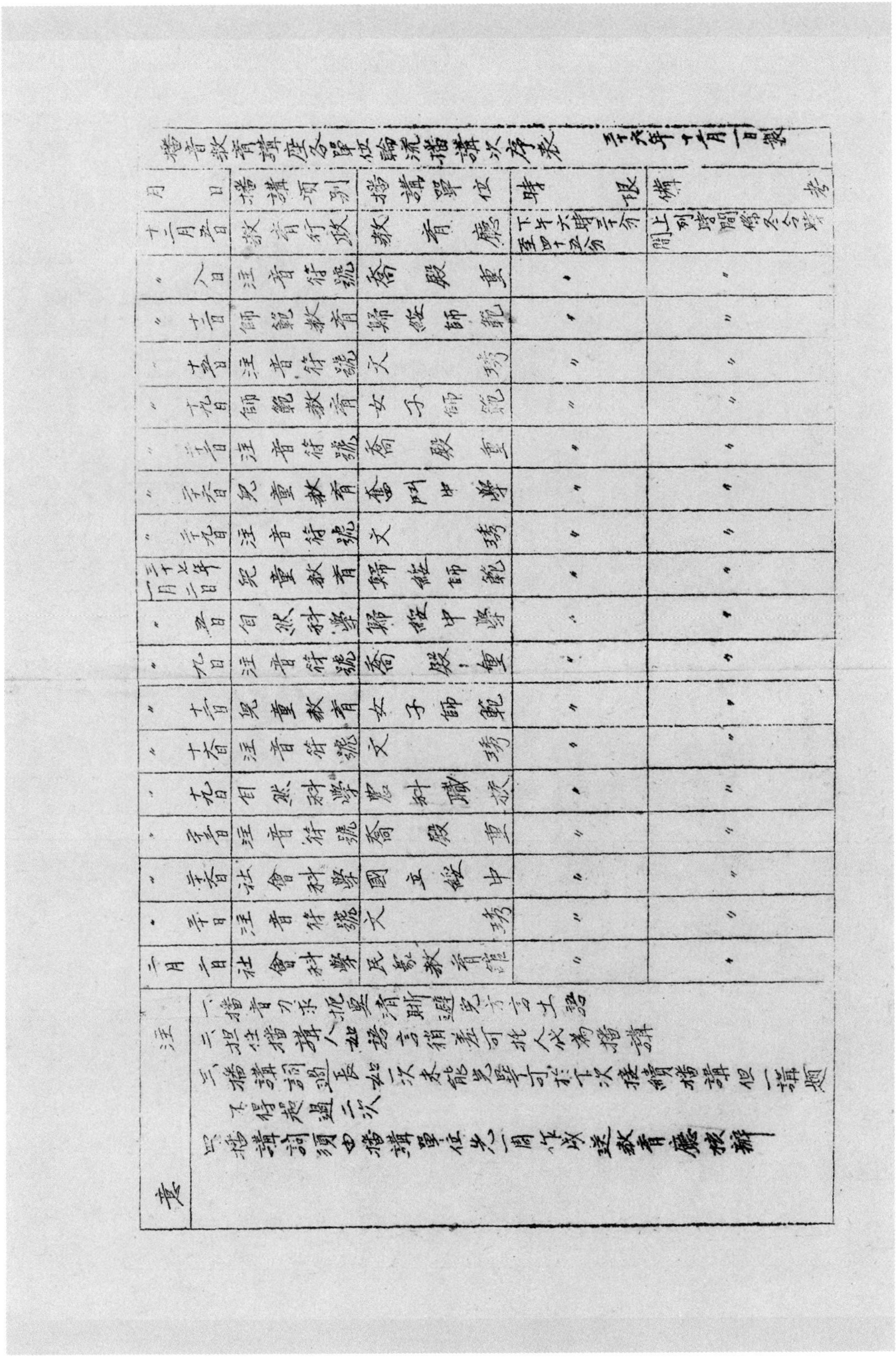

播音教育講座各單位輪流播講次序表　　三十六年十二月一日製

月日	播講項別	播講單位	時限	備考
十二月五日	教育行政	教育廳	下午六時三十分至四十五分	上列時間係冬令時間
〃八日	注音符號	喬殿臣	〃	〃
〃十二日	師範教育	歸綏師範	〃	〃
〃十五日	注音符號	文琇	〃	〃
〃十九日	師範教育	女子師範	〃	〃
〃二十二日	注音符號	喬殿臣	〃	〃
〃二十六日	兒童教育	奮鬥中學	〃	〃
〃二十九日	注音符號	文琇	〃	〃
三十七年一月二日	兒童教育	歸綏師範	〃	〃
〃五日	自然科學	歸綏中學	〃	〃
〃九日	注音符號	喬殿臣	〃	〃
〃十二日	兒童教育	女子師範	〃	〃
〃十六日	注音符號	文琇	〃	〃
〃十九日	自然科學	農科職校	〃	〃
〃二十三日	注音符號	喬殿臣	〃	〃
〃二十六日	社會科學	國立綏中	〃	〃
〃三十日	注音符號	文琇	〃	〃
二月二日	社會科學	民衆教育館	〃	〃

注意

一、播音力求淺近清晰避免方言土語

二、担任播講人如語言術差可托人代為播講

三、播講詞過長如一次未能完畢可於下次接續播講但一講題不得超過二次

四、播講詞須由播講單位先一周作成送教育廳核辦

图 1-6-6　绥远省政府教育厅为集合公私立小学教职员及学生听归绥广播电台教育讲座致归绥市政府代电（附播音教育讲座各单位轮流播讲次序表）（1947 年 12 月 4 日）（二）

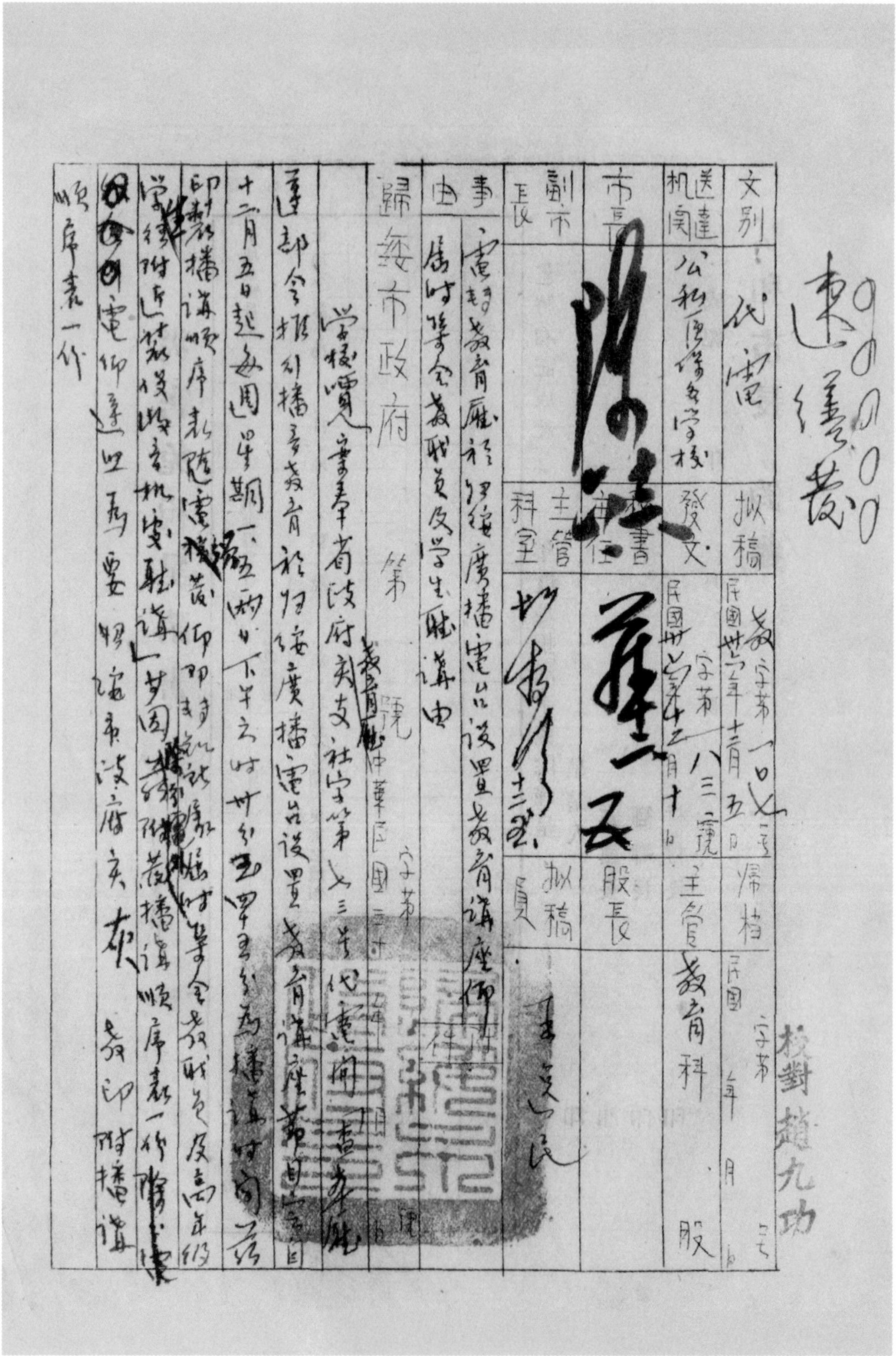

图 1-6-7 归绥市政府为集合教职员及学生听归绥广播电台教育讲座致公私区保各学校代电（1947 年 12 月 10 日）

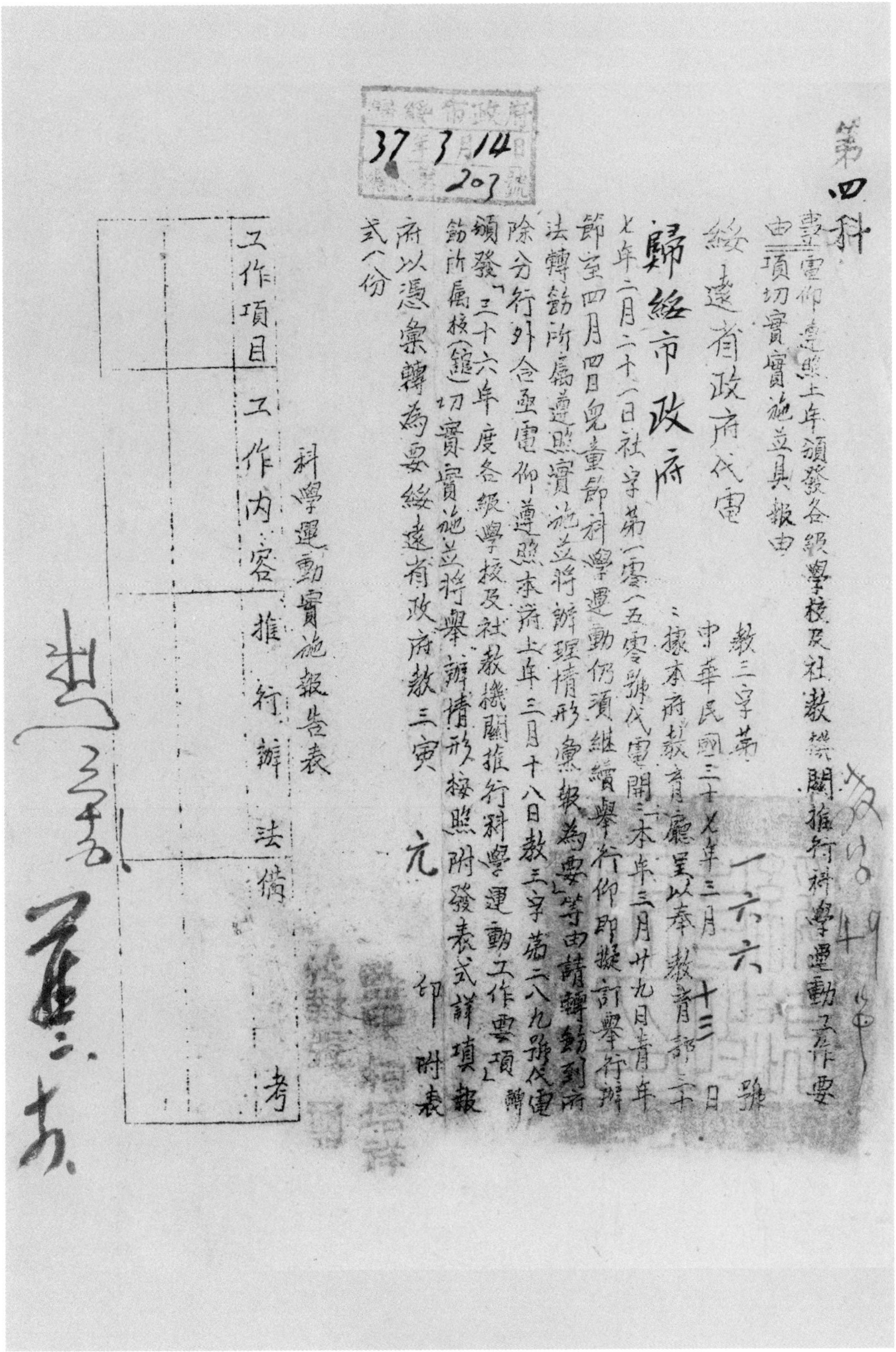

第四科

事由：電仰遵照上年頒發各級學校及社教機關推行科學運動工作要項切實實施並具報由

綏遠省政府代電　教三字第一六六號

中華民國三十七年三月十三日

歸綏市政府：據本府教育廳呈以奉教育部三十七年二月二十一日社字第一零一五零號代電開：「本年三月廿九日青年節至四月四日兒童節科學運動仍須繼續舉行，仰即擬訂舉行辦法轉飭所屬遵照實施，並將辦理情形彙報為要」等由，請轉飭到府。除分行外，合亟電仰遵照本府上年三月十八日教三字第二八九號代電頒發「三十六年度各級學校及社教機關推行科學運動工作要項」轉飭所屬校（館）切實實施，並將舉辦情形按照附發表式詳填報府，以憑彙轉為要。綏遠省政府教三寅元印

附表式一份

科學運動實施報告表

工作項目	工作內容	推行辦法	備考

图 1-6-8　绥远省政府为遵照上年颁发各级学校及社教机关推行科学运动工作要项实施具报致归绥市政府代电（1948 年 3 月 13 日）（一）

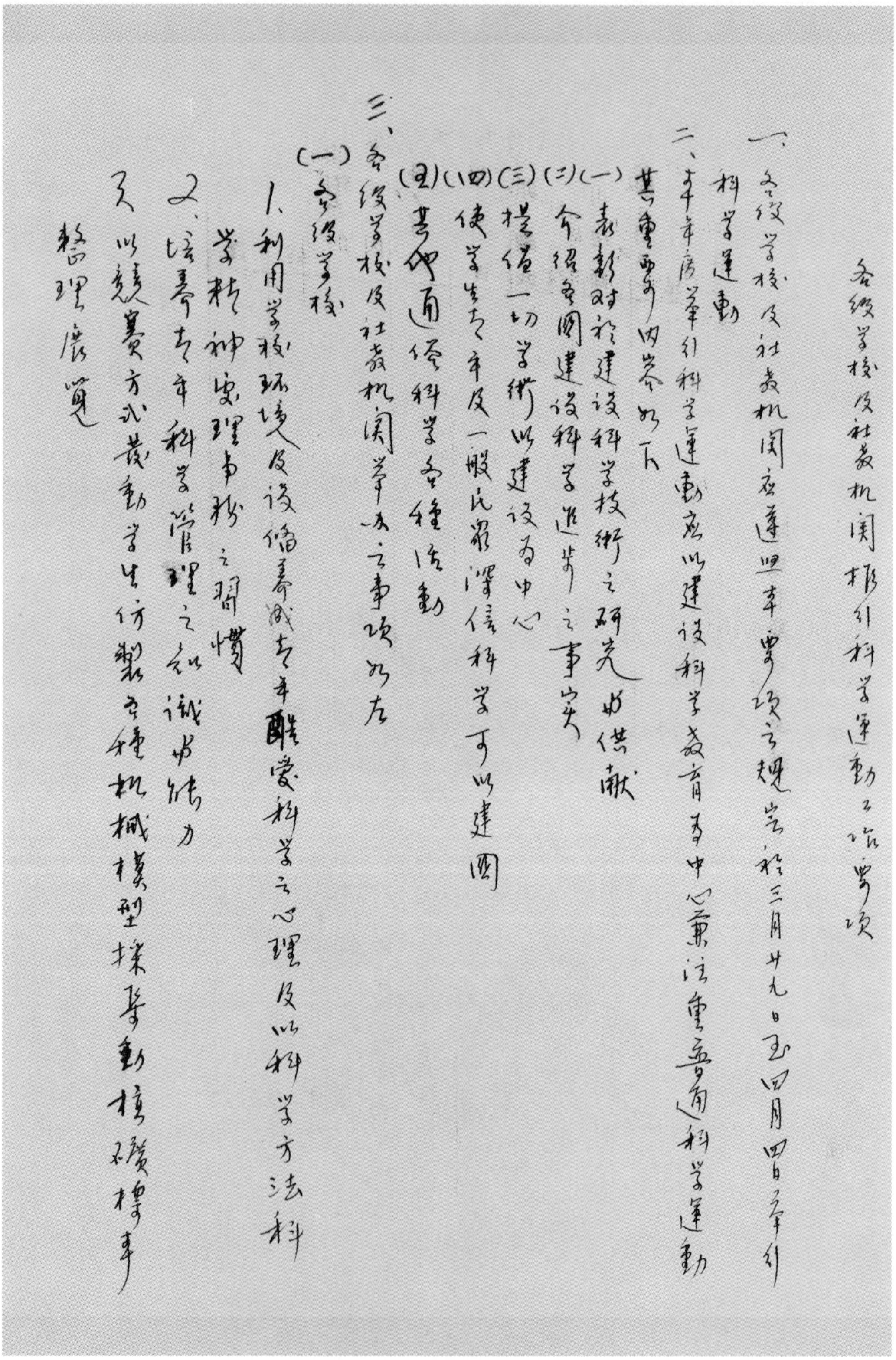
各级学校及社教机关推行科学运动工作要项

一、各级学校及社教机关应遵照本年要项之规定，于三月廿九日至四月四日举行科学运动

二、本年度举行科学运动应以建设科学教育为中心兼注重普通科学运动，其要点内容如下

（一）表彰对于建设科学技术之研究的贡献

（二）介绍各国建设科学进步之事实

（三）提倡一切学术以建设为中心

（四）使学生青年及一般民众深信科学可以建国

（五）普及通俗科学各种活动

三、各级学校及社教机关举办之事项如左

（一）各级学校

1、利用学校环境及设备养成青年酷爱科学之心理及以科学方法科学精神处理事务之习惯

2、培养青年科学管理之知识与能力

3、以竞赛方式发动学生仿制各种机械模型采集动植矿标本整理展览

图 1-6-8　绥远省政府为遵照上年颁发各级学校及社教机关推行科学运动工作要项实施具报致归绥市政府代电（1948 年 3 月 13 日）（二）

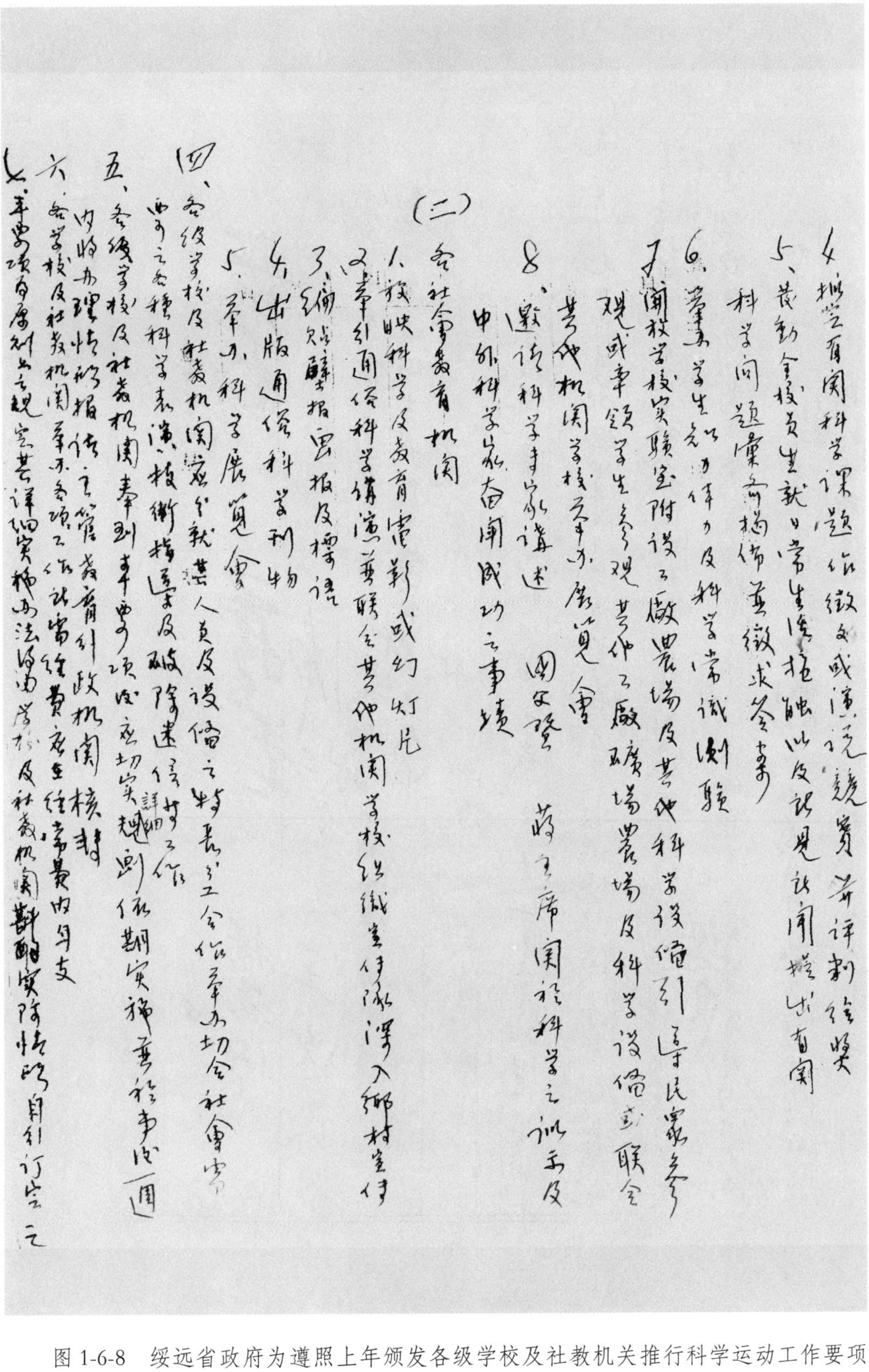
4. 搜集有关科学课题征文或演说竞赛并评判给奖
5. 发动全校员生就日常生活接触以及见闻提出有关科学问题汇齐答揭并征求答案
6. 举办学生之智力体力及科学常识测验
7. 开放学校实验室附设之工厂农场及其他科学设备引导民众参观或率领学生参观其他之工厂矿场农场及科学设备或联合其他机关学校举办展览会
8. 邀请科学专家讲述 国父蒋主席关于科学之训示及中外科学家奋斗成功之事迹

（二）各社会教育机关
1. 放映科学及教育电影或幻灯片
2. 举行通俗科学讲演并联合其他机关学校组织宣传队深入乡村宣传
3. 编制壁报及标语
4. 出版通俗科学刊物
5. 举办科学展览会

四、各级学校及社教机关应就其人员及设备之特长与工会农会协办切合社会需要之各种科学表演技术指导及破除迷信详细之工作
五、各级学校及社教机关奉到本要项后应切实规划依期实施并于事后一周内将办理情形报请上级主管教育行政机关核转
六、各学校及社教机关举办本项工作所需经费应在经常费内匀支
七、本要项由省县市政府规定其详细实施办法通饬学校及社教机关斟酌实际情形自行订定之

图 1-6-8　绥远省政府为遵照上年颁发各级学校及社教机关推行科学运动工作要项实施具报致归绥市政府代电（1948 年 3 月 13 日）（三）

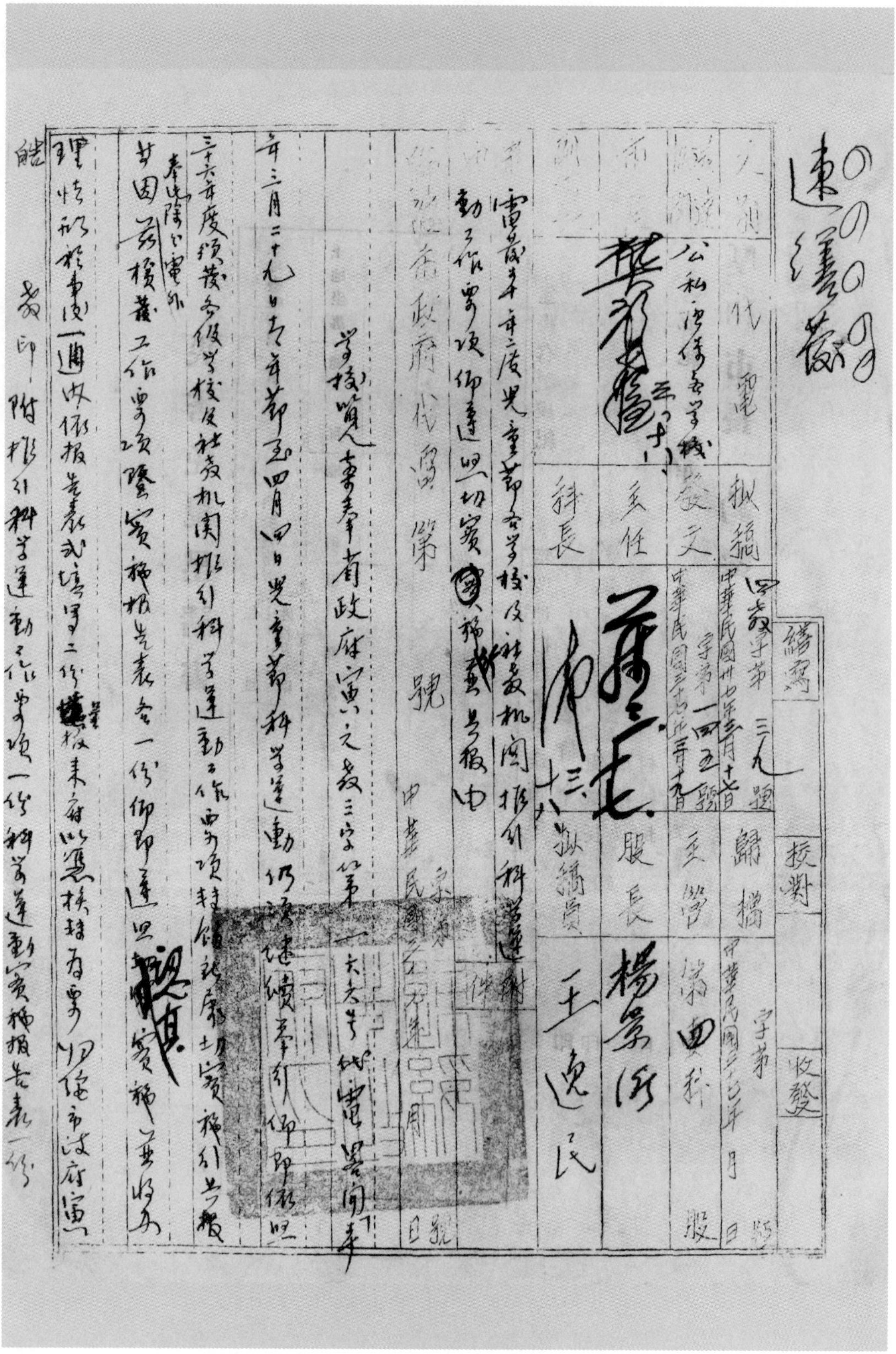

图 1-6-9　归绥市政府为转发本年度儿童节各学校及社教机关推行科学运动工作要项致公私区保各学校代电（1948 年 3 月 19 日）

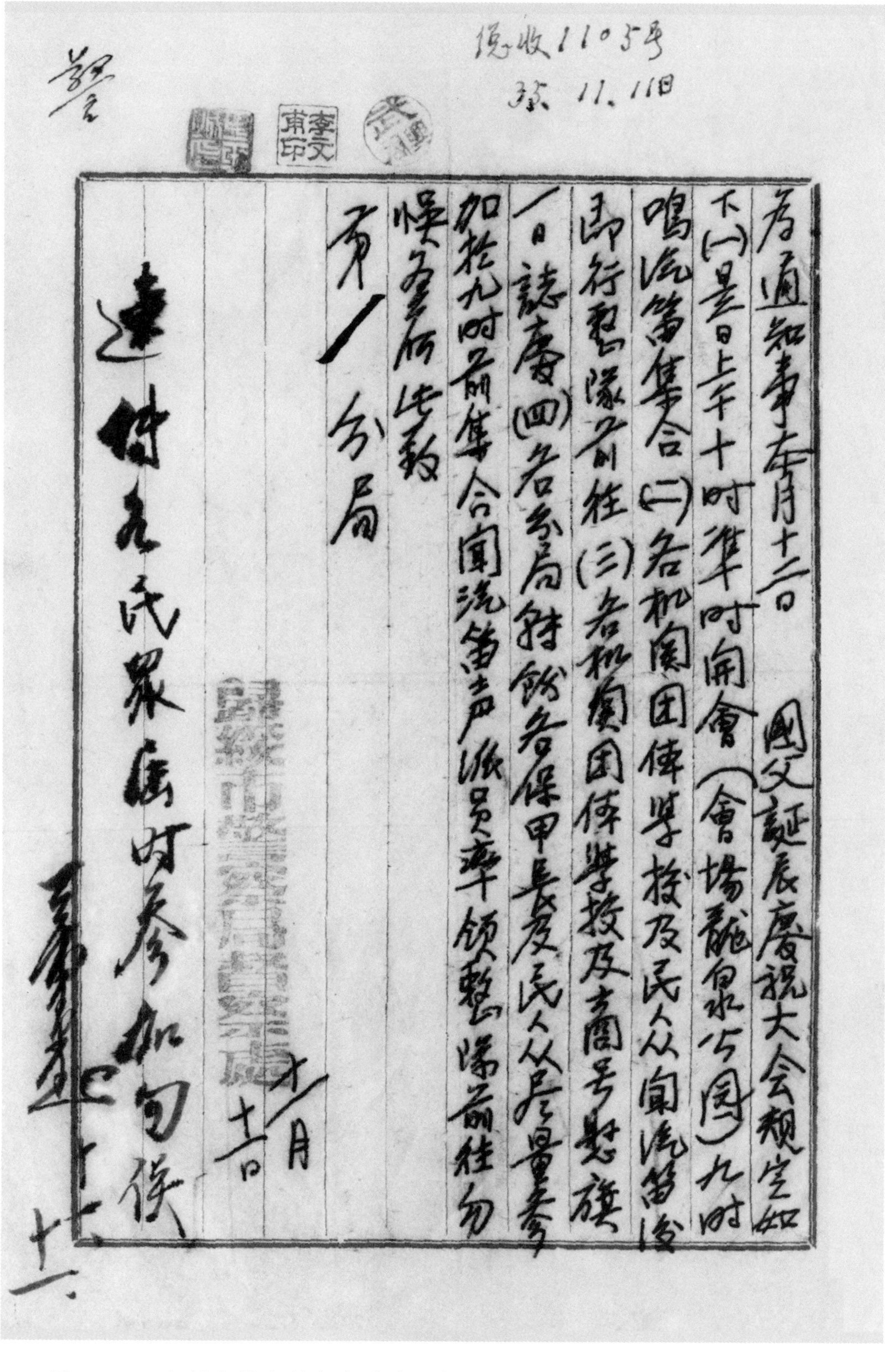
览收1105号
35.11.11日

为通知事，本月十二日 国父诞辰庆祝大会规定如下（一）是日上午十时准时开会（会场龙泉公园）九时鸣汽笛集合（二）各机关团体学校及民众闻汽笛后即行整队前往（三）各机关团体学校及商号悬旗一日志庆（四）各分局转饬各保甲长及民众尽量参加于九时前集合闻汽笛声派员率领整队前往勿误为荷 此致

第一分局

十一月十一日

速转知民众届时参加为荷

图 1-6-10 归绥市警察局督查处为通知国父诞辰庆祝大会规定给第一分局的函（1946 年 11 月 11 日）

七　调查统计

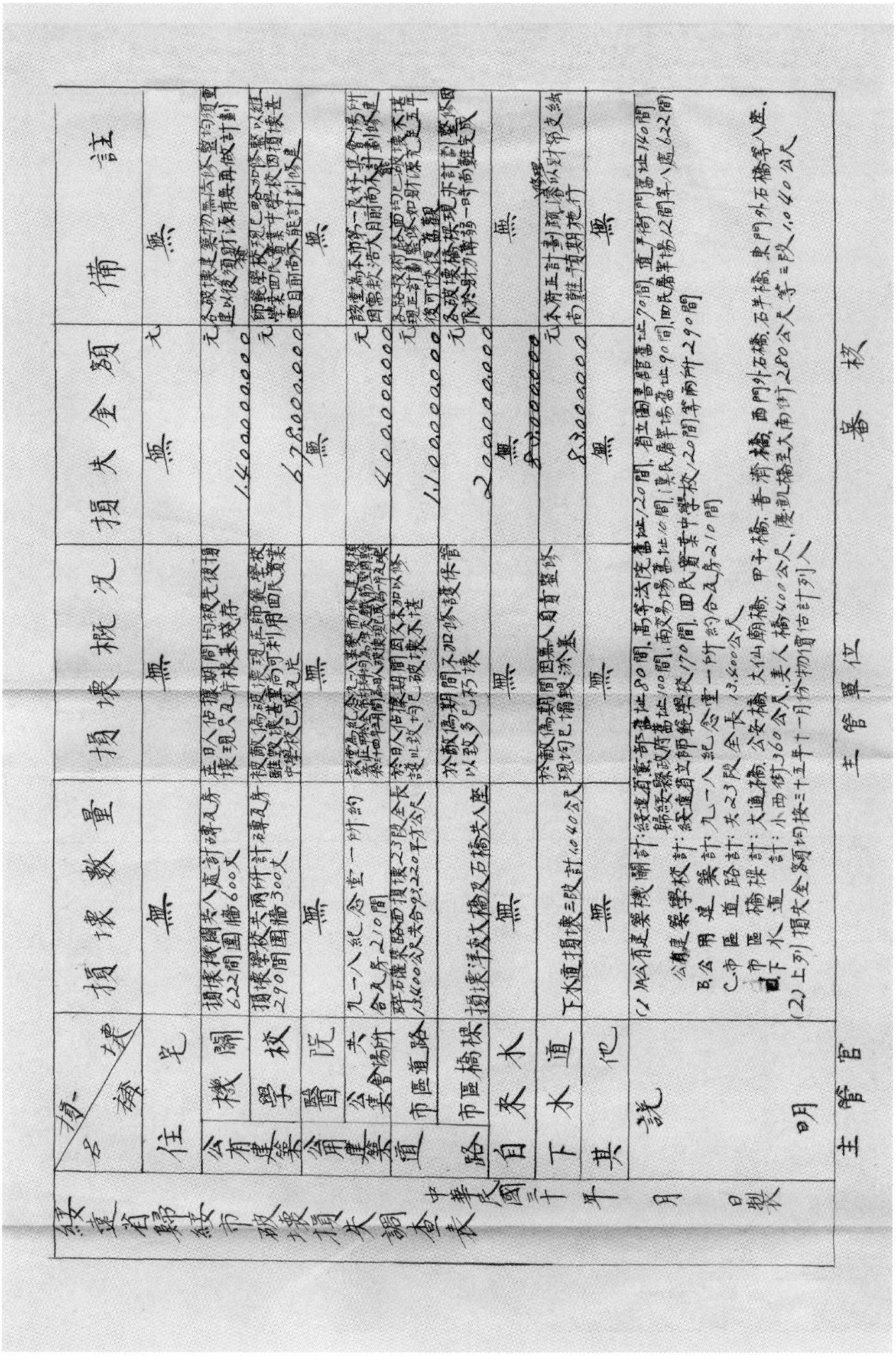

图 1-7-1　绥远省归绥市破坏损失调查表（节选）（1947 年）

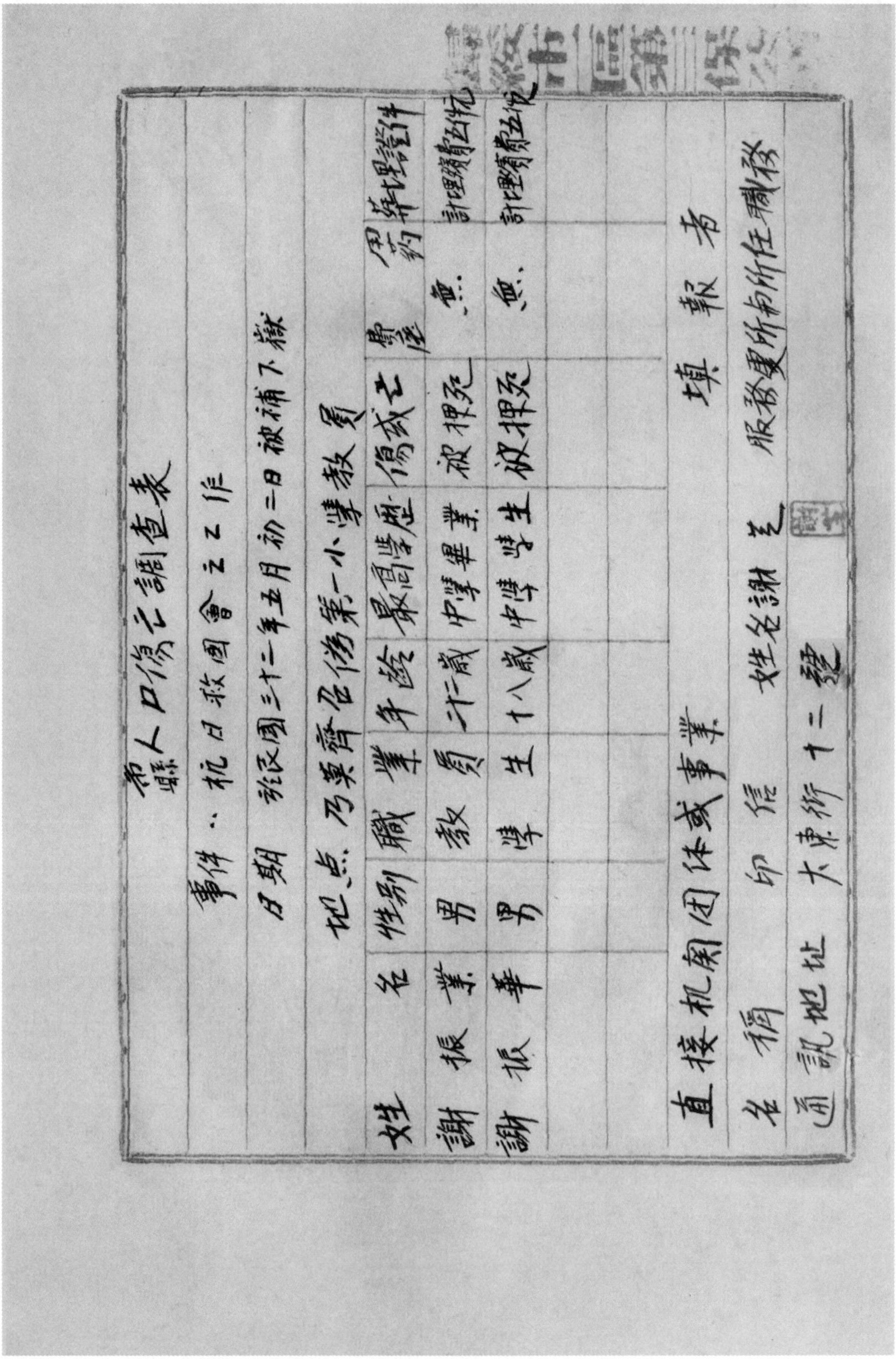

市縣人口傷亡調查表

事件：抗日救國會工作

日期：民國三十二年五月初二日被捕入獄

地點：乃莫齊召傷第一小學教員

姓名	性别	職業	年龄	最高學歷	傷或亡	費用 醫藥	
謝振業	男	教員	廿二歲	中學畢業	被押死	無	計埋葬費四百元
謝振華	男	學生	十八歲	中學學生	被押死	無	計埋葬費五百元

直接機關團體或事業　　填報者

名稱　印信　　姓名謝芝　　服務處所與所任職務

通訊地址　大東街十二號

图 1-7-2　归绥市一区第三保公所《市县人口伤亡调查表》（抗日救国会人员：谢振业、谢振华）

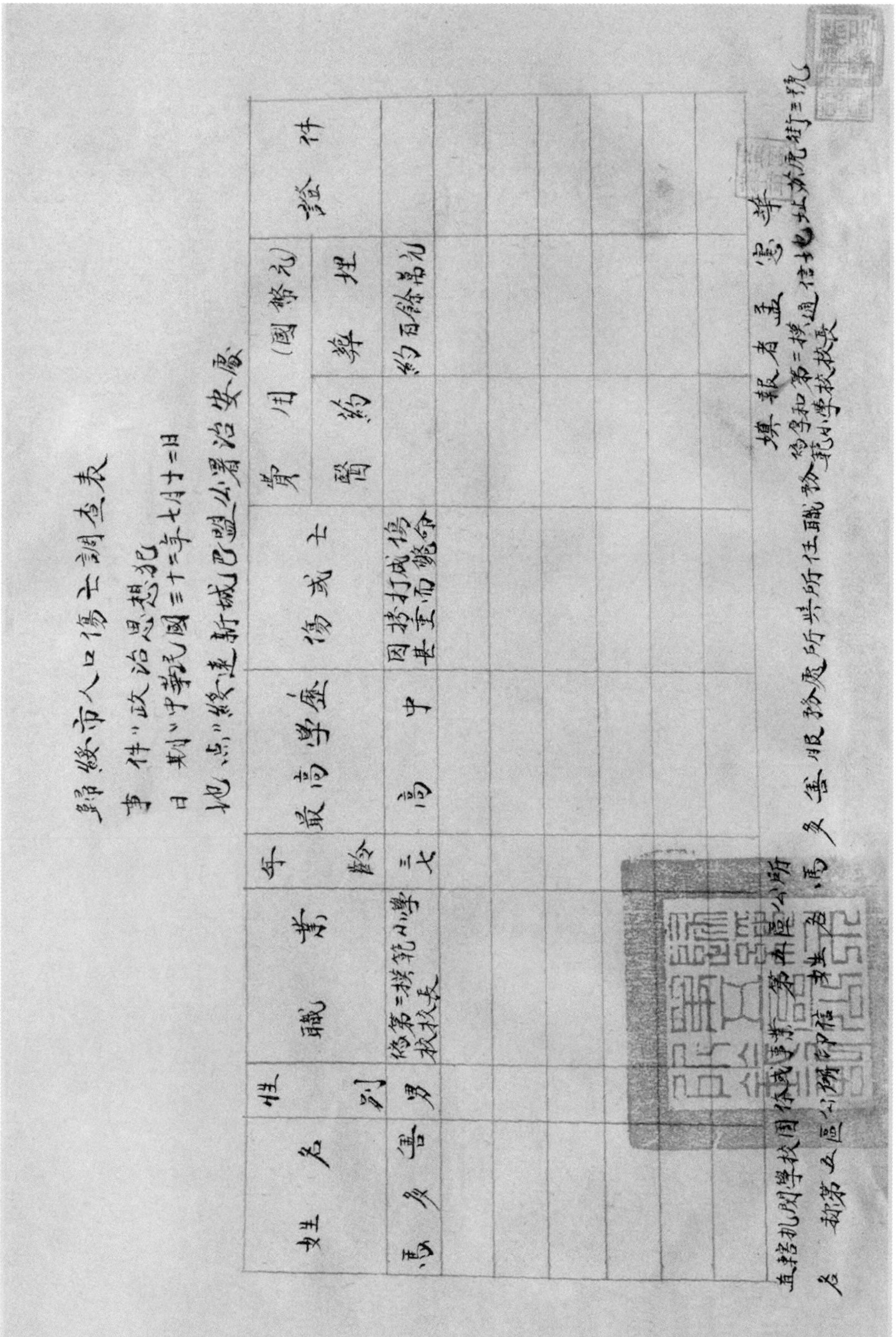

歸綏市人口傷亡調查表

事件：政治思想犯

日期：中華民國三十二年七月十二日

地點：綏遠新城巴盟公署治安處

姓名	性別	職業	年齡	最高學歷	傷或亡	費用（國幣元）醫藥	費用（國幣元）葬埋	證件
馬多善	男	綏第三模範小學校校長	三七	高中	因拷打成傷甚重而斃命		約百餘萬元	

直轄機關學校團體或事業　歸綏市第五區公所　塡報者　孟憲華

名　馬多善　服務處所與所任職務　綏歸和第三模範小學校校長　通信地址　水泥街三號

图 1-7-3　归绥市第五区公所《归绥市人口伤亡调查表》（政治思想犯：马多善）

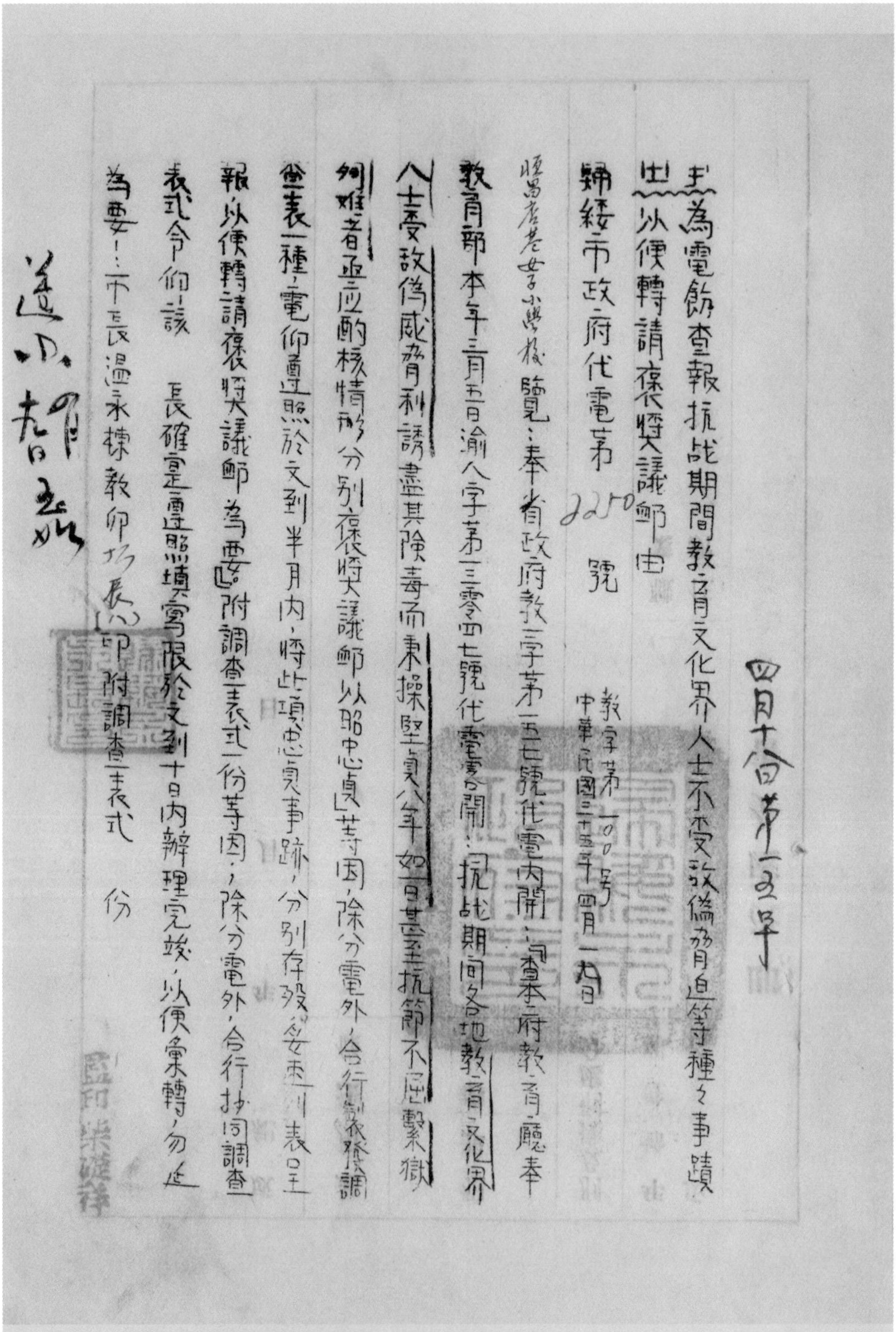
四月十八日第一五号

事由：為電飭查報抗战期間教育文化界人士不受敵偽脅迫等種々事蹟以便轉請褒奬議卹由

歸綏市政府代電第2250號

教字第一四〇号
中華民國三十五年四月一八日

恒昌店巷女子小學校覽：奉省政府教字第一五七號代電內開：「案奉府教育廳奉教育部本年三月五日渝八字第一三零四七號代電內開：『抗战期間各地教育文化界人士不受敵偽威脅利誘盡其險毒而秉操堅貞八年如一者，其抗節不屈繫獄殉難者，亟應酌核情形分別褒奬議卹，以昭忠貞』等因，除分電外，合行製發調查表一種，電仰遵照，於文到半月內，將此項忠貞事跡，分別存殁妥速列表呈報，以便轉請褒奬議卹為要」附調查表式一份等因，除分電外，合行抄同調查表式令仰該長確實遵照填寫，限於文到十日内辦理完竣，以便彙轉，勿延為要！！

市長温永棣　教仰校長　印　附調查表式　份

送小學部

图 1-7-4　归绥市政府为查报抗战期间教育文化界人士不受敌伪胁迫等种种事迹以便转请褒奖议恤致恒昌店巷女子小学代电（1946 年 4 月 18 日）（一）

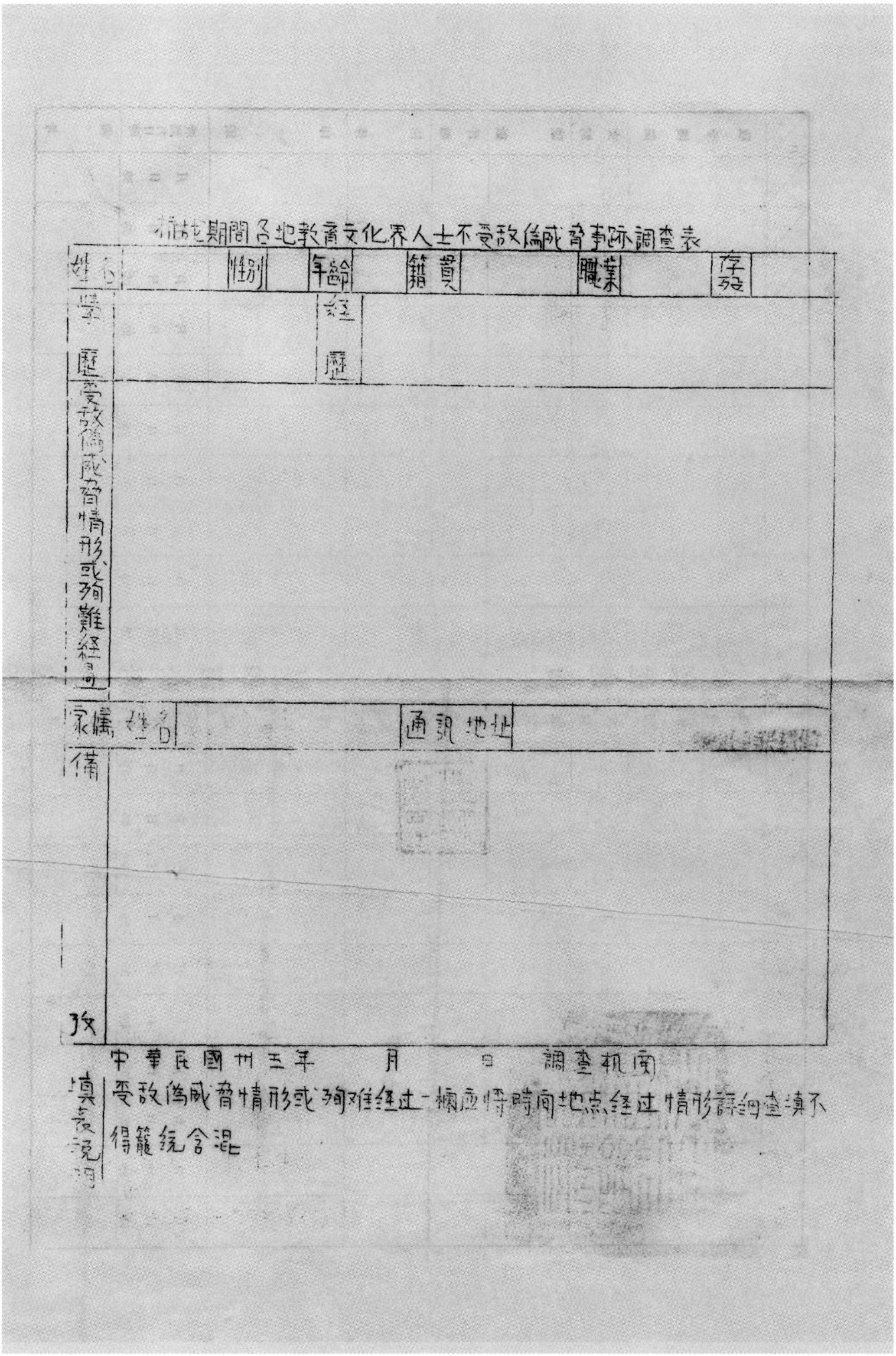

抗戰期間各地教育文化界人士不受敵偽威脅事跡調查表

姓名		性別		年齡		籍貫		職業		字號	
學歷		經歷									
受敵偽威脅情形或殉難經過											
家屬姓名		通訊地址									
備考											

中華民國卅三年　　月　　日　調查机関

填表說明　受敌偽威脅情形或殉难经过一欄应將時间地点经过情形詳细查填不得籠统含混

图 1-7-4　归绥市政府为查报抗战期间教育文化界人士不受敌伪胁迫等种种事迹以便转请褒奖议恤致恒昌店巷女子小学代电（1946 年 4 月 18 日）（二）

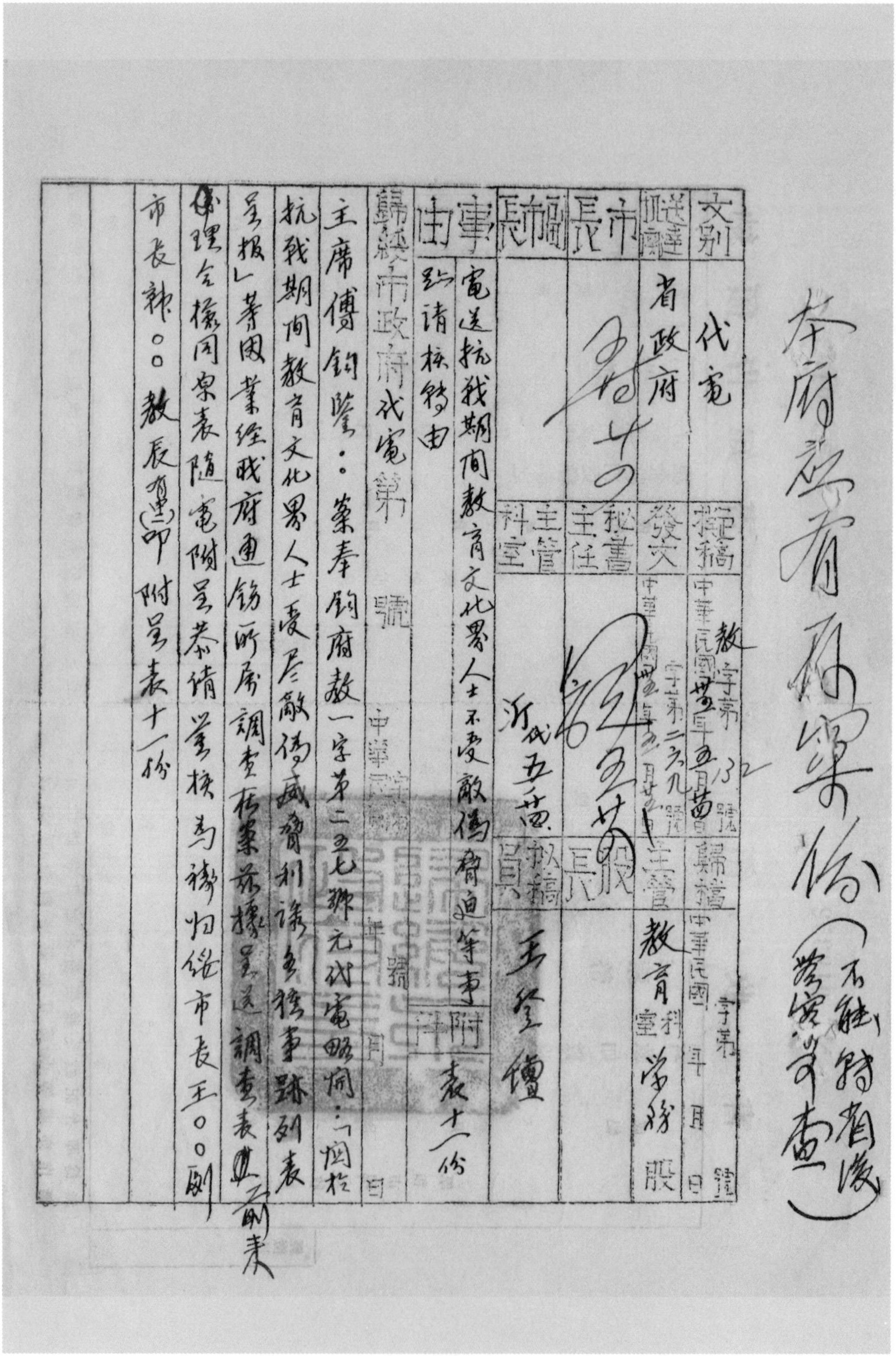

文別	代電
送達機關	省政府
市長	
秘書主任	
事由	電送抗戰期間教育文化界人士不受敵偽脅迫等事跡請核轉由
附件	表十一份
擬稿	中華民國卅五年五月廿四日 教字第1312號
發文	中華民國卅五年五月 日 字第二六九號
歸檔	中華民國 年 月 日 字第 號
主管	教育科學務股
擬稿員	王登鐘

歸綏市政府代電 第 號

主席傅鈞鑒：案奉鈞府教一字第二五七號元代電略開：「關於抗戰期間教育文化界人士不受敵偽威脅利誘各種事跡列表呈報」等因，業經本府通飭所屬調查在案，茲據呈送調查表共十一份前來，理合據同原表隨電附呈，恭請鑒核，為禱。歸綏市長王〇〇叩

市長韓〇〇 教長（印）叩 附呈表十一份

图 1-7-5　归绥市政府为呈送抗战期间教育文化界人士不受敌伪胁迫等事迹致绥远省政府代电（节选）（1946 年 5 月 24 日）（一）

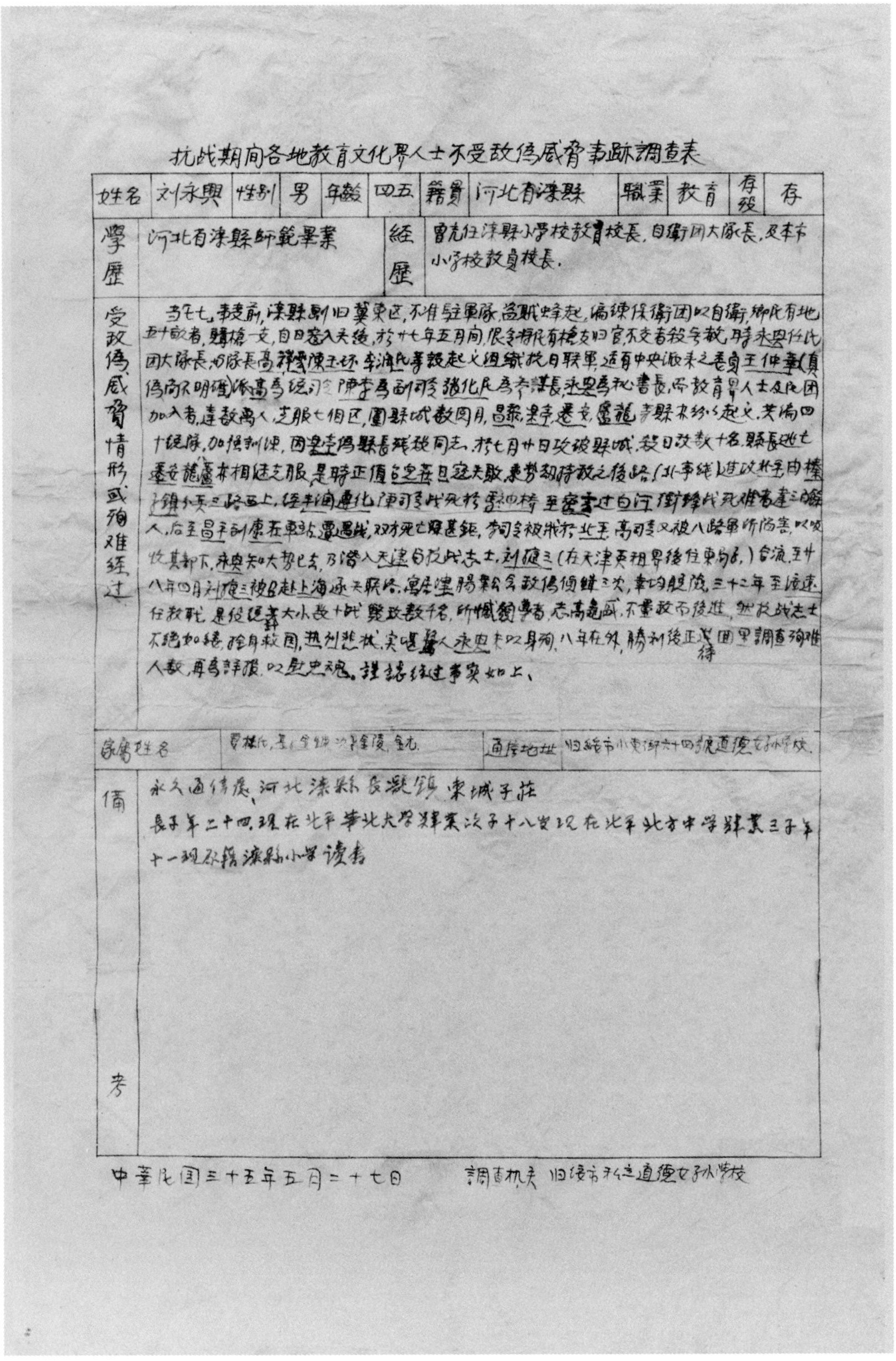

抗战期间各地教育文化界人士不受敌伪威胁事迹调查表

姓名	刘永兴	性别	男	年龄	四五	籍贯	河北省滦县	职业	教育	存殁	存
学历	河北省滦县师范毕业					经历	曾充任滦县小学校教育校长，自卫团大队长，及本市小学校教员校长。				
受敌伪威胁情形或殉难经过	当七七事变前，滦县划归冀东区，不准驻军队，盗贼蜂起，编练保卫团以自卫，乡民有地五十亩者，购枪一支，自日寇入关後，於廿七年五月间，限令将民有枪支归官，不交者杀无赦，时永兴任民团大队长，以队长高[illegible]、陈玉[illegible]、李润民等号起义，组织抗日联军，适有中央派来之委员王仲華（真伪尚不明确）派高为总司令，陈李为副司令，张化民为参谋长，永兴为秘书长，而教育界人士及民团加入者，达数万人，克服七個区，围县城数周月，昌黎、迁安、卢龙等县亦纷纷起义，共编四十総队，加紧训练，因高伪县长残杀同志，於七月廿日攻破县城，杀日敌数十名，县长逃亡，迁安卢龙亦相继克服，是时正值台儿庄日寇失败，乘势切断敌之後路（北宁线）进攻北宁白[illegible]镇[illegible]之路西上，经丰润遵化，陈司令战死於[illegible]，至密云过白河，冲锋战死难者达三四[illegible]人，后至昌平副[illegible]在车站遭遇战，双方死亡损甚巨，李司令被戕於北平，高司令又被八路军所伤害，以致收其部下，永兴知大势已去，乃潜入天津与抗战志士刘渡三（在天津英租界後住东南[illegible]）合流，至廿八年四月刘渡三被[illegible]赴上海遂失联络，寓居津[illegible]会敌伪侦缉三次，幸均脱险，三十二年至绥远任教职，是役经过大小数十战，毙敌数千名，所憾领导者，志高气盛，不尽敌而後进，然抗战志士不绝如缕，舍身救国，热烈悲状，实堪为人永兴未以身殉，八年在外，胜利後正待回里调查殉难人数，再为详报，以慰忠魂。谨据经过事实如上、											
家属姓名	[illegible]					通信地址	归绥市小东街六十四号道德女子小学校。				
备考	永久通信处、河北滦县[illegible]镇[illegible]城子庄 长子年二十四，现在北平华北大学肄业，次子十八岁现在北平北方中学肄业，三子年十一现於籍滦县小学读书										

中华民国三十五年五月二十七日　　调查机关　归绥市私立道德女子小学校

图 1-7-5　归绥市政府为呈送抗战期间教育文化界人士不受敌伪胁迫等事迹致绥远省政府代电（节选）（1946 年 5 月 24 日）（二）

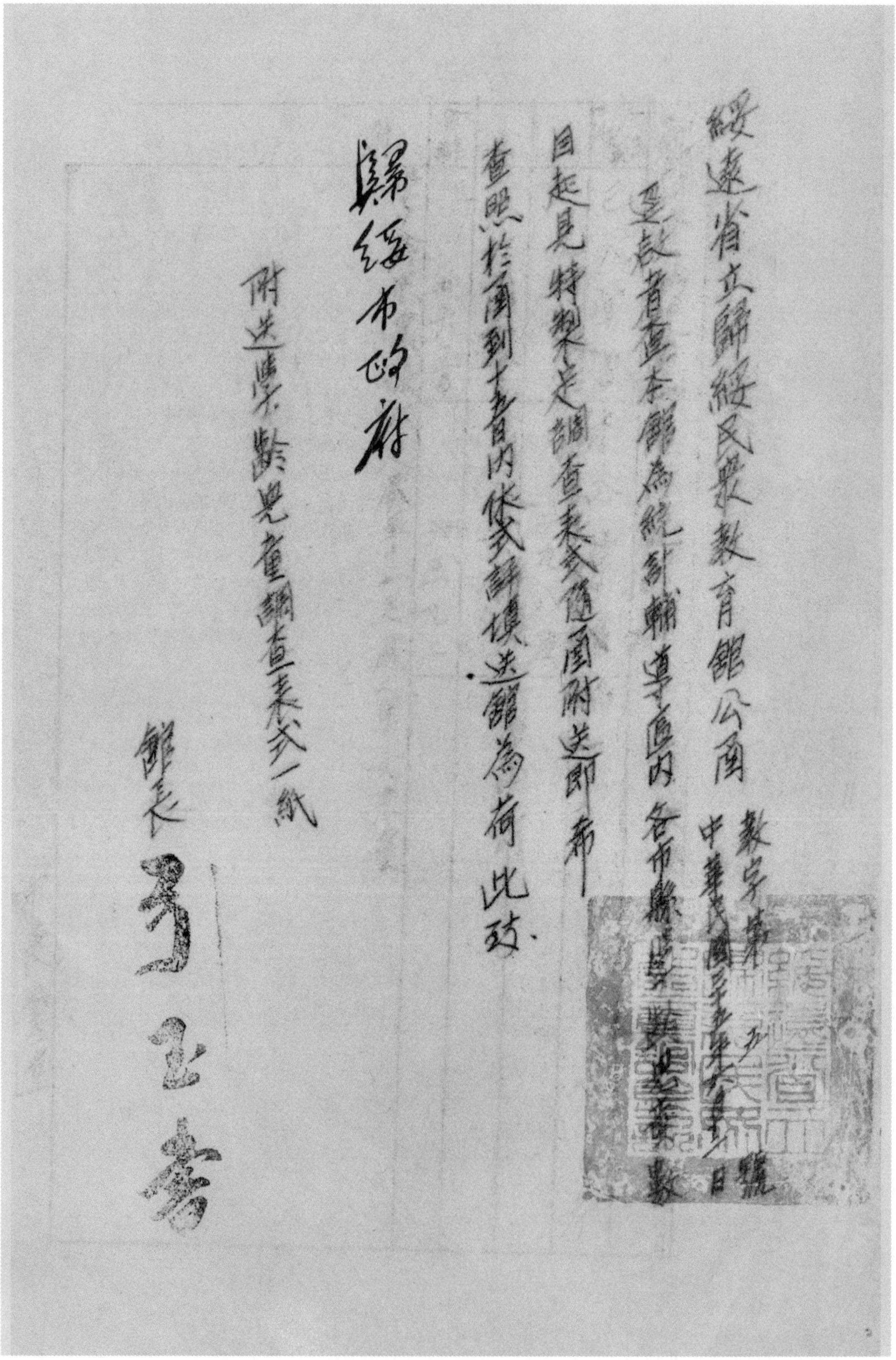

綏遠省立歸綏民衆教育館公函　教字第五號

逕啟者查本館為統計輔導區內各市縣學齡兒童數

因起見特製定調查表式隨函附送即希

查照於函到十日內依式詳填送館為荷此致

歸綏市政府

附送學齡兒童調查表式一紙

館長

中華民國卅五年六月　日

图 1-7-6　绥远省立归绥民众教育馆为学龄儿童调查致归绥市政府公函（1946 年 6 月 12 日）

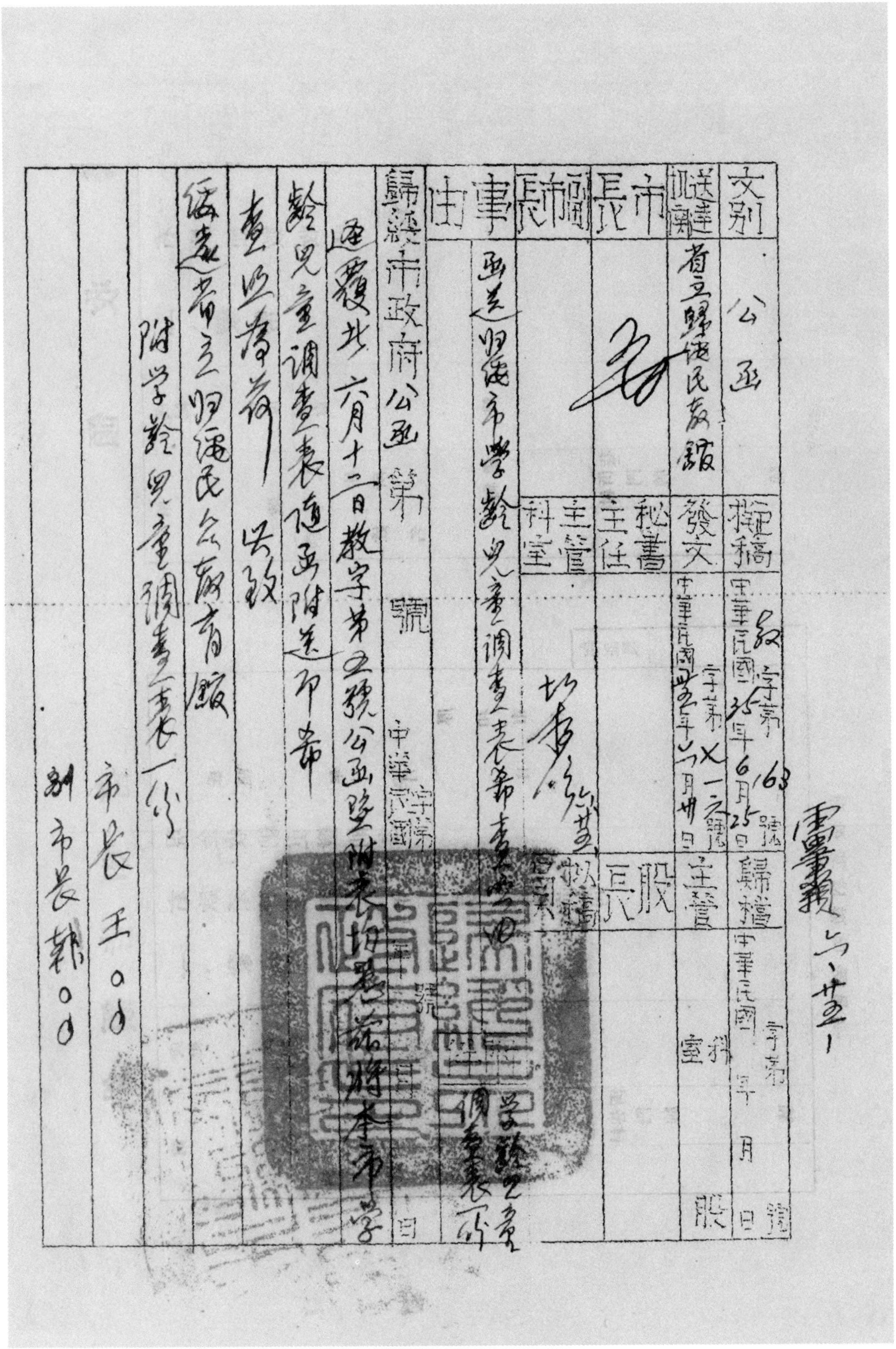

文别 公函

送达机关 省立归绥民众教育馆

市长

事由 函送归绥市学龄儿童调查表希查照由

拟稿 中华民国35年6月25日 字第163号

发文 中华民国三五年六月卅日 字第一一二号

归绥市政府公函 第 号

迳覆者：六月十二日教字第五号公函暨附表均悉。兹将本市学龄儿童调查表随函附送，即希查照为荷。此致

绥远省立归绥民众教育馆

附学龄儿童调查表一份

市长 王○○

副市长 韩○○

图 1-7-7　归绥市政府为填送《归绥市学龄儿童调查表》致绥远省立归绥民众教育馆公函（附调查表）（1946 年 6 月 30 日）（一）

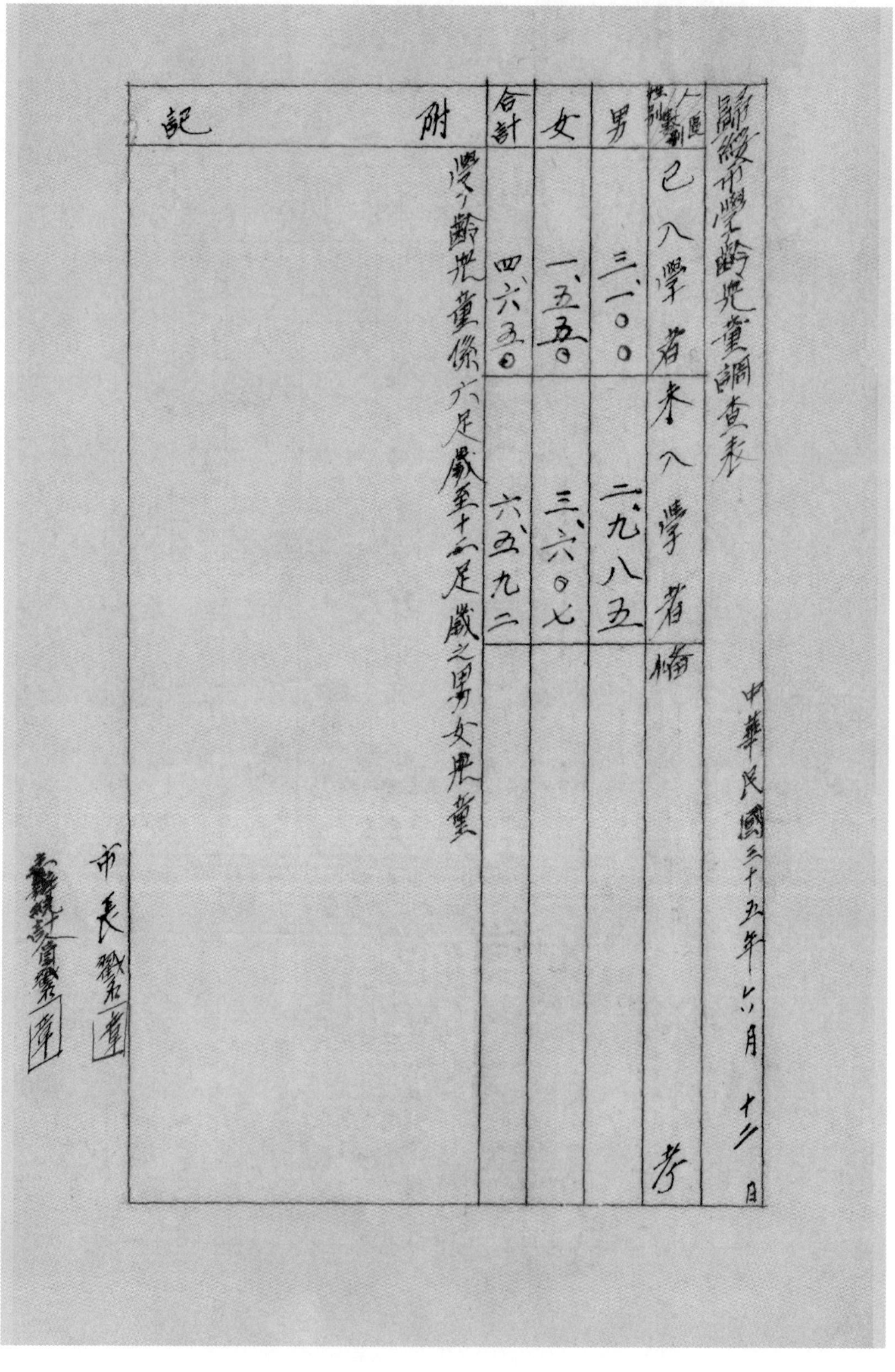

歸綏市學齡兒童調查表

人數 性別	已入學者	未入學者	備考
男	三、一〇〇	二、九八五	
女	一、五五〇	三、六〇七	
合計	四、六五〇	六、五九二	

附記：學齡兒童係六足歲至十二足歲之男女兒童

市長 劉[illegible]章

[illegible]章

中華民國三十五年六月十二日

图 1-7-7 归绥市政府为填送《归绥市学龄儿童调查表》致绥远省立归绥民众教育馆公函（附调查表）（1946 年 6 月 30 日）（二）

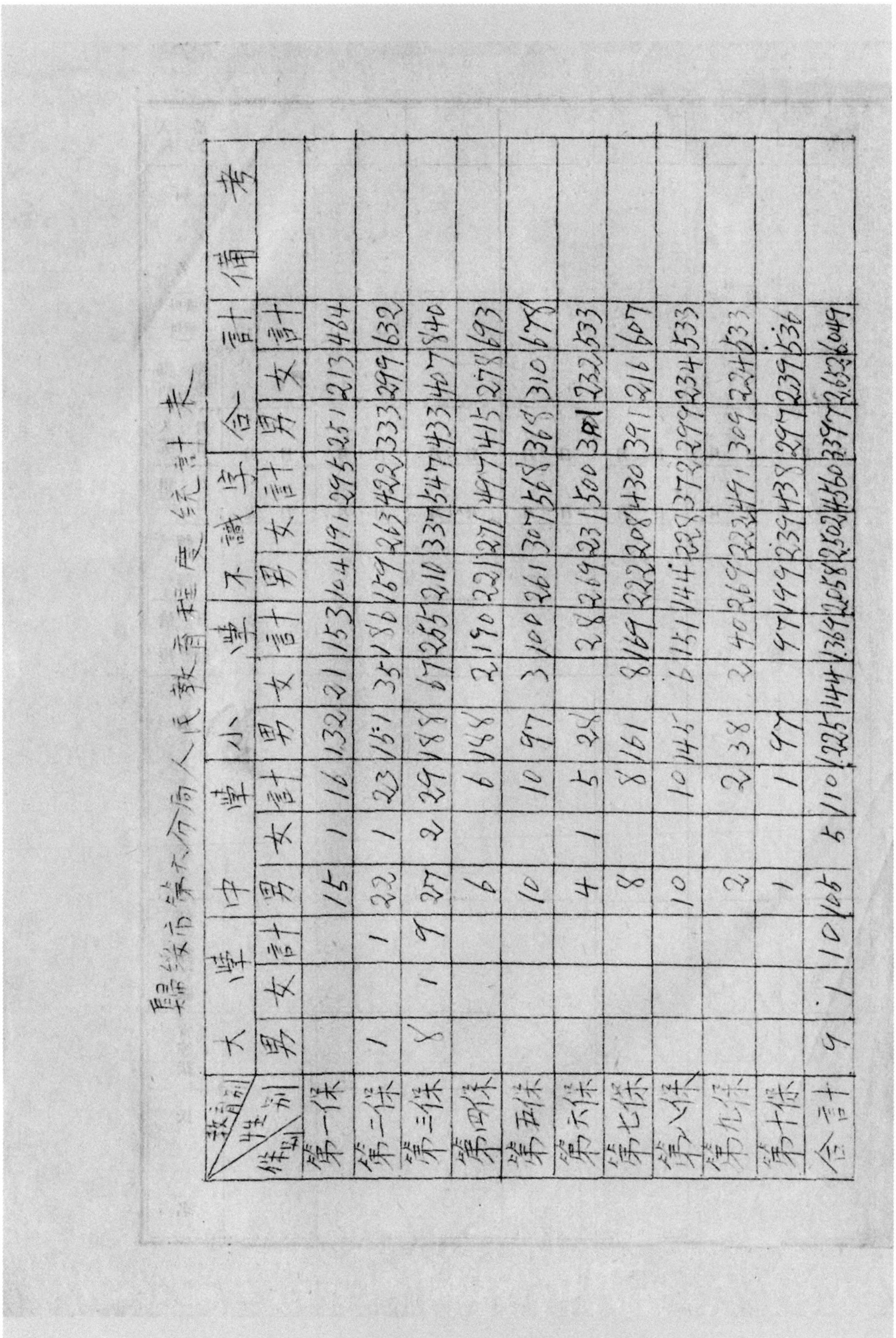

歸綏市第六分局人民教育程度統計表

保別	大學 男	大學 女	大學 計	中學 男	中學 女	中學 計	小學 男	小學 女	小學 計	不識字 男	不識字 女	不識字 計	合計 男	合計 女	合計 計	備考
第一保				15	1	16	132	21	153	104	191	295	251	213	464	
第二保	1		1	22	1	23	151	35	186	159	263	422	333	299	632	
第三保	8	1	9	27	2	29	188	67	255	210	337	547	433	407	840	
第四保				6		6	188	2	190	221	276	497	415	278	693	
第五保				10		10	97	3	100	261	307	568	368	310	678	
第六保				4	1	5	28		28	269	231	500	301	232	533	
第七保				8		8	161	8	169	222	208	430	391	216	607	
第八保				10		10	145	6	151	144	228	372	299	234	533	
第九保				2		2	38	2	40	269	222	491	309	224	533	
第十保				1		1	97		97	199	239	438	297	239	536	
合計	9	1	10	105	5	110	1225	144	1369	2058	2502	4560	3397	2652	6049	

图 1-7-8　归绥市警察局第六分局人民教育程度统计表

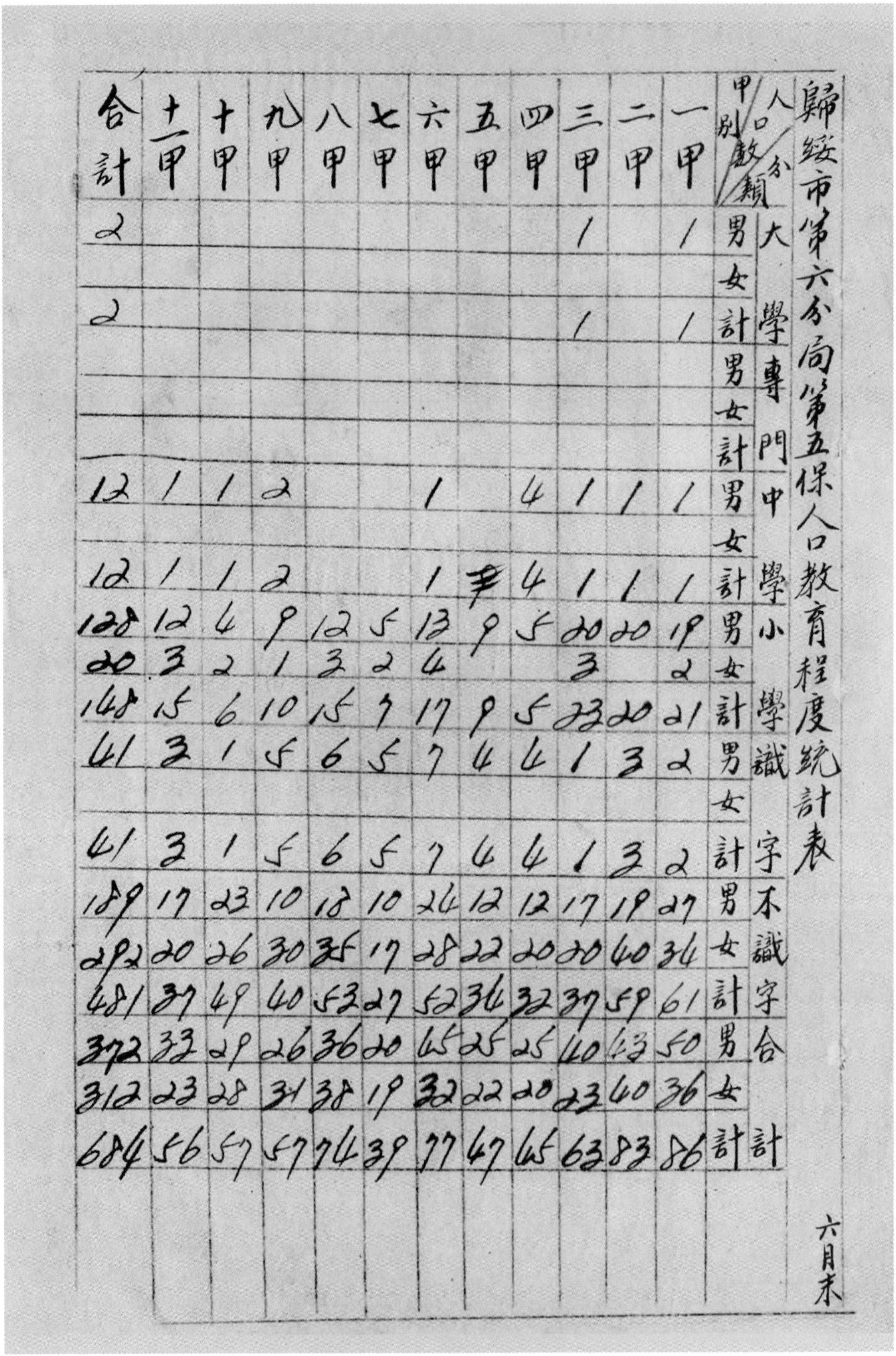

歸綏市第六分局第五保人口教育程度統計表

人口分類		一甲	二甲	三甲	四甲	五甲	六甲	七甲	八甲	九甲	十甲	十一甲	合計
大學	男	1		1									2
	女												
	計	1		1									2
專門	男												
	女												
	計												
中學	男	1	1	1	4		1			2	1	1	12
	女												
	計	1	1	1	4		1			2	1	1	12
小學	男	19	20	20	5	9	13	5	12	9	4	12	128
	女	2		3			4	2	3	1	2	3	20
	計	21	20	23	5	9	17	7	15	10	6	15	148
識字	男	2	3	1	4	4	7	5	6	5	1	3	41
	女												
	計	2	3	1	4	4	7	5	6	5	1	3	41
不識字	男	27	19	17	12	12	24	10	18	10	23	17	189
	女	34	40	20	20	22	28	17	35	30	26	20	292
	計	61	59	37	32	34	52	27	53	40	49	37	481
合計	男	50	43	40	25	25	45	20	36	26	29	33	372
	女	36	40	23	20	22	32	19	38	31	28	23	312
	計	86	83	63	45	47	77	39	74	57	57	56	684

六月末

图 1-7-9　归绥市警察局第六分局第五保人口教育程度统计表（□年 6 月）

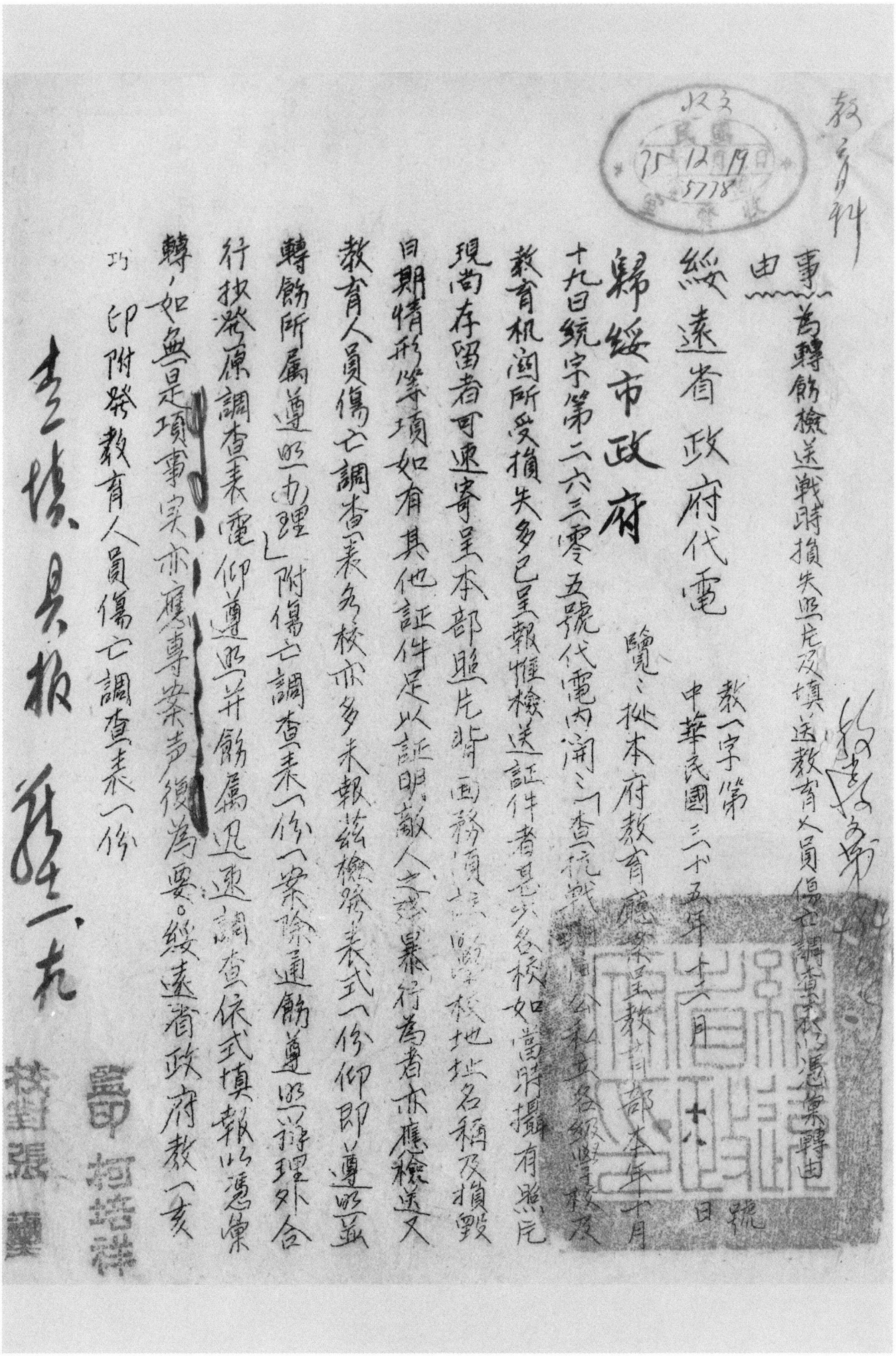

教育科

事由：為轉飭檢送戰時損失照片及填送教育人員傷亡調查表仰遵照案轉由

綏遠省政府代電

歸綏市政府

教一字第　號

中華民國三十五年十二月　日

覽：據本府教育廳呈奉教育部本年十月十九日統字第二六三零五號代電內開：「查抗戰期間公私立各級學校及教育機關所受損失多已呈報，惟檢送證件者甚少，各校如當時攝有照片現尚存留者，可速寄呈本部，照片背面務須註明校地址名稱及損毀日期情形等項，如有其他證件足以証明敵人之殘暴行為者亦應檢送。又教育人員傷亡調查表各校亦多未報，茲檢發表式一份，仰即遵照並轉飭所屬遵照辦理」，附傷亡調查表一份。除通飭遵照辦理外，合行抄發原調查表，電仰遵照，并飭屬迅速調查，依式填報，以憑彙轉，如無是項事實，亦應專案聲復為要。綏遠省政府教一亥

印

附發教育人員傷亡調查表一份

查填具報

图 1-7-10　绥远省政府为检送战时损失照片及填送教育人员伤亡调查表致归绥市政府代电（1946 年 12 月 18 日）（一）

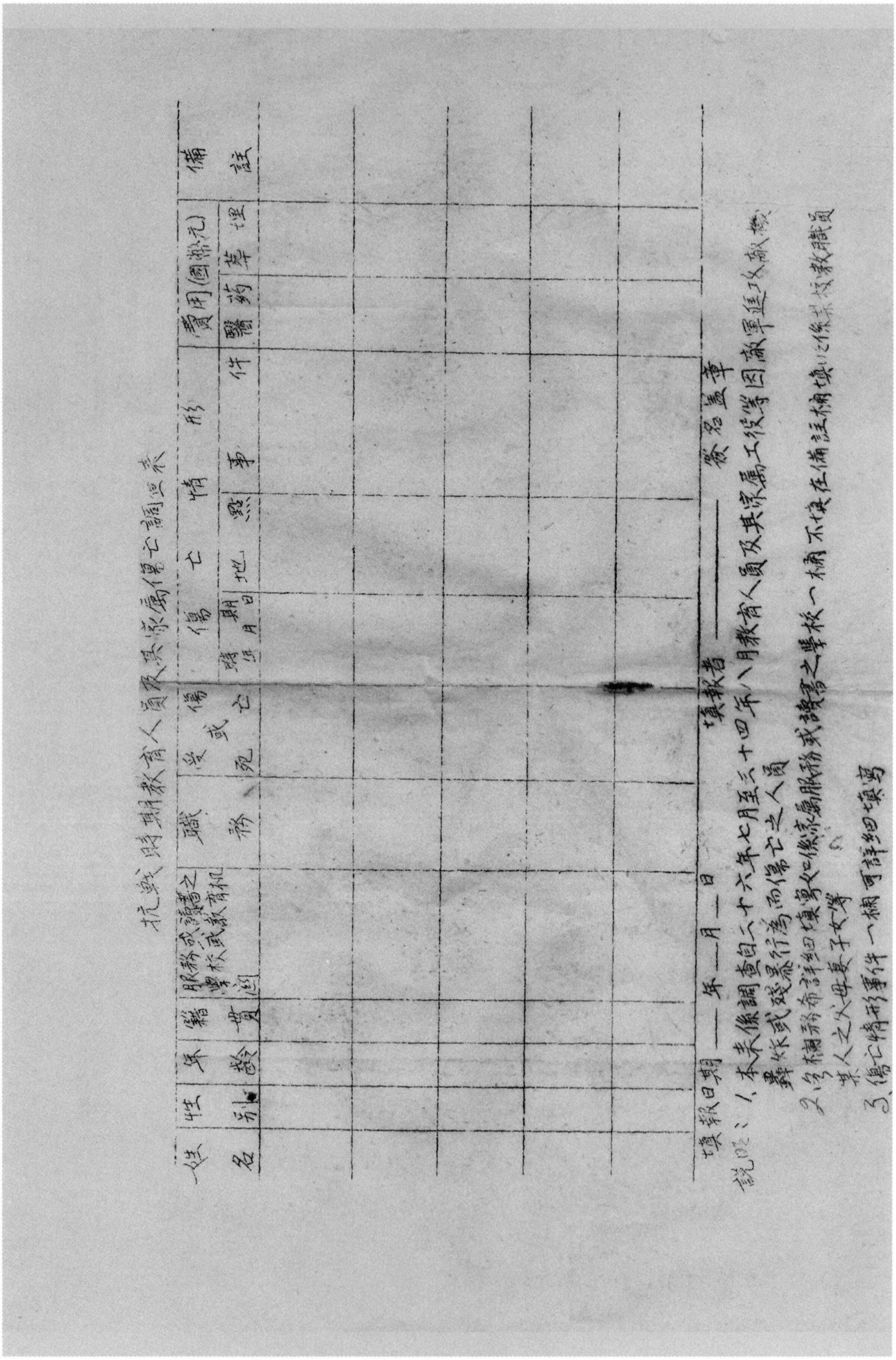

抗戰時期教育人員及其家屬傷亡調查表

姓名	性別	年齡	籍貫	服務或就讀之學校或教育機關	職務	受傷或死亡	傷亡情形			費用（國幣元）		備註
							時間（年月日）	地點	事件	醫藥	葬埋	

填報日期　　年　　月　　日　　填報者　　　　簽名蓋章

說明：1.本表係調查自二十六年七月至三十四年八月教育人員及其家屬因敵軍侵攻或轟炸或逃避行為而傷亡之人員

2.各欄務希詳細填寫，如係家屬服務或就讀之學校一欄不填，在備註欄填明係某教職員某人之父母妻子女等

3.傷亡情形事件一欄可詳細填寫

图 1-7-10　绥远省政府为检送战时损失照片及填送教育人员伤亡调查表致归绥市政府代电（1946 年 12 月 18 日）（二）

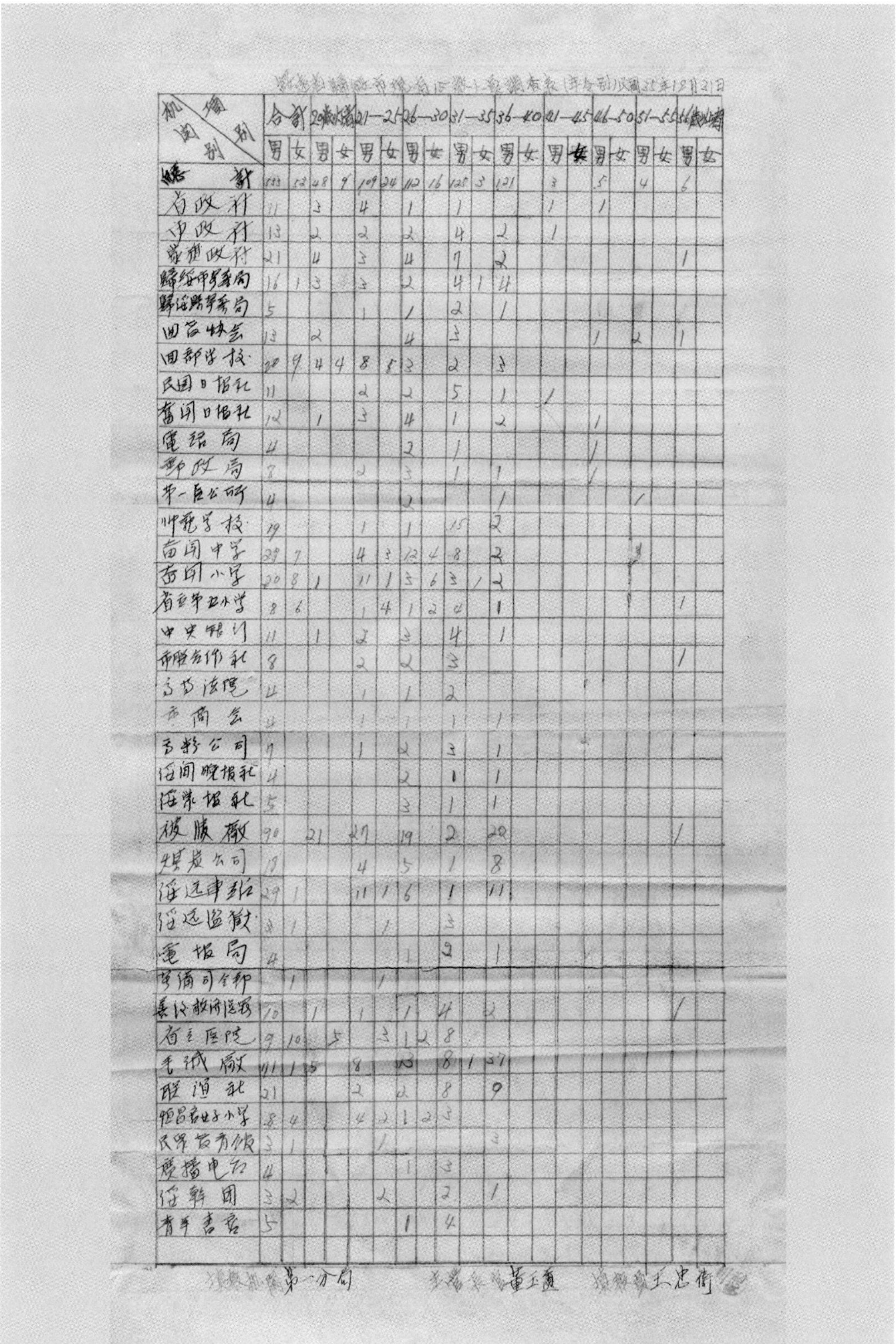

绥远省归绥市现有公教人员调查表（年令别）民国35年12月31日

机关别＼年龄别	合计		20以下		21—25		26—30		31—35		36—40		41—45		46—50		51—55		56以上	
	男	女	男	女	男	女	男	女	男	女	男	女	男	女	男	女	男	女	男	女
总计	533	52	48	9	109	24	112	16	125	3	121		3		5		4		6	
省政府	11		3		4		1		1				1		1					
市政府	13		2		2		2		4		2		1							
县政府	21		4		3		4		7		2								1	
归绥市警察局	16	1	3		3		2		4	1	4									
归绥县警察局	5				1		1		2		1									
回教协会	13		2				4		3						1		2		1	
回部学校	28	9	4	4	8	5	3		2		3									
民国日报社	11				2		2		5		1		1							
奋斗日报社	12		1		3		4		1		2				1					
电话局	4						2		1						1					
邮政局	8				2		3		1		1				1					
第一区公所	4						2				1						1			
师范学校	19				1		1		15		2									
奋斗中学	29	7			4	3	12	4	8		2						3			
奋斗小学	20	8	1		11	1	3	6	3	1	2									
省立第五小学	8	6			1	4	1	2	4		1								1	
中央银行	11		1		2		3		4		1									
市联合作社	8				2		2		3										1	
高等法院	4				1		1		2											
市商会	4				1		1		1		1									
面粉公司	7				1		2		3		1									
绥闻晚报社	4						2		1		1									
绥蒙报社	5						3		1		1									
被服厂	90		21		27		19		2		20								1	
煤炭公司	18				4		5		1		8									
绥远车站	29	1			11	1	6		1		11									
绥远监狱	3	1				1			3											
电报局	4						1		2		1									
警备司令部		1				1														
县[illegible]救济院	10		1		1		1		4		2								1	
省立医院	9	10		5		3	1	2	8											
毛织厂	71	1	5		8		13		8	1	37									
联通社	21				2		2		8		9									
[illegible]女子小学	8	4			4	2	1	2	3											
民众教育馆	3	1				1					3									
广播电台	4						1		3											
绥干团	3	2				2			2		1									
青年书店	5						1		4											

填报机关 第一分局　主管长官 董玉贤　填报员 王忠衡

图 1-7-11　绥远省归绥市现有公教人员调查表（节选）（1946 年 12 月 31 日）（一）

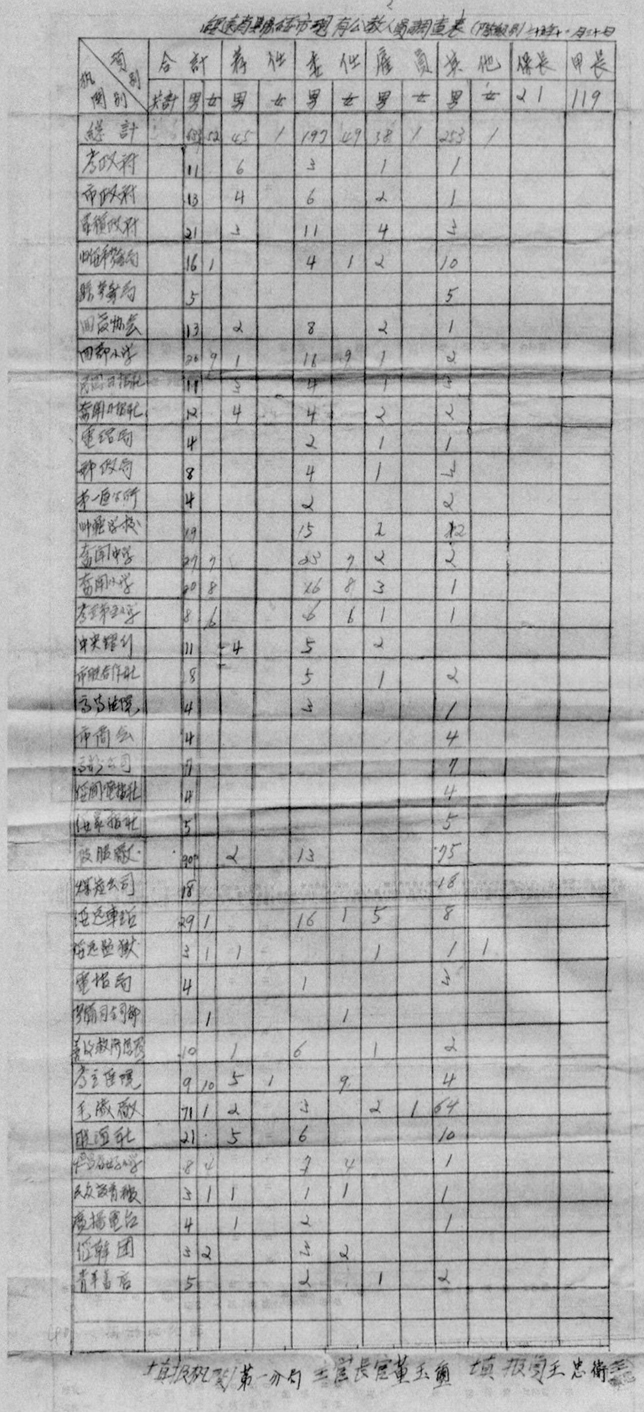

绥远省归绥市现有公教人员调查表（[illegible]）三十五年十二月三十一日

机关别 \ 项别	合计			荐任		委任		雇员		其他		保长	甲长
	共计	男	女	男	女	男	女	男	女	男	女	21	119
总计		[illegible]	52	45	1	197	49	38	1	253	1		
省政府		11		6		3		1		1			
市政府		13		4		6		2		1			
[illegible]政府		21		3		11		4		3			
[illegible]		16	1			4	1	2		10			
[illegible]		5								5			
回教协会		13		2		8		2		1			
回部小学		20	9	1		16	9	1		2			
[illegible]日报社		11		3		4		1		3			
奋斗日报社		12		4		4		2		2			
电报局		4				2		1		1			
邮政局		8				4		1		3			
第一区公所		4				2				2			
师范学校		19				15		2		12			
奋斗中学		27	7			25	7	2		2			
奋斗小学		30	8			26	8	3		1			
[illegible]小学		8	6			6	6	1		1			
中央银行		11		4		5		2					
市[illegible]合作社		8				5		1		2			
高等法院		4				3				1			
市商会		4								4			
[illegible]公司		7								7			
[illegible]报社		4								4			
[illegible]报社		5								5			
被服厂		90		2		13				75			
[illegible]公司		18								18			
绥远车站		29	1			16	1	5		8			
绥远监狱		3	1	1				1		1	1		
电话局		4				1				3			
[illegible]司令部			1				1						
[illegible]		10		1		6		1		2			
[illegible]		9	10	5	1		9			4			
毛织厂		71	1	2		3		2	1	64			
[illegible]社		21		5		6				10			
[illegible]小学		8	4			7	4			1			
[illegible]		3	1	1		1	1			1			
广播电台		4		1		2				1			
[illegible]团		3	2			3	2						
青年书店		5				2		1		2			

填报机关 第一分局 主管长官 董玉[illegible] 填报员 王忠衔

图 1-7-11 绥远省归绥市现有公教人员调查表（节选）（1946 年 12 月 31 日）（二）

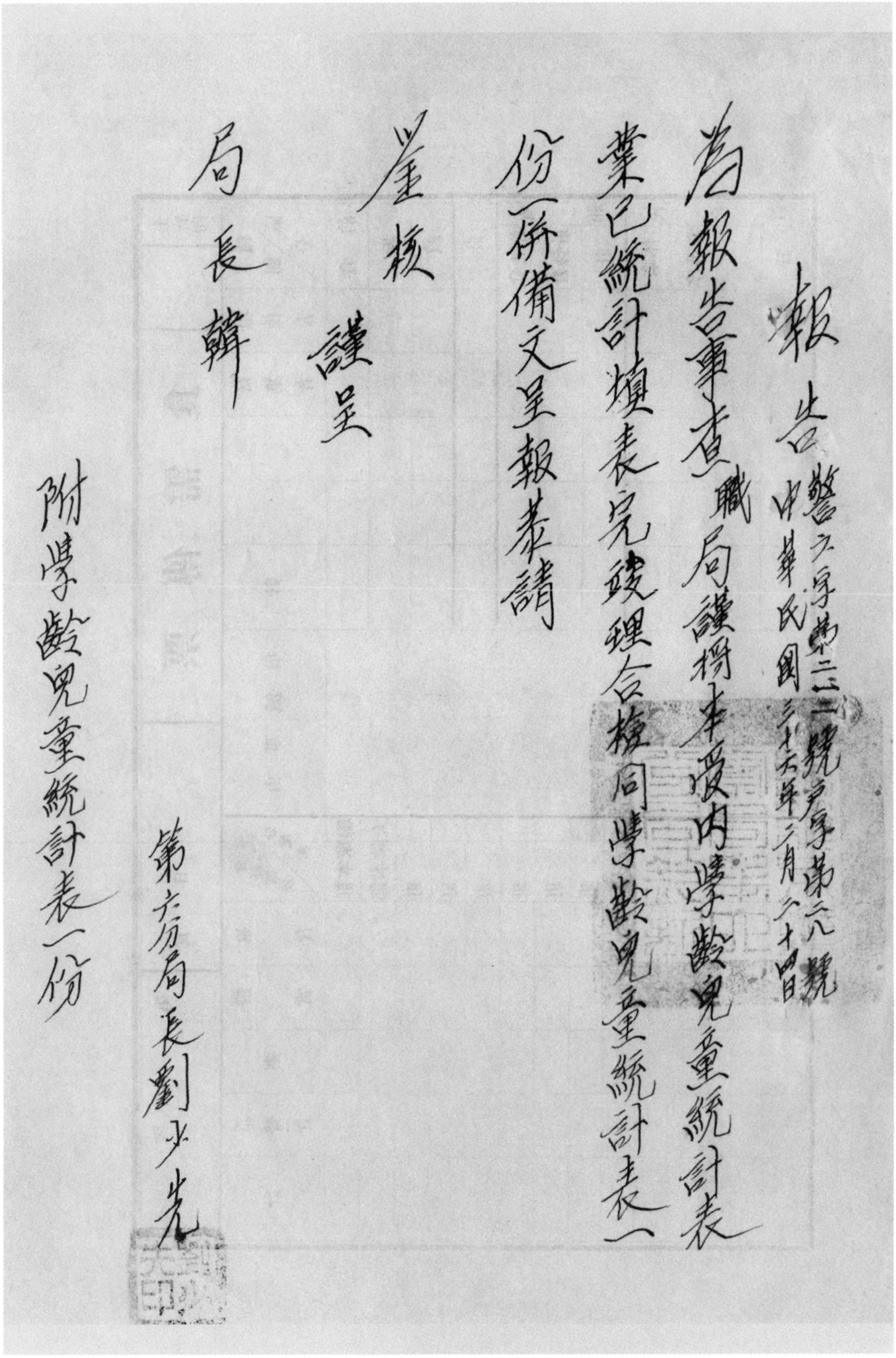

報告 警六字第二二號 户字第六八號

中華民國三十六年二月二十四日

為報告事查職局謹將本段內學齡兒童統計表業已統計填表完竣理合檢同學齡兒童統計表一份一併備文呈報恭請

鑒核

謹呈

局長韓

附學齡兒童統計表一份

第六分局局長劉少先

图 1-7-12　归绥市警察局第六分局为呈报学龄儿童统计表致归绥市警察局报告（1947 年 2 月 24 日）（一）

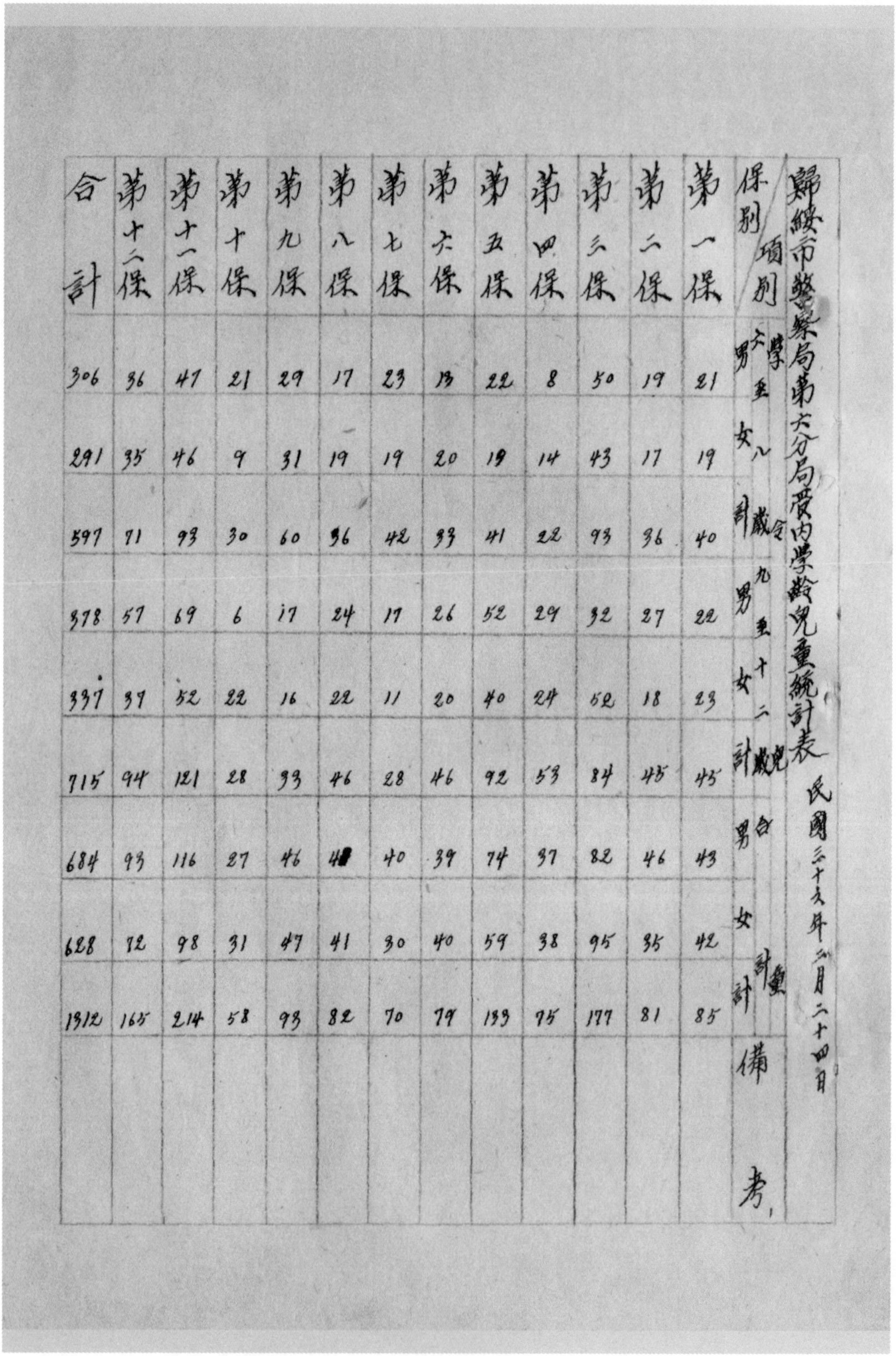

歸綏市警察局第六分局管內學齡兒童統計表

民國三十六年二月二十四日

保別 項別	學齡兒童 六至八歲 男	女	計	九至十二歲 男	女	計	合計 男	女	計	備考
第一保	21	19	40	22	23	45	43	42	85	
第二保	19	17	36	27	18	45	46	35	81	
第三保	50	43	93	32	52	84	82	95	177	
第四保	8	14	22	29	24	53	37	38	75	
第五保	22	19	41	52	40	92	74	59	133	
第六保	13	20	33	26	20	46	39	40	79	
第七保	23	19	42	17	11	28	40	30	70	
第八保	17	19	36	24	22	46	[illegible]	41	82	
第九保	29	31	60	17	16	33	46	47	93	
第十保	21	9	30	6	22	28	27	31	58	
第十一保	47	46	93	69	52	121	116	98	214	
第十二保	36	35	71	57	37	94	93	72	165	
合計	306	291	597	378	337	715	684	628	1312	

图 1-7-12 归绥市警察局第六分局为呈报学龄儿童统计表致归绥市警察局报告（1947 年 2 月 24 日）（二）

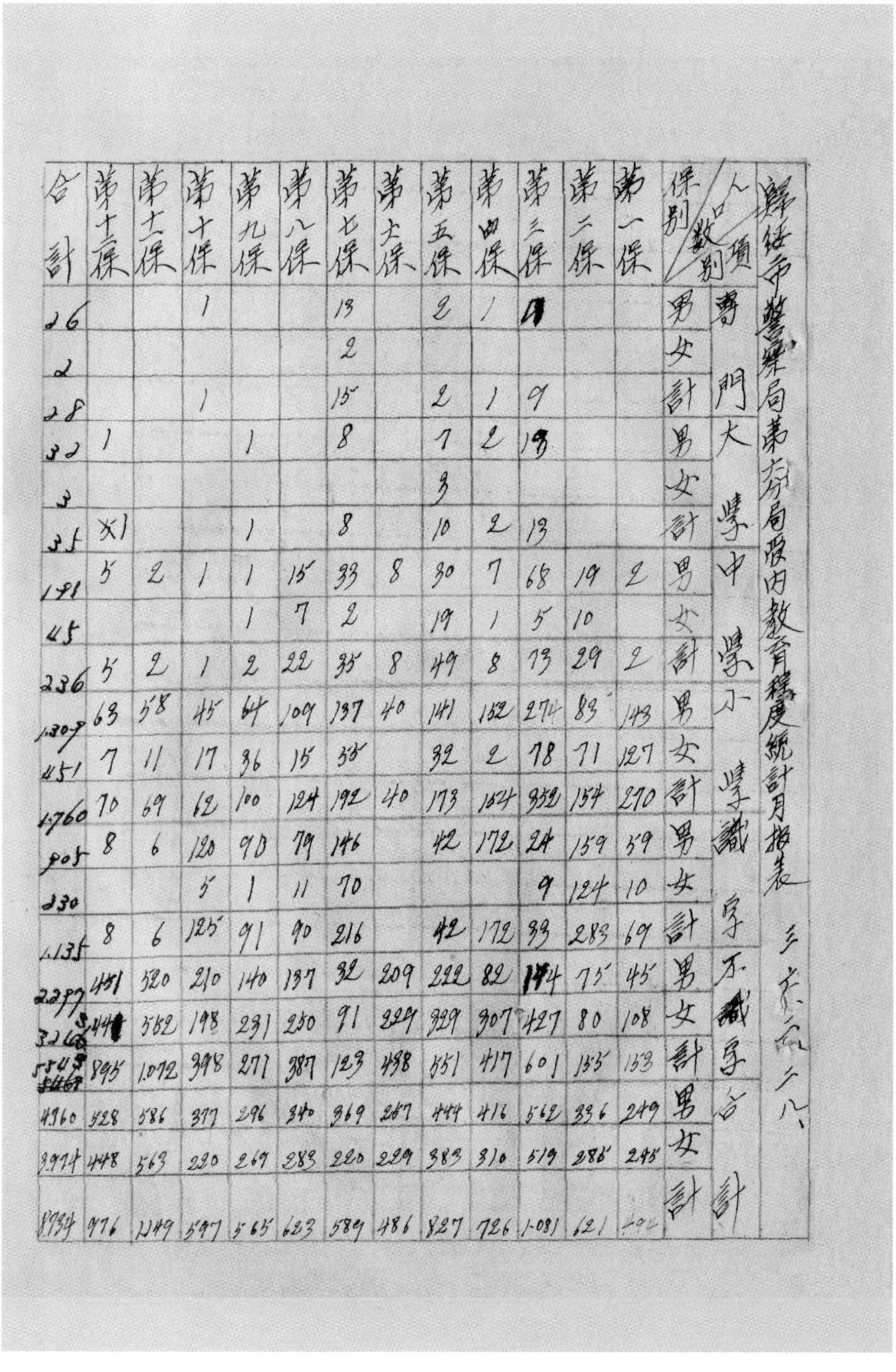

歸綏市警察局第六分局管內教育程度統計月報表

三六、二、二八

項別	人口數	第一保	第二保	第三保	第四保	第五保	第六保	第七保	第八保	第九保	第十保	第十一保	第十二保	合計
專門	男			[illegible]	1	2		13			1			26
	女							2						2
	計			9	1	2		15			1			28
大學	男			19	2	7		8		1			1	32
	女					3								3
	計			13	2	10		8		1			×1	35
中學	男	2	19	68	7	30	8	33	15	1	1	2	5	191
	女		10	5	1	19		2	7	1				45
	計	2	29	73	8	49	8	35	22	2	1	2	5	236
小學	男	143	83	274	152	141	40	137	109	64	45	58	63	1309
	女	127	71	78	2	32		35	15	36	17	11	7	451
	計	270	154	352	154	173	40	192	124	100	62	69	70	1760
識字	男	59	159	24	172	42		146	79	90	120	6	8	905
	女	10	124	9				70	11	1	5			230
	計	69	283	33	172	42		216	90	91	125	6	8	1135
不識字	男	45	75	174	82	222	209	32	137	140	210	520	451	2297
	女	108	80	427	307	329	224	91	250	231	198	562	44[illegible]	3246
	計	153	155	601	417	551	498	123	387	271	398	1072	895	5543
合計	男	249	336	562	416	444	267	369	340	296	377	586	528	4960
	女	245	285	519	310	383	229	220	283	269	220	563	448	3974
	計	494	621	1081	726	827	486	589	623	565	597	1249	976	8934

图 1-7-13 归绥市警察局第六分局管内教育程度统计月报表（1947 年 2 月 28 日）

歸綏市警察局第六分局管內教育程度統計月報表

民國三十六年十一月三十日

戶口數別 / 項別 / 保別		第一保	第二保	第三保	第四保	第五保	第六保	第七保	第八保	第九保	第十保	合計
大學	男		17	4	2	8	10	1	3		2	47
	女					9						9
	計		17	4	2	17	10	1	3		2	56
專科	男		4	2	6							12
	女			1								1
	計		4	3	6							13
中學	男	23	74	20	11	15	104	15	3	1		266
	女	12	15	8	2	27	8	5				77
	計	35	89	28	13	42	112	20	3	1		343
小學	男	242	272	150	160	38	183	214	146	91	89	1585
	女	190	87	11	34	9	75	93	31	11	9	550
	計	432	359	161	194	47	258	307	177	102	98	2135
識字	男	193	114	40	64	40	84	40	54	40	30	699
	女	130	84	17	32	4		9	7	26	20	329
	計	323	198	57	96	44	84	49	61	66	50	1028
不識字	男	99	126	268	140	249	119	319	156	459	437	2382
	女	170	374	355	260	253	246	384	190	529	447	3188
	計	269	500	623	390	502	365	703	346	988	884	5570
合計	男	557	607	484	393	350	500	589	362	591	558	4991
	女	502	560	392	308	302	329	491	228	566	476	4154
	計	1059	1167	876	701	652	829	1080	590	1157	1034	9145

亮

图 1-7-14　归绥市警察局第六分局管内教育程度统计月报表（1947 年 11 月 30 日）

事由：電飭將三十六年度所屬各校及民教館教育科長督學簡歷册送本府教育廳備查由

綏遠省政府代電　教一字第391號　中華民國三十六年四月　日

歸綏市政府覽：茲為加強人事管制提高工作效率起見，各機關現職人員應速依照原頒現職人員簡歷册格式，務於文到七日內將三十六年度所屬各校及民教館教育科長督學等人員繕造簡歷名册一份逕呈本府教育廳備查，除分電外，仰即遵照辦理為要。綏遠省政府教一卯（印）

图 1-7-15　绥远省政府为将三十六年度所属各校及民教馆教育科长督学简历册送本府教育厅备查致归绥市政府代电（附归绥市政府便签）（1947 年 4 月 4 日）（一）

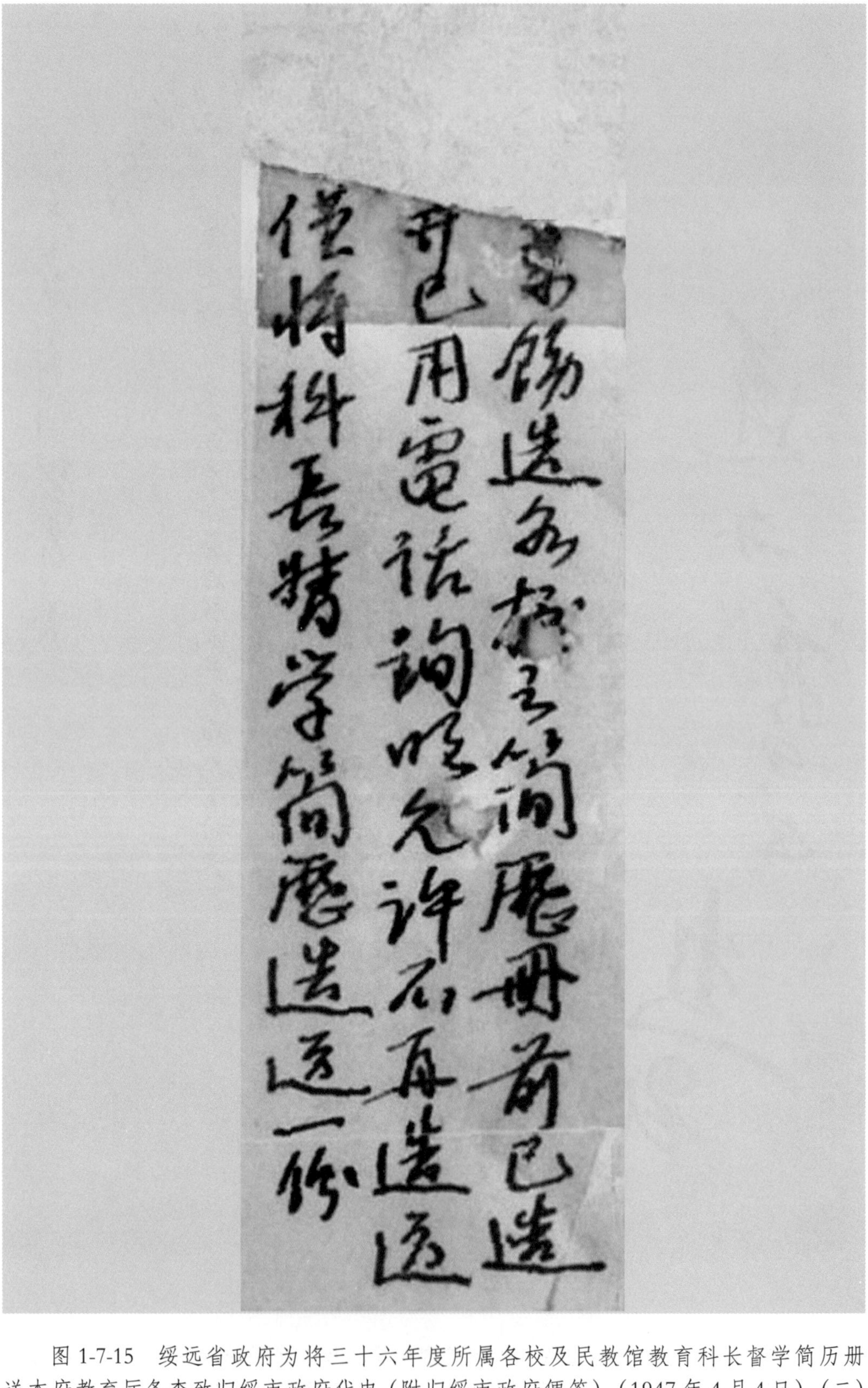
業飭造各校之簡歷冊前已造
訖已用電話詢明允許不再造送
僅將科長督學簡歷造送一份

图 1-7-15　绥远省政府为将三十六年度所属各校及民教馆教育科长督学简历册送本府教育厅备查致归绥市政府代电（附归绥市政府便签）（1947 年 4 月 4 日）（二）

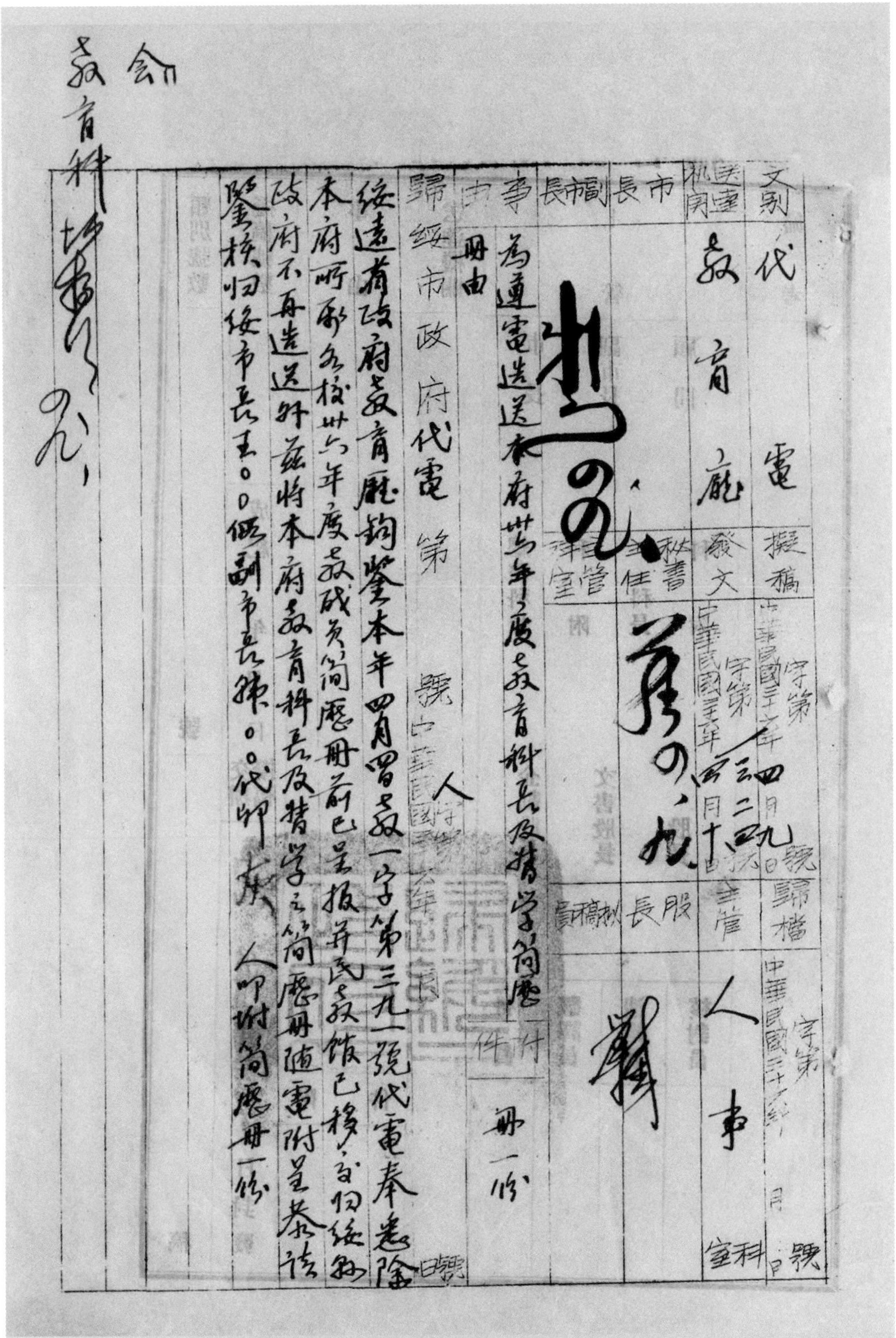

文别：代電
受文机关：教育廳
事由：為遵電造送本府卅六年度教育科長及督學簡歷册由
附件：册一份
擬稿 發文 秘書 主任 主管 科室
歸檔

歸綏市政府代電 第 號
綏遠省政府教育廳鈞鑒：本年四月冒教一字第三九一號代電奉悉。除本府所屬各校卅六年度教職員簡歷册前已呈报并民教館已移歸綏縣政府不再造送外，茲將本府教育科長及督學之簡歷册隨電附呈，恭請鑒核。歸綏市長王〇〇、副市長張〇〇代卯灰。人叩 附簡歷册一份

會 教育科

图 1-7-16　归绥市政府为呈送本府三十六年度教育科长及督学简历册致绥远省政府教育厅代电（1947 年 4 月 10 日）

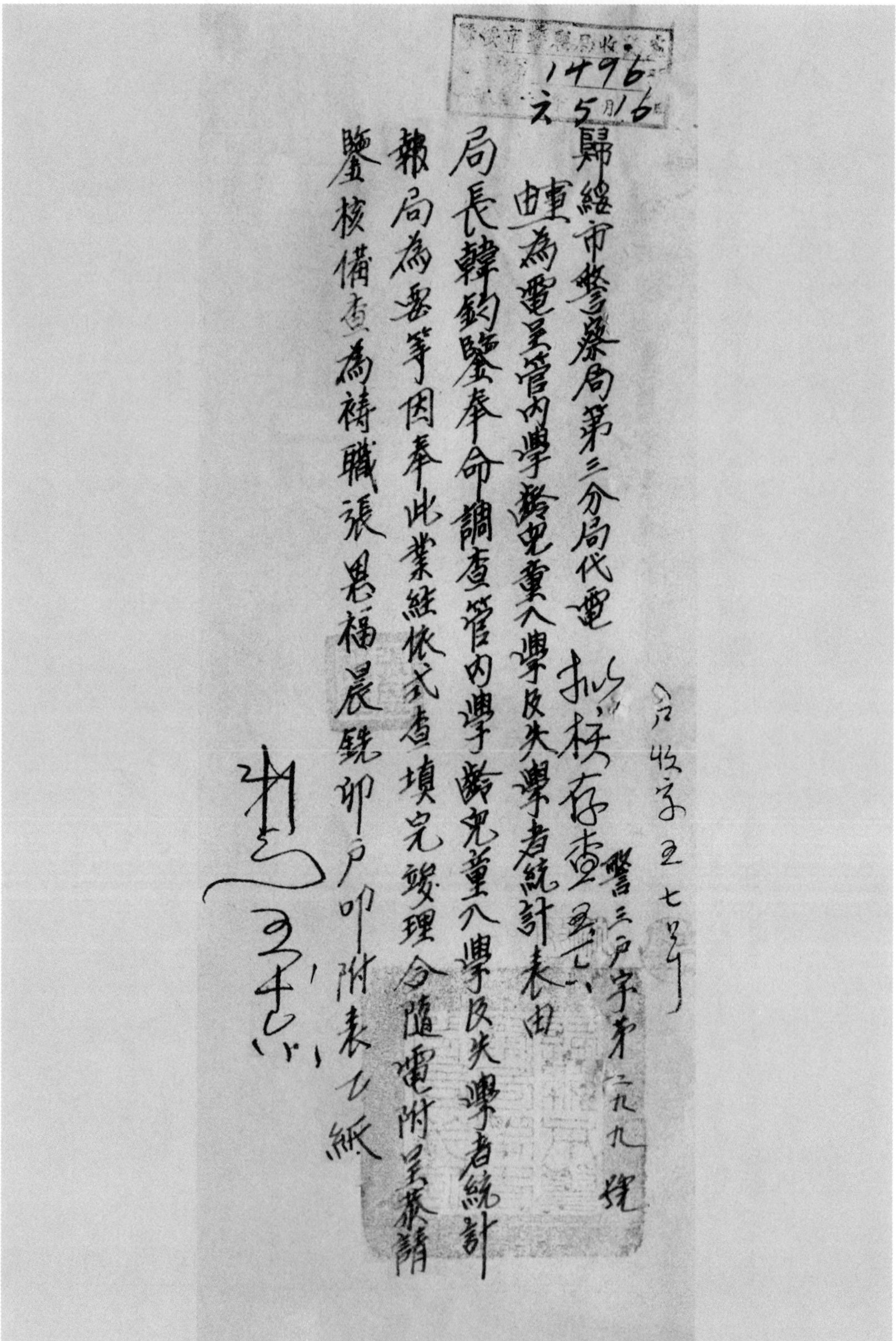
1496
六 5月16
户收字五七号
歸綏市警察局第三分局代電　警三户字第二九九號
為電呈管内學齡兒童入學及失學者統計表由　擬存查 五、廿、
局長韓鈞鑒奉命調查管内學齡兒童入學及失學者統計
報局為要等因奉此業經依式查填完竣理合隨電附呈恭請
鑒核備查為禱職張恩福晨銑卯户叩附表乙紙

图 1-7-17　归绥市警察局第三分局为呈学龄儿童及失学者统计表致归绥市警察局代电（1947 年 5 月 16 日）（一）

歸綏市警察局第三分局管內各保學齡兒童入學及失學者統計表

保別	入學者 六至八歲 男	入學者 六至八歲 女	入學者 九至十二歲 男	入學者 九至十二歲 女	小計 男	小計 女	失學者 六至八歲 男	失學者 六至八歲 女	失學者 九至十二歲 男	失學者 九至十二歲 女	小計 男	小計 女	合計 男	合計 女	備考
第一保	7	3	5	3	12	6	1	2	2	4	3	6	15	12	
第二保	16	8	29	7	45	15	44	41	25	22	69	63	114	78	
第三保	47	26	58	32	105	58	15	45	21	47	36	92	141	150	
第四保	10	16	28	14	38	30	32	27	31	21	63	48	101	78	
第五保	55	35	105	32	160	67	12	27	6	47	18	74	178	141	
第六保	9	7	20	10	29	17	17	24	23	27	40	51	69	68	
第七保			19	7	19	7	55	43	67	42	122	85	141	92	
第八保	9	7	15	8	24	15	39	39	33	23	72	62	96	77	
第九保	53	47	52	60	105	107	11	4	7	4	18	8	123	115	
第十保	5	3	12	4	17	7	35	40	14	45	49	85	66	92	
第十一保	24	27	61	53	85	80	9	11	24	8	33	19	118	99	
第十二保	3	3	31	10	34	13	43	46	72	54	115	100	149	113	

图 1-7-17　归绥市警察局第三分局为呈学龄儿童及失学者统计表致归绥市警察局代电（1947 年 5 月 16 日）（二）

第十三保	第十四保	合計	附記
	15	253	
	1	183	
44	25	504	
25	1	266	
44	40	757	
25	2	449	
39	3	355	
55	23	427	
14	14	353	
12	19	375	
53	17	708	
67	42	802	
97	57	1.465	
92	44	1.251	

图 1-7-17　归绥市警察局第三分局为呈学龄儿童及失学者统计表致归绥市警察局代电（1947 年 5 月 16 日）（三）

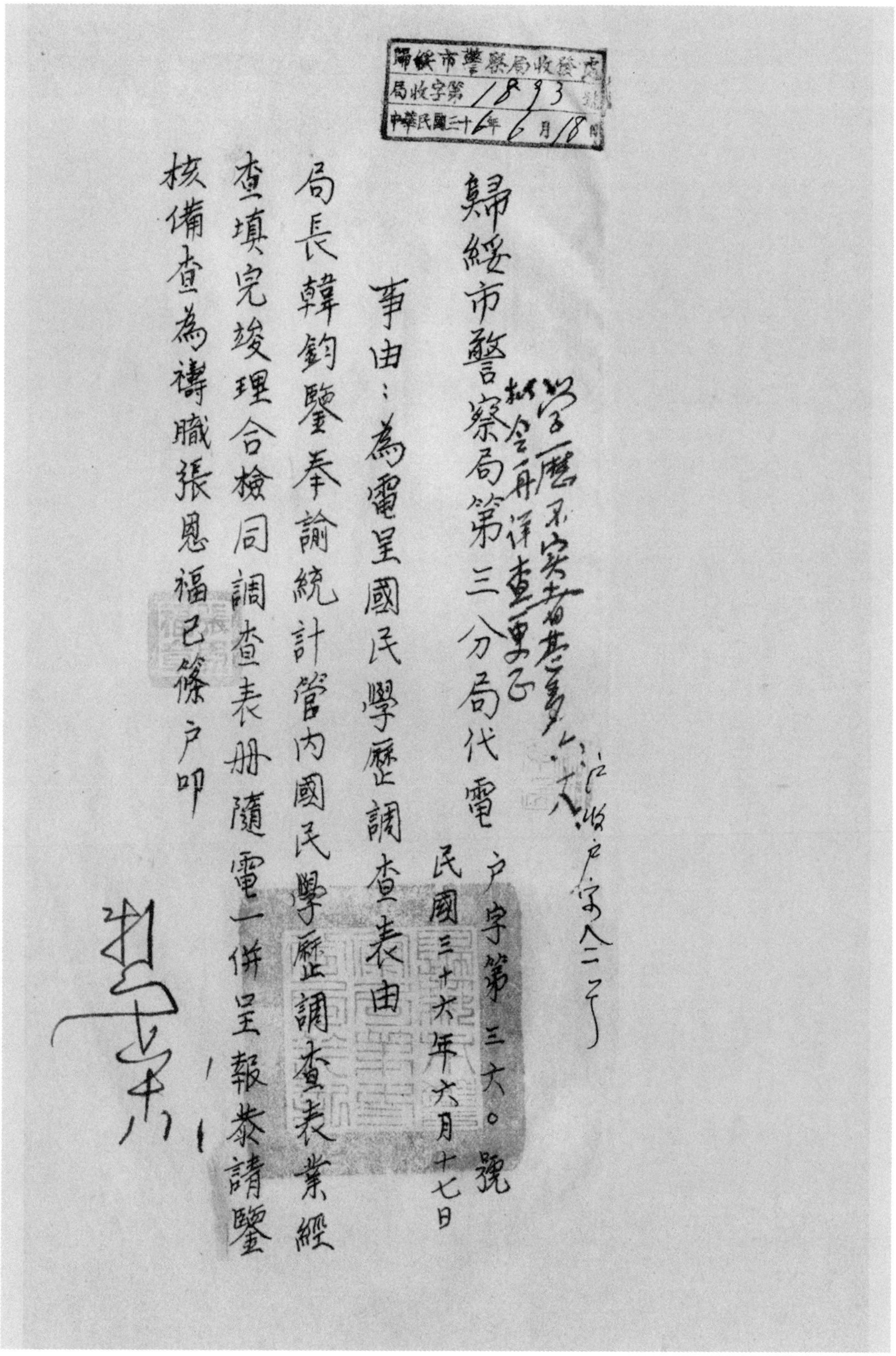

歸綏市警察局收發處
局收字第1893號
中華民國三十六年6月18日

歸綏市警察局第三分局代電　戶字第三六〇號

民國三十六年六月十七日

事由：為電呈國民學歷調查表由

局長韓鈞鑒奉諭統計管內國民學歷調查表業經查填完竣理合檢同調查表册隨電一併呈報恭請鑒核備查為禱職張恩福巳篠戶叩

图 1-7-18　归绥市警察局第三分局为呈国民学历调查表致归绥市警察局代电（1947 年 6 月 17 日）（一）

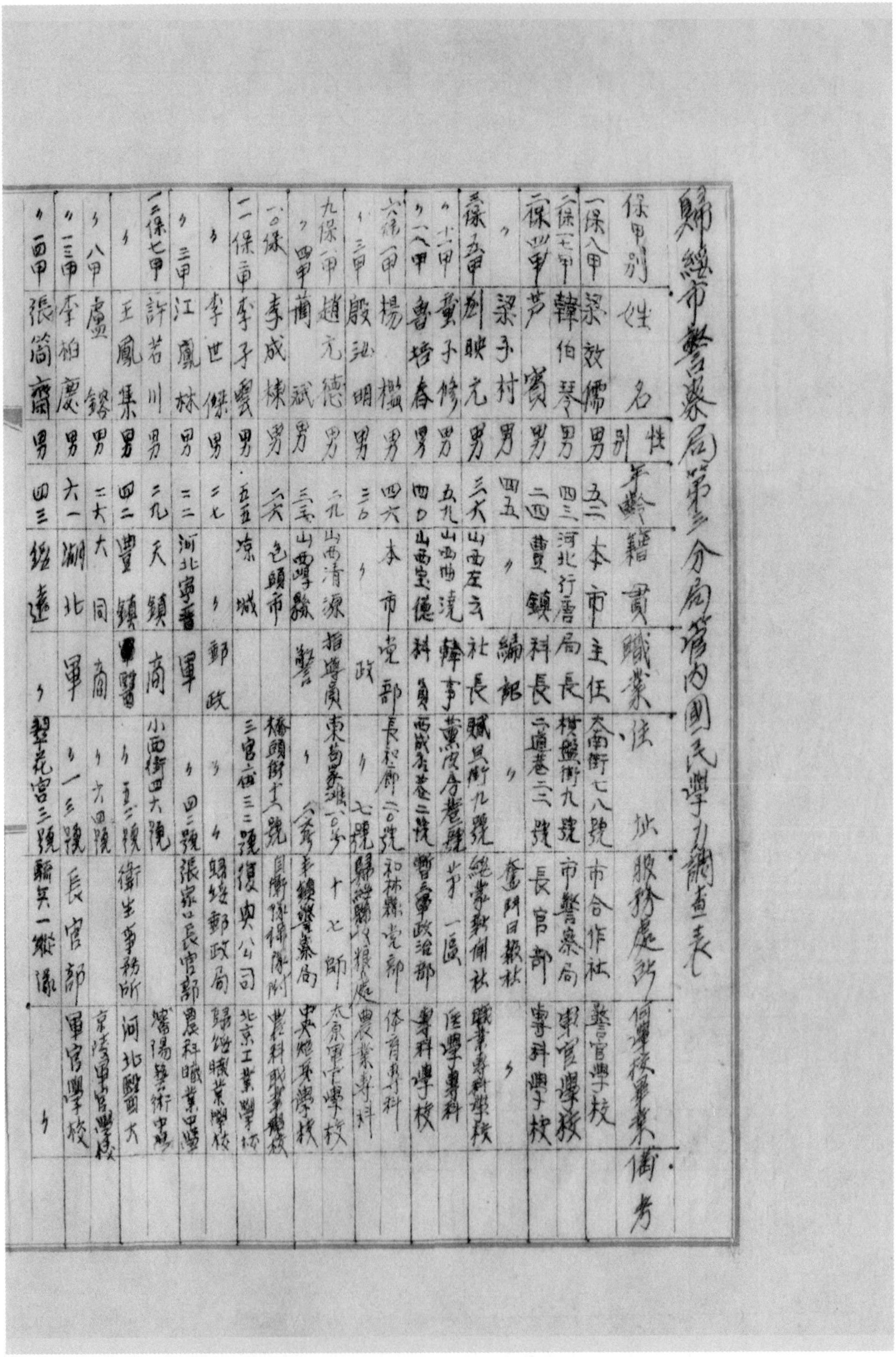

歸綏市警察局第三分局管内國民學力調查表

保甲別	姓名	性別	年齡	籍貫	職業	住址	服務處所	何學校畢業	備考
一保八甲	梁啟儒	男	五二	本市	主任	大南街七八號	市合作社	警官學校	
二保七甲	韓伯琴	男	四三	河北行唐	局長	棋盤街九號	市警察局	軍官學校	
六保四甲	芦賓	男	二四	豐鎮	科長	二道巷三二號	長官部	專科學校	
〃	梁子村	男	四五	〃	編輯	〃	奮鬥日報社	〃	
三保五甲	劉映光	男	三六	山西左云	社長	賦貝街九號	綏蒙勲衛社	職業專科學校	
〃十二甲	黃子修	男	五九	山西曲沃	幹事	董皮房巷號	第一區	醫學專科	
〃十八甲	魯培春	男	四〇	山西定襄	科員	西成巷二號	警備軍政治部	專科學校	
六保一甲	楊樾	男	四六	本市	党部長	和街二〇號	和林縣党部	体育專科	
〃三甲	殷泌明	男	三〇	〃	政	〃七號	歸綏縣糧處	農業專科	
九保一甲	趙允德	男	二九	山西清源	指導員	東苟家灘一〇〃	十七師	太原軍官學校	
〃四甲	蔄斌	男	三四	山西崞縣	警	〃	本鎮警察局	中央警官學校	
一〇保	李成棟	男	三六	包頭市		橋頭街十八號	自衛隊保隊附	農科職業學校	
一一保一甲	李子雲	男	五五	凉城		三官廟三二號	復興公司	北京工業學校	
〃	李世傑	男	二七	〃	郵政	〃 〃	歸綏郵政局	歸綏職業學校	
〃三甲	江鳳林	男	二二	河北寧晉	軍	〃四二號	張家口長官部	農科職業中學	
一二保七甲	許若川	男	二九	天鎮	商	小西街四六號		瀋陽藝術中學	
〃	王鳳集	男	四二	豐鎮	醫	〃五二號	衛生事務所	河北醫大	
〃八甲	盧鏐	男	二六	大同	商	〃六四號		京陵軍官學校	
〃一三甲	李柏慶	男	六一	湖北	軍	〃一三號	長官部	軍官學校	
〃一四甲	張簡齋	男	四三	綏遠	〃	翠花宮三號	騎兵一縱隊	〃	

图 1-7-18　归绥市警察局第三分局为呈国民学历调查表致归绥市警察局代电（1947 年 6 月 17 日）（二）

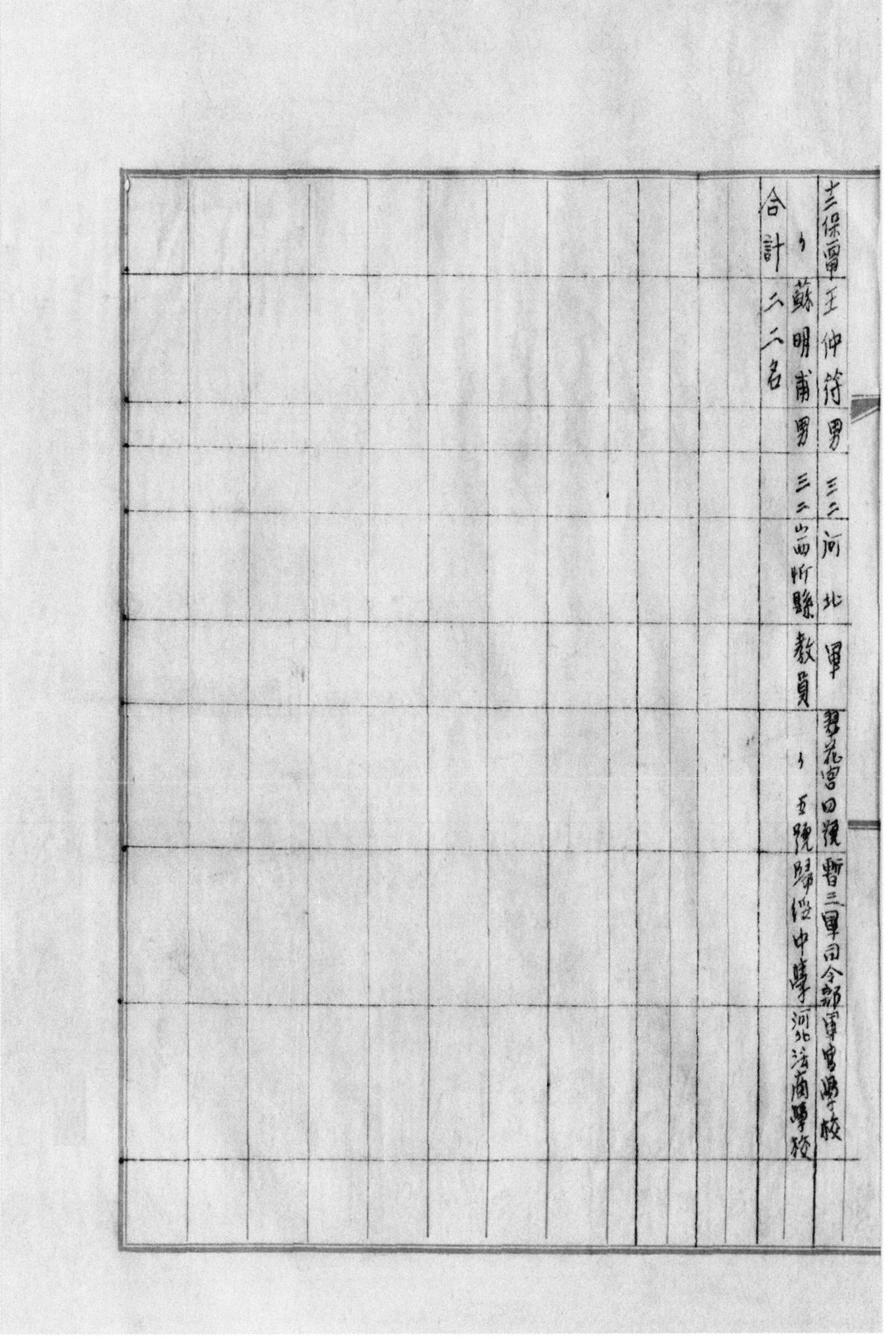

十二保甲	王仲符	男	三二	河北	軍	翠花宮四號	暫三軍司令部軍官學校	
〃	蘇明甫	男	三二	山西忻縣	教員	〃五號	歸綏中學	河北法商學校
合計	二二名							

图 1-7-18　归绥市警察局第三分局为呈国民学历调查表致归绥市警察局代电（1947 年 6 月 17 日）（三）

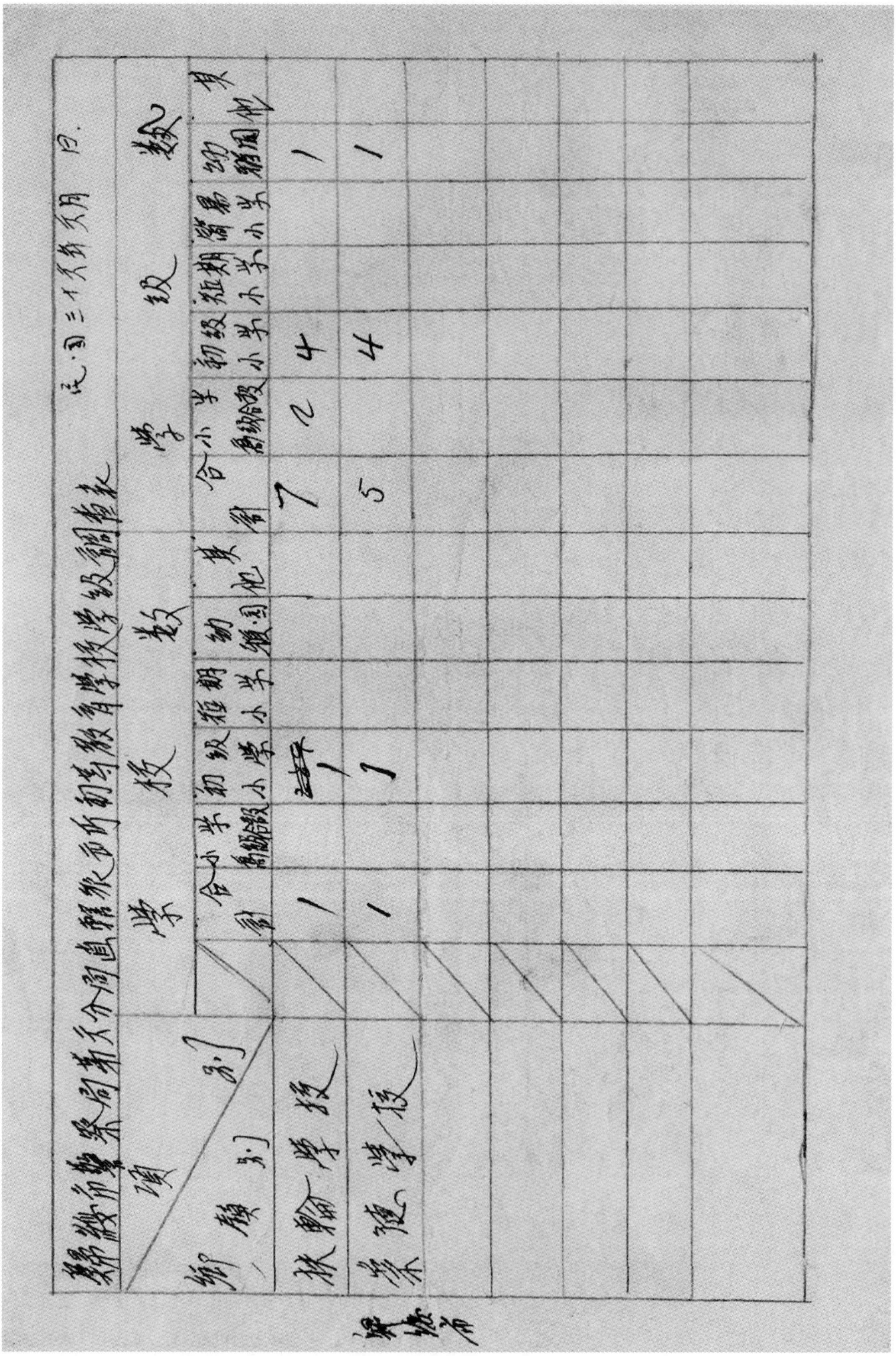

归绥市警察局第六分局直辖派出所初等教育学校学级调查表

民国三十六年六月 日

项别 乡镇别	学校数 合计	学校数 小学高级合级	学校数 初级小学	学校数 短期小学	学校数 幼稚园	学校数 其他	学级数 合计	学级数 小学高级合级	学级数 初级小学	学级数 短期小学	学级数 简易小学	学级数 幼稚园	学级数 其他
扶轮学校	1		1				7	2	4			1	
崇德学校	1		1				5		4			1	

归绥市

图 1-7-19　归绥市警察局第六分局直辖派出所初等教育学校学级调查表（1947 年 6 月）

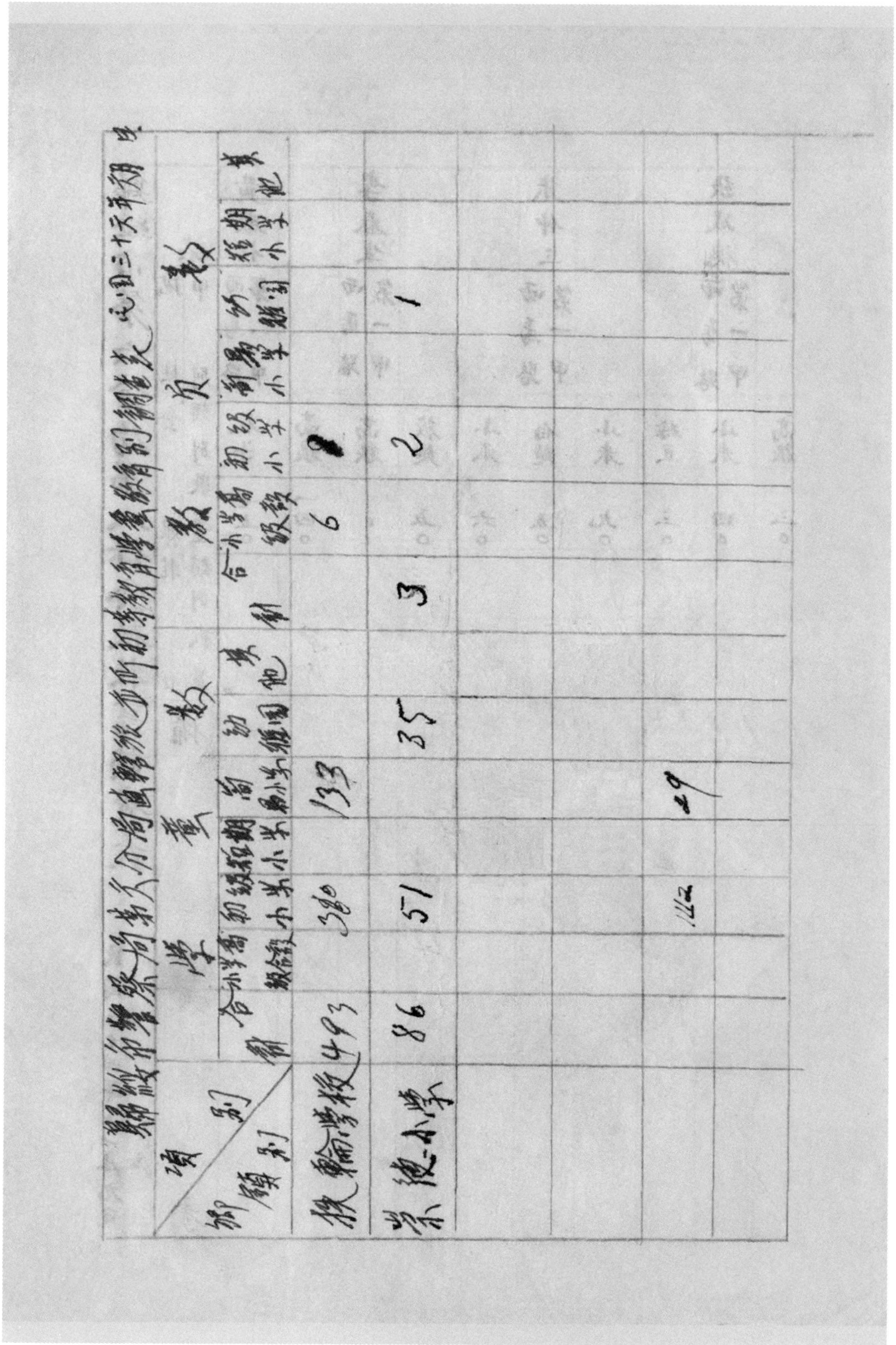

图 1-7-20　归绥市警察局第六分局直辖派出所初等教育学童教育〔类〕别调查表（1947 年 6 月）

歸綏市警察第六分局管內學校調查表

學校名稱	校長姓名	教職員人數	學生人數	住址	電話號碼	備考
綏遠省立師範學校	陳光亮	五〇名	四三〇名	公主府村八號	二四〇一	
綏遠省立歸綏市第三中心國民學校	丁維楫	一四名	四六七名	西馬路十三號	二〇六二	
私立成德小學	耿明善	六名	一三五名	三成盛巷十二號	無	
私立崇德小學	馬良牧	四名	六〇名	公医院街四號	〃	
交通部平津區鐵路管理局歸綏扶輪小學校	闞國雄	二三名	六二〇名	中正路廿六號	二一三一轉電一	

附記

9.18

图 1-7-21　归绥市警察局第六分局管内学校调查表

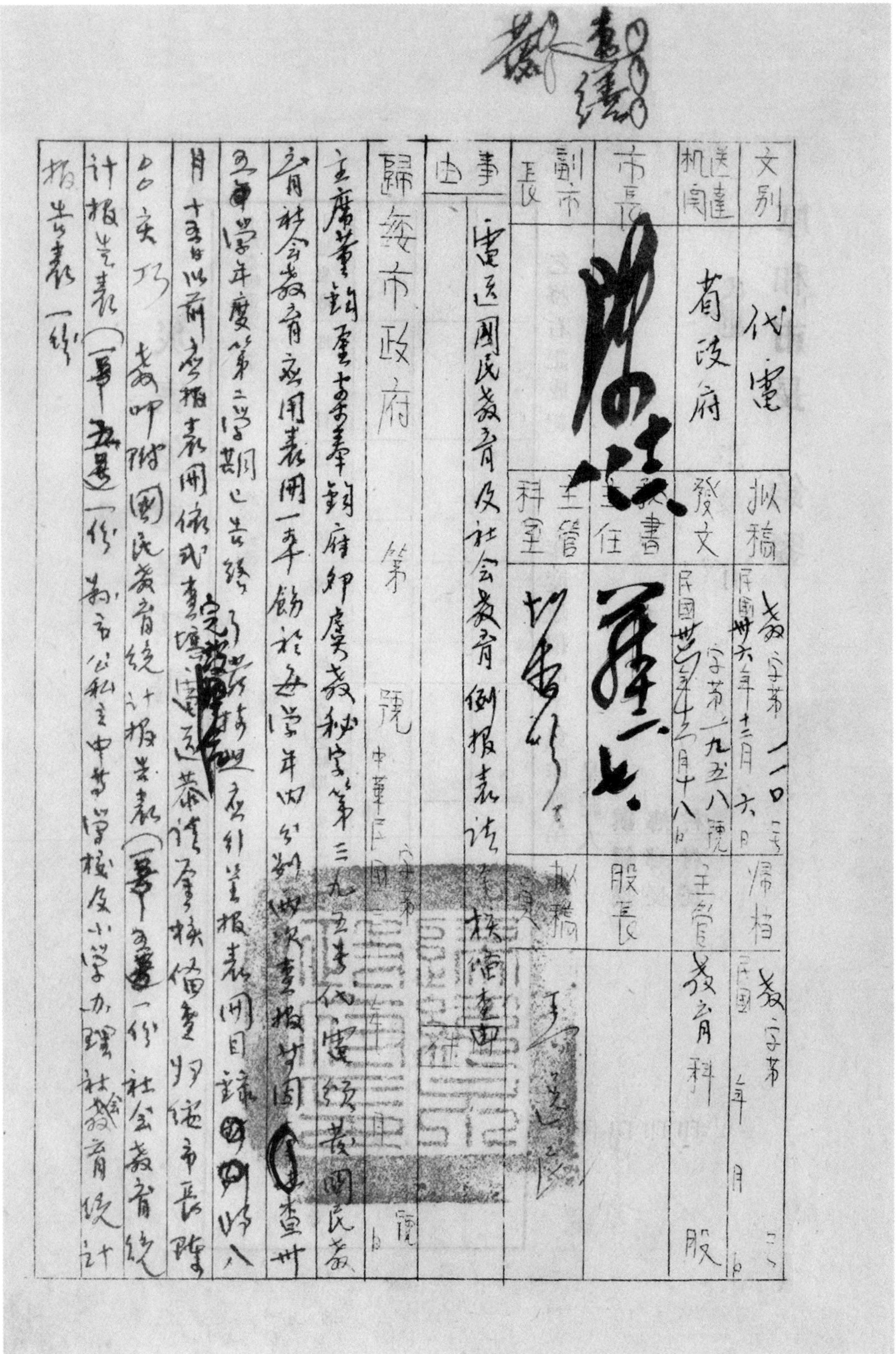

图 1-7-22　归绥市政府为报送国民教育及社会教育例报表致绥远省政府代电（附归绥市国民教育统计报告表、归绥市社会教育统计报告表、县市公私立中等学校及小学办理社会教育统计报告表）（1947 年 12 月 18 日）（一）

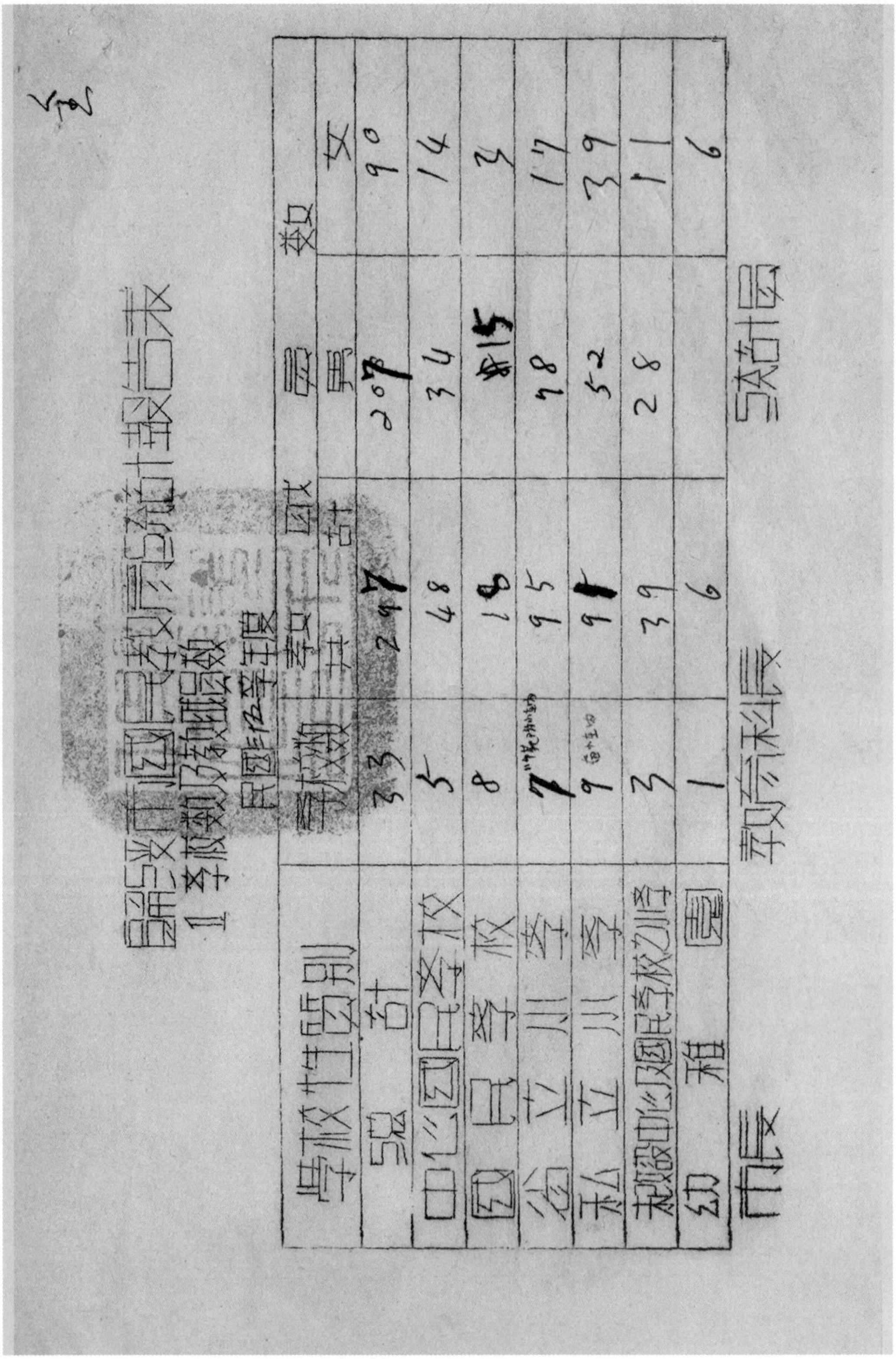

归绥市国民教育统计报告表

1 学校数及教职员数

民国卅五学年度

学校性质别	学校数	教职员数		
		共计	男	女
总计	33	297	207	90
中心国民学校	5	48	34	14
国民学校	8	18	15	3
省立小学	7	95	78	17
私立小学	9	91	52	39
私设中心及国民学校之小学	3	39	28	11
幼稚园	1	6		6

市长　　教育科长　　统计员

图 1-7-22　归绥市政府为报送国民教育及社会教育例报表致绥远省政府代电（附归绥市国民教育统计报告表、归绥市社会教育统计报告表、县市公私立中等学校及小学办理社会教育统计报告表）（1947 年 12 月 18 日）（二）

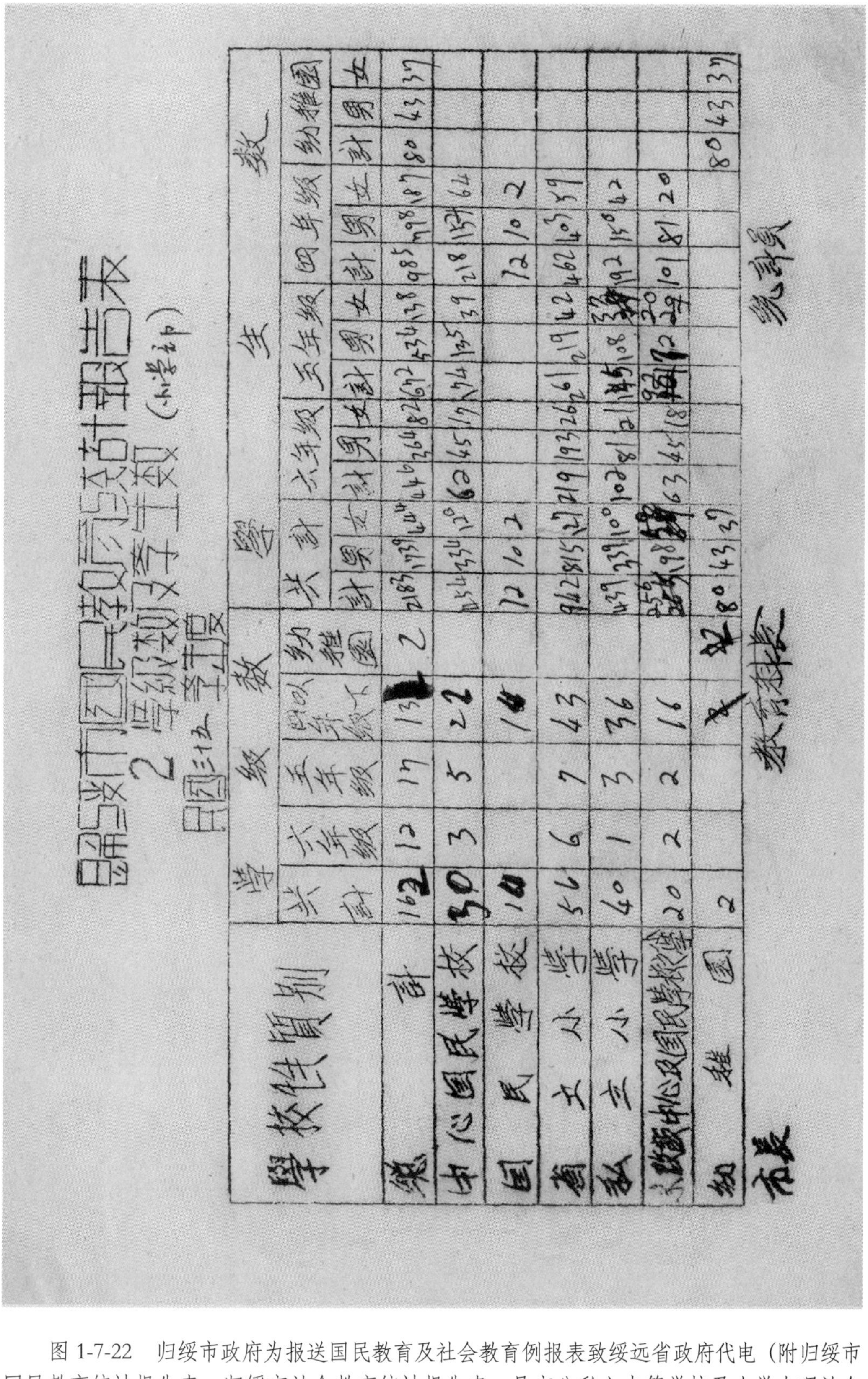

歸綏市國民教育統計報告表

2 學級數及學生數（小學部）

民國三十五學年度

學校性質別	學級數					學生數														
	共計	六年級	五年級	四年級以下	幼稚園	共計			六年級			五年級			四年級			幼稚園		
						計	男	女	計	男	女	計	男	女	計	男	女	計	男	女
總計	162	12	17	133	2	2183	1739	444	446	364	82	672	534	138	985	798	187	80	43	37
中心國民學校	30	3	5	22		454	334	120	62	45	17	174	135	39	218	154	64			
國民學校	14			14		12	10	2							12	10	2			
縣立小學	56	6	7	43		942	815	127	219	193	26	261	219	42	462	403	59			
私立小學	40	1	3	36		439	339	100	102	81	21	145	108	37	192	150	42			
[illegible]中心及國民學校[illegible]	20	2	2	16		256	198	58	63	45	18	92	72	20	101	81	20			
幼稚園	2				[illegible]	80	43	37										80	43	37

市長　　教育科長　　統計員

图 1-7-22　归绥市政府为报送国民教育及社会教育例报表致绥远省政府代电（附归绥市国民教育统计报告表、归绥市社会教育统计报告表、县市公私立中等学校及小学办理社会教育统计报告表）（1947 年 12 月 18 日）（三）

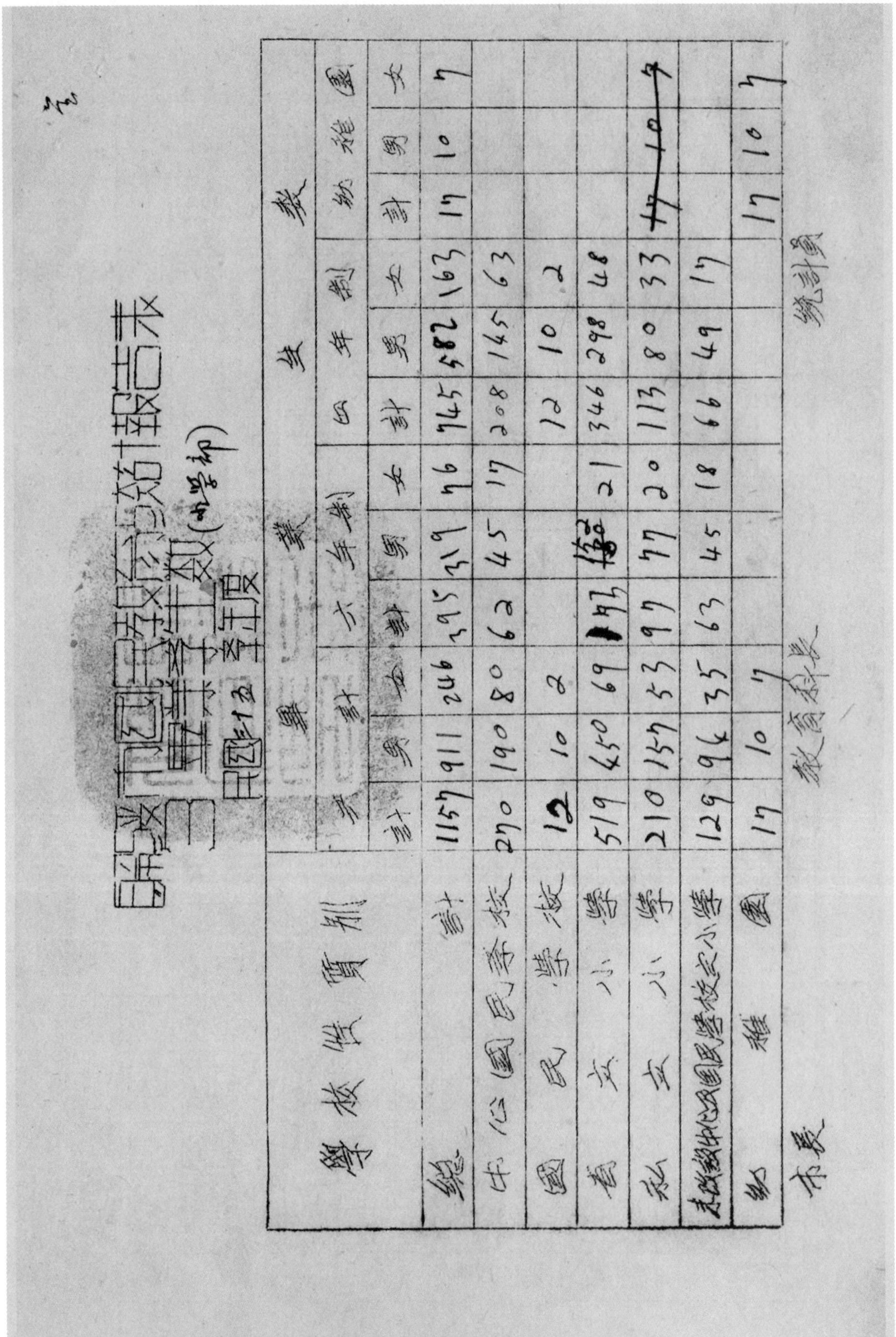

歸綏市國民教育統計報告表

三 畢業學生數（小學部）

民國36年度

學校性質別	畢業生數											
	共計			六年制			四年制			幼稚園		
	計	男	女	計	男	女	計	男	女	計	男	女
總計	1157	911	246	395	319	76	745	582	163	17	10	7
中心國民學校	270	190	80	62	45	17	208	145	63			
國民學校	12	10	2				12	10	2			
省立小學	519	450	69	[illegible]	[illegible]	21	346	298	48			
私立小學	210	157	53	97	77	20	113	80	33	~~17~~	~~10~~	~~7~~
未改設中心及國民學校之小學	129	94	35	63	45	18	66	49	17			
幼稚園	17	10	7							17	10	7

市長　　教育科長　　統計員

图 1-7-22　归绥市政府为报送国民教育及社会教育例报表致绥远省政府代电（附归绥市国民教育统计报告表、归绥市社会教育统计报告表、县市公私立中等学校及小学办理社会教育统计报告表）（1947 年 12 月 18 日）（四）

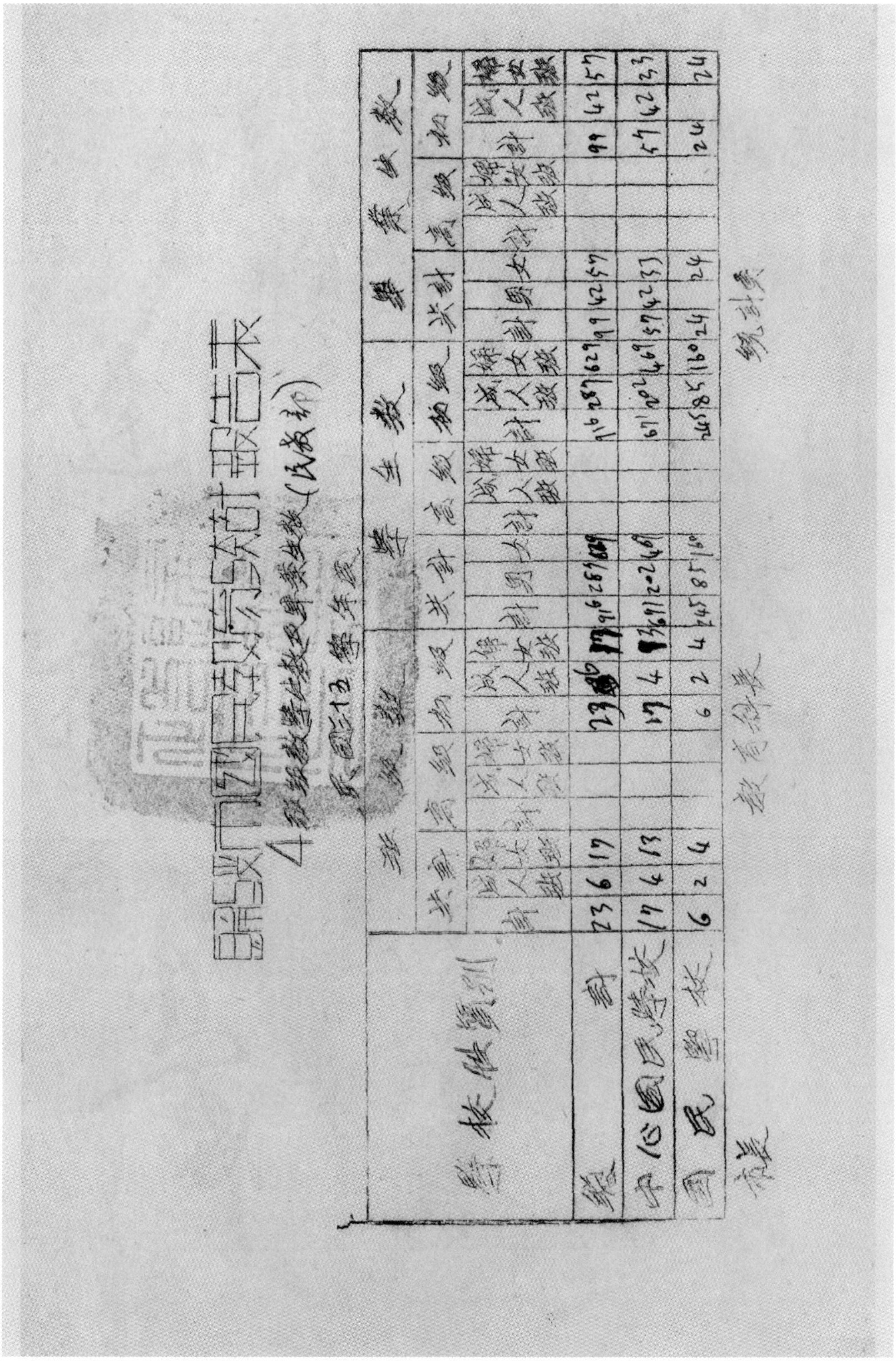

图 1-7-22　归绥市政府为报送国民教育及社会教育例报表致绥远省政府代电（附归绥市国民教育统计报告表、归绥市社会教育统计报告表、县市公私立中等学校及小学办理社会教育统计报告表）（1947 年 12 月 18 日）（五）

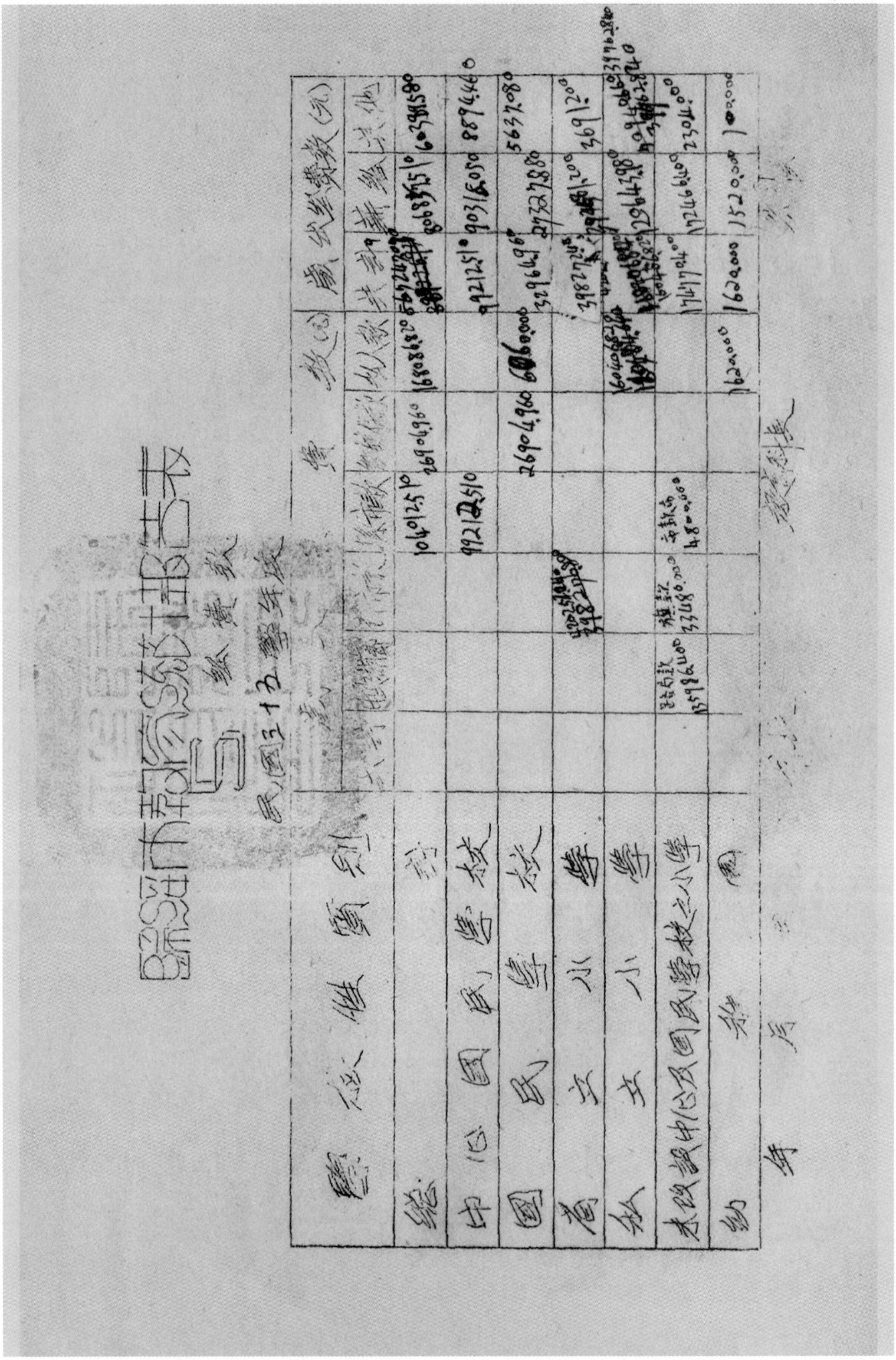

图 1-7-22　归绥市政府为报送国民教育及社会教育例报表致绥远省政府代电（附归绥市国民教育统计报告表、归绥市社会教育统计报告表、县市公私立中等学校及小学办理社会教育统计报告表）（1947 年 12 月 18 日）（六）

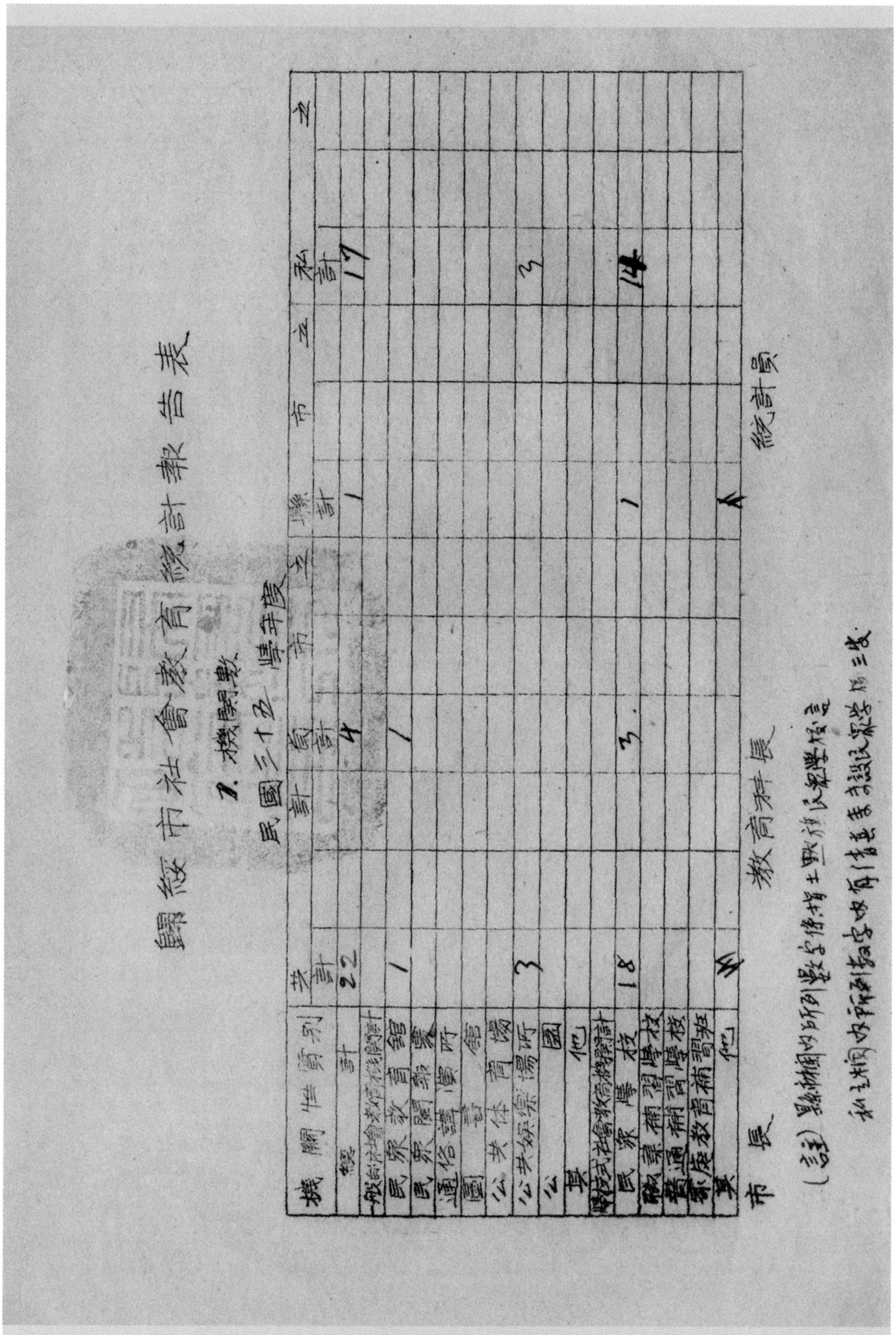

歸綏市社會教育統計報告表

1. 機關數

民國三十五學年度

機關性質別	共計			省市立 計			縣市立 計			私立 計		
總計	22			4			1			17		
一般的社會教育機關計												
民衆教育館	1			1								
民衆閱報處												
通俗講演所												
圖書館												
公共体育場												
公共娛樂場所	3									3		
公園												
其他												
學校式社會教育機關計												
民衆學校	18			3			1			14		
職業補習學校												
普通補習學校												
家庭教育補習班												
其他												

市長　　　教育科長　　　統計員

（註）縣市欄內所列數字係指土默旗民衆學校言

私立欄內所列數字內有[illegible]設民衆學校三處

图 1-7-22　归绥市政府为报送国民教育及社会教育例报表致绥远省政府代电（附归绥市国民教育统计报告表、归绥市社会教育统计报告表、县市公私立中等学校及小学办理社会教育统计报告表）（1947 年 12 月 18 日）（七）

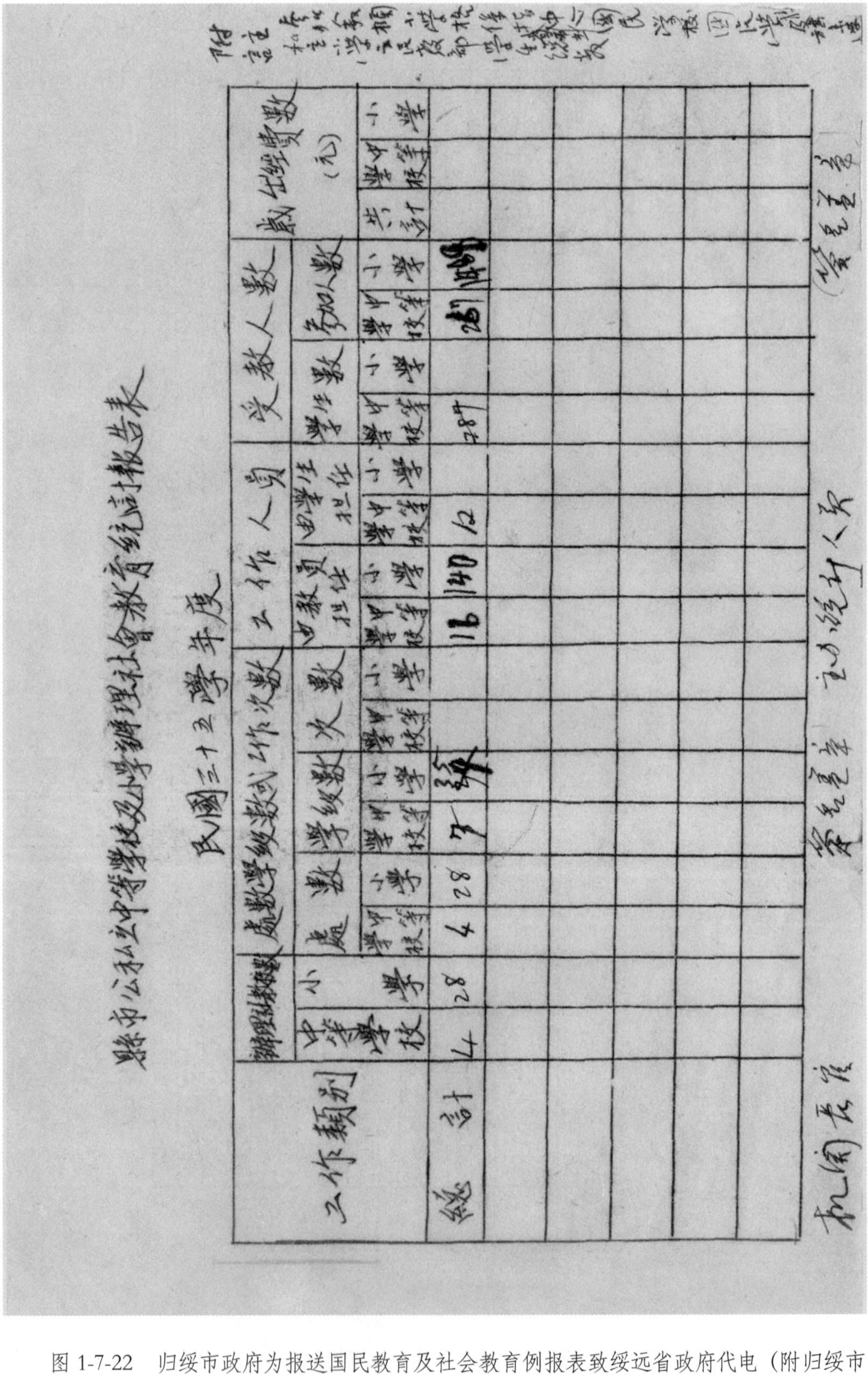

縣市公私立中等學校及小學辦理社會教育統計報告表

民國三十五學年度

工作類別	辦理社教學校數		處數學級數或工作次數						工作人員				受教人數				動用經費數（元）		
			處數		學級數		次數		由教員担任		由學生担任		學生數		參加人數				
	中等學校	小學	中等學校	小學	中等學校	小學	中等學校	小學	中等學校	小學	中等學校	小學	中等學校	小學	中等學校	小學	共計	中等學校	小學
總計	4	28	4	28	7	[illegible]			116	140	12		287		[illegible]	[illegible]			

附注：[illegible]

機關長官 [illegible] 主辦統計人員 [illegible] 會計主任 [illegible]

图 1-7-22 归绥市政府为报送国民教育及社会教育例报表致绥远省政府代电（附归绥市国民教育统计报告表、归绥市社会教育统计报告表、县市公私立中等学校及小学办理社会教育统计报告表）（1947 年 12 月 18 日）（八）

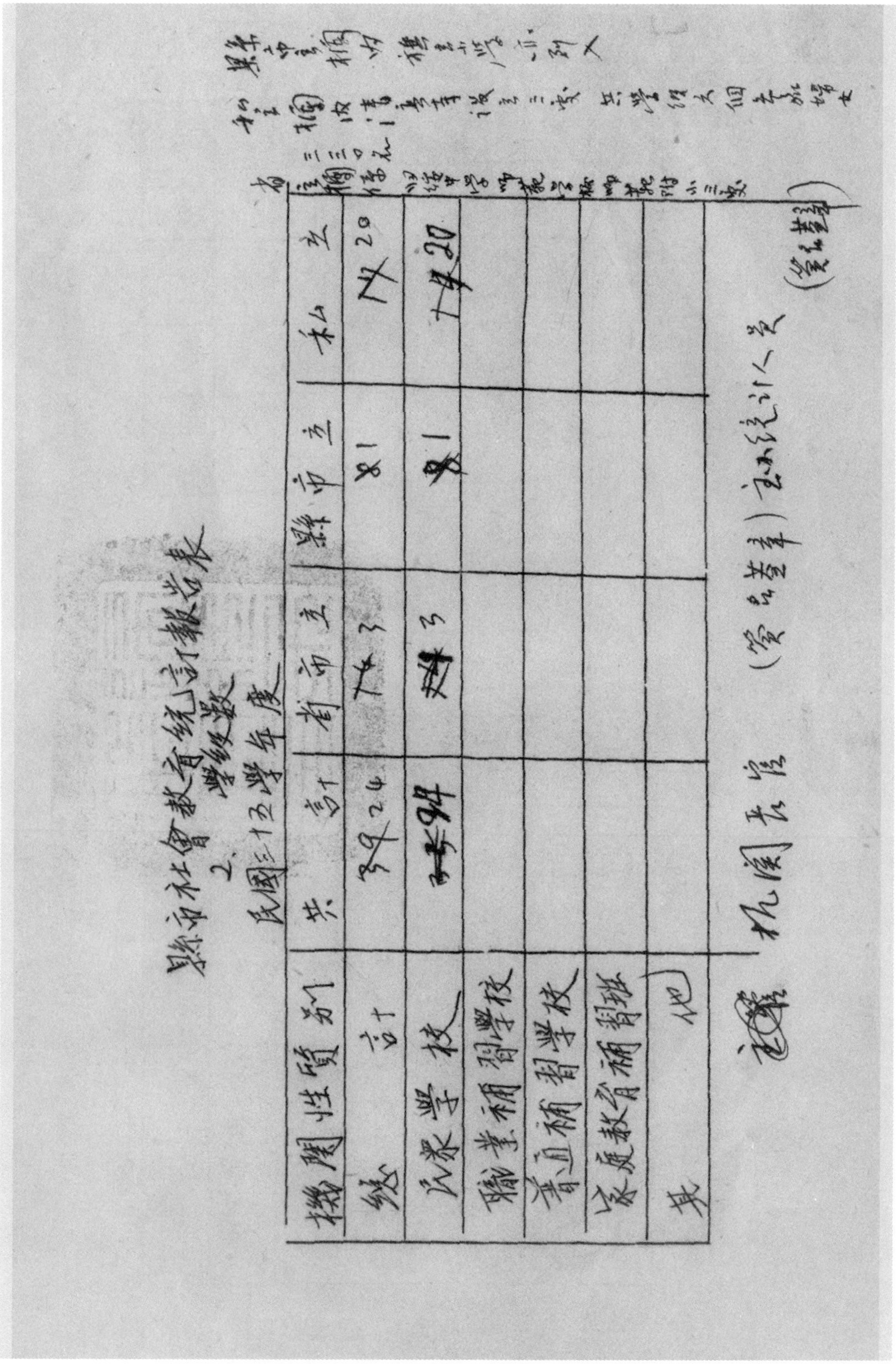

縣市社會教育統計報告表
2、學級數
民國三十五學年度

機關性質別	共計	省市立	縣市立	私立
總計	24	3	1	20
民衆學校	24	3	1	20
職業補習學校				
普通補習學校				
家庭教育補習班				
其他				

機關長官（簽名蓋章） 主辦統計人員（簽名蓋章）

图 1-7-22　归绥市政府为报送国民教育及社会教育例报表致绥远省政府代电（附归绥市国民教育统计报告表、归绥市社会教育统计报告表、县市公私立中等学校及小学办理社会教育统计报告表）（1947 年 12 月 18 日）（九）

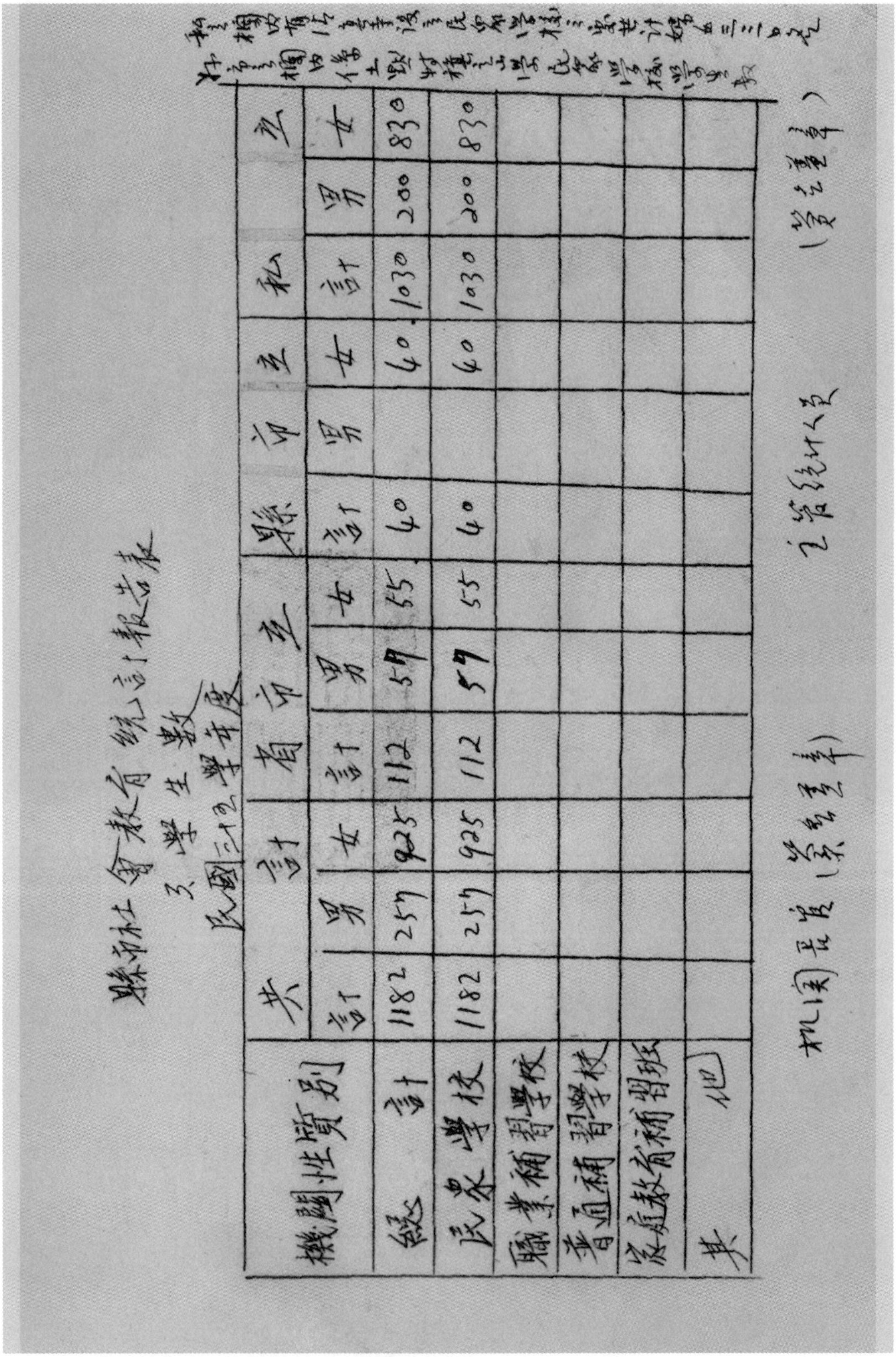

縣市社會教育統計報告表

五、學生數

民國三十五學年度

機關性質別	共計			省市立			縣市立			私立		
	計	男	女	計	男	女	計	男	女	計	男	女
總計	1182	257	925	112	57	55	40		40	1030	200	830
民眾學校	1182	257	925	112	57	55	40		40	1030	200	830
職業補習學校												
普通補習學校												
家庭教育補習班												
其他												

私立欄內有注音字設立民眾學校三處共計婦女三二〇名
縣市立欄內係土默特旗立小學民眾學校學生數

機關長官（簽名蓋章）　主管統計人員　（簽名蓋章）

图 1-7-22　归绥市政府为报送国民教育及社会教育例报表致绥远省政府代电（附归绥市国民教育统计报告表、归绥市社会教育统计报告表、县市公私立中等学校及小学办理社会教育统计报告表）（1947 年 12 月 18 日）（十）

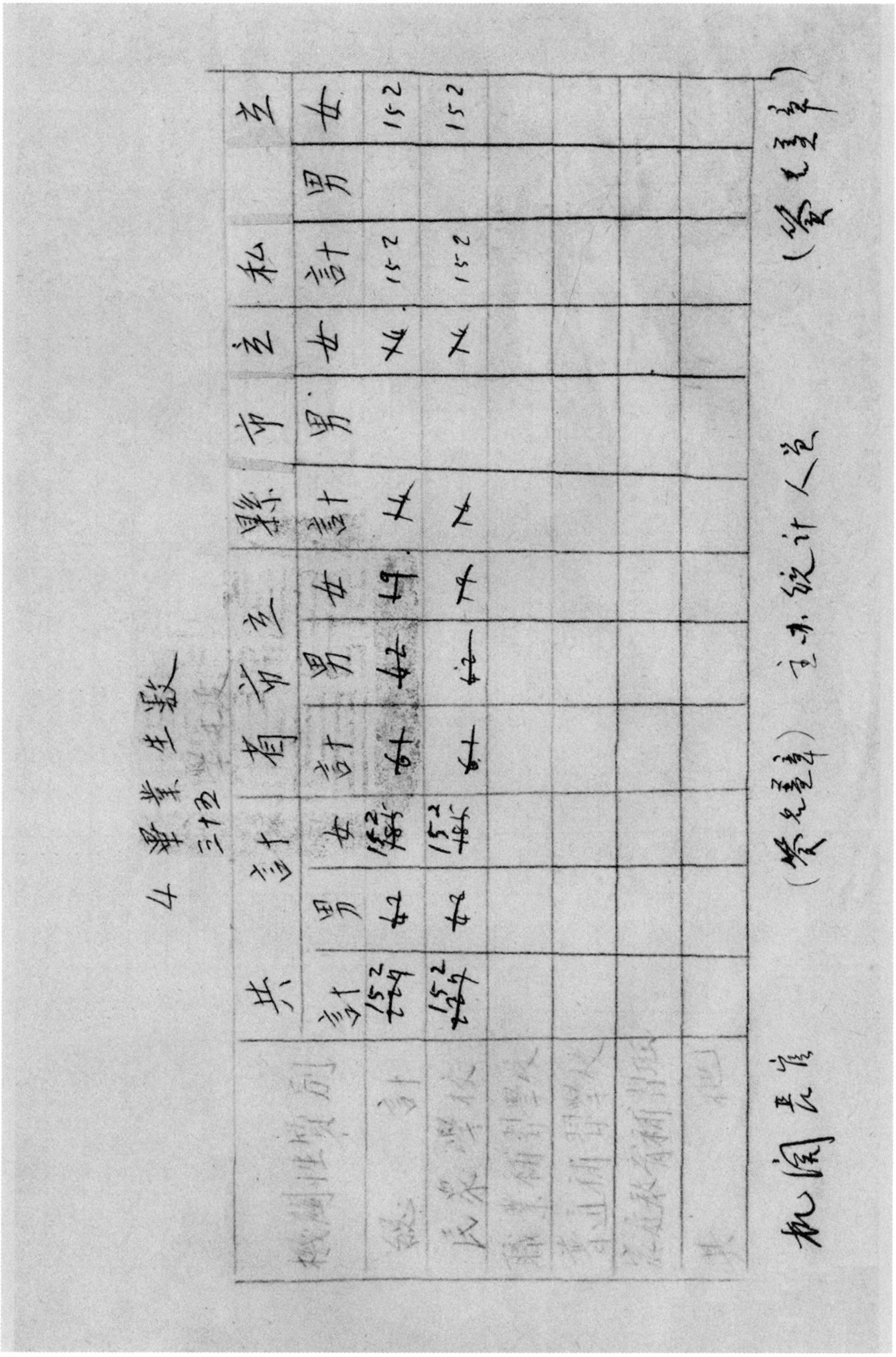

四 畢業生數 計劃

機關性質別	共計 計	共計 男	共計 女	省市立 計	省市立 男	省市立 女	縣市立 計	縣市立 男	縣市立 女	私立 計	私立 男	私立 女
總計	152 [illegible]	[illegible]	152 [illegible]	[illegible]	[illegible]	[illegible]	[illegible]		[illegible]	152		152
民眾學校	152 [illegible]	[illegible]	152 [illegible]	[illegible]	[illegible]	[illegible]	[illegible]		[illegible]	152		152
[illegible]												
[illegible]												
[illegible]												
其他												

機關長官（簽名蓋章）　主辦統計人員（簽名蓋章）

图 1-7-22　归绥市政府为报送国民教育及社会教育例报表致绥远省政府代电（附归绥市国民教育统计报告表、归绥市社会教育统计报告表、县市公私立中等学校及小学办理社会教育统计报告表）（1947 年 12 月 18 日）（十一）

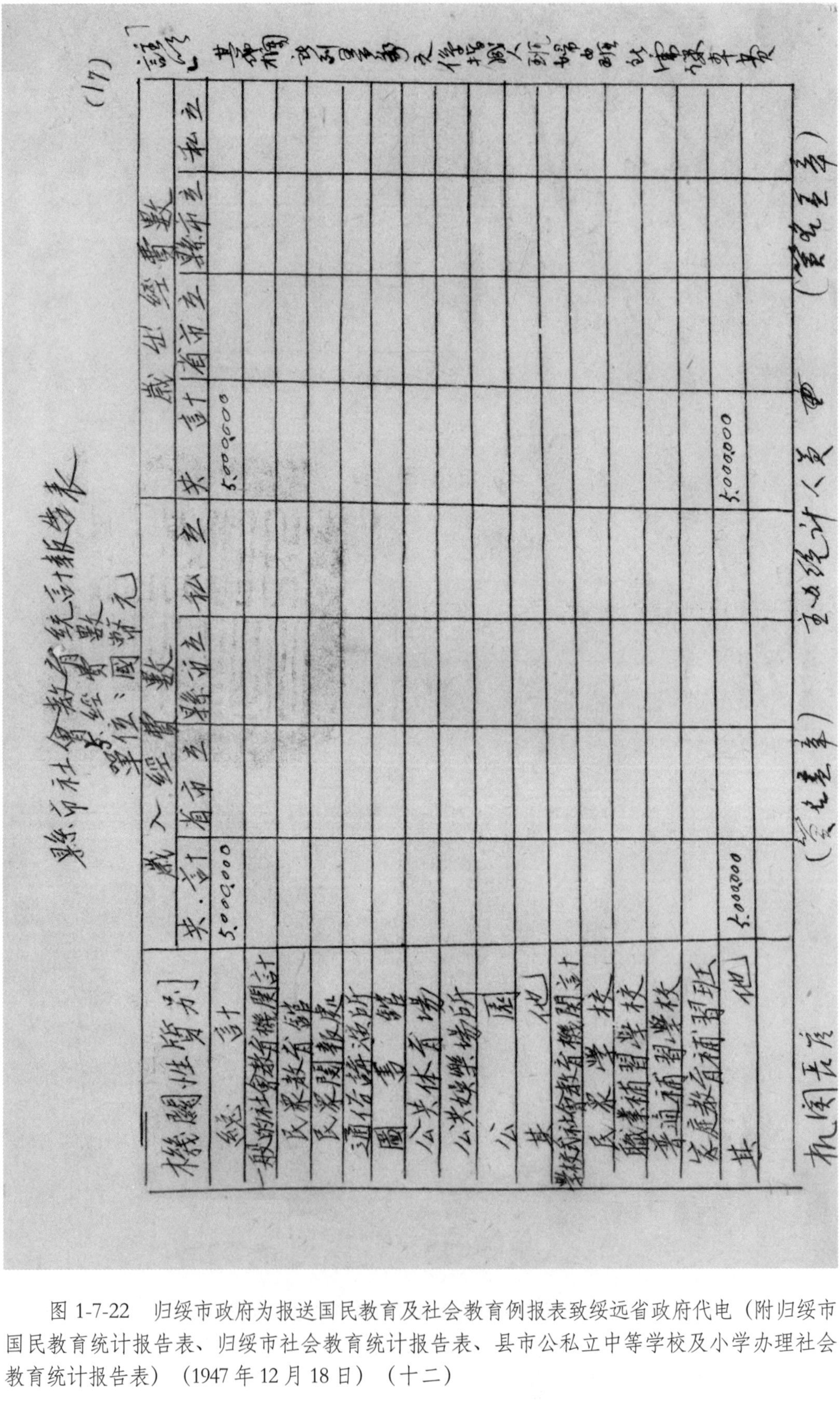

縣市社會教育統計報告表
5.經費數
單位：國幣元

（17）

機關性質別	歲入經費數				歲出經費數			
	共計	省市立	縣市立	私立	共計	省市立	縣市立	私立
總計	5,000,000				5,000,000			
一般的社會教育機關計								
民衆教育館								
民衆閱報處								
通俗講演所								
圖書館								
公共体育場								
公共娛樂場所								
公園								
其他								
學校式社會教育機關計								
民衆學校								
職業補習學校								
普通補習學校								
家庭教育補習班								
其他	5,000,000				5,000,000			

註：其他欄就列呈事務之係指派人員填報由社會課主責

机关長官（簽名蓋章） 主办统计人员 （簽名蓋章）

图 1-7-22 归绥市政府为报送国民教育及社会教育例报表致绥远省政府代电（附归绥市国民教育统计报告表、归绥市社会教育统计报告表、县市公私立中等学校及小学办理社会教育统计报告表）（1947 年 12 月 18 日）（十二）

公私立中等學校班級數及學生數

三十六學年度第一學期　　45

縣市別	班級數及學生數		共計 小計	共計 省立	共計 私立	中學 小計	中學 省立	中學 私立	省立師範	省立職業
總計	班級數	77	77	49	26	44	16	28	23	10
	學生數	3726	3726	2411	1315	2190	875	1315	1113	423
歸綏市	班級數	45	45	24	21	27	6	21	11	7
	學生數	2218	2218	1194	1024	1437	413	1024	500	281
包頭市	班級數	10	10	10	—	6	6	—	4	—
	學生數	481	481	481	—	300	300	—	181	—
集寧縣	班級數	4	4	4	—	4	4	—	—	—
	學生數	162	162	162	—	162	162	—	—	—
陝壩市	班級數	2	2	—	2	2	—	2	—	—
	學生數	99	99	—	99	99	—	99	—	—
薩縣	班級數	3	3	—	3	3	—	3	—	—
	學生數	69	69	—	69	69	—	69	—	—
五原縣	班級數	9	9	7	2	2	—	2	4	3
	學生數	465	465	342	123	123	—	123	200	142
豐鎮縣	班級數	4	4	—	—	—	—	—	4	—
	學生數	232	232	—	—	—	—	—	232	—

資料來源：教育廳

图 1-7-23　绥远省统计手册（节选）（一）——三十六学年度第一学期公私立中等学校班级数及学生数

各類小學教職員數

三十六年度

縣市別	共計	男	女	縣市別	共計	男	女
總計	3 296	2.946	350	臨河縣	144	134	10
歸綏市	297	207	90	托縣	187	183	4
歸綏縣	315	311	4	清水河縣	28	28	—
包頭市縣	175	145	30	武川縣	151	141	10
五原縣	105	93	12	固陽縣	69	64	5
和林縣	81	80	1	豐鎮縣	385	318	67
安北縣	68	67	1	集寧縣	136	125	11
東勝縣	53	53	—	陶林縣	75	71	4
米倉縣	131	121	10	興和縣	91	69	22
狼山縣	112	100	12	涼城縣	256	237	19
晏江縣	58.	58	—	陝壩市	....	....	....
薩縣	264	227	37	桃力民	37	87	—
				達拉特旗	78	77	1

資料來源：教育廳

图 1-7-23　绥远省统计手册（节选）（二）——三十六年度各类小学教职员数

各類小學學生數

三十六年度

47

縣市別	共計	男	女	縣市別	共計	男	女
總計	85.287	71.356	13.931	臨河縣	732	696	36
歸綏市	2.183	1.739	444	托縣	5.447	4.901	546
歸綏縣	9.679	8.576	1.103	清水河縣	734	703	31
包頭市縣	4.991	3.617	1.374	武川縣	3.609	2 473	1 136
五原縣	2.440	2.124	306	固陽縣	1.576	1.475	101
和林縣	1.896	1.779	117	豐鎮縣	21.037	15.929	5.108
安北縣	1.776	1.370	406	集寧縣	4.004	3 664	340
米倉縣	743	703	40	陶林縣	2.582	2.403	179
狼山縣	580	544	36	興和縣	5.583	4 376	1.207
晏江縣	199	180	19	涼城縣	1.925	1 581	344
薩縣	12.198	11.159	1.039	桃力民	299	290	9
				達拉特旗	1.074	1.074	——

資料來源：教育廳

图 1-7-23　绥远省统计手册（节选）（三）——三十六年度各类小学学生数

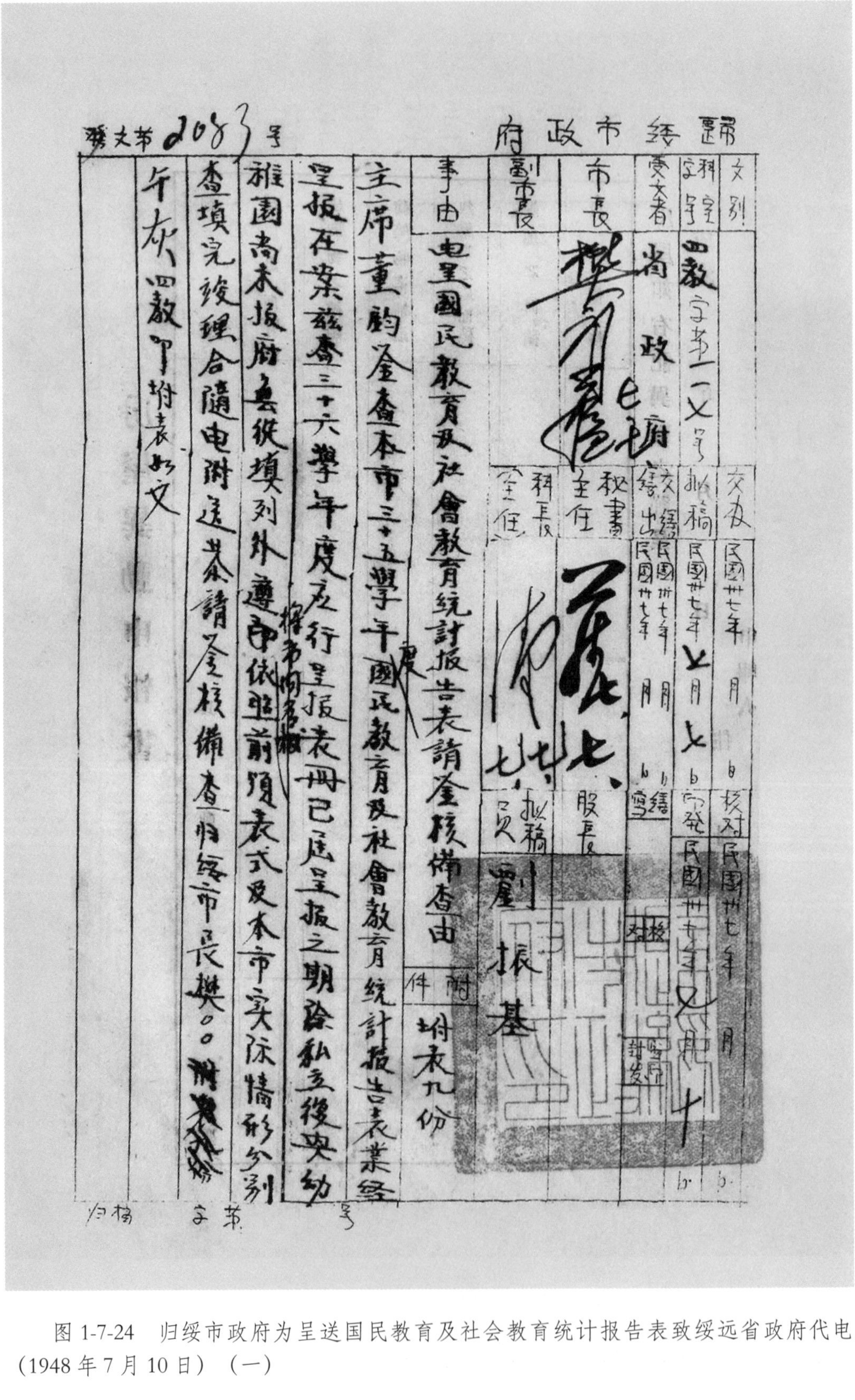
歸綏市政府　　發文第2083號

文別	科室字號	受文者	市長	副市長
	四教字第一一〇文號	省政府	樊	

事由：電呈國民教育及社會教育統計報告表請鑒核備查由

附件：附表九份

主席董鈞鑒查本市三十五學年度國民教育及社會教育統計報告表業經呈報在案茲查三十六學年度應行呈報表冊已屆呈報之期除私立幼稚園尚未報府無從填列外遵即依照前頒表式及本市實際情形分別查填完竣理合隨電附送共參請鑒核備查歸綏市長樊〇〇 午灰、四教印 附表如文

擬稿員：劉振基

交办　民國卅七年　月　日
擬稿　民國卅七年七月七日
繕校　民國卅七年　月　日
核對　民國卅七年　月　日
封發　民國卅七年七月十日

歸檔　字第　號

图 1-7-24　归绥市政府为呈送国民教育及社会教育统计报告表致绥远省政府代电（1948 年 7 月 10 日）（一）

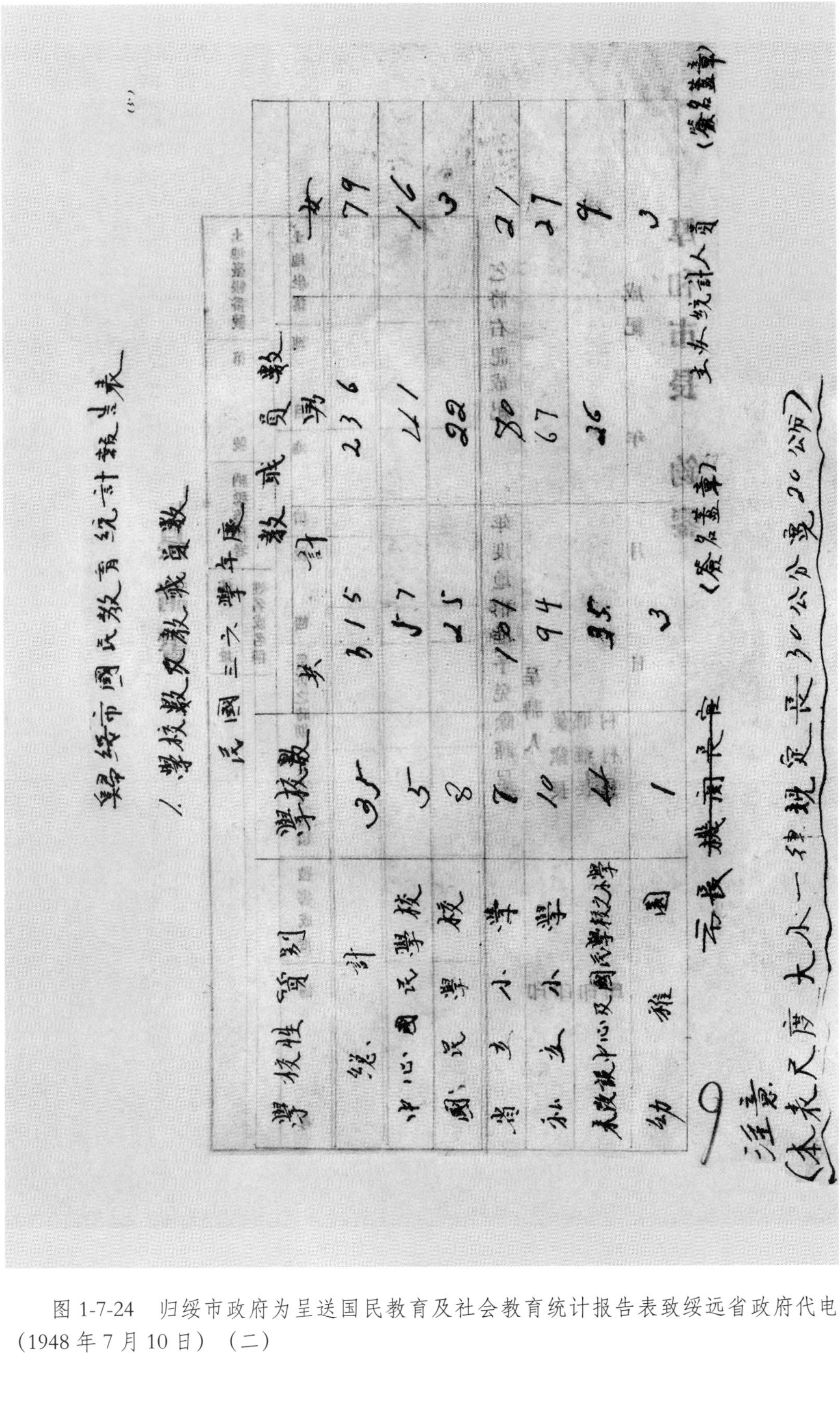

归绥市國民教育統計報告表

(3)

1. 學校數及教職員數

民國三六學年度

學校性質別	學校數	教職員數 共計	教職員數 男	教職員數 女
總計	35	315	236	79
中心國民學校	5	57	41	16
國民學校	8	25	22	3
省立小學	7	101	80	21
私立小學	10	94	67	27
未改設中心及國民學校之小學	4	35	26	9
幼稚園	1	3		3

市長 ~~機關長官~~ （簽名蓋章） 主办統計人員 （簽名蓋章）

注意：（本表尺度大小一律規定長30公分寬20公分）

图 1-7-24 归绥市政府为呈送国民教育及社会教育统计报告表致绥远省政府代电（1948 年 7 月 10 日）（二）

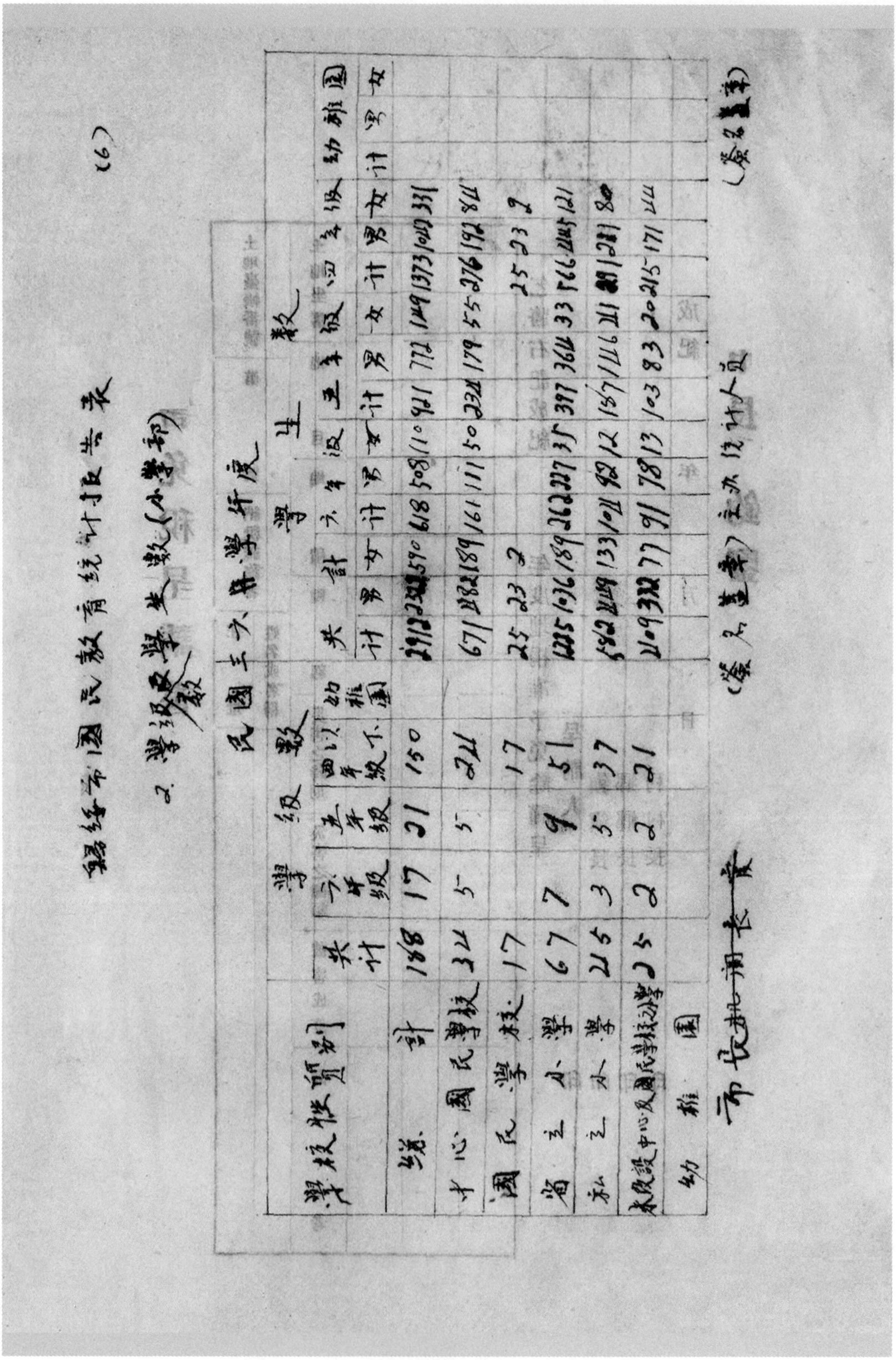

归绥市国民教育统计报告表 （6）

2. 学级数及学生数（小学部）

民国三十六年学年度

学校性质别	学级数 共计	学级数 六年级	学级数 五年级	学级数 四以下年级	学级数 幼稚园	学生数 共计 计	共计 男	共计 女	六年级 计	六年级 男	六年级 女	五年级 计	五年级 男	五年级 女	四年级 计	四年级 男	四年级 女	幼稚园 计	幼稚园 男	幼稚园 女
总计	188	17	21	150		2912	2322	590	618	508	110	921	772	149	1373	1042	331			
中心国民学校	34	5	5	24		671	482	189	161	111	50	234	179	55	276	192	84			
国民学校	17			17		25	23	2							25	23	2			
省立小学	67	7	9	51		1225	1036	189	262	227	35	397	364	33	566	445	121			
私立小学	45	3	5	37		582	449	133	104	92	12	187	146	41	291	211	80			
未改设中心及国民学校之小学	25	2	2	21		409	332	77	91	78	13	103	83	20	215	171	44			
幼稚园																				

~~市长机关长官~~（签名盖章） 主办统计人员（签名盖章）

图 1-7-24　归绥市政府为呈送国民教育及社会教育统计报告表致绥远省政府代电（1948 年 7 月 10 日）（三）

归绥市国民教育统计报告表

（7）

四 毕业学生数（小学部）

民国三六学年度

学校性质别	毕业学生数											
	共计			六年制			四年制			幼稚园		
	计	男	女	计	男	女	计	男	女	计	男	女
总计	1991	1550	441	618	508	110	1373	1042	331			
中心国民学校	437	303	134	161	111	50	276	192	84			
国民学校	25	23	2				25	23	2			
省立小学	828	672	156	262	227	35	566	445	121			
私立小学	395	303	92	104	92	12	291	211	80			
未改设中心及国民学校之小学	306	249	57	91	78	13	215	171	44			
幼稚园												

市长（签名盖章）　主办统计人员（签名盖章）

图 1-7-24　归绥市政府为呈送国民教育及社会教育统计报告表致绥远省政府代电（1948 年 7 月 10 日）（四）

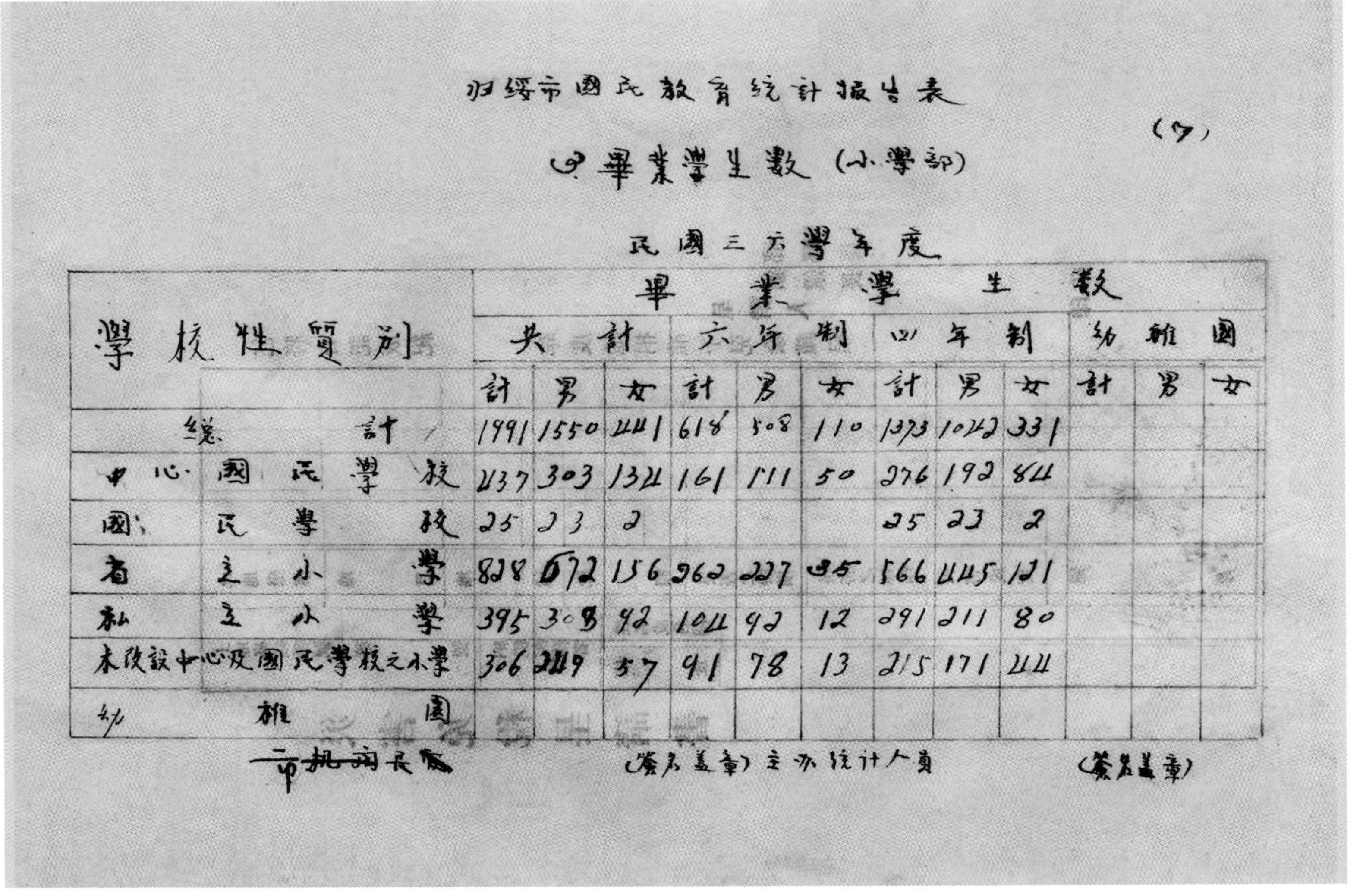

歸綏市國民教育統計報告表

4. 班級數學生數及畢業生數（民教部）

（5）

民國三十六學年度

學校性質別	班級數									學生數									畢業生數								
	共計			高級			初級			共計			高級			初級			共計			高級			初級		
	計	成人班	婦女班	計	成人班	婦女班	計	成人班	婦女班	計	成人班	婦女班	計	成人班	婦女班	計	成人班	婦女班	計	成人班	婦女班	計	成人班	婦女班	計	成人班	婦女班
總計	8	1	7				8	1	7	230	41	189				230	41	189	150	41	109				150	41	109
中心國民學校	5	[illegible]	5				5		5	109		109				109		109	109		109				109		109
國民學校	3	1	2				3	1	2	121	41	80				121	41	80	41	41					41	41	

市長（簽名蓋章）　主辦統計人員（簽名蓋章）

图 1-7-24　归绥市政府为呈送国民教育及社会教育统计报告表致绥远省政府代电（1948 年 7 月 10 日）（五）

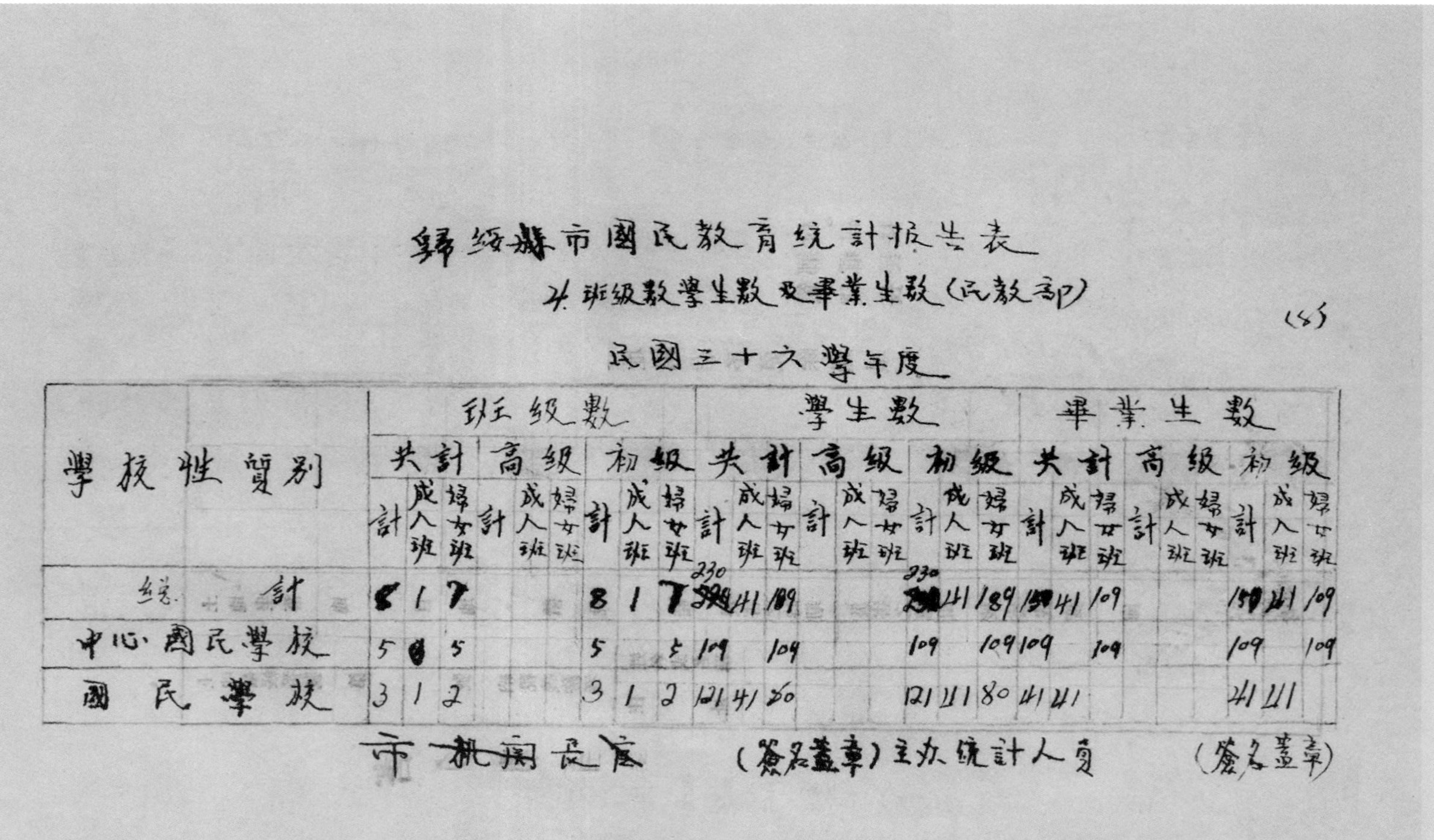

归绥市国民教育统计报告表 （7）

六、经费数

民国三十六学年度

学校性质别	岁入经费数（元）							岁出经费数（元）		
	共计	其他款	中央补助款	省市款	县市款	乡镇保款	私人款	共计	薪给	其他
总计	15,702,331,417	606,008,000		7,675,576,690	3,309,432,456	551,890,480	3,559,423,791	15,702,331,417	6,982,765,807	8,71[illegible]
中心国民学校	3,309,432,456				3,309,432,456			3,309,432,456	3,204,455,456	104,977,000
国民学校	551,890,480					551,890,480		551,890,480	521,265,280	30,625,200
省立小学	7,675,576,690			7,675,576,690				7,675,576,690	144,580	7,675,432,110
私立小学	3,559,423,791						3,559,423,791	3,559,423,791	2,740,760,491	818,663,300
未改设中心及国民学校之小学	606,008,000	606,008,000						606,008,000	516,140,000	89,868,000
幼稚园										

三七年七月　日　市长　（签名盖章）　主办统计人员　（签名盖章）

图 1-7-24　归绥市政府为呈送国民教育及社会教育统计报告表致绥远省政府代电（1948 年 7 月 10 日）（六）

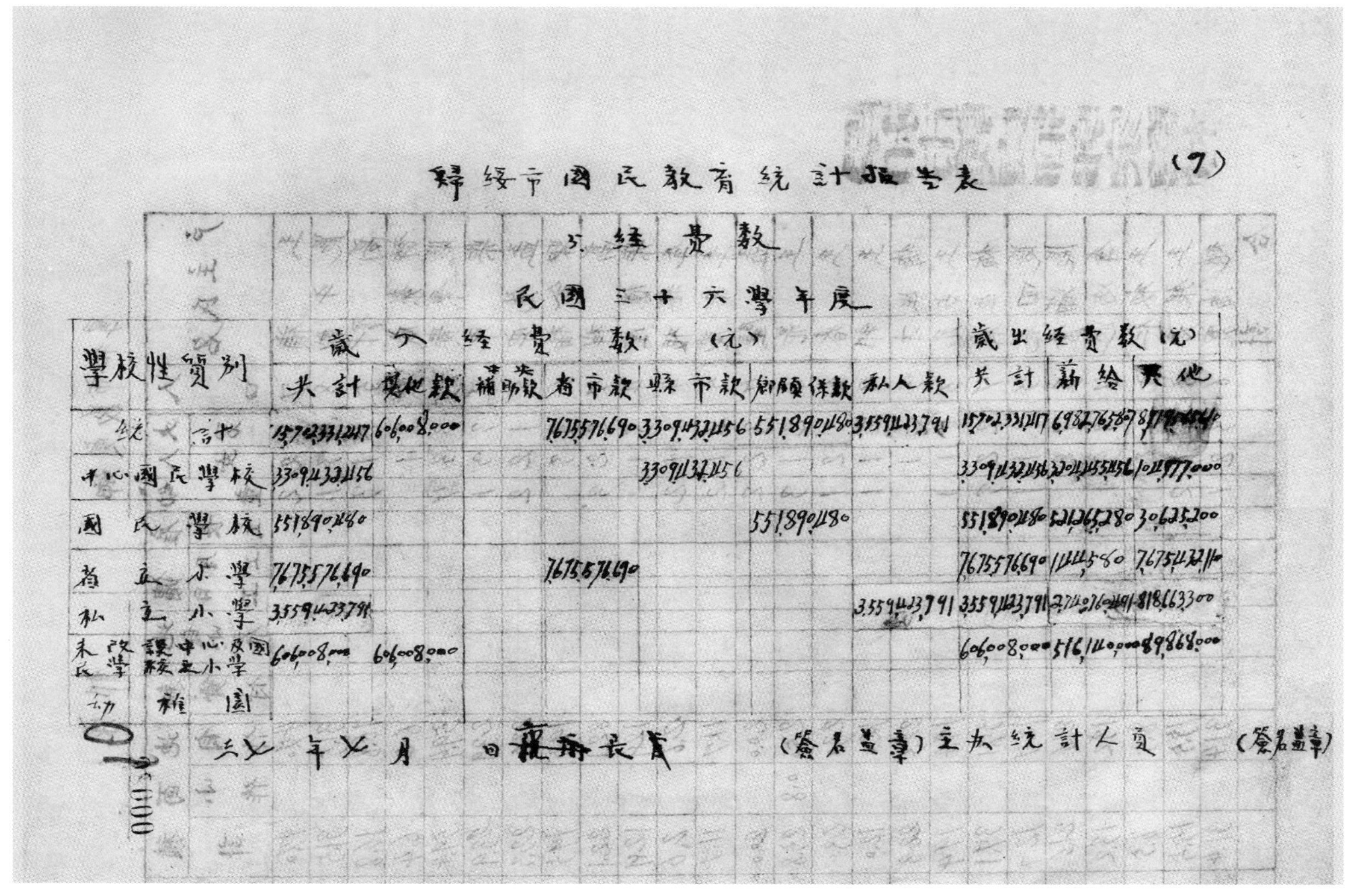

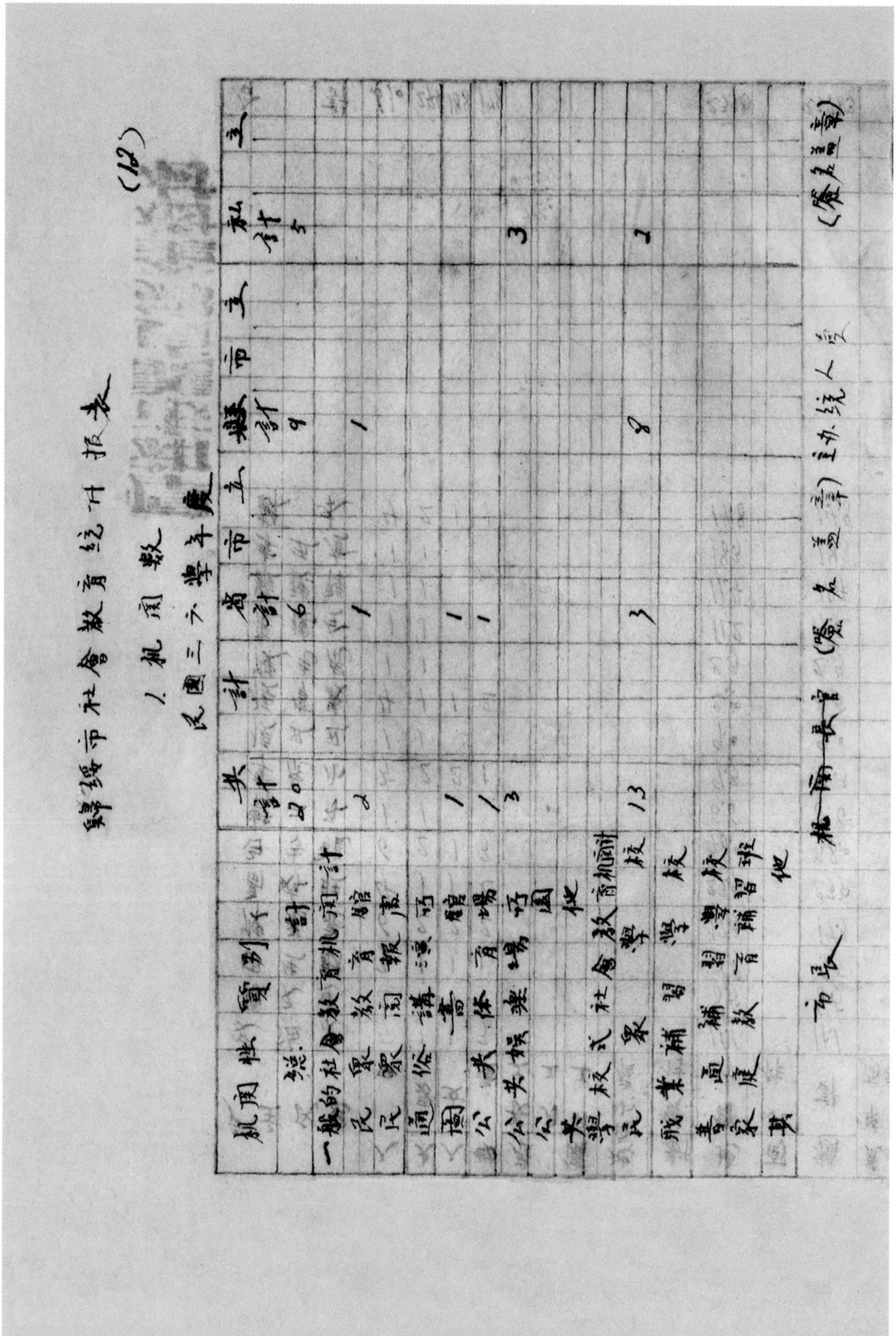

归绥市社会教育统计报表

(12)

1.机关数

民国三六学年度

机关性质别	共计	省市立计	县市立计	私立计
总计	20	6	9	5
一般的社会教育机关计				
民众教育馆	2	1	1	
民众阅报处				
通俗讲演所				
图书馆	1	1		
公共体育场	1	1		
公共娱乐场所	3			3
公园				
其他				
学校式社会教育机关计				
民众学校	13	3	8	2
职业补习学校				
普通补习学校				
家庭教育补习班				
其他				

市长 ~~机关长官~~（签名盖章）主办统计人员（签名盖章）

图 1-7-24 归绥市政府为呈送国民教育及社会教育统计报告表致绥远省政府代电（1948 年 7 月 10 日）（七）

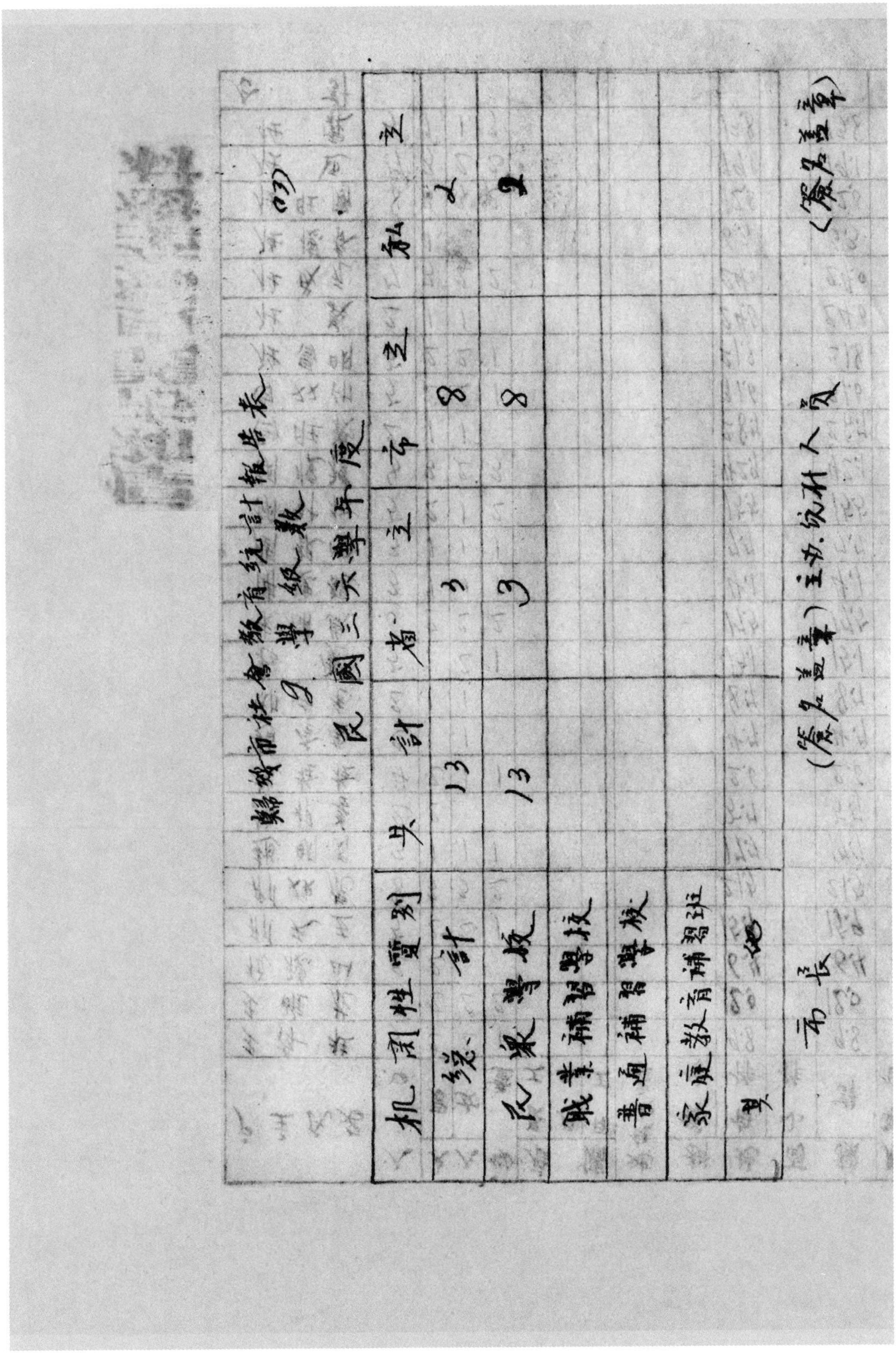

歸綏市社會教育統計報告表

9.學級數

(13)

民國三六學年度

機關性質別	共計	省立	市立	私立
總計	13	3	8	2
民衆學校	13	3	8	2
職業補習學校				
普通補習學校				
家庭教育補習班				
其他				

市長 （簽名蓋章） 主办统计人员 （簽名蓋章）

图 1-7-24 归绥市政府为呈送国民教育及社会教育统计报告表致绥远省政府代电（1948 年 7 月 10 日）（八）

各機關團體學校調查表

三十八年九月六日

	機關團體名稱	首長姓名	年令	籍貫	人數	電話	住址	備考
1.	旗政府	榮祥	61	歸綏市	19	2416. 2582.	議事廳巷10号	
1.	電信局營業處	李鏡	35	淶城	66	2352.	〃9号	
	~~電信局線務段~~	~~岳嵩~~	37	吉林永吉	4	2070.	〃	
1.	國稅稽征局	于瀟塘	40	山東長清	61	2437.	恒昌店巷7号	
1.	省參議會	張欽	62	淶城	9	2405.	〃8号	
7.	女子小學校	王德政	39	歸綏市	9	2760.	〃4号	
1.	中央合作金庫	丁夢柏	40	江西豐城	19	2291.	四眼井巷24号	
2.	綏蒙晚報社	賈漢卿	42	山西崞縣	6	2376.	〃71	
2.	豬羊業公會	郭子英	62	河北徐水	12	—	王家巷13号	
1.	中央銀行	郭丕基	37	陝西榆林	13	2881. 2704. 2515.	民生北路170号	
1.	郵政局	馬慕曾	46	河北靈壽	70	2318 2595	〃117号	
	綏遠省印刷廠	李丕業	36	托縣	15	2819.	〃60号	
2.	奮斗日報社	苗平章	41	山西河曲	55	2427. 2746.	〃60号	
2.	綏遠省政府借貸處	解宝武	41	〃河津	14	—	大什字4号	
1.	綏遠修械廠	李英魁	42	〃太谷	29	2383.	冕巷子2号	
	~~[illegible]~~ [illegible]	張武文	29	西安市	85	—	義和巷24号	
2.	民眾教育館	李玉書	42	托縣	3	〃	中山西路4号	
2.	牛羊肉業公會	喬資	46	歸綏市	7	〃	東寺巷3号	

图 1-7-25　各机关团体学校调查表（1949 年 9 月 6 日）（一）

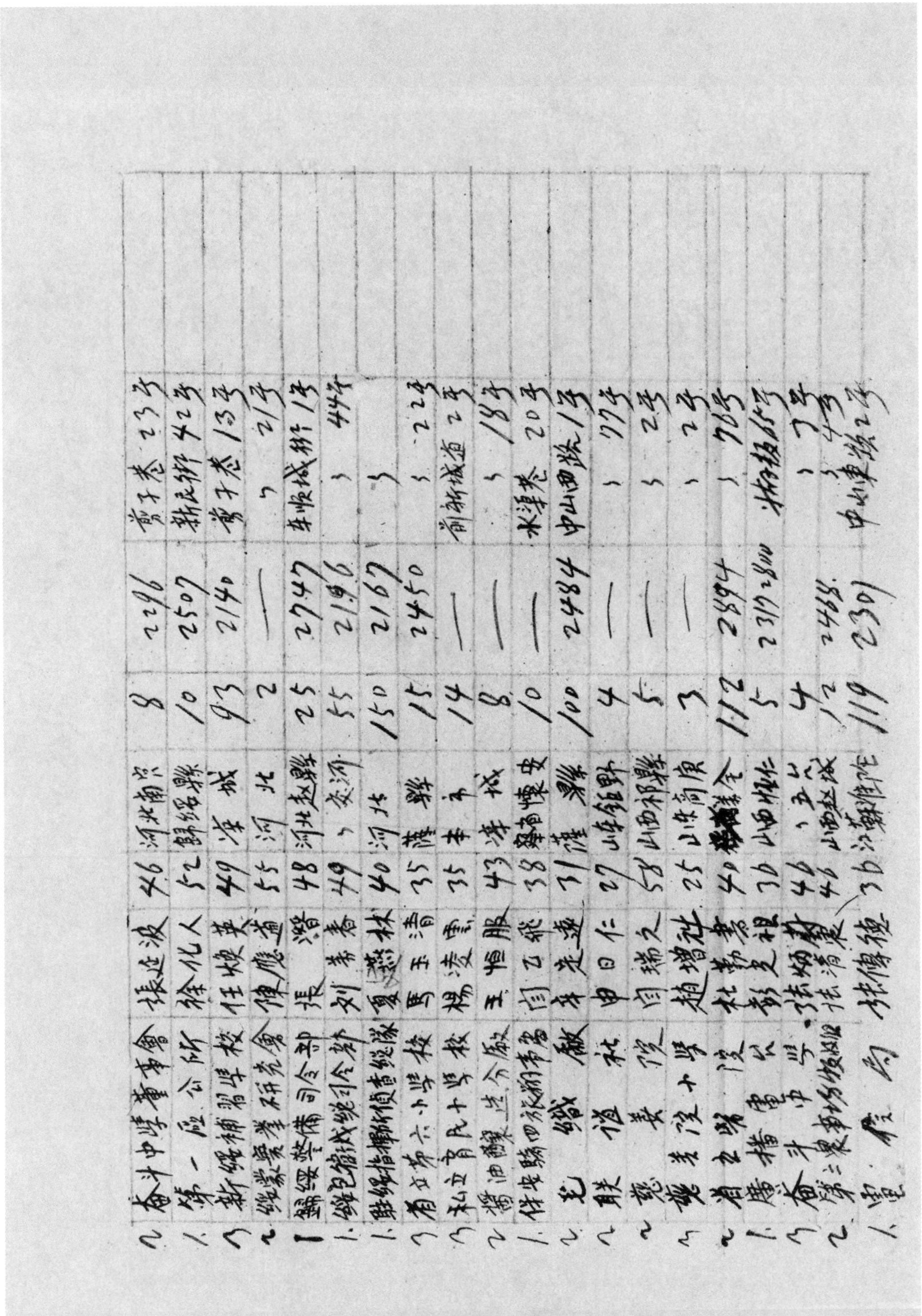

2	奋斗中学董事会	張延波	46	河北南宫	8	2296	贳子巷 23号
1	第一区公所	徐化人	52	归绥县	10	2507	新民街 42号
3	新绥补习学校	任焕英	49	凉城	93	2140	贳子巷 13号
2	绥蒙贤拳研究会	陳應道	55	河北	2	—	〃 21号
1	归绥警备司令部	張潛	48	河北赵县	25	2747	东顺城街 1号
1	绥包宿城总司令部	刘芳春	49	〃 交河	55	2196	〃 44号
1	驻绥指挥所侦查总队	夏燕林	40	河北	150	2167	〃
3	省立第六小学校	馬玉清	35	萨县	15	2450	〃 22号
3	私立育民小学校	楊凌雲	35	本市	14	—	前新城道 2号
2	酱油酿造分厂	王恒服	43	凉城	8	—	〃 18号
1	保安骑四旅驻市处	闫乙飛	38	察省懷安	10	—	水渠巷 20号
2	毛织厂	辛建遠	31	萨县	100	2484	中山西路 1号
2	联道社	申日仁	27	山东鉅野	4	—	〃 77号
2	慈善院	闫瑞文	58	山西祁县	5	—	〃 2号
3	慈善院小学	趙增社	25	山东高唐	3	—	〃 2号
2	省立医院	杜勤書	40	[illegible]全	112	2894	〃 76号
1	广播电台	彭克祖	36	山西怀仁	5	2317 2811	[illegible]65号
3	奋斗中学	張炳蔚	46	〃 五台	4		〃 7号
2	第二农事场[illegible]	張清震	46	山西赵城	12	2468.	〃 43号
1	军[illegible]局	張傳德	36	江苏淮阴	119	2301	中山东路 2号

图 1-7-25　各机关团体学校调查表（1949 年 9 月 6 日）（二）

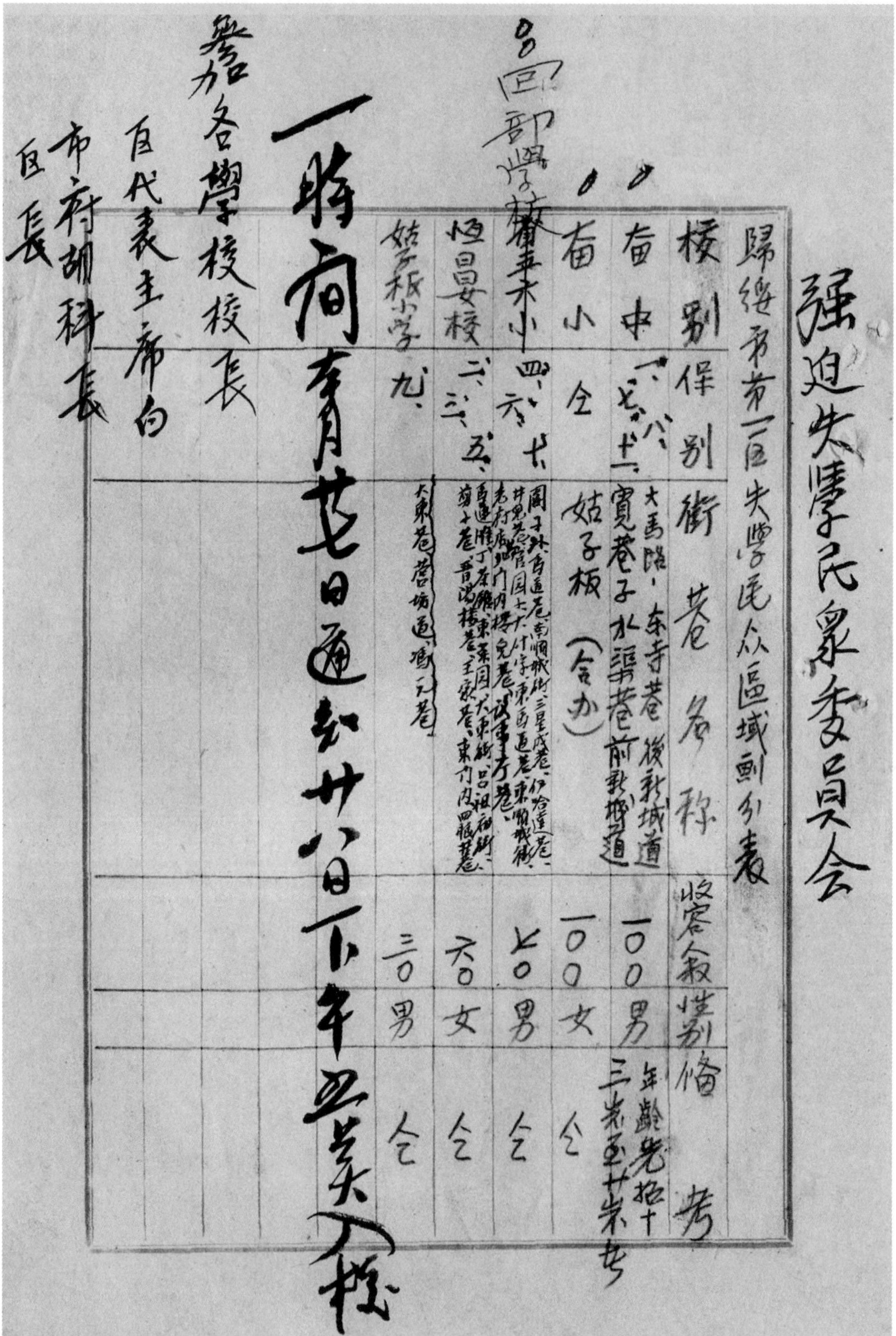

強迫失學民衆委員會

歸綏市第一區失學民众區域劃分表

校別	保別	街巷名称	收容名額性別	備考
奋中	六、七、八、十二	大馬路、东寺巷、後新城道、寬巷子、水渠巷、前新城道	一〇〇男	年齡凡十三歲至廿歲者
奋小	仝	姑子板（合办）	一〇〇女	仝
崇本小	四、六、十七	圆子卧、吉通巷、南阁城街、三星成巷、伊哈道巷、井儿巷、官园、大什字、東西通道巷、東阁城街、老爷庙、北门内、楼儿巷、议事厅巷	七〇男	仝
归昌女校	二、三、五	西通顺店、丁家巷、東菜园、大東街、吕祖庙街、剪子巷、晋阳楼巷、王家巷、東门内四眼井巷	六〇女	仝
姑子板小学	九	大東巷、营坊道、塔尔天巷	三〇男	仝

一將開學日通知廿八日下午五点入校

各區部學校

箋
函各學校校長
區代表主席白
市府胡科長
區長

图 1-7-26　归绥市第一区失学民众区域划分表

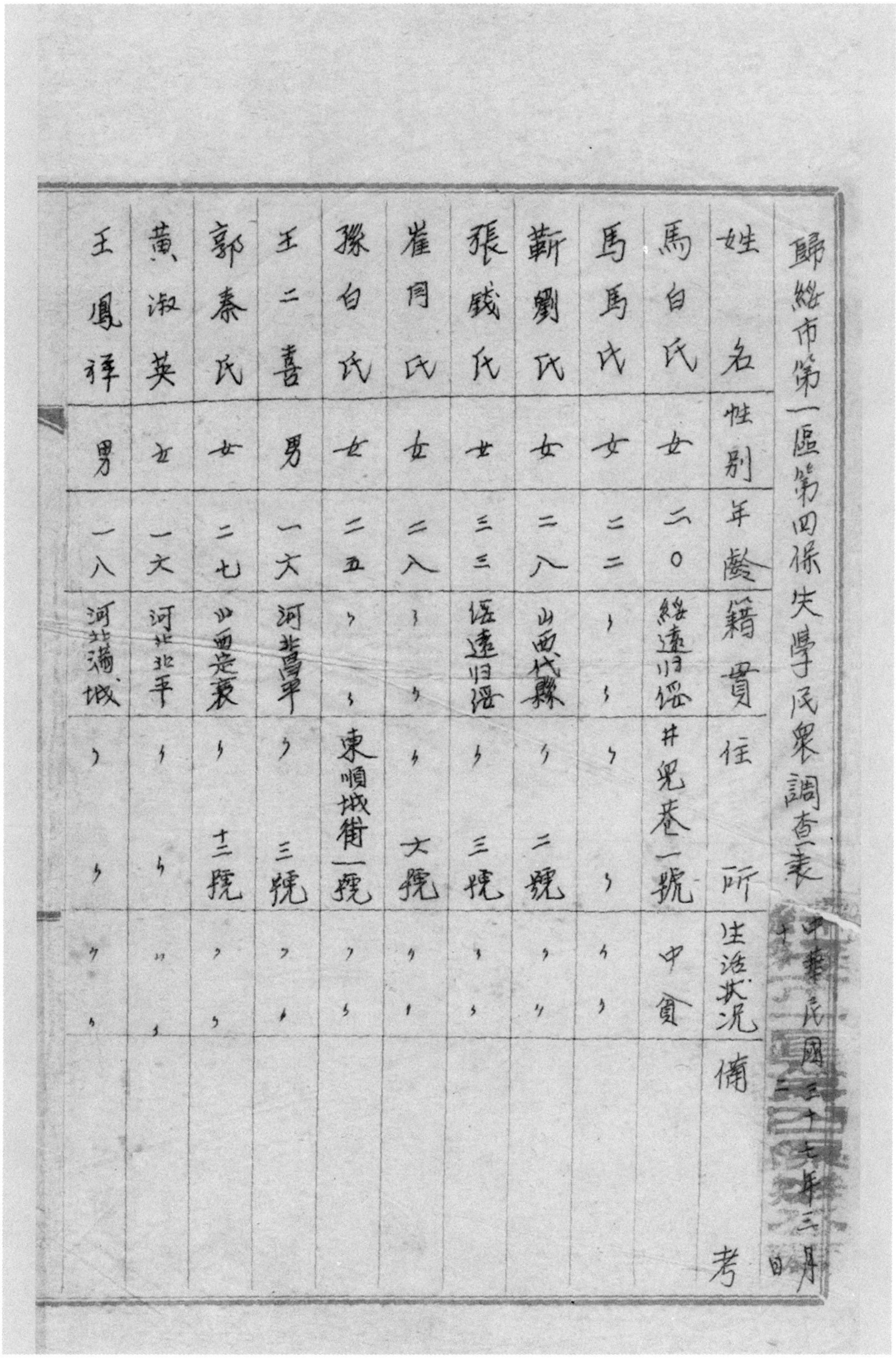

歸綏市第一區第四保失學民衆調查表

中華民國三十七年三月二日

姓名	性別	年齡	籍貫	住所	生活狀況	備考
馬白氏	女	二〇	綏遠歸綏	井兒巷一號	中貧	
馬馬氏	女	二二	〃〃	〃〃	〃〃	
靳劉氏	女	二八	山西代縣	〃二號	〃〃	
張錢氏	女	三三	綏遠歸綏	〃三號	〃〃	
崔周氏	女	二八	〃〃	〃六號	〃〃	
孫白氏	女	二五	〃〃	東順城街一號	〃〃	
王二喜	男	一六	河北昌平	〃三號	〃〃	
郭秦氏	女	二七	山西定襄	〃十三號	〃〃	
黃淑英	女	一六	河北北平	〃〃	〃〃	
王鳳祥	男	一八	河北滿城	〃〃	〃〃	

图 1-7-27　归绥市第一区第四保失学民众调查表（1948 年 3 月 2 日）（一）

田孫氏	女	三一	河北河間	東順城街五號	〃	〃
侯李氏	女	三五	河南林縣	〃	〃	〃
馮林	男	一四	綏遠歸綏	〃七號	〃	〃
張如飛	〃	三八	綏遠托縣	〃九號	〃	〃
李富	〃	一七	綏遠歸綏	〃一三號	〃	〃
張套柱	〃	一五	山西平魯	〃十七號	〃	〃
楊富堂	〃	一五	〃	〃	〃	〃
郭喜小	〃	一五	山西大同	〃二八號	〃	〃
段李氏	女	二九	〃		〃	〃
李蓮女	女	一五	綏遠歸綏	三星北巷四號	〃	〃
朱玉英	女	二一	山西大同	〃	〃	〃
胡有義	男	一四	〃	東順城街三四號	〃	〃

图 1-7-27　归绥市第一区第四保失学民众调查表（1948 年 3 月 2 日）（二）

綏遠省歸綏市入學及失學學童比較表

項別 / 區保別	入學兒童			失學兒童			入學佔失學%	備考
	男生	女生	女生佔男生%	男生	女生	女生佔男生%	100/2	
第六區第六保	12			31	39	100/7		
總計	0	0		0	0			

图 1-7-28 归绥市第六区第六保入学及失学学童比较表

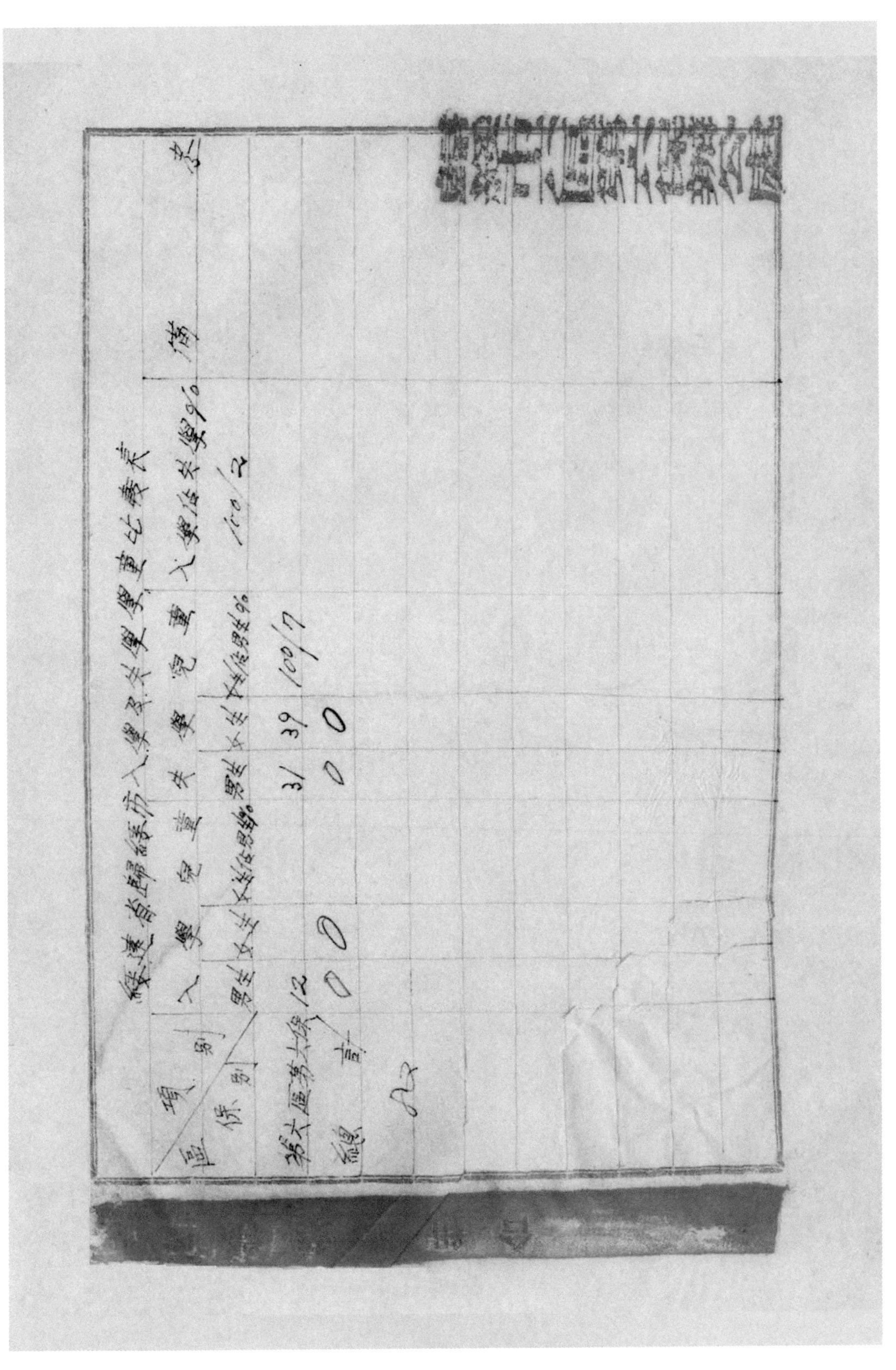

歸綏市警察局第一分局管内中學以上畢業者調查表册

稿

教育

图 1-7-29　归绥市警察局第一分局管内中学以上毕业者调查表册（节选）（一）

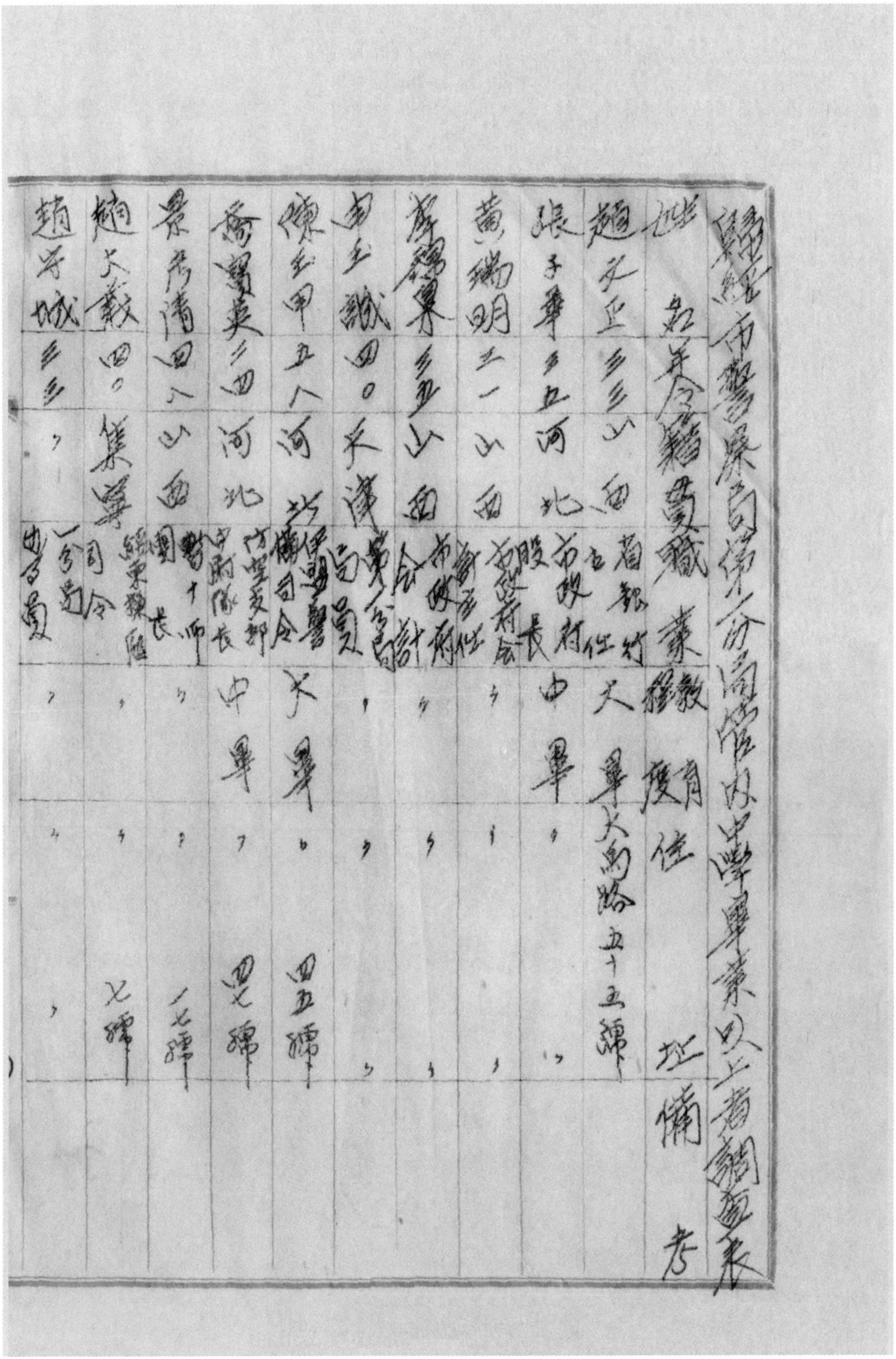

歸綏市警察局第一分局管內中學畢業以上者調查表

姓名	年令	籍貫	職業	教育程度	住址	備考
趙文正	三三	山西	省銀行主任	大學畢	大南路五十五號	
張子華	三五	河北	市政府	中畢	〃	
黃瑞明	二一	山西	市政府股長	〃	〃	
李錫某	三五	山西	市政府會計	〃	〃	
曲玉誠	四〇	天津	[illegible]員	〃	〃	
陳全甲	五八	河北	保安司令部警備司令	大學畢	四五號	
喬寶爽	三四	河北	防空支部中隊隊長	中畢	四七號	
景秀清	四八	山西	暫十師團長	〃	一七號	
趙文義	四〇	集寧	綏東[illegible]	〃	七號	
趙守城	三三	〃	一分局司令出勤員	〃	〃	

图 1-7-29　归绥市警察局第一分局管内中学以上毕业者调查表册（节选）（二）

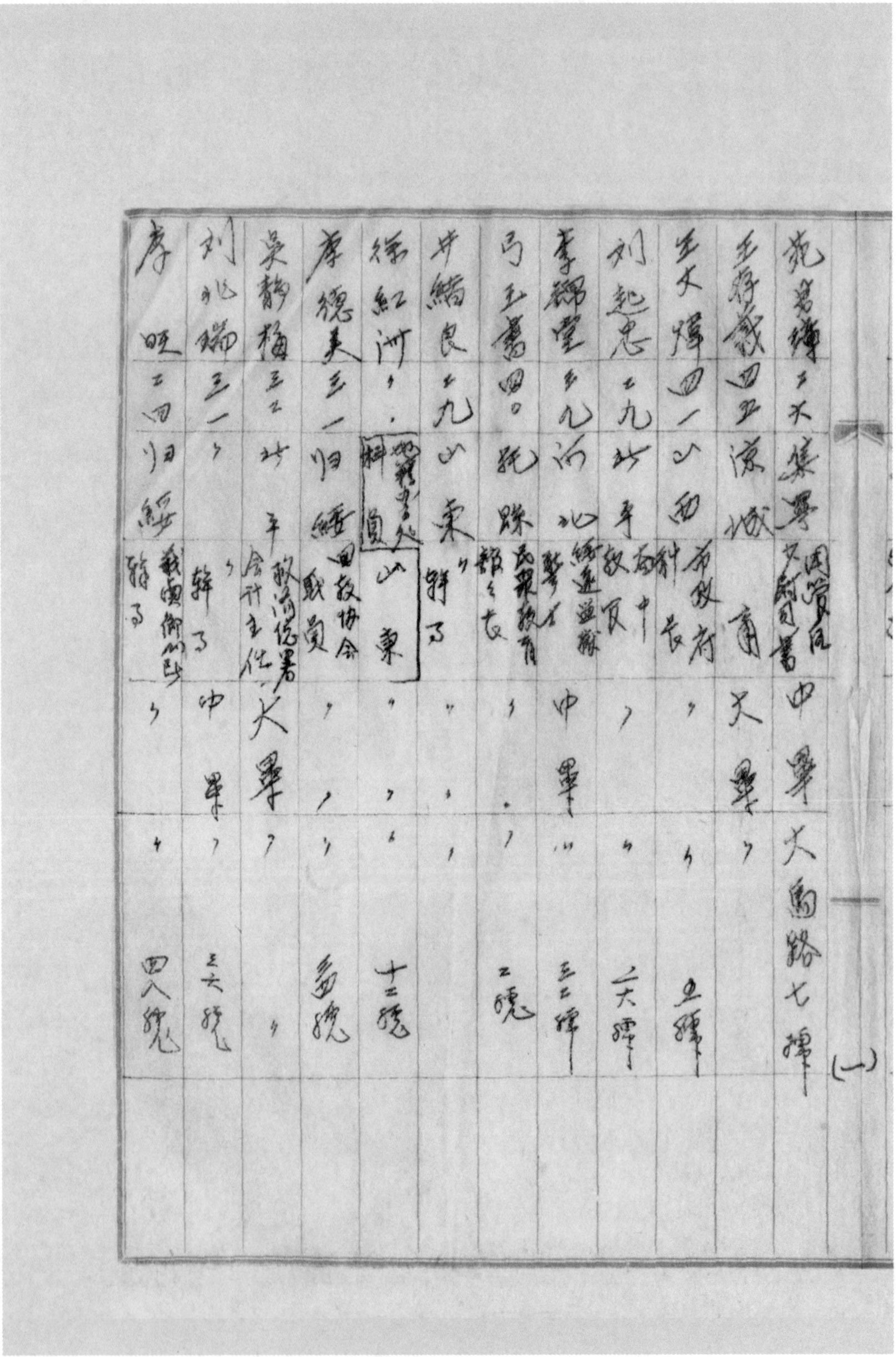

图 1-7-29　归绥市警察局第一分局管内中学以上毕业者调查表册（节选）（三）

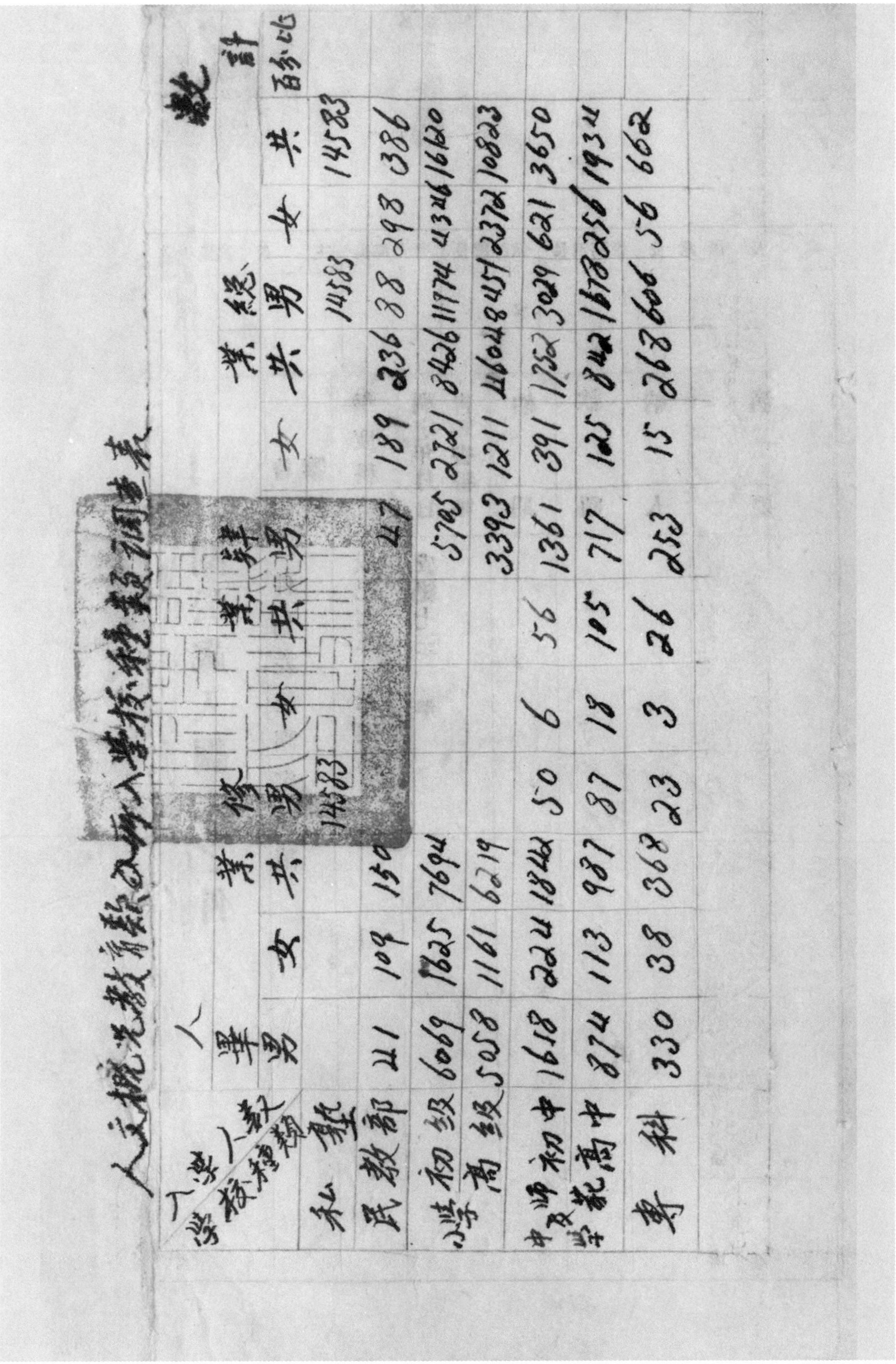

人文概况教育類所入學校種類調查表

學校種類＼入學人數	畢業 男	畢業 女	畢業 共	修業 男	修業 女	修業 共	肄業 男	肄業 女	肄業 共	總 男	總 女	總 共	百分比
私塾				14583						14583		14583	
民教部	241	109	150				47	189	236	88	298	386	
小學 初級	6069	1625	7694				5705	2721	8426	11774	4346	16120	
小學 高級	5058	1161	6219				3393	1211	4604	8451	2372	10823	
中學及師範 初中	1618	224	1842	50	6	56	1361	391	1752	3029	621	3650	
中學及師範 高中	874	113	987	87	18	105	717	125	842	1678	256	1934	
專科	330	38	368	23	3	26	253	15	268	606	56	662	

图 1-7-30　归绥市政府人文概况教育类所入学校种类调查表

附录　内蒙古中西部沦陷时期教育总览档案

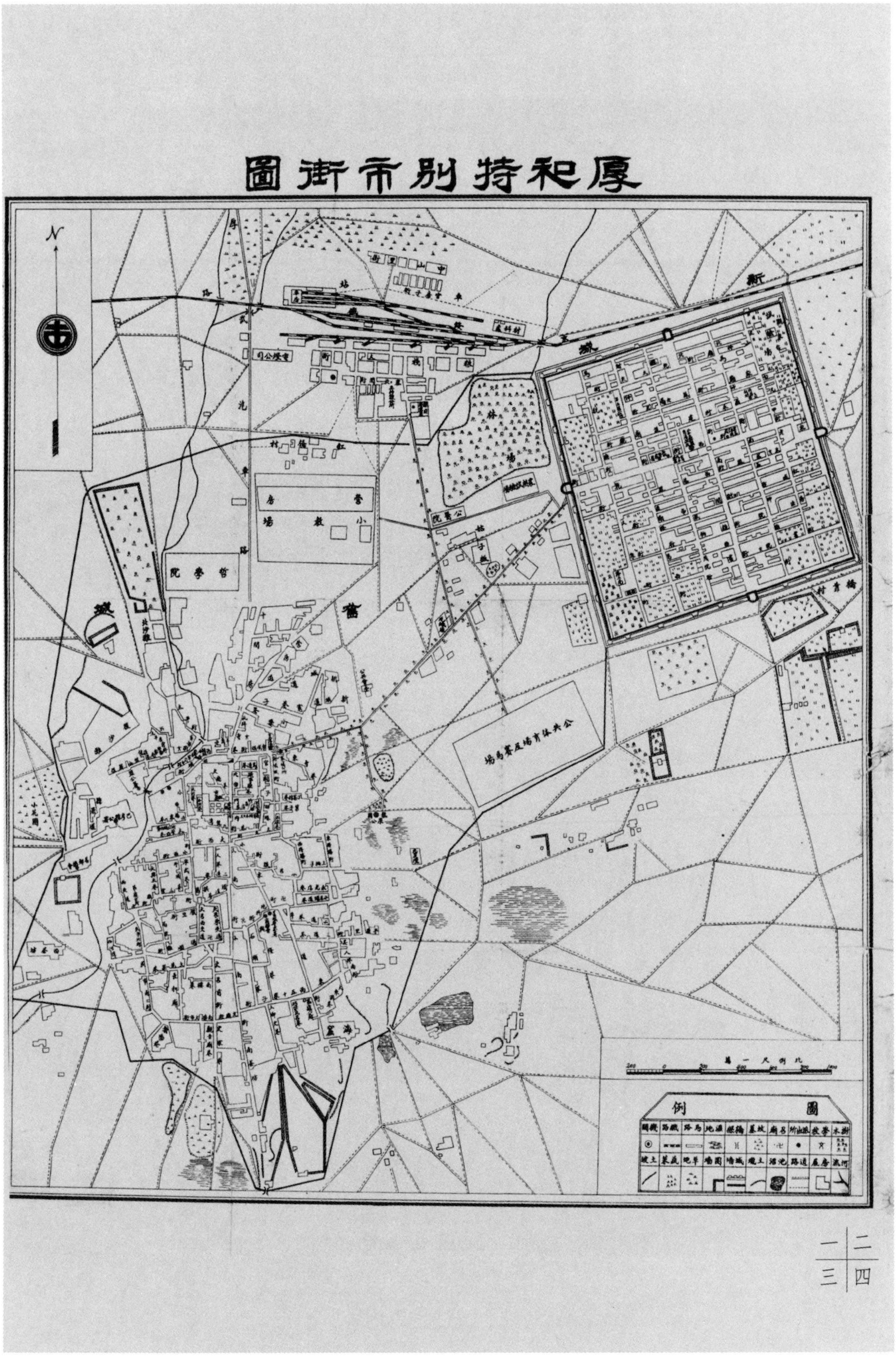

图 1- 附录 -1 “厚和特别市”街图（“厚和特别市公署建设科工务股”制）［1938 年 2 月］

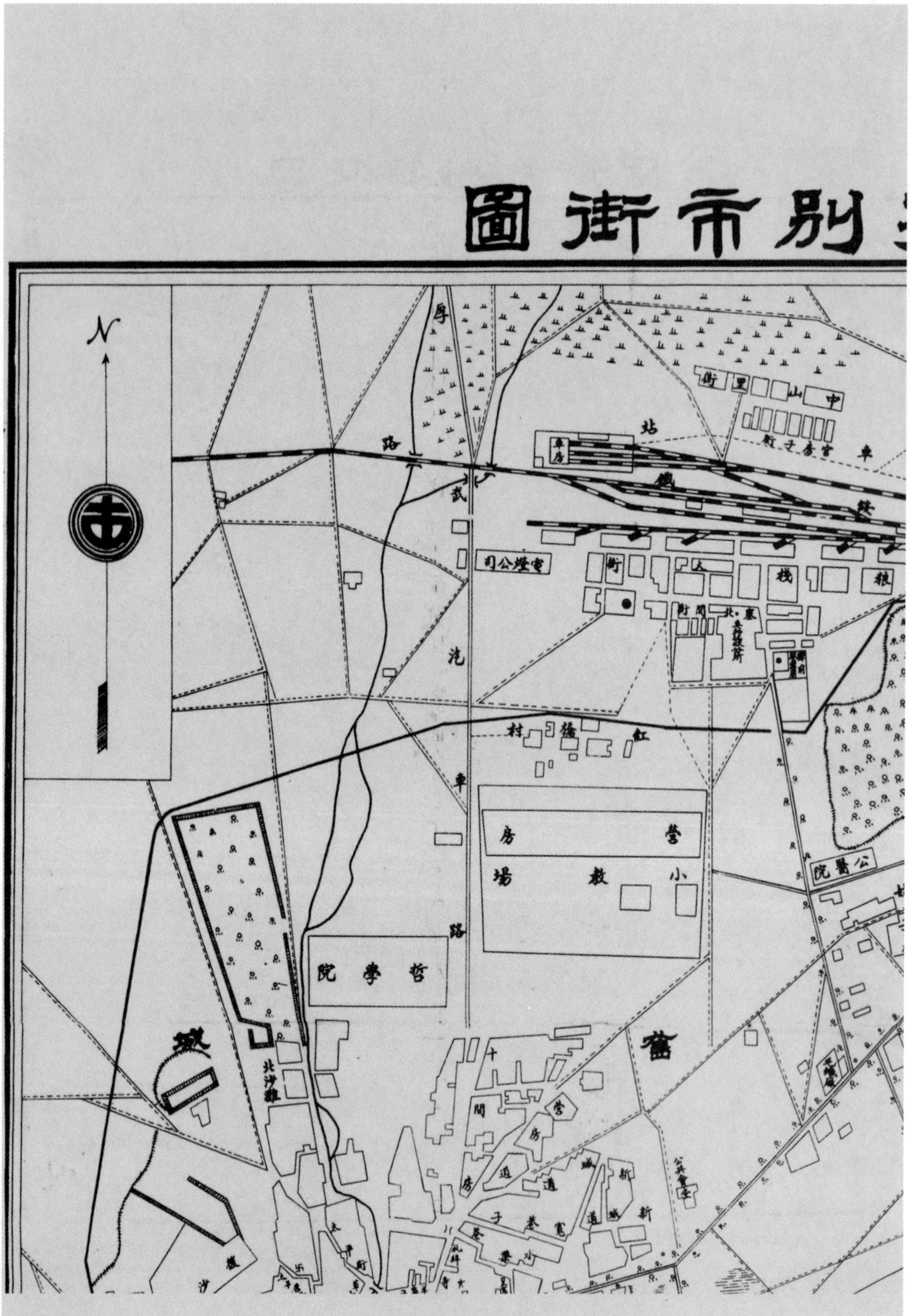

图 1-附录-1 “厚和特别市”街图（“厚和特别市公署建设科工务股”制）［1938年2月］（局部图一）

图 1-附录-1　“厚和特别市”街图（“厚和特别市公署建设科工务股”制）[1938 年 2 月]（局部图二）

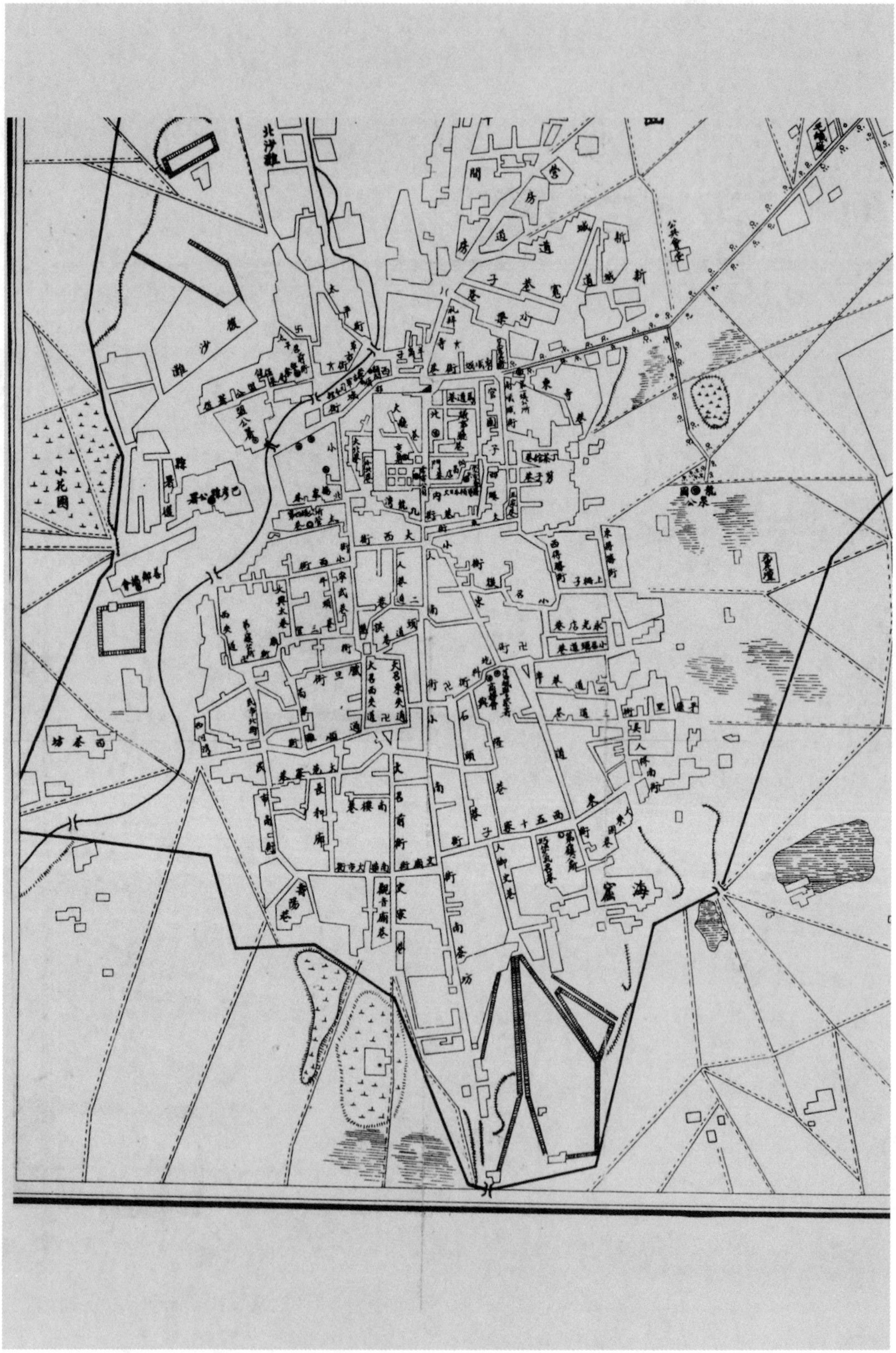

图 1- 附录 -1　“厚和特别市”街图（“厚和特别市公署建设科工务股”制）［1938 年 2 月］（局部图三）

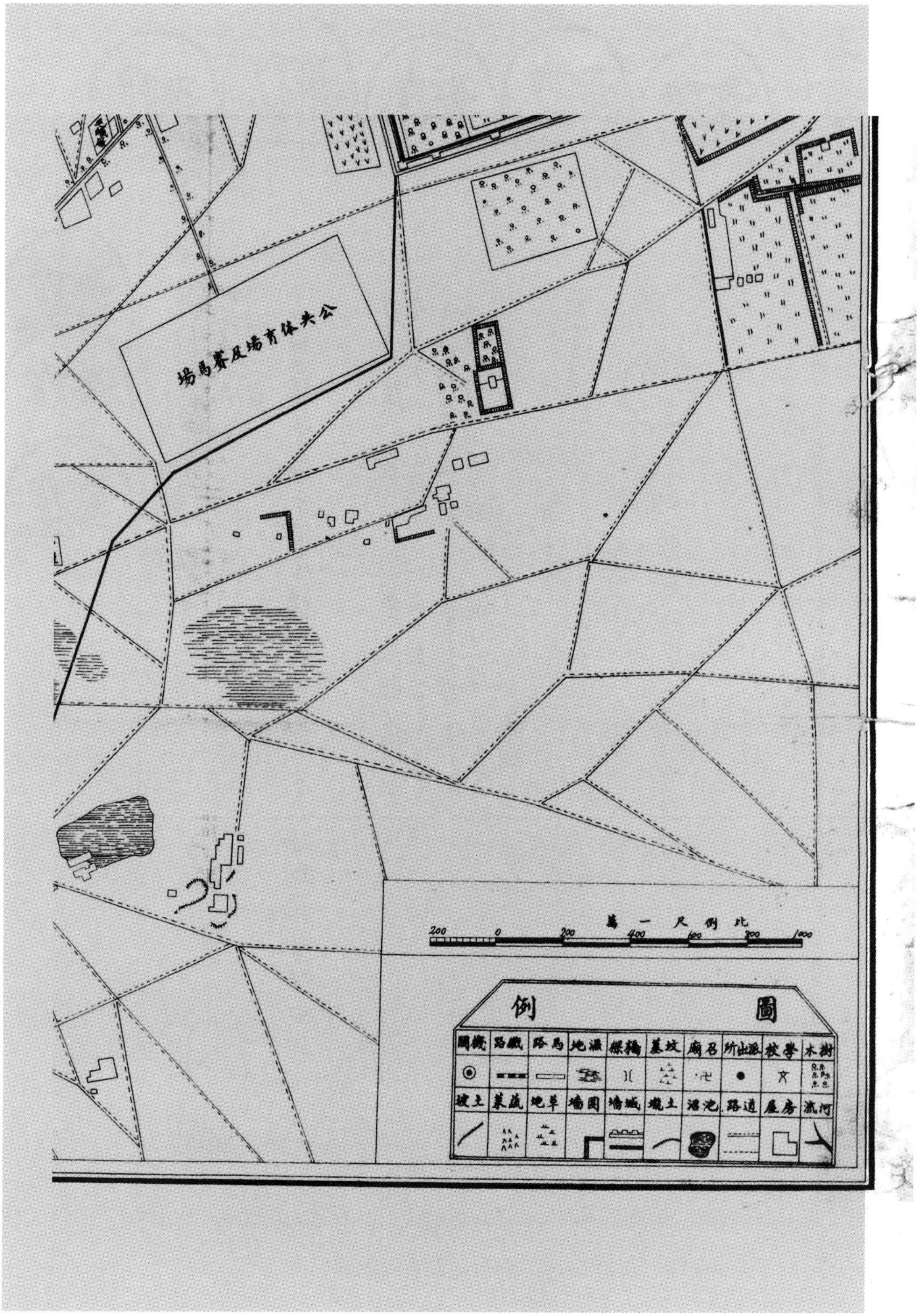

图 1- 附录 -1　“厚和特别市”街图（“厚和特别市公署建设科工务股”制）［1938 年 2 月］（局部图四）

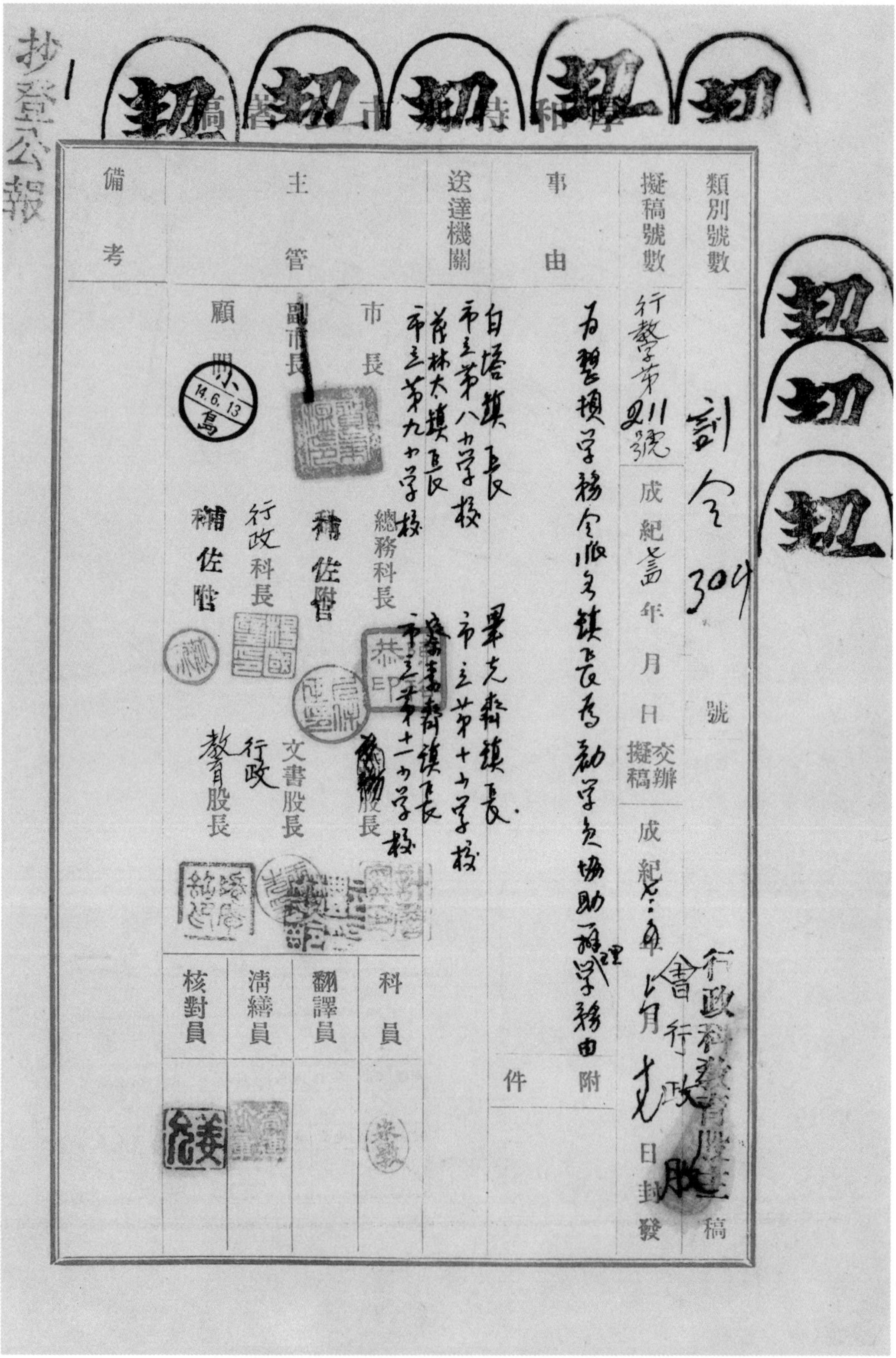
抄登公報

厚和特別市公署稿

類別號數	擬稿號數	事由	送達機關	主管	備考
訓令 304 號	行教字第211號 成紀七三四年 月 日 交辦擬稿 成紀七三四年六月 日 封發	為整頓學務令派各鎮長為勸學員協助辦理學務由	白塔鎮長 市立第八小學校 蘇林太鎮長 市立第九小學校 畢克齊鎮長 市立第十小學校 察素齊鎮長 市立第十一小學校	市長 副市長 顧問 總務科長 補佐 行政科長 補佐 文書股長 行政股長 教育股長	

科員	翻譯員	清繕員	核對員

附件

图 1- 附录 -2 “厚和特别市公署”为整顿学务派各“镇长”为“劝学员”协助办理学务的训令（附委令一件）（1939 年 6 月 17 日）（一）

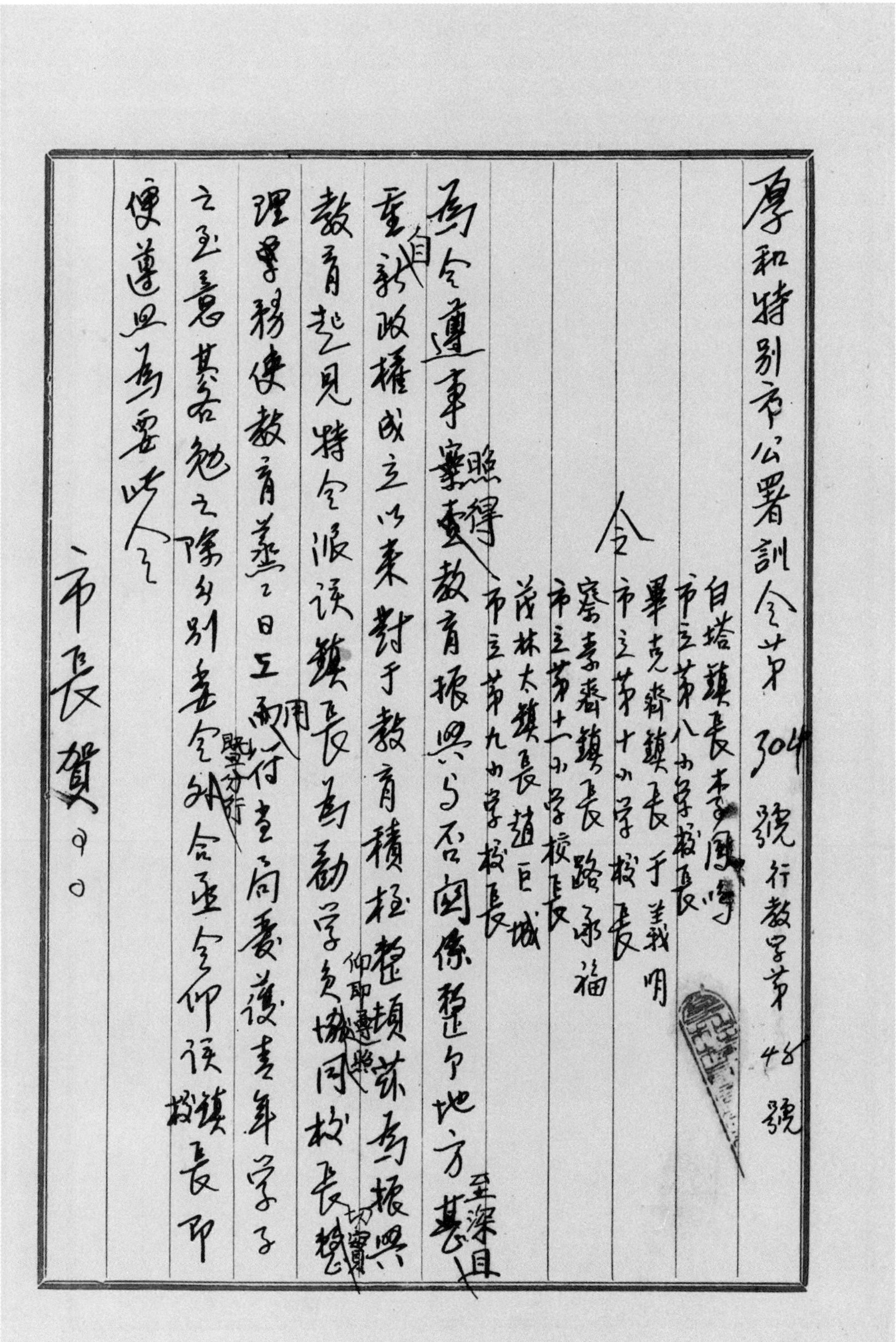

厚和特別市公署訓令廿第304號 行教字第48號

令 白塔鎮長李鳳鳴 市立第八小學校長
畢克齊鎮長于義明 市立第十小學校長
塞素齊鎮長路承福 市立第十一小學校長
茂林太鎮長趙巨城 市立第九小學校長

為令遵事。案照教育振興與否，關係整個地方至深且切。自新政權成立以來，對于教育積極整頓，藉為振興教育起見，特令派該鎮長為勸學員，仰即遵照協同校長切實整理學務，使教育蒸蒸日上，用付當局愛護青年學子之至意，其各勉之。除分別委令暨分行外，合亟令仰該鎮長校長即便遵照為要。此令。

市長 賀 □

图 1- 附录 -2 “厚和特别市公署”为整顿学务派各“镇长”为“劝学员”协助办理学务的训令（附委令一件）（1939 年 6 月 17 日）（二）

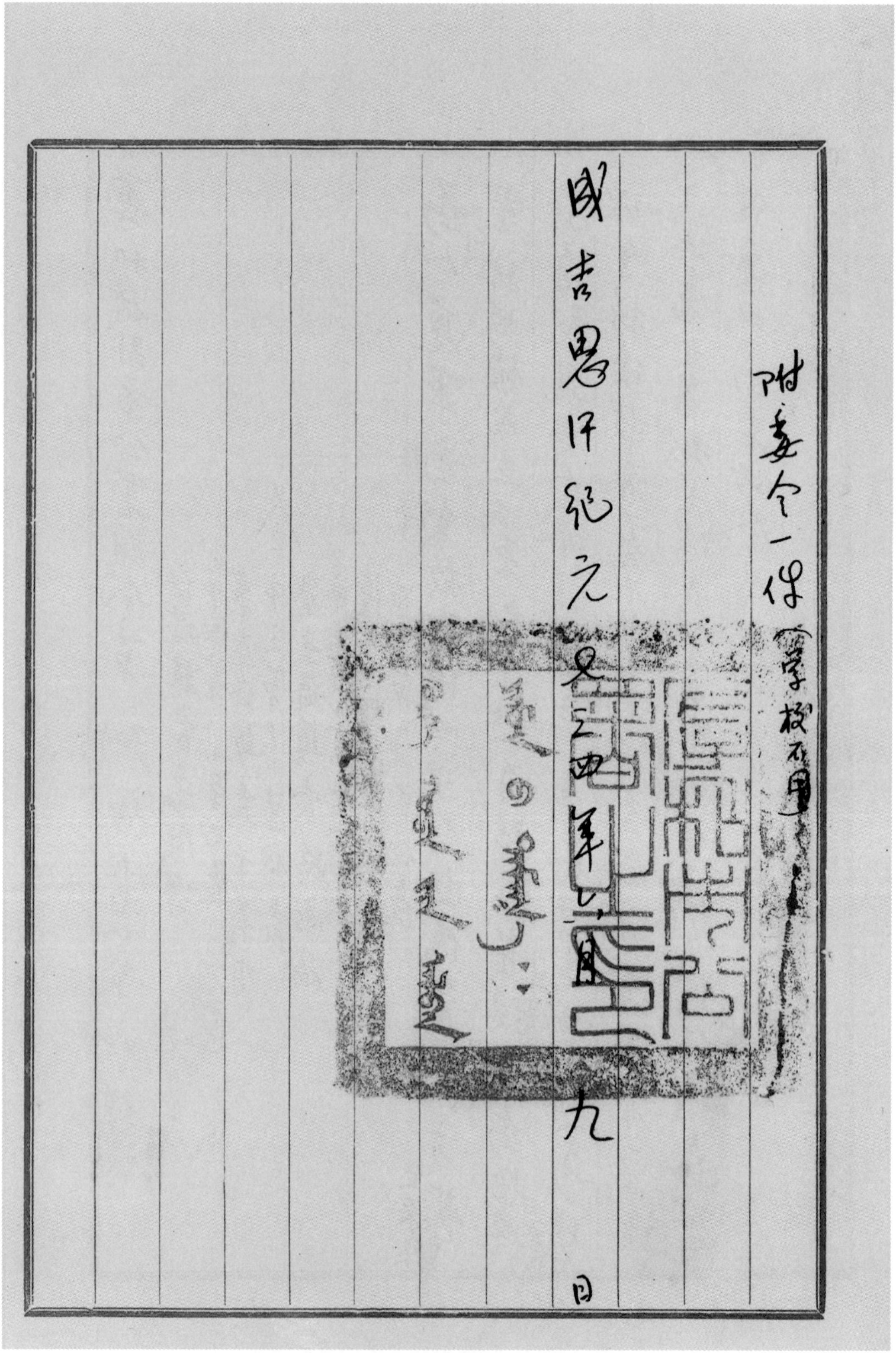

附委令一件（学校不用）

成吉思汗纪元七三四年六月九日

图 1- 附录 -2　“厚和特别市公署”为整顿学务派各“镇长”为“劝学员”协助办理学务的训令（附委令一件）（1939 年 6 月 17 日）（三）

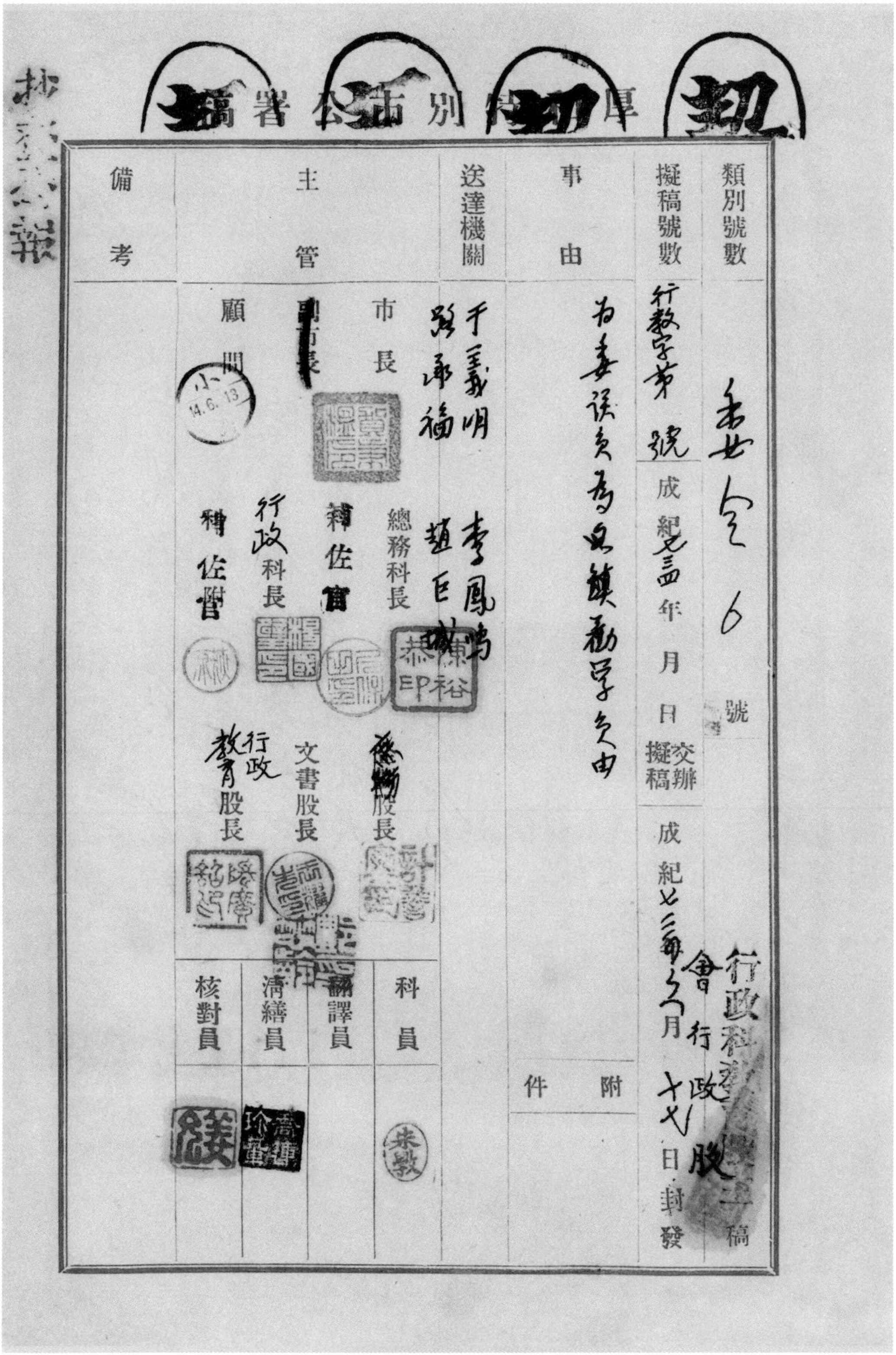
厚和特別市公署稿

類別號數	擬稿號數	事由	送達機關	主管	備考
委廿6 號	行教字第 號 成紀七三四年 月 日 擬稿 交辦 成紀七三四年六月十七日 封發	為委派各鎮長為勸學員由	于義明 張承福 李鳳鳴 趙巨城	市長 副市長 顧問 總務科長 補佐官 行政科長 補佐官 總務股長 文書股長 行政教育股長	

科員 翻譯員 清繕員 核對員

附件

會行政股

图 1- 附录 -2 “厚和特别市公署”为整顿学务派各“镇长”为“劝学员”协助办理学务的训令（附委令一件）（1939 年 6 月 17 日）（四）

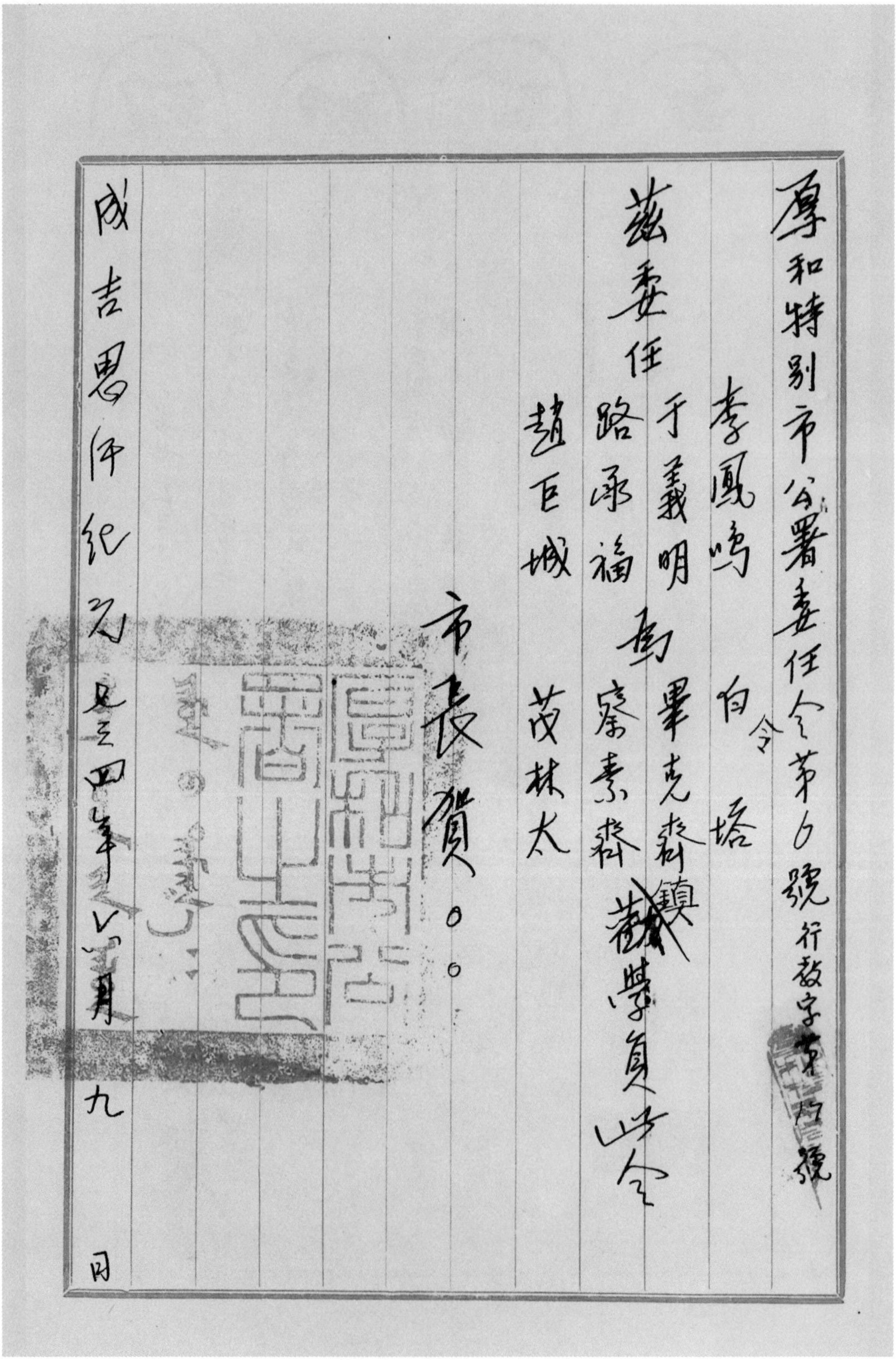
厚和特別市公署委任令第6號 行教字第6號
茲委任
李鳳鳴 白塔
于義明 畢克齊鎮
路承福 察素齊
趙巨城 茂林太
為 鎮勸學員此令
市長賀〇〇
成吉思汗紀元七三四年六月 九 日

图 1-附录-2 “厚和特别市公署”为整顿学务派各“镇长”为“劝学员”协助办理学务的训令（附委令一件）（1939 年 6 月 17 日）（五）

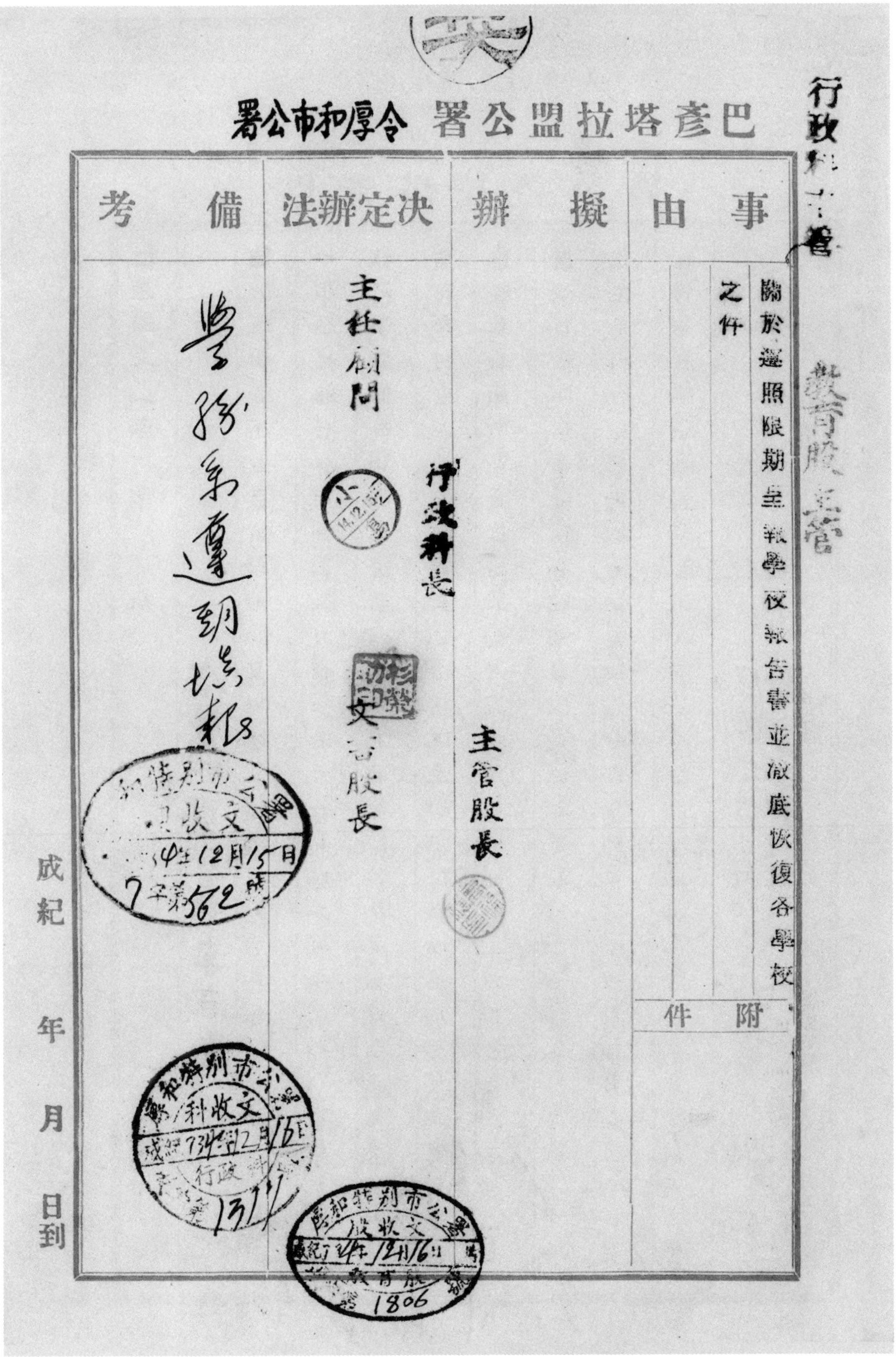

图 1- 附录 -3 “巴彦塔拉盟公署”为遵照限期呈报学校报告书并彻底恢复各学校致“厚和市公署”令（1939 年 12 月 15 日）（一）

巴彥塔拉盟公署

巴盟民文（學）第1[illegible]號

令厚和市市長李春秀

為令遵事查本盟自新政權成立以來首以普及教育為宗旨關於重視教育一項迭經通令各市縣旗遵守在案今查各市縣旗開學之學校不數舊政時代之午數而各市縣旗公署對於教育之忽視當與本盟宗旨殊屬未合再本盟前為明瞭各學校教職員勤務狀況及學生出缺席情形起見業經通令各市縣旗遵照所發表様務於每月二十日以前即將上月份各項表格切實填報按月繼續呈署等情各在案茲查限期已逾該項報告書迄未呈署殊屬非是除分令外合亟令仰該市切實認真令飭未開學之學校即速恢復並將學校報告書務遵限期呈署以求教育之徹底進展而符本盟宗旨為要此令

盟長補英達賴

图 1- 附录 -3 “巴彦塔拉盟公署”为遵照限期呈报学校报告书并彻底恢复各学校致“厚和市公署”令（1939 年 12 月 15 日）（二）

厚和特別市公署

厚和市七三五年度教育計劃

關於學務事項

一、市內學童踴躍擬將市立第一、二、四、五、六、七小學校各增班一級計六級

二、市外察素齊兩鎮學童頗漸增多擬將市立第十、十二小學校各增班一級計二級

三、鄉立小學校現已開學者六十八校計八十一級擬恢復未開學之學校三十三處在可能範圍內並擬將學額充足之乙種學校改進為甲種小學校

四、斟酌地方情形學校狀況擬將四區中心學校各改進為兩級小學校俾鄉村兒童升入高小不生困難

图 1- 附录 -4　“厚和市”“七三五年度”教育计划（一）

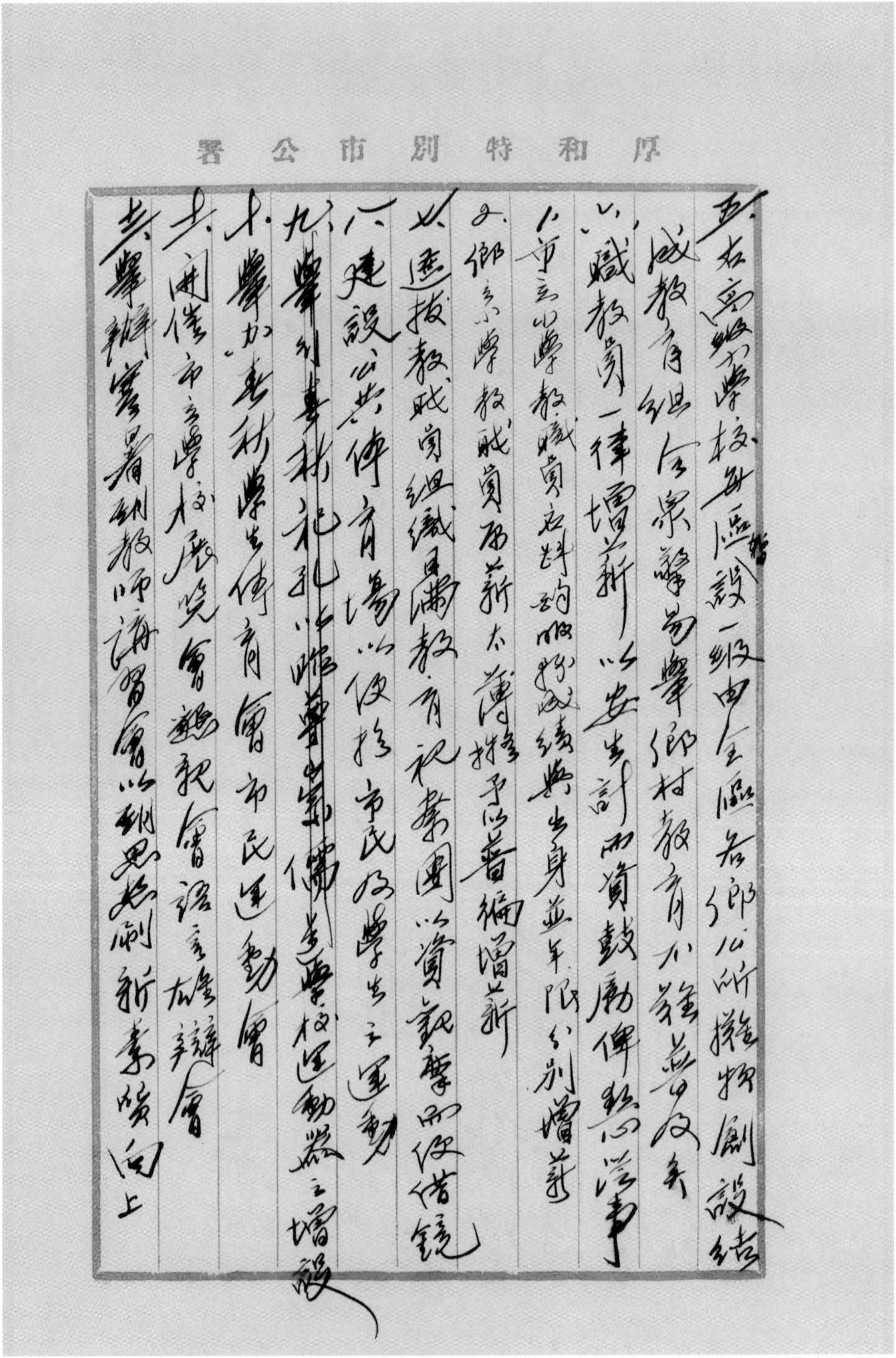

厚和特别市公署

五、在高级小学校每区设一级，由全区各乡公所担物创设，结成教育组合，策划乡村教育之普及

六、职教员一律增薪，以安生计而资鼓励，俾热心从事

七、市立小学教职员应斟酌服务成绩与出身并年限分别增薪

八、乡立小学教职员原薪太薄，拟予以普遍增薪

七、遴拔教职员组织日满教育视察团，以资观摩而使借镜

八、建设公共体育场，以便于市民及学生之运动

九、举行毕业祀孔，以昭崇儒，并学校运动器之增设

十、举办秋季学生体育会、市民运动会

十一、开催市立学校展览会、恳亲会、语言演辩会

十二、举办寒暑期教师讲习会，以期思想刷新，素质向上

图 1- 附录 -4　“厚和市”“七三五年度”教育计划（二）

厚和特別市公署

十三、在可能範圍內舉行鄉村學校學生成績出品展覽會
十四、教育會之組成
十五、童子團之組成
十六、綠化運動
十七、開闢校園作為勞作實習地
十八、籌置第三小學校擴充增加之校舍
十九、劃定學區學務委員會之組成
二十、教科書之配備
二十一、學校設用各具之統制暨劃一
二十二、每學期舉行市鄉立小學校長會議
二十三、舉行春秋兩季學生防疫注射

图 1- 附录 -4 “厚和市”“七三五年度”教育计划（三）

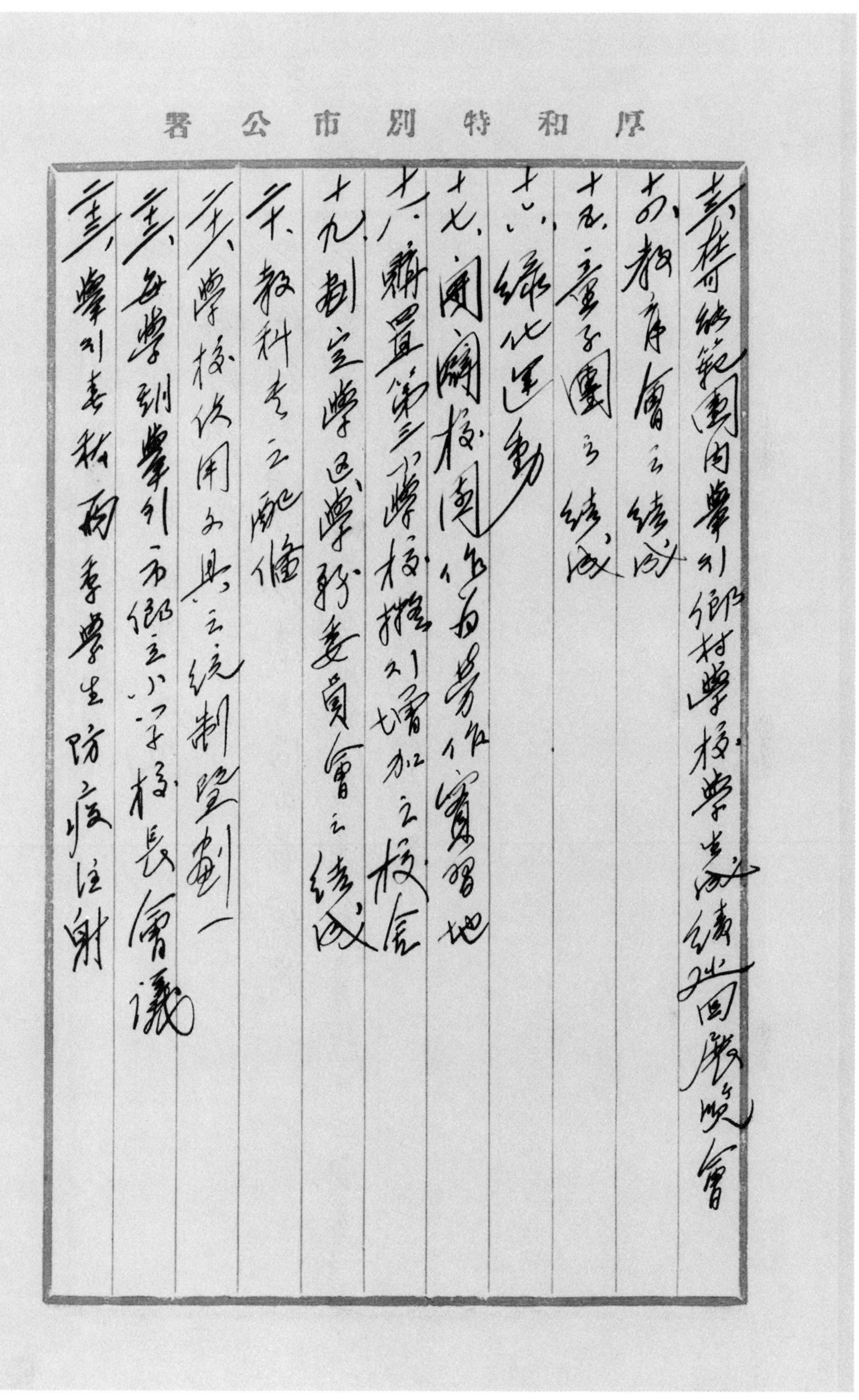

厚和特別市公署

閱校視察事項

一、實行春秋兩季巡視

二、臨時視察

三、職教員服務成績之揭示並獎懲

三、審查優良職教員服務成績審議委員會之開催

四、貧苦高材生之調查及獎勵

图 1-附录-4　“厚和市”“七三五年度”教育计划（四）

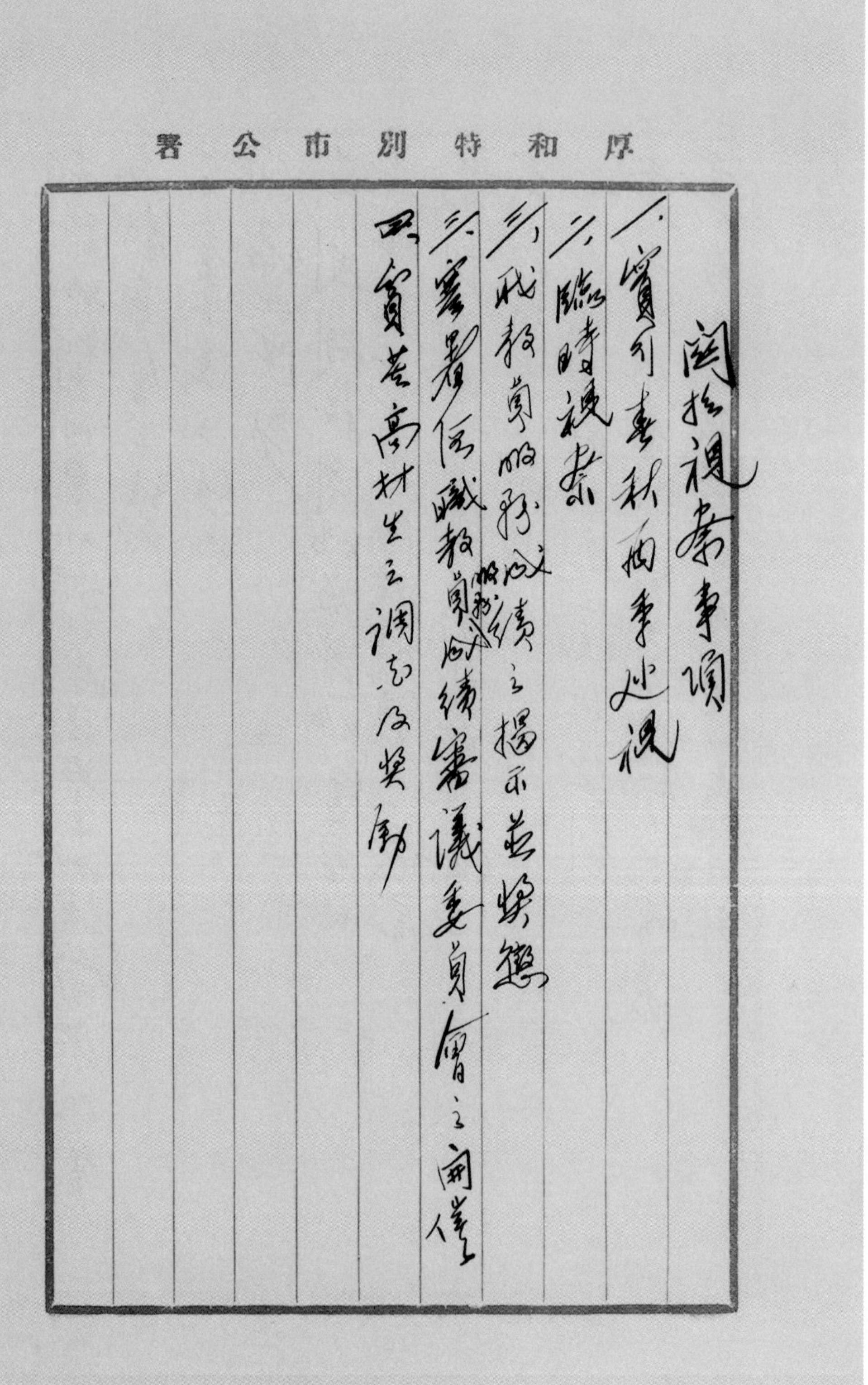

厚和特別市公署

關於禮教事項

一、青年學校之強化

二、擇大批書籍以充實市立圖書館使於流覽並附設閱報所以啓廸民智

三、擴充民衆教育館加設民衆夜校隆通俗講演所以開發民智

四、市鄉立小學校附設民衆學校以普偏民智

五、舉行春秋祀孔以昭尊崇藉以闡揚聖道

六、舉行敬老會以端風俗

七、表彰孝子節婦以正人心

八、宗教寺廟嚴加調查

图 1- 附录 -4 “厚和市”“七三五年度”教育计划（五）

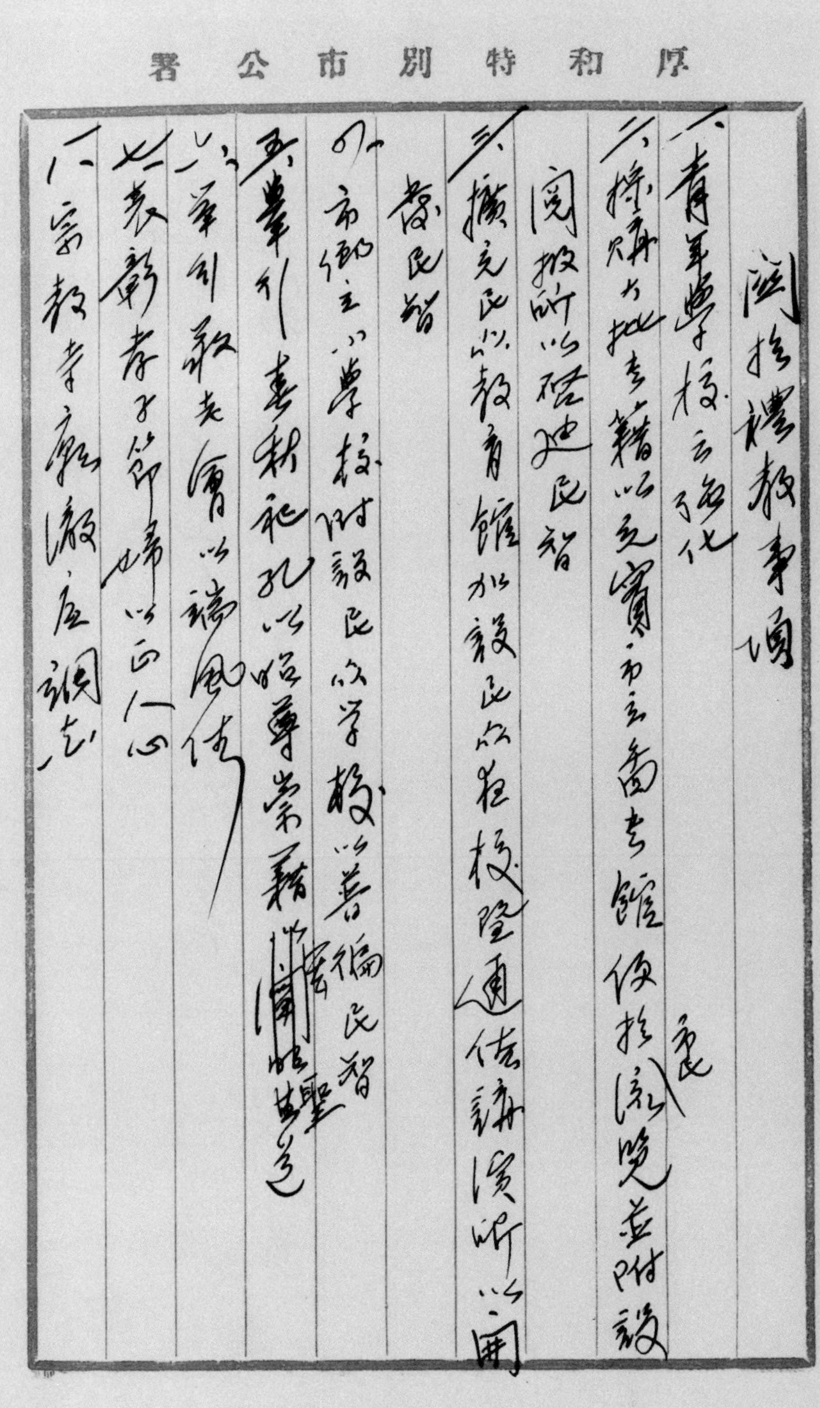

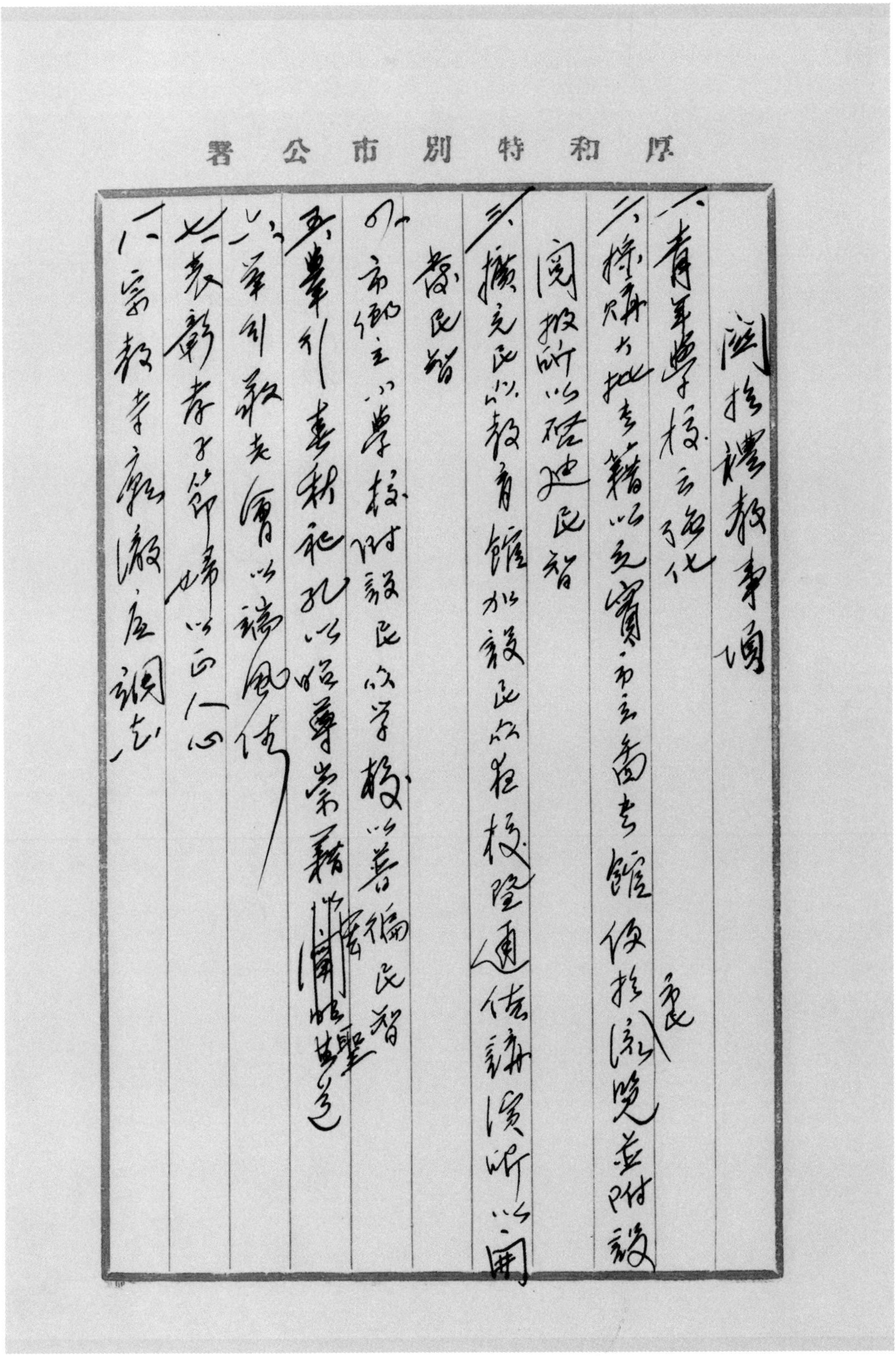

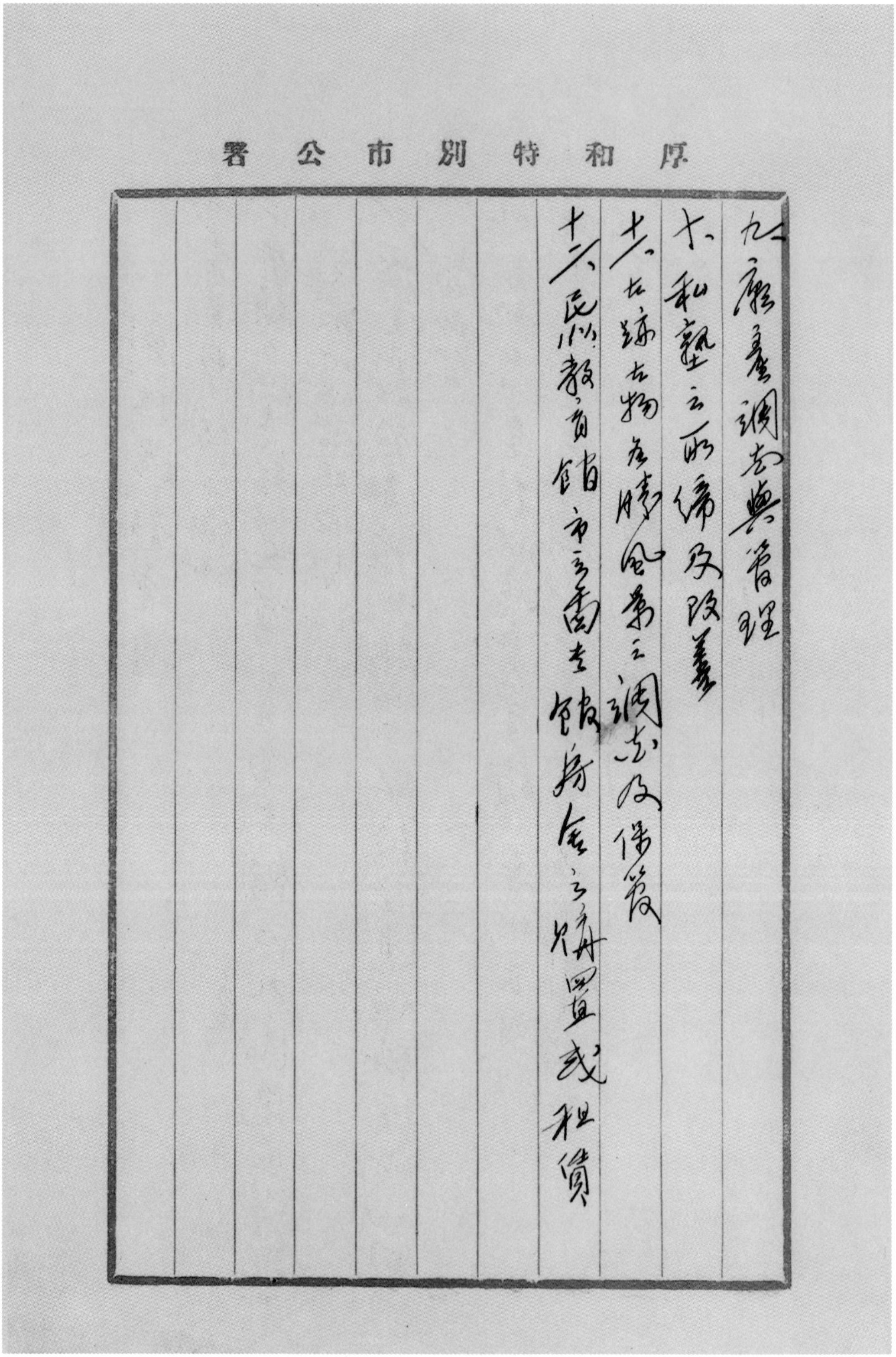

厚和特別市公署

九、廟產調查與管理
十、私塾之取締及改善
十一、古蹟古物名勝風景之調查及保管
十二、民眾教育館市立圖書館房舍之購置或租賃

图 1- 附录 -4　“厚和市”“七三五年度”教育计划（六）

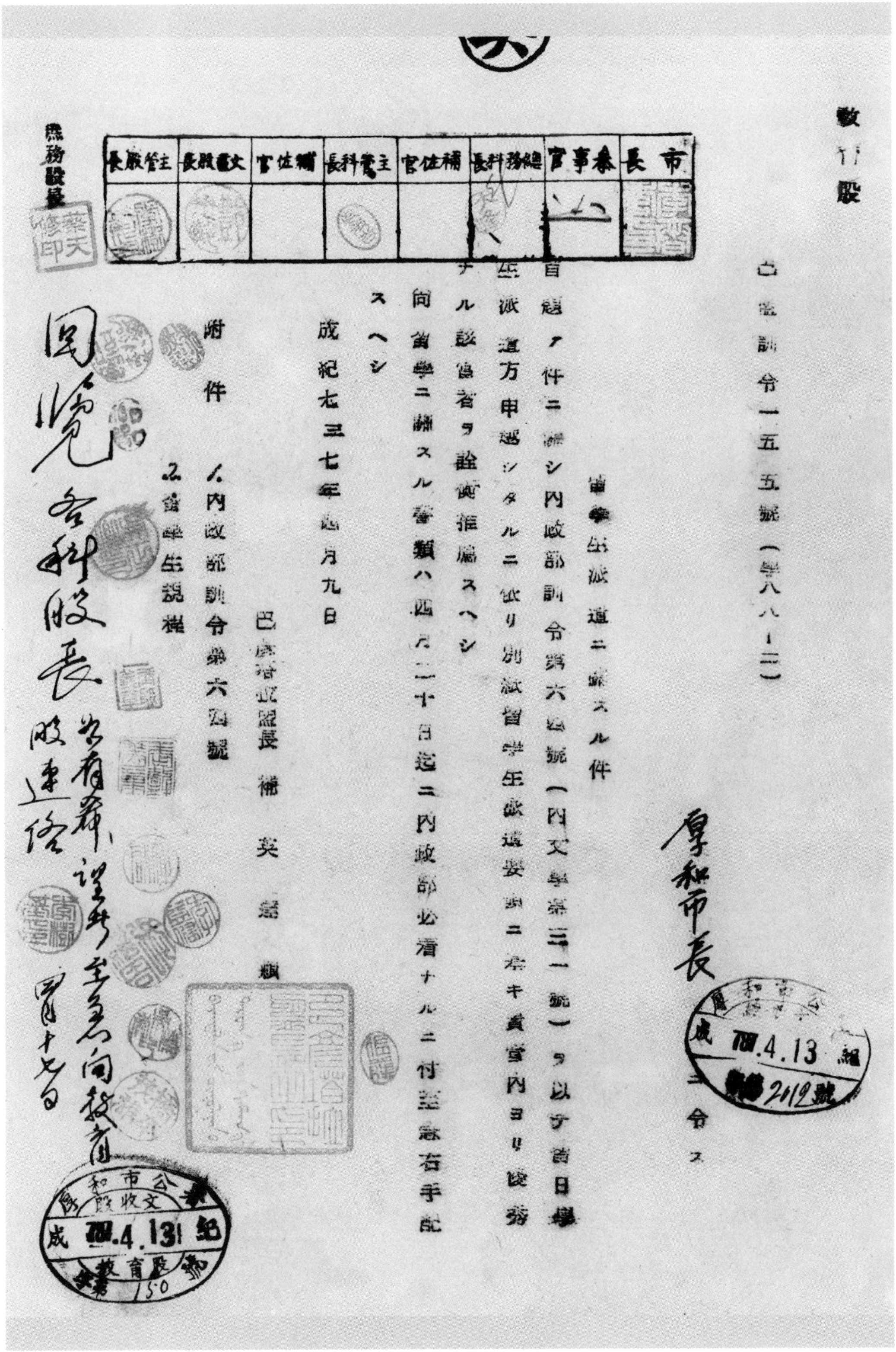

市長	參事官	總務科長	補佐官	主管科長	補佐官	文書股長	主管股長

庶務股長

教育股

巴盟訓令一五五號（學八八—二）

厚和市長

留學生派遣ニ關スル件

首題ノ件ニ關シ内政部訓令第六四號（内文學第三一號）ヲ以テ省日學生派遣方申遞シタルニ依リ別紙留學生派遣要綱ニ基キ貴管内ヨリ優秀ナル該當者ヲ詮衡推薦スヘシ

向留學ニ關スル書類ハ四月二十日迄ニ内政部必着ナルニ付至急右手配スヘシ

右令ス

成紀七三七年四月九日

巴彦塔拉盟長　補英達賚

附件

一、内政部訓令第六四號

二、留學生規程

图 1- 附录 -5　“巴彦塔拉盟公署”为留学生派遣事致“厚和市公署”训令（日文）（1942 年 4 月 9 日）（一）

內政部訓令第六四號（內文學第三一號）

令

察南政廳長官
晉北政廳長官
巴彥塔拉盟長
察哈爾盟長

關於留學生派遣之件

為訓令事查關於首題之件根據別紙留學生派遣要領本年度應予向日本派遣之學生須於貴管下優秀該當者中銓衡推薦仰即遵照辦理此令

再者關於留學者須至遲於四月二十日呈送到部

成吉思汗紀元七百三十七年四月二日

內政部長　丁其昌

附件　留學生規程　日漢文各一部

图 1- 附录 -5　“巴彦塔拉盟公署”为留学生派遣事致“厚和市公署”训令（日文）（1942 年 4 月 9 日）（二）

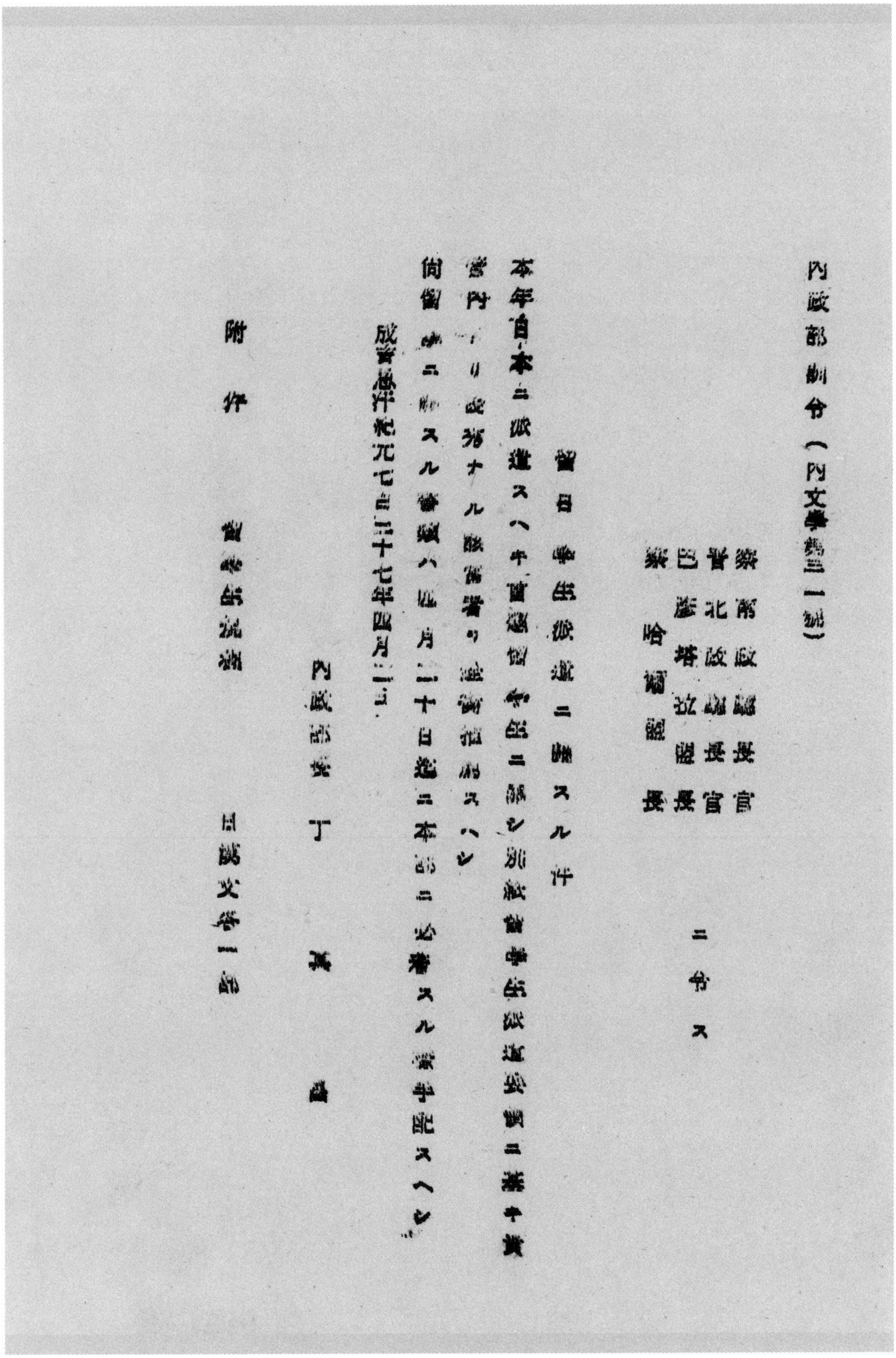

内政部訓令（内文学第三一號）

察南政廳長官
晋北政廳長官
巴彦塔拉盟長　ニ令ス
察哈爾盟長

留日学生派遣ニ關スル件

本年日本ニ派遣スヘキ官費留学生ニ關シ別紙留学生派遣要綱ニ基キ貴管内ヨリ成ルヘク優秀ナル志願者ヲ選衡推薦スヘシ

尚選衡ニ關スル書類ハ四月二十日迄ニ本部ニ必着スル様手配スヘシ

成吉思汗紀元七百三十七年四月二日

内政部長　丁　其昌

附件　留学生派遣要綱　日満文各一部

图 1- 附录 -5　“巴彦塔拉盟公署”为留学生派遣事致“厚和市公署”训令（日文）（1942 年 4 月 9 日）（三）

留學生派遣要綱

图 1- 附录 -5 “巴彦塔拉盟公署”为留学生派遣事致“厚和市公署”训令（日文）（1942 年 4 月 9 日）（四）

一、目的

使其理解日本文化體得日本精神同時修得宣揚東洋道德實踐民族協和及民生向上等之實現本政權所必須之知識技能以資養成東亞新秩序建設上有能之人材

二、銓衡標準

1、銓衡方法勿論官費生及私費生皆由政府長官及盟長推薦之

（參考推薦制當表）

2、銓衡

(1) 中等學校畢業者

(2) 認爲有中等學校畢業程度以上之學力者

(3) 由內政部長認爲有特殊技能者（然限於留學中無家事之障礙者）

图 1-附录-5　“巴彦塔拉盟公署”为留学生派遣事致“厚和市公署”训令（日文）（1942 年 4 月 9 日）（五）

推薦割當表

推薦者	官費生（華系）	私費生（蒙系）	備考
察南政廳長官	四名		私費生各政廳盟以一二名之程度
晉北政廳長官	四名		
巴彥塔拉盟長	四名		
察哈爾盟長	四名		
計	一六名		

三、入學期間

1. 自成紀七三七年至成紀七三八年三月入東京善鄰高等商業學校特設預科主要為使努力修得日本語

2. 七三八年四月新學年開始之際使入部長指定之學校

四、學費及旅費

本政府根據留學生規程給與學費及旅費

图 1-附录-5 “巴彦塔拉盟公署”为留学生派遣事致“厚和市公署”训令（日文）（1942年4月9日）（六）

豫備學校在學中月額五十五圓
專門學校在學中月額七十五圓
大學在學中　月額八十五圓

五、渡日旅費及歸國旅費

渡日時之旅費實費由張家口支給之
留學生畢業或研究實習完畢而歸國時給予歸國旅費
但對於學費支給停止者則不給予

六、學費支給期間

學費支給期間限於在學校之修業年限
但對於畢業後再入上級學校者則繼續支給之

七、身分及服務

現在在職之官吏而被決定為留學生者退職後渡日為原則
但畢業後以內政部長指定之個所及期間服務
關於其他事項參考留學生規程

图 1- 附录 -5　“巴彦塔拉盟公署”为留学生派遣事致“厚和市公署”训令（日文）（1942 年 4 月 9 日）（七）

注意事項

一、關於留學生之提出書件參照留學生規程第二條

二、雖無適當者亦必回答之

三、出發預定六月下旬

四、關於留學生之通知豫定續行示知

图 1-附录 -5 “巴彦塔拉盟公署”为留学生派遣事致“厚和市公署”训令（日文）（1942 年 4 月 9 日）（八）

一、目　的

日本文化ヲ理解シ日本精神ヲ體得セシムルト共ニ東洋道徳ノ宣揚民族協和ノ實踐民生ノ向上等本政權理想ノ實現ニ必須ナル知識技能ヲ修得セシメ以テ東洋新秩序建設上有能ナル人材ヲ養成ス

二、詮衡標準

1.詮衡方法ハ官費生及私費生トモ政廳長官盟長ノ推薦トス

（推薦制度参照）

2.詮　衡

(一)中等學校卒業者

(二)中等學校卒業程度以上ノ學力アリト認メラレタル者

(三)内政部長ニ於テ特別ノ事情アリト認メラレタル者（但シ留學中家計ニ支障ナキモノニ限ル）

图 1-附录-5　“巴彦塔拉盟公署”为留学生派遣事致“厚和市公署”训令（日文）（1942 年 4 月 9 日）（九）

推薦割當表

推薦者	官費生（華系）	私費生（華系）	備考
察南政廳長官	四名		私費生八名政廳ニ一、二名トス
晉北政廳長官	四名		
巴彥塔拉盟長	四名		
錫林郭勒盟長	四名		
計	十六名		

三、入學期間

イ、成紀七三七年ヨリ成紀七三八年三月迄東京善隣高等商業學校特設豫科ニ入學セシメ主トシテ日本語ノ修得ニ努メシム

ロ、七三八年四月以後學年試驗ノ際部長指定學校ニ入學セシム

四、學費及旅費

本政府ニ於テ留學生規程ニヨリ學費及旅費ヲ支給ス

图 1- 附录 -5 “巴彦塔拉盟公署”为留学生派遣事致“厚和市公署”训令（日文）（1942 年 4 月 9 日）（十）

豫備學校在學中八月額五十五圓
專門學校在學中八月額　七十五圓
大學在學中八月額　八十五圓

五、渡日旅費及歸國旅費

渡日ニ際シテハ張家口ヨリノ旅費實費ヲ支給ス

留學生カ卒業又ハ研究實習ヲ終了シ歸國スル場合ニハ歸國旅費ヲ支給ス

但シ學費支給ヲ停止ノタルモノニ對シテハ之ヲ支給セス

六、學費支給期間

學費支給期間ハ在學々校ノ修業年限ヲ限度トス

但シ卒業後更ニ上級學校ニ入學シタルモノニ對シテハ繼續支給スモノトス

七、身分及服務

現在官吏ニシテ留學生ニ決定サレタル者ハ原則トシテ退職ノ上渡日

图 1- 附录 -5　“巴彦塔拉盟公署”为留学生派遣事致“厚和市公署”训令（日文）（1942 年 4 月 9 日）（十一）

スルモノトス

但シ卒業後ハ内政部長指定ノ個所ニ指定ノ期間服務セシム

尚其他ノ事項ニ關シテハ留學生規程參照ノコト

注意事項

一、留學生ニ關スル提出書類ニ關シテハ留學生規程第二條參照ノコト

二、該當者ナキ場合ト雖モ必ズ回答スルコト

三、出發ハ六月下旬ノ豫定

四、留學生心得ニ關シテハ追テ示ス豫定

图 1- 附录 -5 “巴彦塔拉盟公署”为留学生派遣事致“厚和市公署”训令（日文）（1942 年 4 月 9 日）（十二）

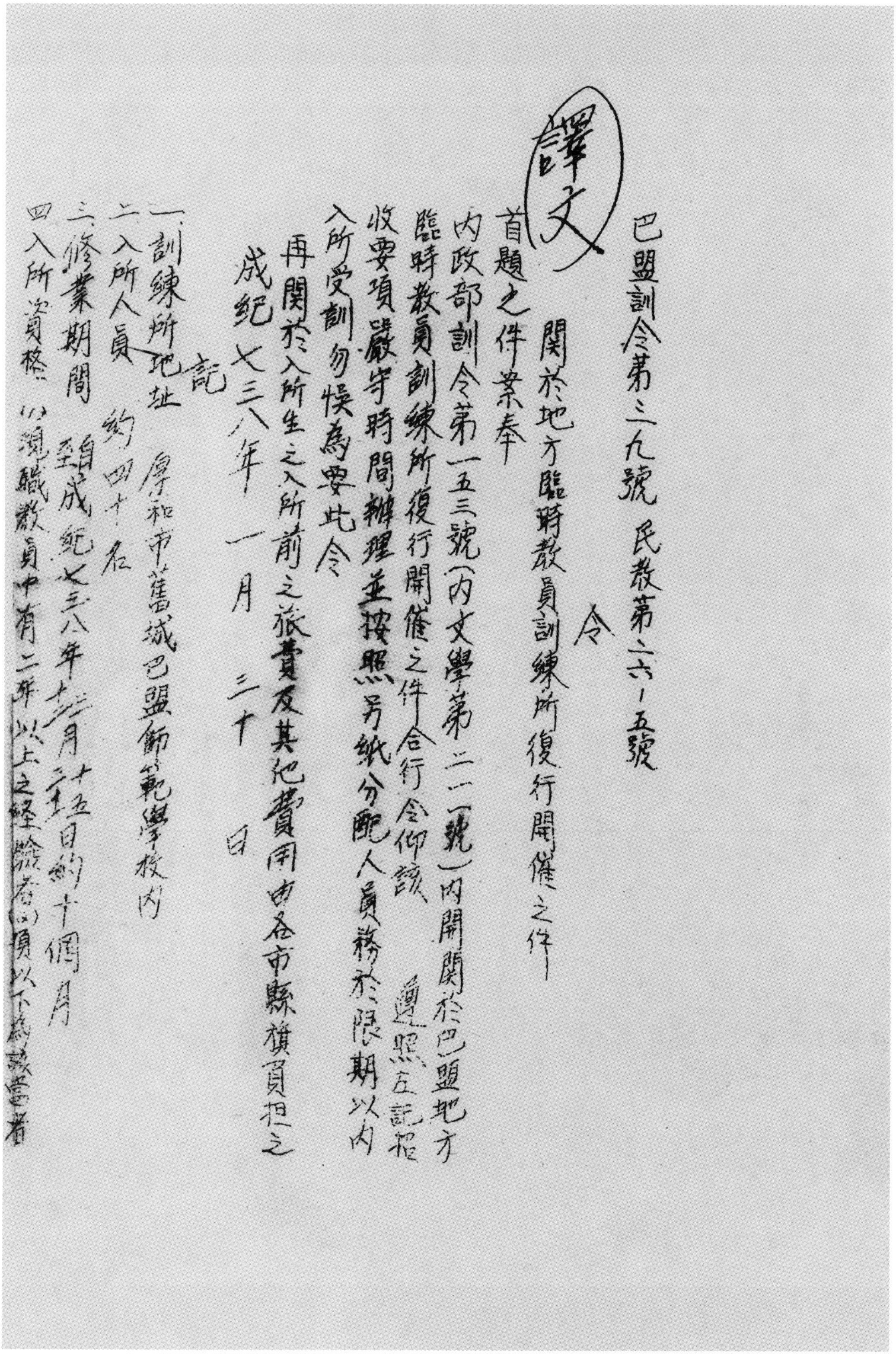

巴盟訓令第三九號 民教第二六一五號

譯文

關於地方臨時教員訓練所復行開催之件

令

首題之件案奉

内政部訓令第一五三號(内文學第二一一號)内開關於巴盟地方臨時教員訓練所復行開催之件合行令仰該 遵照左記相收要項嚴守時間辦理並按照另紙分配人員務於限期以内入所受訓勿悞為要此令

再關於入所生之入所前之旅費及其他費用由各市縣旗負担之

成紀七三八年 一月 三十 日

記

一、訓練所地址 厚和市舊城巴盟師範學校内

二、入所人員 約四十名

三、修業期間 自成紀七三八年十二月二十五日約十個月

四、入所資格 以現職教員中有二年以上之經驗者(以)項以下為該當者

图 1- 附录 -6 “巴彦塔拉盟公署”关于“地方临时教员训练所”入所受训训令（1943 年 1 月 30 日）（一）

(2)年齡在二十歲以上三十五歲未滿之男子
(3)成紀七三三年以前師範學校或中等學校畢業者
(4)志操堅固身体強健品行端正者
(5)以前未曾入巴盟地方臨時教員訓練所受訓者

五、報名 (1)各市縣公署教育股按分配人數推薦之
(2)至成紀七三八年二月十日將入所生之履歷書添妥向巴盟公署教育股報名之

六、入所式 成紀七三八年二月十五日

七、入所要項 (1)在巴盟師範學校教授及錬成之
(2)入所期間中全部於寄宿舍內住宿之
(3)發給食費、制服借用之
(4)教科書費其他學用品及衛生費各自負担之
(5)入所期中須嚴守訓練所規程
(6)卒業後有二年間之教員服務義務
(7)入所時須携帶寢具洗面器日用品等

以上

图 1-附录-6 “巴彦塔拉盟公署”关于“地方临时教员训练所”入所受训训令（1943 年 1 月 30 日）（二）

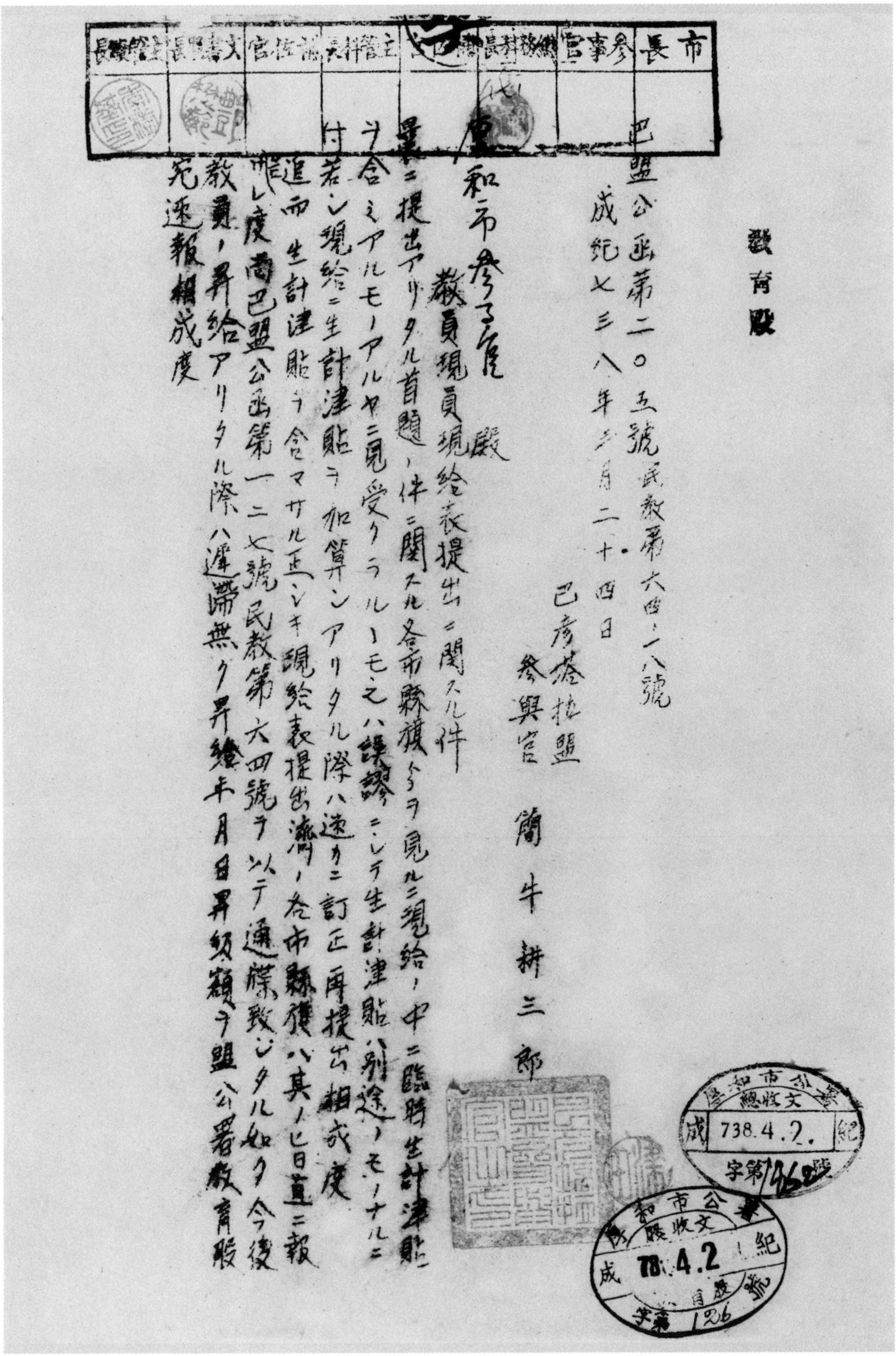

主管股長	文書股長	輔佐官	主管科長	[illegible]	總務科長	參事官	市長
					代		

教育股

巴盟公函第二〇五號民教第六四一八號
成紀七三八年三月二十四日
巴彥塔拉盟
參與官　簡牛耕三郎
厚和市參事官殿
教員現員現給表提出ニ關スル件
曩ニ提出アリタル首題ノ件ニ關スル各市縣旗分ヲ見ルニ現給ノ中ニ臨時生計津貼ヲ含ミアルモノアルヤニ見受ケラルルモ之ハ誤謬ニシテ生計津貼ハ別途ノモノナルニ付若シ現給ニ生計津貼ヲ加算シアリタル際ハ速カニ訂正再提出相成度
追而生計津貼ヲ含マサル正シキ現給表提出濟ノ各市縣旗ハ其ノ旨直ニ報告セレ度尚巴盟公函第一二七號民教第六四號ヲ以テ通牒致シタル如ク今後教員ノ昇給アリタル際ハ遅滞無ク昇給年月日昇級額ヲ盟公署教育股宛逐報相成度

厚和市公署
總收文
成紀738.4.2.
字第[illegible]號

厚和市公署
股收文
成紀738.4.2
字第126號

图 1- 附录 -7　“巴彦塔拉盟公署”为提交现任教员现薪表致“厚和市公署”公函（日文）（1943 年 3 月 24 日）

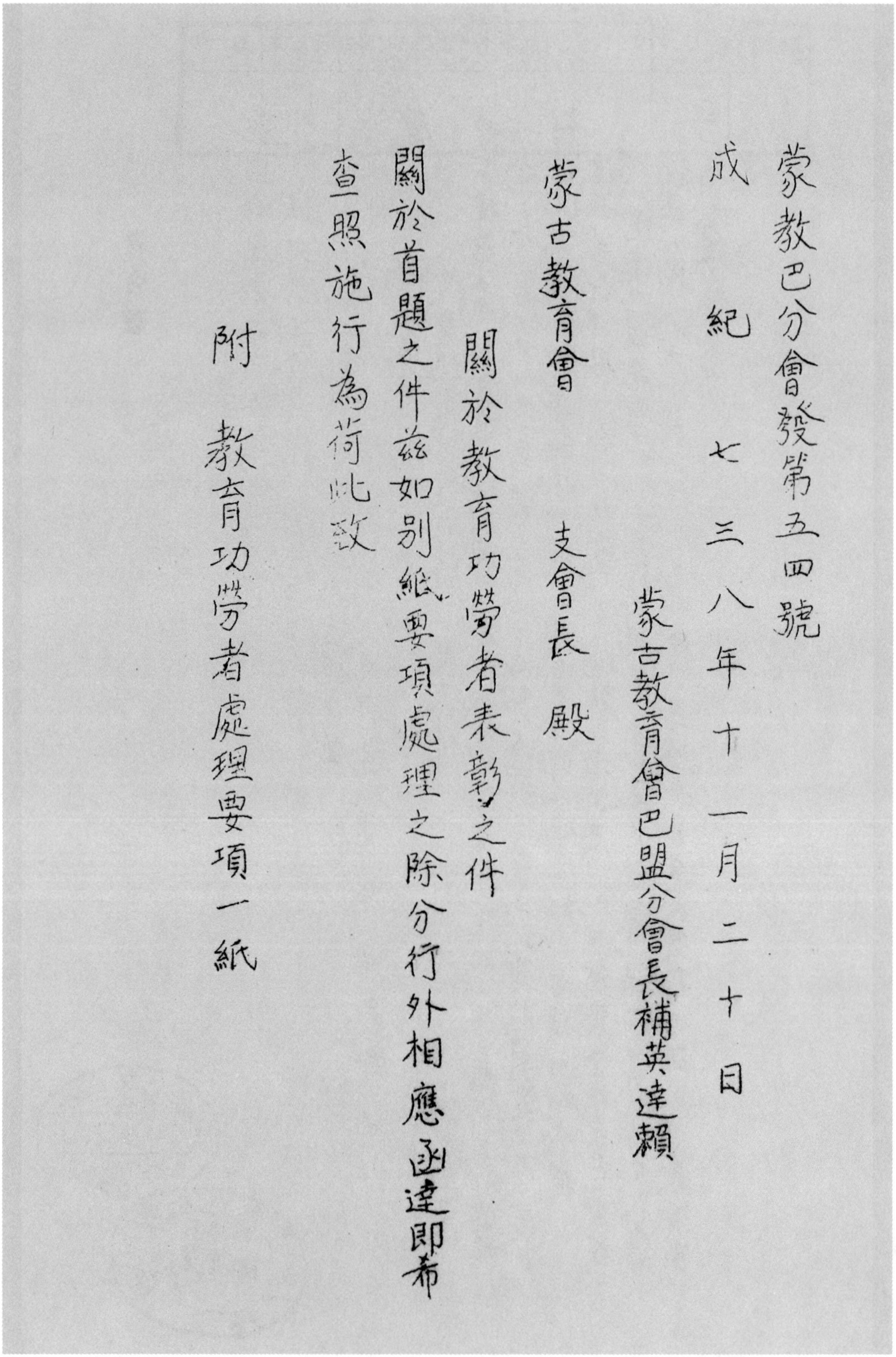

蒙教巴分會發第五四號

成紀七三八年十一月二十日

蒙古教育會巴盟分會長補英達賴

蒙古教育會支會長殿

關於教育功勞者表彰之件

關於首題之件茲如別紙要項處理之除分行外相應函達即希查照施行為荷此致

附教育功勞者處理要項一紙

图 1-附录-8 “蒙古教育会巴盟分会”为“教育功劳者”表彰事致“蒙古教育会”函（1943 年 11 月 20 日）（一）

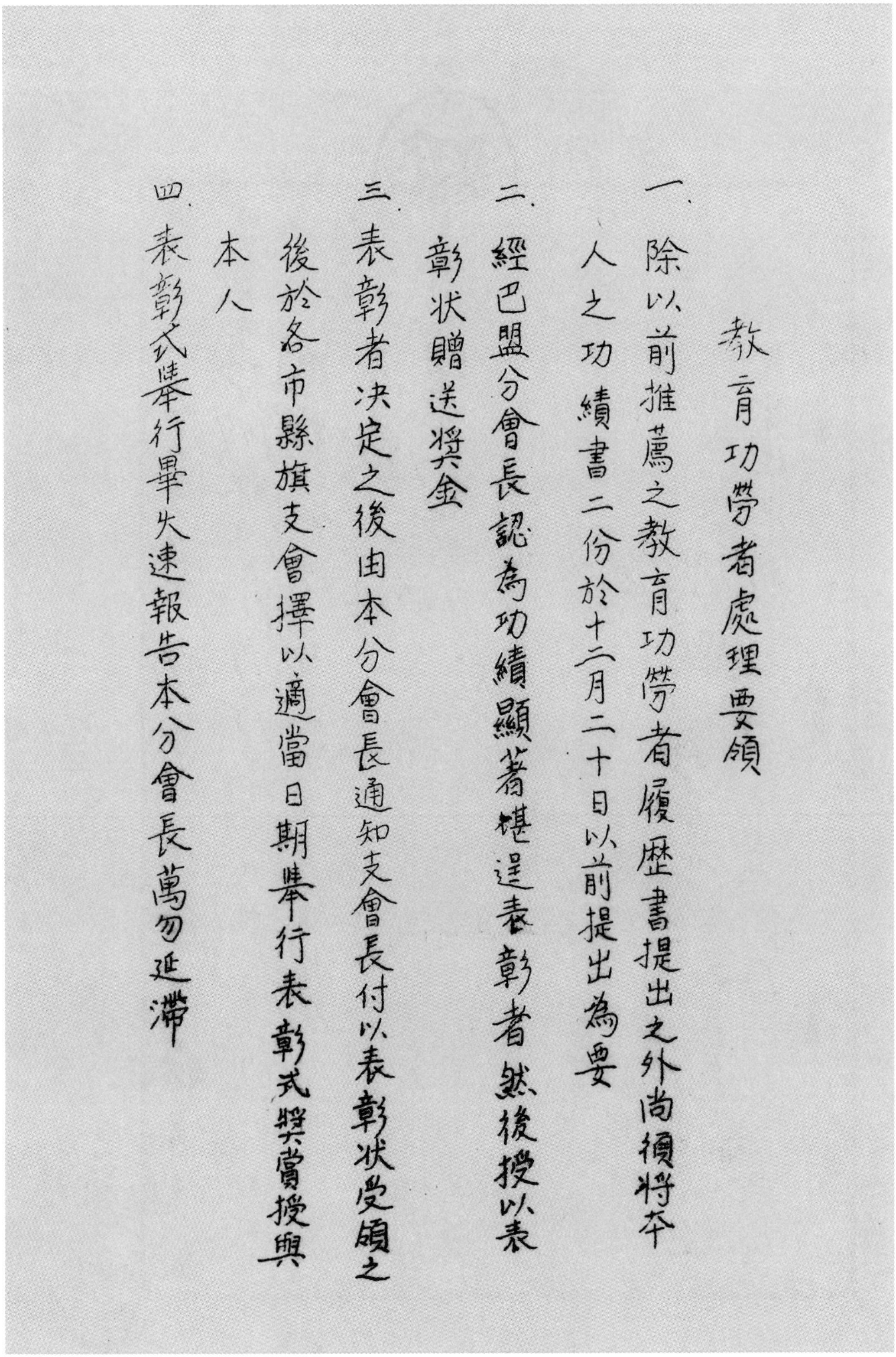

教育功勞者處理要領

一、除以前推薦之教育功勞者履歷書提出之外尚須将本人之功績書二份於十二月二十日以前提出為要

二、經巴盟分會長認為功績顯著堪選表彰者然後授以表彰状贈送奨金

三、表彰者決定之後由本分會長通知支會長付以表彰状受領之後於各市縣旗支會擇以適當日期舉行表彰式奨賞授與本人

四、表彰式舉行畢火速報告本分會長萬勿延滞

图 1-附录-8 “蒙古教育会巴盟分会”为“教育功劳者”表彰事致“蒙古教育会”函（1943 年 11 月 20 日）（二）

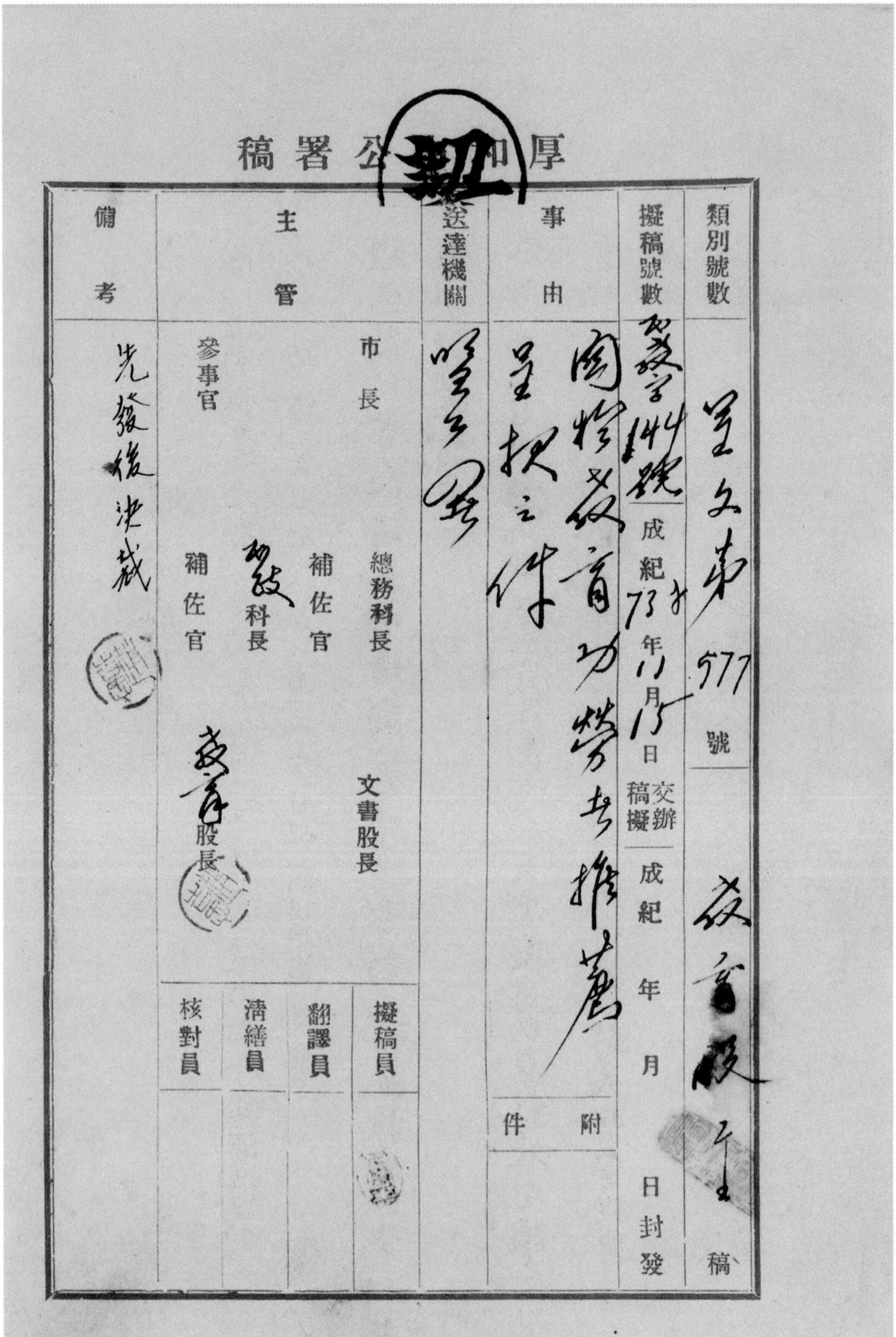

厚和市公署稿

類別號數 呈文第577號 教育股 稿

擬稿號數 教發字144號
成紀737年11月15日 交辦擬稿
成紀 年 月 日封發

事由 關於教育功勞者推薦呈報之件

送達機關 巴盟署

主管
市長
參事官
總務科長
補佐官
教育科長
補佐官
文書股長
教育股長

備考 先發後決裁

擬稿員
翻譯員
淸繕員
核對員

附件

图 1- 附录 -9 “厚和市公署”为推荐“教育功劳者”致“巴彦塔拉盟公署”呈文（1943 年 11 月 15 日）（一）

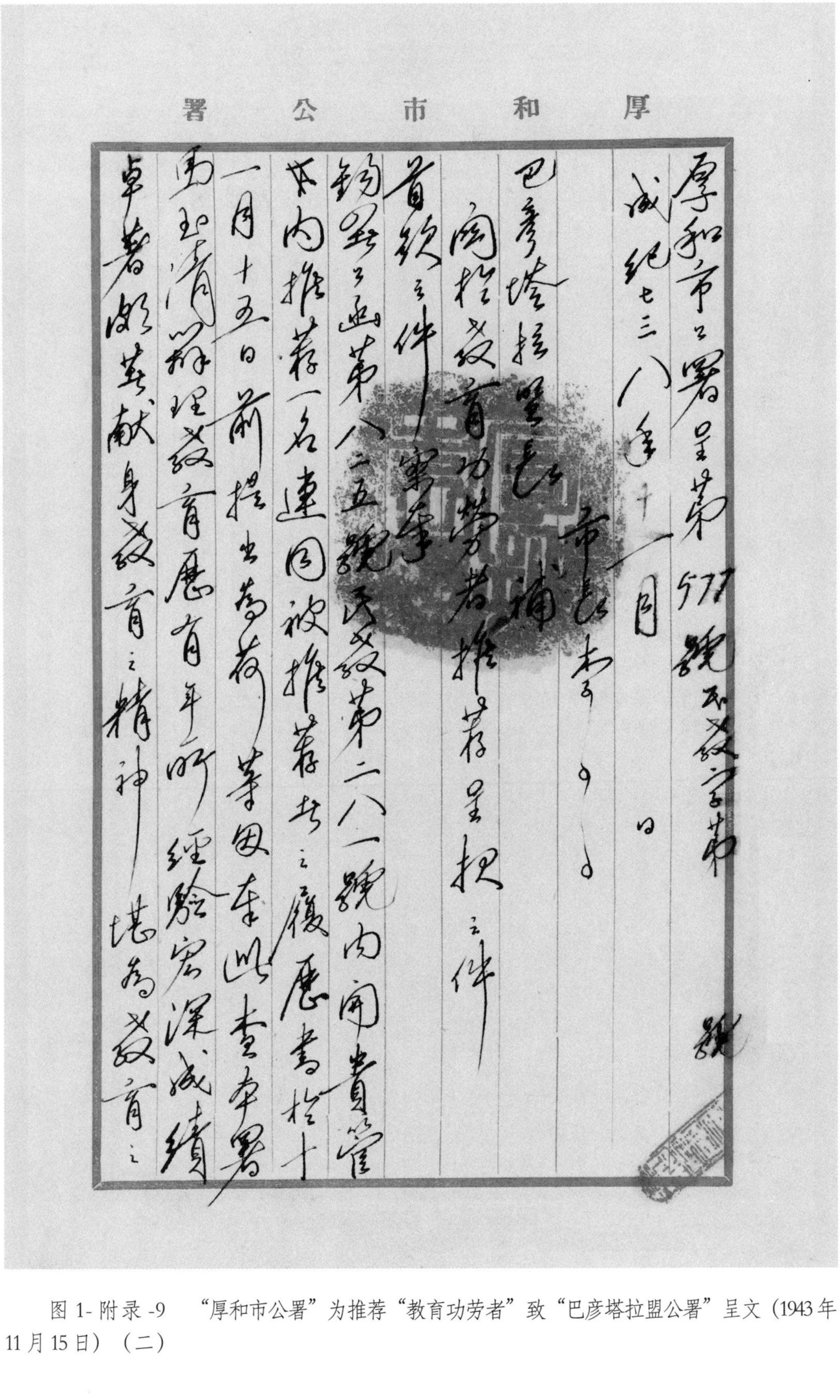
厚和市公署

厚和市公署呈第577號 文教字第 號

成紀七三八年十一月 日

市長 李○○

巴彥塔拉盟長 補

為推教育功勞者推薦呈核之件

首題之件案奉

鈞署之函第八二五號民文教第二八一號內開貴管

本內推薦一名速同被推薦者之履歷書於十

一月十五日前提出等因奉此查本署

西部清辦理教育歷有年所經驗宏深成績

卓著數其獻身教育之精神堪為教育之

图 1- 附录 -9 "厚和市公署"为推荐"教育功劳者"致"巴彦塔拉盟公署"呈文（1943 年 11 月 15 日）（二）

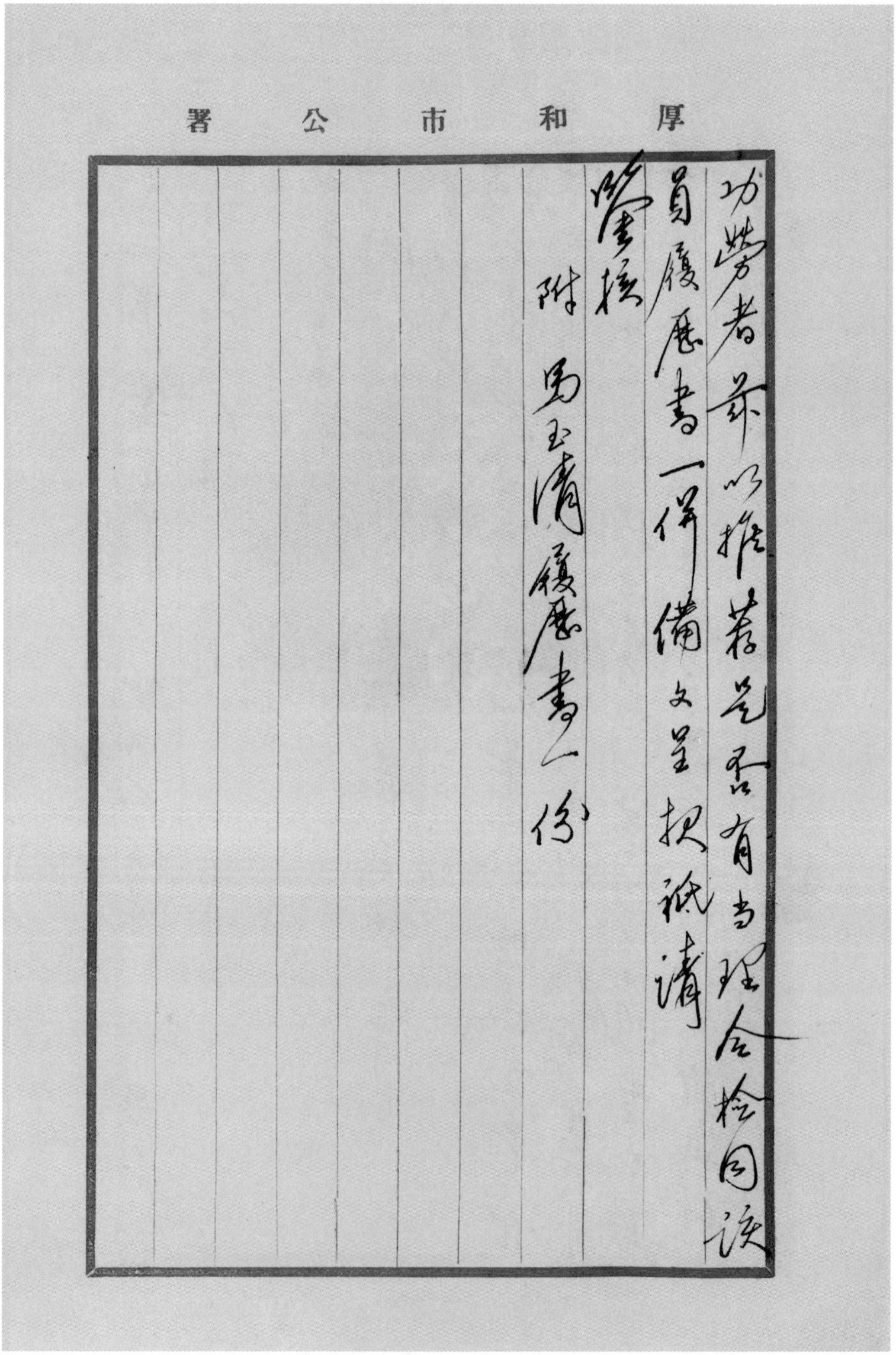

厚和市公署

功勞者並以推薦是否有當理合檢同該
員履歷書一併備文呈報祈請
鑒核
附 馬玉清履歷書一份

图 1- 附录 -9 “厚和市公署”为推荐“教育功劳者”致“巴彦塔拉盟公署”呈文（1943 年 11 月 15 日）（三）

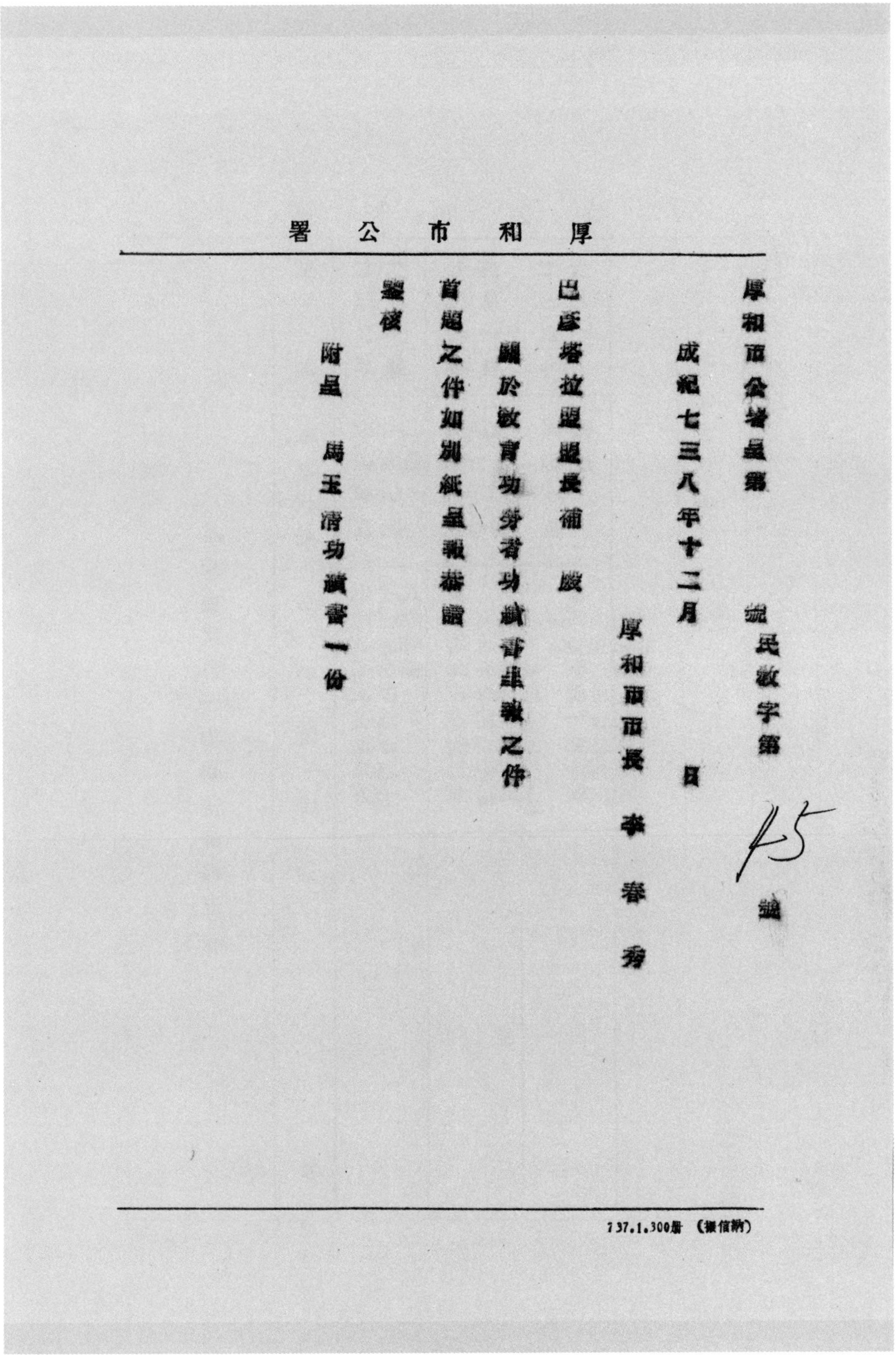

厚和市公署

厚和市公署呈第　號　民教字第 15 號

成紀七三八年十二月　日

厚和市市長　李　春　秀

巴彥塔拉盟盟長補　殿

關於教育功勞者功績書呈報之件

首題之件如別紙呈報恭請

鑒核

附呈　馬玉清功績書一份

737.1.300冊（振信納）

图 1-附录-10　“厚和市公署”为呈报“教育功劳者”功绩书致“巴彦塔拉盟公署”呈文（1943 年 12 月）（一）

厚和市公署

功績調書

厚和市立第一小學校長馬玉清

期間	服務校名	功績概要	備考
七三二年二月一日	厚和市立回部學校教員	以回教之教義及東方之道義培育兒童求學人數增多	
七三八年三月一日	厚和市立第一小學校教員	2.本着蒙古政府施政綱領及東亞和平建設指導學生確實認識大東亞聖戰必勝信念	
七三八年六月	代理本校校長	3.代理本校一切行政事項對命令嚴行辦理並領導先生學生熱心奉公	

737.1.300冊 （擬信納）

图 1- 附录 -10 “厚和市公署”为呈报“教育功劳者”功绩书致“巴彦塔拉盟公署”呈文（1943 年 12 月）（二）

教育會議討論事項

一、報告事項各盟市公署須將左記事項詳細列表報告

1、關於小學校概況　李科員擬

2、關於青年學校概況　李科員擬

3、關於中等學校概況

4、關於師範教育概況

5、關於回民教育概況　麻科員擬

6、關於社會教育概況　彭館長擬

二、協議事項各盟市公署須將左記事項依據實際情形分別擬具計劃方案提出教育會議討論

1、關於小學改進之計劃事項　朱科員擬

2、關於青年學校改進事項　朱科員擬

3、關於學田之整理事項　趙科員擬

4、關於師資養成事項

5、關於中等教育計劃事項

6、關於社會教育計劃事項　彭館長[illegible]

图 1- 附录 -11　“教育会议”讨论事项（一）

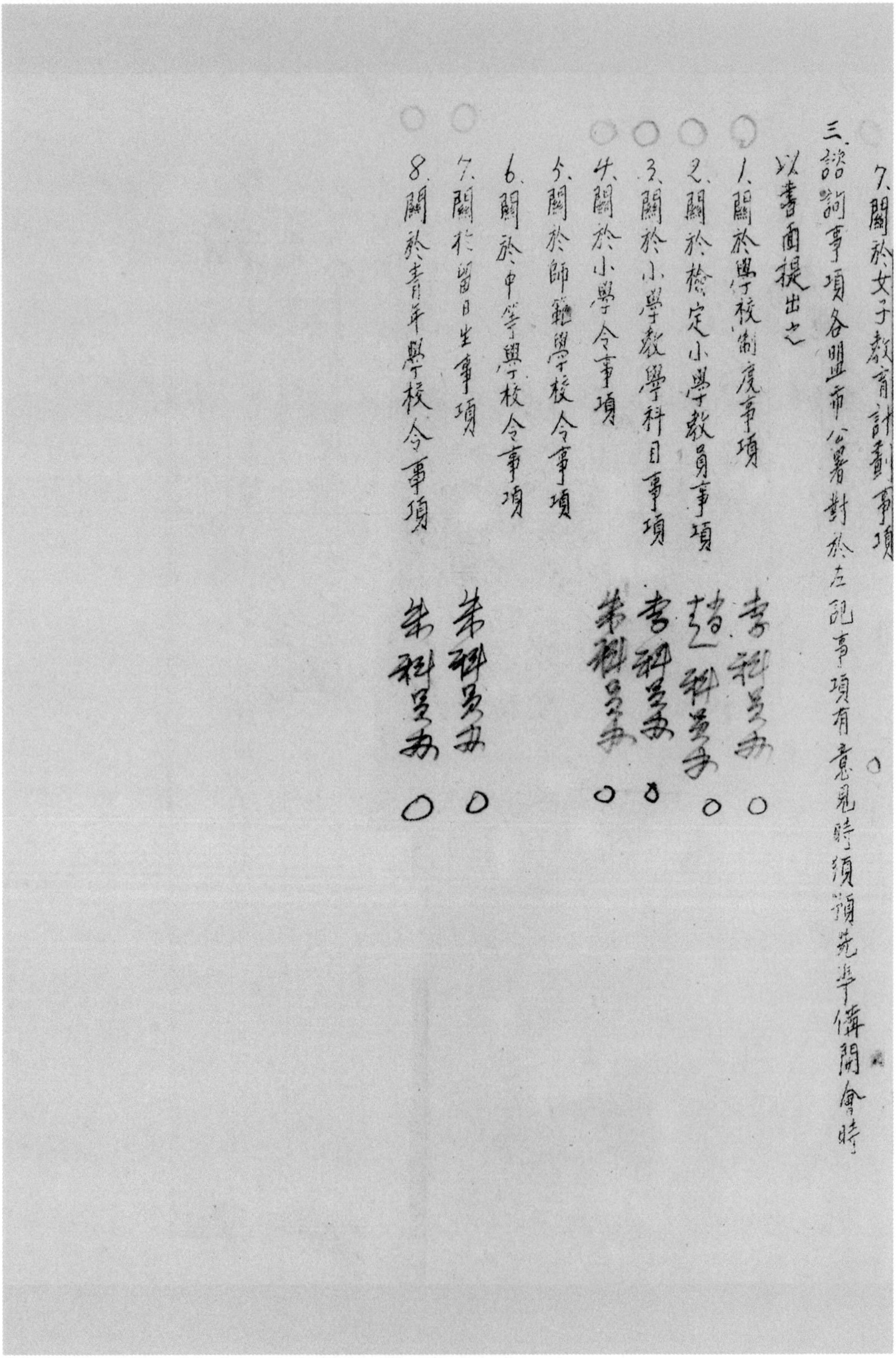

7、關於女子教育計劃事項

三、諮詢事項各盟市公署對於左記事項有意見時須預先準備開會時以書面提出之

1、關於學校制度事項　李科員

2、關於檢定小學教員事項　趙科員

3、關於小學教學科目事項　李科員

4、關於小學令事項　朱科員

5、關於師範學校令事項

6、關於中等學校令事項

7、關於留日生事項　朱科員

8、關於青年學校令事項　朱科員

图 1- 附录 -11　“教育会议”讨论事项（二）

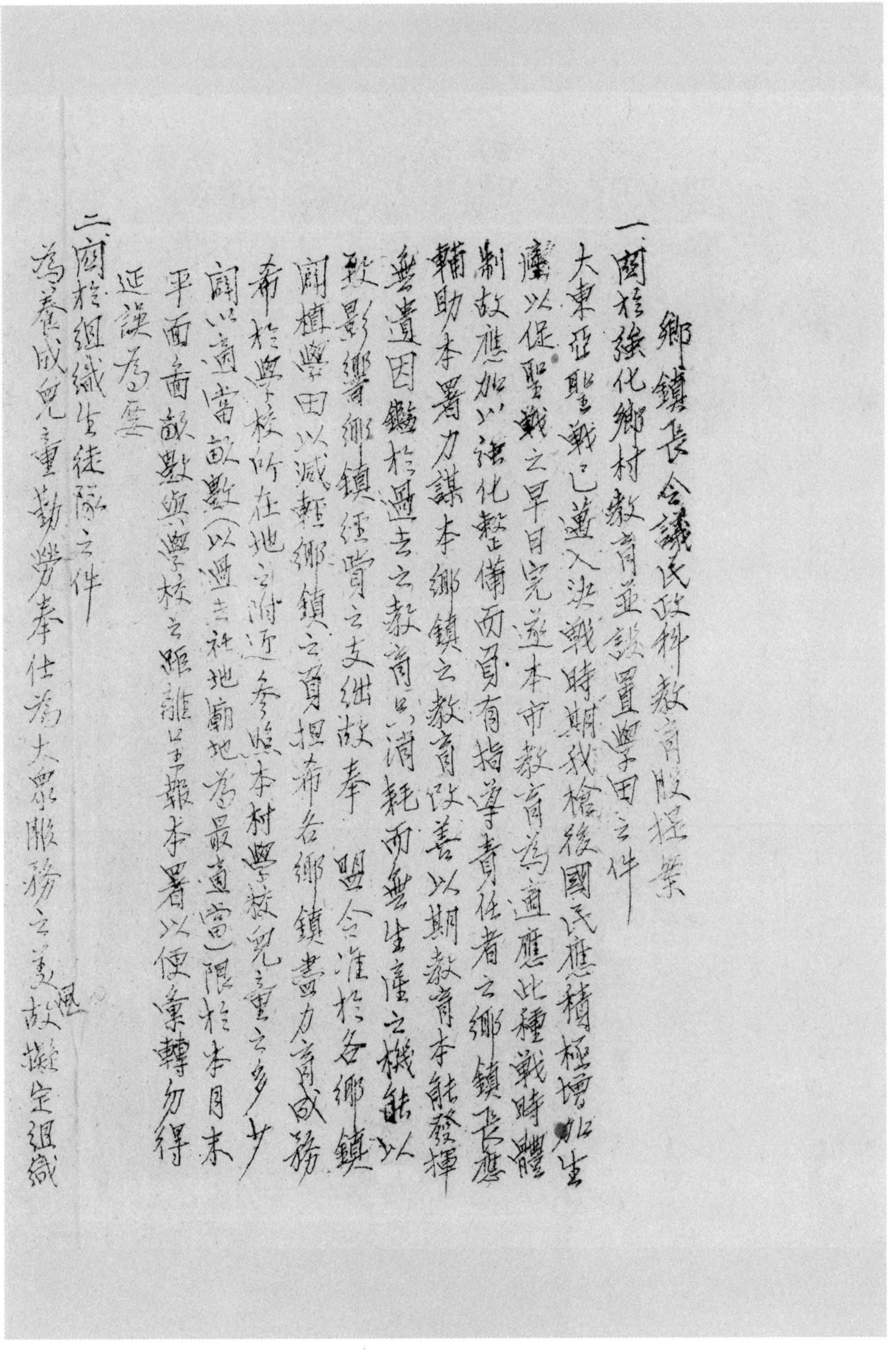

鄉鎮長会議民政科教育股提案

一、關於強化鄉村教育並設置學田之件
大東亞聖戰已進入決戰時期我槍後國民應積極增加生
產以促聖戰之早日完遂本市教育為適應此種戰時體
制故應加以強化整備而負有指導責任者之鄉鎮長應
輔助本署力謀本鄉鎮之教育改善以期教育本能發揮
無遺因鑑於過去之教育只消耗而無生產之機能以
致影響鄉鎮經費之支絀故本　署令准於各鄉鎮
闢植學田以減輕鄉鎮之負担希各鄉鎮盡力育成務
希於學校所在地之附近參照本村學校兒童之多少
闢以適當畝數（以過去社地廟地為最適當）限於本月末
平面畝數與學校之距離呈報本署以便彙轉勿得
延誤為要

二、關於組織生徒隊之件
為養成兒童勤勞奉仕為大眾服務之氣風故擬定組織

图 1- 附录 -12　“乡镇长会议”“民政科教育股”提案（一）

生徒隊以鄉為單位組成大隊鄉長為大隊長各教員為中隊分隊小隊隨時受鄉鎮長之指揮為公衆事業而服務辦法已發希各鄉長按公文辦法確實以辦理為要

三關於夫役實與金迅速發放之件

學校夫役實與金早已居發放之期仍有多數未能發給希望諸位鄉長回鄉後急速撥十成發給勿再延遲為要

四關於各鄉鎮積欠之教育負擔金急速清結之件

查七三七、七三八年度積欠之教育負擔金前已三令五申限期呈繳雖有數鄉業已清結而積欠者仍屬不少務期各鄉鎮長本愛護桑梓發展教育之本旨迅速清結勿再拖延為要

五關於本署往來公文迅速送達之件

查本署近日往來鄉村與學校重要公文時有延誤[illegible]

图 1- 附录 -12 “乡镇长会议”“民政科教育股”提案（二）

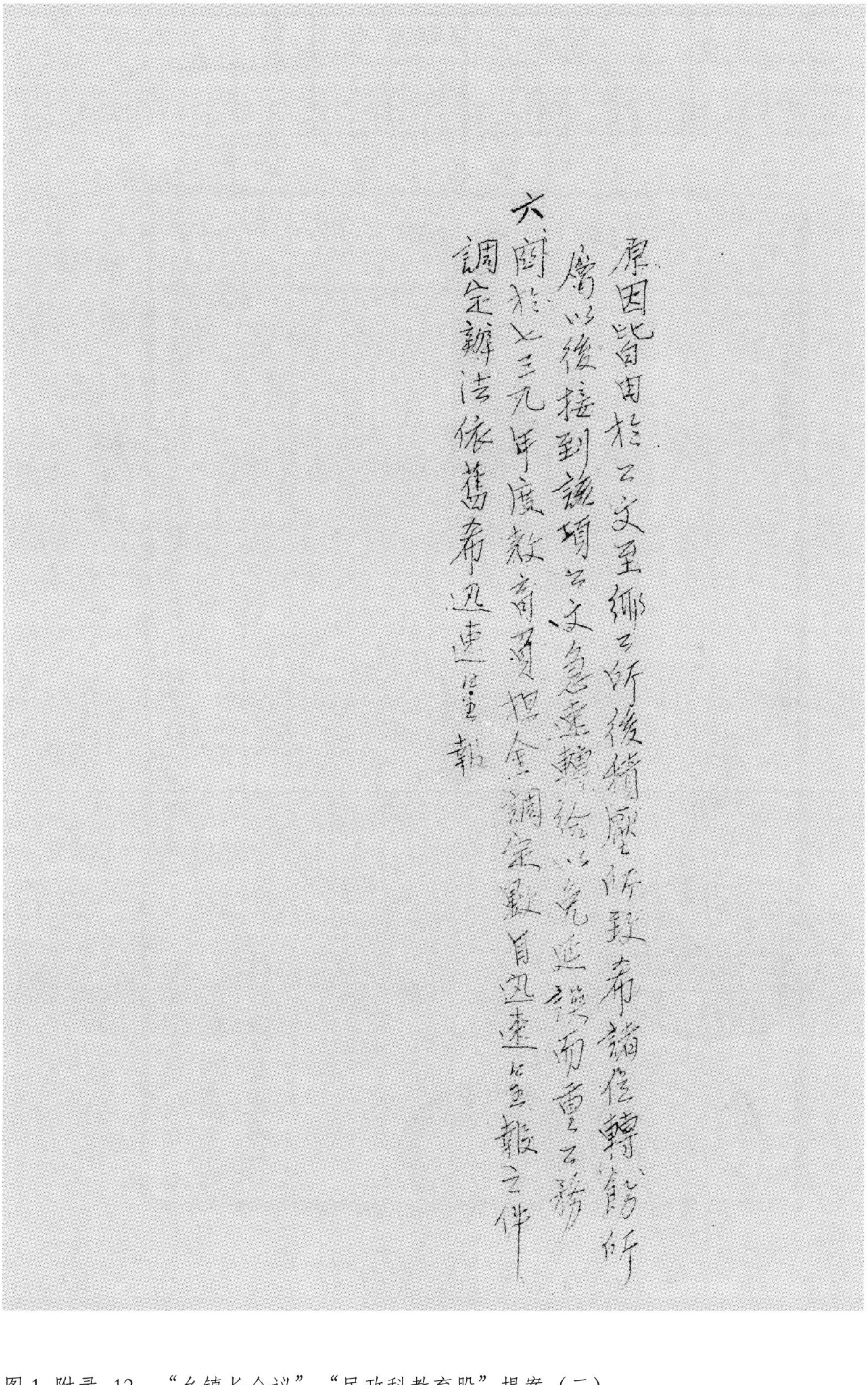

原因此皆由於公文至鄉公所後積壓所致希請從轉飭所
屬以後接到該項公文急速轉給以免延誤而重公務
六、關於七三九年度教育費担金調定數目迅速以呈報之件
調定辦法依舊希迅速以呈報

图 1- 附录 -12　“乡镇长会议”“民政科教育股”提案（三）

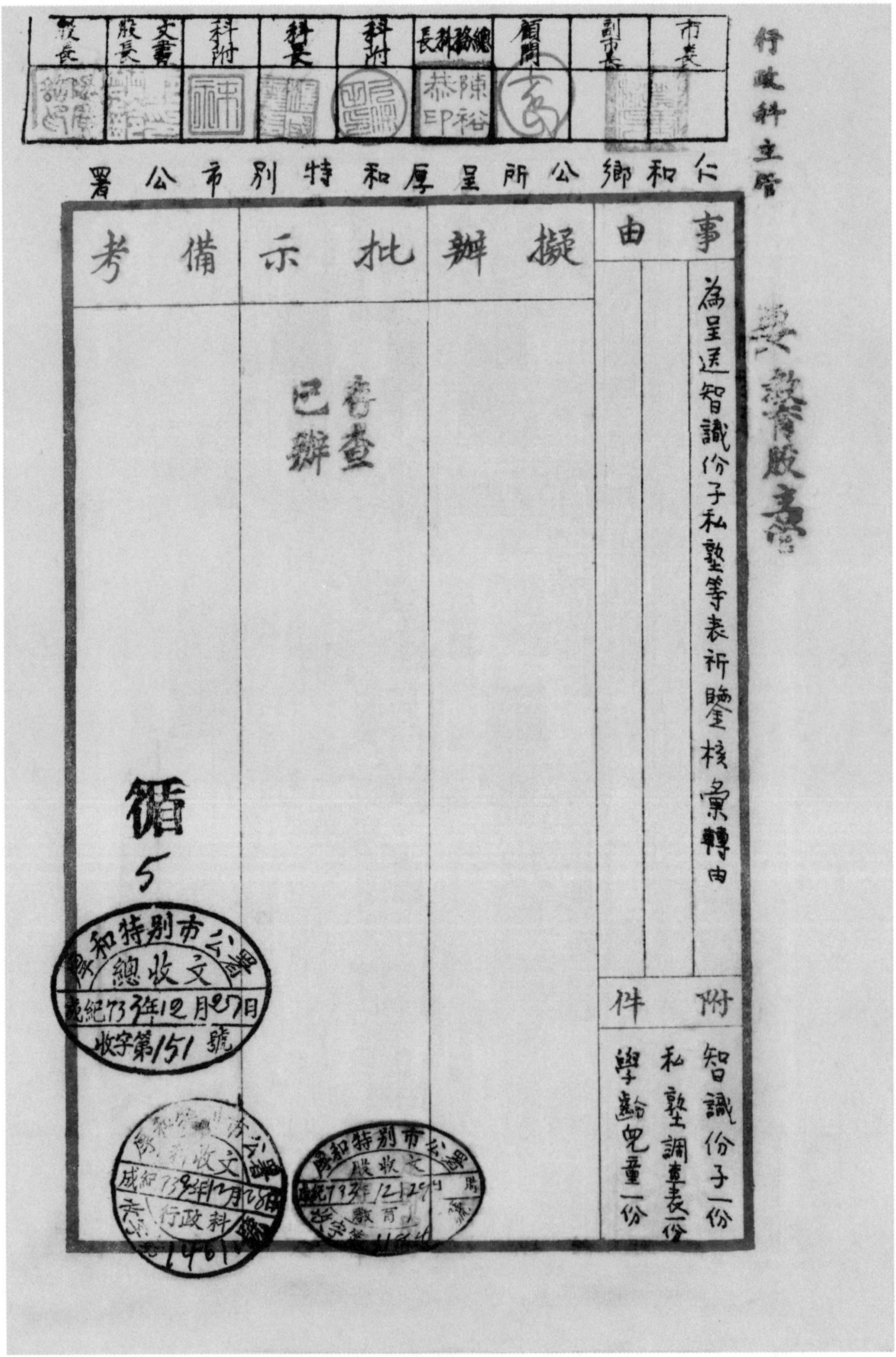
行政科主管

市長	副市長	顧問	總務科長	科附	科長	科附	文書股長	股長
			陳裕恭印					

仁和鄉公所呈厚和特別市公署

事由：為呈送智識份子私塾等表祈鑒核彙轉由

擬辦

批示：存查 已辦

備考：循 5

附件：
智識份子一份
私塾調查表一份
學齡兒童一份

图 1- 附录 -13 “仁和乡公所”为报送知识分子、私塾、学龄儿童调查表等致“厚和特别市公署”呈文（1938 年 12 月 27 日）（一）

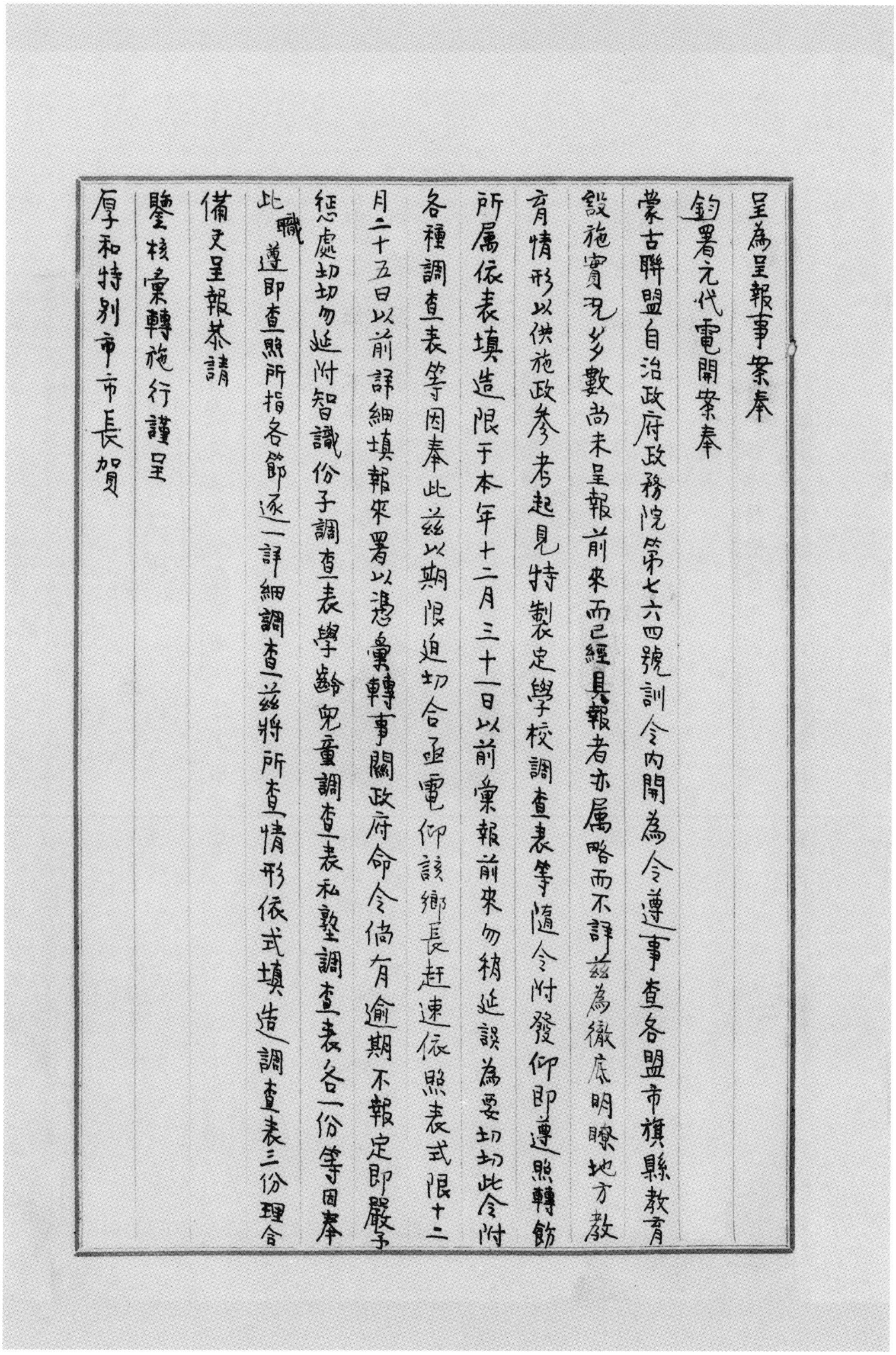

呈為呈報事案奉
鈞署元代電開案奉
蒙古聯盟自治政府政務院第七六四號訓令內開為令遵事查各盟市旗縣教育設施實況多數尚未呈報前來而已經具報者亦屬略而不詳茲為徹底明瞭地方教育情形以供施政參考起見特製定學校調查表等隨令附發仰即遵照轉飭所屬依表填造限于本年十二月三十一日以前彙報前來勿稍延誤為要切切此令附各種調查表等因奉此茲以期限迫切合亟電仰該鄉長赶速依照表式限十二月二十五日以前詳細填報來署以憑彙轉事關政府命令倘有逾期不報定即嚴予懲處切切勿延附知識份子調查表學齡兒童調查表私塾調查表各一份等因奉此職遵即查照所指各節逐一詳細調查茲將所查情形依式填造調查表三份理合
備文呈報恭請
鑒核彙轉施行謹呈
厚和特別市市長賀

图 1- 附录 -13　“仁和乡公所”为报送知识分子、私塾、学龄儿童调查表等致“厚和特别市公署”呈文（1938 年 12 月 27 日）（二）

本署法規

厚和特別市檢定小學教師事務處辦事規則

第一條　本規則依據檢定小學教師事務處組織制令第十條之規定制定之

第二條　本事務處（以下簡稱本處）設于市公署內

第三條　本處設主試官一人總務系長一人屬官二人事務員五人考試系長一人考試官十二人夫役四人

第四條　本處主試官由行政科長兼任之考試官以下各官員由主試官呈請市公署派充之並呈報政務院備案

第五條　本處爲辦事便利起見分設左列各系

一、總務系

二、考試系

第六條　本處各官員擔當事務規定如左

一、主試官承檢定會長之命總理事務處一切事務

图 1- 附录 -14　“厚和特别市检定小学教师事务处”办事规则（一）

二、總務系設系長一人屬官二人事務員五人夫役四人承主試官之命辦理文書會計庶務聯絡各事項夫役專司試場灑掃清潔服役一切雜務

三、考試系設系長一人考試官十二人承主試官之命辦理關於考試及評閱試卷統計成績各事項

第七條　本處官員夫役均以調選市公署職員夫役兼任為原則不另支薪但須支給勤勞津貼或車馬費

第八條　檢定試驗假市立第一小學校為試場

第九條　檢定日期遵照政府規定自八月十一日起至八月十七日止為檢定考試日期

第十條　檢定試驗除現任小學教員必須參加外其年齡在十八歲以上五十歲以下并具有下列資格之一者亦得參與試驗

1.曾在師範學校卒業者（但於新政權下之師範學校卒業者免予檢定）

图 1- 附录 -14　“厚和特别市检定小学教师事务处”办事规则（二）

2.曾在中等以上學校卒業者

3.曾受師資訓練者

4.曾任小學教員一年以上者

5.研究專科學術闡明教育原理而有相當證明者

第十一條 具有左列情事之一者不得參與檢定試驗

1.有違反新政權之行為經查明屬實者

2.曾受刑事處分被褫奪公權尚未恢復者

3.身體不健全且有不良嗜好者

4.受撤銷教師許可狀之處分者

第十二條 小學教師經檢定後分為正教師助教師準教師三種

第十三條 正教師助教師檢定試驗科目除分別施行體格檢查口頭試驗實地試驗外其筆試科目遵照 政府規定分列如左

一、正教師筆試科目

1.蒙文或漢文 2.日文 3.修身 4.數學 5.史地 6.理

图 1- 附录 -14 “厚和特别市检定小学教师事务处”办事规则（三）

科 7.教育原理 8.教授法 9.學校管理法 10.工藝 11.音樂 12.體育

二、助教師筆試科目

1.蒙文或漢文 2.日語 3.報考科目 4.報考科目之教授法 5.學校管理法 6.教育原理

第十四條 現任小學校長亦須參與檢定試驗其願受試驗科目與正教師同

第十五條 正教師助教師檢定試驗成績以各科目平均分數六十分以上者為及格其在六十分以下五十分以上者得為準教師

第十六條 現任小學教師經檢定不足五十分或不受檢定者得停止其職務

第十七條 各科試題由 政府檢定會密封發交事務處舉行檢定試驗時啓封

第十八條 各科試題之程度以初級師範學校課程為標準

第十九條 各科試卷由各考試官分別評定後造具成績統計連同原卷呈送 政府檢定會審核

图 1- 附录 -14 “厚和特别市检定小学教师事务处”办事规则（四）

第二十條　檢定合格之教師由事務處呈請蒙古聯盟自治政府政務院分別發給正教師許可狀助教師許可狀以資證明

第二十一條　檢定合格之小學正教師助教師有效期間為三年準教師有效期間為一年但教師在上列有效期間忠於職守經主管機關或該管校長及視學官考核成績確屬優良者得免予再次檢定

第二十二條　檢定合格之教師除由檢定會公佈名單外并由事務處分別通知

第二十三條　檢定合格之各教師除現任教師照常任事外其非現任教師呈請政務院分發各盟市盡先任用

第二十四條　現任小學校長教師及參加檢定之應考人員須於檢定前至市公署檢定小學教師事務處報名附具志願書履歷書及卒業證書免冠像片二張保證人操行證明書呈送市公署查核後加具服務機關證明書轉呈　政務院審核

第二十五條　市公署科股長及薦官以上官吏得為受檢定者之保證人

第二十六條　受檢定者於報名後接到檢定事務處通知試驗日期即依限應考

图 1- 附录 -14　“厚和特别市检定小学教师事务处”办事规则（五）

第二十七條　檢定試驗行施後非特有許可狀者不得充任小學教師

第二十八條　小學教師經檢定合格委用後按其試驗成績依据俸給表重新規定俸給呈

政務院核准施行

第二十九條　本細則自呈准公布之日施行

图 1- 附录 -14　“厚和特别市检定小学教师事务处”办事规则（六）

厚和特別市檢定小學教師事務處官員姓名表

職別	姓名	現任職務	
主試官	楊國璧	行政科長	兼日文考試官
考試系長	荻原公雄	行政科補佐官	
考試官	鄧懋齡	文書股長	擔任漢文
〃	武懿美	實業股長	擔任教授法
〃	成維夏	企劃股屬官	擔任學校管理法
〃	朱敷	教育股屬官	擔任教育原理
〃	陳賡元	企劃股長	擔任理科
〃	王耀先	行政股長	擔任史地
〃	額爾頓	教育股屬官	擔任數學
〃	張粲星	土地股長	擔任修身
〃	李樹基	教育股屬官	擔任音樂
〃	張壽頤	行政股屬官	擔任體育

图 1- 附录 -15　“厚和特別市检定小学教师事务处”官员姓名表（一）

〃	唐培元	庶務股屬官	擔任工藝
總務系長	陳賡元	企劃股長	
屬官	唐培元	庶務股屬官	
〃	張錫純	庶務股屬官	
事務員	鄭占魁	教育股辦事員	
〃	劉鳳美	〃	
〃	吳本讃	〃	
〃	喬連珍	〃	
〃	渠　德	教育股鄉視學	

图 1- 附录 -15　“厚和特别市检定小学教师事务处”官员姓名表（二）

厚和市公署

教育視察团視察路線及日程表

地别往返	起止地点	起程及到達日期	視察日期及日数 起始日	終止日	日数	共计日数	備攷
張家口往	十月一日起 十月二日着	厚和市 張家口市	十月二日	十月五日	四日	五日	
宣化往	張家口市起 宣化着	十月六日 当日着	十月七日	十月八日	二日	三日	
厚和返	宣化起 厚和着	十月九日 十月十一日			二日	二日	
					合	一〇日	

图 1- 附录 -16 “教育视察团”视察路线及日程表

行政股 第2793號

巴彥塔拉盟公署訓令巴彥縣公署

事由	擬辦	決定辦法	備考
為令飭注意訓導學生重視禮教以資改造社會實現王道由			

縣長	顧問	總務科長	總務股長	文書係員

決裁

縣長	顧問

通令各校遵照办理

附件

總務股 成吉思汗紀元七三三年四月十六日

成紀　年　月　日到

图 1- 附录 -17　“巴彦塔拉盟公署”为注意训导学生重视礼教以资改造社会实现“王道”致“巴彦县公署”训令（1938 年 4 月 16 日）（一）

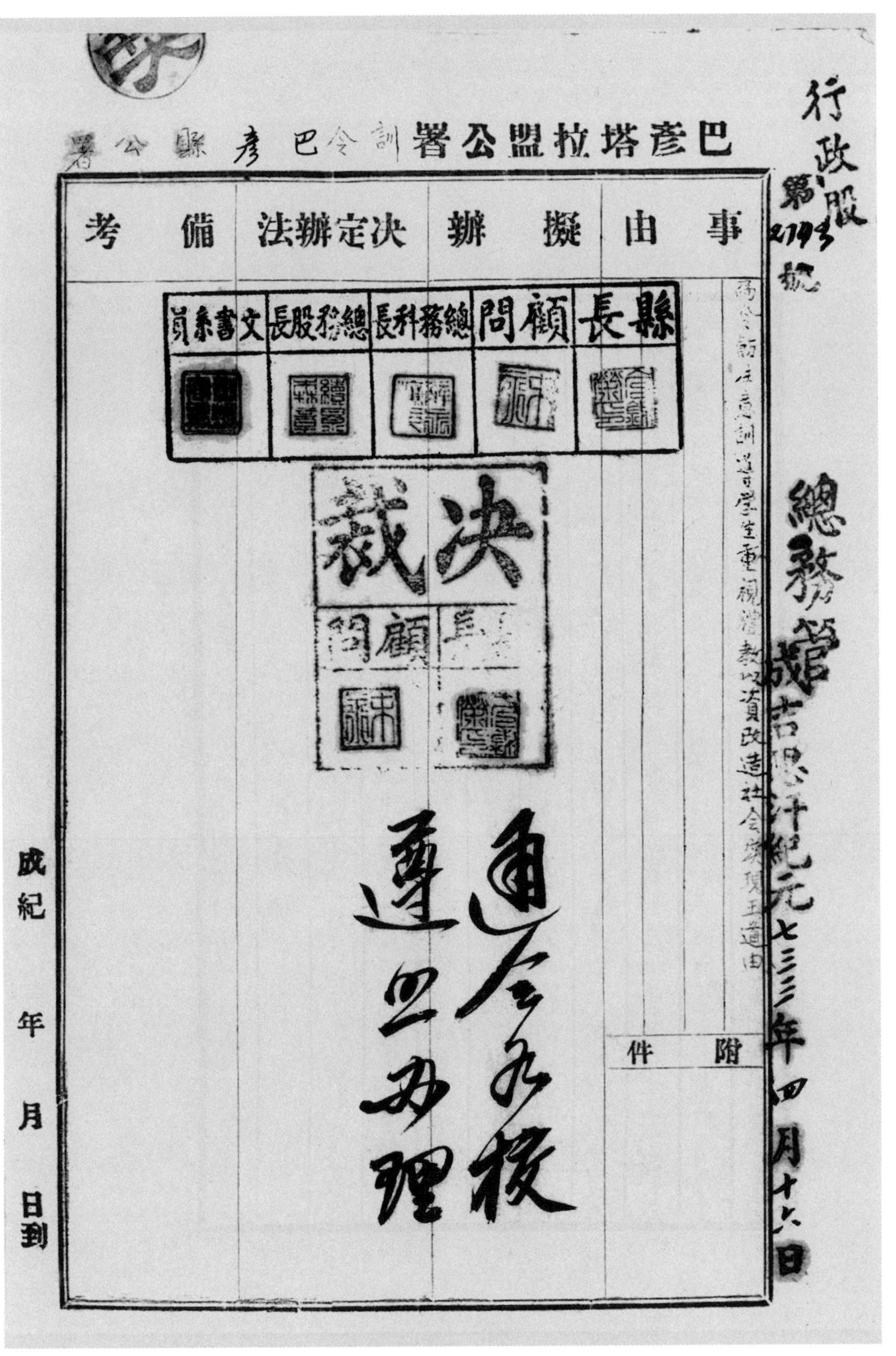

巴彥塔拉盟公署訓令　教學字第14號

令巴彥縣

為令遵事查蒙疆位居漢南風俗淳厚人民素重禮義知廉恥親仁汎愛敬業樂群而闡揚忠孝尤為蒙疆文化之重心古今一貫之美德以故過去具有悠久光榮之歷史晚近以來邪説橫行道德淪喪非忠非孝蔑倫芸芸衆生唯知有個人而不知有社会唯知有私情而不知有公理虞詐以相尚猜忌以相傾放僻邪侈肆無忌憚結果軟弱者浸淫於萎靡頹廢浪漫怠惰之深淵豪強者陷入於暴戾恣睢驕奢淫佚之魔窟青年学子處在此種環境中亦多同流合污不能自拔集此多數軼出於教範圍之人民而成社会此舊政權之所以終於崩潰也邇者新政樹立百度更新以往頹風亟須補救而補救之道非從教育入手不為功本盟所屬各級学校現已次第開学亟應將我蒙疆本民固有之道德

图 1- 附录 -17　“巴彦塔拉盟公署”为注意训导学生重视礼教以资改造社会实现“王道”致“巴彦县公署”训令（1938 年 4 月 16 日）（二）

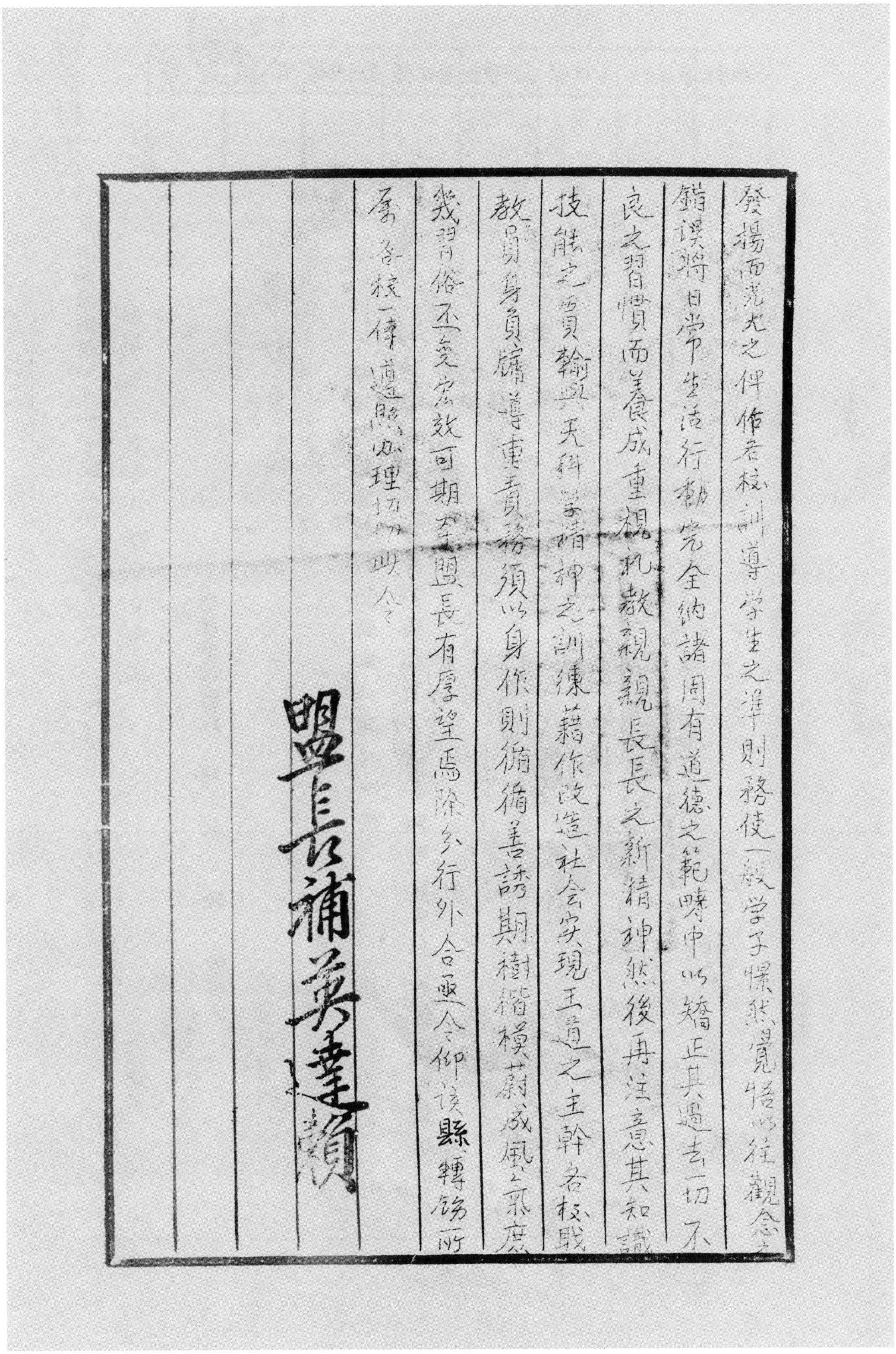

發揚而光大之俾作各校訓導學生之準則務使一般學子慄然覺悟以往觀念之
錯誤將日常生活行動完全納諸固有道德之範疇中以矯正其過去一切不
良之習慣而養成重視禮教親親長長之新精神然後再注意其知識
技能之貫輸與夫科學精神之訓練藉作改造社會實現王道之主幹各校職
教員身負牖導重責務須以身作則循循善誘期樹楷模蔚成風氣庶
幾習俗丕變宏效可期本盟長有厚望焉除分行外合亟令仰該縣轉飭所
屬各校一律遵照辦理切切此令

盟長補英達賚

图 1- 附录 -17　“巴彦塔拉盟公署”为注意训导学生重视礼教以资改造社会实现“王道”致“巴彦县公署”训令（1938 年 4 月 16 日）（三）

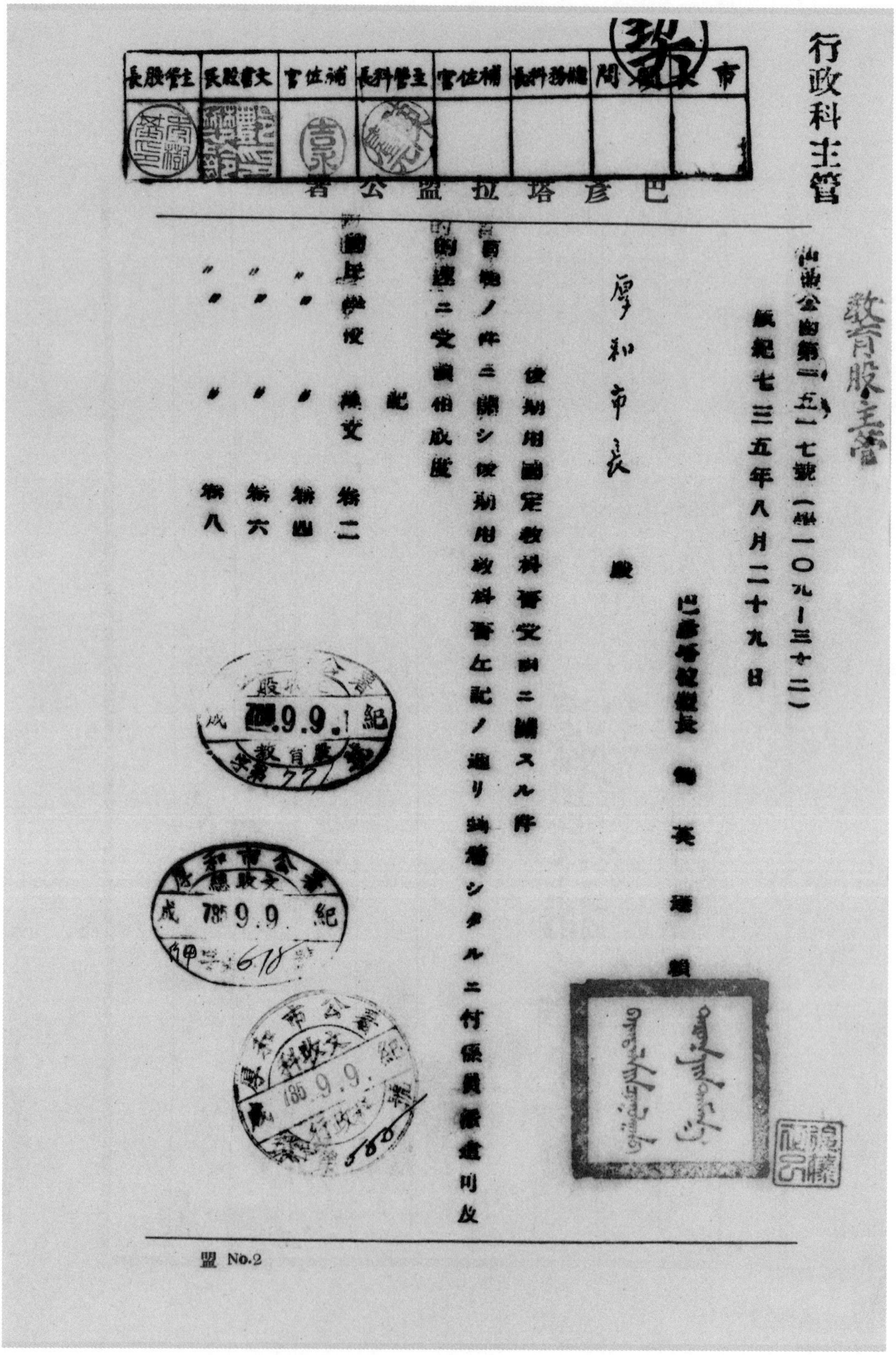

行政科主管

教育股主管

市長	顧問	總務科長	補佐官	主管科長	補佐官	文書股長	主管股長

巴彥塔拉盟公署

巴盟公由第一五一七號（巴一〇九－三十二）

成紀七三五年八月二十九日

巴彥塔拉盟長 補英達賴

厚和市長 殿

後期用國定教科書受領ニ關スル件

首題ノ件ニ關シ後期用教科書左記ノ通リ納着シタルニ付係員派遣可及的速ニ受領相成度

記

國民學校 蒙文 卷二

〃 〃 卷四

〃 〃 卷六

〃 〃 卷八

盟 No.2

图 1- 附录 -18 “巴彦塔拉盟公署”为领取后期用“国家指定教科书”致“厚和市公署”函（日文）（1940 年 8 月 29 日）

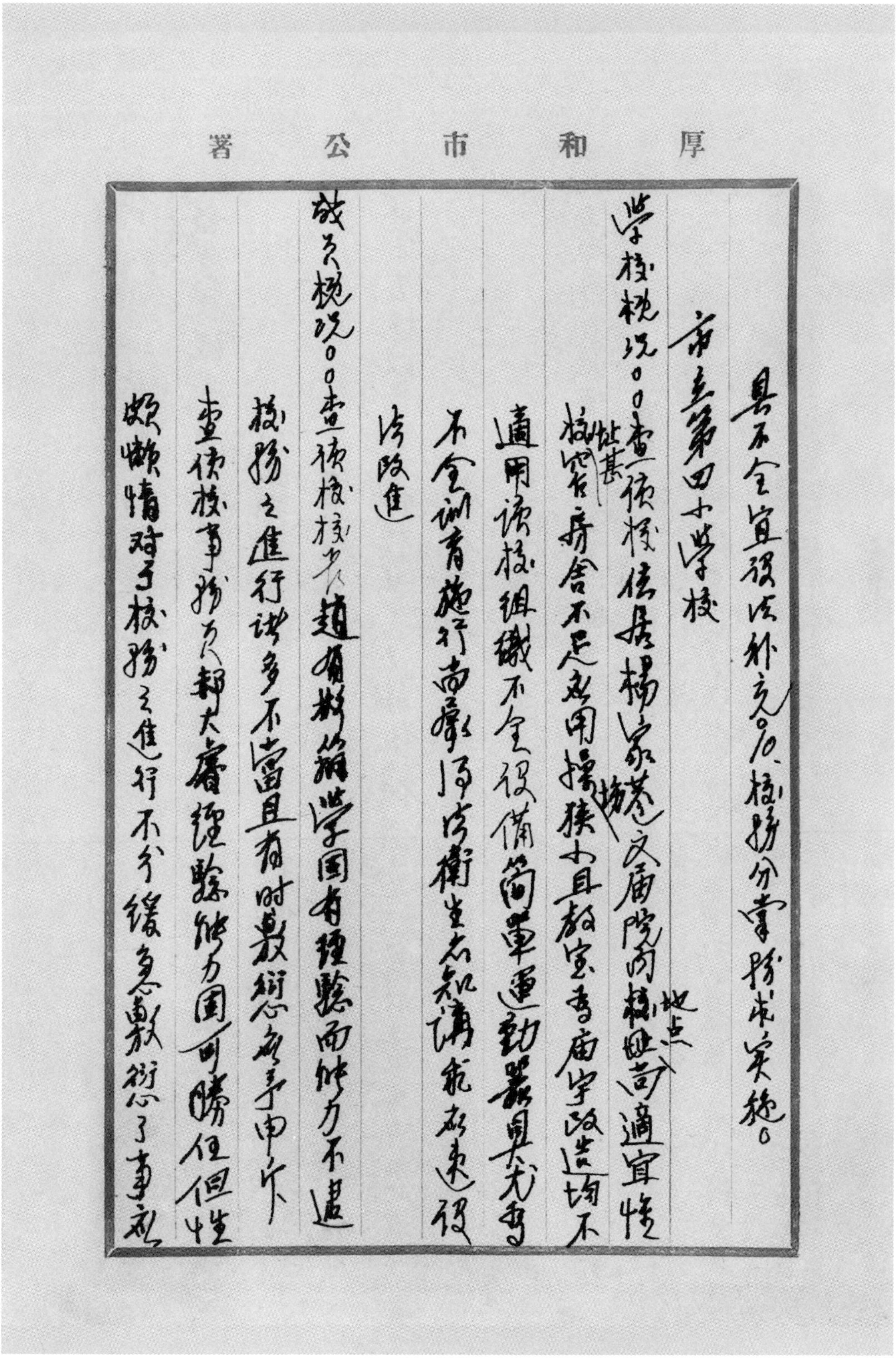

厚和市公署

县不合宜设法补充。（4）校务分掌务求实施。

市立第四小学校

学校概况。。查该校借用杨家巷文庙院内校址地点适宜惟校址甚窄房舍不足应用操场狭小且教室系庙宇改造均不适用该校组织不全设备简单运动器具尤系不全训育施行尚欠得法卫生方知识亦未设法改进

成绩概况。。查该校校长赵有猷籍学问有经验而能力不逮校务之进行诸多不当且有时敷衍了事由于

查该校事务人员郝大齐经验能力固可胜任但性颇懒惰对于校务之进行不分缓急敷衍了事亦

图 1-附录-19　“厚和市公署教育股”关于市立各学校教育情况、意见的呈（节选）（1940 年 9 月）（一）

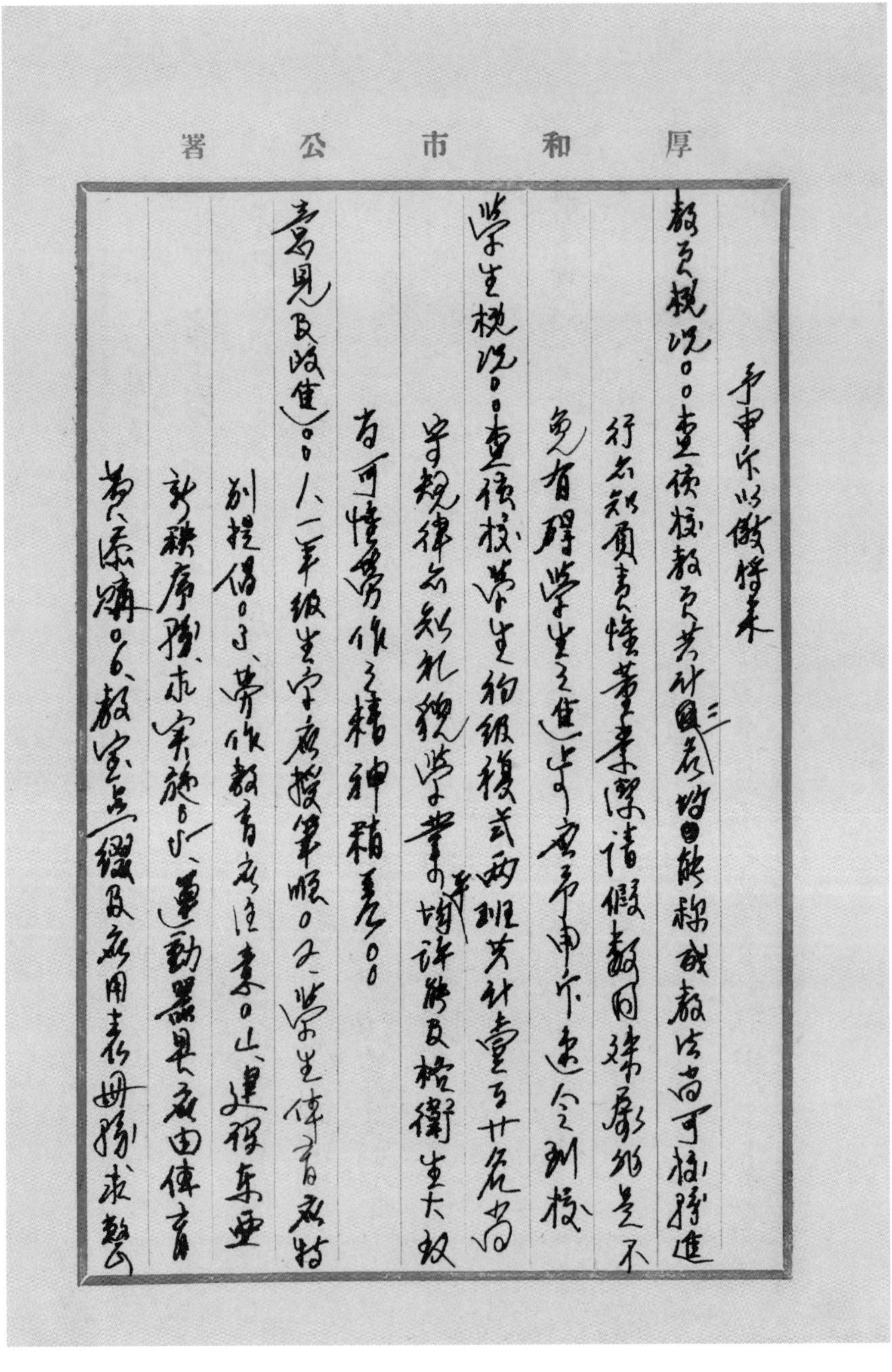

厚和市公署

予申斥以儆将来

教员概况○○查该校教员共计三名，均能称职，教法尚可按步进行。各教员责任心[illegible]，[illegible]请假，教同[illegible]，影响殊是不免有碍学生之进步，应予申斥，令该校

学生概况○○查该校学生分级复式两班，共计壹百廿名，尚守规律，尚知礼貌，学生学业均许能及格，卫生大致尚可，惟劳作之精神稍差○○

意见及改进○○(一)一年级生宜应按年龄，(二)学生体育应特别提倡，(三)劳作教育应注意，(四)[illegible]建[illegible]要新移扩张，亦宜实施，(五)运动器具应由体育费添购，(六)教室点缀及应用表格册务求整齐

图 1-附录 -19 “厚和市公署教育股”关于市立各学校教育情况、意见的呈（节选）（1940 年 9 月）（二）

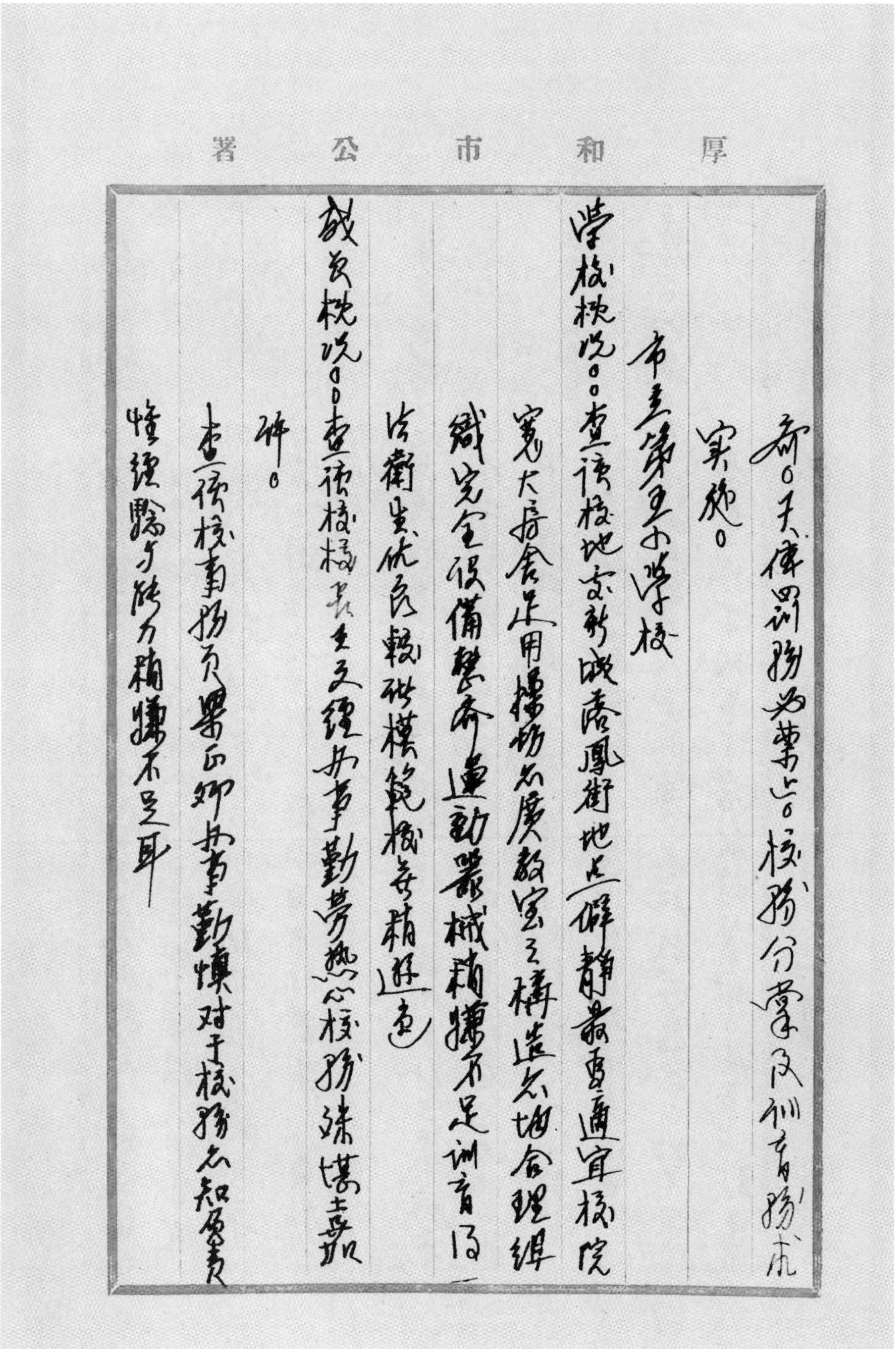

厚和市公署

命。夫使四训務為業上。校務分掌及训育務求
实施。
市立第五小学校
学校概况。。查该校地處新城春鳳街地点僻静最為適宜校院
寛大房舍采用樓房各教室之構造尚合理組
織完全設備整齐運動器械稍嫌不足训育得
法衛生优良較比模範校無稍遜色
教員概况。。查该校校長王文鍾办事勤勞热心校務殊堪嘉
許。
查该校事務员崔正卿办事勤慎对于校務尚知負責
惟经驗与能力稍嫌不足耳

图 1- 附录 -19 “厚和市公署教育股”关于市立各学校教育情况、意见的呈（节选）（1940 年 9 月）（三）

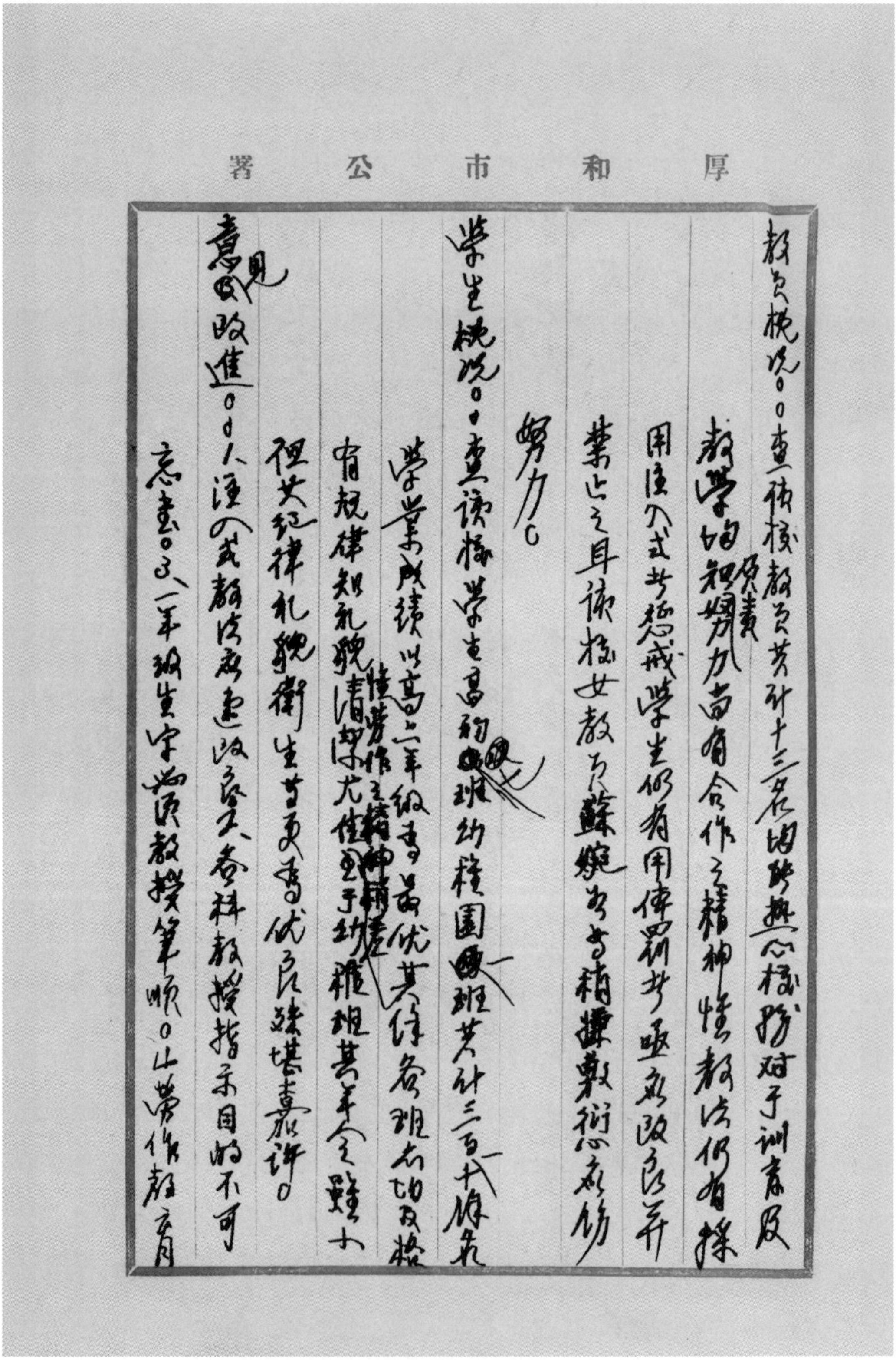

厚和市公署

教员概况。查该校教员共计十三名，均能热心校务，对于训育及
教学均知努力负责，尚有合作之精神，惟教法仍有操
用注入式者，惩戒学生仍有用体罚者，亟应改良。并
业已令该校女教员苏婉若等精神散漫，敷衍怠忽，应饬
努力。

学生概况。查该校学生高[illegible]班幼稚园[illegible]班共计三百卅余名
学业成绩以高二年级为最优，其余各班亦均及格
有规律，知礼貌，清洁[illegible]尤佳，至于幼稚班其年令虽小
但其纪律礼貌卫生等更为优良，殊堪嘉许。

意见及改进。一、注入式教法应速改良，又各科教授指导目的不可
忘去。二、一年级生宜注重教授算术。三、劳作教育

图 1- 附录 -19　“厚和市公署教育股”关于市立各学校教育情况、意见的呈（节选）（1940 年 9 月）（四）

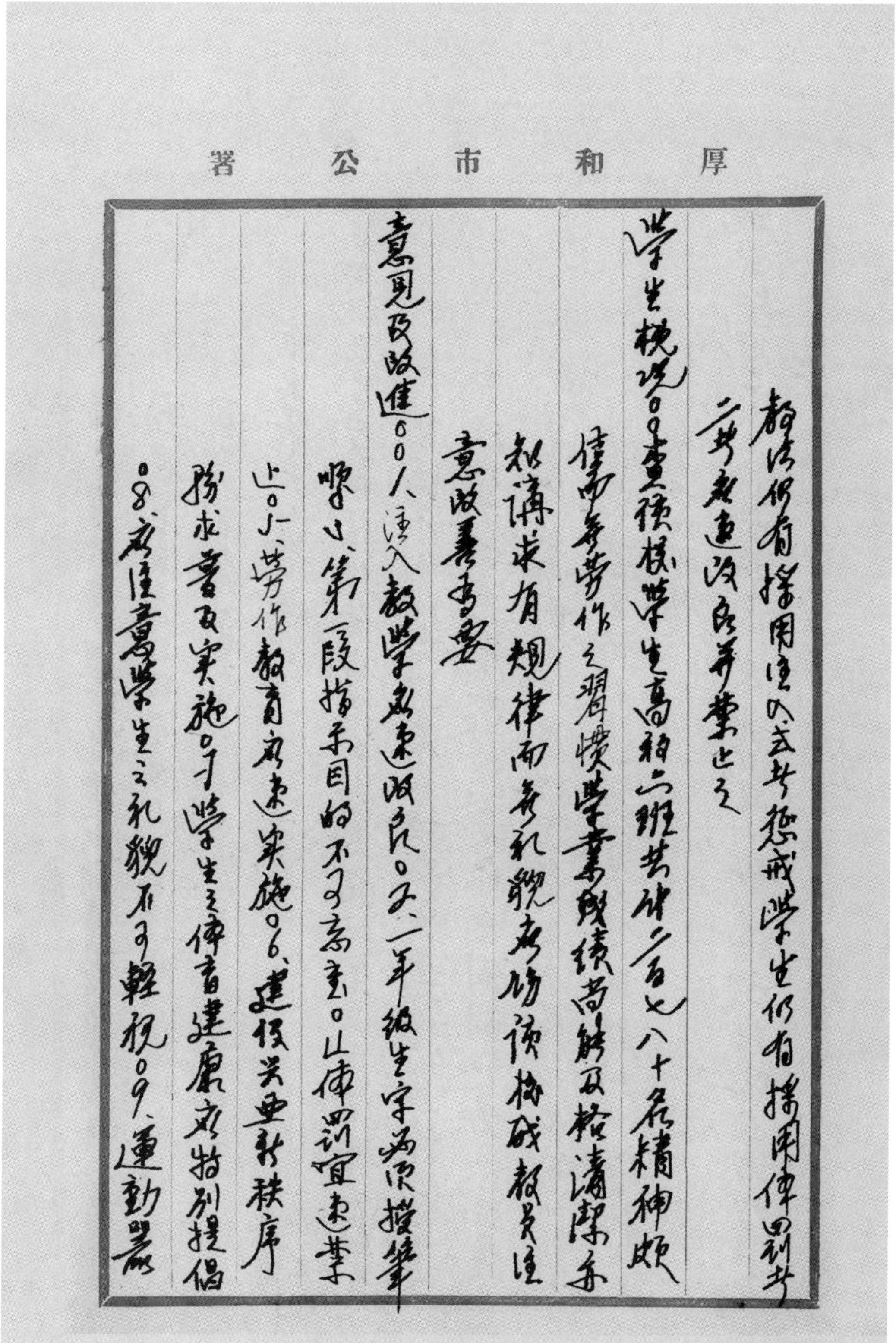
厚和市公署

教法仍有採用注入式並懲戒學生仍有採用體罰者
亟應速改良並禁止之

學生概況：重積模範學生為約六班共計六百七八十名精神煥發而無勞作之習慣學業成績尚能及格清潔亦頗講求有規律而無禮貌應[illegible]該極教員注意改善為要

意見及改進：1、注入教學應速改良。2、一年級生字須撥筆[illegible]3、第一段指示目的不可忘去。4、體罰宜速禁止。5、勞作教育應速實施。6、建設與更新秩序務求普及實施。7、學生之體育健康應特別提倡。8、應注意學生之禮貌不可輕視。9、運動器械

图 1- 附录 -19　“厚和市公署教育股”关于市立各学校教育情况、意见的呈（节选）（1940 年 9 月）（五）

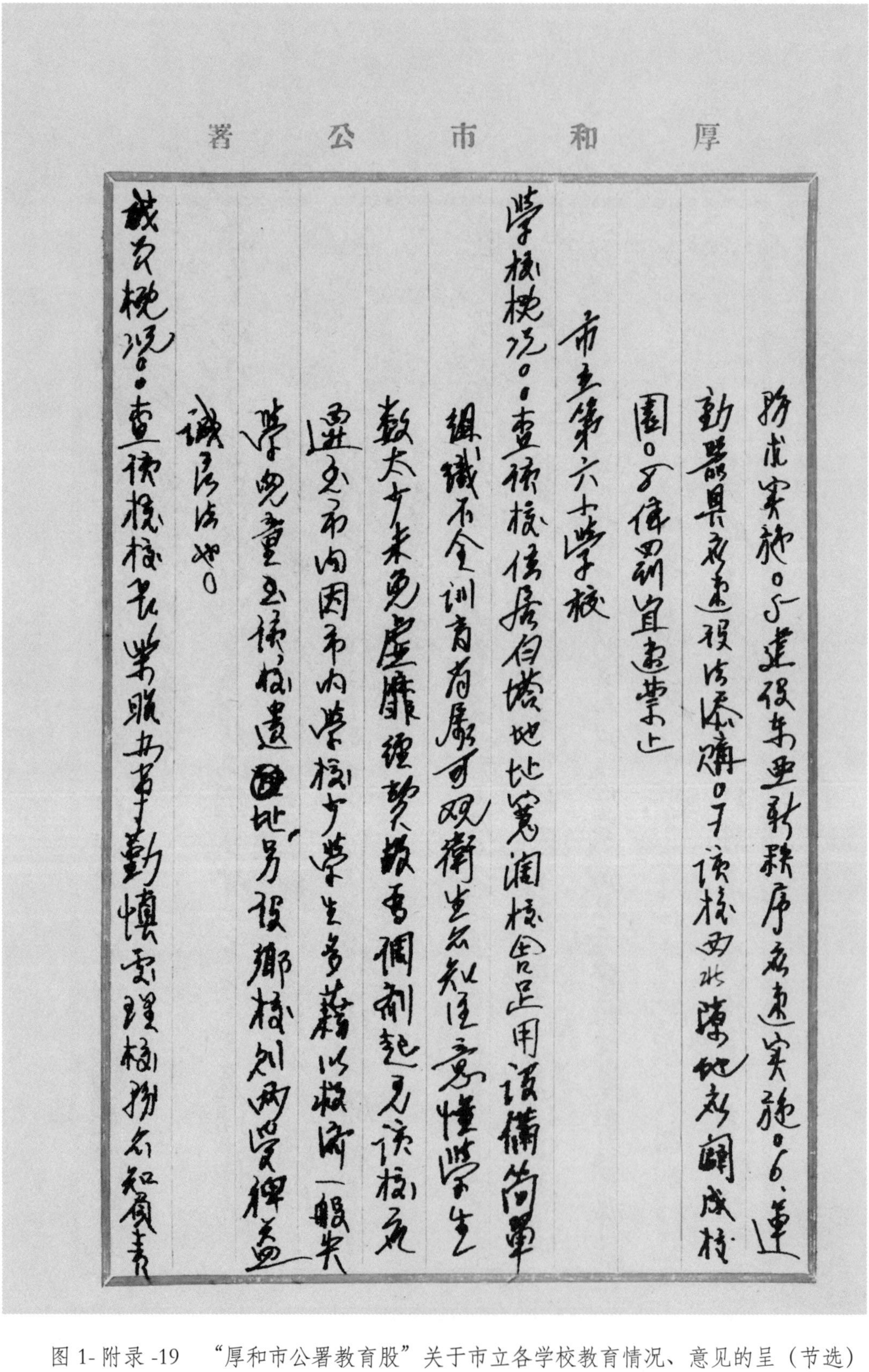

厚和市公署

務求實施。5.建設東西新縣序應速實施。6.建勤器具應速設法添購。7.該校西北隙地應闢成校園。8.體罰宜速禁止

市立第六小學校

學校概況。查該校係居白塔地址寬闊校舍足用設備簡單組織不全訓育尚屬可觀衛生亦知注意惟學生數太少未免虛靡經費擬為調劑起見該校應遷至市內因市內學校少學生多藉以救濟一般失學兒童至該校遺留地址另設鄉校則兩得裨益議應請也。

職員概況。查該校校長業務尚屬勤慎處理校務尚知負責

图 1- 附录 -19　“厚和市公署教育股”关于市立各学校教育情况、意见的呈（节选）（1940 年 9 月）（六）

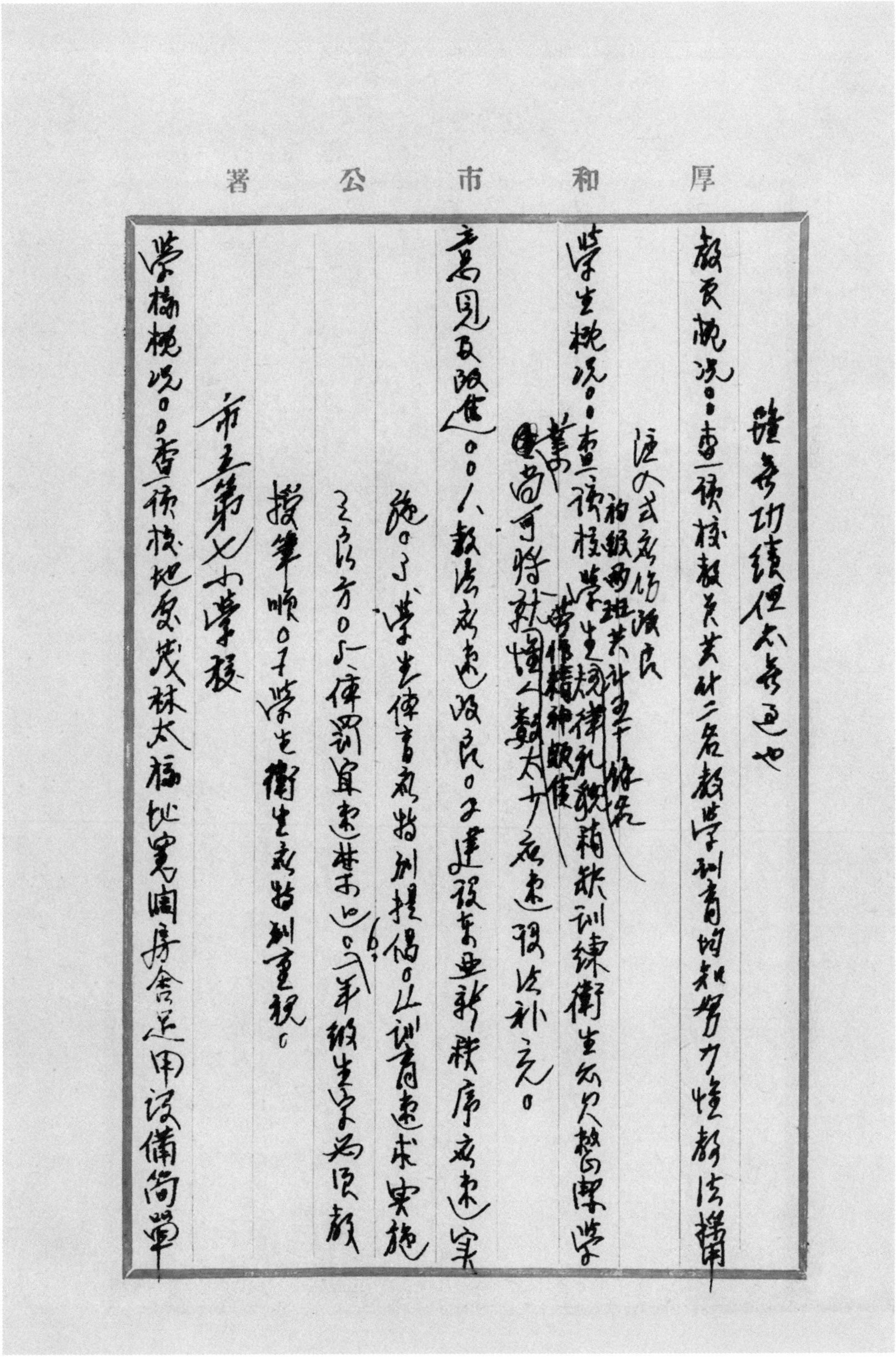
厚和市公署

雖有功績但未盡適也

教員概況。。查該校教員共計二名教學訓育均知努力惟教法欠備

學生概況。。查該校學生規律禮貌精神訓練衛生公民教學
初級兩班共計五十餘名
學生精神欠佳
畢業
尚可將就惟人數太少應速設法補充。
匯式應行改良

意見及改進。。1、教法應速改良。2、建設東亞新秩序應速實
施。3、學生體育應特別提倡。4、訓育速求實施
之良方。5、體罰宜速禁止。6、一年級生宜另為設教
授筆順。7、學生衛生應特別重視。

市立第七小學校

學校概況。。查該校地處茂林太廟地址寬闊房舍足用設備簡單

图 1- 附录 -19 “厚和市公署教育股”关于市立各学校教育情况、意见的呈（节选）（1940 年 9 月）（七）

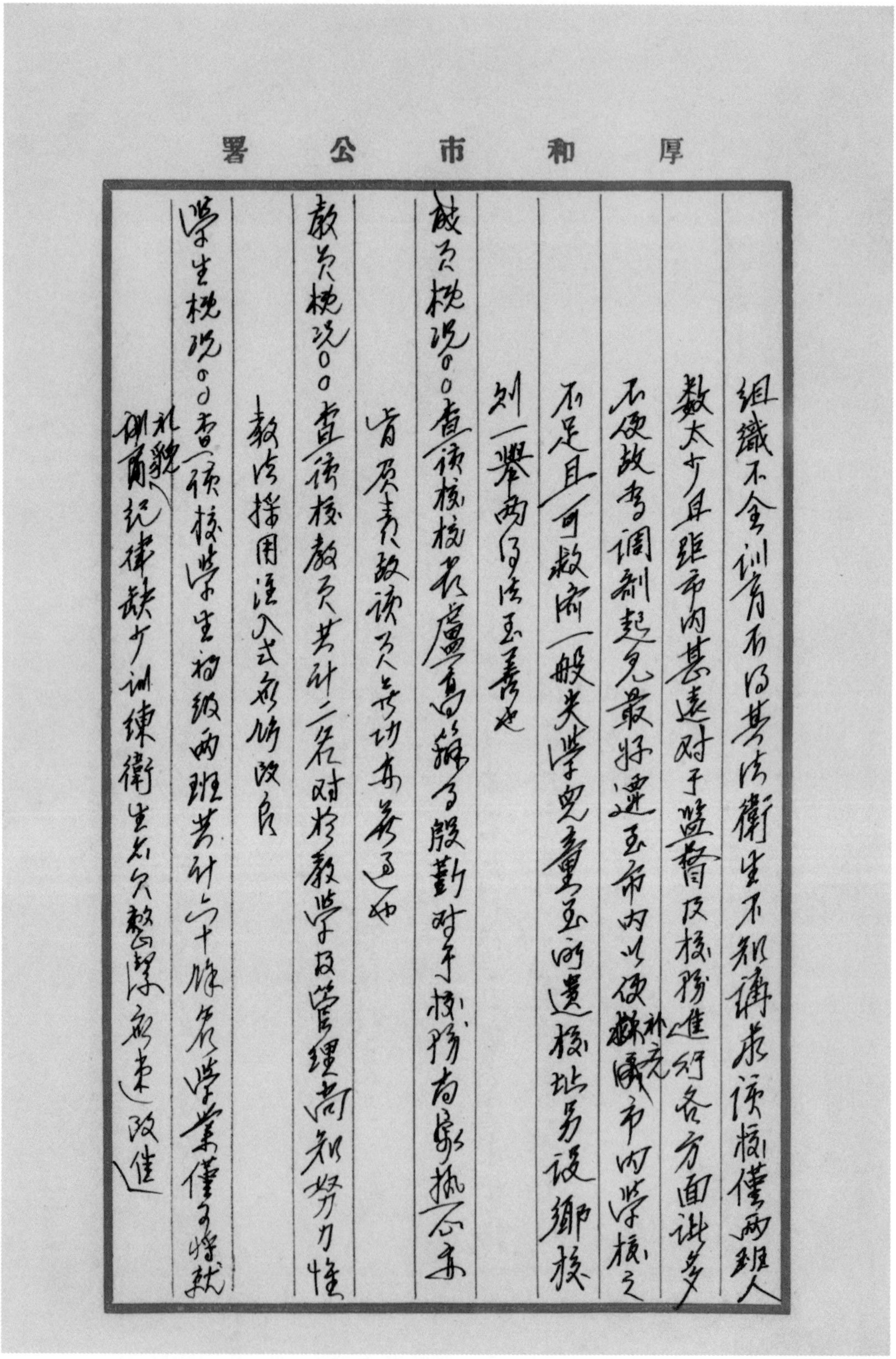

厚和市公署

組織不全訓育不得其法衛生不知講求該校僅兩班人數太少且距市內甚遠對于監督及校務進行各方面諸多不便故為調劑起見最好遷至市內以便補充市內學校之不足且可救濟一般失學兒童至所遺校址另設鄉校則一舉兩得洵至善也

職員概況○○查該校校長盧[illegible]為人殷勤對于校務尚能熱心從事肯負責致該員之無功亦甚遠也

教員概況○○查該校教員共計二名對於教學及管理尚知努力惟教法採用注入式亟須改良

學生概況○○查該校學生按級兩班共計六十餘名學業僅可將就禮貌訓育紀律缺少訓練衛生亦欠整潔亟應速改進

图 1- 附录 -19　“厚和市公署教育股”关于市立各学校教育情况、意见的呈（节选）（1940 年 9 月）（八）

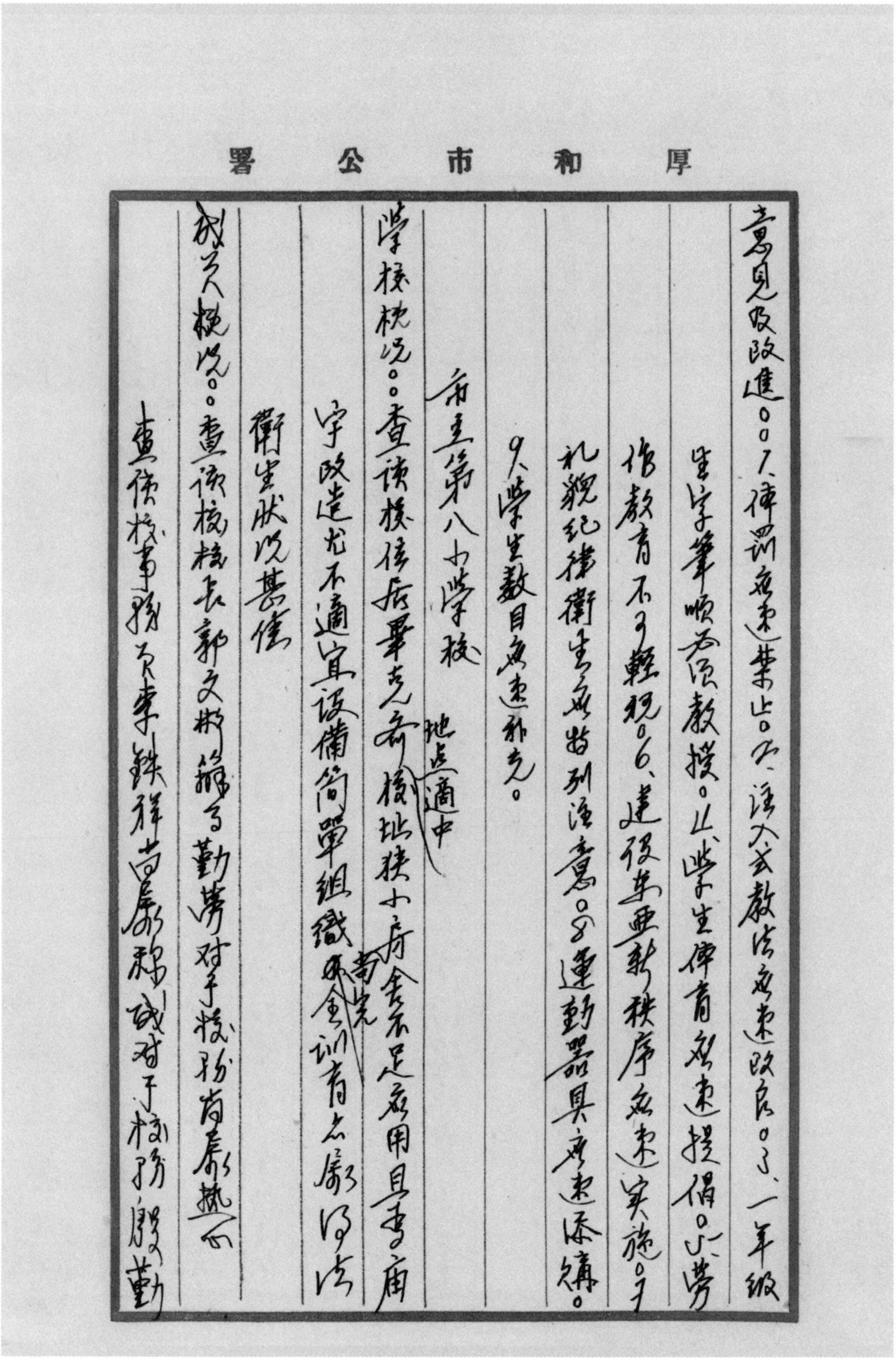

厚和市公署

意見及改進。。7、体罰須速禁止。8、注入式教法須速改良。9、一年級生字筆順應該教授。10、學生体育須速提倡。11、勞作教育不可輕視。12、建設東亞新秩序須速實施。13、礼貌紀律衛生須切實注意。14、運動器具應速添備。15、學生數目須速补充。

市立第八小學校

學校狀況。。查該校係居畢克齊（地點適中）校址狭小房舍不足應用且系廟宇改造尤不適宜設備簡單組織尚完全訓育亦屬得法

衛生狀況甚佳

教員概況。。查該校校長郭文彬辦事勤勞對于校務尚屬熱心

查該校事務員李鉄祥尚屬稱職對于校務殷勤

图 1- 附录 -19　“厚和市公署教育股”关于市立各学校教育情况、意见的呈（节选）（1940 年 9 月）（九）

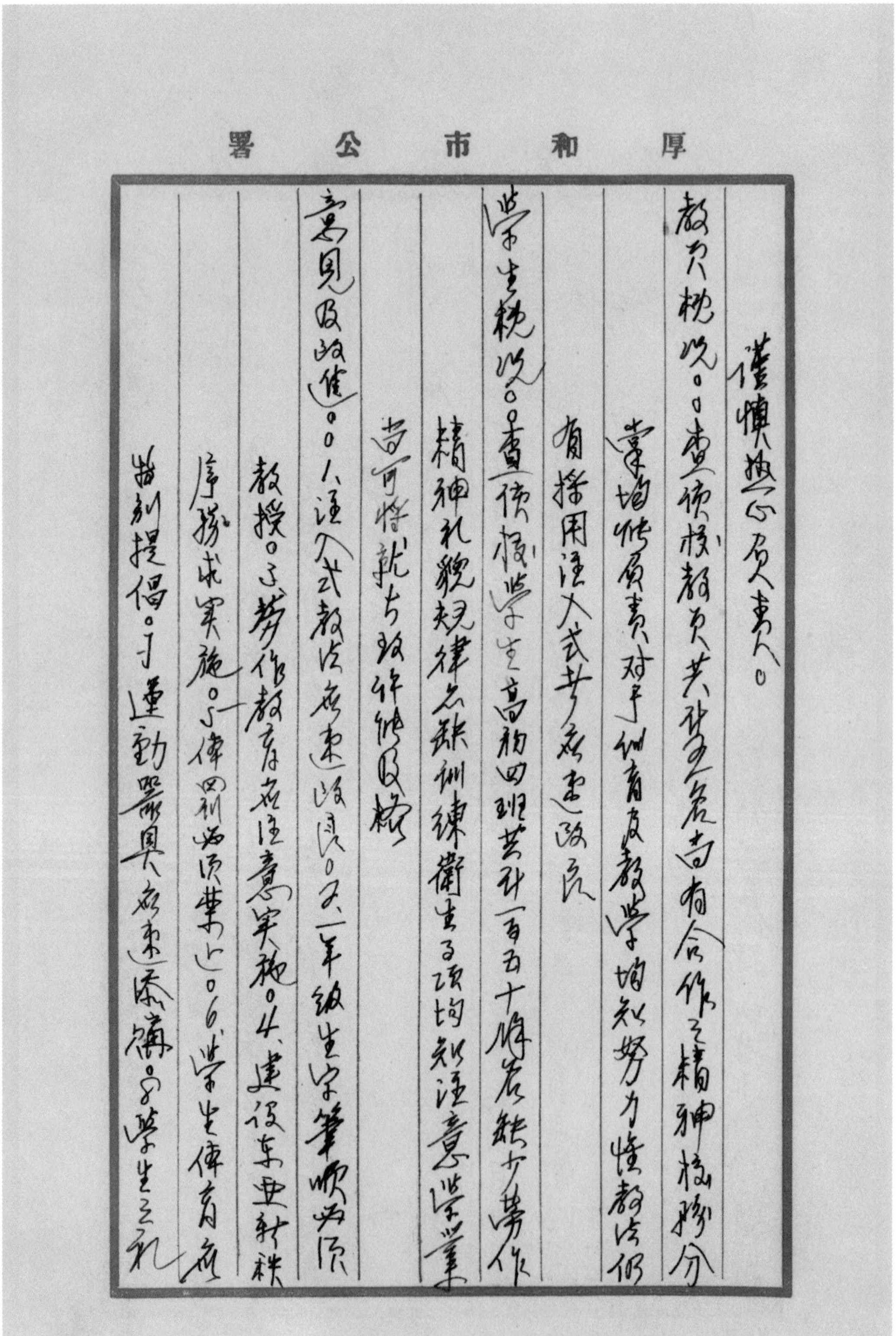

厚和市公署

謹慎從公負責。

教員概況。查該校教員共計七名，尚有合作之精神，校務分掌均能負責，對于訓育及教學均知努力，惟教法仍有採用注入式者，應急速改良。

學生概況。查該校學生高初四班共計一百五十餘名，缺少勞作精神，禮貌規律各缺訓練，衛生各項均欠注意，學業尚可，將就與政作能及格。

意見及改進。1、注入式教法應急速改良。2、一年級生字筆順必須教授。3、勞作教育應注意實施。4、建設東亞新秩序務求實施。5、体四训必须兼施。6、學生體育應特別提倡。7、運動器具應急速添備。8、學生之禮

图 1- 附录 -19 “厚和市公署教育股”关于市立各学校教育情况、意见的呈（节选）（1940 年 9 月）（十）

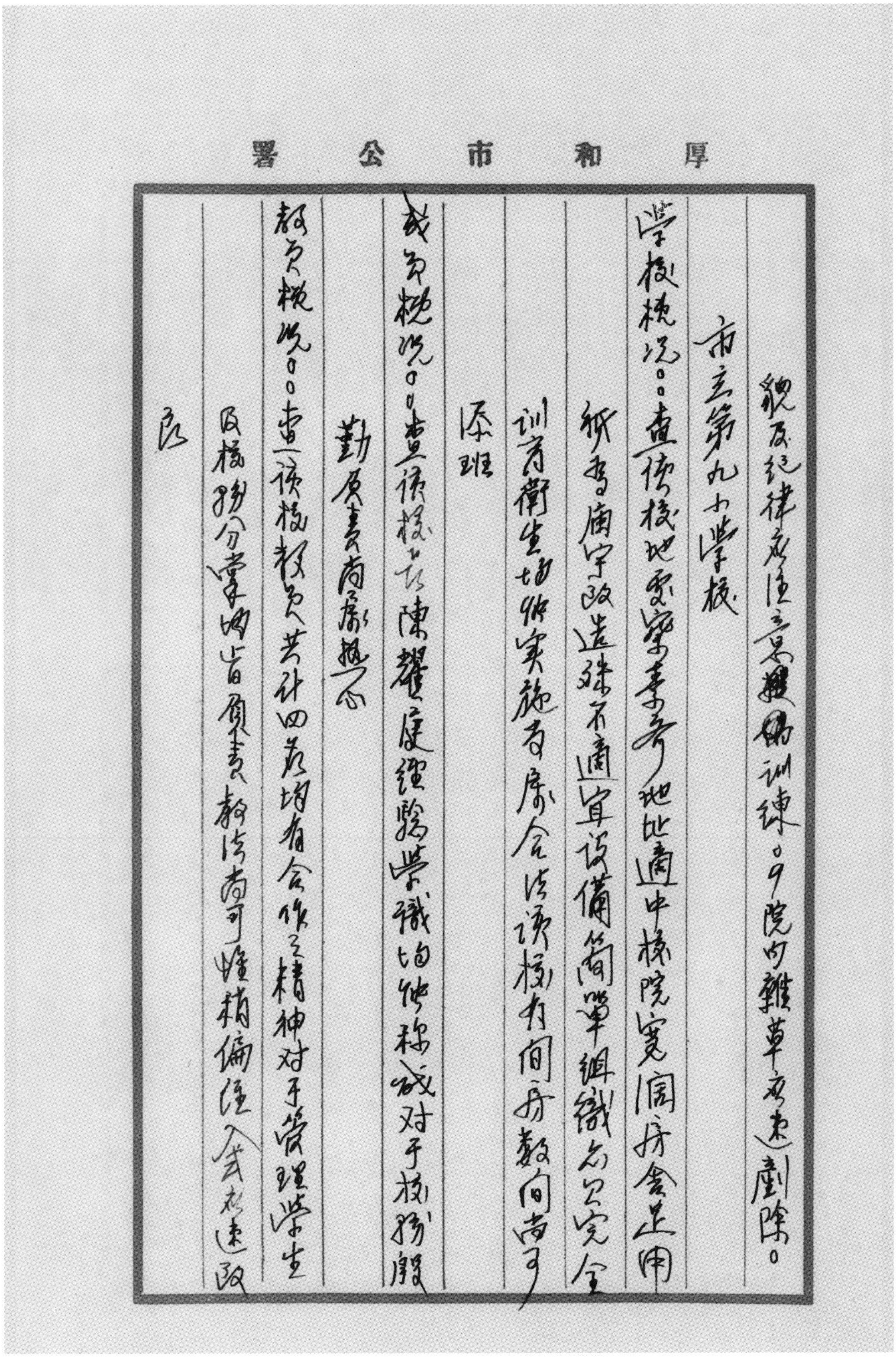

厚和市公署

觀及紀律亦須立見整飭訓練。院內雜草亦未遍剷除。

市立第九小學校

學校概況：查該校地處寧靜，地址適中，校院寬闊，房舍足用，

祇係廟宇改造殊不適宜，設備簡單，組織尚不完全，

訓育衛生均能實施有序，合該校有間等教向尚可

添班

校長概況：查該校校長陳耀庭經驗學識均能稱職，對于校務殷

勤，負責尚屬熱心

教員概況：查該校教員共計四名，均有合作之精神，對于管理學生

及校務分掌均皆負責，教法尚可，惟稍偏注入式，未盡改

良

图 1- 附录 -19 “厚和市公署教育股”关于市立各学校教育情况、意见的呈（节选）（1940 年 9 月）（十一）

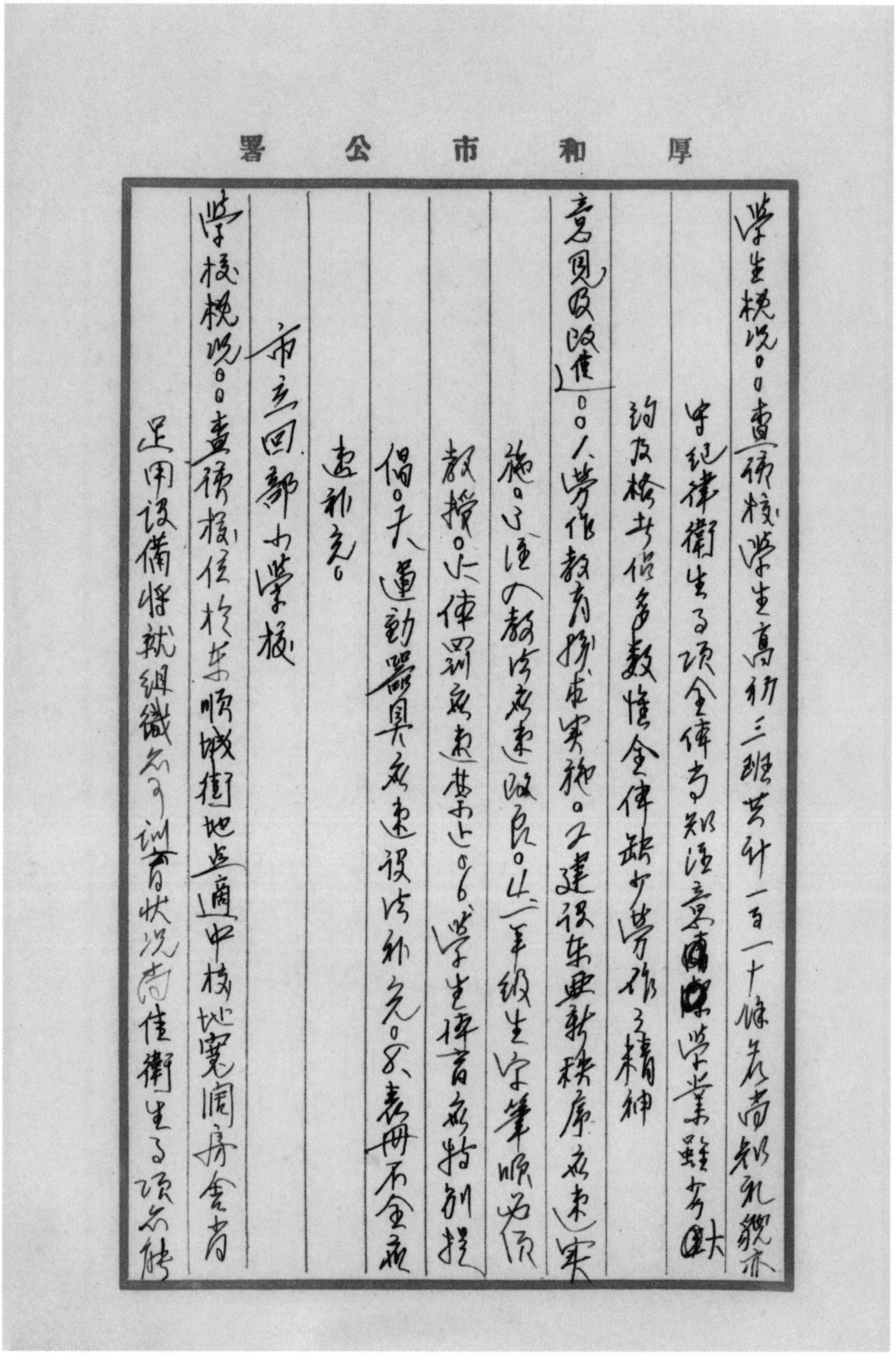
厚和市公署

學生概況○○查該校學生高初三班共計一百一十餘名尚能知禮貌亦
守紀律衛生各項全體均知注意惟對於學業雖努力
詢及格者仍多數惟全體缺少勞作之精神
意見及改進○○(1)勞作教育務求實施○(2)建設東亞新秩序應速實
施○(3)注音之教法應速改良○(4)一年級生字筆順必須
教授○(5)体罰應速禁止○(6)學生体育應特別提
倡○(7)運動器具應速設法補充○(8)表冊不全應
速補充○
市立回部小學校
學校概況○○查該校位於順城街地點適中校址寬闊房舍尚
足用設備將就組織尚可訓育狀況尚佳衛生各項亦能

图 1-附录-19 “厚和市公署教育股”关于市立各学校教育情况、意见的呈（节选）（1940 年 9 月）（十二）

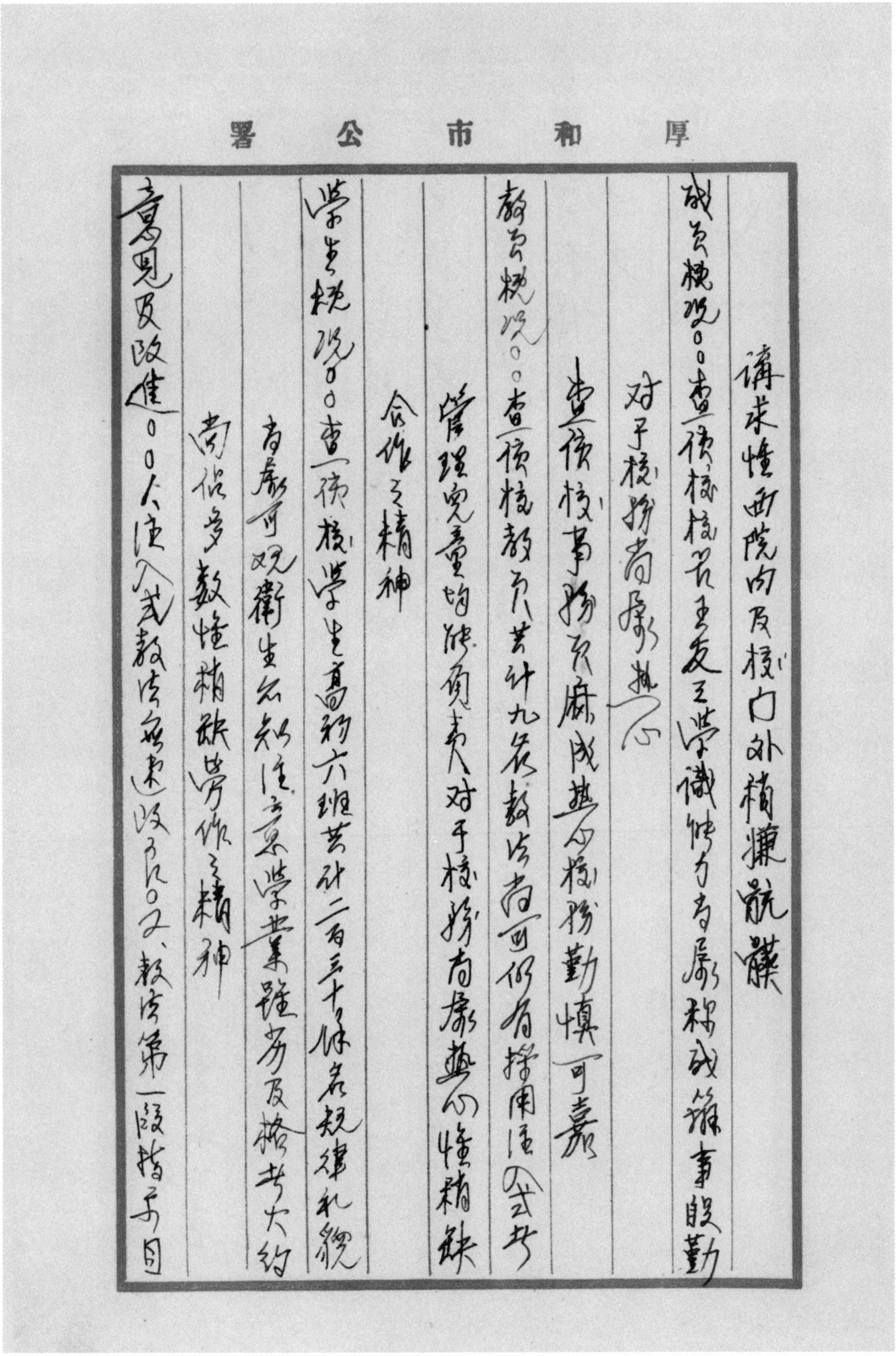

厚和市公署

讲求惟西院内及校内外精谦谨

职员概况○○查该校校长王友三学识能力尚属称职办事殷勤

对于校务尚属热心

查该校事务员廉成热心校务勤慎可嘉

教员概况○○查该校教员共计九名教法尚可仍有采用注入式者

管理儿童均能负责对于校务尚属热心惟精诚

合作之精神

学生概况○○查该校学生高初六班共计二百三十余名规律礼貌

尚属可观卫生常识注意学业体育及格者大约

尚能多数惟精诚劳作之精神

意见及改进○○该校注入式教法急速改良○又教法第一段指示目

图 1- 附录 -19　“厚和市公署教育股”关于市立各学校教育情况、意见的呈（节选）（1940 年 9 月）（十三）

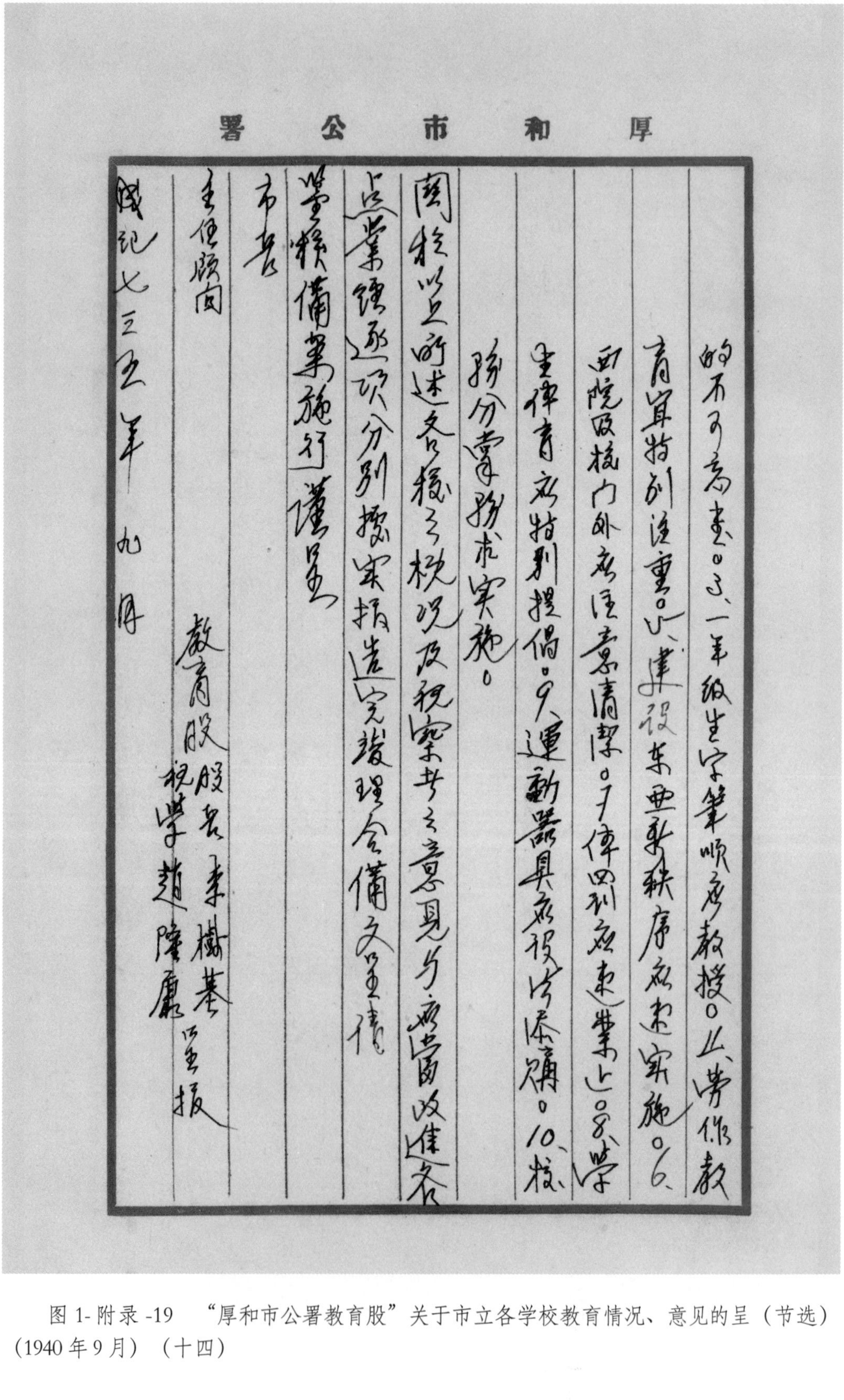

厚和市公署

的不可為業。3、一年級生字筆順應教授。4、勞作教
育宜特別注重。5、建設東亞新秩序應求迅速實施。6、
西院及校內外應注意清潔。7、俾四到應速業止。8、學
生体育應特別提倡。9、運動器具應設法添購。10、校
務分掌務求實施。
関於以上所述各校之校況及視察其之意見，今應當改進各
點業經分項分別擬案指造完竣，理合備文呈請
鑒核備案施行。謹呈
市長
主任顧問
教育股股長 李樹基
視學 趙隆慶 呈報
成紀七三五年九月

图 1-附录-19 “厚和市公署教育股”关于市立各学校教育情况、意见的呈（节选）（1940 年 9 月）（十四）

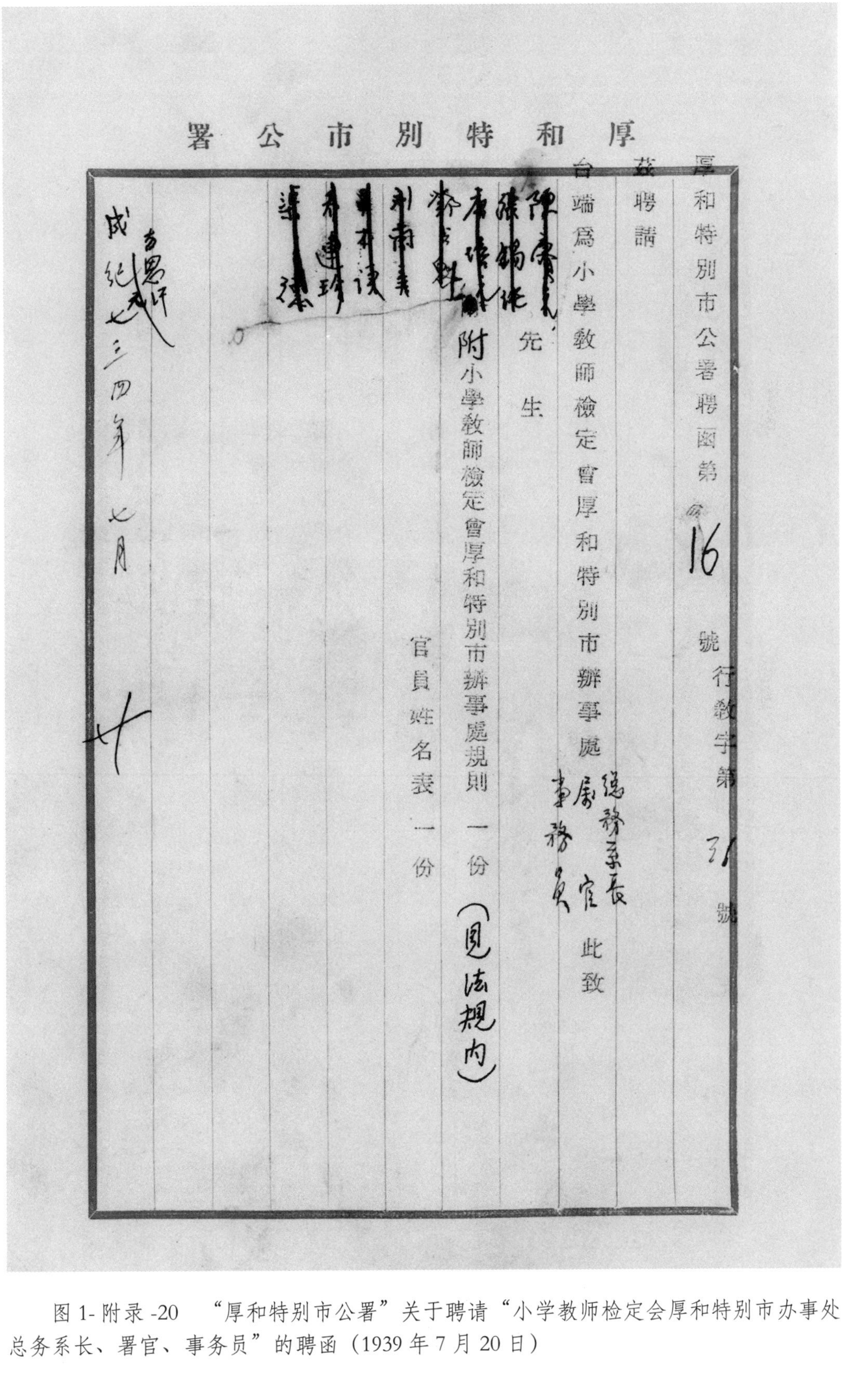

厚和特別市公署

厚和特別市公署聘函第16號 行教字第21號

茲聘請

台端為小學教師檢定會厚和特別市辦事處總務系長、署官、事務員 此致

先生

附小學教師檢定會厚和特別市辦事處規則 一份（見法規內）

官員姓名表 一份

成紀七三四年七月廿

图 1- 附录 -20 “厚和特别市公署”关于聘请“小学教师检定会厚和特别市办事处总务系长、署官、事务员”的聘函（1939 年 7 月 20 日）

厚和特別市公署

厚和特別市公署聘函第16號 行教字第31號

茲敦聘

台端爲小學教師檢定會厚和特別市辦事處主試官、考試系長、考試官希於八月十一日至十七日蒞臨市立第一小學校試場執行職務爲荷此致

先生

附 辦事規則 一份

官員姓名表 一份

試場規則 一份

成紀七三四年七月廿日

图 1- 附录 -21 “厚和特別市公署”关于聘请“小学教师检定会厚和特别市办事处主试官、考试系长、考试官”的聘函（1939 年 7 月 20 日）

為呈請事竊查厚和城市居民稠密或距校別遠礙難就學或家道貧寒無
力求學種種數端居數寔多敝總教堂為恤憫此等失學兒童起見特於總
堂附設崇德完全小學一所以資招收男女學童俾各授予相當教育而裕國
民理合擬繕各表具文呈請
鑒核准予立案祇遵施行謹呈
厚和特別市公署
計呈送 課程表 學生數目表 教員履歷表各一份 統計表一份
厚和市天主教總堂私立崇德小學校校長常守誠

图 1- 附录 -22 “厚和市天主教总堂”关于附设“崇德完全小学”致“厚和市公署”呈文（1939 年 9 月 25 日）（一）

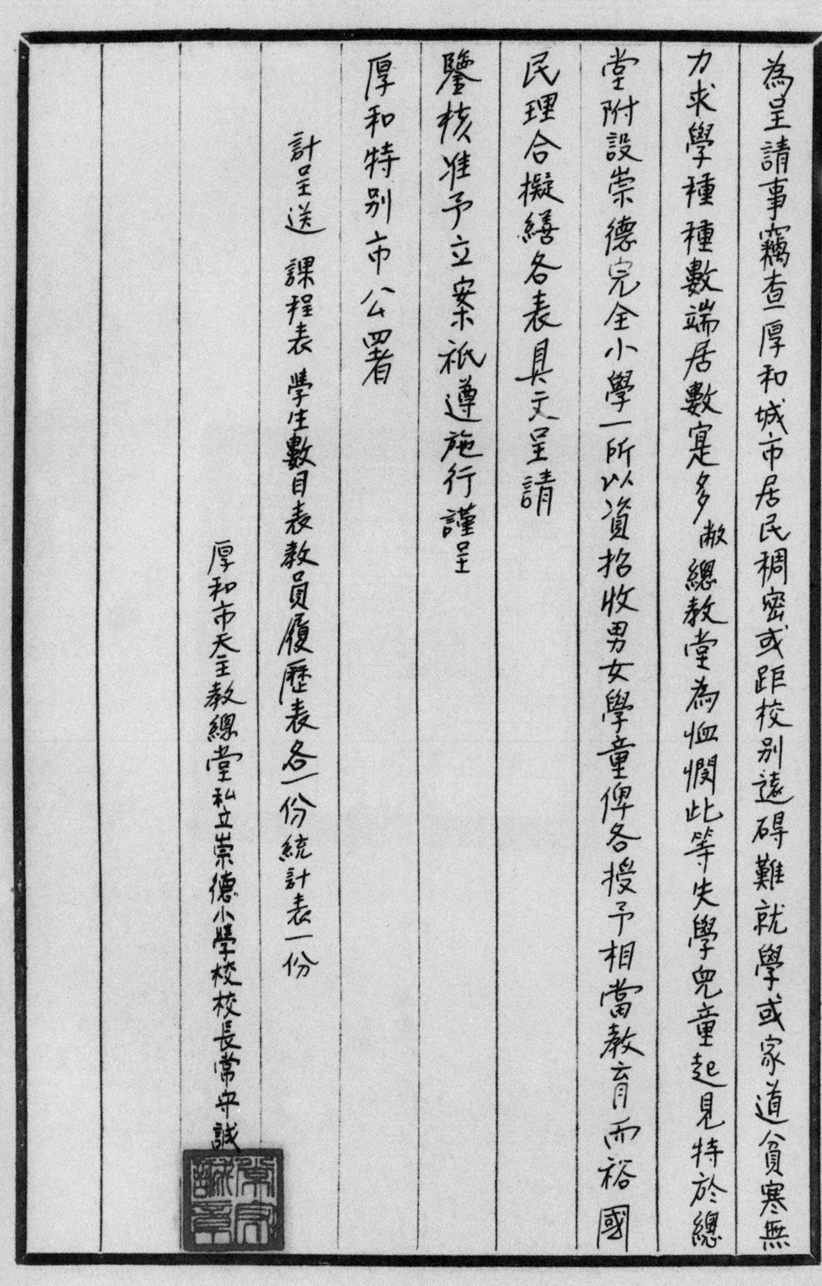

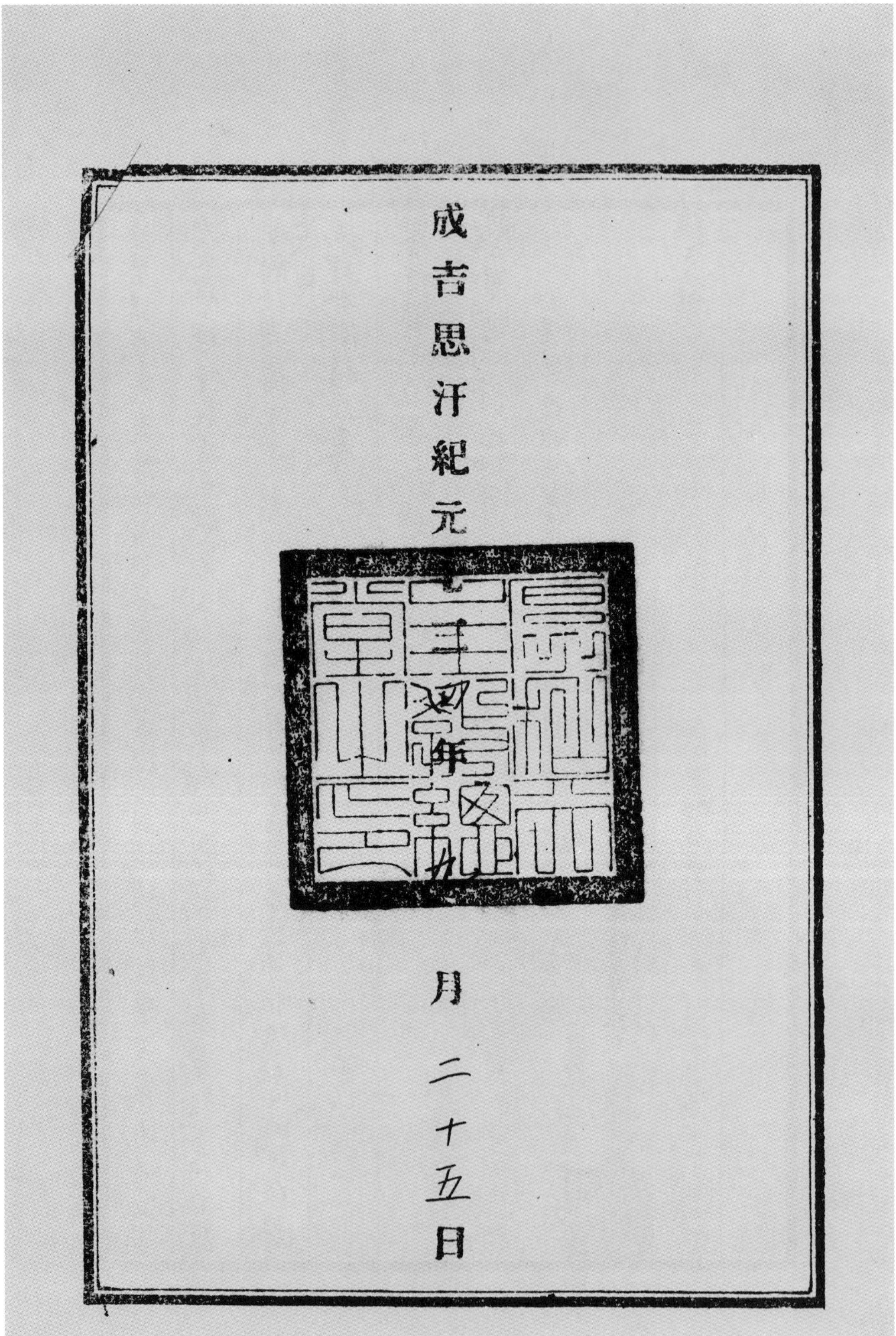

成吉思汗紀元七三四年九月二十五日

图 1- 附录 -22　“厚和市天主教总堂”关于附设“崇德完全小学”致“厚和市公署”呈文（1939 年 9 月 25 日）（二）

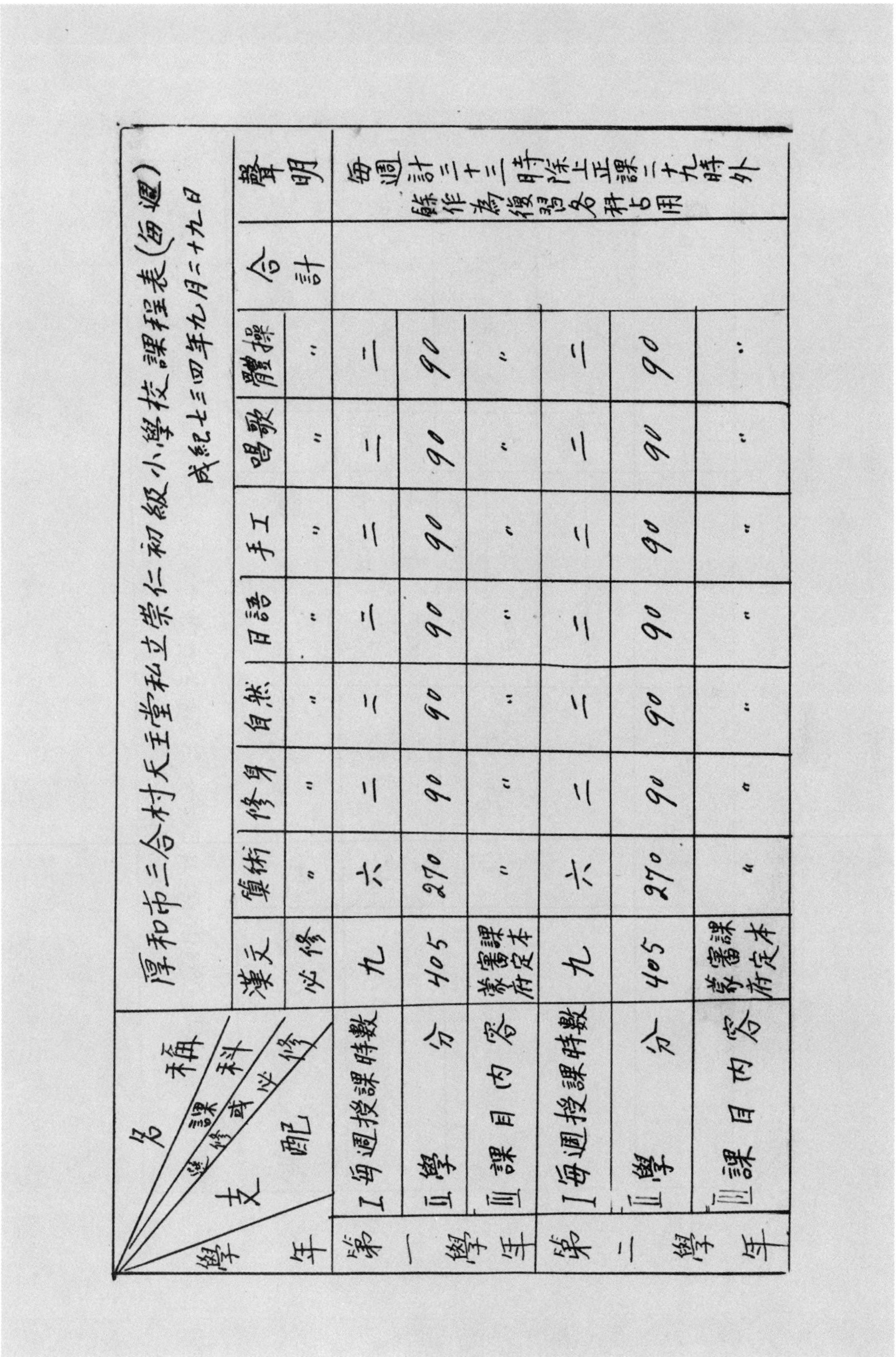

厚和市三合村天主堂私立崇仁初級小學校課程表（每週）

成紀七三四年九月二十九日

學年	支配 / 課科名稱 / 選修或必修	漢文	算術	修身	自然	日語	手工	唱歌	體操	合計	聲明
		必修	〃	〃	〃	〃	〃	〃	〃		
第一學年	Ⅰ 每週授課時數	九	六	二	二	二	二	二	二		每週計三十三時除上正課二十九時外餘作為復習各科占用
	Ⅱ 學分	405	270	90	90	90	90	90	90		
	Ⅲ 課目內容	蒙審課府定本	〃	〃	〃	〃	〃	〃	〃		
第二學年	Ⅰ 每週授課時數	九	六	二	二	二	二	二	二		
	Ⅱ 學分	405	270	90	90	90	90	90	90		
	Ⅲ 課目內容	蒙審課府定本	〃	〃	〃	〃	〃	〃	〃		

图 1- 附录 -22 “厚和市天主教总堂”关于附设“崇德完全小学”致“厚和市公署”呈文（1939 年 9 月 25 日）（三）

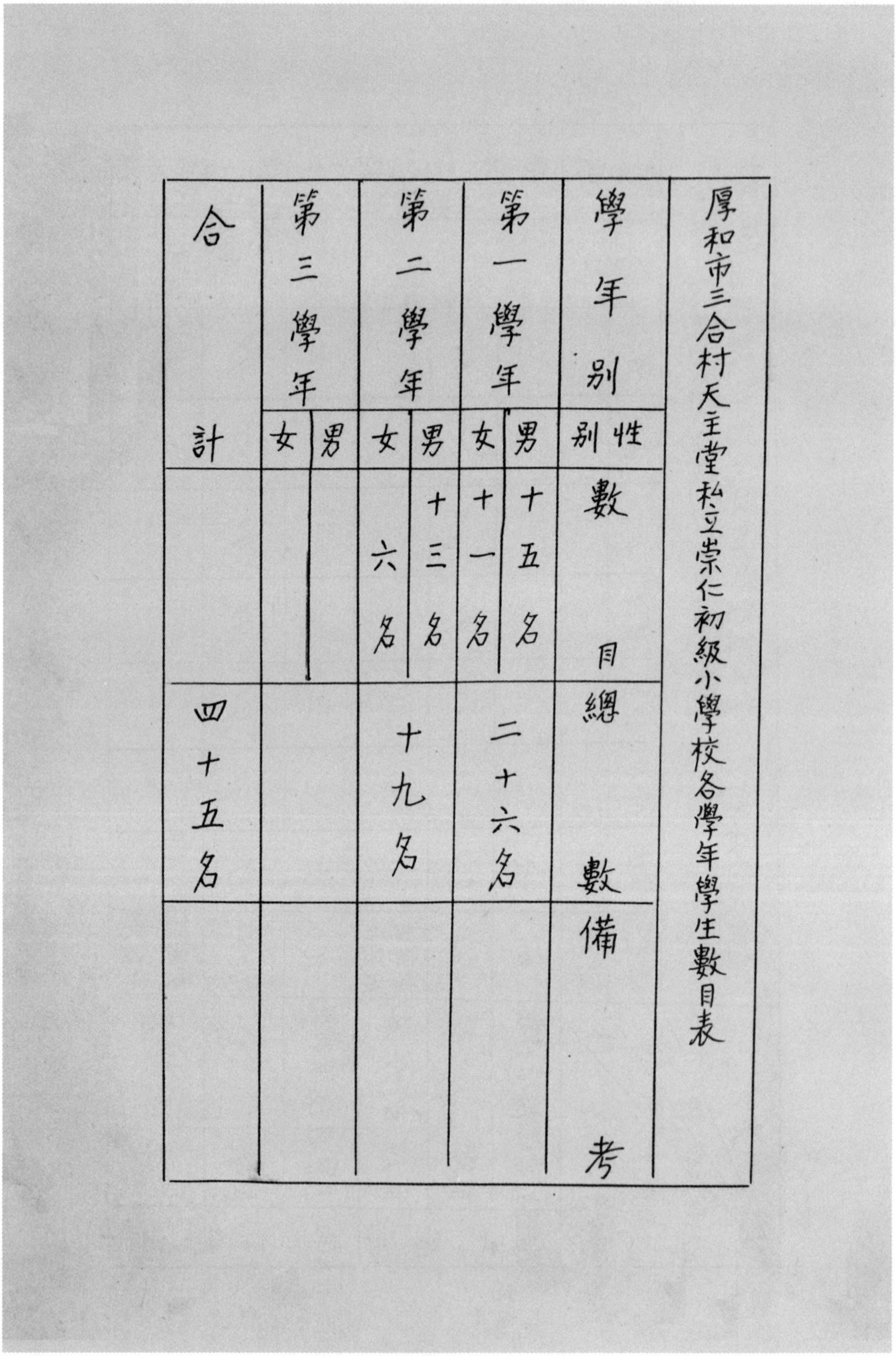

厚和市三合村天主堂私立崇仁初級小學校各學年學生數目表

學年別	第一學年		第二學年		第三學年		合計
性別	男	女	男	女	男	女	
數目	十五名	十一名	十三名	六名			
總數	二十六名		十九名				四十五名
備考							

图 1-附录-22 “厚和市天主教总堂”关于附设“崇德完全小学”致“厚和市公署”呈文（1939年9月25日）（四）

厚和市三合村天主堂私立崇仁初級小學校教職員履歷表

姓名	別號	性別	年齡	籍貫	學歷	經歷	職務	本校兼授學科	月薪	到校年月
葛應春	少波	男	四十二	薩縣	神哲大學畢業	歷充校長	校長	修身	義務	成紀七三四年八月
李介		〃	三十四	薩縣	養正中學畢業	歷充教員	級任教員	漢文 算術 自然 手工 日語 體操 唱歌	二0.00	〃
鄭雅納		女	三十六	包頭市	初中肄業	歷充教員	級任教員	漢文 算術 自然	義務	〃

備考

图 1- 附录 -22 “厚和市天主教总堂”关于附设“崇德完全小学”致“厚和市公署”呈文（1939 年 9 月 25 日）（五）

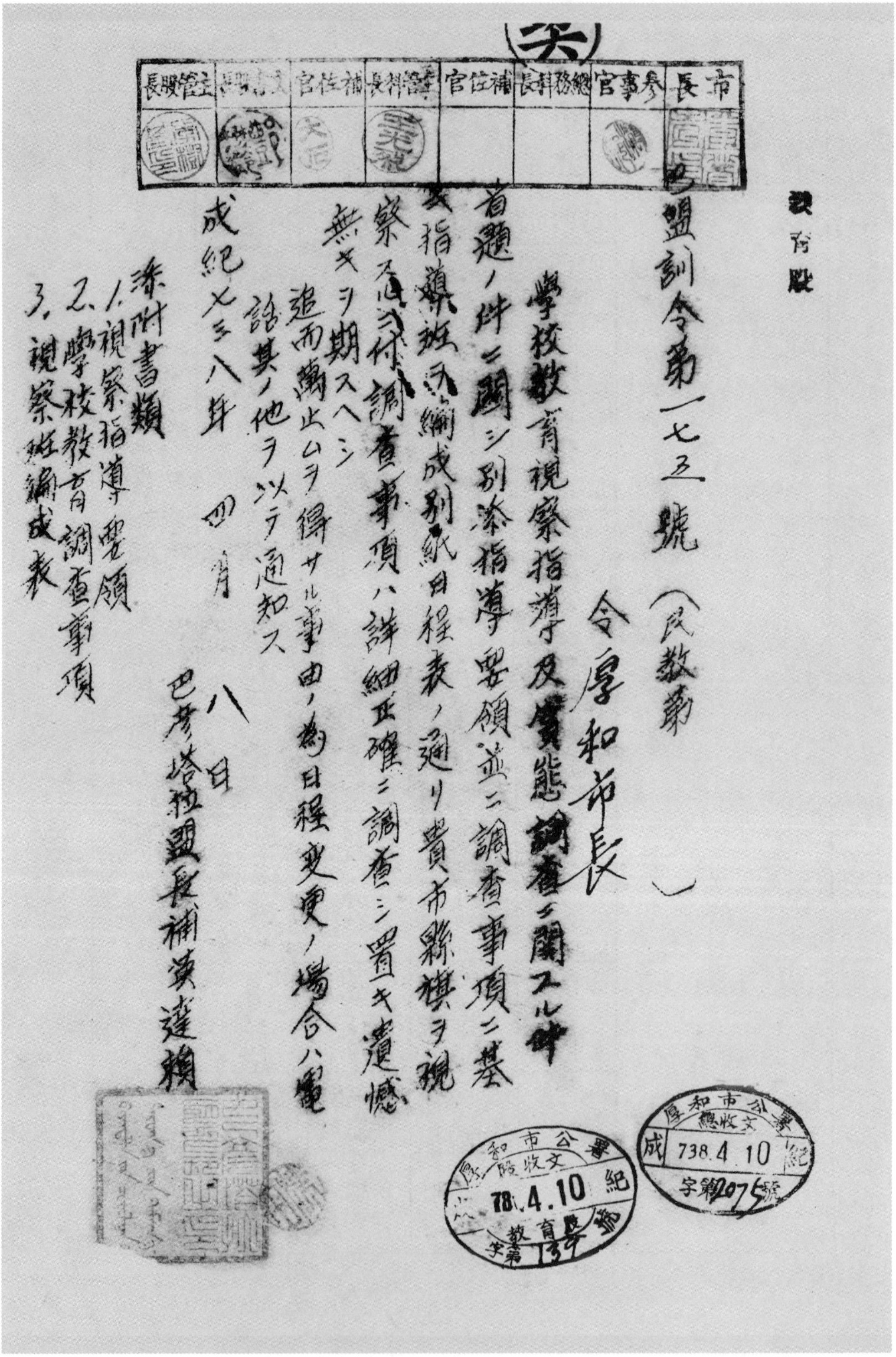

市長	参事官	總務科長	補佐官	教學科長	補佐官	文書股長	主管股長

教育股

盟訓令第一七五號（民教第　）

令厚和市長

學校教育視察指導及實態調査ニ關スル件

首題ノ件ニ關シ別添指導要領並ニ調査事項ニ基キ指導班ヲ編成別紙日程表ノ通リ貴市縣旗ヲ視察スルニ付調査事項ハ詳細正確ニ調査シ置キ遺憾無キヲ期スヘシ

追而萬止ムヲ得サル事由ノ為日程変更ノ場合ハ電話其ノ他ヲ以テ通知ス

成紀七三八年　四月　八日

巴彦塔拉盟長補英達賴

添附書類

1. 視察指導要領
2. 學校教育調査事項
3. 視察班編成表

厚和市公署 收文 成紀738.4.10 字第2075號

厚和市公署 收文 738.4.10 教育股 字第

图 1- 附录 -23　“巴彦塔拉盟公署”为进行学校教育视察指导及实态调查致“厚和市公署”训令（附视察指导实施要领、视察指导要领、教育调查事项）（日文）（1943年4月8日）（一）

巴盟公署教育指導調査実施要項

二、実施目標

蒙疆建設ノ基礎理念ヲ把握シ認識セシムル加為メニハ先ヅ教育ノ擴充強化ヲ圖リ大東亜戰時下ニ於ケル邦民子弟ノ基礎的理念ヲ昂揚セシムルト共ニ之ガ実践躬行ヲ以テ教育体制ノ確立ヲ圖リ戦時下教學ノ刷新向上ヲ期ス、之ガ為メニ左記要綱及調査ヲ実施シ完璧ヲ期セントス

一、指導要綱

1、戦時教育ノ徹底

イ、精神教育ニ重点ヲ置キ共産思想ハ固ヨリ自我功利的思想、米英思想ヲ根絶セシムルヲ要ス、

ロ、勤労教育ヲ重視シ生産擴充ニ寄與セシムルヲ要ス之ガ為メニハ農産実習地ヲ設定シ増産擴大ヲ励行スルヲ要ス、

ハ、体力向上ヲ圖ルベク學校体育ヲ振作シ衛生施設ト併進シ体力ノ錬成ヲ期スベシ、

2、師道ノ昂揚

教育ノ任ニ在ル者須ラク博大ナル知識、旺盛ナル氣力、強靱ナル体力ヲ以テ聖戦ニ献身スル鞏固ナル信念ヲ堅持スルヲ要ス。之ガ為メニハ不斷ベ自ノ鍛錬ニ努力精進シ蒙疆肇建ノ本義ヲ体得シ時局ノ要請ニ應ヘルベク國民ノ錬成ニ使命達成ニ邁進スベシ。

3、邦民精神ノ昂揚

图 1- 附录 -23　“巴彦塔拉盟公署”为进行学校教育视察指导及实态调查致“厚和市公署”训令（附视察指导实施要领、视察指导要领、教育调查事项）（日文）（1943年4月8日）（二）

蒙疆建設ノ根本理念ヲ把握シ之ヲ具体的実践的ニ率先垂範以テ邦民精神ノ涵養ニ協賛スルト共ニ國家奉仕ノ観念ヲ育成強化セシムルヲ要ス、之ガ為ニハ興亜教書ノ趣旨ヲ体シ併セテ政府施政綱領ヲ基礎トシテ精神振作ヲ圖ルベキナリ

4. 模範小學校ノ及中心小學校設定

イ、各市縣旗ニ中心トナルベキ模範小學校一校選定シ戰時下教育ノ施設経営ヲ教育上ニ反映セシメ強化ヲ圖ルベシ

ロ、郷村ヲ一単位トシ中心小學校ヲ選定シ模範小學校ニ準據シ教育施策ノ刷新向上ヲ期スベシ

5. 日本語教育ノ躍進

日本語ハ東亜共通語トシテ重要性ヲ有スルコトヲ自覚スルト共ニ之ガ普及強化ニ一般ノ鋭意ヲ傾倒シ以テ日本精神ヲ体得シ之ガ具現スルコト切要ナリ之ガ為ニハ日本語教授法ノ研究會、發表會、講習會、作文等ノ施策ヲ行フベキナリ

6. 青年訓練ノ振作向上

青少年ノ心身鍛錬ト國防思想ヲ強化ハ現時局下ニ於テ最大ニ要請サルル所ニシテ其ノ重要ナルハ固ヨリ論ヲ俟タザル所ナリ、故ニ青年訓練機構ヲ充実振興ヲ圖リ國防力増強ニ寄與スベキナリ

7. 民衆教育ノ施設強化

一般民衆ノ思想陶冶ト邦民大衆教育ノ普遍化ヲ圖リ識字運動ノ展開ニ俟ッテ民衆ヲ啓蒙スル施策ヲ講ズベシ又民衆教育館ヲ充実

图 1- 附录 -23　“巴彦塔拉盟公署”为进行学校教育视察指导及实态调查致“厚和市公署”训令（附视察指导实施要领、视察指导要领、教育调查事项）（日文）（1943年4月8日）（三）

強化シ其ノ善導ニ萬全ヲ期スベシ

8. 私塾ノ整理統合

教學刷新ノ要望ニ應ヘルベリ從來ノ私塾ニシテ今尚舊套ヲ脱セズ不完全ナル教育ガ行ハレテ居ルコトハ遺憾ナリ速カニ現時小學教育ニ整備改善スルコトハ絶對的ニ要求スル所ナリ

9. 蒙古教育會組織強化

本邦教育振興ノ一環トシテノ蒙古教育會各市縣支會ノ組織ヲ強化シ以テ教育振興ニ寄與スベキナリ

10. 教員待遇改善

教員ガ物質的待遇ノ菲薄ニヨツテ教育ノ聖職ヲ忘レテ進退スルト大ツテ責メ得ラレナイ程度ノ待遇ニシテ他ノ收入ガ無ケレバ其ノ生活ヲ維持シ家族ヲ扶養シテ行ケナイ現状ナリ是レヨリ是正スベキデアツテ現状ニ放置シテ置ケナイノデアル仍テ各市縣教員平均給ヲ四十六圓程度ニ是正スベキデアルコトヲ要請ス、

11. 古蹟保存管理

悠久古キ歴史ヲ有スル古代文化ノ表徴タル古蹟ノ保存管理ニ完璧ヲ期シ古代文明史ノ有形的ナル偏容ヲ整備シ古キヲ現在ニ繋ギ現代文化ヲ再認識セシムベリ其ノ保存管理ニ萬全ヲ期スベキナリ、

图 1- 附录 -23　“巴彦塔拉盟公署”为进行学校教育视察指导及实态调查致“厚和市公署”训令（附视察指导实施要领、视察指导要领、教育调查事项）（日文）（1943年4月8日）（四）

巴盟公署教育指導調査要領

一、巴盟公署教育指導調査班ヲ以テ各市縣旗ノ指導調査ヲ実施ス
二、市縣旗公署所在地ニ於テ左記ノ如ク実施ス
1、指導要綱ニ據リ其ノ傳達指導
2、参集者。縣長、参事官、民政科長、教育股長、視學教育[illegible]
指導官、公署所在地及近接各小學校長
3、會場。公署所在地小學校
4、日時。別紙日程表ニヨル當日午前十時開會
但日程変更ノ場合ハ前以テ通知ス
5、市縣公署教育股ニテ會場日時等ヲ参集者ニ通知シ置クヲ要ス
6、當日行フ指導要領
イ、國民儀禮
ロ、開會挨拶
ハ、縣長及参事官致辞
ニ、指導要綱説明
ホ、質疑應答
ヘ、懇談
ト、閉會
三、視察事項
1、小學校一校以上実状視察

图 1- 附录 -23 “巴彦塔拉盟公署”为进行学校教育视察指导及实态调查致“厚和市公署”训令（附视察指导实施要领、视察指导要领、教育调查事项）（日文）（1943年4月8日）（五）

２、青年訓練所実状視察
３、民衆教育施設実状視察
４、私塾ノ実状視察
四、調査事項
１、調査様式（別紙調査様式ニ依ル）
２、各市県旗教育股ニテ調査記入シ取纒メ置クモノトス
尚巳限指導調査班ニ依リテハ其ノ調査書ニ基キ実地調査ヲ施行
スルコトアルヘシ
五、市県公署所在地日程ノ翌日（一日間）鎮村小学校視察スル為其ノ学校
及日程巡回順路等計画シ置カレ度

图 1- 附录 -23　“巴彦塔拉盟公署”为进行学校教育视察指导及实态调查致“厚和市公署”训令（附视察指导实施要领、视察指导要领、教育调查事项）（日文）（1943年4月8日）（六）

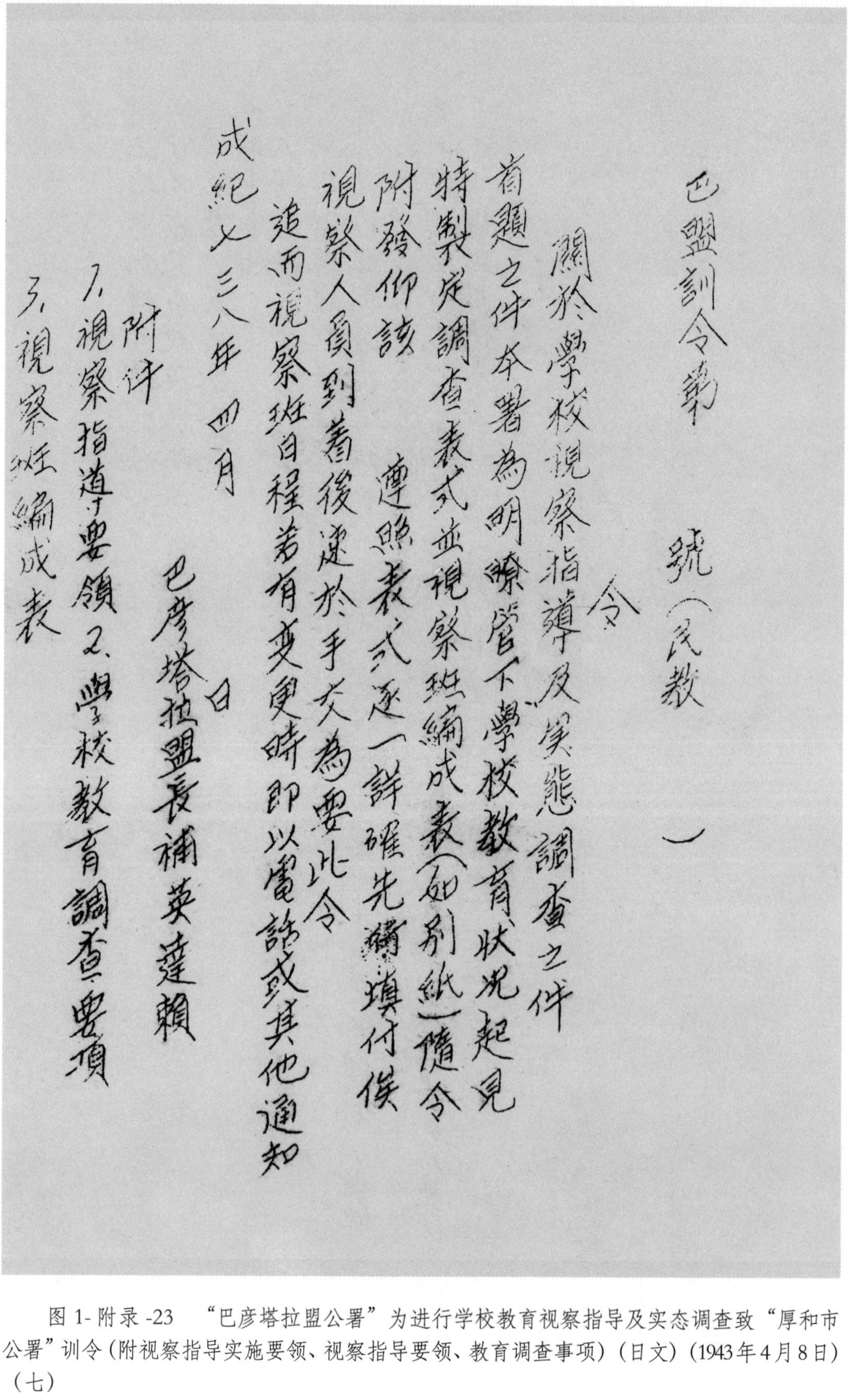

巴盟訓令第　　號（民教　　）

令

關於學校視察指導及實態調查之件

首題之件本署為明瞭管下學校教育狀況起見

特製定調查表式並視察班編成表（如別紙）隨令

附發仰該

遵照表式逐一詳確先行填付俟

視察人員到着後逕於手交為要此令

追而視察班日程若有變更時即以電話或其他通知

成紀七三八年四月　日

巴彥塔拉盟長補英達賴

附件

1.視察指導要領 2、學校教育調查要項

3.視察班編成表

图 1- 附录 -23 “巴彦塔拉盟公署”为进行学校教育视察指导及实态调查致“厚和市公署”训令（附视察指导实施要领、视察指导要领、教育调查事项）（日文）（1943年4月8日）（七）

巴盟公署教育視察指導實施要項

一、實施目標

基於蒙疆建設有理念之認識、特使初等教育擴充強化以昂揚大東亜戦時下邦民子弟之基礎理念並能躬行實踐而圖確立教育体制努力戦時下教育刷新向上務求下列要綱及調査實施事項圓滿完成為目標

二、指導要綱

1、徹底戦時教育

(1)、精神教育：為根絶共産思想剷除英美自由功利主義特注重精神教育扶殖邦民子弟正確思想

(2)勞作教育：為使學校社會化養成學生勤勞習慣並求學以致用擴充生産特設農業實習地勵行增産擴大以完成勞作教育之使命

(3)加強体育：為鍛錬健強体力、特重視學校衛生設施及奬勵提倡運動等項

图 1- 附录 -23 “巴彦塔拉盟公署”为进行学校教育视察指导及实态调查致“厚和市公署”训令（附视察指导实施要领、视察指导要领、教育调查事项）（日文）（1943年4月8日）（八）

2、昂揚師道
教育責任者須具備充分知識、偉大魄力、体力健強、思想正確並以重視神聖不可侵犯之教育事業鞏固信念堅強意志努力不懈培植中堅邦民子弟以建設明朗蒙疆故特昂揚師道以使教育素質向上
3、昂揚邦民精神
欲使邦民對蒙疆肇建根本理念具体的實現必先注意固有道德養成為國效命觀念尊奉興亞教書趣旨依據政府施政綱領以邦民精神始可昂揚刷新
4、增設模範小學及中心鄉小學校
①為使戰時下教育強化向上各市縣旗必設模範小學一處（就當地所屬小學最優者選定之）
2、依據模範小學趣旨使鄉村小學刷新向上於鄉村之最優者設立中心小學以便監督附近鄉村小學（但酌量鄉村情形設立，多寡不限）
5、普及日本語教育
日本語為東亞共通之語其重要不言可知況欲根本明瞭日本精神及道義必先溝通言語欲普及日本語必須對日

图 1- 附录 -23 “巴彦塔拉盟公署”为进行学校教育视察指导及实态调查致“厚和市公署”训令（附视察指导实施要领、视察指导要领、教育调查事项）（日文）（1943年4月8日）（九）

本諸教學研究會發表會講習會作文等徹底施行

6. 加緊青少年訓練

鍛練青少年之身體強化國防思想為現時局之最大要求故青少年訓練机構尤宜振興為增強國防力不可緩圖之事

7. 強化民衆教育設施

普及民衆教育以陶冶邦民正確思想而識字運動即為啓發民衆知識必要之施策充實民衆教育館之設施尤為善道可劃全之基礎

8. 私塾整理及統制

教學刷新為興蒙古興亜之大端、從来私塾仍沿舊式教法愚腐不堪使教育永不能振興向上实為教育自前進上進展之大障礙應速将照現時教育、整理改善力求進步

9. 強化蒙古教育會之組織

本邦教育能否振興全特蒙古教育會及市縣旗教育支會之組織完備與否故必使全蒙教育會組織積極強化始可使邦民教育刷新向上

10. 改善教員待遇

教員物質待遇厚薄與教育進展及職務努力與否有

图 1- 附录 -23 “巴彦塔拉盟公署”为进行学校教育视察指导及实态调查致“厚和市公署”训令（附视察指导实施要领、视察指导要领、教育调查事项）（日文）（1943年4月8日）（十）

努力，倘係值此生活程度極高之際，如待遇微薄，即對家族生活不能維持扶養義務，既不能盡到教育經業，當亦無法安心努力向上，故教員待遇高下，與教育發展有直接影響，現為維持現狀計，對教員待遇最低限度規定至平均四十六元，以後隨生活狀況及努力成績逐次增加

11. 古蹟保存及管理

悠久歷史之傳據，古代文化之發揚，全特古蹟為考証，故對古蹟保存管理完整，列古代文明全部流傳，並現於世，使現代文化繼續演進，此即保存古蹟及管理為不可容緩之事也。

图 1-附录-23 “巴彦塔拉盟公署”为进行学校教育视察指导及实态调查致“厚和市公署”训令（附视察指导实施要领、视察指导要领、教育调查事项）（日文）（1943年4月8日）（十一）

巴盟公署教育視察指導要領

一、巴盟公署教育視察指導班分赴各市縣旗実際視察指導所屬教育、

二、1.市縣旗公署所在地実施事項

1.依據指導要綱実際指導報告會

2.參加者：市縣長參事官民政科長教育股長視學教育日系指導官
公署所在地各小學校長、

3.會場：公署所在小學校

4.日時：別紙日程表當日午前十時開會但如日程表變更時事前
臨時通知

5.會場日時及參集者由市縣公署教育股負責通知

6.開會儀序

(一)國民儀禮

(二)開會致辭(教育股長)

(三)縣長參事官致辭

(四)指導要綱及視學事項報告(盟視察指導班)

(五)質疑問答

(六)懇談

(七)閉會(閉會辭)

三、視察事項

1.小學校一校以上実地視察

图 1- 附录 -23 “巴彦塔拉盟公署”为进行学校教育视察指导及实态调查致“厚和市公署”训令（附视察指导实施要领、视察指导要领、教育调查事项）（日文）（1943年4月8日）（十二）

2、青年訓練所実地視察
3、民衆教育設施実地視察
4、私塾ノ実地視察
四、調査事項
1、調査様式（如別紙調査表所附）
2、調査表各市縣旗教育股負責調査填寫
3、各盟視察指導班所同調査書係実地調査施行
五、市縣公署所在地日程須於翌日（一日間）通知鎮村各小學校並附視察學校日程及巡回順路等計劃

图 1- 附录 -23　“巴彦塔拉盟公署”为进行学校教育视察指导及实态调查致“厚和市公署”训令（附视察指导实施要领、视察指导要领、教育调查事项）（日文）（1943年4月8日）（十三）

教育調査事項

一、事変前ニ於ケル教育概況

二、事変前ニ於ケル學校、教員、生徒（男女級別）數調査（別紙第一號樣式）

三、事変前ニ於ケル（成紀七三三年七月）小學校教員俸給平均額

四、事変前ニ於ケル中等學校以上ノ學校有無

アリタル場合ハ左記樣式ニ依リ調査ノコト

記

設立主体	學校名	所在地	教員數 男	教員數 女	學生數 男	學生數 女	修業年限	開校年月日

五、事変前ニ於ケル留學生情況（別紙第二號樣式）

六、本年度學校、教員、生徒數調査（別紙第三號樣式）

七、學校教職員一覧表（別紙第四號樣式）

八、學校教職員最終學歴調査表（別紙第五號樣式）

九、學校一覧表（別紙第六號樣式）

十、生徒年齢調査（別紙第八號樣式）

十一、教科目毎週教授時數時間調査（別紙第七號樣式）

十二、生徒籍貫調査（別紙第九號樣式）

十三、保護者職業調査（第十號樣式）

图 1- 附录 -23 “巴彦塔拉盟公署”为进行学校教育视察指导及实态调查致“厚和市公署”训令（附视察指导实施要领、视察指导要领、教育调查事项）（日文）（1943 年 4 月 8 日）（十四）

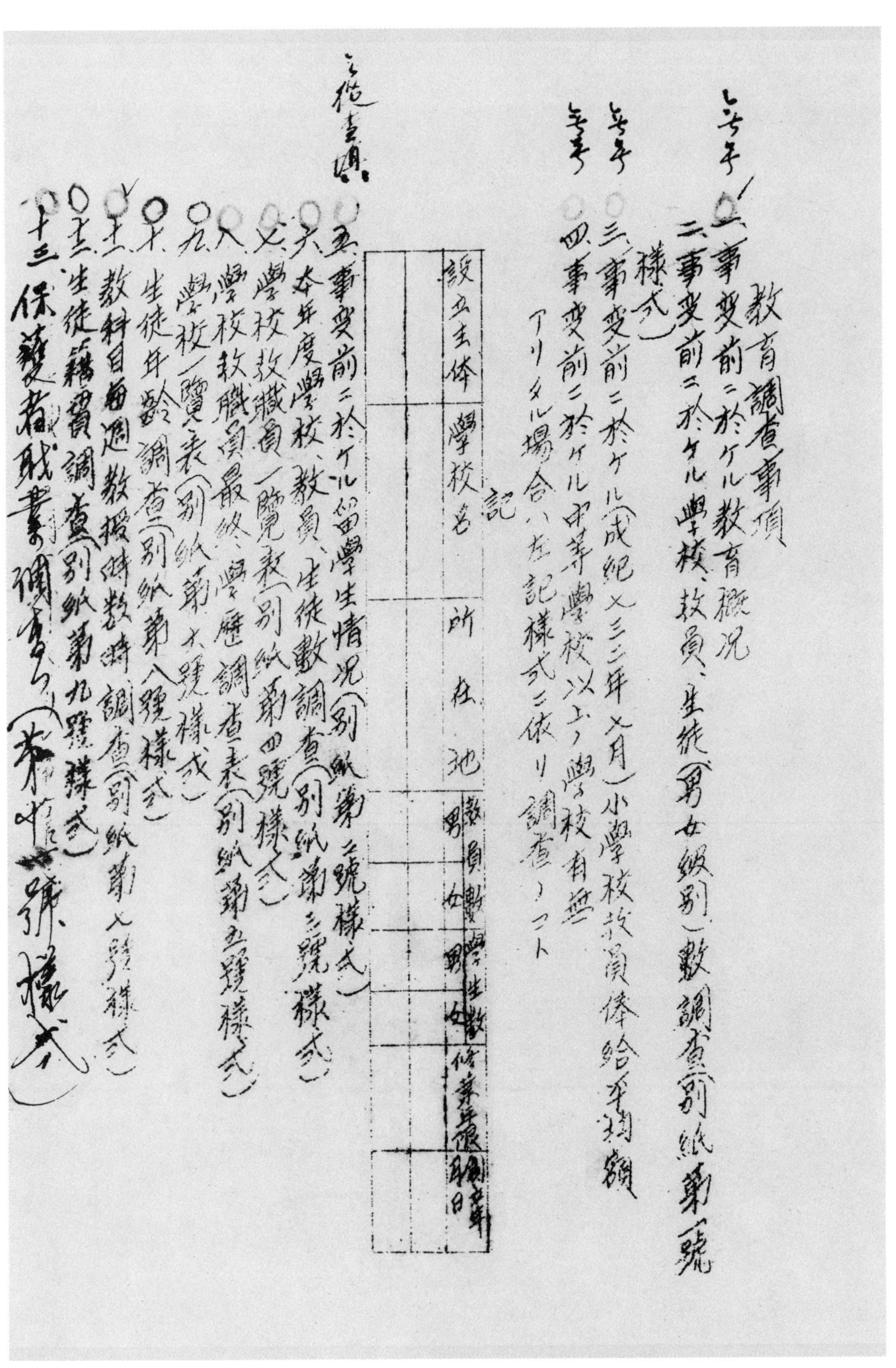

六

十四、保護者生計情況調査（別紙第十一號様式）

十五、教員俸給調査（別紙第十二號様式）

十六、三七年度生徒缺席数調査（別紙第十三號様式）

十七、事変後卒業ノ各中等學校及臨教所生ノ身元調査（別紙第十四號様式）

十八、留學生現状調査（別紙第十五號様式）

十九、上級學校志望者及入學者数調査（別紙第十六號様式）

二十、就學児童率調査（別紙第十七號様式）

图 1- 附录 -23　“巴彦塔拉盟公署”为进行学校教育视察指导及实态调查致“厚和市公署”训令（附视察指导实施要领、视察指导要领、教育调查事项）（日文）（1943年4月8日）（十五）

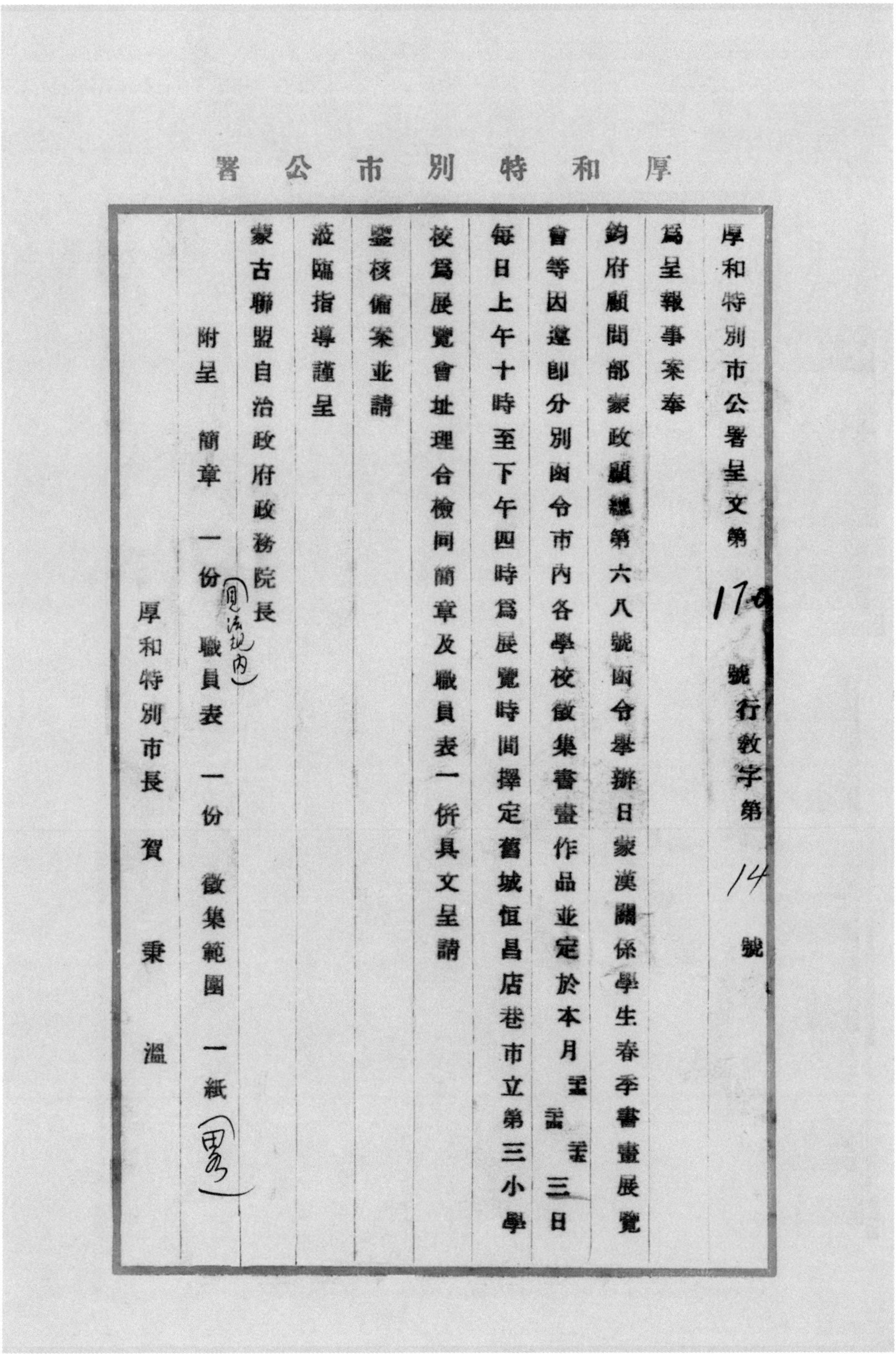

厚和特別市公署

厚和特別市公署呈文第170號　行教字第14號

爲呈報事案奉

鈞府顧問部蒙政顧總第六八號函令舉辦日蒙漢關係學生春季書畫展覽

會等因遵即分別函令市內各學校徵集書畫作品並定於本月廿一廿二廿三日

每日上午十時至下午四時爲展覽時間擇定舊城恒昌店巷市立第三小學

校爲展覽會址理合檢同簡章及職員表一併具文呈請

鑒核備案並請

蒞臨指導謹呈

蒙古聯盟自治政府政務院長

附呈　簡章　一份（見法規內）　職員表　一份　徵集範圍　一紙

厚和特別市長　賀秉溫

图 1- 附录 -24　“厚和特别市公署”为举办“日蒙汉关系学生春季书画展览”致“蒙古联盟自治政府”呈文（1939 年 5 月 17 日）（一）

厚和特別市公署

總務科々長 陳裕恭代

成吉思汗紀元七三四年五月十七日

图 1-附录-24 “厚和特别市公署”为举办“日蒙汉关系学生春季书画展览”致“蒙古联盟自治政府”呈文（1939 年 5 月 17 日）（二）

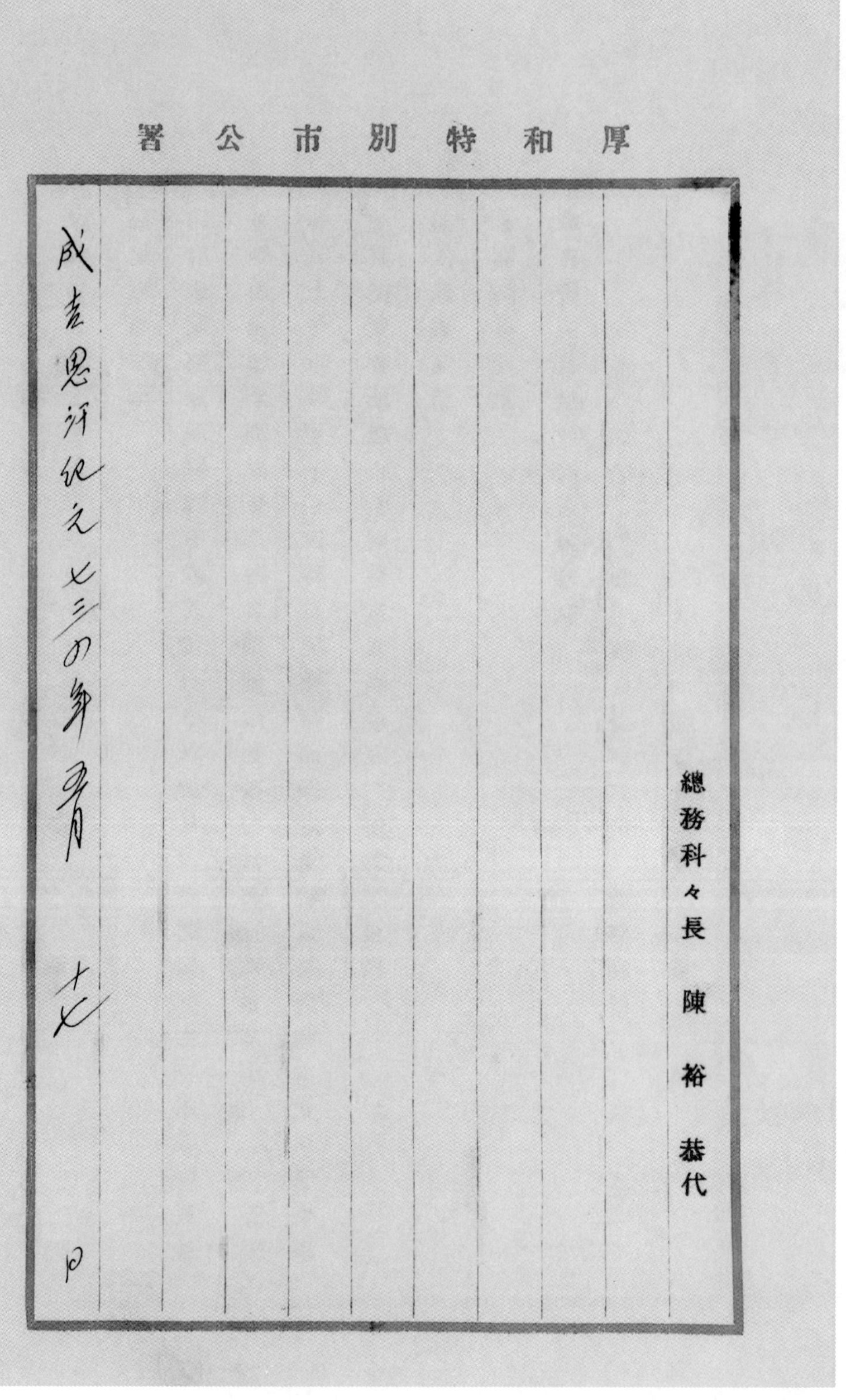

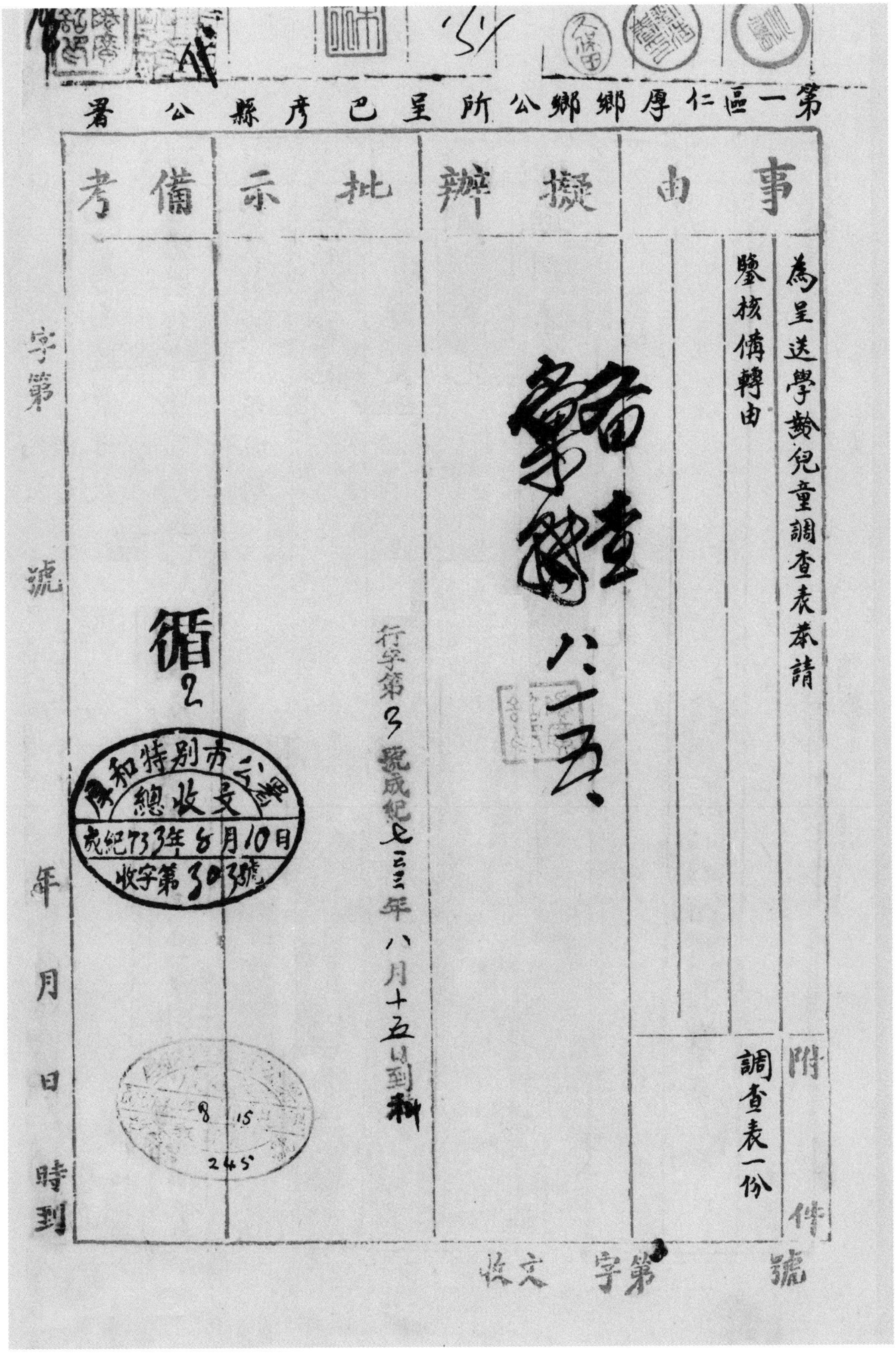

第一區仁厚鄉鄉公所 呈 巴彥縣公署

事由	擬辦	批示	備考
為呈送學齡兒童調查表恭請鑒核備轉由	留查 八、一五		

附件：調查表一份

行字第3號 成紀七三三年八月十五日到

字第 號 年 月 日 時到

收文 字第 號

图 1- 附录 -25 “第一区仁厚乡公所”为报送学龄儿童调查表致“巴彦县公署”呈文（节选）（1938 年 8 月 2 日）（一）

為呈送事案奉
鈞署總行字第一四三三號訓令尾開：附發調查表式一紙。等因；奉此，遵即依照
表式詳填具報恭祈
鑒核備轉施行
謹呈
縣長亢
顧問末永
附呈：調查表一份
第一區仁厚鄉鄉長高有亮（印：高有亮章）

图 1- 附录 -25　“第一区仁厚乡公所”为报送学龄儿童调查表致“巴彦县公署”呈文（节选）（1938 年 8 月 2 日）（二）

巴彥縣第一區仁厚鄉學齡兒童調查表

成吉思汗紀元七三三年八月二日

性別	男	女	計
戶數	1604		
人口數	5136	3192	
學齡兒童數 六歲	200	360	
七歲	156	79	
八歲	146	79	
九歲	112	60	
十歲	141	68	
十一歲	92	53	
十二歲	153	69	
十三歲	151	40	
十四歲	98	64	
十五歲	74	39	
合計	1322	1093	
入學數	288		
失學數	2127		
失學兒童與學齡兒童百分比	30/100		
備考			

說明

图 1- 附录 -25 “第一区仁厚乡公所”为报送学龄儿童调查表致“巴彦县公署”呈文（节选）（1938 年 8 月 2 日）（三）

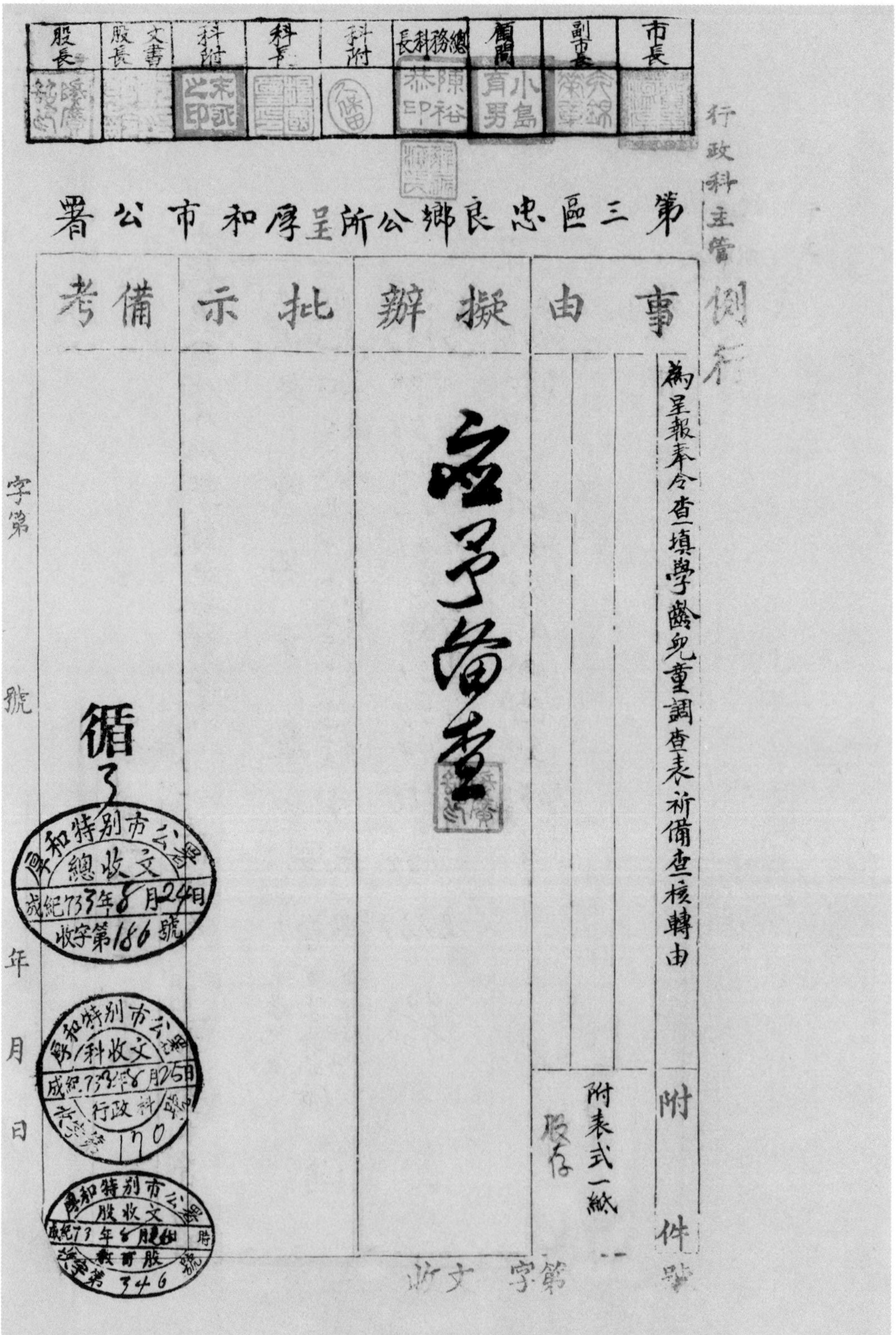
市長	副市長	顧問	總務科長	科附	科長	科附	文書股長	股長

行政科主管

第三區忠良鄉公所呈厚和市公署

事由：為呈報奉令查填學齡兒童調查表祈備查核轉由

擬辦：照予備查

批示：

備考：

附件：附表式一紙

股存

循了

厚和特別市公署 總收文 成紀733年8月24日 收字第186號

厚和特別市公署 科收文 成紀733年8月25日 行政科 170

厚和特別市公署 股收文 成紀733年 月 日 教育股 346

第 字 號 年 月 日

收文 字第 號

图 1- 附录 -26 “第三区忠良乡公所”为报送学龄儿童调查表致“厚和市公署”呈文（节选）（1938 年 8 月 24 日）（一）

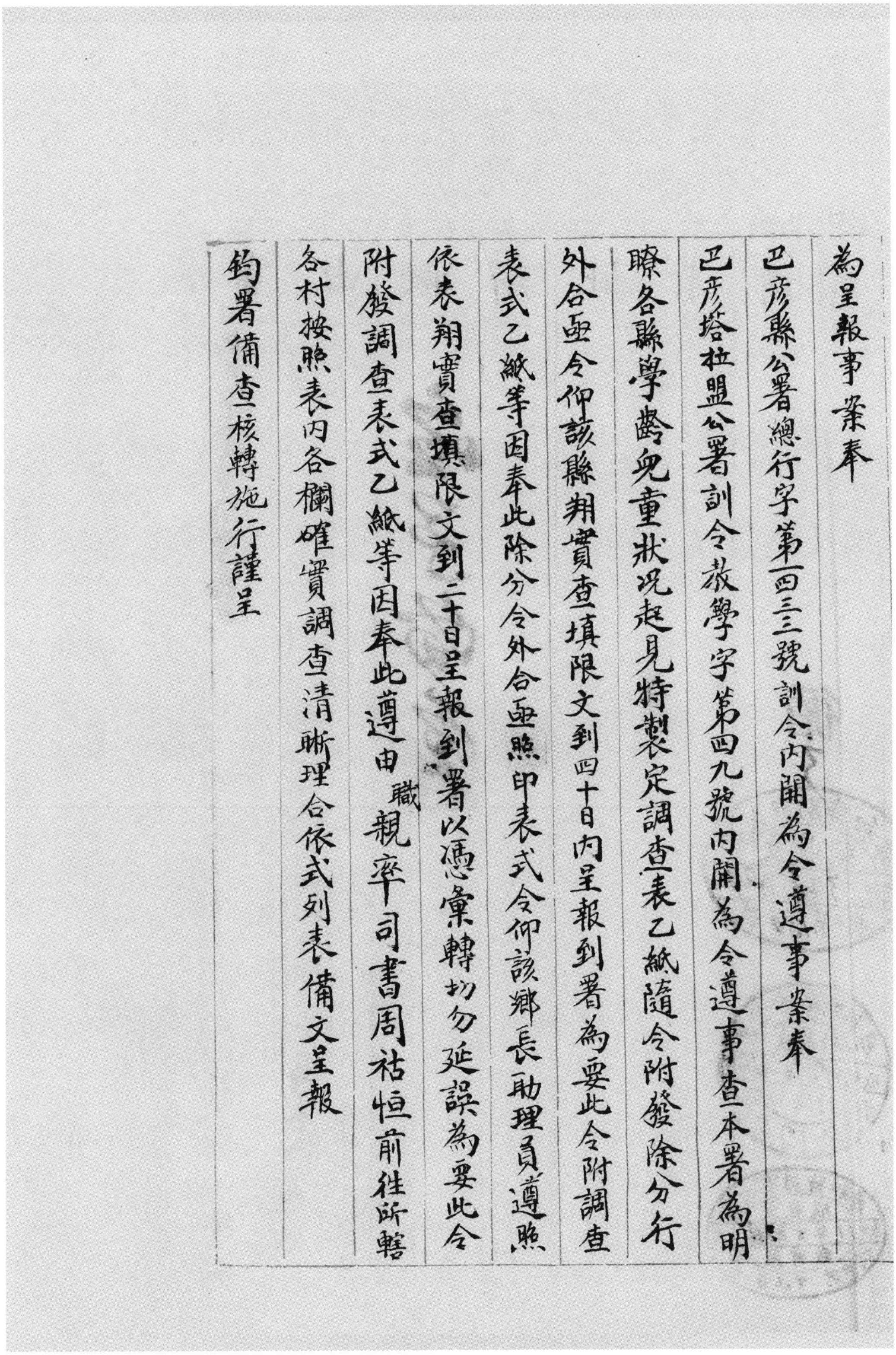

為呈報事案奉
巴彥縣公署總行字第一四三三號訓令內開為令遵事案奉
巴彥塔拉盟公署訓令教學字第四九號內開為令遵事查本署為明
瞭各縣學齡兒童狀況起見特製定調查表乙紙隨令附發除分行
外合亟令仰該縣翔實查填限文到四十日內呈報到署為要此令附調查
表式乙紙等因奉此除分令外合亟照印表式令仰該鄉長助理員遵照
依表翔實查填限文到二十日呈報到署以憑彙轉切勿延誤為要此令
附發調查表式乙紙等因奉此遵由職親率司書周祐恒前往所轄
各村按照表內各欄確實調查清晰理合依式列表備文呈報
鈞署備查核轉施行謹呈

图 1- 附录 -26　“第三区忠良乡公所”为报送学龄儿童调查表致“厚和市公署”呈文（节选）（1938 年 8 月 24 日）（二）

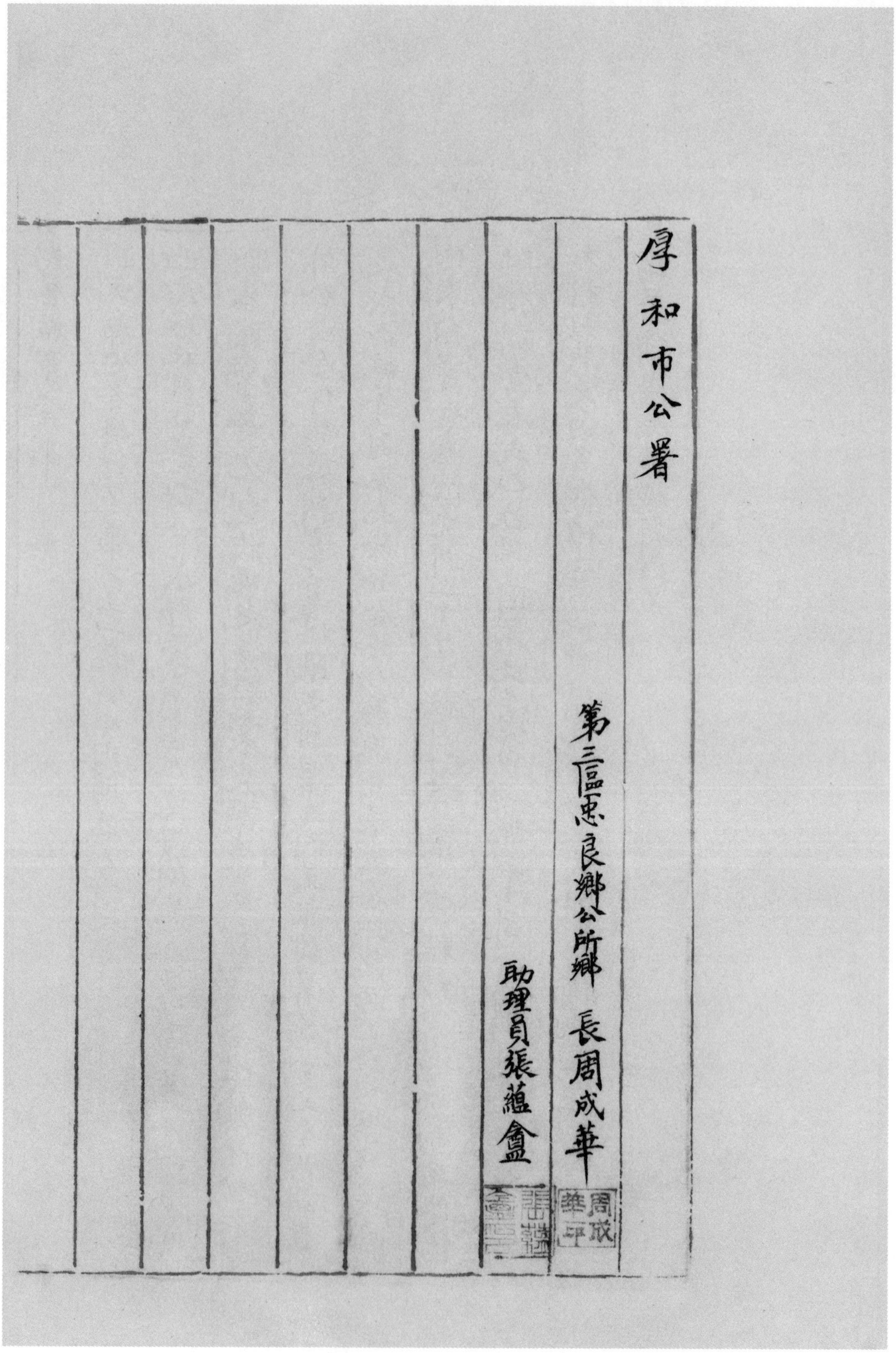

厚和市公署

第三區忠良鄉公所鄉　長周成華

助理員張蘊奩

图 1-附录-26　“第三区忠良乡公所”为报送学龄儿童调查表致“厚和市公署”呈文（节选）（1938 年 8 月 24 日）（三）

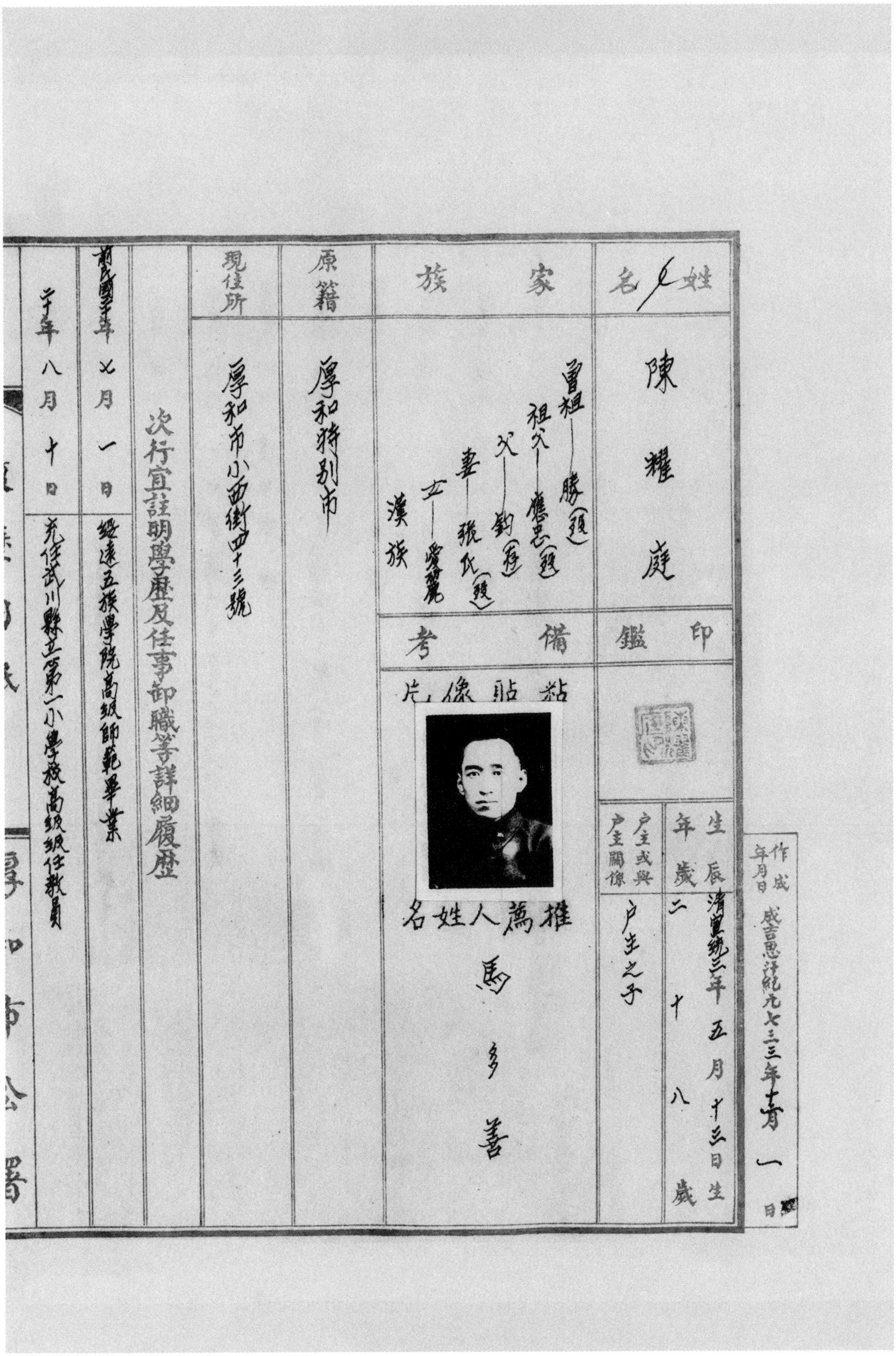

作成年月日	成吉思汗紀元七三三年十二月一日
姓名	陳耀庭
生辰	清宣統三年五月十三日生
年歲	二十八歲
户主或與户主關係	户主之子
家族	曾祖 勝（殁） 祖父 應忠（殁） 父 鈞（殁） 妻 張氏（殁） 女 愛麗 漢族
印鑑	
備考	粘貼像片 推薦人姓名 馬[illegible]善
原籍	厚和特別市
現住所	厚和市小西街四十三號

次行宜註明學歷及任事節職等詳細履歷

前民國十年七月一日 綏遠五族學院高級師範畢業

二十年八月十日 充任武川縣立第一小學校高級級任教員

厚和市公署

图 1- 附录 -27　各“乡”“镇”中小学教职员履历表（节选：陈耀庭、张为义）（1938 年 12 月）（一）

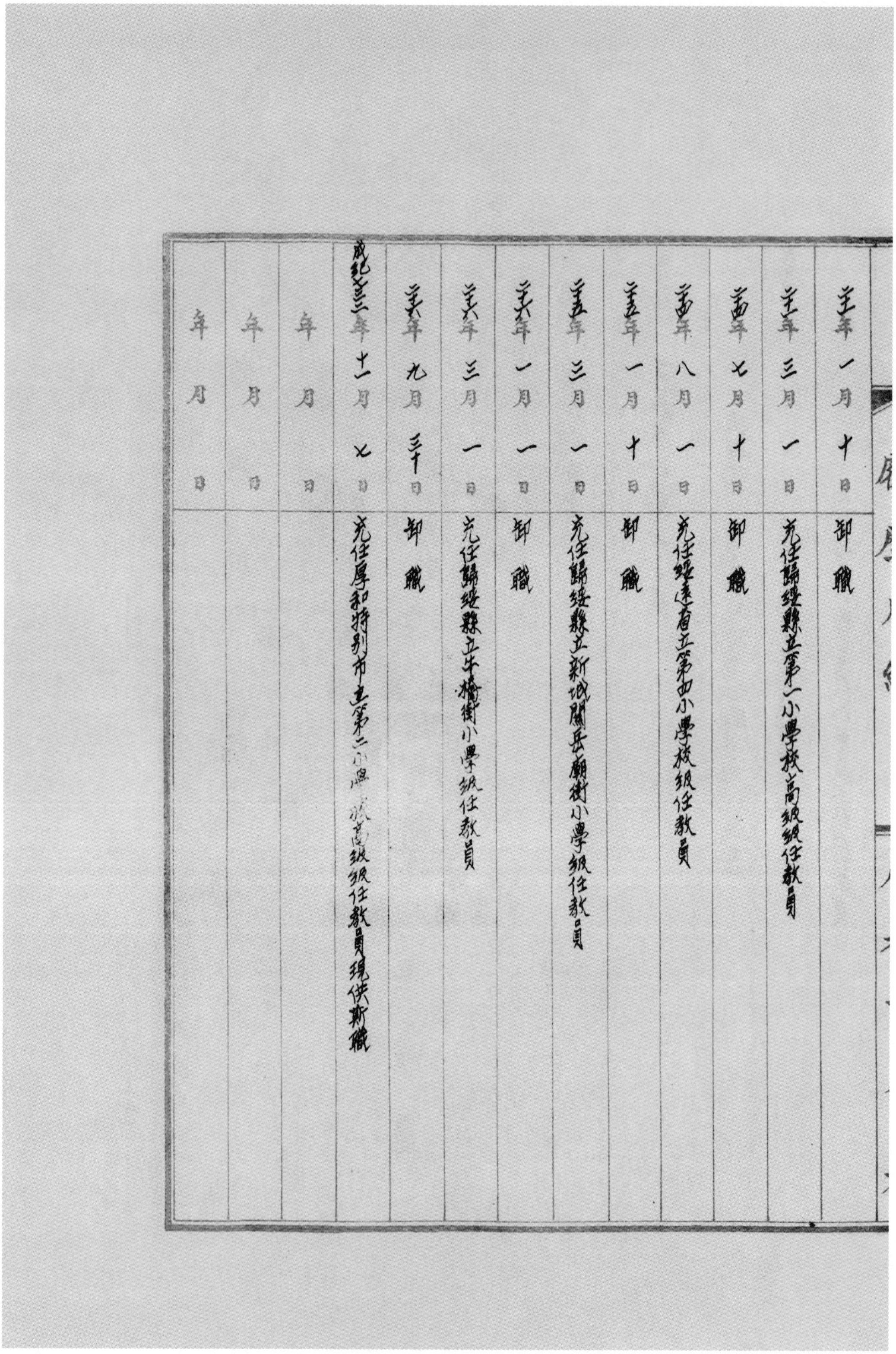

廿二年一月十日	卸職
廿三年三月一日	充任歸綏縣立第一小學校高級級任教員
廿四年七月十日	卸職
廿四年八月一日	充任綏遠省立第四小學校級任教員
廿五年一月十日	卸職
廿五年三月一日	充任歸綏縣立新城關岳廟街小學級任教員
廿六年一月一日	卸職
廿六年三月一日	充任歸綏縣立牛橋街小學級任教員
廿六年九月三十日	卸職
成紀七三三年十一月七日	充任厚和特別市立第二小學校高級級任教員現供斯職
年月日	
年月日	
年月日	

图 1- 附录 -27　各“乡”“镇”中小学教职员履历表（节选：陈耀庭、张为义）（1938 年 12 月）（二）

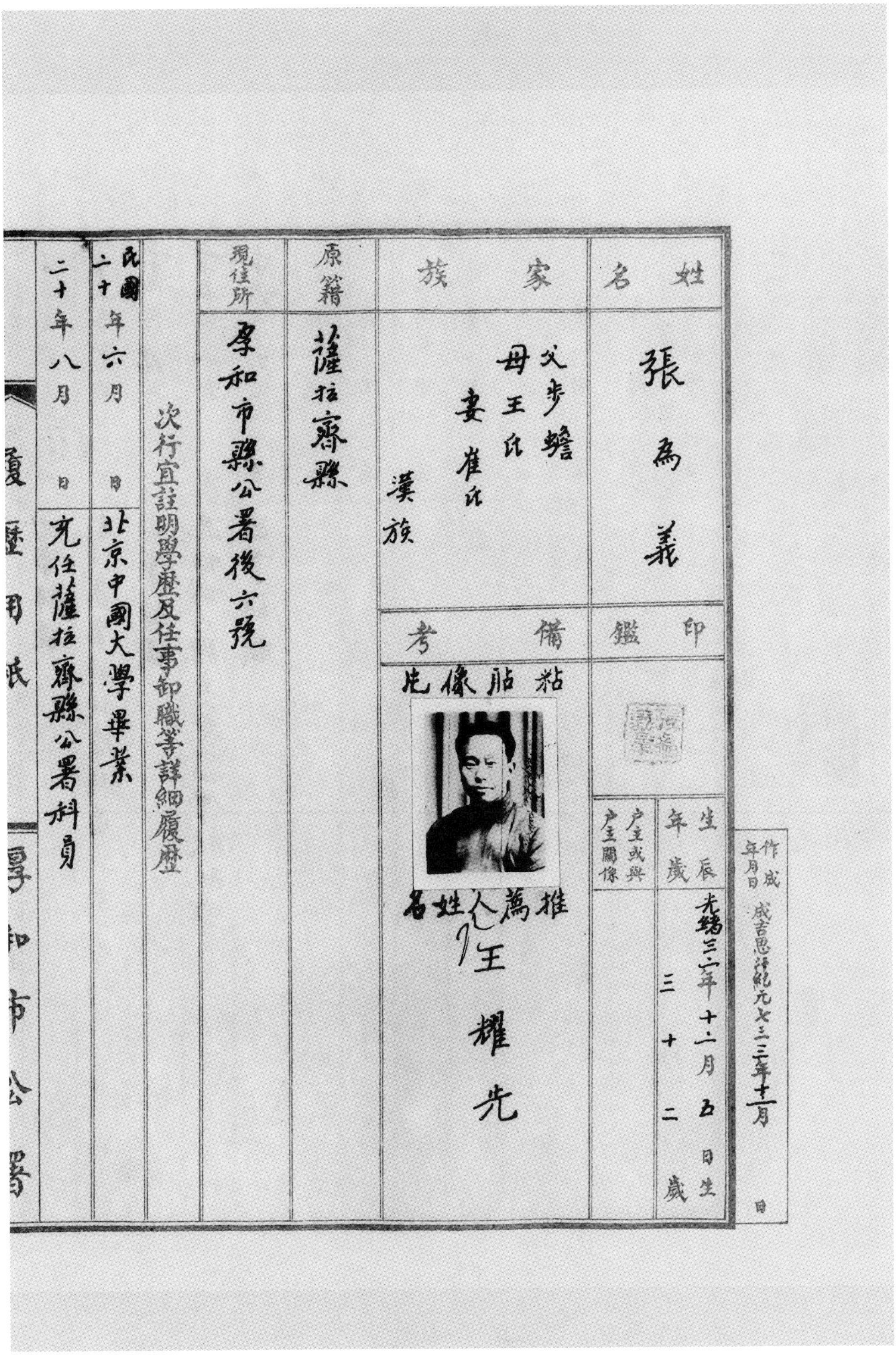

姓名：張為義

家族：父步蟾 母王氏 妻崔氏 漢族

原籍：薩拉齊縣

現住所：厚和市縣公署後六號

次行宜註明學歷及任事卸職等詳細履歷

民國二十年六月　日　北京中國大學畢業

二十年八月　日　充任薩拉齊縣公署科員

印鑑

備考：粘貼像片

推薦人姓名：王耀先

生辰：光緒三十二年十二月五日生

年歲：三十二歲

戶主或與戶主關係

作成年月日：成吉思汗紀元七三三年十二月　日

履歷用紙

厚和市公署

图 1- 附录 -27　各“乡”“镇”中小学教职员履历表（节选：陈耀庭、张为义）（1938 年 12 月）（三）

二十二年六月日	因事辭職
二十三年七月日	充任集寧縣政府科員
二十四年九月日	因事辭職
二十五年二月日	充任武川縣立第一小學校校長
二十六年六月日	因事辭職
年月日	
年月日	
年月日	
年月日	
年月日	
年月日	
年月日	
年月日	

图 1- 附录 -27　各“乡”“镇”中小学教职员履历表（节选：陈耀庭、张为义）（1938 年 12 月）（四）

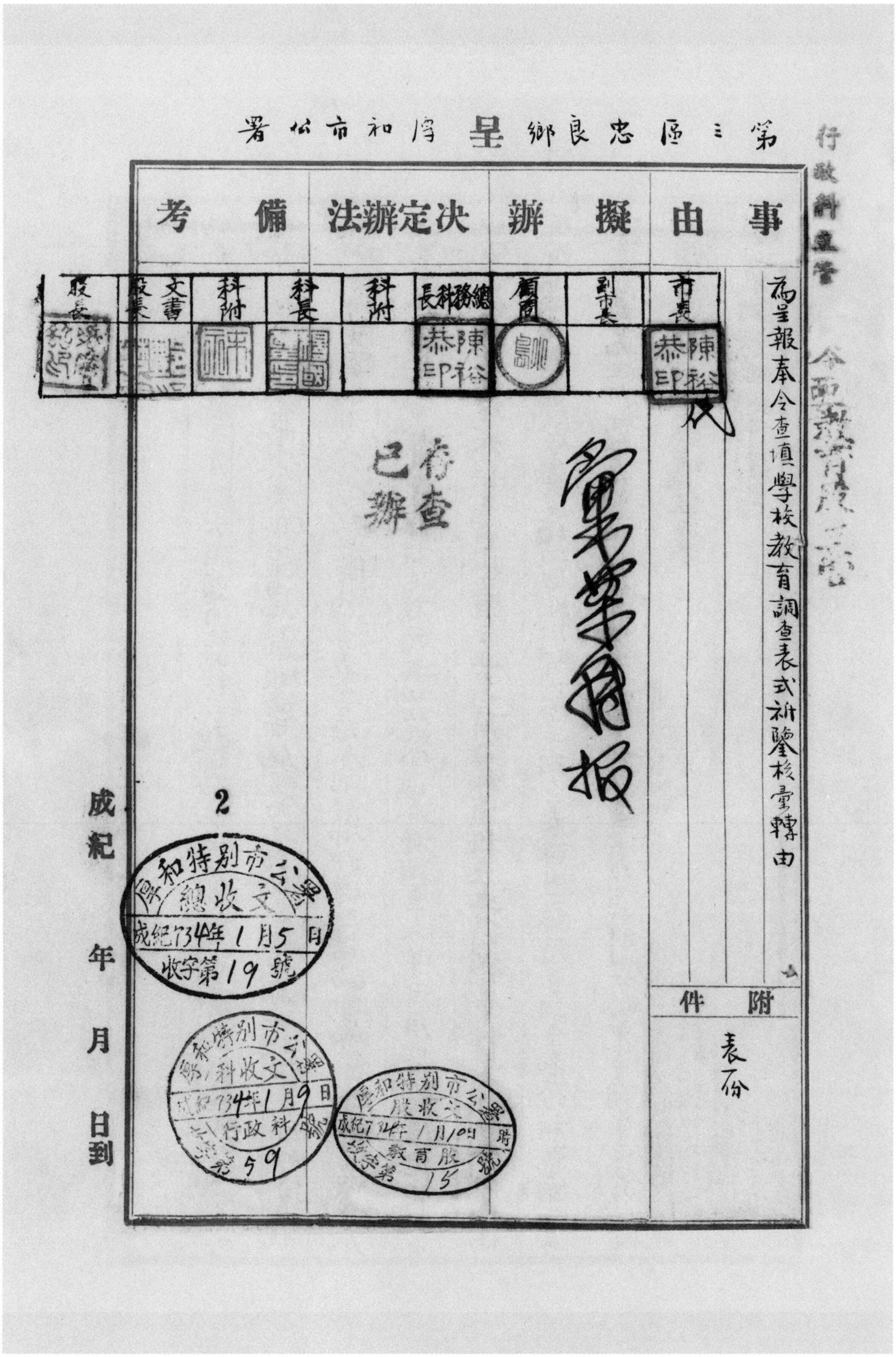

第三區忠良鄉 呈 厚和市公署

事由	擬辦	決定辦法	備考
為呈報奉令查填學校教育調查表式祈鑒核彙轉由		存查 已辦	

市長 副市長 顧問 總務科長 科附 科長 科附 文書 股長 股長

附件：表 份

成紀 年 月 日到

图1-附录-28 “第三区忠良乡公所”为奉令查填学校教育调查表式致“厚和市公署”呈（1939年1月5日）（一）

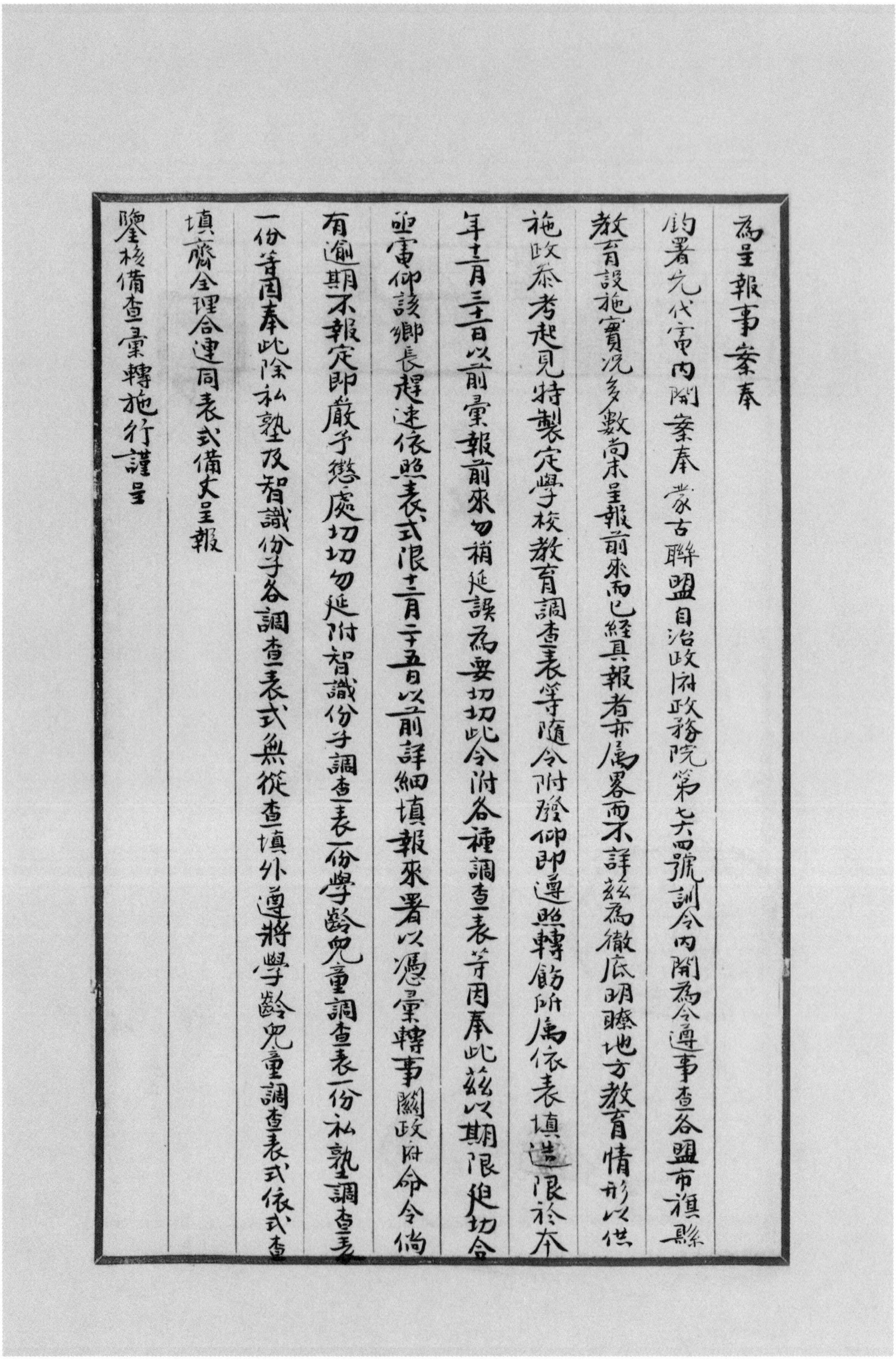
為呈報事案奉
鈞署先代電内開案奉蒙古聯盟自治政府政務院第七六四號訓令内開為令遵事查各盟市旗縣
教育設施實况多數尚未呈報前來而已經具報者亦屬畧而不詳茲為徹底明瞭地方教育情形以供
施政參考起見特製定學校教育調查表等隨令附發仰即遵照轉飭所屬依表填造限於本
年十二月三十日以前彙報前來勿稍延誤為要切切此令附各種調查表等因奉此茲以期限迫切合
亟電仰該鄉長趕速依照表式限十二月二十五日以前詳細填報來署以憑彙轉事關政府命令倘
有逾期不報定即嚴予懲處切切勿延附智識份子調查表一份學齡兒童調查表一份私塾調查表
一份等因奉此除私塾及智識份子各調查表式無從查填外遵將學齡兒童調查表式依式查
填齊全理合連同表式備文呈報
鑒核備查彙轉施行謹呈

图 1- 附录 -28 “第三区忠良乡公所”为奉令查填学校教育调查表式致“厚和市公署”呈（1939 年 1 月 5 日）（二）

厚和特別市公署

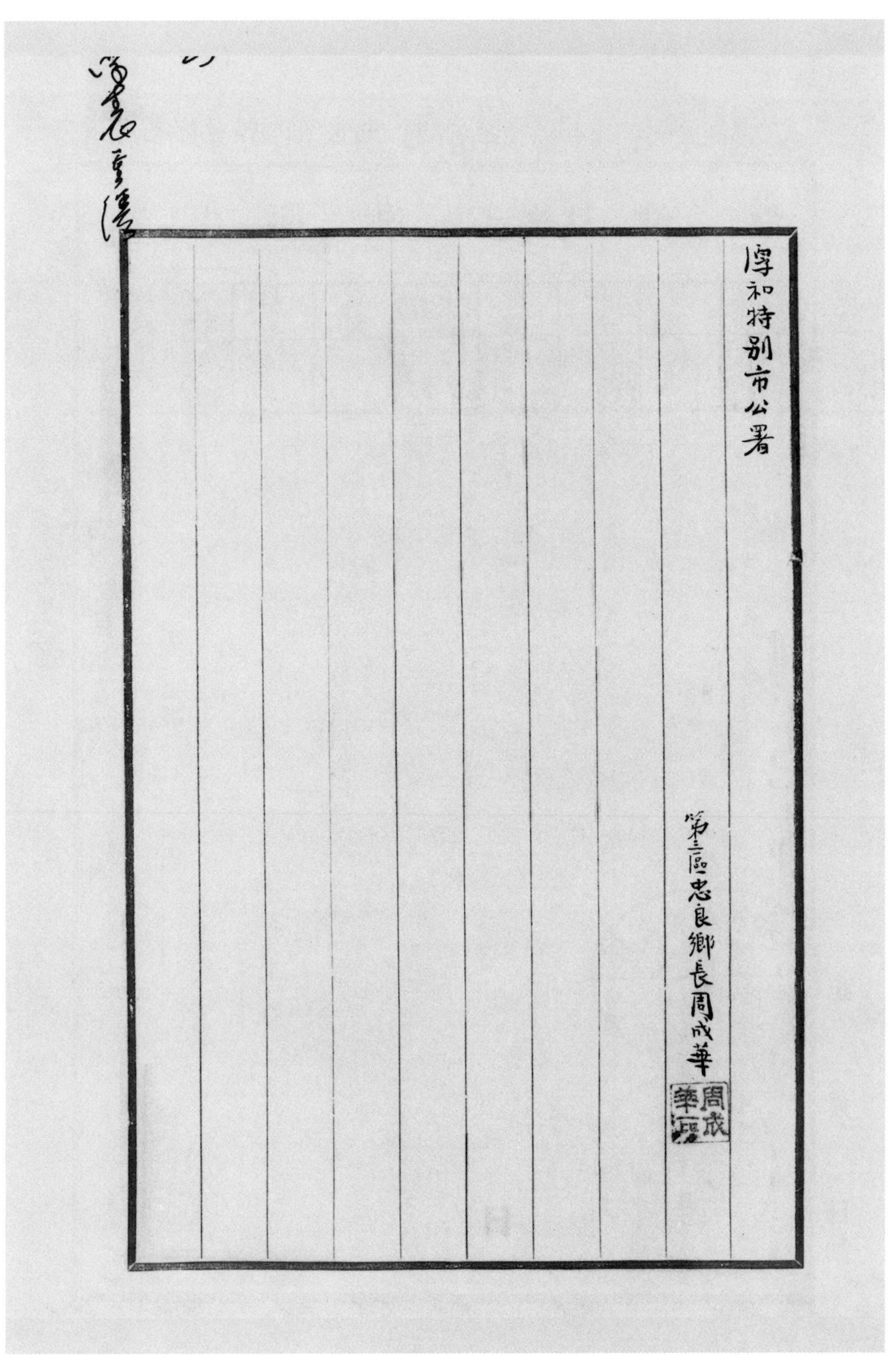

第三區忠良鄉長周成華

图 1- 附录 -28 “第三区忠良乡公所”为奉令查填学校教育调查表式致“厚和市公署”呈（1939 年 1 月 5 日）（三）

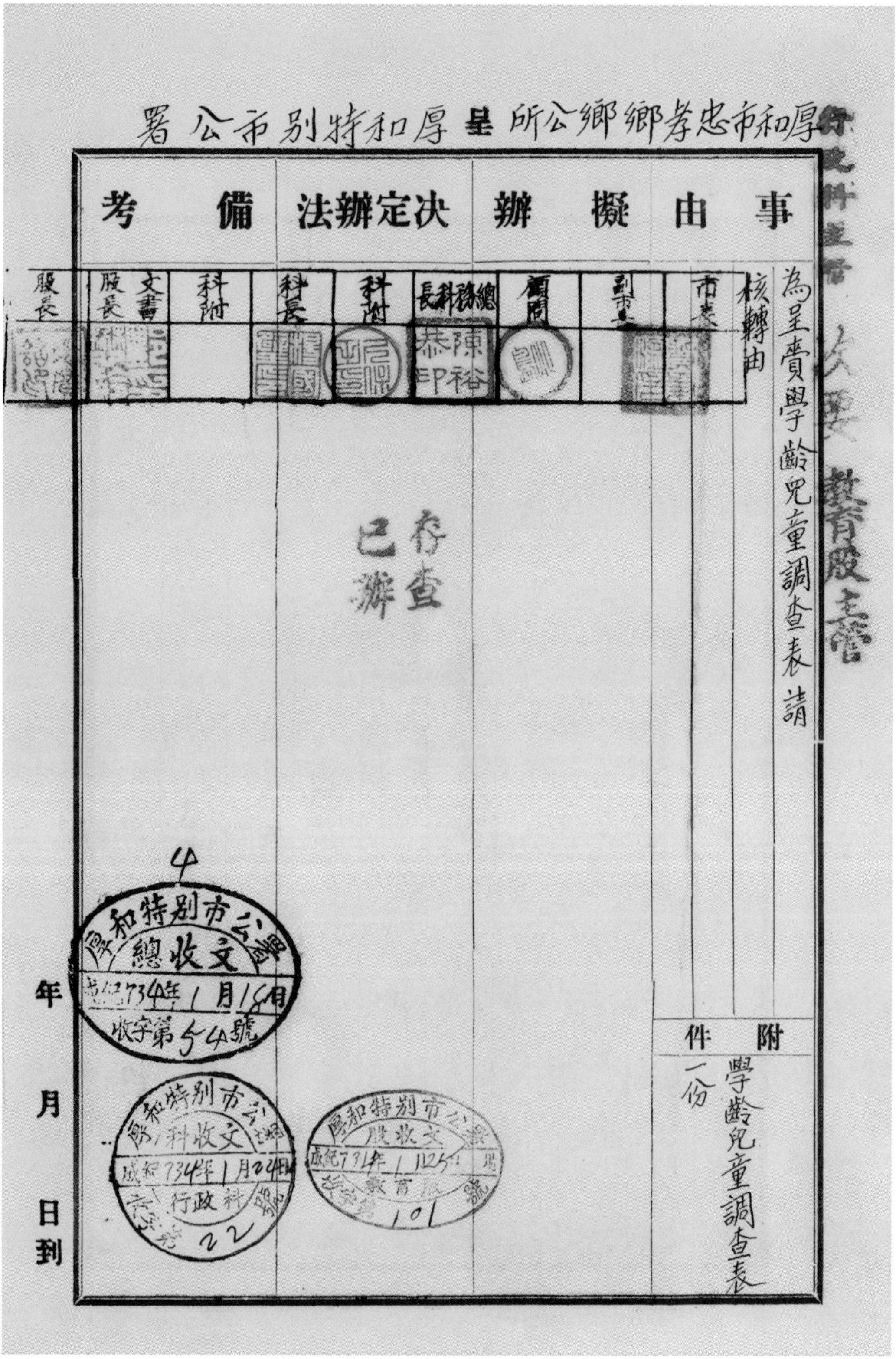
厚和市忠孝鄉公所 呈 厚和特別市公署

事由	擬辦	決定辦法	備考
為呈賚學齡兒童調查表請核轉由		存查 已辦	

附件：學齡兒童調查表 一份

厚和特別市公署 總收文 成紀734年1月18日 收字第54號

厚和特別市公署 科收文 成紀734年1月24日 行政科 收字第22號

厚和特別市公署 股收文 成紀734年1月25日 教育股 收字第101號

图 1-附录-29　“厚和市忠孝乡公所”为报送《学龄儿童调查表》致“厚和特别市公署”呈（1939 年 1 月 6 日）（一）

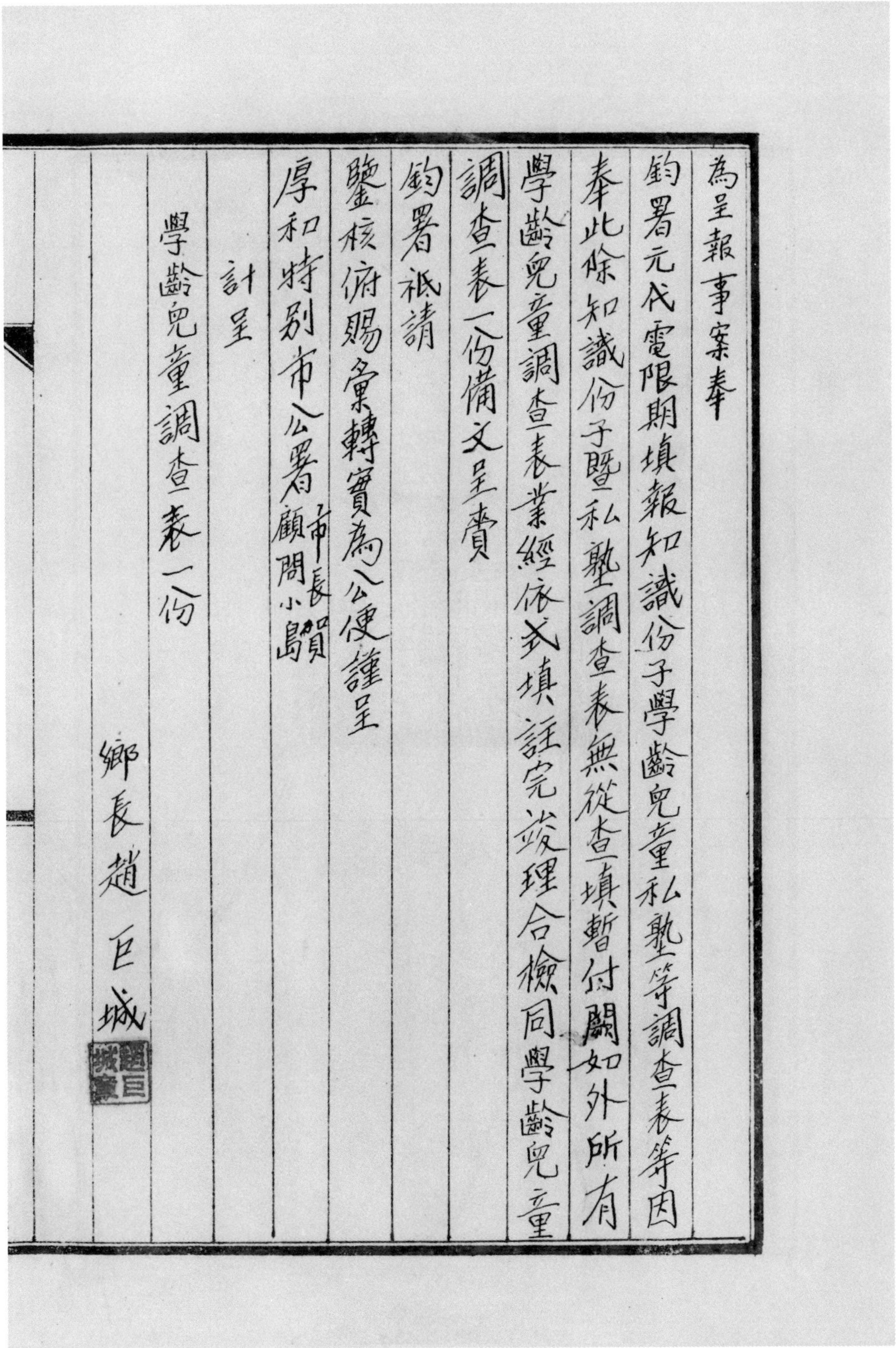

為呈報事案奉
鈞署元代電限期填報知識份子學齡兒童私塾等調查表等因
奉此除知識份子暨私塾調查表無從查填暫付闕如外所有
學齡兒童調查表業經依式填註完竣理合檢同學齡兒童
調查表一份備文呈賫
鈞署祗請
鑒核俯賜彙轉實為公便謹呈
厚和特別市公署市長賀 顧問小島
計呈
學齡兒童調查表一份
鄉長趙巨城
趙巨城章

图 1-附录-29 “厚和市忠孝乡公所”为报送《学龄儿童调查表》致“厚和特别市公署”呈（1939 年 1 月 6 日）（二）

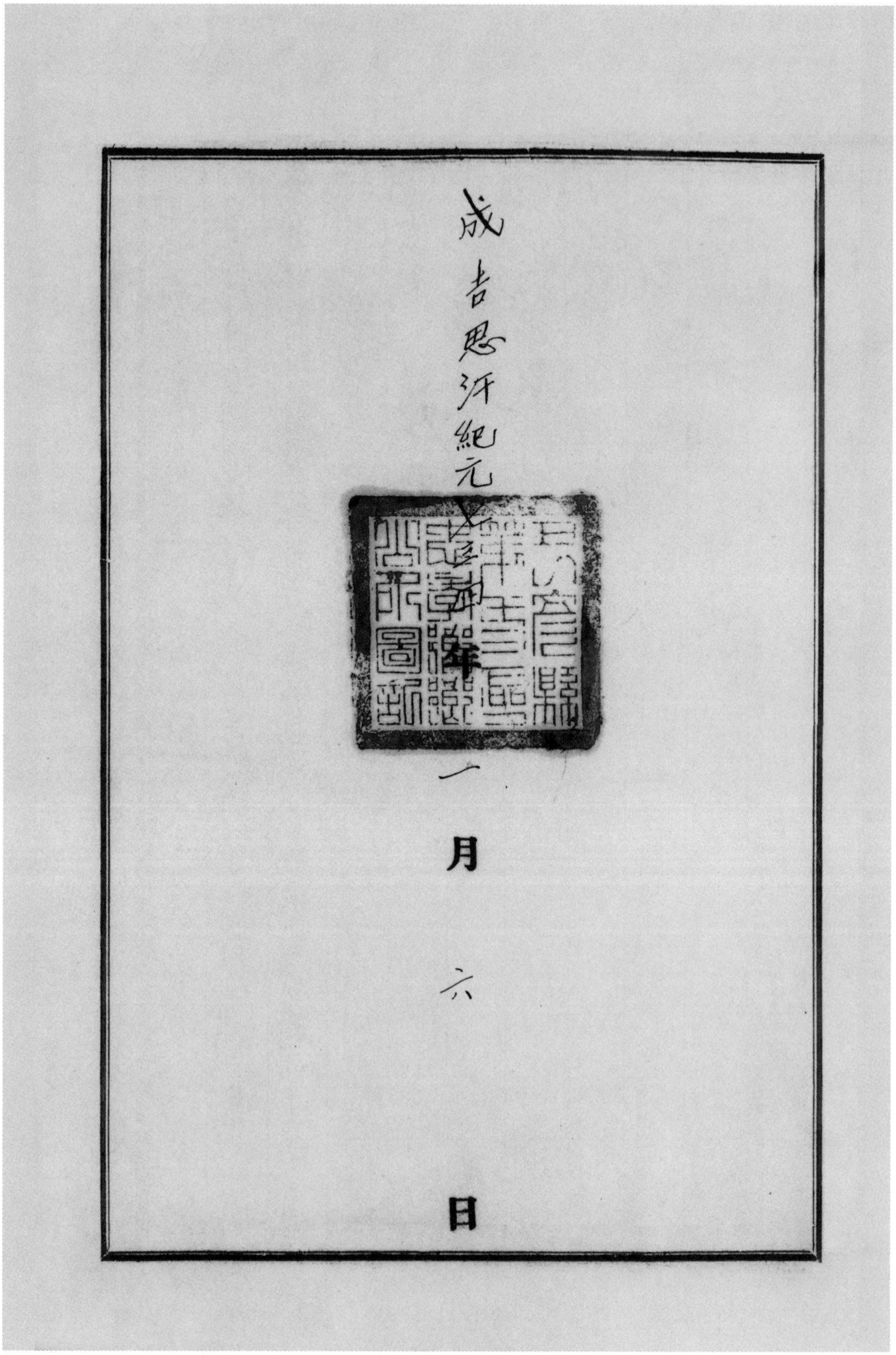
成吉思汗紀元　年　一　月　六　日

图1-附录-29　“厚和市忠孝乡公所”为报送《学龄儿童调查表》致“厚和特别市公署”呈（1939年1月6日）（三）

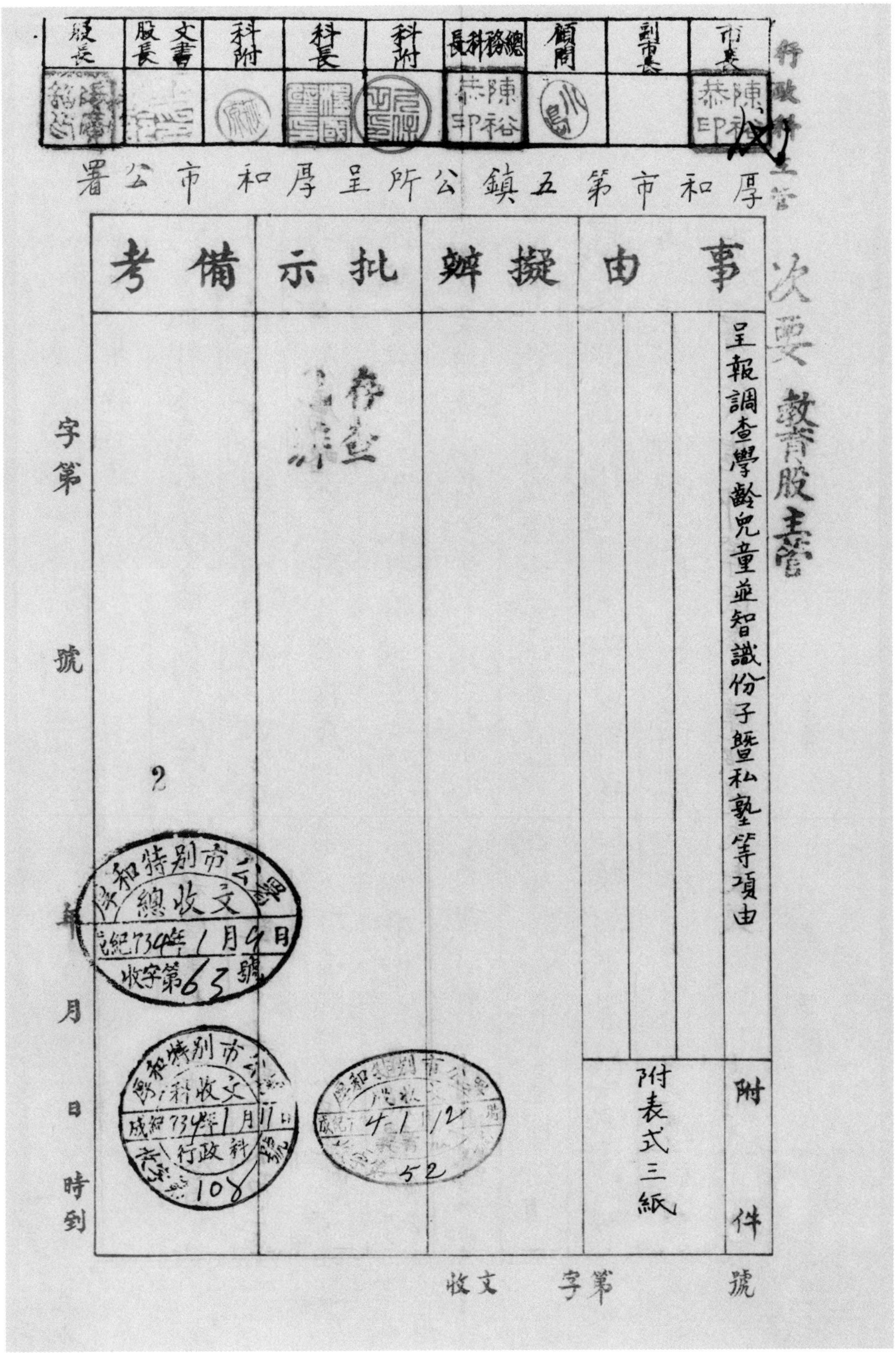

股長	文書股長	科附	科長	科附	總務科長	顧問	副市長	市長

厚和市第五鎮公所呈厚和市公署

行政科主管

次要 教育股主管

事由	擬辦	批示	備考
呈報調查學齡兒童並知識份子暨私塾等項由		存查	
附件 附表式三紙			

字第 號 年 月 日 時到

厚和特別市公署 總收文 成紀734年1月9日 收字第63號

厚和特別市公署 第一科收文 成紀734年1月11日 行政科 收字第108號

收文 字第 號

图 1- 附录 -30 “厚和市第五镇公所”为填报学龄儿童并知识分子暨私塾调查表致“厚和市公署”呈（1939 年 1 月 9 日）（一）

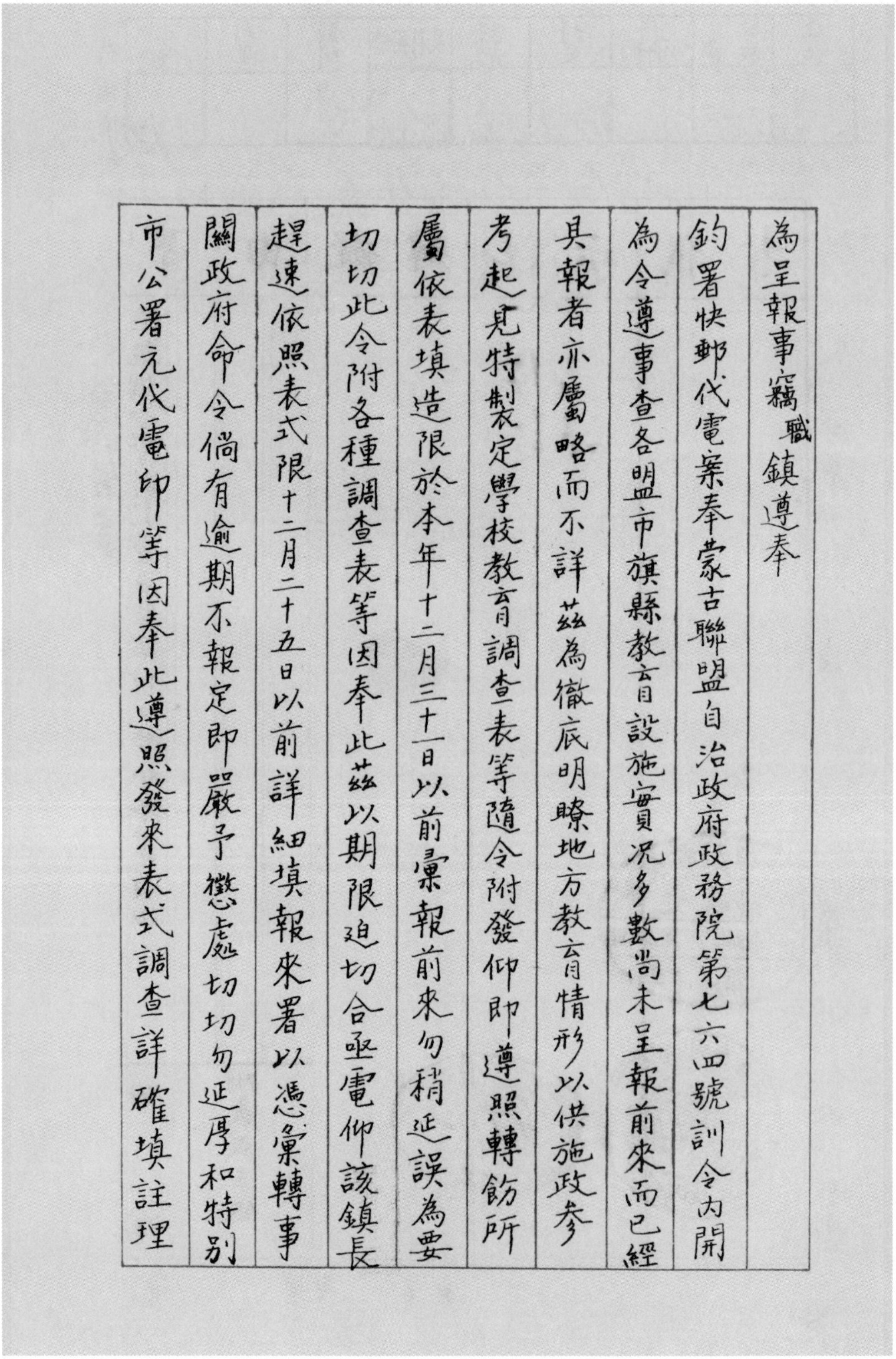
為呈報事竊職鎮遵奉
鈞署快郵代電案奉蒙古聯盟自治政府政務院第七六四號訓令內開
為令遵事查各盟市旗縣教育設施實況多數尚未呈報前來而已經
具報者亦屬略而不詳茲為徹底明瞭地方教育情形以供施政參
考起見特製定學校教育調查表等隨令附發仰即遵照轉飭所
屬依表填造限於本年十二月三十一日以前彙報前來勿稍延誤為要
切切此令附各種調查表等因奉此茲以期限迫切合亟電仰該鎮長
趕速依照表式限十二月二十五日以前詳細填報來署以憑彙轉事
關政府命令倘有逾期不報定即嚴予懲處切切勿延厚和特別
市公署元代電印等因奉此遵照發來表式調查詳確填註理

图 1- 附录 -30 “厚和市第五镇公所”为填报学龄儿童并知识分子暨私塾调查表致“厚和市公署”呈（1939 年 1 月 9 日）（二）

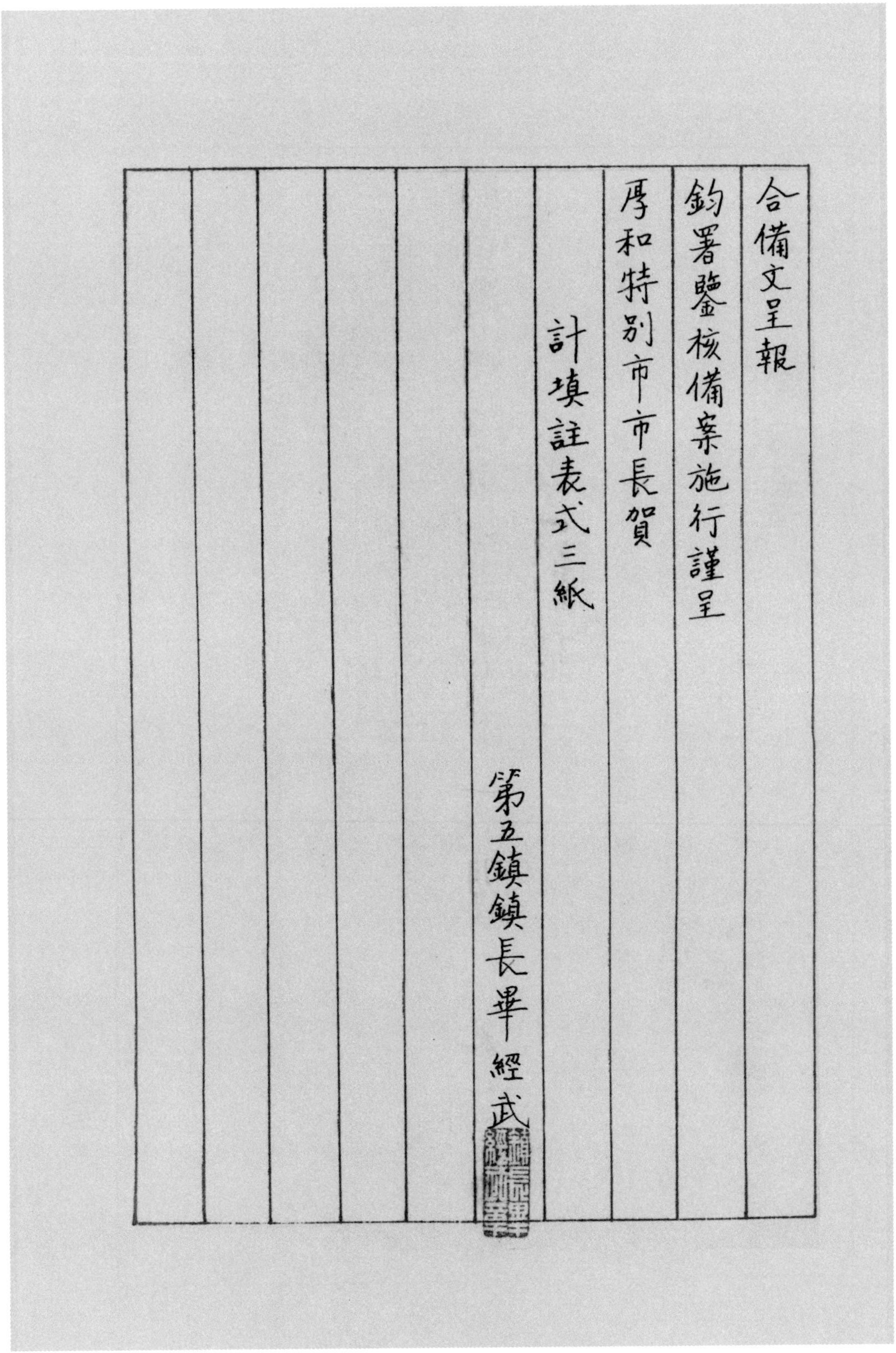

合備文呈報
鈞署鑒核備案施行謹呈
厚和特別市市長賀
計填註表式三紙
第五鎮鎮長畢經武

图 1- 附录 -30 “厚和市第五镇公所”为填报学龄儿童并知识分子暨私塾调查表致“厚和市公署”呈（1939 年 1 月 9 日）（三）

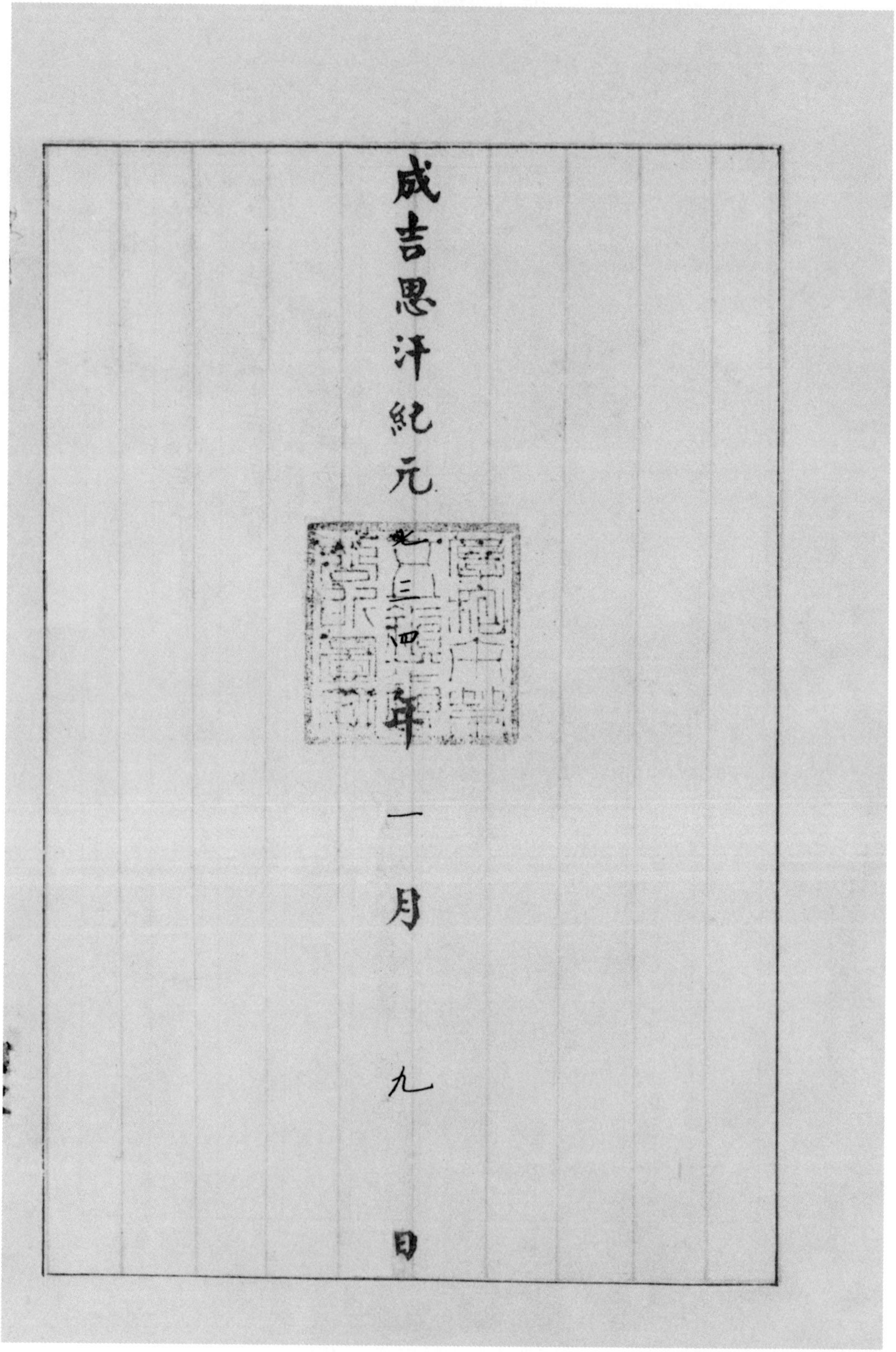

成吉思汗紀元七三四年一月九日

图 1- 附录 -30　“厚和市第五镇公所”为填报学龄儿童并知识分子暨私塾调查表致“厚和市公署”呈（1939 年 1 月 9 日）（四）

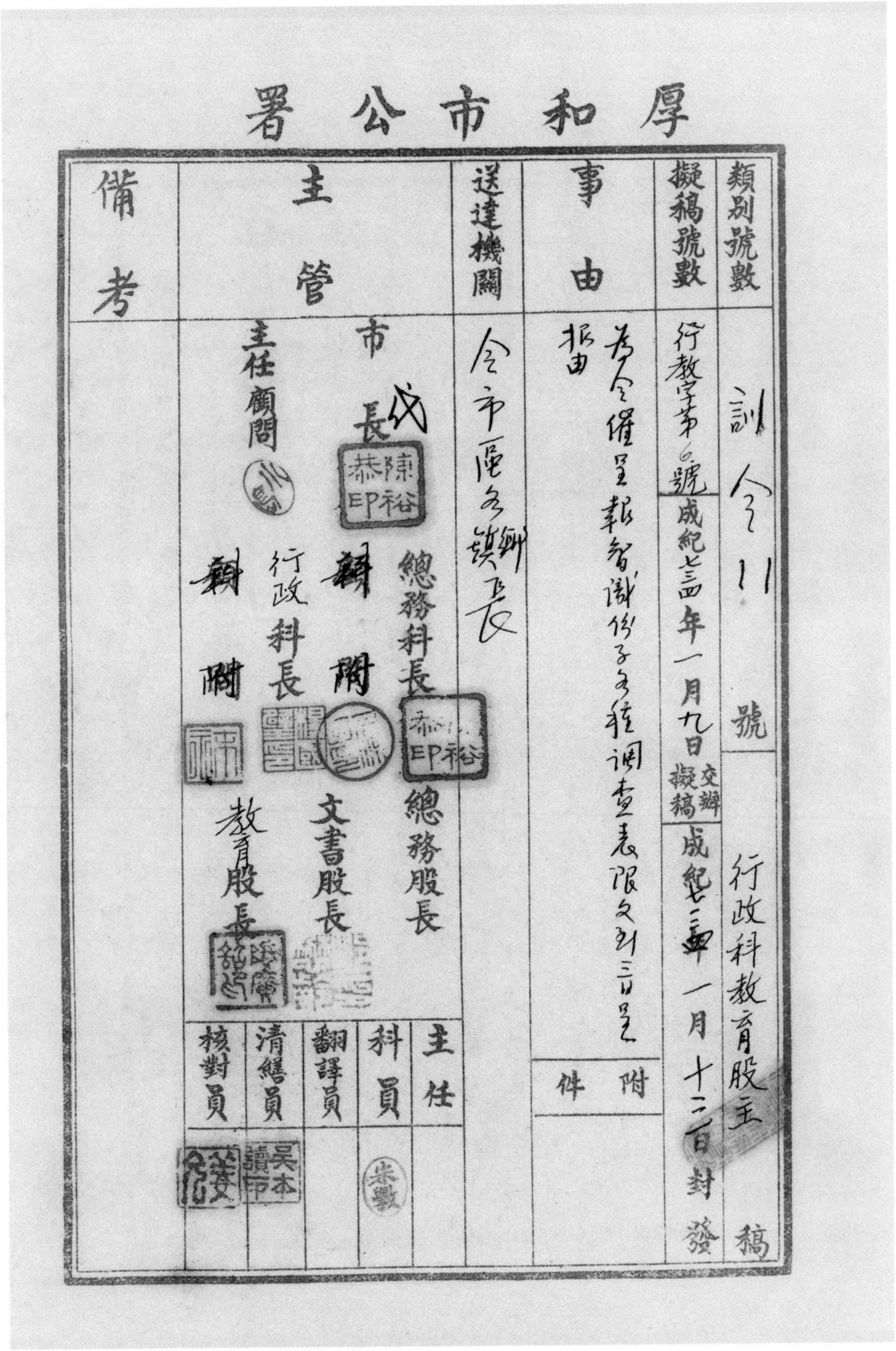

厚和市公署

類別號數	擬稿號數	事由	送達機關	主管	備考
訓令 號	行教字第6號	為令催呈報智識份子各種調查表限文到三日呈報由	令市區各鄉鎮長	市長（陳裕恭印）；主任顧問；總務科長（陳裕恭印）；行政科長；科附；科附；總務股長；文書股長；教育股長	

成紀七三四年一月九日擬稿

成紀七三四年一月十二日封發

行政科教育股主稿

附件

主任	科員	翻譯員	清繕員	核對員
			吴本讀印	

图 1- 附录 -31 “厚和市公署”为催报知识分子各种调查表致市区各乡镇公所训令（1939 年 1 月 13 日）（一）

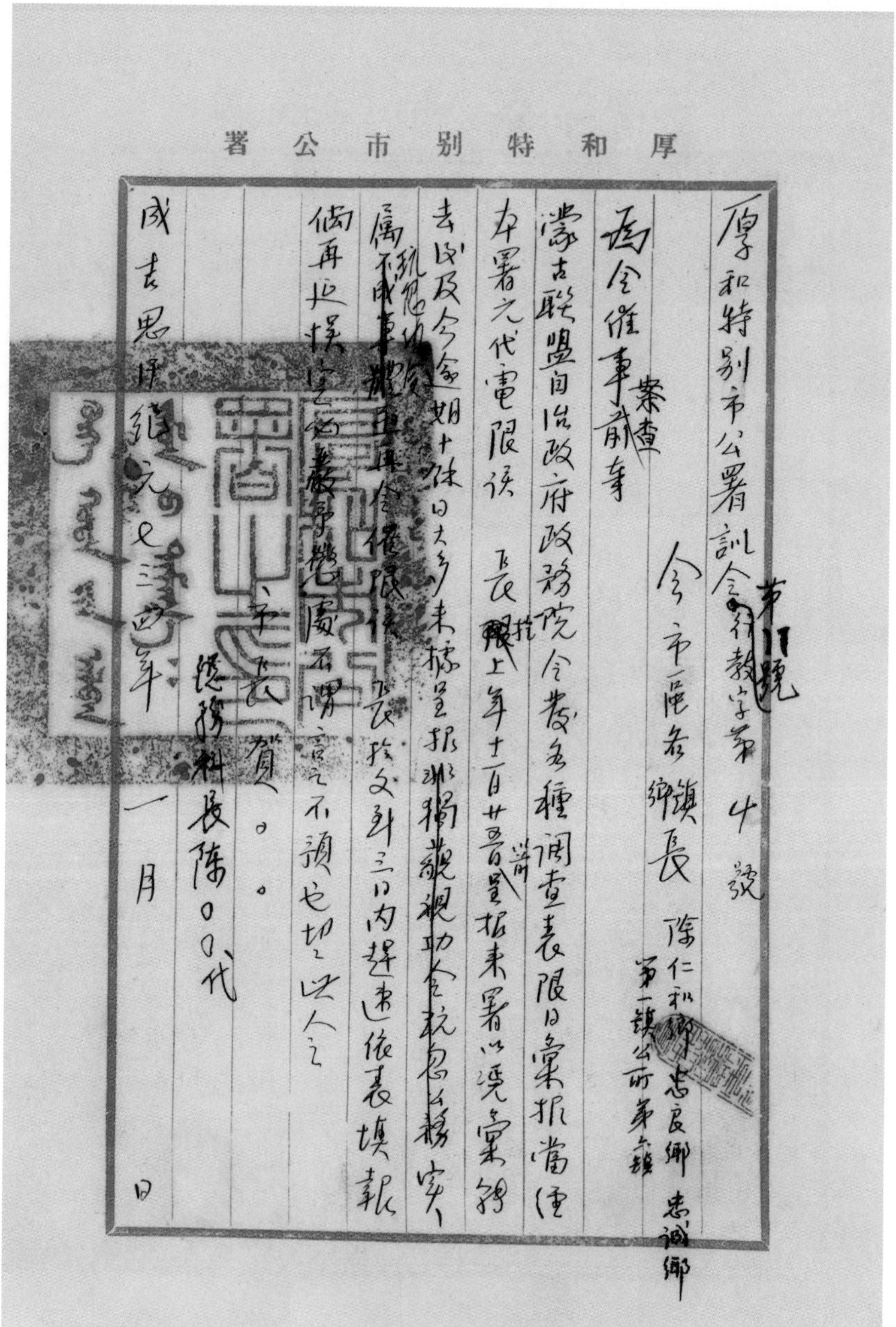
厚和特別市公署

厚和特別市公署訓令 行教字第 4 號

令市區各鄉鎮長 除仁和鄉 第一鎮公所 第六鎮 忠良鄉 忠誠鄉

為令催事 案查

蒙古聯盟自治政府政務院令發各種調查表限日彙報當經

本署先代電限於 長 限於上年十二月廿四日前呈報來署以憑彙轉

去後及今逾期十餘日大多未據呈報殊屬玩視功令抗忽公務實

屬不成事體茲再令催仰該 長接文到三日內趕速依表填報

倘再延誤定予嚴厲處罰言之不預切切此令

市長 賀○○

總務科長 陳○○ 代

成吉思汗紀元七三四年 一月 日

图 1- 附录 -31 “厚和市公署”为催报知识分子各种调查表致市区各乡镇公所训令（1939 年 1 月 13 日）（二）

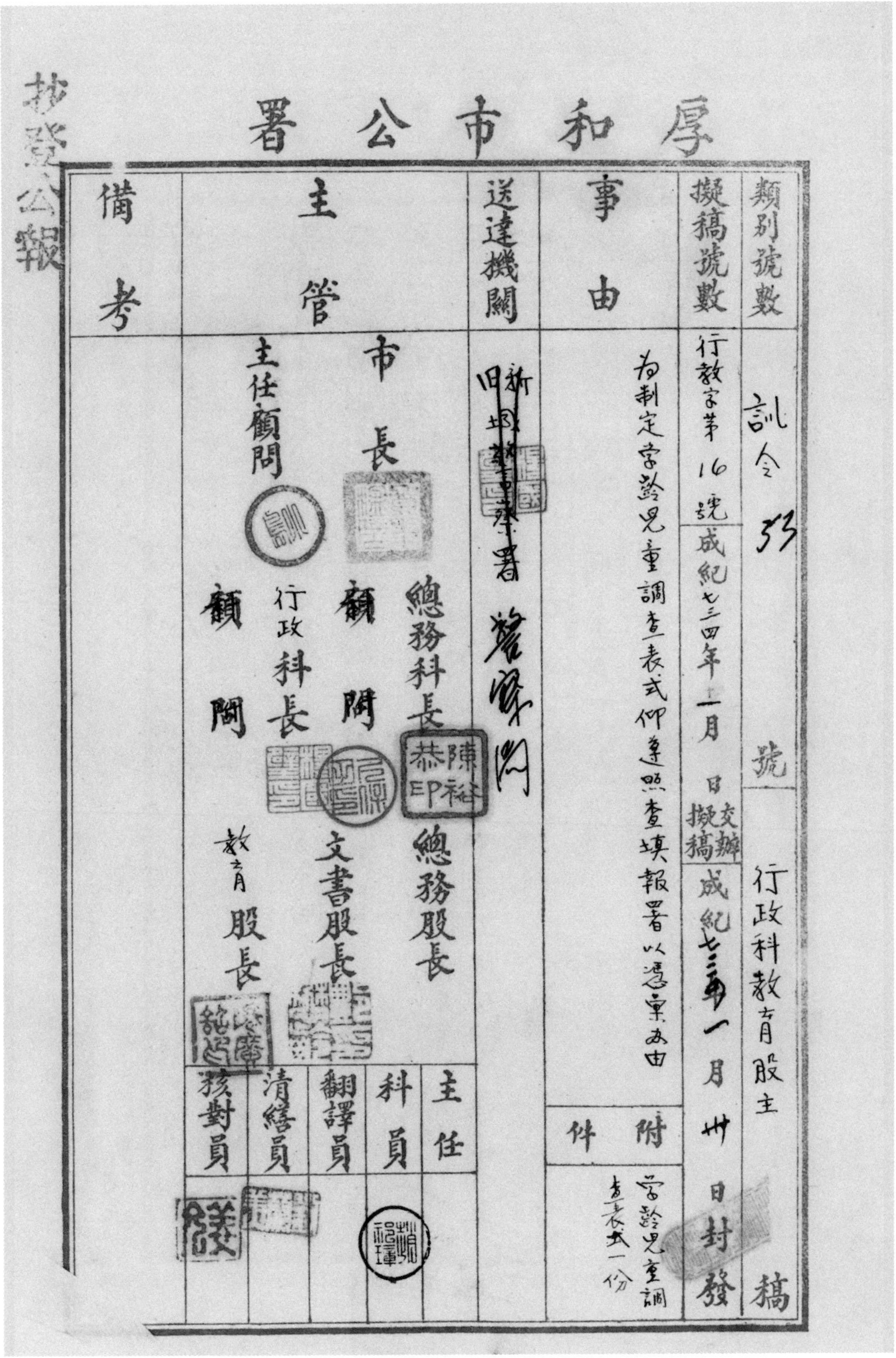
厚和市公署

抄發公報

類別號數：訓令53號

行政科教育股主稿

擬稿號數：行教字第16號

成紀七三四年一月　日擬稿

文辦

成紀七三四年一月卅日封發

事由：為制定学龄兒童調查表式仰遵照查填報署以憑彙交由

附件：学龄兒童調查表式一份

送達機關：新旧城警察署　警察局

主管：市長　主任顧問　總務科長　顧問　行政科長　顧問　總務股長　文書股長　教育股長

主任　科員　翻譯員　清繕員　核對員

備考

图 1- 附录 -32　“厚和特别市公署”为填报学龄儿童调查表致“警察局”训令（1939 年 1 月 30 日）（一）

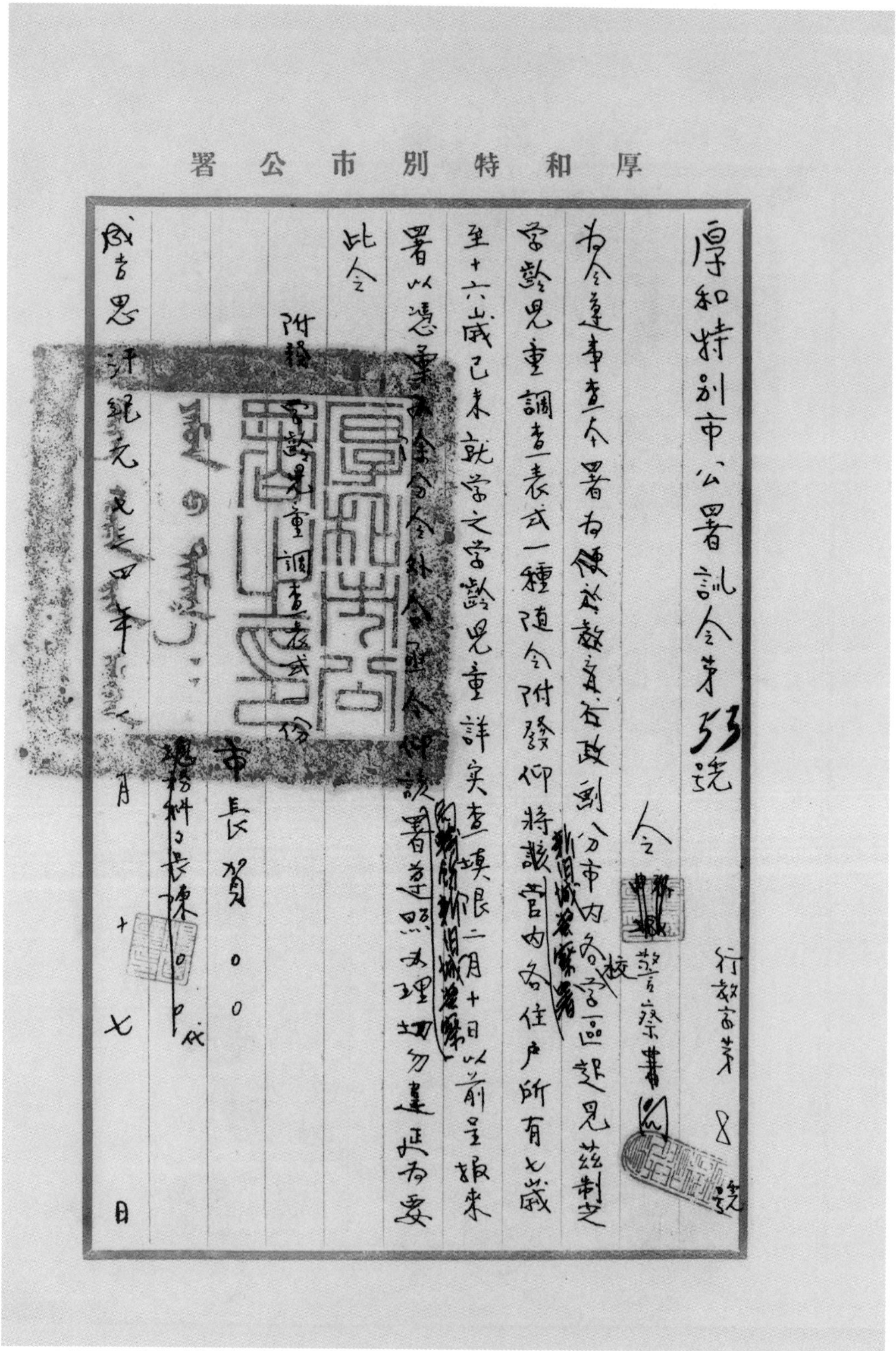
厚和特別市公署

厚和特別市公署訓令第553號

行教字第8號

令 警察署

為令遵事查本署為便於教育行政劃分市內各學區起見茲制定學齡兒童調查表式一種隨令附發仰將該（新舊城警察署）管內各住戶所有七歲至十六歲已未就學之學齡兒童詳實查填限二月十日以前呈報來署以憑彙核合行令仰該署遵照辦理切勿遲延為要

此令

附發學齡兒童調查表式一份

市長 賀○○

總務科長 陳○○ 代

成吉思汗紀元七三四年 月 十七 日

图 1- 附录 -32 “厚和特别市公署”为填报学龄儿童调查表致“警察局”训令（1939 年 1 月 30 日）（二）

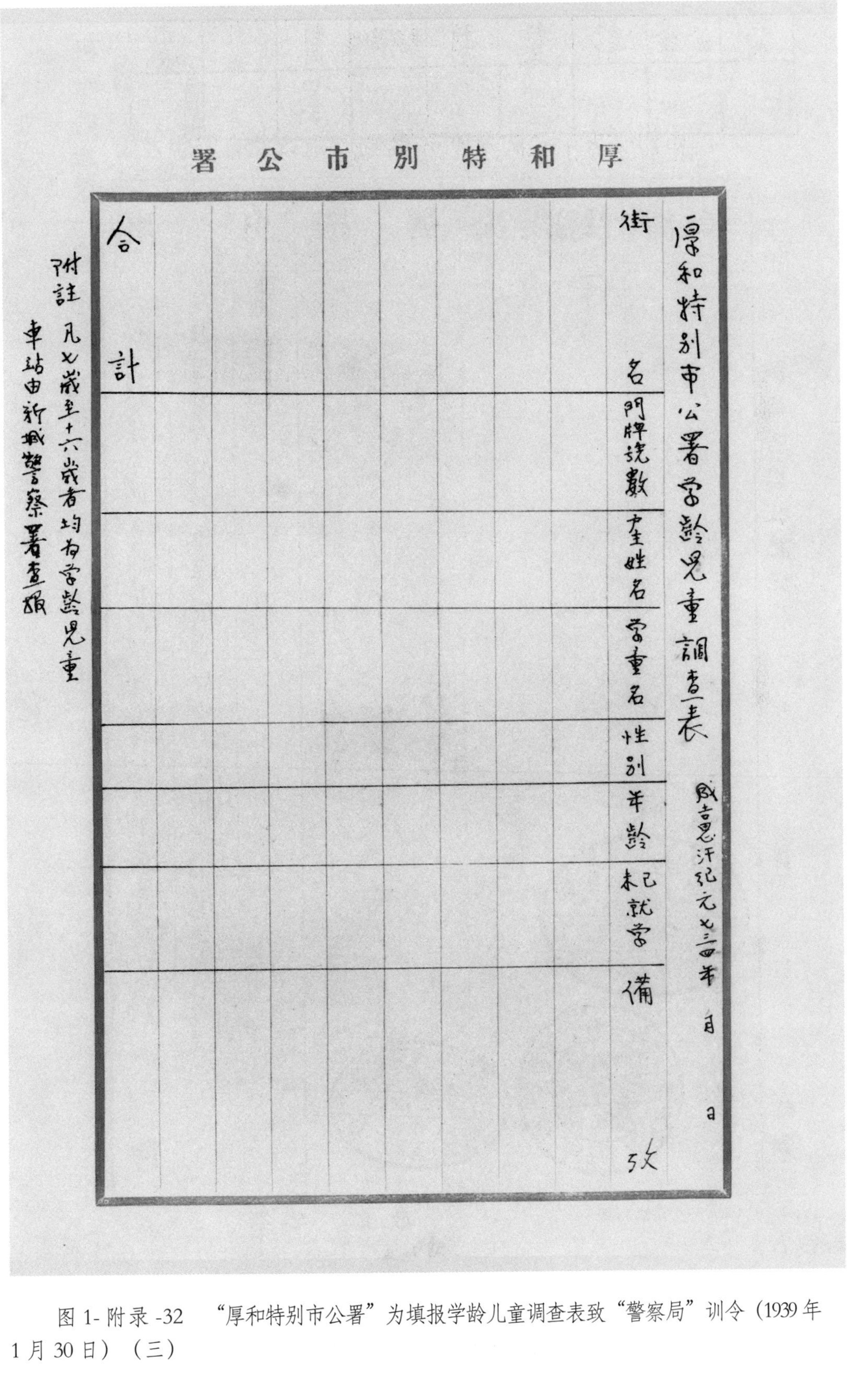

厚和特別市公署

厚和特別市公署學齡兒童調查表

成吉思汗紀元七三四年　月　日

街名	門牌號數	戶主姓名	學童名	性別	年齡	未已就學	備攷
合計							

附註　凡七歲至十六歲者均為學齡兒童
車站由新城警察署查報

图 1- 附录 -32　“厚和特别市公署”为填报学龄儿童调查表致“警察局”训令（1939 年 1 月 30 日）（三）

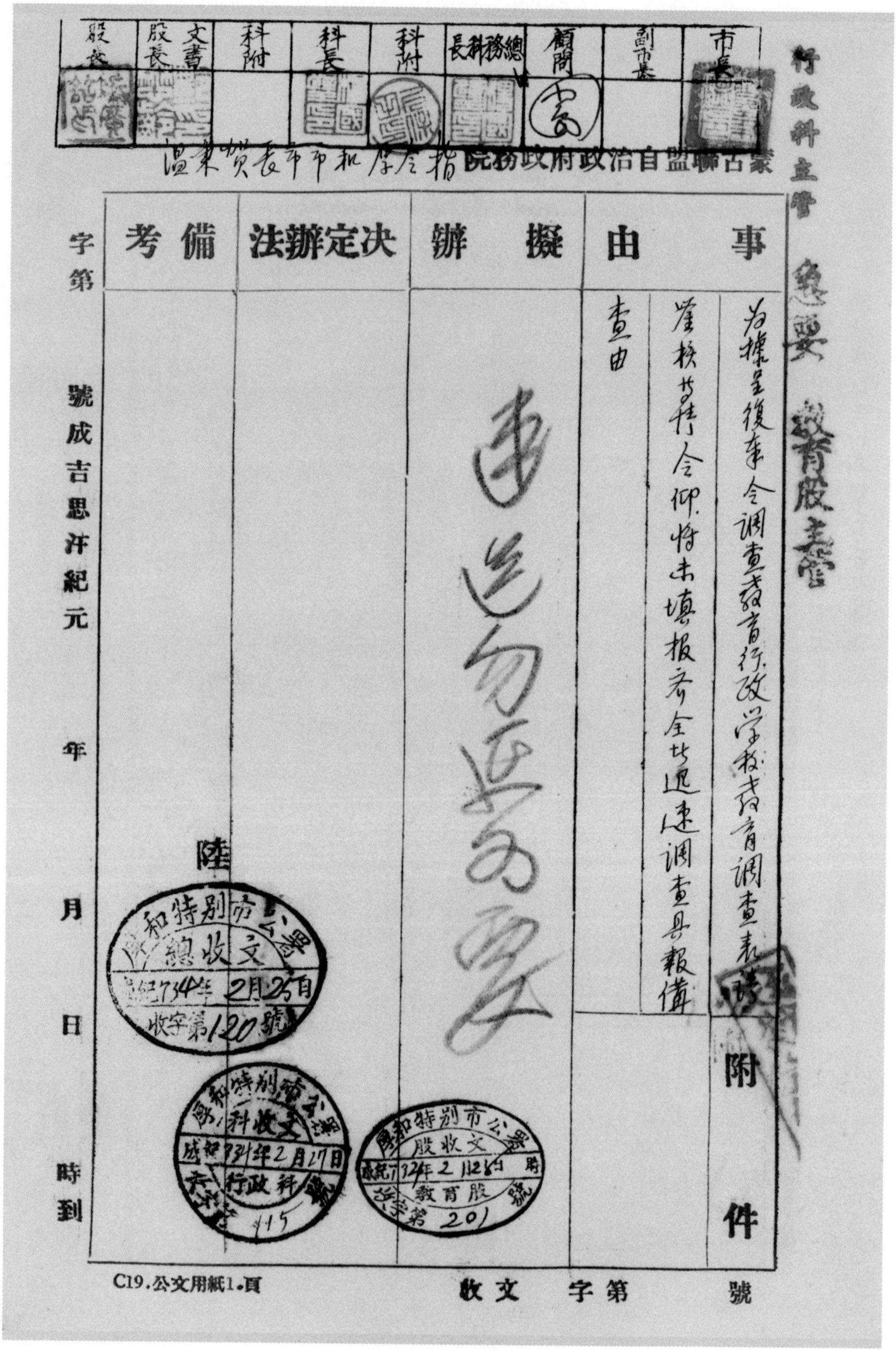

市長 副市長 顧問 總務科長 科附 科長 科附 文書股長 股長

蒙古聯盟自治政府政務院 指令厚和市市長賀秉溫

行政科主管 急要 教育股主管

事由：為據呈復奉令調查教育行政學校教育調查表請鑒核等情令仰將未填報者全者迅速調查具報備查由

擬辦：

決定辦法：

備考：

附件

成吉思汗紀元 年 月 日 時到 字第 號

陸

厚和特別市公署 總收文 成紀734年2月25日 收字第120號

厚和特別市公署 行政科收文 成紀734年2月27日 行政科 收字第115號

厚和特別市公署 股收文 成紀734年2月28日 時 教育股 收字第201號

C19.公文用紙1.頁 收文 字第 號

图 1- 附录 -33 “蒙古联盟自治政府”为教育行政学校教育调查表未填报齐全者迅速调查具报备查致“厚和市公署”指令（1939 年 2 月 17 日）（一）

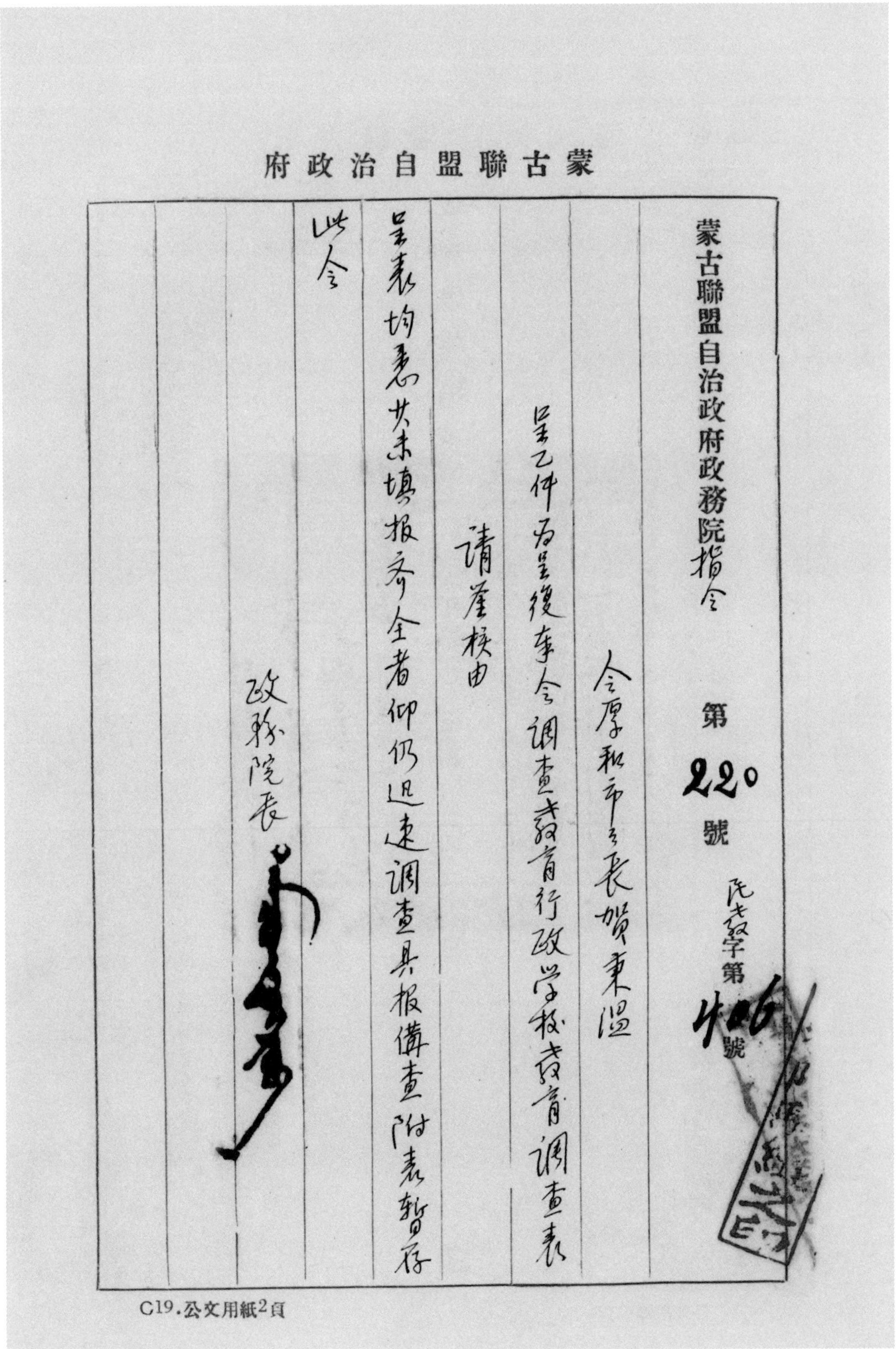
蒙古聯盟自治政府

蒙古聯盟自治政府政務院指令 第220號

民教字第406號

令厚和市市長賀秉溫

呈乙件為呈復奉令調查教育行政學校教育調查表

請鑒核由

呈表均悉其未填報齊全者仰仍迅速調查具報備查附表暫存

此令

政務院長

G19.公文用紙2頁

图 1- 附录 -33　“蒙古联盟自治政府”为教育行政学校教育调查表未填报齐全者迅速调查具报备查致“厚和市公署”指令（1939 年 2 月 17 日）（二）

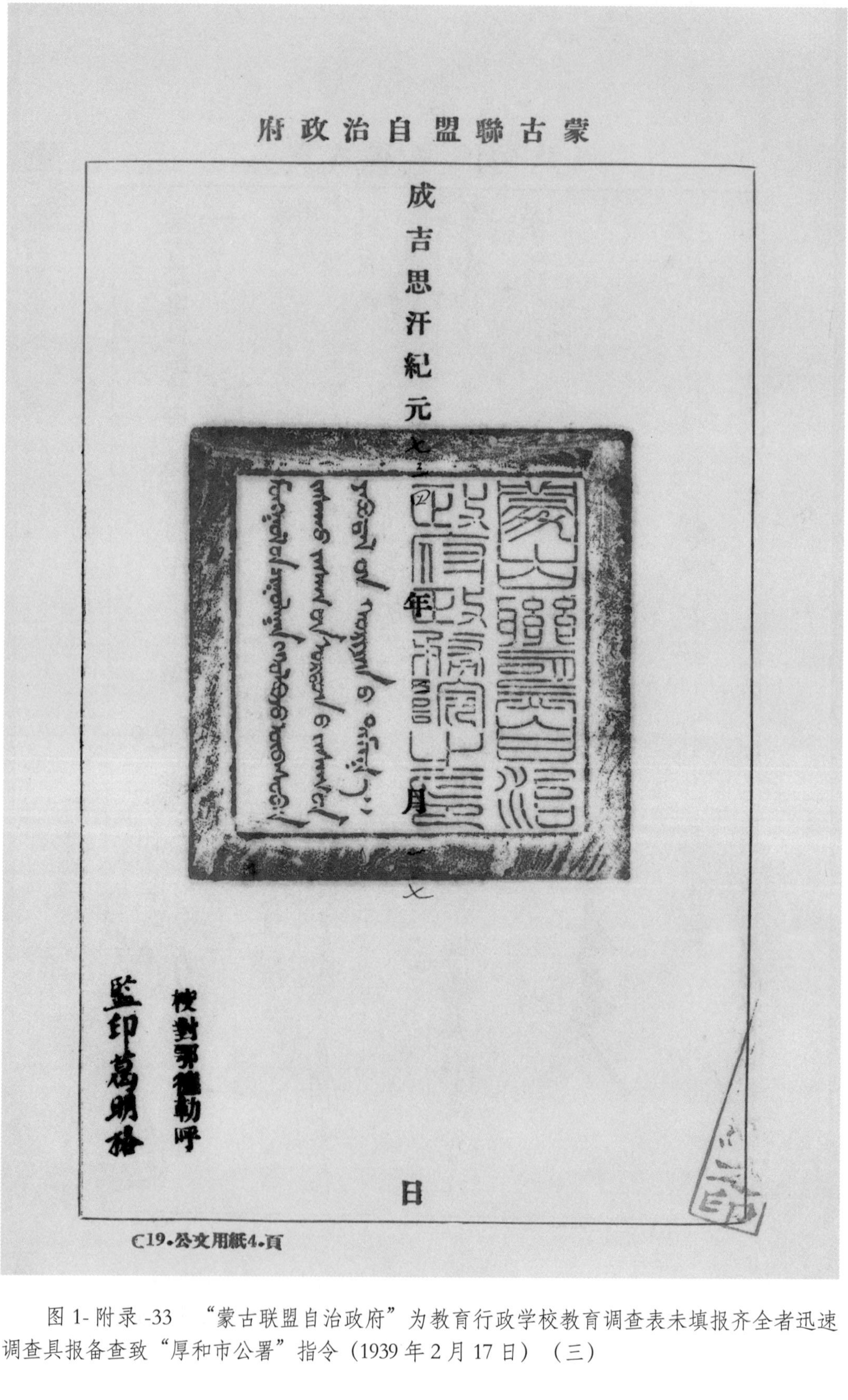
蒙古聯盟自治政府

成吉思汗紀元七三四年二月十七日

校對鄂德勒呼

監印葛明裕

C19.公文用紙4.頁

图 1- 附录 -33 “蒙古联盟自治政府”为教育行政学校教育调查表未填报齐全者迅速调查具报备查致“厚和市公署”指令（1939 年 2 月 17 日）（三）

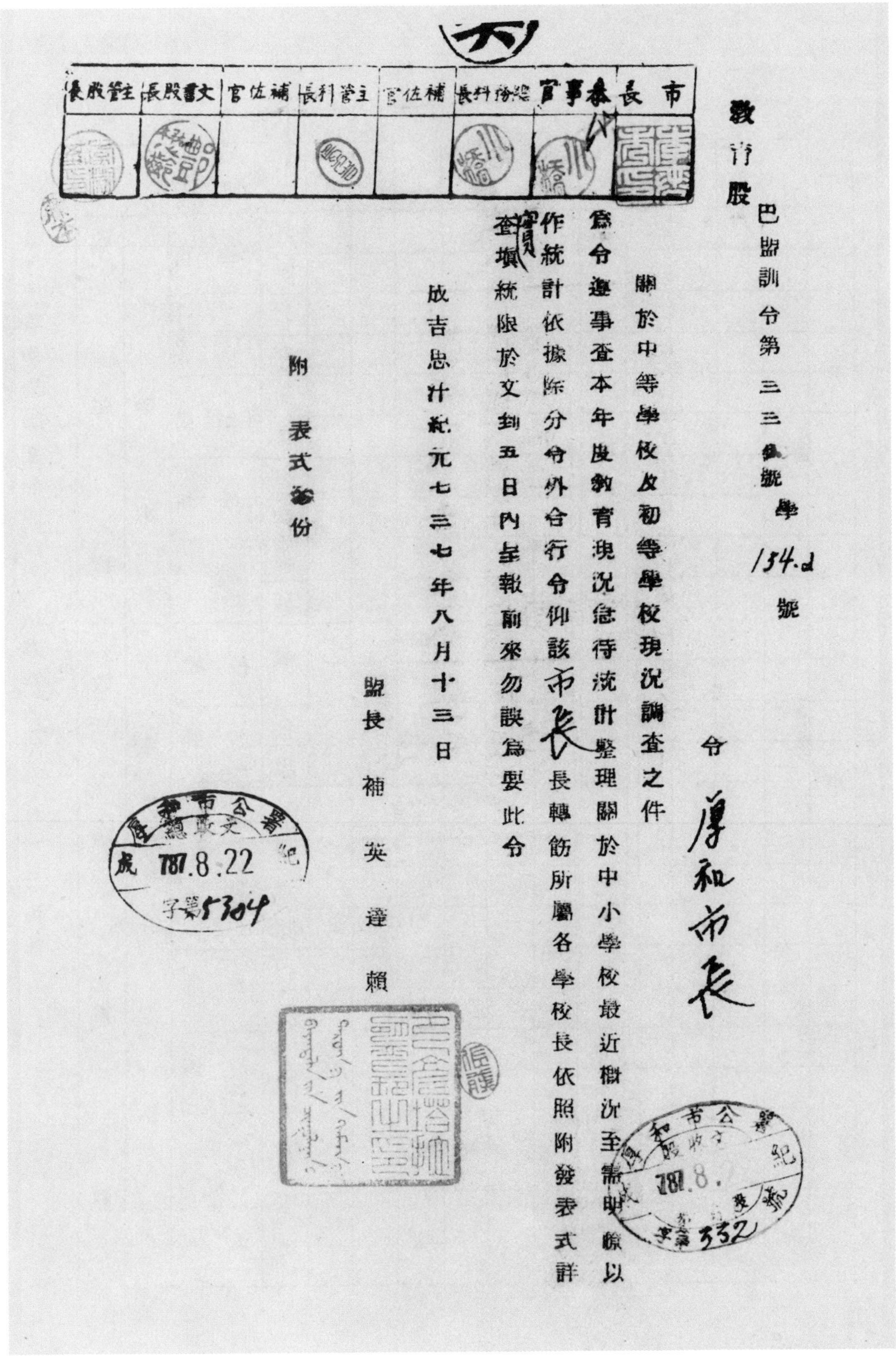

市長	參事官	總務科長	補佐官	主管科長	補佐官	文書股長	主管股長

教育股

巴盟訓令第三三□號 學134.2號

令 厚和市長

關於中等學校及初等學校現況調查之件

為令遵事查本年度教育現況急待統計整理關於中小學校最近概況至需明瞭以作統計依據除分令外合行令仰該市長轉飭所屬各學校長依照附發表式詳查填統限於文到五日內呈報前來勿誤為要此令

成吉思汗紀元七三七年八月十三日

盟長 補英達賴

附 表式 份

图1-附录-34 “巴彦塔拉盟公署”为中等学校及初等学校现况调查致“厚和市公署”训令（节选）（1942年8月13日）（一）

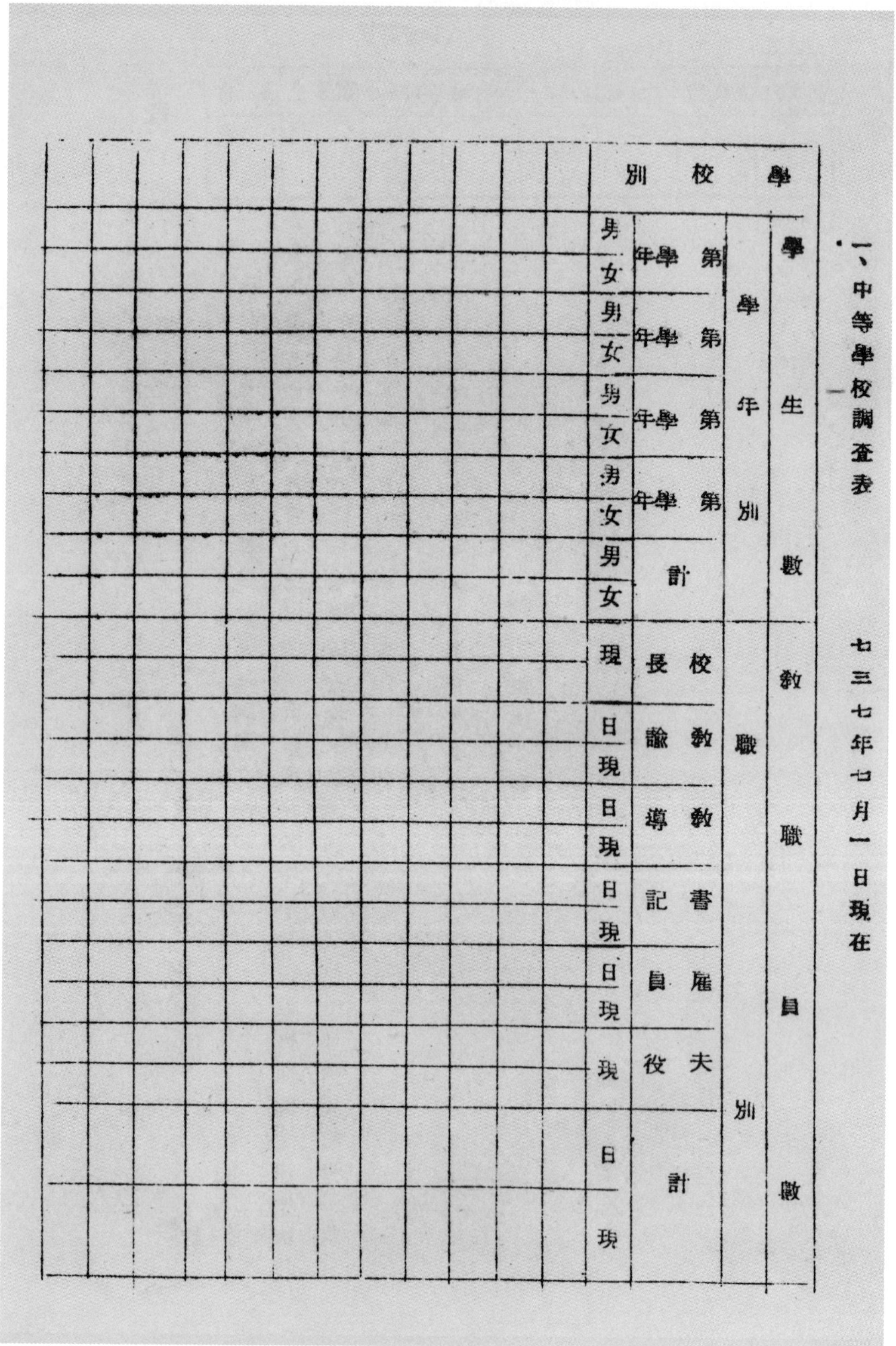

一、中等學校調查表

七三七年七月一日現在

學校別	學生數										教職員數											
	學年別										職別											
	第　學年		第　學年		第　學年		第　學年		計		校長	教諭		教導		書記		雇員		夫役	計	
	男	女	男	女	男	女	男	女	男	女	現	日	現	日	現	日	現	日	現	現	日	現

图 1- 附录 -34　“巴彦塔拉盟公署”为中等学校及初等学校现况调查致“厚和市公署”训令（节选）（1942 年 8 月 13 日）（二）

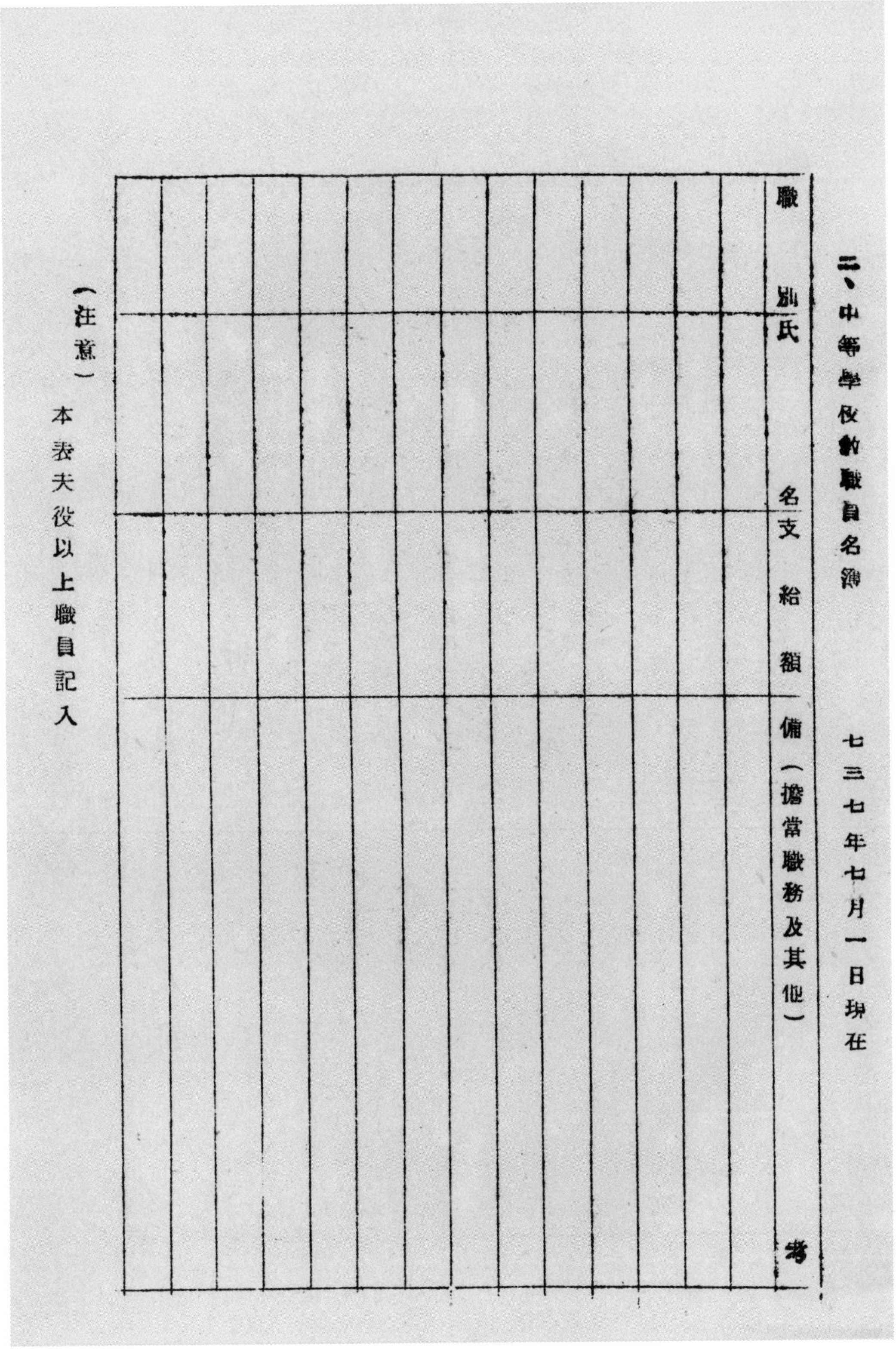

二、中等學校教職員名簿

七三七年七月一日現在

職別	氏名	支給額	備考（擔當職務及其他）

（注意）本表夫役以上職員記入

图1-附录-34 “巴彦塔拉盟公署”为中等学校及初等学校现况调查致“厚和市公署”训令（节选）（1942年8月13日）（三）

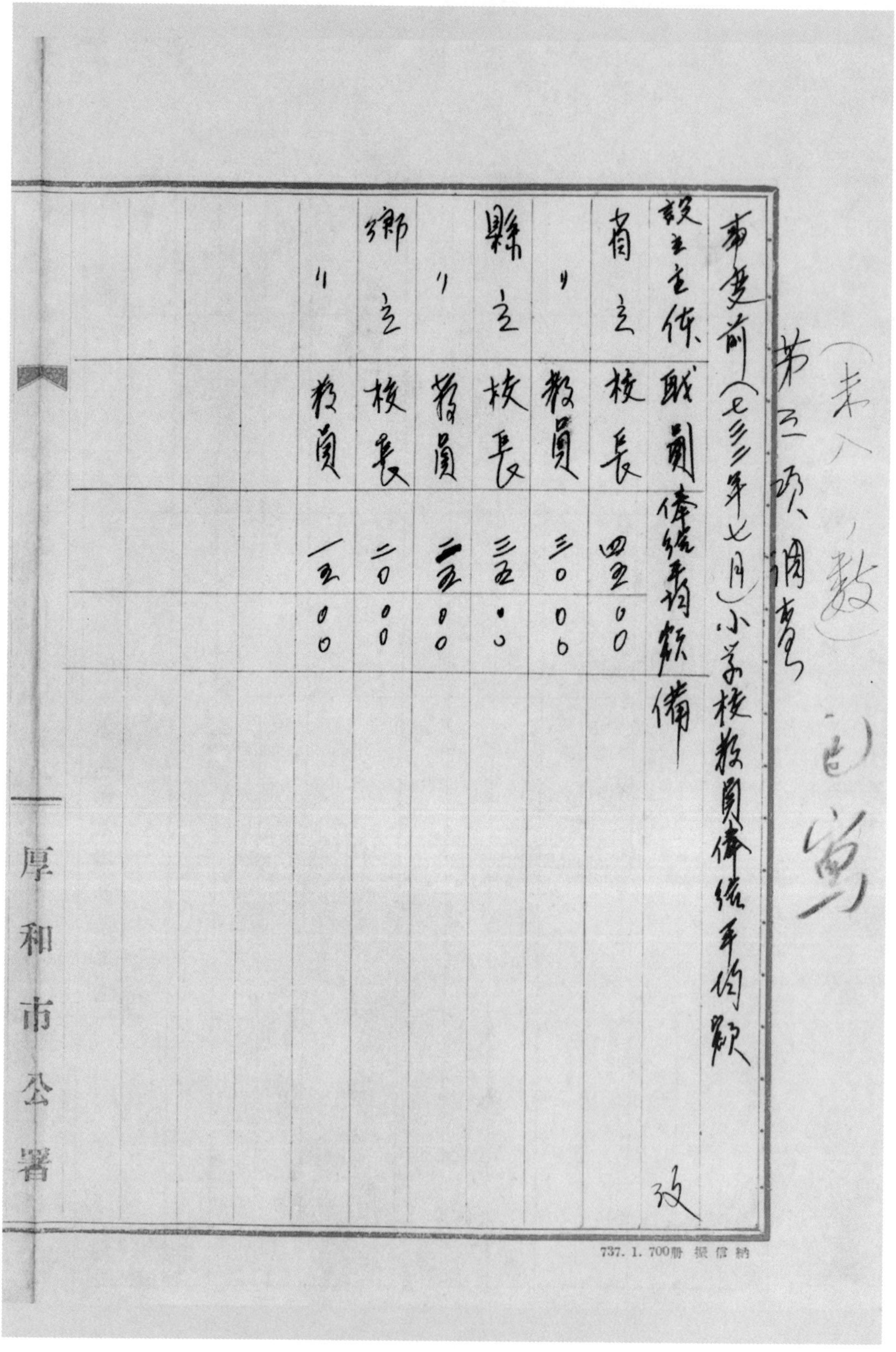

事变前（七三年七月）小学校教员俸给平均额

第二项调查（未入）数

設立依職員	俸給平均額	備
省立校長	四五〇	
〃教員	三〇〇	
縣立校長	三五〇	
〃教員	二五〇	
鄉立校長	二〇〇	
〃教員	一五〇	

图 1- 附录 -35　“事变”前小学校教员俸给平均额

后　记

2019年7月，为更好地开展“国家重点档案保护与开发”项目选题及申报工作，呼和浩特市档案馆成立了由馆党支部书记、馆长朱璧任组长，各科室业务骨干组成的项目申报工作领导小组。承担项目申报工作的同志对馆藏档案进行了细致梳理，并对馆藏档案开发利用情况做了社会调查和成果评估。经过项目申报工作领导小组的多次讨论，最终确定将馆藏数量、质量有保证，并对呼和浩特地区教育史研究具有重要价值的民国时期教育档案汇编作为选题申报项目。2020年3月，项目通过国家档案局评审。7月，按照国家档案局要求调整的专项资金任务预算和相关绩效目标获得批复。11月，完成政府采购工作。随即档案汇编工作进入实施阶段。历时两年，《呼和浩特市档案馆藏民国时期教育档案汇编》（以下简称《汇编》）终于交付刊印。

呼和浩特档案馆所藏民国时期档案内容杂芜，形制各异，有关教育内容的档案庞杂无序，且相互参杂。据此编撰专题文献汇编，有一定的困难。为此，我们与长期从事文献研究和整理工作的曹惠民先生，以及内蒙古师范大学教育科学学院周娟、李栋、成欣欣、阿木古楞等专家，剥茧抽丝，精心筛选，依据档案内容，制定了编纂大纲和分类体系，并对入选资料要件进行了反复查证与审核，进而为《汇编》的专业性、学术性提供了坚实的保障。

书稿经过牛敬忠、于永、全荣三位专家评审，内蒙古自治区档案馆审验。

项目工作组按照各方面意见对书稿进行了精心修改，最终形成定稿。

尤为令人感动的是，在项目实施时间大为缩短的情况下，项目工作组成员以极大的工作热情、忘我的奋斗精神和严谨的治学态度保证了《汇编》的质量。在此，向项目工作组所有成员表示衷心的感谢！

感谢广西师范大学出版社，始终以打造文化精品的标准，为本项目配备了较好的编辑、出版、印刷力量，保障了项目在任务重、要求高、时间紧的情况下得以顺利完成。

感谢内蒙古自治区档案馆的悉心指导、鼎力支持。

对馆内各位同仁的支持和帮助，在此一并致以衷心的感谢！

祈愿《呼和浩特市档案馆藏民国时期教育档案汇编》对地方文化的研究能有所贡献，并希望未来能将更多的成果呈现给大家，开发出更多具有地方特色、影响力强的档案文化产品。

由于经验不足，加之时间仓促，疏漏和错误之处在所难免，恳请专家和读者批评指正。

本书编委会